Winston Churchill

FRANÇOIS KERSAUDY

WINSTON CHURCHILL

Traducido por
Paula Mahler

Kersaudy, François
Winston Churchill - 1a ed. - Buenos Aires : El Ateneo, 2006.
560 p. ; 23x16 cm.

Traducido por: Paula Mahler

ISBN 950-02-5938-9

1. Churchill, Winston- Biografía. I. Mahler, Paula, trad. II. Título
CDD 923

Título original: Winston Churchill
Traductora: Paula Mahler
Winston Churchill de François Kersaudy
World copyright © Tallandier Éditions, 2002

Derechos mundiales de edición en castellano
© 2006, Grupo ILHSA S.A. para su sello Editorial El Ateneo
Patagones 2463 - (C1282ACA) Buenos Aires - Argentina
Tel.: (54 11) 4943 8200 - Fax: (54 11) 4308 4199
E-mail: editorial@elateneo.com

1ª edición: julio de 2006

ISBN-10: 950-02-5938-9
ISBN-13: 978-950-02-5938-5

Diseño de cubierta: Departamento de Arte de Editorial El Ateneo
Diseño de interiores: Lucila Schonfeld

Impreso en Verlap S.A.
Comandante Spurr 653, Avellaneda,
provincia de Buenos Aires,
en el mes de julio de 2006.

Queda hecho el depósito que establece la ley 11.723
Libro de edición argentina

No se permite la reproducción parcial o total, el almacenamiento, el alquiler, la transmisión o la tranformación de este libro, en cualquier forma o por cualquier medio, sea electrónico o mecánico, mediante fotocopia, digitalización u otros métodos, sin el permiso escrito del editor. Su infracción está penada por las leyes 11.723 y 25.446.

Índice

Prólogo 11

1. Los caprichos del destino 13

2. Un holgazán brillante 23

3. Adiós a las lágrimas 43

4. El casco y la pluma 59

5. *Gentleman* acróbata 95

6. La imaginación sin poder 143

7. El hombre orquesta 171

8. Guardián del imperio 211

9. Aviso de tempestad 253

10. Reencarnación 317

11. Director de orquesta 361

12. Segundo violín 421

13. El eterno retorno 485

14. Retorno a lo eterno 535

Conclusiones 551

Notas 553

A la memoria de Georges Lebeau,
soldado de infantería de la resistencia,
hombre de corazón y de acción.

Prólogo

En junio de 1950, el semanario norteamericano *Time Magazine* había llamado a Winston Churchill "el hombre de la mitad del siglo"; en junio de 2000, la publicación mensual francesa *Historia* había juzgado que eso de "la mitad" era superfluo y lo bautizó "el estadista del siglo". ¿Cómo justificar tal honor? El mismo general De Gaulle se había encargado de hacerlo cuando lo describió como "el gran campeón de una gran empresa y el gran artista de una gran Historia" y cuando agregó: "En este gran drama, él fue el más grande". Sin embargo, después del gran drama Winston Churchill siguió siendo el centro de furiosas controversias que empañaron su imagen sin afectar nunca su estatura. En Francia, su personaje queda con demasiada frecuencia resumido en Dresde y Mers El-Kébir; en Gran Bretaña, la prensa disfruta resaltando sus defectos y la lista de sus crímenes imaginarios muchas veces es más larga que un discurso de Fidel Castro.

Detrás de una cortina de humo de esta naturaleza, el personaje corre el riesgo de difuminarse. Pero este hombre tiene un interés único: ¿acaso hubo en este siglo (o en el anterior) una vida tan fabulosa como la de Winston Spencer-Churchill? Incontables biografías intentaron resucitarla: algunas son demasiado cortas como para que sean legibles; otras, demasiado largas como para leerlas; algunas son terriblemente críticas; otras, beatamente hagiográficas; algunas son tan antiguas que se volvieron inhallables; otras, tan aburridas que merecerían ser inhallables; algunas sólo existen en inglés; otras, fueron traducidas a las apuradas; algunas hacen que el héroe muera antes de nacer; otras lo hacen renacer después de muerto; el suntuoso *Winston Churchill* de William Manchester no presenta ninguno de estos inconvenientes, pero se detiene en 1940, un cuarto de siglo antes...

Decididamente, nos vemos obligados a embarcarnos en el redescubrimiento del más prodigioso hombre orquesta de los tiempos modernos. El viaje será largo, agitado a veces, desopilante, con frecuencia agotador y siempre terriblemente peligroso... Pero, al igual que el mismo Winston Churchill, el lector nunca tendrá tiempo de aburrirse, y al revivir paso a paso esta vida fabulosa no podrá dejar de enriquecer la propia.

F.K.

I
Los caprichos del destino

El 30 de noviembre de 1874, en el palacio de Blenheim, en Oxfordshire, nació Winston Leonard Spencer-Churchill, hijo de Randolph Churchill y de Jennie Jerome. El feliz padre se apresuró en escribirle a su suegra: "El niño es increíblemente hermoso, [...] con cabello negro, y es muy sano, si consideramos que nació antes de tiempo". Así dice la versión oficial: quizás el bebé no haya nacido antes de tiempo, sino que sus padres se habían casado tan sólo siete meses antes y había que salvar las apariencias; "increíblemente hermoso" es, sin dudas, un tanto exagerado para hablar de un bebé con los párpados caídos y la nariz respingada; en cuanto al cabello negro, es un punto de vista: la melena del pequeño Winston era tan roja como una llama..

Sin embargo, tenemos una certeza: el recién nacido tenía antepasados ilustres. Por el lado del padre, descendía de John Churchill, primer duque de Marlborough, quien había vencido a las tropas de Luis XIV en Blenheim, Malplaquet, Ramillies, Oudenarde y en todos los lugares en los que se les enfrentó. Como recompensa, la reina Ana le ofreció un suntuoso castillo en Woodstock, Oxfordshire, al que bautizaron Blenheim, el nombre de su más hermosa victoria. Este palacio era un edificio asombroso, que podía muy bien rivalizar con Versalles: torres imponentes, tres hectáreas de techos, trescientas habitaciones, un parque de mil cuatrocientas hectáreas. Después de la muerte del duque en 1722, tanto el castillo como el título le quedaron a su hija mayor, Henriette y, luego, al hijo de su segunda hija, Charles Spencer. A partir de ese momento, de un Spencer al otro, el nombre de Churchill desapareció, hasta que en 1817 el quinto duque de Marlborough recibió por decreto real el permiso para pasar a llamarse "Spencer-Churchill", y perpetuar así la memoria de su ilustre antepasado.

No podríamos afirmar a conciencia que este quinto duque, esteta indolente y juerguista impenitente, le haya agregado al patronímico familiar un lustre especial. Habrá que esperar hasta mediados del siglo XIX y al advenimiento del séptimo duque, John Winston, hombre profundamente religioso y devoto de la Corona, para ver cómo el blasón de los Spencer-Churchill, duques de Marlborough, recobra su esplendor, una empresa aparentemente sin futuro, pues el hijo mayor y heredero, George, marqués de Blandford, enseguida retomó la tradición de ocio y costumbres licenciosas tan cara a los Spencer. Pero el séptimo duque también tenía un hijo menor, Randolph, en quien había depositado todas sus esperanzas, sin que se sepa demasiado bien por qué, pues a los veintitrés años, lord Randolph Spencer-Churchill, joven elocuente, espiritual e impetuoso, todavía no había hecho nada. ¿Nada de nada? Bueno, algo había hecho: en el verano de 1873, en un baile en Cowes, en la isla de Wight, conoció a una joven norteamericana llamada Jennie y tres días más tarde le pidió que se casara con él...

Jennie Jerome, joven belleza tan romántica como enérgica, era la segunda hija de Clara y Leonard Jerome. Éste, descendiente de una vieja familia hugonote que había emigrado a Norteamérica a comienzos del siglo XVIII, era el típico *self-made man*: financista, magnate de la prensa, corredor de bolsa, empresario, propietario de haras, fundador del jockey club, filántropo, armador de veleros y *yachtsman* él mismo, por hacer una descripción incompleta de este fabuloso yanqui de naturaleza feliz y prodigiosa energía. Su esposa Clara, generosa y emprendedora, tenía entre sus antepasados a una iroquesa y a un teniente de Washington; era muy ambiciosa con su marido, consigo misma y con sus tres hijas, con las que se había instalado en el

París del Segundo Imperio, esperando, por sobre todas las cosas, verlas casadas con franceses bien nacidos. Todo marchaba bien hasta que en 1870 la irrupción intempestiva de los prusianos le arruinó los proyectos obligándola a refugiarse en Inglaterra con sus hijas. Situación que explica que la señora Clara Jerome y sus hijas hayan estado presentes en el baile ofrecido en Cowes en honor al tzarevich,[1] el 12 de agosto de 1873.

Fue en ese baile, como recordamos, donde Jennie Jerome conoció a un joven con ojos saltones pero con bigote de conquistador; de baja estatura, pero con un título seductor: lord Randolph Spencer-Churchill, con quien se casó el 15 de abril de 1874. Este encadenamiento de casualidades dinásticas, geográficas, políticas, sociológicas, psicológicas, sentimentales y fisiológicas explica la aparición, siete meses después, el 30 de noviembre de 1874, de un pelirrojito gordo en el palacio ancestral de los duques de Marlborough.

Mientras el recién nacido empieza a considerar su imponente entorno, podemos darnos el lujo de hacernos algunas preguntas. La primera es: ¿Winston Leonard Spencer-Churchill nació en una familia rica? El palacio en el que nació no debe engañarnos: pertenecía, por supuesto, a su abuelo, el séptimo duque de Marlborough, pero su padre, Randolph, no era su heredero. De todos modos, esto no era necesariamente una desgracia, pues los gastos de mantenimiento, amoblamiento, mejoras y ampliaciones de la augusta morada ya habían arruinado a más de un Marlborough –empezando por George Spencer, el cuarto duque, que lo enriqueció con una fabulosa colección de cuadros y adornos y le agregó un suntuoso parque con un inmenso lago artificial y sin dejar de lado al quinto duque, que le hizo agregar dependencias, pabellones, una biblioteca de libros valiosos, una colección de instrumentos musicales, un jardín botánico, un jardín chino, un rosedal, fuentes, un templo, grutas, un camino perimetral, un puente... antes de que lo atraparan sus acreedores–. Pero también es cierto que el palacio no era la única causa de la ruina: desde Charles Spencer, nieto del ilustre primer duque, hasta George Blandford, hijo mayor del séptimo duque, parece que la atracción del juego era entre los Marlborough una tara congénita que se tragó en menos de un siglo y medio una inmensa fortuna. No hay nada asombroso, entonces, en que el primer ministro Disraeli le haya escrito a la reina Victoria en 1875 que el séptimo duque de Marlborough, "para ser duque", no era rico. Podría haber agregado que sus dos hijos, George y Randolph, vivían muy por encima de los medios con que contaba su padre.

En la aristocracia inglesa del siglo XIX, estos detalles podían arreglarse fácilmente con ayuda de un matrimonio acertado. Por otra parte, ¿no era lo que justamente acababa de hacer Randolph Spencer-Churchill al casarse con Jennie Jerome, hija del millonario Leonard Jerome? En realidad, no del todo. Pues si bien, a diferencia de los Spencer, el fabuloso emprendedor Leonard Jerome poseía un talento real para amasar una fortuna, estaba aún más dotado para gastarla. A partir de 1850 había hecho una fortuna notable en Nueva York, pero enseguida se arruinó por su tren de vida, su filantropía y algunas inversiones riesgosas. De ningún modo descorazonado, este diablo de hombre se dedicó a amasar una segunda fortuna, todavía más importante, que perdió rápidamente en los años posteriores a la guerra civil. El dinero que ya no tenía le permitió, sin embargo, seguir llevando un tren de vida a lo grande, asegurarles una existencia lujosa a la esposa y las hijas instaladas en el París frívolo del Segundo Imperio y hasta ofrecerle a Jennie una dote que le procuraría confort cuando se casara con lord Randolph. Del mismo modo que los Spencer, los Jerome parecían haber considerado siempre que "ya es lo suficientemente triste ser pobre como para tener, encima, que sufrir privaciones". Cuando el pequeño Winston dio sus vacilantes primeros pasos por las interminables galerías del palacio de Blenheim, lo hizo rodeado por una cantidad de reliquias marciales: armas, armaduras, estandartes, cuadros de batallas en abundancia. Era la sombra del gran Marlborough, por supuesto, y, atenuada, la de algunos sucesores, como el tercer duque, Charles Spencer, coronel de la guardia real, que comandó en 1756 la malhadada expedición de Rochefort y, luego, la de Alemania, en la que murió. Quizás instruidos por este ejemplo, sus herederos ocuparon puestos honoríficos en el ejército y fueron más notables en las pistas de carreras que en los campos de batalla, lo que no les impidió seguir siendo fieles súbditos de la Corona y apasionados por la política.

El tercer duque fue nombrado lord del Tesoro y, luego, en 1755, lord del Sello Privado (función que desempeñó también su hijo George, el cuarto duque). Su sucesor, el quinto duque, ya conocido por sus gastos extravagantes, fue nombrado... comisario en el Tesoro. En 1867, el séptimo duque, John Winston, el padre de Randolph, fue nombrado presidente del Consejo en el gobierno conservador de Disraeli –una función en la que se desempeñó más que honrosamente–. Siete años más tarde, Disraeli le ofreció el puesto de lord teniente (virrey) de Irlanda, pero los enormes gastos de representación debían estar a su cargo y el séptimo duque de Marlborough, por razones que ya conocemos, de hombre rico no tenía nada. Por consiguiente, rechazó el honor.

Cuando los duques de Marlborough no estaban ocupados en la restauración de su palacio de Blenheim, en servir al rey, en la cacería del zorro, en huir de sus acreedores o en saldar las deudas de sus hijos, se dedicaban a una ocupación tradicional: representar a su circunscripción en el Parlamento. Desde hacía más de un siglo, en efecto, la gente de Woodstock reelegía al castellano (o a su hijo) con una fidelidad conmovedora, y algunos de los elegidos se hicieron cargo del papel con mucha seriedad: por ejemplo, el séptimo duque pasó quince años en la Cámara de los Comunes y adquirió allí una reputación de excelente orador, un don que pronto se revelaría como hereditario. Si su hijo mayor, George, estaba demasiado abocado a obtener placer como para interesarse seriamente por la cosa pública, el menor, Randolph, descubrió desde muy temprano su vena política y un talento seguro para expresarla. En febrero de 1874 fue triunfalmente elegido en la banca "familiar" de Woodstock y tres meses más tarde, todo el mundo, empezando por el primer ministro Disraeli, estuvo de acuerdo en afirmar que el primer discurso en los Comunes del joven diputado conservador (y recién casado) Randolph Spencer-Churchill permitía augurar su futuro político.

Cuando su hijo Winston, ese bello niño mofletudo con bucles pelirrojos, comenzó a prestar mayor atención a su entorno inmediato, advirtió que mucha gente pasaba por la nueva casa de Londres de Charles Street y que sus padres se ausentaban a menudo. De hecho, lo mundano parecía llenar la parte más importante de la existencia de Randolph y de su joven esposa. Es verdad que tenían a quien salir: todos los duques de Marlborough fueron célebres por el lujo ostentoso de sus recepciones y la desmesura del círculo que frecuentaban: desde el colegio y la universidad (invariablemente Eton y Oxford) hasta el ejercicio de las funciones (en general honoríficas) que les confiaban el rey y el primer ministro, los Marlborough de Blenheim siempre se encontraron en el centro de un verdadero torbellino mundano en el que se mezclaban viejos lores, notables de las localidades, hijos de buenas familias, diputados, ministros, financistas, oficiales y diplomáticos. Desde el reinado de la reina Ana hasta los de Jorge III y Victoria, fueron *persona gratissima* en la corte, y los soberanos a veces consideraron apropiado ir a visitarlos al castillo de Blenheim en persona. Así se explica el gusto de lord y lady Randolph Spencer-Churchill por lo mundano. El mismo cuadro mundano se pintaba del otro lado del Atlántico aunque, por supuesto, había que restarle la realeza: rico o arruinado, Leonard Jerome ofrecía recepciones que costaban hasta setenta mil dólares (de esa época) por noche; en ellas se encontraba la flor y nata del mundo de las artes, de la política y de las finanzas. Tiempo después, como bien sabemos, su hija Jennie conocería el fasto de las recepciones y bailes que en París ofrecía la familia imperial.

Tras el nacimiento de su hijo, volvieron a ellas con mucho agrado. Jennie recordaba: "Vivíamos en un torbellino de placeres y de fiebre. Asistí a muchos bailes absolutamente maravillosos que [...] se prolongaban hasta las cinco de la mañana". Su hijo Winston escribió que sus padres "llevaban una existencia alegre, gastando más de lo que sus ingresos justificaban. Como tenían una excelente cocinera francesa, recibían sin discernimiento. El príncipe de Gales, que desde el comienzo había dado muestras de gran gentileza hacia ellos, algunas veces venía a cenar a casa". Es un hecho: Su Alteza Real Albert Edouard de Saxe-Cobourg, futuro Eduardo VII, organizó una pequeña corte de noctámbulos bien nacidos: el Círculo de

Marlborough House, cuyos pilares principales eran lord Beresford, lord Carrington, el duque de Sutherland, el conde de Aylersford y, por supuesto, lord Randolph Churchill. ¿Las principales actividades de este círculo principesco? Recepciones, bailes, carreras de caballos, juegos de azar y cacería con perros y caballos.

En sus primeros años de vida, el pequeño Winston sólo percibió los destellos de estas costumbres mundanas que, sin embargo, ocultaban algunas realidades más sórdidas. Una era el abuso del alcohol, para nada insignificante. En la Inglaterra de los siglos XVII y XVIII, la bebida no sólo fue la "calamidad de las clases trabajadoras"; desde los años de escolaridad, los hijos de la aristocracia organizaban interminables bacanales, y la edad no hacía otra cosa que mejorar su rendimiento (siempre que su organismo no los traicionara prematuramente). Los Marlborough pagaron un tributo bien pesado por esta práctica desastrosa: desde William, marqués de Blandford, nieto del primer duque de Marlborough que murió a los veintitrés años sin dejar de estar borracho, hasta Randolph, hijo menor del séptimo duque que fue arrestado a los veinte años por ebriedad y malos tratos, hay exactamente un siglo y medio de alcoholismo mundano y de libaciones devastadoras.

Estas costumbres frívolas implicaban otro aspecto también trivial, pero cuyas consecuencias eran aún más pesadas: las múltiples relaciones extraconyugales de los interesados (dudamos en llamarlas asuntos del corazón, porque el corazón parece haber tenido un lugar muy reducido). Que los jóvenes aristócratas participaran en orgías iniciáticas no era otra cosa, desde luego, que la continuación de una tradición que se remontaba al siglo X e, inclusive, a los tiempos de la ocupación romana. Es fácil imaginar que las jóvenes de buena familia se hayan alejado de estas prácticas hasta contraer matrimonio; pero una vez casadas –en general con hombres mucho mayores que ellas, con los que se aburrían mortalmente– estas damas se dedicaban con empeño a recuperar el tiempo perdido. Que los nobles lores tuvieran amantes además de la legítima esposa era algo que no escandalizaba a nadie, ni siquiera en la severa época victoriana, tanto menos cuanto que el ejemplo venía desde arriba: el príncipe de Gales era un libertino en el grado máximo, rodeado de un círculo cerrado (aunque desmesuradamente amplio) de damas del mejor mundo que iban pasando por su cama, sin que su esposa, la princesa Alexandra, dijera gran cosa al respecto. En todo esto había una sola concesión a la época victoriana: fuera del círculo de iniciados se mantenía la mayor de las discreciones.

En la alta sociedad de la antigua colonia del otro lado del Atlántico encontramos los mismos apetitos, siempre restando los títulos de nobleza y la discreción. El padre de Jennie, Leonard Jerome, era su mejor ejemplo: inmensamente generoso en cualquier aspecto, le encantaban las cantantes de ópera,[2] tenía incontables amantes y algunos hijos ilegítimos. Su esposa Clara se ofuscaba tan poco como la princesa Alexandra. Es verdad que la misma Clara estaba muy lejos de llevar una vida monacal: durante su estadía en París, su lista de amantes se leía como un resumen del gotha europeo. Por supuesto que estas prácticas deportivas estaban prohibidas para su hija Jennie antes de su matrimonio. ¿Y después? ¡Y bueno! Siguió el ejemplo de sus padres y de su esposo...

Justamente con el esposo empezaron a aparecer los graves inconvenientes de este frenesí de actividad sexual. ¿Lord Randolph contrajo sífilis en una relación mundana, semimundana o puramente proletaria algunos meses antes del casamiento? El único que podría contestar sería él, y ni siquiera... Pero en esa época todavía no existía ningún remedio eficaz para las enfermedades venéreas y todo iba a terminar muy mal.

Otro asunto de alcoba con pesadas consecuencias fue el del hermano mayor de Randolph, el muy erudito, talentoso y glotón George, marqués de Blandford. Casado desde hacía seis años con lady Albertha, hija del duque de Abercorn, Blandford se convirtió en amante de una linda francesa, casada a su vez con el conde de Aylesford –"Sporting Joe" para los íntimos–. Algo de todos los días, dadas las costumbres de la época, de no haber sido por el único error imperdonable, en esta clase de historias, que cometió Blandford: no fue discreto y el marido de la francesa se enteró. Ahora bien, el conde de Aylesford era uno de los miembros más notables del Círculo de Marlborough House y, por consiguiente, un íntimo del príncipe de Gales, quien lo apoyó cuando amenazó con iniciar un trámite de divorcio contra la esposa ligera de cascos. Ahí fue cuando intervino Randolph Churchill, que, en apoyo de su hermano George, cuyo nombre quedaría ensuciado por la acción judicial, recurrió a la princesa Alexandra. ¿Podría interceder ante su augusto esposo para que moderara los arranques judiciales de su viejo acólito "Sporting Joe"? Es verdad que Randolph tenía argumentos de peso como, por ejemplo, una serie de cartas apasionadas escritas a lady Aylesford... ¡por el príncipe de Gales! Y sí: el heredero del trono, fino conocedor que no se fijaba en detalles, también había sido amante de lady Aylesford. Pero hacerlo saber, o incluso insinuarlo, constituía una nueva falta mayor al famoso deber de discreción. La reina Victoria en persona se declaró afectada y el príncipe de Gales escribió a Disraeli que lord Blanford, y lord Randolph Churchill estaban haciendo correr por su cuenta "falsos rumores" y que "es muy lamentable que no exista una isla desierta en la que estos dos jóvenes *gentlemen* puedan ser desterrados". Pero nada era imposible para Su Alteza, ni siquiera crear una isla desierta, y decretó que, a partir de ese momento, su puerta quedaría cerrada para ambos hermanos (y para todo aquel que siguiera recibiéndolos). Ningún cortesano se permitiría desafiar un edicto de esta naturaleza. Para Randolph y su esposa, tan dependientes de la vida mundana, fue prácticamente una condena a muerte...

    Algunas personalidades influyentes intentaron apelar la sentencia, empezando por el viejo duque de Marlborough, que se dirigió al príncipe de Gales para pedir por su hijo. Pero quien finalmente obtuvo un resultado fue la duquesa, su esposa, cuando apeló al primer ministro. Disraeli era un zorro viejo, que sabía que su soberana no decidiría nunca que hubiera un malentendido definitivo entre la Corona y los duques de Marlborough. Había que tener imaginación y diplomacia y a Disraeli no le faltaban ninguna de las dos, por lo que escribió esta respuesta a la duquesa: "Mi querida dama, hay una sola solución. Persuada a su esposo de que acepte el cargo de virrey de Irlanda y de que se lleve a lord Randolph con él. Esto terminará con todo este asunto".

    Como recordamos, lord Marlborough había rechazado dos años

antes la carga penosa y onerosa de ser virrey de Irlanda. Pero ahora era una puerta que permitía una salida honrosa para su hijo predilecto, que se convertiría en su secretario privado en Dublín y que, de esta manera, escaparía del mortal ostracismo que lo asechaba en Londres. Por esta razón, a mediados de diciembre de 1876, el duque y la duquesa de Marlborough, acompañados de lord y lady Randolph Churchill y de un niño de dos años llamado Winston se embarcaron en el trasatlántico *Connaught* con destino a Irlanda. Pasaron muchos años antes de que Winston Churchill comprendiera el engranaje complejo de las circunstancias que motivaron esta partida; en ese momento, en todo caso, nadie le prestaba demasiada atención.

Nadie salvo su niñera. Jennie y Randolph Churchill sabían, sin lugar a dudas, que sus ocupaciones mundanas les impedirían ocuparse seriamente de su hijo. Además, el hijo de un lord debía, necesariamente, tener una niñera: las conveniencias lo exigían. El destino quiso que lord y lady Churchill contrataran a una que era excelente, y, con eso, muchas cosas cambiaron. Se llamaba Mrs. Everest, un patronímico a la altura de la tarea que la esperaba.

2

Un holgazán brillante

El nuevo virrey y su séquito fueron recibidos con una gran ceremonia en Dublín. Desde hacía ya varias décadas Irlanda experimentaba una fuerte agitación autonomista, que se expresaba políticamente en el Parlamento de Londres y con mucha más violencia en el lugar, con la acción terrorista de los fenianos. Esto se producía dentro de un contexto económico catastrófico: después de la gran hambruna de los años cuarenta, que prácticamente había reducido la población a la mitad (bajo la mirada soberanamente indiferente de los ingleses), la miseria y la emigración eran el bien cotidiano de los irlandeses. En 1870 se había votado una primera reforma agraria, pero dejó la mayor parte de las tierras en manos de los ricos propietarios ingleses, que se ocupaban de ellas a la distancia. Por lo tanto, la agitación política se nutría de una reivindicación económica y social, agravada por el odio religioso tres veces secular que enfrentaba a los católicos irlandeses con los colonos protestantes.

En este difícil contexto, el duque de Marlborough, nuevo virrey de Irlanda, obtuvo en tres años resultados más que honrosos: una disminución de la agitación política y una modesta mejora de las condiciones económicas. Es cierto que en 1870 una nueva hambruna acechaba a Irlanda: a causa de las lluvias incesantes, las cosechas de papas, esenciales para la supervivencia del país, fueron catastróficas. La duquesa de Marlborough se comprometió personalmente con el lanzamiento de una campaña de suscripción a favor de los irlandeses más afectados por el hambre. Apoyado por la prensa inglesa, su "fondo de socorro" logró reunir ciento treinta y cinco mil libras, una suma colosal para la época, que sirvió para comprar alimentos, ropa, combustible y semillas. La reina Victoria quedó tan impresionada que envió a la duquesa una carta de felicitaciones.

En Irlanda, Randolph Churchill estaba mucho más ocupado de lo que nunca había estado en Inglaterra. Se alojaba con su familia en la "Pequeña Residencia", muy cerca de la imponente casa del virrey, donde recibía a representantes de casi todas las fracciones políticas irlandesas y los escuchaba atentamente. Era secretario del fondo de socorro de su madre, secretario privado de su padre, miembro de una comisión parlamentaria de investigación sobre el sistema escolar. Recorrió Irlanda de punta a punta y se hizo una idea bastante precisa de la realidad económica y social del país.

Para un joven diputado que nunca había ocultado sus ambiciones políticas, Irlanda constituía un trampolín perfecto. De paso por su circunscripción de Woodstock, pronunció un discurso tan feroz como elocuente, que asombró a los miembros del gobierno conservador: "En Irlanda hay cuestiones importantes y urgentes a las que el gobierno no ha prestado atención, no parece estar dispuesto a prestar atención y quizás no esté dispuesto en absoluto a prestarles atención [...]. Mientras no se consideren estas cuestiones, el gobierno estará expuesto a medidas de obstrucción de parte de los irlandeses". Ante la emoción que provocaron en Londres estas palabras, su padre, el virrey, se vio obligado a escribirle al ministro responsable de Irlanda que las posturas de su hijo no lo comprometían personalmente, y agregó: "La única excusa que puedo encontrar para Randolph es que se ha vuelto loco, o que está especialmente afectado por el champaña o el burdeos locales".

El champaña y el burdeos irlandeses no son una buena excusa, pero es verdad que Randolph no los desdeñaba: "Yo no dejaba de beber, confesó, primero de manera mesurada; luego, con imprudencia". Además, Irlanda tenía otros atractivos para lord Randolph: las regatas, la caza con perros y caballos, y la pesca del salmón. No asombra que los primeros recuerdos del pequeño Winston sean recuerdos de ausencia: de su padre, por supuesto, pero también de su madre: "Mi padre y ella cazaban todo el tiempo con enormes caballos, y a veces teníamos mucho miedo, porque uno u otro volvían con varias horas de retraso". "Uno u otro..." Desde muy temprano Winston se dio cuenta de que sus padres raramente volvían juntos y le costaba mucho más soportar las ausencias de su madre que las de su padre. Una de sus primeras declaraciones categóricas fue: "No quiero que mamá se vaya. Si se va, voy a correr al tren y lo abordaré de un salto". Pero mamá seguía yéndose y se ocupaba muy poco del pequeño Winston.

Lo que pasaba era que la linda Jennie había descubierto enseguida lo que ofrecía Dublín en materia de placeres mundanos comparables a los de Londres o París: recepciones interminables, bailes, espectáculos, carreras de caballos. Y, además, estaba la caza del zorro, que permitía descubrir la incomparable campiña irlandesa (y ampliar el círculo de los conocidos). Así fue como a menudo se la veía con un hermoso oficial, el teniente coronel John Strange Jocelyn, que poseía una enorme propiedad cerca de Dublín. Y cuando tuvo un segundo hijo en febrero de 1880, lo bautizó John Strange Spencer-Churchill. Claro que puede tratarse de una coincidencia... rara, pero lo que es evidente es que lady Randolph Churchill bien podría haberse hecho cargo de las palabras de una ilustre contemporánea: "Mi esposo me ha engañado tanto, que ni siquiera sé si su hijo le pertenece". Agreguemos que Jennie no se ocupó más del segundo hijo que del primero, algo que Robert Rhodes explicó de este modo: "Su belleza brillante y su cálida vivacidad ocultaban un carácter fundamentalmente egoísta y frívolo".

Su hijo mayor no estaba enojado con ella: "Mi madre brillaba para mí como la estrella de la tarde. La amaba tiernamente... pero de lejos". Por supuesto que el pequeño Winston no había sido abandonado: en la "Pequeña Residencia" de Phoenix Park había un ejército de asistentes que velaba por el hijo de lord y lady Randolph Churchill (empezando por su niñera, la devota y voluminosa Mrs. Everest, a la que habían rebautizado Whoom). "Mrs. Everest era mi confidente. [...] Le contaba todas mis penas". De hecho, penas no le faltaban: por una parte, tenía pulmones frágiles y el clima húmedo de Irlanda hacía que pasara mucho tiempo en cama con gripes y bronquitis; también era un niño extremadamente movedizo, que se golpeaba en todas partes y se caía mucho; finalmente, según confesó él mismo, era un "niño difícil", cuyos caprichos, intransigencias y arrebatos frecuentemente provocaban el asombro de su entorno (empezando por el de sus padres, que nunca se habían preguntado si su evidente desinterés por el niño no había contribuido, en cierta medida, a este estado de cosas).

La niñera era la única que lograba, no sin dificultades, contenerlo. Todas las mañanas lo llevaba de paseo a Phoenix Park, mientras los Churchill estuvieron en Irlanda, y a Hyde Park, al Museo de Madame Tussaud y a los espectáculos de pantomimas después de su regreso a Londres en 1880. En el cuarto reservado para los niños, lo vigilaba discretamente mientras él se ocupaba de su inagotable reserva de soldados de plomo, que convivían junto a otros innumerables tesoros. También ella fue quien le enseñó los rudimentos de la lectura: "Me había traído un libro titulado *La lectura sin lágrimas*, título absolutamente injustificado para mí [...]. Era un trabajo cotidiano [...] y todo esto me parecía muy cansador".

Pero Winston todavía no había visto nada. En 1881, cuando tenía siete años, sus padres decidieron enviarlo al internado Saint Georges en Ascot, una escuela privada muy de moda, muy cara y muy severa, una verdadera separación: "Después de todo, tenía solamente siete años, y había sido feliz en mi cuarto de niños, con todos mis juguetes. [...] Ahora lo único que había eran clases: siete u ocho horas por día [...] y, además, fútbol y críquet". Muchos niños habían pasado por esto, pero pocos eran tan obstinados como Winston Spencer-Churchill, de manera que su escolaridad fue una larga lucha...

Para empezar, había una probada incompatibilidad entre los intereses del niño y las materias que el sistema escolar de la época consideraba fundamentales. El griego, el latín y las matemáticas eran las materias más importantes, y Winston era absolutamente refractario a ellas (sin dudas, porque nadie le había explicado su utilidad):

"Cuando no me requerían la razón, la imaginación ni el interés, no quería o no podía aprender". Por lo tanto, los resultados en estas materias eran lamentables. Además, este escolar reticente descubrió rápidamente que era alérgico a los exámenes (una alergia que lo paralizaba, que incluso lo enfermaba). Finalmente, estaba la conducta o, mejor dicho, la mala conducta, un terreno en el que alcanzó desde el principio cimas vertiginosas: en la escuela Saint Georges, las apreciaciones iban desde "Muy revoltoso" hasta "Insoportable". Dando pruebas de una indudable tendencia a la indisciplina, nuestro agitador participaba en todas las peleas, robos de azúcar en la despensa y roturas del sombrero de paja del director. Estos desafíos a la autoridad se sancionaban en general con latigazos distribuidos generosamente y no sin sadismo por el reverendo H. W. Sneyd-Kynnersley, director de la escuela. ¿Fueron las huellas de estos malos tratos las que abrieron los ojos de lady Randolph Churchill? Finalmente, en el verano de 1884, sacaron a su hijo de la escuela Saint Georges para llevarlo a un pequeño internado en Brighton. Consideraban que ahí el aire sería mejor para sus bronquios y, además, allí ejercía el doctor Robson Roose, médico hábil y amigo de la familia.

El aire marino de Brighton, efectivamente, resultó saludable, y la pensión de las hermanas Thomson, claramente más humana que la escuela Saint Georges, pero el joven Winston siguió siendo un revoltoso sin remedio: en conducta era el número 29 sobre 32 en el primer trimestre, y el último de su clase en el segundo trimestre; en los siguientes, mejor no lo contamos... En cuanto al resto, sus notas mostraron una tendencia a mejorar, pero encontramos en su boletín esta mención elocuente: "Las notas de este boletín prácticamente carecen de valor, pues las frecuentes ausencias a clase tornaron muy difícil cualquier tipo de comparación con los otros alumnos". Y es que Winston había encontrado otras ocupaciones: coleccionaba estampillas, montaba con regularidad a caballo, se ocupaba de las mariposas y de los peces rojos, se apasionaba por la pantomima y el teatro, en el que él mismo participaba en unas cuantas obras, a pesar de un cierto tartamudeo y de un fuerte ceceo. Era un lector voraz para su edad y parecía escribir mejor que sus camaradas, pero no por eso dejaba de ser la desesperación de sus profesores. Este fragmento de una carta a su madre permite comprenderlo con facilidad: "Cuando no tengo nada que hacer [durante las vacaciones] no me molesta trabajar un poco, pero cuando tengo la sensación de que me obligan, lo siento contrario a mis principios". A su profesor de danza, como a los demás, le dejó un recuerdo imborrable: "Era un alumnito pelirrojo, el más malo de la clase. Inclusive pensaba que era el más malo del mundo". Este podría haber sido su epitafio, pues en marzo de 1886 contrajo una pulmonía doble que hizo temer un desenlace fatal. Pero el bueno del doctor Roose estaba muy atento y lo salvó *in extremis*.

En la primavera de 1888, Winston ingresó en el colegio secundario. Como todos los Spencer-Churchill, tenía que ir a Eton, pero el doctor Roose se opuso porque el clima brumoso de las riberas del Támesis estaba especialmente contraindicado para este joven de pulmones frágiles. De manera que fue a Harrow, cerca de Londres. Pero había que pasar el examen, y el muchachito, ya lo sabemos, no soportaba los exámenes... y mucho menos si estaban compuestos por tres pruebas: latín, griego y matemáticas, o sea, todo lo que odiaba. En latín entregó una hoja en blanco; el resto apenas era mejor. A la salida, Winston empezó a vomitar: era un completo desastre. Pero, ¡ingresó! Winston, que no dudaba de nada, dedujo que el director del colegio había sabido discernir las capacidades latentes detrás de las apariencias de la perfecta ignorancia. ¡Ingenuidad asombrosa! El reverendo Welldon, el principal de Harrow, había juzgado que iba a ser delicado negarle el ingreso al hijo de lord Randolph Churchill.

Sin embargo, existían límites para la indulgencia. Winston quedó ubicado en la tercera y última sección de la cuarta y última clase. Desde el comienzo supo mostrarse digno de la circunstancia: su latín siguió siendo nulo, su conocimiento del griego se limitaba al alfabeto, su francés era totalmente fantasioso y su nivel de matemáticas, lamentable. Además, despreciaba ostensiblemente el críquet y el fútbol, deportes sagrados en Harrow. Su conducta tampoco mejoró, como puede apreciarse en la nota del 12 de julio de 1888 de su profesor de internado, Henry Davidson, a lady Randolph Churchill: "Winston siempre está atrasado en los cursos, pierde los libros, los papeles y muchas otras cosas [...]. Es tan irregular en su irregularidad que ya no sé realmente qué hacer". Únicamente la diplomacia impedía al señor Davidson agregar que el joven Winston era un insolente, un grosero, un peleador, y que desobedecía todas las reglas de la escuela. Sin embargo, se ocupaba concienzudamente de su álbum de estampillas, de sus dos perros y de la crianza de gusanos de seda. También hacía carpintería, practicaba esgrima, tiro con fusil, equitación, le interesaban las carreras y fumaba como un sapo. Cuando su abuela materna, Clara Jerome, fue a visitarlo, lo describió como "un pequeño bulldog malo con pelo rojo".

Nadie la contradijo, pues solamente una mirada muy atenta podía ver en ese insoportable niño otra cosa que un holgazán ordinario. Pero quizás una mirada atenta al menos podría haber entrevisto en él a alguien profundamente desdichado. En realidad, el pequeño Winston tenía buenas razones para serlo: por una parte, como en Ascot y en Brighton, su salud dejaba mucho que desear; siempre esas terribles bronquitis, crisis hepáticas, insoportables dolores de muelas (le sacaron varias), migrañas, dolores en los ojos, episodios depresivos y una hernia inguinal; a esto que hay que agregar las lastimaduras y los magullones propios de todo niño peleador, las impresionantes caídas de los caballos y una mala caída de una bicicleta, con conmoción cerebral. Además, por ser el hijo de quien era, el joven Winston siempre andaba corto de dinero; su madre, experta en la materia, le escribió: "Eres un verdadero manirroto", algo imposible de negar. Claro que tenía aficiones costosas, que la cocina de las *public schools* inglesas era tan notoriamente imperfecta que comúnmente era necesario mejorarla, que un *gentleman* debe dar muchas propinas, que el dentista y el oculista son caros y que los cigarrillos y el alcohol tampoco son gratis. Pasara lo que pasare, nuestro jovencito estaba todo el tiempo pidiendo dinero a su madre, a su padre y hasta a su niñera.

Pero había algo más, que sin dudas explicaba todo el resto: como en Ascot y en Brighton, Winston no dejaba de pedirles a los padres que vinieran a verlo. Desde hacía años les escribía cartas sobre este tema, organizaba con antelación las visitas, preparaba pantomimas, conciertos, espectáculos de magia, exposiciones, actuaba en obras de teatro, participaba en competencias con la esperanza de que se interesaran por lo que hacía, y la mayoría de las veces era en vano. Durante sus dos años en Ascot, la madre fue a verlo dos veces, es decir, mucho más que su padre. Durante los cuatro años en Brighton, fue cuatro veces, y el padre, una sola; es más, pasó dos veces por Brighton en sus giras electorales sin encontrar el tiempo para ir a visitar a su hijo. A Harrow, que sólo queda a media hora de Londres en tren, la madre fue seis veces en cuatro años y medio, y el padre, una sola, ¡a pedido expreso del director de la institución! Sucedió que su madre prometiera ir y que renunciara a hacerlo sin avisarle, dejándolo a la espera tardes enteras. Finalmente, cuando volvía a la casa a pasar las vacaciones, solía oír que su padre estaba en campaña electoral o en el extranjero, y su madre... de visita en la casa de amigos, si es que no estaba en Dublín o en París. Quedaba Mrs. Everest para consolarlo, fiel entre los fieles, y su hermanito Jack, al que tampoco ahogaba la atención de los padres (al menos Winston no tuvo que sufrir celos). Pero la idea de que esta negligencia catastrófica haya podido afectar en algo la evolución psicológica o el desarrollo escolar de sus hijos nunca surgió en lord y lady Randolph Churchill. ¿Habrá que ver en esto el origen del *black dog*, esa depresión periódica que afectó a Winston durante toda su vida? Parece que se trata, más bien, de una tendencia hereditaria en los Spencer-Churchill; pero el desinterés casi completo de los padres, ciertamente, no ayudó a mejorar las cosas.

Es verdad que después de su regreso de Irlanda, lord Randolph estaba entregado en cuerpo y alma al torbellino de la política. Paradójicamente, la derrota electoral de los conservadores y el regreso al poder de Gladstone en 1880 lo pusieron en un primer plano de la escena política. Mientras su partido estaba en el gobierno, este hombre fogoso había sido mantenido al margen (especialmente desde el malhadado asunto Aylesford); pero una vez que el Partido Conservador perdió el poder y Disraeli se retiró de la Cámara de los Lores, Randolph, espiritual, cultivado y dotado de una memoria excepcional, ocupó las bancas de la oposición con un talento innegable. Tenía solamente tres verdaderos aliados: el diplomático sir Henry Drummond Wolff, el abogado John Gorst y el joven Arthur Balfour, sobrino de lord Salisbury. A este cuarteto movedizo lo bautizaron, un tanto exageradamente, "el cuarto partido".[1] Pero como dijo A.L. Rowse: "Si bien nunca fueron más de cuatro, hacían tanto ruido como cuarenta y ocupaban más tiempo que ciento cuarenta".

El más elocuente, el más dinámico, el más oportunista también, sin discusiones, era Randolph Spencer-Churchill. Antes que todos los demás comprendió que el Partido Conservador, so pena de desaparecer, tenía que dirigirse a los ciudadanos, a quienes se les acababa de conceder el derecho al voto y también a los campesinos, que no tardarían en adquirirlo. Por más que la "vieja guardia" del partido se tomara en chiste esta *"Tory democracy"* y el eslogan que inspiraba a su principal promotor: *Trust the people, and they will trust you*, los acontecimientos (y los electores) le dieron la razón a lord Randolph. Sus brillantes y sarcásticas arengas en el Parlamento, sus triunfantes giras electorales, relanzadas por la Liga de la Prímula que promovían su madre y su esposa, sus repetidos llamamientos al cambio y a la democratización, sus ataques feroces a la política económica, social, exterior e irlandesa de los liberales (y contra la vieja guardia de su propio partido) lo convirtieron a partir de 1884 en uno de los políticos más populares del reino.

Cuando los conservadores formaron un primer gobierno de transición dirigido por lord Salisbury en 1885, fue imposible dejar de lado a Randolph Churchill, y lo nombraron secretario de Estado en las Indias. Al año siguiente, después del triunfo electoral del Partido Conservador, debido en gran parte a la popularidad y habilidad de maniobra de Randolph Churchill, lord Salisbury no pudo hacer otra cosa que ofrecerle un ministerio esencial: ministro de Hacienda y, simultáneamente, las responsabilidades del líder de la Cámara de los Comunes. Con sólo treinta y seis años se encontraba en el apogeo de su carrera. En Brighton, un niño de doce años estaba feliz de alegría: desde hacía meses hacía campaña por los conservadores, impulsando a sus condiscípulos a unirse a la Liga de la Prímula y exhortando a todos los adultos, desde los profesores hasta el maestro de natación, a votar a favor del "hombre con el bigote enrulado", su padre, al que admiraba tanto como conocía poco...

Pero, lamentablemente, cuanto más alto se llega más abismal es la caída. En el curso de su irresistible ascenso, lord Randolph Churchill se hizo demasiados enemigos, tanto entre los liberales como dentro de su propio partido, y las víctimas de su habilidad para maniobrar y de su temible elocuencia esperaban en silencio el momento de la revancha. Por otra parte, el peor enemigo de lord Randolph era él mismo; rígido, tajante, vengativo, impulsivo, temerario, cada tanto exaltado o depresivo, también sufría de una excesiva confianza en sí mismo y una tendencia cierta a creerse indispensable. Finalmente, había algo más, mucho más grave todavía: su sífilis progresaba y las manifestaciones de la enfermedad se volvían cada vez más difíciles de ignorar. En 1881 sufrió el primer ataque de parálisis que le dejó pocas huellas físicas, pero que indudablemente afectó un estado mental ya debilitado por una tensión nerviosa extrema y un consumo de alcohol manifiestamente excesivo.

En cierta medida, estas circunstancias permitieron explicar lo inexplicable: el 20 de diciembre de 1886, lord Randolph Churchill, excelente líder de la Cámara de los Comunes, honorable ministro de Hacienda a quien la reina Victoria acababa de decirle que era "un verdadero hombre de Estado", le envió a lord Salisbury una carta de renuncia. Su intención era forzar al primer ministro, que acababa de rechazar su programa de reducción de impuestos y de gastos militares. Pero todo ocurrió con tal rapidez, sin la menor concertación con los colegas del gabinete o sus amigos políticos, que el audaz golpe de dados dio resultados: cansado de este ministro inquieto que se mezclaba todo el tiempo en los asuntos de sus colegas y que buscaba ardorosa y manifiestamente ocupar el primer lugar entre ellos, Salisbury aceptó la dimisión y encontró un reemplazante. De nuevo como simple diputado, abandonado por la mayoría de sus amistades políticas, Randolph vio cómo de un solo golpe se deshacía su carrera política. Empezó a intervenir esporádicamente en el Parlamento, a apostar fuerte en las carreras de caballos, y se fue por mucho tiempo al extranjero, seguido siempre de lejos por su primer admirador y principal partidario, un holgazán insolente y peleador, su hijo. No había visto mucho al padre cuando era famoso; ahora que Randolph tuvo que abandonar el primer plano, no iba a verlo más.

En cuanto a las ausencias de lady Randolph, se explican, por supuesto, por el apoyo sin fisuras que aportaba a su esposo durante las campañas electorales. Pero esta es también una explicación parcial: en realidad, como antes en París, Cowes, Londres o Dublín, la frívola Jennie estaba sobre todo absorbida por los bailes, la caza, el juego y las cenas mundanas. También tenía numerosos amantes, generalmente (pero no siempre) con título, diplomáticos, oficiales, políticos, artistas y rentistas que llegaban de diversos horizontes: austríacos, ingleses, franceses, norteamericanos, alemanes, italianos. ¿Hay necesidad de agregar que también fue la amante del príncipe de Gales? Sin dudas era inevitable, si consideramos que Su Alteza Real fue siempre un gran amante, que lady Randolph Churchill era una dama llena de atractivos y que ambos se caracterizaban por un gran eclecticismo. ¿Se enojaba el joven Winston por las relaciones de su madre? Para nada, y sin dudas tenía razón: todas le servirían algún día. Pero en ese momento, esa madre, que para él seguía brillando "como la estrella de la tarde", se parecía sobre todo a una estrella fugaz.

Es fácil imaginar qué ocupaciones tan absorbentes impidieron que lord y lady Churchill se ocuparan de su hijo; además, los maestros lo habían descrito como a un holgazán indisciplinado, y los padres no tenían tiempo de mirar más allá de las apariencias. Como nosotros sí tenemos tiempo, lo haremos en su lugar. Primera sorpresa: este escolar execrable leía mucho más que sus compañeros: devoró *La isla del tesoro* a los nueve años; a los once, los relatos de viajes que se publicaban en los diarios; leía novelas de aventuras de Haggard a los doce, y ¡para su cumpleaños número trece pidió la *Historia de la guerra civil norteamericana*, escrita por el general Grant! A los catorce años descubrió maravillado la *Historia de Inglaterra* de Macaulay; después de esto, vinieron Thackeray, Wordsworth y lo más importante de la biblioteca del colegio. Temas, en general, sin relación con los programas escolares; no obstante, cuando un profesor dio en Harrow una conferencia sobre Waterloo, quedó estupefacto al escuchar cómo un pelirrojo impertinente criticaba su exposición citando fuentes que el mismo conferenciante desconocía. Además, Winston se dio cuenta desde muy temprano de que, como su padre, poseía una memoria notable: ya la ejercía en Brighton, cuando actuaba en obras de teatro desde Molière hasta Shakespeare. Pero como sus padres no se dignaban a asistir a las representaciones, renunció al teatro, sin haber perdido nunca su talento de comediante. En cuanto a su memoria, la utilizó de muchas otras maneras: a los trece años, el holgazán de Harrow recibió un premio de honor por haber recitado mil doscientos versos de *Baladas de la Roma antigua* de Macaulay, *sin un solo error*. Y este alumno con tan malas notas no dejaba de corregir a los profesores cuando se equivocaban al citar a los poetas ingleses, algo que, por supuesto, no se mencionaba en los boletines. De hecho, la prodigiosa memoria de Winston Spencer-Churchill no terminó de asombrar nunca a sus contemporáneos.

Otro talento fue apareciendo de a poco y casi por accidente: durante los tres primeros trimestres en Harrow, Winston quedó estancado en la clase más baja, con los alumnos más obtusos. Pero había que ocuparlos mientras los más brillantes profundizaban su cultura grecolatina, y el colegio le encargó esta tarea al profesor de inglés M. Somervell: "Su tarea, recordó Churchill, era enseñar a los alumnos más estúpidos la materia menos valorada: cómo escribir en inglés, así de sencillo. Sabía hacerlo: lo enseñaba como nadie lo había hecho antes. [...] Así asimilé la estructura fundamental de la noble frase inglesa". Y esto fue útil desde el comienzo: por una parte, Winston enseguida comprendió que las súplicas que escribía a sus padres pidiéndoles dinero eran más efectivas cuando estaban redactadas en buen inglés. A partir de ese momento, es posible leer oraciones como: "El ministro de Hacienda no desdeñaría algunos préstamos" o, también, "Bien considerado, una subvención no estaría de ningún modo fuera de lugar". También había otros usos del inglés: Winston estableció un acuerdo de cooperación con un alumno del último curso, latinista distinguido al que le costaban mucho las redacciones en inglés: él se las dictaba y el otro le traducía las oraciones en latín. Finalmente, Winston hizo sus primeras armas como periodista, al enviar algunas cartas al *Harrovian*, el diario del colegio, con el seudónimo *Junius Junior* o *De profundis*. El estilo era clásico; el tono, polémico; el humor, cáustico (exactamente como las intervenciones de Randolph Churchill en la Cámara de los Comunes). Naturalmente, Winston, con orgullo, en cuanto se publicaban se las enviaba a su padre, y lord Randolph a veces se dignaba a leerlas.

De hecho, hubo dos cosas que nunca dejaron de fascinar a Winston Churchill y que Harrow despreciaba. La primera, la política que desde siempre había ocupado un lugar desmesurado dentro de la familia. Desde su más tierna infancia, en el castillo de Blenheim, era el tema principal de conversación en la mesa del viejo duque de Marlborough, su abuelo. Por otra parte, la identificación con la política familiar y con el Partido Conservador tenía tal envergadura que en sus *Memorias* escribió: "En 1888 [todavía no tenía seis años] Gladstone nos echó a todos del poder". El pequeño Winston estaba entusiasmado con Disraeli, detestaba cordialmente a Gladstone y a partir de los diez años leía con avidez en los diarios todas las peripecias de las justas políticas. Por supuesto que seguía de cerca el ascenso de su padre, llenaba álbumes completos de artículos y de caricaturas sobre él, y las cartas a su madre con frecuencia terminaban con frases como: "Espero que ganen los conservadores. ¿Qué piensa que va a suceder?", o: "Estoy muy contento de que papá haya sido elegido en Paddington con una mayoría tan grande". Como sabía que su padre vivía solamente para la política, el muchachito de once años le escribía: "Espero que su discurso de Bradford tenga tanto éxito como el de Dartford". Conocía de memoria todos los discursos de su padre (nuevamente esa memoria fenomenal, en este caso con el apoyo de una verdadera pasión) y había realizado entusiastas campañas a favor de la Liga de la Prímula antes de las elecciones de 1886. Cuando volvía de Harrow para las vacaciones, Winston se encontraba frecuentemente con las amistades políticas de su padre, como John Gort o sir Henry Drummond Wolff, y los escuchaba con fascinación hablar de las últimas disputas parlamentarias. Además,

Edward Marjoribanks, el cuñado de su padre, era el *Chief Whip*, el jefe de la hilera de la fracción parlamentaria liberal, y le explicaba la política vista desde el otro bando. Finalmente, por supuesto, estaban los amantes de su madre, que le hicieron conocer de cerca los grandes acontecimientos de la época: gracias al príncipe de Gales, estaba en los primeros palcos del yate real cuando fue el jubileo de la reina Victoria en 1887; cuatro años más tarde, el conde Kinski, el preferido de su madre, lo llevó al Crystal Palace para asistir a la visita del káiser Guillermo II. Al año siguiente, pudo encontrar en la mesa paterna a algunos de los más grandes actores de la vida parlamentaria y ministerial: Balfour, Chamberlain, lord Rosebery, Herbert Asquith o John Morley; asistió a los grandes debates de la Cámara de los Comunes para oír a su padre, por supuesto, pero también a Austen Chamberlain e inclusive a su viejo enemigo Gladstone, "gran águila blanca al mismo tiempo feroz y magnífica", a quien se sorprendía de admirar. Además, tuvo otras sorpresas, como la de escuchar a un diputado radical intercambiar con su padre palabras extremadamente violentas y, luego, presentarse algunos minutos más tarde al joven Winston preguntándole con mucha amabilidad qué pensaba de los debates... Como vemos, Winston Churchill tenía, antes de su mayoría de edad, una experiencia muy concreta de la vida política inglesa y, sobre todo, una ambición secreta: ingresar, en cuanto le correspondiera, al Parlamento para luchar al lado de su padre, como ya lo hacían Austen Chamberlain y Herbert Gladstone. Cuando llegara ese momento, finalmente, Randolph Churchill podría confiar en su hijo, tratarlo como un socio, como un aliado, y un día, quizá, como un cómplice... "Me parecía, escribió, que contaba con la llave de todo, o de casi todo, lo que valía la pena vivir". En abril de 1891, Randolph partió a realizar un largo periplo por Sudáfrica; contaba con mejorar su salud, pero también deseaba cazar y participar en emprendimientos de minería. Además, el *Daily Graphic* le había ofrecido una suma importante por un relato detallado de sus impresiones de viaje, que sería publicado en cuatro episodios. Pero en cuanto regresó a Londres, en 1892, de nuevo cayó en la lucha política, bajo la mirada de admiración de su hijo: "Pensábamos que volvería a obtener rápidamente en el Parlamento y dentro del partido la ascendencia que había comprometido con su dimisión de hacía seis años. Nadie sostenía esta esperanza con más brío que yo".

Pero nuestro escolar tenía también otra pasión, más vieja que la política: la pasión por las armas. Uno de sus recuerdos más antiguos de la niñez estaba directamente vinculado a ellas y se remontaba a 1878: fue en Irlanda, cuando su abuelo, el virrey, inauguró la estatua de lord Gough: "Recuerdo [...] una gran multitud negra, caballeros con uniforme escarlata, cuerdas que apartaban una tela marrón brillante y al viejo duque, mi temible abuelo, que se dirigía a la multitud con una voz grave. También recuerdo una de sus frases: 'Y de una descarga fulminante, rompió en pedazos las filas enemigas'. Entendía muy bien que hablaba de la guerra y de combates, y que una 'descarga' era lo que los soldados con mantos negros tiraban frecuentemente con gran estruendo en Phoenix Park, adonde me llevaban en mi paseo matinal. Creo que éste es mi primer recuerdo coherente".

Notablemente coherente, inclusive, si pensamos que Winston tenía cuatro años en ese momento. Pero sin duda ya se ha comprendido que no se trataba de un niño común. No era todavía mayor cuando oyó hablar de los peligrosos fenianos, de las campañas de Cromwell en Irlanda y, por supuesto, de las hazañas de su ilustre antepasado, John Churchill, primer duque de Marlborough. De regreso a Irlanda, empezó a apasionarse por la guerra que en ese momento se desarrollaba contra los zulúes, y miraba las ilustraciones en los periódicos. "Los zulúes mataban a muchos de nuestros soldados, pero nuestros soldados mataban a muchos más zulúes, si nos guiábamos por las imágenes". Tuvo que esperar todavía dos años para poder leer los textos y entender que las cosas eran un poco más complejas. A partir de ese momento siguió apasionadamente todos los relatos sobre la muerte del príncipe imperial[2] y el trágico final de Gordon en Kartún, pero también sobre la guerra civil norteamericana y la guerra franco-alemana de 1870, en ese momento el último grito en materia de conflictos de importancia.

Por supuesto que el pequeño Winston jugaba a la guerra con su hermano y sus primos, como todos los varones. Pero él se tomaba el juego muy en serio; siempre era el que mandaba, y en Bamstead, la propiedad de sus padres, construyó una fortaleza con pasarelas, fosas y puentes levadizos. En el medio había una poderosa catapulta que lanzaba bien lejos... manzanas; como no tenía zulúes, bombardeaba vacas que se aventuraban a la línea de tiro. Naturalmente, Winston era un apasionado de los desfiles militares y de las visitas a museos históricos, fortalezas y unidades navales; sus cartas estaban sembradas de croquis de cañones, uniformes, buques y campos de batalla. Pero no hay que olvidar lo esencial: desde los cinco años acumuló en su cuarto de juegos una impresionante colección de soldados de plomo de la que estaba especialmente orgulloso: "Terminé por tener cerca de mil quinientos, todos a la misma escala, todos británicos y que constituían una división de infantería, con una brigada de caballería". Sin contar las piezas de artillería, que tiraban arvejas y piedritas sobre el ejército enemigo, dirigido por su hermanito Jack. "Era un espectáculo muy impresionante, recordó su prima Clare Frewen, conducido con una seriedad que iba mucho más allá de un simple juego de niños".

Así era: Winston Churchill escribió: "Estos soldados de plomo cambiaron el rumbo de mi existencia". Sucedió que un día el padre, cuyo extraordinario prestigio a los ojos del niño conocemos, aceptó ir a pasar revista a las tropas, un acontecimiento de una importancia absolutamente excepcional: "Todas las tropas estaban dispuestas en formación de ataque. Con un ojo experto y una sonrisa fascinante, mi padre pasó veinte minutos estudiando la escena, que era realmente imponente. Después me preguntó si me gustaría entrar en el ejército. Pensaba que sería fantástico dirigir un ejército, así que enseguida dije que sí e inmediatamente me tomaron la palabra. Durante años pensé que mi padre, con su experiencia y su instinto, había entrevisto en mí las cualidades de un genio militar. Pero me dijeron que solamente había sacado la conclusión de que no era lo bastante inteligente como para ser abogado".

Pequeñas causas, grandes efectos... A partir de ese momento, Winston Churchill tuvo una ambición claramente definida, y todas sus actividades se le subordinaron. Después de su primer año de estudios en Harrow, entró en una clase especial del colegio que preparaba para los exámenes militares. Esto se realizaba además de los estudios normales, por los que Winston seguía mostrando un interés muy limitado. Como señaló uno de sus maestros: "Trabajaba solamente cuando lo decidía y en las materias que le gustaban". Pero, justamente, la *military class* lo sedujo desde el principio: en ella le daban alguna importancia a la historia y a las redacciones en inglés, dos de sus materias predilectas. Además, Winston era miembro del *rifle club*, que organizaba sesiones de tiro y maniobras en las que los alumnos podían mostrar sus talentos en materia de táctica militar. "En una jornada de grandes maniobras, recordó uno de sus profesores, vino a preguntarme si podía ser mi ayuda de campo; su vivacidad, su energía en la acción eran sorprendentes". Por otra parte, si bien el fútbol seguía aburriéndolo y no lograba andar en bicicleta (además, la había vendido para comprar un bulldog), lo atraían otros deportes apreciados en el ejército: la equitación, por supuesto, pero sobre todo el boxeo, la natación y la esgrima. A tal punto que este muchacho de talla modesta (1,66 metros), más bien enclenque y que se enfermaba con bastante frecuencia, ganó en el verano de 1889 el campeonato de natación por equipos. Más extraordinario todavía es que a los diecisiete años haya ganado los campeonatos de esgrima intercolegiales, derrotando a todos sus adversarios, la mayoría de los cuales eran mayores y con más experiencia que él. Sus padres ni siquiera fueron a la entrega de los premios: lady Randolph estaba en Montecarlo y lord Randolph, en las carreras... El hijo ya no se enojaba más.

Winston era muy débil en matemáticas como para entrar a Woolwich, la academia reservada a los futuros oficiales de la artillería y del genio. Sus maestros le recomendaron prepararse para ingresar a Sandhurst, que formaba a los tenientes de infantería y de caballería; para hacerlo, tenía que enfrentar el examen preliminar, más el examen de ingreso propiamente dicho. Al cabo de un año, en junio de 1890, Winston fue autorizado a presentar la prueba preliminar y, para sorpresa general, aprobó en el primer intento mientras que muchos de sus condiscípulos, mayores que él, fracasaron estrepitosamente. Es verdad que tuvo mucha suerte: ese año el latín no era obligatorio, el tema de la redacción fue la guerra de secesión (una de sus especialidades) y el mapa que le pidieron que dibujara era el de Nueva Zelanda, justamente el que se había aprendido de casualidad el día anterior. Quedaba por aprobar el examen principal, y ahí las cosas se complicaron: además de francés y química, había tres materias obligatorias: inglés, matemáticas y... latín. Por primera vez en su vida, Winston trabajó regular y aplicadamente; uno de los mejores profesores de Matemáticas del colegio, el señor Mayo, se dedicó a dictarle clases particulares. Pero fue insuficiente: en el verano de 1892, el estudiante de diecisiete años fracasó en su primer intento. Se presentó de nuevo cuatro meses más tarde y volvió a fracasar. Su padre, que seguía considerándolo un tonto, decía que eso no le llamaba la atención, pero tuvo la sorpresa de que lo contradijera el principal del colegio, el reverendo Welldon. Este hombre digno terminó por comprender que las notas del boletín del joven Winston daban sólo una imagen imperfecta de su valor real: también se dio cuenta de los cambios que se habían producido en su conducta y en su asistencia. Por eso le escribió a lord Randolph para decirle que la tercera iba a ser la vencida, pero le recomendó que confiara a su hijo al mejor de los "preparadores" profesionales, el capitán Walter H. James. Randolph Churchill aceptó después de algunas dudas (evidentemente la preparación era muy costosa) y Winston dejó Harrow para entregarse a los buenos cuidados de esta afamada fábrica de bachilleres. Al respecto, escribió: "Era un sistema de crianza intensiva en lugares cerrados [...] y nos decían que a partir de ahí nadie podía dejar de entrar al ejército, salvo que fuera un imbécil de nacimiento".

...O que estuviera muerto; porque de eso exactamente se salvó Winston Churchill antes de haber podido beneficiarse con los conocidos servicios del capitán James. En la propiedad de la cuñada de Randolph, cerca de Bournemouth, Winston, que acababa de cumplir dieciocho años, jugaba a los policías y los ladrones con su hermano y un primo. Se había librado de ambos pero en un momento se encontró en medio de un puente de unos cincuenta metros de largo, que atravesaba un profundo barranco, y se dio cuenta de que sus perseguidores lo esperaban en la otra punta. Para que no lo capturaran, pasó por encima del parapeto y se lanzó hacia la punta de un pino, con la esperanza de deslizarse a lo largo del tronco. Pero calculó mal, cayó desde una altura de nueve metros y quedó en el suelo, inconsciente. Después de tres días en coma, se pudo diagnosticar, entre otras heridas, una grave lesión en un riñón. En la casa de los Churchill no se bromeaba con la enfermedad: sus padres acudieron de inmediato y llevaron con ellos al bueno del doctor Roose y a un famoso cirujano. Winston se salvó con dos meses de inmovilización. O sea, tiempo perdido para la preparación con el capitán James y tanto más cuanto, apenas convaleciente, se empezó a interesar mucho más por el intento de regresar a la política de su padre e iba a escuchar todos los discursos que pronunciaba en la Cámara. El infortunado capitán James, que ya había visto a otros como él, estaba desesperado y dispuesto a abandonar la partida. Se equivocaba: en el tercer intento, en junio de 1893, Winston Spencer-Churchill fue recibido en Sandhurst, con un poco de trabajo, mucha suerte y algunos talentos excepcionales.

De hecho, casi por poco Winston no ingresa nunca a Sandhurst o a cualquier otro lugar. Ese verano pasó sus vacaciones en Suiza y, en un paseo en bote en el lago Léman, él y un amigo decidieron bañarse y, en un momento, se dieron cuenta de que el viento se había llevado el bote fuera de su alcance. Estaban muy lejos de la orilla como para volver por sus propios medios. "Ese día, recordó, vi la muerte tan de cerca como nunca". Pero no es verdad: la vería de mucho más cerca todavía... En ese momento, su habilidad de nadador, que era notable en Harrow, le permitió alcanzar el bote *in extremis* y recuperar a su amigo.

Poco antes de esta aventura había recibido cartas de felicitación de toda la familia por su admisión en Sandhurst. Los únicos que se habían abstenido habían sido sus padres. Pero la carta que finalmente recibió del padre era especialmente hiriente: indignado por haber comprobado que las notas en el examen sólo le permitían entrar en la caballería en lugar de la infantería, Randolph le escribió: "Al llevar a cabo la prodigiosa hazaña de ingresar a la caballería, me impones un gasto suplementario de unas doscientas libras al año. [...] Si no puedes dejar de llevar una existencia ociosa, vana e inútil, como la que tuviste durante la escolaridad y durante los últimos meses, te convertirás en un simple desecho de la sociedad, uno de sus incontables perdedores que salen de las *public schools,* y te instalarás en una existencia lamentable, infeliz y fútil".

¿Acaso era una proyección? Porque este retrato se parece mucho al de lord Randolph en su juventud y, más todavía, al que temía convertirse en un futuro próximo. Además, en la correspondencia hay extrañas incoherencias que permiten pensar que la enfermedad que sufría desde hacía diez años ya amenazaba seriamente sus facultades mentales. ¿Era consciente Winston de esto? Para nada. Le respondió: "Lamento muchísimo haberlo defraudado. Me esforzaré por que cambie de opinión sobre mí a través de mi trabajo y mi conducta en Sandhurst".

3
Adiós a las lágrimas

Winston Spencer-Churchill ingresó con real entusiasmo al Royal Military College de Sandhurst el 1º de septiembre de 1893. Sus primeros instructores, que no compartían tal entusiasmo, comprobaban estupefactos que intentaba discutir sus órdenes. Los ejercicios físicos no eran su fuerte, la puntualidad tampoco, y las largas caminatas con pesadas mochilas no estaban hechas para la gente menuda. Así que, desde el comienzo, al cadete Churchill lo mandaron a un "pelotón de zoquetes".

Pero no permaneció allí mucho tiempo, pues enseguida lo que se enseñaba en Sandhurst despertó su interés: se acabaron las matemáticas, el griego, el latín o el francés; había cinco materias fundamentales: táctica, fortificaciones, topografía, derecho y administración militar. Todo esto lo apasionaba: la teoría le recordaba sus lecturas de Harrow y su prodigiosa memoria le permitía retener todo con un mínimo de esfuerzo; la práctica le parecía una continuación de sus juegos de guerra adolescentes: cavar trincheras, construir fortificaciones, confeccionar minas o caballos de madera, cortar las vías férreas, construir puentes o hacerlos saltar, trazar los mapas de la región, hacer reconocimientos a lo largo de las rutas, todo esto le encantaba. También practicaba tiro con pistola, con fusil y con cañón, esgrima y, sobre todo, equitación (la pasión de su vida). Aprendió a cabalgar sin silla, estribos ni riendas, a subir y bajar de un caballo al trote, a saltar obstáculos impresionantes. Al cabo de sólo algunas semanas, Winston era considerado uno de los mejores soldados de caballería de Sandhurst e iba a seguir progresando.

Sin embargo, como en Harrow, el joven Winston Churchill tenía simultáneamente un montón de otras ocupaciones: leía todos los periódicos, seguía las menores peripecias de la vida parlamentaria, apostaba fuerte en las carreras de caballos, escribía continuamente a sus padres intentando que se interesaran en él, visitaba asiduamente los *music-halls*, daba su primer discurso público (¡para defender la prostitución en nombre de las libertades fundamentales!), asistía con frecuencia a las recepciones mundanas y se encontraba siempre corto de dinero. También, como en Harrow, tenía muchos problemas de salud: horribles dolores de muelas que lo mantenían despierto toda la noche, bronquitis que no terminaban de curarse (probablemente agravadas por un excesivo tabaquismo), dolores de cabeza insoportables, dolores de espalda como consecuencia de las numerosas caídas del caballo, enormes ampollas que a veces no le permitían montar, una hernia muy molesta y problemas de hígado atribuidos a la mala comida de Sandhurst (pero que seguramente se debían a la libaciones sin moderación).

Esta información es necesaria para apreciar los resultados que el cadete Winston Churchill obtuvo en el primer examen de diciembre de 1893: estaba entre los primeros, con doscientos treinta puntos sobre trescientos en administración militar; doscientos setenta y seis en derecho militar; doscientos setenta y ocho en táctica... Hasta había obtenido un "bueno" en conducta, con esta aclaración: "Falta de puntualidad"; cosa que iba a faltarle durante toda la vida.

Para Winston Churchill, acostumbrado desde hacía mucho tiempo al papel de holgazán, estos resultados eran muy alentadores. Por otra parte, por más espartanas que fueran las condiciones de vida en Sandhurst –catorce horas de trabajo por día, comodidades rudimentarias, sin agua caliente y una comida lamentable, incluso para Inglaterra–, este hijo de un lord se acostumbró sin problemas, apreciaba la disciplina militar y se hizo de muchos amigos. "Una experiencia dura pero feliz", resumió más tarde, no sin expresar una queja: por más apasionante que fuese la educación en Sandhurst, la estrategia no figuraba en el programa: "Durante las horas de clase, no nos permitían que nuestras mentes fueran más allá de la visión de un oficial subalterno. Pero a veces me invitaban a cenar al colegio del estado mayor, que quedaba a menos de dos kilómetros y donde se formaban los oficiales más brillantes del ejército, que se destinaban al alto mando. Ahí se hablaba de divisiones, de cuerpos del ejército y hasta de ejércitos enteros".

Winston Churchill lamentó toda su vida que no lo hubiesen considerado lo suficientemente inteligente como para estudiar estrategia. Además, muchos oficiales de los estados mayores de Su Majestad también lo iban a deplorar durante las dos guerras mundiales, cada vez que Churchill abordara con un entusiasmo desordenado las cuestiones de alta estrategia. Pero en este momento, el interesado tenía otras prioridades: en su primer trimestre en Sandhurst lo habían invitado a cenar a la cantina de oficiales del 4º regimiento de húsares de la reina, comandado por el coronel John Brabazon, veterano muy condecorado de la campaña de Afganistán y viejo amigo de Randolph Churchill. El prestigio del coronel, el interés halagüeño que mostraba por el joven cadete, el excelente porte de los húsares, el esplendor de sus uniformes, la atracción de la caballería, la calidad de la cena (y del oporto), todo esto provocó una fuerte impresión en el joven Winston, que a comienzos de 1894 decidió que, al salir de Sandhurst se convertiría en oficial del regimiento 4º de húsares, con la ayuda del coronel Brabazon en persona. Pero, lamentablemente, Randolph esperaba que su hijo fuese oficial de infantería y ya había intrigado con el duque de Cambridge para que Winston fuese admitido en su regimiento 60º de fusileros. "Sé perfectamente, escribió lord Randolph, que Brabazon es uno de los mejores soldados del ejército, pero no tenía que cambiarle la cabeza a este muchacho para que decidiera entrar al 4º de húsares". Winston era un hijo obediente y las cosas quedaron así, por el momento.

"Cuando fui cadete, recuerda nuestro héroe, adquirí un nuevo prestigio para mi padre". Aparentemente esto es cierto: lord Randolph, aun cuando estaba en una situación financiera difícil, dio la orden de que su librero le entregara a Winston todos los libros que necesitara y también financió cursos suplementarios de equitación en Camberley, que el hijo aprovecharía mucho. Sin refunfuñar demasiado, aceptó pagar las incontables deudas y hasta se dignó a escribirle para darle algunos consejos... paternos. "No fumes demasiado, no bebas demasiado y acuéstate lo más temprano posible". Finalmente, y sobre todo, empezó a invitar a Winston a acompañarlo los fines de semana de tanto en tanto a las casas de sus colegas del Partido Conservador o de sus compañeros de carreras, a los que presentaba a su hijo con estas palabras: "No es gran cosa todavía, pero es un buen muchacho".

La formulación deja mucho que desear. En realidad, lord Randolph casi no dejaba pasar oportunidad de denigrar a su hijo, como se observa en las durísimas cartas que le escribía para ese entonces: "¡Eres tan tonto que no puedes mantenerte en 'mi querido padre' y tienes que volver a 'mi querido papá'! Es una imbecilidad". O: "Lo que escribes [...] es estúpido. [...] Voy a reenviarte la carta para que puedas de tanto en tanto revisar tu estilo pedante de escolar retardado". Es verdad que Randolph había escrito poco tiempo antes a su madre, la duquesa de Marlborough: "Ya se lo había dicho a menudo, [...] [Winston] no puede de ningún modo pretender ser inteligente, tener conocimientos o alguna aptitud para un trabajo regular". Así comprendemos mejor esta triste comprobación de su hijo: "Si por casualidad yo dejaba entrever que se podía instaurar una cierta camaradería entre nosotros, enseguida se ofendía. Y cuando un día le propuse ayudar a su secretario privado a redactar algunas cartas, me echó una mirada que me dejó petrificado". Es difícil de comprender, pero Randolph Churchill seguía considerando que su hijo era un inepto; lo que era innegable era que el uniforme de salida de un cadete de Sandhurst causaba un gran efecto en los salones, y, como su propia persona era cada vez menos atractiva, pensaba que el uniforme era un refuerzo apreciable...

Pero esto no bastaba. Ya el año anterior muchos observadores estaban convencidos de que lord Randolph lograría regresar a la política y tenían buenas razones para pensar así: desde su regreso de Sudáfrica, el ex líder del "cuarto partido" y voz cantante de la *Tory Democracy* parecía haber recuperado toda su verba y su temible elocuencia para fustigar el proyecto de *Home Rule* de los liberales. En la primavera de 1894, la victoria estaba a la vista: el viejo Gladstone, vencido por el rechazo de su plan de autonomía irlandesa en la Cámara de los Lores, volvió a entregarle su renuncia a la reina. El nuevo primer ministro era lord Rosebery, liberal opuesto a la *Home Rule* y uno de los amigos más fieles de Randolph. Pero para este último, era demasiado tarde: desde hacía unos meses tanto sus adversarios como sus aliados políticos tuvieron que rendirse ante la evidencia: lord Randolph Churchill era sólo la sombra de lo que había sido; sus discursos en los Comunes eran cada vez menos inteligibles, perdía el hilo de las ideas, tenía espasmos, alucinaciones y ataques de demencia. Poca gente conocía la verdadera razón (y su hijo menos que nadie), pero nadie pudo dejar de notar los efectos: "Fue inocultable, a la vista de todos", notó con tristeza lord Rosebary. "Se murió imperceptiblemente, en público".

Por estas razones, su madre y su esposa consideraban que era urgente alejarlo de la lucha política en la que se consumía a pura pérdida y en la que tenía un desempeño tan mediocre. Sus médicos, empezando por el siempre dedicado doctor Roose, recomendaron un año de reposo, y Jennie decidió acompañarlo en un largo crucero alrededor del mundo; lo hicieron con un médico, el doctor Keith, por cualquier eventualidad. El 27 de junio de 1894, el trío se puso en camino; el nuevo primer ministro, lord Rosebery, tuvo a bien acompañarlos a la estación, del mismo modo que Jack y Winston, que no sospechaban de ningún modo la gravedad de la enfermedad que roía al padre y que quedaron asombrados de su apariencia azorada.

El viaje, que llevó a la pareja a Estados Unidos, Japón, Hong Kong, Singapur, Birmania e India no fue más que una larga pesadilla por la rápida degradación de lord Randolph. Pasaba de la agresividad a la postración o al delirio, y era evidente que había perdido las ganas de todo. A fines de noviembre, el doctor Keith logró convencer a Jennie de poner fin a la prueba y tomar urgentemente el camino de regreso. Mientras tanto, Winston acababa de salir de Sandhurst con honores (en el puesto 20 de una promoción de 130) y fue a ver al doctor Roose, quien le reveló una parte de la verdad sobre el estado de salud del padre. "No imaginaba, escribió a su madre, que papá pudiese estar tan enfermo". De modo que cuando sus padres volvieron a Londres, la víspera de Navidad, Winston ya sabía que su padre estaba condenado. Lord Randolph sobrevivió todavía un mes, en estado de estupor entrecortado por algunos accesos de lucidez, antes de apagarse pacíficamente en la mañana del 24 de enero de 1895.

La muerte del padre dejó a Winston desamparado. "Así se disiparon todos mis sueños de mantener con él relaciones de camaradería, entrar al Parlamento a su lado y apoyar su accionar. Lo único que me restaba era proseguir su tarea y defender su memoria". Eso fue exactamente lo que hizo cuando escribió una larga apología de lord Randolph imitando su estilo y sus modos, endosándole las elecciones políticas y las ambiciones del hombre al que admiraba más que a cualquier otro. Sería difícil decirlo mejor que William Manchester: "Raramente se vio que un hombre le diera tan poco afecto a un hijo y recogiera semejantes dividendos de lealtad póstuma". Sin embargo, todo deja huellas, y la piedad filial de Winston encubría sentimientos más complejos, que expresó claramente en sus confidencias a Frank Harris: "Nunca me escuchaba [...]. No era posible ninguna camaradería con él, a pesar de todos mis esfuerzos. Su egocentrismo era tal, que no existía ninguna otra persona para él". Cuando Harris le preguntó si lo amaba, Winston respondió: "¿Cómo habría podido? Me trataba como a un idiota; ladraba en cuanto le hacía una pregunta. Le debo todo a mi madre; nada a mi padre".

Pero, además de sus deudas, Randolph dejaba a sus hijos una herencia inquietante: la mayoría de la gente ignoraba las verdaderas causas de su muerte, y en especial sus hijos. Pero Winston se dio cuenta de que los Churchill morían jóvenes: tres hermanos de Randolph habían muerto a corta edad; el cuarto, George, marqués de Blandford, a los cuarenta y ocho años; y ahora el propio Randolph, a los cuarenta y seis. ¿Habría una tara hereditaria? El hermanito John, al que llamaban Jack, casi se muere cuando todavía usaba pañales, y el propio Winston tenía una salud más bien frágil. Dedujo que su vida sería corta y que tenía poco tiempo para dejar una marca. Más tarde, sus innumerables detractores verían en él a un "joven apurado", pero estarían muy lejos de sospechar por qué razón.

"En lo esencial, había pasado a ser dueño de mi destino", comprobó Winston con una tristeza mezclada con orgullo. Su primera decisión de adulto independiente fue abandonar el compromiso que su padre había contraído con el duque de Cambridge, comandante del 60º de fusileros. Es verdad que Randolph, cinco meses antes, había escrito a su hijo que tenía que renunciar a cualquier idea de entrar en la caballería, pero había agregado: "*En todo caso mientras esté vivo*", una figura premonitoria. Durante los últimos días de su vida, en un momento de lucidez, le había dicho: "¿Ya tienes tus caballos?", lo que parecía indicar que había cambiado de opinión o, bien, que ya todo le era indiferente. Pero ahora Winston podía contar con la ayuda de su madre: "Enseguida se convirtió en una aliada vehemente. [...] Colaborábamos en pie de igualdad, más como hermano y hermana que como madre e hijo". Efectivamente, sin dudas el instinto fraterno de Jennie estaba más desarrollado que el materno. En todo caso, una simple carta era suficiente para el 60º de fusileros: el duque de Cambridge se inclinó galantemente ante la bella lady Randolph, y su hijo quedó inmediatamente libre de cualquier compromiso. A comienzos de febrero de 1895, Winston Churchill, que acababa de ser nombrado subteniente, se unió al 4º de húsares en Aldershot.

No fue una ventaja: el joven oficial pasaba todos los días cuatro horas montado (y a veces ocho); por la noche sentía tanto dolor que no podía caminar; además, ahora estaba a cargo de una escuadra de treinta hombres con igual cantidad de caballos y participaba en desfiles interminables, sin contar los ejercicios cotidianos de tiro con carabina, el polo y los *steeple-chase*. De todos modos, había compensaciones: una empleada doméstica, por ejemplo, que le llevaba el desayuno a la cama; dos baños calientes por día; interminables banquetes en la cantina, donde todos los comensales eran conservadores como él, la calidad y cantidad de la comida era excelente y la bebida, abundante (aun cuando el coronel Brabazon soliera preguntarle a su intendente en qué farmacia compraba el champaña). Además, el coronel tenía gran simpatía por el hijo de su viejo amigo Randolph; compartían la misma mesa en la cantina y se encontraban con frecuencia en las grandes recepciones de los fines de semana.

Así que parece que la vida de oficial de caballería le venía bien a Winston Churchill; pero rápidamente se dio cuenta de que tenía otras ambiciones. Por una parte, el sueldo de un subteniente (ciento veinte libras por año) era muy miserable para este descendiente de los Marlborough, en quienes la prodigalidad era una virtud ancestral. Por otra, consideraba que la vida militar, por exaltante que fuera, no le dejaba tiempo para leer e instruirse, y de ese modo lo ponía en "un estado de estancamiento mental". Finalmente, recordemos sus palabras de adolescente, cuando su padre le había preguntado si quería ingresar al ejército: "Pensaba que sería maravilloso dirigir un ejército, y respondí inmediatamente que sí". Así que el subteniente Churchill empezó a medir el tiempo que necesitaría un oficial subalterno de Su Majestad para llegar a la cabeza de un ejército... y ya sabemos que consideraba que tenía el tiempo meticulosamente contado. "Cuanto más conozco la vida militar, le escribió a su madre, más me gusta, pero más me convenzo de que mi trabajo no está allí". Es que Winston Churchill, digno hijo de su padre, tenía en su interior la pasión por la política.

En el verano de 1895, el gobierno liberal de lord Rosebery quedó en minoría y con las elecciones siguientes volvieron los conservadores al poder. Nadie estaba más satisfecho que Winston, y, cuando se realizó una gran recepción en Devonshire House en honor a miembros del nuevo gobierno, fue imposible no invitar al hijo de lord Randolph, que, por otra parte, conocía a la mayor parte de los ministros presentes. Estuvo largo tiempo con ellos, admiró sus uniformes y envidió sus prerrogativas: un ministro o un secretario de estado podía actuar, ordenar, ejercer una influencia directa sobre el curso de los acontecimientos, promover los intereses del reino en Europa y en el vasto mundo. ¿Cuánto valía, en comparación, la acción de un oficial subalterno de húsares? Por supuesto que el camino del poder pasaba por la Cámara de los Comunes y que no era posible pretender una banca de diputado sin poseer cierta fortuna: esto es lo que le pasaba al primo "Sunny", noveno duque de Marlborough,[1] cuyos primeros discursos en la Cámara Winston seguía con envidia y admiración. "La política es un hermoso juego, le escribió a su madre el 16 de agosto de 1895, y vale la pena esperar tener en las manos sólidas victorias antes de pegar el salto". Mientras esperaba estas cartas de triunfo, tenía que ponerle buena cara a la mala fortuna; por otra parte, el oficio de las armas no carecía de atracciones para un joven apasionado por las campañas y las aventuras (tanto más cuanto que el regimiento 4º de húsares tenía que ir a la India el año próximo). Allí, sin dudas, podría ilustrarse, y quién sabe si la gloria militar no le abriría la puerta del Parlamento y hasta del gobierno. Durante toda la vida, Winston Churchill tomó sus deseos por realidades y raramente se equivocó.

Para este joven de veinte años, 1895 fue decididamente un año de duelo. Después de la muerte del padre y de la abuela materna, Clara Jerome, la fiel Woom cayó gravemente enferma. Como ya no tenía empleo, se había retirado a la casa de su hermana en Islington, adonde Winston (como una justa retribución) le hacía llegar alguna ayuda. Cuando se enteró de la enfermedad, fue a verla e hizo llamar a un médico de urgencia, pero ya era demasiado tarde: murió de peritonitis al día siguiente. Winston organizó los funerales y estaba visiblemente abatido: para él y para su hermano Jack, la señora Everest había sido una segunda madre, y hasta la primera.

A fines del verano, los hombres del 4º de húsares gozaron de cuatro meses y medio de licencia. Todo joven oficial que se respetara tenía que pasarlos en la caza del zorro, pero Winston, que no tenía dinero, no podía permitírsela. Por otra parte, tenía otros proyectos: en su regimiento, ningún oficial subalterno había visto nunca el fuego. Es que habían pasado cuarenta años desde la guerra de Crimea y diez desde las escaramuzas en Egipto y en Afganistán. Así que podemos imaginar el prestigio que tenían los veteranos de estas campañas a los ojos de la tropa y ante las mujeres de mundo. Y Winston, que pensaba en la guerra y soñaba con la gloria desde por lo menos los quince años, ardía en deseos de pasar lo más pronto posible por el bautismo de fuego. ¿Acaso no es la base de este oficio? Pero, lamentablemente, este fin de siglo fue de una tranquilidad deprimente: en todo el imperio de la gran reina Victoria, no había el menor conflicto en el que él pudiera aparecer para obtener ventajas. Felizmente, quedaban las guerras extranjeras, y justamente había una en ese momento en la colonia española de Cuba: el ilustre mariscal Martínez Campos acababa de ser enviado a la cabeza de siete mil hombres para abatir a los rebeldes que, desde hacía años, sostenían una sangrienta guerrilla contra el ocupante español. Para Churchill era una hermosa oportunidad: mientras sus colegas oficiales perdían el tiempo en hacer correr a vulgares cánidos, él, descendiente del glorioso duque de Marlborough, adquiriría en el campo de batalla una experiencia real en el oficio de las armas.

Winston preparó su campaña con un cuidado ejemplar. Ya había convencido a uno de sus compañeros, el subteniente Reginald Barnes, de acompañarlo en su periplo. Convencer a su madre de pagarle el viaje a Cuba fue un poco más difícil. Y había que lograr que los españoles decidieran dejarlos entrar y que las autoridades británicas los dejaran partir. Ahí fue cuando las relaciones paternas mostraron su valor, pues el embajador de Gran Bretaña en Madrid no era otro que sir Henry Drummond Wolff, miembro distinguido del "cuarto partido" y viejo amigo de lord Randolph. Evidentemente, sir Henry no tenía nada que negarle al hijo del difunto viejo amigo e informó sin demoras al ministro español de Asuntos Exteriores sobre el proyecto de Winston. Magia de las relaciones en la cima: el duque de Tetuán se comprometió en ese mismo momento a conseguir una carta de recomendación del ministro de Guerra y a escribir una de su puño y letra al mariscal Martínez Campos, que era su amigo personal. Con estas presentaciones, los dos compañeros de aventura se habían asegurado recibir la mejor de las recepciones, tanto más cuanto que las autoridades españolas estaban encantadas con que militares británicos (uno de ellos descendiente del ilustre Marlborough) se interesaran por sus operaciones. ¿Quizás esto podría desembocar en una alianza diplomática, incluso militar, con Londres? Precisamente por esta razón los superiores de ambos subtenientes se mostraron mucho menos entusiastas: el coronel Brabazon les aconsejó que se dirigieran al comandante en jefe, lord Wolseley, que los recibió con un malestar evidente: si la prensa presentaba la expedición de los dos jóvenes como una misión oficial, habría un lindo escándalo en el Parlamento; por otro lado, negarse a dejar que se fuera el hijo de lord Randolph sería inconveniente, y provocar el disgusto de lady Randolph indignaba a un *gentelman*. Finalmente, Lord Wolseley terminó por aceptar y envió a los dos subtenientes a conversar con el general Chapman, jefe de los Servicios de Informaciones. Éste les proporcionó mapas del país y les encargó que recabaran ciertas informaciones de carácter militar en el lugar: como en ese momento los conflictos eran algo raro, todos los detalles que se podían recoger sobre el funcionamiento de las armas en situación de guerra pasaban a ser muy valiosos.

Siempre siguiendo la huella de su padre, Winston se dirigió al *Daily Graphic*, el periódico que había publicado cuatro años antes las cartas que lord Randolph había enviado desde Sudáfrica. Firmaron un contrato análogo con los editores del diario: le pagarían cinco guineas por cada carta que mandara desde el "frente" cubano. Hasta ese momento, no había escrito otra cosa que artículos escolares para el diario de Harrow o el de Sandhurst, y algunas cartas polémicas al correo de lectores del *Times*; esta vez, por algunas semanas al menos, sería periodista de tiempo completo y así podría financiar su estadía.

Finalmente, el 2 de noviembre los dos compañeros se pusieron en camino hacia Nueva York a bordo del trasatlántico *Lucania*. Estaba previsto que pasaran solamente un día y medio en Estados Unidos, para dirigirse inmediatamente hacia Cuba, pero Jennie tenía tantas relaciones en el Nuevo Mundo como en el Antiguo, y le dio a su hijo una buena dirección en Nueva York, la de Bourke Cockran, abogado distinguido, miembro demócrata del Congreso y amante de lady Randolph. El excelente hombre demostró ser un huésped incomparable, los presentó a la alta sociedad neoyorkina, los hizo visitar todo lo que les interesaba, desde un crucero acorazado hasta la academia de West Point, y los oficiales se retrasaron ocho días sin que les pareciera que había pasado el tiempo. Finalmente, llegaron a La Habana el 20 de noviembre y se encontraron con comodidades mucho más rudimentarias, pero los huéspedes eran tan solícitos como antes: las cartas de presentación que habían llegado de Madrid surtieron efecto y los dos visitantes ingleses fueron enviados inmediatamente a Santa Clara, al cuartel general del mariscal Martínez Campos.

El mariscal accedió con agrado a su pedido: si querían participar de las operaciones, podían unirse a la columna de infantería del general Suárez Valdez, que había partido esa misma mañana hacia Sancti Spiritu, a unos sesenta kilómetros más al sur. Bastaría con que tomaran el tren con destino a Cienfuegos, en la costa sur, y luego el barco hacia Tuna, y de nuevo el tren para el norte: un periplo de tres días y doscientos cincuenta kilómetros que les permitiría encontrarse con la columna móvil a su llegada, prevista para la noche del cuarto día. Todo sucedió de este modo, y en el día previsto, el general Suárez Valdez, que entraba a Sancti Spiritu a la cabeza de cuatro batallones, recibió con dignidad a Barnes y a Churchill, en cuya presencia creía ver, al igual que sus superiores, un signo tangible del apoyo moral acordado por Gran Bretaña a la empresa española de pacificación de la isla. Naturalmente, el general no vio más que ventajas en el hecho de que estos dos oficiales se unieran a la columna móvil, que partiría al otro día hacia el noreste, en dirección del pueblo fortificado de Arroyo Blanco.

Los diez días siguientes se pasaron en marchas, contramarchas, emboscadas y escaramuzas en medio de la jungla húmeda y hostil de la provincia de Matanzas. Una vida difícil, fértil en aventuras y en peligros, que encantó al subteniente Churchill. Su deseo de encontrarse bajo fuego quedó ampliamente satisfecho; inclusive hubo balas que pasaron a algunos milímetros de su cabeza. Asombrado y radiante de salir siempre indemne de situaciones imposibles, Winston atribuyó su salvación al hecho de que los rebeldes tiraban mal y abandonaban el campo rápidamente; en cuanto a los soldados españoles, le parecían muy profesionales, con una valentía y una resistencia dignas de elogio. Respecto de los oficiales, permanecían impasibles en medio del fuego enemigo y desdeñaban soberanamente ponerse a cubierto; Winston, para no decepcionarlos, consideró que tenía que actuar del mismo modo. Todos estos peligros compartidos crearon una cierta fraternidad de armas entre los oficiales británicos y sus anfitriones. Entre dos enfrentamientos, durante las largas marchas y los interminables vivacs, conversaban en un francés improvisado, intercambiaban puntos de vista sobre el armamento, la táctica y la política. Winston llevó a Inglaterra información precisa y un marcado gusto por los cigarros, la siesta y el *roncottele*, cóctel con ron. El general Valdez confirió a sus dos visitantes la *Cruz Roja*,* una formalidad diplomática, evidentemente, pero también un homenaje que rindieron a su innegable intrepidez.

Pero el subteniente Churchill, como recordamos, también había ido a Cuba como corresponsal de prensa y al respecto estaba, manifiestamente, en una situación delicada. Si en sus informes tomaba partido por los rebeldes, incomodaría a sus anfitriones y, al mismo tiempo, se mostraría ingrato; si se declaraba a favor de los españoles, pondría en problemas al gobierno británico y, al mismo tiempo, provocaría la indignación de los lectores norteamericanos y británicos que, en su conjunto, estaban a favor de los rebeldes. Frente a este dilema, Churchill dio pruebas de realismo, de objetividad, de sentido político y hasta de un instinto estratégico que no puede dejar de sorprender en un oficial de su edad. ¿Qué se puede leer en las cinco "cartas del frente" que el *Daily Graphic* publicó en diciembre y enero con el título de "La insurrección en Cuba"? Si los españoles eran considerados maestros en disimular la verdad, los rebeldes cubanos no estaban menos dotados para inventar mentiras; los insurgentes contaban indudablemente con el apoyo de la población, conocían bien el terreno, se movían mucho y estaban admirablemente informados sobre los movimientos del enemigo, pero eran combatientes indisciplinados, jactanciosos, pusilánimes y malos tiradores, que nunca podrían tomar una ciudad importante. En cuanto a los soldados españoles, eran valientes, disciplinados y aguantadores; sus oficiales eran de una competencia y de una valentía admirables, pero la adminis-

---

* En español en el original (N. de la T.).

tración española de la isla era extraordinariamente corrupta en todos los niveles y las expediciones que se realizaban a la jungla eran tan costosas como ineficaces, contra un enemigo que sabía utilizar muy bien el lugar, escapar de sus perseguidores y golpear de improviso. En estas condiciones, la guerra corría el riesgo de eternizarse y de agotar los magros recursos de España. ¿Esto significa desear la victoria de los rebeldes cubanos? Por supuesto que no: dotados para destruir, pero incapaces de administrar, lucharían rápidamente entre ellos y arruinarían el país. Para terminar, Churchill sugería una solución de compromiso con contornos bastante desdibujados, pero que se parecía mucho a un plan de autonomía limitada. Todo esto estaba escrito con una pluma atenta, con mucho humor, con una madurez segura y algunas visiones resplandecientes del porvenir. Este subteniente de veintiún años entendió desde el comienzo lo que franceses y norteamericanos tardarían tres cuartos de siglo todavía en comprender: es prácticamente imposible que combatientes resueltos, utilizando medios militares, aun cuando sean los de una gran potencia, venzan en una guerra de guerrillas en ultramar.

De regreso a Inglaterra a fines de diciembre, Churchill se dio cuenta de que sus artículos habían sido bien acogidos, aun cuando los periodistas británicos saludaran con segura acritud a este nuevo congénere, que parecía manejar el sable y la pluma con igual facilidad. "Pasar las vacaciones participando en batallas de otros, gruñe el *Newcastle Leader* del 7 de diciembre de 1895, es una conducta un tanto insólita, incluso para un Churchill". Pero al interesado no le importaba; volvió a su regimiento, que se preparaba para partir hacia la India en el otoño de 1896 y a reencontrarse con sus ocupaciones favoritas: el polo, las carreras de caballos, la política y las recepciones mundanas. En la casa de lord Rothschild, en la casa de su tía, la duquesa Lily,[2] en los salones de una rica norteamericana, la señora Adair, o en los de lady Randolph, frecuentaba y cultivaba a las principales figuras del gobierno, de las finanzas y del ejército: lord Wolsely, sir Francis Jeune, Joseph Chamberlain, Asquith, Balfour, lord James, el duque de Devonshire, lord Lansdowne, el coronel Brabazon, lord Beresford, el general sir Bindon Blood, sin hablar del propio príncipe de Gales, todos personajes que luego iban a mostrarse dispuestos a hacerle favores, en memoria de su padre... o en homenaje a su madre.

Pero por el momento, no podían ayudarlo en su empresa: el subteniente Churchill había empezado a medir los graves inconvenientes de exiliarse durante nueve meses en las Indias, lejos de la política inglesa y de todo conflicto armado, y se convenció de que debía abandonar su regimiento para unirse a un teatro de hostilidades en donde pudiera aprender: Creta, Sudáfrica, Sudán, poco importaba dónde. Por supuesto que apeló a su madre, que puso a su disposición su vasta red de relaciones, pero esta vez fue en vano. El 4 de agosto de 1896, un mes antes de la partida del 4º de húsares hacia Bombay, Winston le escribió esta carta que revela todas sus ambiciones: "Algunos meses en Sudáfrica podrían valerme la medalla de Sudáfrica y, según parece, la estrella de la compañía. Desde allí, iría a triple galope a Egipto, desde donde volvería en uno o dos años con dos condecoraciones más, para intercambiar mi sable por un portafolio". ¿Ya un portafolio? Winston seguía siendo distraído y siempre estaba apurado, ¡y se olvidaba de la etapa parlamentaria! Pero sigue: "No puedo creer que con todos los amigos influyentes que tiene y todos los que están dispuestos a hacer algo por mí en recuerdo de mi padre, esto sea imposible". Sin embargo, lo era: nadie quería a Winston Churchill en Sudáfrica o en Egipto, y todos los altos personajes a los que se dirigió lady Randolph consideraban más razonable que el joven subteniente diera pruebas de disciplina y siguiera a su regimiento. *Alea jacta est*: el 11 de septiembre, Winston Churchill se embarcó en el *Britannia* con destino a las Indias.

4
El casco y la pluma

Cuando a comienzos de octubre de 1896 pisó suelo indio, el subteniente Winston Churchill seguía considerándose un exiliado, y sus primeras impresiones así lo demuestran. En el momento en que su barco abordó el muelle de Bombay, Winston, siempre apurado, se tomó de un anillo de hierro enganchado en la roca, justo cuando la ola hacía descender el bote: la brusca torsión le desplazó el hombro derecho y le produjo una lesión tenaz que lo molestaría durante toda la vida. Además, el ambiente abigarrado y polvoriento de Bombay, el calor tórrido del sur de la India, la paz desesperante que reinaba en el conjunto del subcontinente, nada parecía agradable a este joven oficial impaciente.

Sin embargo, cuando el 4º de húsares llegó dos días más tarde a su acantonamiento de Bangalore, tuvo algunas felices sorpresas: situado a mil metros de altura, el lugar se parecía más a una aldea veraniega que a una ciudad militar, con una vegetación lujuriosa, noches frescas y majestuosas cabañas con columnatas para los oficiales de Su Majestad. Además, compartía la más lujosa con sus dos mejores amigos, Reginald Barnes y Hugo Baring. También era difícil quejarse del servicio: por una suma irrisoria tenía a su disposición a un jovencito, un camarero, un guardia, un barrendero, tres cargadores, dos jardineros, cuatro lavanderas y seis palafreneros. Su trabajo de oficial también se anunciaba como apasionante: era responsable del cuidado y de la buena conducta de treinta y cinco hombres en las maniobras. La táctica de tiro y el mantenimiento de los caballos seguían siendo para él un verdadero placer; y, por otra parte, las jornadas del subteniente Churchill no eran verdaderamente extenuantes: formación a las 6 de la mañana; luego, una hora y media de cabalgata para las maniobras o ejercicios; después, un baño, desayuno, una hora en los establos y tiempo libre hasta las 16.30, que Winston pasaba leyendo, coleccionando mariposas y cultivando rosas.

Luego llegaba la hora del polo, pues Churchill había descubierto con entusiasmo que se trataba del pasatiempo más serio de los oficiales de la guarnición. Y después de su paso por Sandhurst y Aldershot tenía especial predisposición por este deporte. Tan sólo al mes de que el 4º de húsares llegara a Bangalore, su equipo participó del torneo de Hyderabad contra el 19º de húsares y los regimientos indígenas. Para sorpresa general, el equipo del 4º de húsares se quedó con la copa y el subteniente Churchill, que jugó con el brazo derecho pegado al cuerpo para impedir que su hombro se dislocara, tuvo un papel decisivo en esta victoria, lo que le valdría un respeto asegurado dentro de su regimiento. Además, en este torneo a Winston le presentaron a Miss Pamela Plowden, quien inspiró en él, desde el principio, sentimientos tan ardientes como platónicos.

Una residencia de calidad, buenos compañeros, deportes, tiempo libre, caballos, mariposas, una joven y rosas. ¿Qué más podía querer? Sin embargo, Winston no estaba satisfecho. Esta existencia, se quejaba, era estúpida, monótona y nada interesante: no había política, no había guerras, no había personas influyentes con las cuales encontrarse; en resumen, un verdadero purgatorio. Como siempre, las recriminaciones de Winston eran demasiado exageradas: el mismo día de su llegada a la India, fue invitado a cenar a la casa del barón Sandhurst, gobernador de Bombay;[1] en los meses siguientes también lo recibieron el secretario de Asuntos Internos del gobierno indio, el general comandante en jefe de la región militar de India septentrional, el *Chief Justice* de Bengala y algunas otras personalidades notables; y esto ya era bastante para un subteniente. No obstante, este hombre apurado consideraba que no estaba haciendo nada en la India que pudiese promover realmente su carrera y, por lo tanto, seguía intrigando sin pausa (sin obtener resultados) para que lo enviaran a un teatro de operaciones. De modo que tuvo que resignarse a llevar una vida de guarnición "puramente vegetativa", aunque, a las malas, tenía que admitir que había vegetales mucho menos favorecidos que él.

Pero para Churchill la palabra inacción no existía, así que aprovechaba este reposo forzado durante las calurosas tardes de Bangalore para llevar a cabo un proyecto que había bosquejado en Londres el año anterior: instruirse. ¿Por amor a la cultura? No exactamente. Por una parte, lord Randolph, dados los resultados escolares de su hijo, lo había tratado siempre de ignorante, algo que a Winston siempre lo había lastimado, así que quería recuperar el tiempo perdido con una energía desconcertante: en siete meses leyó los ocho volúmenes de la *Historia de la decadencia y caída del Imperio romano* de Gibbon (alguien le había dicho que el padre había alabado los méritos de esta obra), luego los cuatro volúmenes de los *Ensayos* de Macaulay, los ocho volúmenes de la *Historia de Inglaterra* del mismo autor, la *República* de Platón, *La riqueza de las naciones* de Adam Smith, el *Ensayo sobre los principios de la población*, de Malthus, *Los problemas fundamentales de la ética*, de Schopenhauer, *El origen de las especies*, de Darwin, y treinta volúmenes del *Annual Register*, la crónica anual de la vida política y parlamentaria británica. Si bien es verdad que nuestro autodidacta leía tres o cuatro volúmenes al mismo tiempo ("para evitar el aburrimiento"), no se trataba de una lectura superficial: los libros estaban anotados con notable minuciosidad y, medio siglo más tarde, Churchill sería capaz de recitar páginas enteras. ¿Todas estas lecturas para ser digno de la estima póstuma de su padre? Evidentemente, no; los libros no fueron escogidos al azar: historia, política, economía, evolución constitucional, registros del Parlamento. Churchill se esmeraba en preparar las armas que un día le permitirían entrar a la arena política británica y hacer un buen papel. Como en Londres había frecuentado a ministros, secretarios de Estado, diputados y lores, podía medir el valor de una cultura profunda en economía, política, historia e, inclusive, filosofía. Una cultura literaria era claramente menos útil; seguramente por eso, en siete meses, Winston no leyó ni una novela.

Para esa época, el capitán de artillería Francis Bingham, ayuda de campo del comandante en jefe en Madrás, se encontró volviendo de la caza con un joven oficial de caballería. Mientras cabalgaban lado a lado, éste le confió que no tenía intención de quedarse indefinidamente en el ejército, sino que quería entrar al Parlamento y que algún día sería primer ministro. El capitán Bingham no retuvo el nombre del interlocutor, pero notó que fumaba un cigarro... Que un hombre pueda tener tal confianza en sí mismo y en su destino habiendo tenido un padre que lo ignoró y lo trató con dureza durante toda la juventud, parece demostrar que la psicología no es una ciencia exacta.

En la primavera de 1897, los oficiales del 4º de húsares tuvieron cuatro meses de "permisos acumulados" en Inglaterra. Muchos se negaron a irse porque recién acababan de instalarse. Pero Churchill aceptó con regocijo y el 8 de mayo partió a bordo del *Ganges*, para "aprovechar las alegrías de la temporada londinense". Efectivamente, llegó a tiempo para asistir al gran baile de disfraces de Devonshire House; pero el joven subteniente, que odiaba bailar, tenía otros proyectos (siempre los mismos): ir a un teatro de guerra como oficial y corresponsal de prensa o entrar al Parlamento. Para el primero, contaba con la ayuda de un primo lejano, Fitz Roy Stewart, secretario de la oficina central del Partido Conservador. ¡Mala suerte! Sus esperanzas de intervenir en una campaña militar quedaron en la nada por el fin del conflicto greco-turco en Creta, y sus proyectos de campaña política se vinieron abajo cuando su primo Stewart le explicó que no había ningún escaño vacante y le confirmó que para ser diputado se necesitaba una cierta fortuna personal.

Sin embargo, tuvo un consuelo: Winston pudo dirigirse a los miembros de la Liga de la Prímula de Bath, reunidos en un congreso el 26 de julio. El hijo de Randolph Churchill podía esperar una recepción favorable en este medio, pero nadie (ni siquiera él mismo) había previsto que su primera intervención política sería tan exitosa. Es verdad que su discurso, cuidadosamente preparado y memorizado, era una obra maestra de elocuencia: este vibrante llamado a la concentración en torno de los valores conservadores y de la misión civilizadora del Imperio estaba expresado con frases pulidas y con cadencia, con aliteraciones, metáforas hilvanadas y ritmos triples; Macaulay y Gibbon se adivinan en cada oración, pero las diatribas sarcásticas contra los liberales son la marca de Randolph, en tanto que el humor negligente y los impulsos líricos patrióticos son del más puro Winston. En total, una alocución bastante asombrosa, que entusiasmó a los militantes y dejó paralizados por la sorpresa a los periodistas.

Pero nuestro orador no tuvo tiempo de saborear el triunfo, pues al día siguiente surgió una novedad excepcional: en la frontera noroeste de la India, en la "zona tapón", los patanes acababan de levantarse contra la ocupación británica. Simultáneamente, se supo que Londres iba a enviar al lugar un cuerpo expedicionario de tres brigadas, dirigido por el general sir Bindon Blood. Este general, gran amigo de su padre (y admirador de su madre) le había prometido un año antes, en una recepción mundana, que solicitaría sus servicios si volvía a salir en campaña. Cuarenta y ocho horas más tarde, después de haber telegrafiado al general para recordarle su promesa, Winston se embarcaba rumbo a la India: en el apuro se olvidó una caja con libros, su perro y los tacos de polo. Recién cuando llegó a Bombay recibió la respuesta: no había puesto vacante, le escribía sir Bindon Blood, pero si Winston venía como corresponsal de prensa sería enrolado en el lugar una vez que se liberara un puesto. En limpio, en cuanto se muriera un oficial, una eventualidad que no hay que excluir en la guerra.

Este mensaje desencadenó un frenesí de actividad: Winston fue rápidamente a Bangalore (dos días de viaje hacia el sur) para obtener un permiso de un mes de sus superiores; telegrafió a su madre para que le consiguiera un contrato con un diario británico; se hizo conchabar como corresponsal del diario indio *Daily Pioneer*, y en la tarde del 28 de agosto se abalanzó a la estación de tren para iniciar un viaje de tres mil doscientos cuarenta y cinco kilómetros en dirección a la frontera del noroeste; se llevó consigo el pony, para poder seguir el camino si el tren quedaba bloqueado. Durante este periplo de cinco días, escribió a su madre: "Si lo pensamos bien, considero que el hecho de haber servido en el ejército británico durante mi juventud me dará más peso político [...] y mejorará quizá mis posibilidades de volverme popular en el país. [...] Además, como soy intrépido de temperamento, me divertiré menos 'a causa de' que 'a pesar de' los riesgos que voy a correr". Estas líneas revelan por completo a este hombre.

En la mañana del sexto día, el subteniente Churchill llegó al cuartel general del cuerpo expedicionario, en el puerto de Malakand. El general Bindon Blood ya había rechazado los ataques de los patanes contra Malakand y liberado el fuerte de Chakdara, y sus lanceros persiguieron a los rebeldes hasta los confines del valle de Swat. Pero después de esta defensa victoriosa, la tradición imperial exigía una pacificación, es decir, operaciones punitivas contra las tribus que hubieran participado del levantamiento. De modo que el general Blood venía de someter a los bunerwals en el Este y en ese momento se dirigía a Nawagai, en el Oeste, país de las tribus mamund. Como éstas habían tenido el mal gusto de agredir a la 2ª brigada, el general Blood ordenó a su comandante, el general Jeffreys, que entrara en el valle de Mamund y destruyera los pueblos, las cosechas y las reservas de agua. Le otorgó al corresponsal de prensa Churchill el favor excepcional de acompañar a la expedición. Sin que tuvieran que insistirle, Winston se unió al destacamento de lanceros de Bengala que reforzó la brigada de Jeffreys.

De manera que en la mañana del 16 de septiembre, los mil trescientos hombres de la 2ª brigada penetraron en el valle de Mamund y se desplegaron en abanico. Jeffreys, que no parecía haber oído hablar de la mala suerte del general Custer en Little Big Horn veinte años antes, dispersó las tropas, en medio de grandes peligros, frente a un enemigo numéricamente muy superior. Fue así como Churchill, con cuatro oficiales y dos compañías de sikhs, se vio asediado en una colina por unos trescientos guerreros mamund armados hasta los dientes. Durante la difícil retirada hubo muchos muertos y heridos, un oficial inglés cayó en manos del enemigo y fue descuartizado, pero Churchill, siempre en la retaguardia, cubriendo la evacuación, ayudando con el transporte de los heridos, disparando encarnizadamente

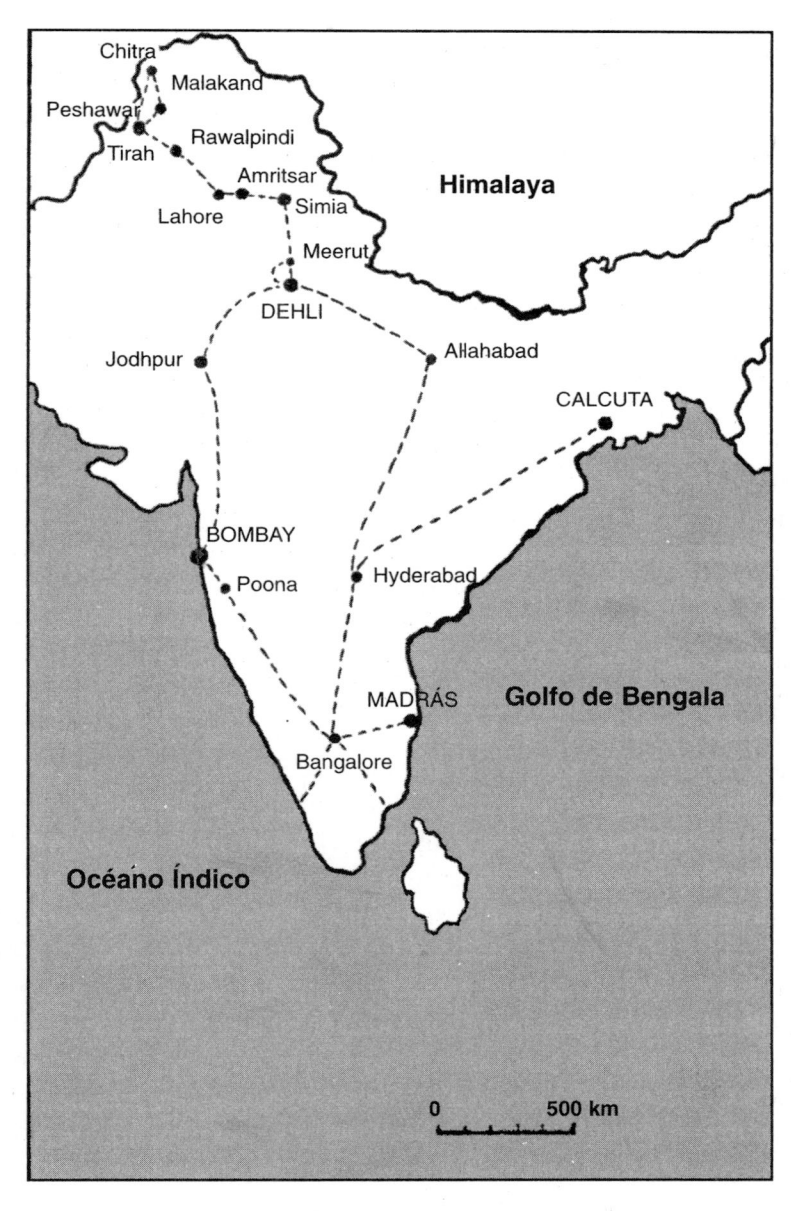

Las peregrinaciones del joven Winston en la India, 1896-1899

contra los perseguidores, expuesto durante trece horas a un fuego nutrido y casi sin molestarse por ponerse a cubierto, salió de la aventura sano y salvo. Todo esto produjo una fuerte impresión en sus compañeros de lucha y le valió que el general Jeffreys lo citara señalando "el coraje y la determinación del subteniente Winston L. S. Churchill, del 4º de húsares, corresponsal del diario *Pioneer* ante el cuerpo expedicionario, que fue útil en un momento crítico".

Era casi una litote, pero nuestro hombre volvió a encontrar la manera de ser útil. El 18 de septiembre en Domodoloh, el 23 en Zagra y, sobre todo, el 30 en Agrah. En esas ocasiones, partía por la mañana con los exploradores y volvía de noche con la retaguardia, y durante los enfrentamientos más duros se lo vio cabalgar totalmente descubierto sobre la línea de fuego. Esto impresionó a los oficiales y le dio coraje a la tropa; es verdad que este era el efecto buscado: es evidente que Churchill, que seguía esperando su medalla, quiso reeditar la hazaña del general Suárez Valdez en Cuba. Esto exigía, sin duda, un gran desprecio por el peligro, pero Churchill no lo despreciaba, él *amaba* el peligro, y, aunque los mamund fueran infinitamente mejores que los insurgentes cubanos, salió indemne de los combates más violentos.

El general Blood hubiese deseado que Winston fuera su oficial ordenanza, pero el cuartel general del ejército anglo-indio en Simla ordenó que fuera enviado a Bangalore. Blood invocó las necesidades del servicio para obtener una prórroga: después de los sangrientos combates de Agrah del 30 de septiembre, no había un solo oficial afectado al 31er regimiento de infantería del Panjab. La necesidad hace la ley, y el subteniente Churchill recibió su primer mando bajo fuego; no era oficial de infantería, no hablaba una palabra de panjabi, temblaba de fiebre durante varios días y, sin embargo, el general Blood señaló que ese hombre endemoniado "hace el trabajo de dos subtenientes". Incluso, esperaba que Churchill recibiera la *Cruz de la Victoria* o la *Medalla al Servicio Distinguido*.

Era el mayor deseo de nuestro héroe, pero no obtuvo nada de nada, salvo que volvieran a convocarlo. El alto mando de Simla actuó diligentemente y envió de urgencia un oficial para reemplazarlo. ¿Por qué las altas autoridades militares se ingeniaban para estar en contra de los proyectos de un simple subteniente? Lo que pasaba era que este subteniente, como recordamos, también era corresponsal de prensa: para el *Daily Pioneer*, pero también, gracias a los oficios de su madre, para el *Daily Telegraph*. Sus primeros envíos se publicaron en este diario a comienzos de octubre y, evidentemente, no gustaron demasiado en las altas esferas. Pues Winston, como era habitual, tenía una mirada penetrante, el juicio rápido y era muy severo en sus opiniones: desde los defectos de la administración hasta la insuficiencia de las raciones, mostraba muchas cosas que preferían silenciar. A pesar de que no era lo que deseaba, los artículos se publicaban anónimamente, con la siguiente mención: "De un joven oficial", pero era muy fácil de identificar, porque eran los mismos que aparecían en la India en el *Daily Pioneer* con su firma. Ahora bien, que un general retirado criticara la política del gobierno indio o la estrategia del cuartel general, vaya y pase, pero que un subteniente de veintitrés años se permitiera hacer lo mismo, y no sin talento, es algo que pasa todos los límites. A mediados de octubre, con todo el dolor del alma, Winston Churchill tuvo que retomar el camino que llevaba a Bangalore.

No era realmente un infierno, sobre todo comparado con lo que acababa de atravesar. Churchill volvió a encontrarse con su lujoso bungalow, sus camaradas que lo admiraban (¿acaso ahora no era un veterano?), sus caballos, sus rosas, sus mariposas, la señorita Pamela Plowden, su equipo de polo; en resumen, todo lo que hacía al encanto de la vida para cualquiera que no fuera Winston Spencer-Churchill. Pues este inquieto teniente sólo aspiraba a una cosa: volver sin dilaciones al teatro de hostilidades. En Malakand se había reestablecido la paz, pero acababa de estallar un levantamiento en el Tirah, en el suroeste de Peshawar. Esta vez, eran las temibles tribus afridi las que se habían levantado en armas contra la Corona, que había enviado en su contra dos divisiones dirigidas por el general sir William Lockhart.

Enseguida, Winston empezó a intrigar para formar parte de la expedición. Una vez más, su madre se puso a trabajar para él y con mucho empeño: cartas, entrevistas, recepciones. El ministro de Guerra, el secretario de Estado en las Colonias, el mariscal lord Roberts,

Su Alteza Real, no se olvidó de nadie; pero también fue en vano. Churchill no se dio por vencido: en Navidad disponía de una licencia de diez días. Se necesitaban tres días y medio para ir a Calcuta y otros tantos para volver; así que contaba con sesenta horas para convencer al gobierno del virrey y al comandante en jefe. Nuestro intrépido subteniente no dudó y se subió al tren. En Calcuta fue muy bien recibido por el virrey lord Elgin, por el comandante en jefe, sir George White, y por los oficiales de su estado mayor, pero su solicitud fue rechazada categóricamente.

Así que volvió a Bangalore, donde siguió con despecho y envidia las sangrientas operaciones de Tirah. Sin embargo, tenía otra ocupación: como se había enterado de que sus artículos del *Daily Telegraph* habían tenido algún éxito, decidió escribir la historia de la expedición de Malakand. Ya no se trataba de un simple reportaje, sino que entabló correspondencia con todos los oficiales que habían participado en la campaña para recoger su testimonio, consultó una documentación considerable y comenzó a escribir en su bungalow durante las largas horas de la siesta. Hasta el polo se resintió un poco, ya que Winston se enteró de que otra persona estaba escribiendo la historia de la expedición de Malakand: lord Fincastle, el ayuda de campo del general Blood. En principio, no había lugar para dos libros sobre esta campaña, al final de cuentas, menor, pero Winston se decidió a forzar el ritmo de trabajo y que el suyo se publicara primero. ¿Para tener publicidad en Inglaterra? Sin duda, pero sobre todo porque, como siempre, no tenía fondos y estaba cubierto de deudas. "Estos sucios asuntos de dinero, le escribió a su madre, son la maldición de mi vida. Terminaremos completamente arruinados". De hecho, lady Randolph, que era todavía más gastadora que su hijo, además acababa de ser víctima de una estafa. Entonces, ¿por qué Winston no trataría de vivir de su pluma? Estimaba que un libro como *The Malakand Field Force* podía reportarle al menos trescientas libras, es decir, unas doce mil libras de hoy.

Después de cinco semanas de trabajo intenso durante las tórridas tardes de Bangalore, la tarea estaba concluida. Con frases con buen ritmo, largamente pulidas y vueltas a pulir, que le debían tanto a Burke y a Disraeli como a Gibbon y a Macaulay (por cierto, las últimas lecturas de Winston habían sido provechosas), la obra evoca en cada página la grandeza, pero también la futilidad, de la tarea de los soldados de Su Majestad en la frontera noroeste. Una vez que el manuscrito estuvo terminado, Winston lo envió a su madre y le encargó que le encontrara un editor. Lady Randolph se dirigió a un agente literario que encontró editor en una semana: Longmans.

Naturalmente, la dedicación literaria no podía dejar totalmente de lado el polo. A fines de febrero de 1898, Churchill y su grupo se dirigieron a Meerut para el gran torneo interregimientos. Pero, por una vez, no estuvo realmente absorbido por el polo: notó que Meerut se encontraba a dos mil doscientos cuarenta kilómetros al norte de Bangalore, es decir, a solamente novecientos sesenta kilómetros de Peshawar, base adelantada de la expedición del Tirah. Además, acababa de recibir una carta del general Ian Hamilton, un amigo que había conocido en mayo de 1897 a bordo del *Ganges* (Winston tenía un instinto especial para hacerse amigos útiles y asombrosamente abnegados). Hamilton, que en ese momento estaba al mando de la 3ª brigada del cuerpo expedicionario del Tirah, le describió los recientes combates y le dio algunos consejos para que lo admitieran en el teatro de operaciones. Churchill, que había llegado tan cerca de su objetivo, no pudo resistirlo. En lugar de volver a Bangalore con su equipo, tomó el tren para Peshawar y se presentó en el cuartel general del comandante en jefe, el general sir William Lockhart. Gracias a sus talentos de persuasión y a la ayuda del capitán Haldane, brazo derecho del general, lo nombraron ahí mismo oficial de ordenanza supernumerario del comandante en jefe. En Calcula y en Bangalore no les quedó más que aceptarlo.

Así que ahora estaba en su salsa: sus relaciones con todos los oficiales del estado mayor eran excelentes y estuvo en los primeros lugares cuando se declaró la gran ofensiva de primavera en el Tirah. Finalmente, la acción, la gloria, las medallas y todos los beneficios que de ahí provienen empezarían a aparecer. ¡Pero no! Los feroces guerreros del Tirah terminaron por cansarse, se iniciaron negociaciones con los oficiales políticos británicos y toda la esperanza de gloria del subteniente Churchill desapareció. Al Churchill escritor no le iba mejor: a fines del mes de marzo recibió una copia de las pruebas definitivas de su libro *The Malakand Field Force*. Como quería a toda costa que saliera antes del de su rival, Winston le había encargado a su tío Moreton Frewen que las corrigiera. Pero el buen tío había dejado pasar unos doscientos errores de impresión y erratas diversas, había hecho incontables correcciones intempestivas que rompían el ritmo y desnaturalizaban el texto y la puntuación era una verdadera pesadilla. Pero era muy tarde para solucionarlo, porque el libro ya había salido en Londres. En resumen, Waterloo. Decididamente, la gloria literaria no llegaría antes de la gloria militar.

Se podría pensar que nuestro joven oficial estaba desalentado, pero quien piense así sería alguien que no conoce a Winston Spencer-Churchill, sin cesar al acecho de un nuevo teatro de operaciones donde luchar. Ya le había echado el ojo a Sudán, donde el general Herbert Kitchener avanzaba lentamente hacia Kartún, la capital de los derviches, con un ejército anglo-egipcio de veinte mil hombres. Y como la vida es un eterno recomenzar, volvió al asalto con sus armas habituales: la táctica, la fogosidad, el don de gentes, la tenacidad y las relaciones de su madre. Por otra parte, su efímera participación en la campaña del Tirah le valió tres meses de permisos con los que contaba para forzar el destino. El 18 de junio de 1898 dejó Bombay con destino a Inglaterra.

Cuando llegó a Londres, el 2 de julio, puso a trabajar a toda la tropa: su madre, que conocía personalmente a lord Kitchener, le escribió una carta de lo más convincente, y ahora iba a invitar a cenar a todos los grandes personajes de la política y del ejército para enrolarlos en el campo de Winston; una de sus amigas, lady Jeune, la mujer de un juez muy conocido, tenía un admirador que no era otro que sir Evelyn Wood, el jefe del estado mayor general; éste prometió hacer todo lo que estuviera a su alcance y él mismo le escribió una carta a Kitchener; Winston también le pidió a la tía Léonie que pusiera al servicio de su causa a "todos los generales domesticados a los que ella conocía", lo que deja suponer que había domesticado a algunos; también le pidió al valiente coronel Brabazon que interviniera, lo que hizo con gusto, así como el general Bindon Blood; finalmente, por supuesto, lady Randolph se aseguró la cooperación de Su Alteza Real, que aceptó que le enviaran un telegrama a Kitchener: "Personalidad espera que usted tome a Churchill".

Sometido a este bombardeo, a lord Kitchener le resultaba muy difícil mantenerse en sus posiciones. Sin embargo, fue exactamente lo que hizo. Pues el *sirdar*,[2] que había leído el libro de Churchill sobre la campaña de Malakand, había considerado muy chocante que un subteniente de veintitrés años se permitiera juzgar a sus superiores y, con ello, a toda la política imperial del gobierno de Su Majestad. Si este mocoso de pluma ágil llegaba al Nilo, no dejaría de reincidir, y era algo que había que evitar a cualquier precio. A sus ilustres corresponsales, Kitchener les respondió cortés, pero con firmeza, que no había lugar en su ejército para Winston Churchill. Más tarde, quizás...

A fines del mes de julio, la causa parecía cerrada, pero no lo estaba. Pues el libro de Winston, a pesar de sus imperfecciones, tuvo cierto éxito en Inglaterra. La prensa se hizo eco de él y toda la elite política del país, desde los diputados y los ministros hasta el príncipe de Gales, quiso conocer los escritos del hijo de lord Randolph. Como era de esperar, quedaron impresionados, y el 12 de julio un ilustre lector le pidió a Winston Churchill que fuese a verlo: era lord Salisbury, jefe del Partido Conservador, primer ministro y ministro de Asuntos Exteriores, que había tenido relaciones difíciles con Randolph, como ya sabemos. Durante el encuentro en el Foreign Office, Salisbury elogió el libro, al que encontraba admirablemente escrito y que le había enseñado muchas cosas. Luego, después de haber evocado la memoria de su padre, el viejo hombre de Estado le pidió a Winston que lo llamara si alguna vez necesitaba algo.

Una fórmula de cortesía, por cierto, pero que Winston se tomó al pie de la letra. Seis días más tarde le escribió a Salisbury para que interviniera personalmente a su favor ante Kitchener. El viejo lord lo hizo, pero los resultados no fueron satisfactorios: el *sirdar* seguía negándose a bajar la bandera. ¿Era el fin de esta historia? De ningún modo. El jefe de estado mayor, sir Evelyn Wood, que se había enterado a través de lady Jeune de que el primer ministro había intervenido a favor de Churchill sin obtener resultados, consideró que Kitchener se tomaba su tiempo y decidió reafirmar las prerrogativas del War Office. En El Cairo, el 21 de julio, un joven oficial del 21º de lanceros, el teniente Chapman, había muerto de improviso. Cuando se le informó al War Office, este le hizo saber a El Cairo que su reemplazante se pondría en camino y, al otro día, Winston se enteró de que acababa de ser nombrado teniente supernumerario en el 21º de lanceros para la campaña de Sudán. Tenía que presentarse lo más pronto posible en el cuartel de Abassiyeh, en El Cairo. Jaque mate...

Pero como la generosidad tiene sus límites, el War Office le precisó al teniente Churchill que tenía que hacerse cargo de los gastos y que el ejército no asumiría ninguna responsabilidad financiera en caso de muerte o heridas. Esto no preocupaba a Churchill; el día anterior a su partida había firmado un contrato con el *Mornign Post*: le pagarían diez libras por cada noticia que enviara desde Sudán. Por supuesto que contaba con escribir un nuevo libro más tarde, si todavía seguía en este mundo. Al día siguiente el teniente Churchill estaba en camino a Marsella y a El Cairo; en su precipitación, se olvidó los libros, los papeles y hasta el revólver. Uno no cambia...

El 2 de agosto, Winston llegó a El Cairo, cuando el regimiento 21º de lanceros ya estaba por partir. Al otro día, su escuadrón salió en tren para Asiut, luego bajó por el Nilo en un barco de paletas hacia Asuán, cabalgó alrededor de la catarata de Filae, navegó cuatro días para alcanzar Wady Halfa y, finalmente, hizo seiscientos cuarenta kilómetros de tren a través del desierto, para unirse a los acantonamientos de Atbara. En total, quince días de viaje, dos mil doscientos cuarenta kilómetros de recorrido, un periplo casi idílico... pero el teniente Churchill estaba inquieto. ¿Ante la idea de tener que librar una batalla? De ningún modo: era su mayor deseo; el enfrentamiento que se anunciaba ante Kartún iba a ser un acontecimiento histórico y soñaba con esto desde hacía meses, inclusive años; en ese momento, su única ambición era tener un papel en él, el más heroico posible, naturalmente. Para lograrlo, se valió incluso de intrigas para que lo afectaran a la caballería egipcia del coronel Broadwood, pues "aunque era más peligroso, era mucho mejor desde el punto de vista de las posibilidades de aprendizaje". ¿Para recibir condecoraciones? Por supuesto: Winston siempre tuvo la convicción ingenua de que era importante haber sido condecorado para entrar en la política; le escribió a Peshawar para que le enviara urgentemente la distinción de la campaña del Noroeste e inclusive le solicitó al War Office un permiso especial para llevar su medalla española. Pero en ese momento, lo que lo ocupaba por completo era la perspectiva de la acción, pues era innegable que a nuestro teniente lo fascinaba el peligro. A Randolph le gustaban todos los juegos de azar; su hijo se le parecía, pero había un solo juego que realmente le interesaba: el de la guerra, con la gloria o la muerte como únicas apuestas. Había tenido en cuenta perfectamente la posibilidad de una salida fatal... pero para este inveterado jugador una eventualidad de este tipo no hacía más que agregarle pimienta a la aventura. De hecho, si Winston estaba inquieto en ese momento, era porque temía que su regimiento de Bangalore lo hiciese llamar o que lord Kitchener, enterado de su presencia, le ordenara volver a Inglaterra.

Pero no pasó nada de esto y el 1º de septiembre el escuadrón del teniente Churchill, que cabalgaba al frente de la infantería, llegó a la vista de Omdurman, la ciudad secreta de Mahdi. Los derviches del califa Abdula estaban allí y avanzaron hacia el cuerpo expedicionario. El coronel Martin, comandante del 21º de lanceros, ordenó a Winston que fuera a informarle en ese mismo momento a lord Kitchener. Por lo tanto, el joven teniente partió a proporcionar su informe al *sirdar*, que cabalgaba a la cabeza de la infantería cerca de las orillas del Nilo; los derviches, informó Churchill, avanzaban a marcha fuerte y se pondrían en contacto en una hora, una hora y media como mucho. Si Kitchener reconoció a Churchill en ese momento, no dejó traslucir nada; es verdad que tenía otras preocupaciones...

Los derviches no atacaron ese día, pero el día siguiente, el 2 de septiembre al alba, volvieron a ponerse en movimiento. Desde una elevación del terreno muy expuesta al fuego enemigo, el teniente Churchill, enviado en reconocimiento con un puñado de hombres, pudo ver y señalar a la retaguardia el despliegue del ejército enemigo: unos sesenta mil hombres repartidos en cuatro grandes masas, con todas las enseñas desplegadas, que rompían como las olas ante los veinticinco mil soldados de los cuerpos expedicionarios anglo-egipcios, fortificados en círculo ante las orillas del Nilo. Muy inferiores en cantidad, las tropas del *sirdar*, sin embargo, tenían una aplastante superioridad en armamento: fusiles más modernos y, sobre todo, el apoyo de siete baterías de cañones y de ocho cañoneras atravesando el Nilo; en total, unas setenta bocas de fuego. Winston Churchill oteaba el grandioso espectáculo del choque frontal de dos civilizaciones, sin preocuparse por las balas que silbaban junto a sus oídos. Sin embargo, hasta las mejores cosas terminan y la posición terminó por hacerse insostenible; Churchill y sus hombres se unieron al galope a las posiciones inglesas, justo en el momento en que fueron asaltadas por las tropas del califa. Pero la artillería las hizo pedazos antes de que alcanzaran los puestos de avanzada del cuerpo expedicionario. Siete mil derviches quedaron en el campo de batalla.

Una vez que se ejecutó este primer ataque, Kitchener ordenó una contraofensiva en dirección de Omdurman, para aislar a los derviches de sus bases. El 21º de lanceros se encargó de abrir la ruta; todo el regimiento, con sus cuatro escuadrones articulados en dieciséis pelotones, dejó las trincheras al trote para iniciar un amplio movimiento que dio un giro en dirección suroeste, detrás de las líneas enemigas. Cuando avanzaba a gran velocidad por la amplia llanura de arena, el regimiento fue alcanzado por el fuego de unos ciento cincuenta derviches emboscados en el flanco izquierdo. En ese momento, el coronel hizo sonar el clarín, para lo que, sin dudas, fue la última gran carga de la caballería de la historia: trescientos diez lanceros galoparon bajo un granizo de balas hacia ciento cincuenta tiradores, para descubrir, demasiado tarde, que detrás, emboscados en el lecho de un curso de agua seco, tres mil derviches armados con lanzas los esperaban de pie.

El choque fue breve y terriblemente mortal: en dos minutos, setenta y cinco lanceros muertos o heridos, ciento veinte caballos abatidos, un cuarto de los efectivos fuera de combate. Como siempre en este tipo de ocasiones, la vida y la muerte están suspendidas del hilo de la suerte y como siempre, en el caso de Winston Churchill, esta suerte parece renunciar a su imparcialidad. Por una parte, Winston tendría que haber estado al frente del cuarto pelotón, en el ala derecha del regimiento; pero a causa de su llegada tardía a El Cairo, le confiaron el pelotón al teniente Robert Grenfell; en el momento del choque, entró en colisión con la masa de los guerreros derviches, que lo hicieron pedazos. En cuanto al teniente Churchill, que cargó al frente del anteúltimo pelotón por la derecha, se encontró con una defensa claramente más diseminada y que retrocedía en desorden bajo el impacto del asalto. Por otra parte, aunque resultara extraño, la mala suerte estaba al servicio de Winston: en el 21º de lanceros, los hombres iban a la carga con lanzas y los oficiales, con el sable en alto; ahora bien, el teniente Churchill no podía sostener correctamente esta arma a causa del brazo derecho que se le había dislocado en Bombay. Durante la carga, por lo tanto, envainó el sable y sacó una pistola automática máuser de diez tiros, la misma que acababa de comprar para remplazar el revólver olvidado en Londres. Armado con un sable, en medio de una multitud de derviches experimentados en el manejo de armas blancas, habría sido atrapado y sumergido bajo la cantidad de gente. Pero aquí no había cuerpo a cuerpo: los cuatro derviches que avanzaron en cada oportunidad hacia él fueron abatidos antes de haberlo alcanzado; así que los demás prefirieron evitarlo... Al final, como en Cuba y en el valle del Mamund, intervino lo inexplicable: en el momento del impacto inicial, Winston pasó entre dos tiradores derviches; ambos hicieron fuego y ambos erraron; el lancero que galopaba detrás de él murió en el momento. Más tarde, cuando intentaba irse de la batalla, tres guerreros le apuntaron y los tres fallaron. En ese momento, algo muy raro, el teniente Churchill tuvo miedo; pero en él, la vehemencia por vencer anestesiaba casi enseguida el miedo, como en otros la emoción borra el dolor.

Cuando reunió al grueso del regimiento detrás de la escena de carnicería, comprobó que todos los que se habían salvado y sus caballos llevaban las marcas sangrientas del combate. Pero Winston y su caballo no tenían ni siquiera un magullón... Ante una suerte tan notable, el destino pareció tenderle una trampa: un derviche que había logrado deslizarse entre los caballos se precipitó hacia el teniente Churchill levantando su lanza. Sorteó la trampa por un pelo: a menos de un metro, nuestro héroe disparó y lo mató: era su último cartucho.

Finalmente, rodeando las posiciones enemigas y siguiendo el curso de agua en una fila bajo el fuego de sus carabinas, los sobrevivientes de la carga huyeron de sus adversarios. Recién eran las nueve de la mañana y todo el regimiento esperaba recibir la orden de adelantarse para ir a la carga nuevamente. Pero esta orden no llegó nunca; más al Norte, cincuenta mil derviches atacaron en masa a las cinco brigadas de Kitchener que avanzaban al descubierto por la llanura; esta vez llegaron con fusiles, pero enseguida fueron diezmados por la respuesta de los soldados de infantería y aplastados por las salvas de la artillería. Con más de quince mil muertos en el campo de batalla, huyeron hacia el desierto y de este modo le abrieron a Kitchener la ruta hacia Omdurman y Kartún. Así se vengó a Gordon, y Sudán quedó sólidamente en manos inglesas.

Absorbido por sus tareas militares, Winston le había enviado algunas cartas al *Daily Mirror*. Pero la victoria le permitió retomar la pluma; después de todo, había sido un testigo privilegiado del inicio de los combates, tomó parte en las hostilidades, recorrió ampliamente el campo de batalla cubierto de once mil muertos y dieciséis mil heridos y vivió la entrada triunfal en Omdurman. Para el que domina la pluma con tanta destreza como el máuser, había material para varios artículos sensacionalistas, tanto más cuanto que Winston pudo asistir a muchos actos de crueldad gratuita por parte de las tropas del *sirdar* y describió con indignación no reprimida la suerte que tenían reservada los heridos derviches, el bombardeo del mausoleo de Mahdi, la profanación de su sepultura y la mutilación de los despojos fúnebres. Todo esto fue una pésima publicidad para lord Kitchener, quien, habiendo recibido llamados al orden de El Cairo y de Londres, naturalmente experimentó un odio feroz por este escritorzuelo que se permitía darle lecciones de moral. Imposible detenerlo: el hijo de lord Randolph, con sus relaciones en el gobierno, en el Parlamento y hasta en el palacio, no era cualquiera... Si, además, tenía a la prensa detrás de él y acababa de distinguirse en el campo de batalla, se volvía un perfecto intocable. En rigor, era posible concebir una discreta venganza: el teniente Churchill recibió la orden de llevar a El Cairo, por el camino más largo, una tropilla de camellos enfermos. Winston fue sin protestar: no estaba apurado, todavía tenía noticias que escribir y acontecimientos que digerir. Esta campaña para él fue un encandilamiento; pero perdió muchos buenos amigos, como Robert Grenfell y Hubert Howard. Por momentos, era suficiente como para tomarle asco a la guerra. Pero sólo por momentos.

Cuando volvió a Londres, Winston hizo un rápido balance de su situación: la vida militar le había procurado muchos momentos de exaltación, pero ninguna condecoración, y tan poco dinero que tuvo que endeudarse para conservar un tren de vida aceptable. En cambio, sus escritos acababan de reportarle cinco veces más que el sueldo de tres años. En ese momento sus informes desde Sudán hacían mucho ruido y le valían una cierta notoriedad. Además, el diario indio *Daily Pioneer* le propuso tres libras (ciento veinte de hoy) para escribir una noticia semanal desde Londres; ¡casi tanto como lo que le pagaba el ejército de Su Majestad! Y Churchill todavía quería escribir la historia de la campaña de Sudán. ¿Por qué no vivir de la pluma? Por otra parte, si se piensa bien, ¿acaso los artículos y los libros no serían un mejor pasaporte que las medallas para entrar a la vida política? Decididamente, lo mejor sería abandonar la carrera militar. ¿Enseguida? De ningún modo: en menos de cuatro meses se jugaría en Meerut el gran torneo de polo entre regimientos de la India, y el polo era algo serio: a comienzos de diciembre de 1898, Winston se embarcó en el *Osiris* y volvió a su regimiento en Bangalore justo antes de Navidad.

Muchos militares hicieron notar que en veintisiete meses el 4º de húsares no se benefició muy a menudo con los servicios del teniente Churchill, que, en general, estaba con permiso o en campaña con otras unidades. Era un hecho que en el sur de la India reinaba la paz más completa; el apellido Churchill, inclusive después de dos siglos, seguía ejerciendo cierta fascinación en los oficiales de Su Majestad, y el ayuda de campo del coronel del 4º de húsares no era otro que el teniente Barnes, el inseparable compañero de Winston desde la expedición de Cuba. Finalmente, desde el cabo hasta el general, todos los oficiales del ejército de las Indias eran devotos del polo y Winston era la estrella del equipo del regimiento.

No iba a decepcionarlos. A fines de febrero de 1899, a pesar de la lesión del brazo derecho, agravada por una caída desde una escalera de piedra, Winston logró marcar tres goles para su campo y así le aseguró una victoria inesperada sobre el temible equipo del regimiento 4º de dragones. Para los civiles indios, y para los militares británicos, distinguirse en la guerra del Noroeste ya era honorable, escribir un relato notable merecía elogios, estar al frente del 24º de lanceros en Omdurman constituía un hermoso gesto, pero ganarle al equipo del 4º de húsares el torneo interregimientos de polo era una hazaña sin igual. Nuestro teniente, huésped sucesivamente del general Bindon Blood, del regente de Jodhpur y del nuevo virrey de las Indias, lord Curzon, festejado dignamente por sus camaradas de regimiento, dejó la India como un héroe. Algunos días más tarde, envió al ministerio de Guerra su carta de renuncia.

Para este joven de veinticuatro años, nuevamente en la vida civil, la carrera de escritor a tiempo completo empezó enseguida. En el barco que lo llevaba de nuevo a Europa redactó varios capítulos de su libro sobre la campaña de Sudán. Además, hizo una escala de quince días en Egipto para reunir documentos y, sobre todo, para recoger recuerdos de los testigos y actores de esta campaña y de los acontecimientos que la precedieron. Uno de los más encumbrados y mejor informados era, sin discusiones, lord Cromer, el cónsul general de Su Majestad en El Cairo, que llevó su bondad hasta la corrección de los primeros capítulos del libro.

A su regreso a Gran Bretaña, Winston se dio cuenta de que el ruido alrededor de sus artículos sobre Sudán había atraído la atención de las jerarquías del Partido Conservador. Después del fallecimiento de un diputado de la circunscripción de Oldham, en Lancashire, le propusieron que se presentara a la elección parcial destinada a reemplazarlo. No iba a ser un paseo agradable: en esta región minera, donde la vida era difícil y la desocupación endémica, el Partido Liberal se disponía a recoger los frutos del descontento. Sin embargo, Churchill no se echó atrás: ¿acaso la entrada al Parlamento no era la ambición de su vida? ¿Acaso su primer discurso político no había sido favorablemente recibido? Se lanzó con la cabeza gacha a la batalla electoral y el 7 de julio de 1899 fue derrotado ampliamente por el candidato liberal. Como todavía no había llegado la hora del político, el escritor puso manos a la obra: *The River War* tenía que aparecer a mediados de octubre. Pero para esa fecha graves acontecimientos llamaron al periodista... y también al militar, que, en Winston Churchill, siempre dormía con un ojo abierto.

En África del Sur, desde hacía varios meses, las relaciones se habían ido deteriorando entre los británicos y las colonias de El Cabo y Natal y las autoridades de Pretoria, capital de la República boer del Transvaal. Como se sentían amenazados por el apoyo de Londres a los *vitlanders*, inmigrantes británicos instalados en el Transvaal y el Estado libre de Orange, el 8 de octubre Pretoria envió a Londres un ultimátum exigiendo la retirada de las fuerzas británicas del conjunto de la zona fronteriza con el Transvaal y la detención del envío de refuerzos militares a El Cabo. A partir de ese momento, la guerra se volvió inevitable y estalló tres días más tarde. Por otra parte, no es un secreto para nadie que las dos partes se estaban preparando desde hacía mucho tiempo, a tal punto que, a partir de septiembre, el *Daily Mail* había propuesto a Winston Churchill que partiera hacia El Cabo como corresponsal de guerra. Nuestro héroe, fiel en los negocios y en la amistad, prefirió proponerle sus servicios al *Morning Post*, con una remuneración muy conveniente, por supuesto: todos los gastos pagos, mil libras por los cuatro primeros meses (¡cuarenta mil de hoy!) y doscientas libras por cada mes suplementario. Era un salario exorbitante, pero las noticias de Sudán de Winston permitieron que el diario aumentara considerablemente su tirada y la dirección del *Morning Post* aceptó sin discutir. El 14 de octubre, mientras los boers pasaban a la ofensiva en El Cabo y en Natal, el periodista Churchill se embarcaba hacia África del Sur, con su mayordomo Thomas Walden, su largavistas, su máuser, su silla de montar nueva, treinta y dos botellas de vino de Ay seco 1877, dieciocho de semillón, diez de scotch añejo, doce de cordial con limón verde, seis de oporto blanco, seis de vermut francés y seis de un muy viejo acquavit de 1886. Entre sus compañeros de viaje a bordo del *Dunottar Castle*, había muchos periodistas, pero también el nuevo comandante en jefe, sir Redvers Buller, y su estado mayor, que se mostraron muy confiados en el resultado de las hostilidades. Demasiado confiados, sin duda...

Cuando llegaron a El Cabo el 31 de octubre, se desencantaron: las dos principales plazas fuertes británicas sobre la frontera del Transvaal y del Estado libre de Orange, Mafeking y Kimberley, estaban cercadas por los boers. En Natal, las tropas de Su Majestad también habían sufrido serios reveses y acababan de matar a su comandante, el general Symonds. Su sucesor, el general sir George White (el ex comandante en jefe del ejército de las Indias, al que Churchill conocía por buenas razones) decidió replegar las tropas en la plaza fuerte de Ladysmith, a su vez amenazada por un cerco. Así que Churchill y otros dos corresponsales decidieron ir a Ladysmith mientras la ruta estuviera todavía abierta. En Durban, Winston se encontró con muchos amigos, en especial Reginald Barnes, que había sido seriamente herido en Elandslaagte, en el noreste de Ladysmith; también se enteró de que otro de sus amigos, el general Ian Hamilton, había llegado a incorporarse a Ladysmith. Razón de más para llegar allí lo más rápido posible con sus compañeros, de manera que tomó el tren que iba hacia el norte. Pero este se detuvo en Estcourt, un villorrio sostenido por algunos miles de hombres de los Dublin Fusiliers y del Durban Light Infantry; más al norte, a lo largo de la vía que llevaba a Ladysmith, los boers eran los dueños del lugar.

Bloqueados en Estcourt durante una semana, Churchill y sus camaradas del *Times* y del *Manchester Guardian* recabaron información en todas las fuentes, interrogaron a los habitantes como si fueran soldados sobre los combates que había habido en la región. La amplia provisión de estimulantes de Winston permitía, naturalmente, delirar en muchas lenguas, empezando por la propia; así que, por ejemplo, al hijo del jefe de la estación, en cuya casa se había instalado, nuestro héroe le declaró: "Recuerde lo que voy a decirle: antes de haber terminado con esto, seré el primer ministro de Inglaterra". Y

EL CASCO Y LA PLUMA 81

luego, un día, a la vuelta de una calle, Winston se encontró con el capitán Haldane, ex brazo derecho de sir William Lockhart en la expedición de Tirah. ¡Decididamente, todos los oficiales del ejército de las Indias se habían reunido en Natal! Pero para el corresponsal de prensa Churchill, estos encuentros eran una ganga (al menos aparentemente). El 14 de noviembre, Haldane le confió que había recibido como misión conducir al otro día al alba un reconocimiento hacia el Norte, en dirección de Colenso, con dos compañías de infantería a bordo de un tren blindado. ¿Winston querría unirse a la expedición? El periodista concienzudo, que también era un ex teniente ávido de gloria y fascinado por el peligro, aceptó enseguida.

Al día siguiente, a las cinco de la mañana, el tren blindado dejó Estcourt en dirección a Chieveley, adonde llegó dos horas más tarde. En el camino de regreso el convoy fue alcanzado por el fuego de artillería de los boers y chocó a toda velocidad con una piedra colocada en la vía. Después de este choque inicial, los ocupantes del anteúltimo vagón se levantaron sin demasiados daños y parecían dudar sobre qué conducta seguir. El joven corresponsal de prensa civil Churchill, inmediatamente galvanizado por el peligro, le propuso a Haldane que fueran adelante para inspeccionar los daños e intentar remediarlos, mientras el capitán y sus hombres los cubrirían con las armas. Haldane aceptó y Churchill salió, bordeó la vía férrea entre las detonaciones y llegó a la parte delantera del convoy. Los dos primeros vagones estaban recostados sobre el flanco; el segundo tenía una parte sobre la vía; el tercero había descarrilado parcialmente; en cuanto al conductor de la locomotora, herido en la cabeza y presa de pánico, había ido a refugiarse bajo uno de los vagones volcados.

En esta situación un tanto desesperada, a Winston volvió a atacarlo el asombroso delirio de vencer: llevó al conductor conmocionado y aterrorizado a la locomotora; luego, movilizó a los soldados menos asustados para empujar los vagones que bloqueaban la vía; después, ante la falta de resultados, hizo ir marcha atrás a la locomotora y la usó como ariete para liberar el camino. Finalmente, ante la imposibilidad de volver a unir los vagones de cola, hizo subir a veintiún heridos sobre el tender y la locomotora y dio al conductor la orden de partida. Pero lo más extraordinario fue que durante todo el tiempo que duraron estas operaciones, Churchill quedó descubierto bajo un fuego de infantería y de artillería especialmente intenso. La locomotora en la que estaba trabajando recibió al menos cincuenta impactos de obús; alrededor de él, la mayoría de los hombres fueron alcanzados y algunos varias veces. En Cuba, los insurgentes tiraban demasiado alto; en la India, los fusiles de los mamund eran poco precisos; en Omdurman, los derviches quizás hayan estado un tanto alterados por la carga de los lanceros como para apuntar de manera exacta... pero aquí, en Natal, los boers eran tiradores de elite armados a la perfección, tenían todo el tiempo que necesitaban, estaban a reparo, cerca del tren y apoyados por tres piezas de artillería y un cañón ametralladora; durante setenta minutos, tomaron como blanco principal la locomotora mientras el joven pelirrojo daba órdenes e iba de aquí para allá totalmente a descubierto. Cuando, finalmente, la locomotora y su tender, cubiertos de heridos, llegaron a escapar, el joven pelirrojo seguía sin un rasguño. Años más tarde, al comentar este episodio, los combatientes de ambos bandos relataron su estupefacción.

Winston Churchill, que buscaba la gloria, logró sus fines. Lo único que le faltaba era llegar a Estcourt para que su gesto heroico le valiera el reconocimiento de todo el mundo y condecoraciones halagüeñas. Pero no hizo nada en este sentido. Una vez que la locomotora estuvo fuera del alcance del enemigo, descendió y deshizo el camino a lo largo del balasto, "para encontrar al capitán Haldane, dijo, y llevarlo con los fusileros". Esta vez, por supuesto, presumió demasiado de sus fuerzas, tanto que se olvidó el máuser en la locomotora. Lo capturaron los boers antes de que hubiese podido alcanzar los vagones de cola. Así que aquí está nuestro héroe en manos del enemigo; después de que lo interrogara un oficial boer llamado Jan Christian Smuts, lo enviaron a Pretoria con sus compañeros.

Fue un prisionero difícil; decididamente hostil a la disciplina y por no soportar la inacción, empezó a protestar contra su cautiverio, diciendo que era periodista. Pero llevaba una mitad de uniforme, todos los diarios de Natal habían elogiado sus hazañas en el episodio

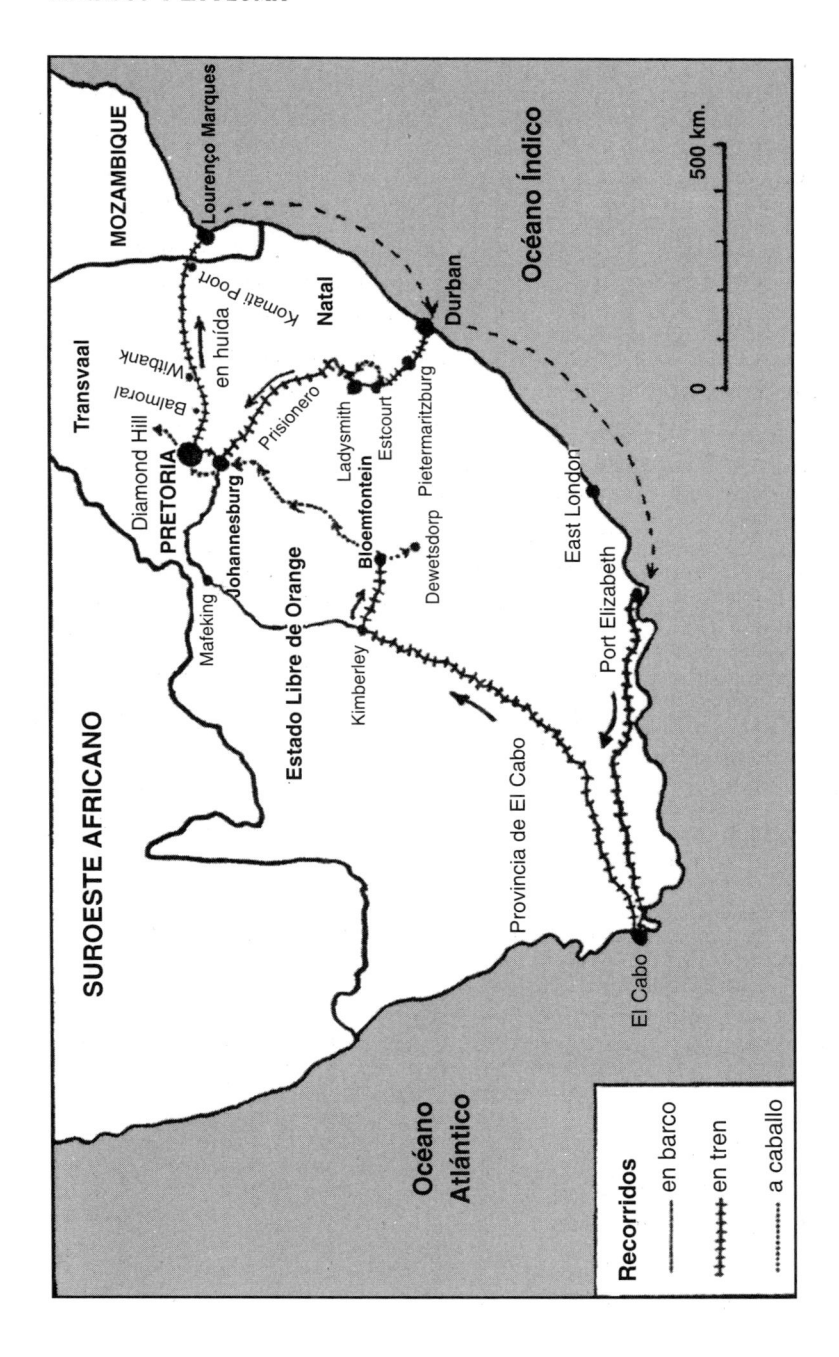

Campaña del teniente Churchill en África del Sur

del tren blindado y, como dijo un oficial boer: "No se captura todos los días al hijo de un lord". Sin embargo, esto no impidió que el hijo en cuestión escribiera a las autoridades del Transvaal para exigir su liberación, y a su madre y al príncipe de Gales para que intercedieran en su favor. Pero todo fue en vano y Winston tascaba el freno en la "escuela modelo de Estado" de Pretoria. Como a sus camaradas oficiales, lo trataban muy bien, podía mantener correspondencia libremente y hasta ser miembro de la biblioteca municipal. Pero la falta de acción le pesaba especialmente, tanto más cuanto se desarrollaban duros combates frente a Ladysmith y ardía por asistir a ellos y, sobre todo, por participar. Además persistía en él esa obsesión por el plazo fatal que le imponía la herencia. El 30 de noviembre le escribió a Bourke Cochran: "Hoy tengo veinticinco años. Es aterrador pensar en el poco tiempo que me queda".

Para este joven apurado, quedaba una sola solución: la fuga. El capitán Haldane y un sargento mayor llamado Brockie discutían este tema desde hacía tres semanas, y Churchill, que ya había perdido toda esperanza de que lo liberaran, decidió unírseles. Sin dudar de nada, como siempre, les propuso un plan: tomar el control de Pretoria con un audaz golpe. Por persuasivo que haya sido nuestro hombre, sus compañeros prefirieron limitarse a un plan más modesto. Aun así, la empresa era osada, pues la prisión estaba severamente vigilada, rodeada de altos muros y de rejas y fuertemente iluminada por la noche. Después de un largo período de observación, el intento se realizó en la noche del 12 de diciembre. Luego de varias tentativas infructuosas, únicamente Winston logró atravesar el muro y cayó en un jardín del otro lado. Como atrajo la atención de un guardia, sus compañeros tuvieron que renunciar; después de una hora de estar oculto detrás de un arbusto, Winston decidió intentar la aventura solo. Sus posibilidades eran prácticamente nulas: no tenía brújula ni mapa, no hablaba una palabra de afrikaans y había cuatrocientos ochenta kilómetros entre Pretoria y el Mozambique portugués. Con setenta y cinco libras por todo equipaje, cuatro tabletas de chocolate, algunas galletas y el sentimiento de que no tenía nada que perder, este jugador inveterado salió del jardín sin tratar de ocultarse, pasó delante de los centinelas apostados afuera y desapareció en Pretoria.

Dirigiéndose siempre hacia el sol saliente, tomando un tren carguero, caminando a través del *veldt*, Winston recorrió unos ciento veinte kilómetros antes de llegar, a la 1.30 de la madrugada del 14 de diciembre, al poblado de Balmoral, conformado por unas pocas casas agrupadas en torno de un pozo de mina. Agotado por una caminata de treinta horas, se arriesgó a tocar la puerta de la primera casa, y la suerte quiso que fuera la de John Howard, el director inglés de las minas de hulla del Transvaal. A partir de ese momento, las perspectivas de éxito del fugitivo mejoraron notablemente. A Howard lo asistían un secretario, un mecánico y dos mineros, todos británicos. El mecánico, Dewsnap, era originario de Oldham, en el Lancashire, donde había buenas razones para conocer a Winston Churchill. "Todos lo votarán la próxima vez", le dijo antes de hacerlo bajar a la mina, donde permaneció oculto mientras los boers, que le habían puesto precio a su cabeza, lo buscaban en vano en todo el Transvaal.

El 19 de diciembre el fugitivo se infiltró en un cargamento de lana con destino a Mozambique, con la complicidad del que enviaba el cargamento, otro inglés llamado Charles Burnham. A último momento, este decidió unirse al convoy, y gracias a algunas botellas de whisky y muchos sobornos repartidos generosamente entre Witbank y Komati Poort, logró que los vagones llegaran a destino con un mínimo de atraso y de formalidades. De este modo, el 21 de diciembre de 1899, hacia las 16 horas, un joven cubierto de fibras de lana y de polvo de carbón surgió de un vagón de carga en la estación Lourenço Marques, desde donde se dirigió al consulado británico, siempre escoltado por el indispensable señor Burnham. Algunos días más tarde, salieron telegramas hacia los cuatro puntos cardinales: Winston Churchill había logrado fugarse. Antes de que terminara el día, después de comer y bañarse, se embarcó en el vapor *Induna*, con destino a Durban.

Ni siquiera Winston Churchill esperaba la recepción que le iba a ofrecer Durban en la tarde del 23 de diciembre: guirnaldas, banderas, fanfarrias y una considerable cantidad de gente, con el alcalde, el general y el almirante al frente. Winston fue llevado en andas hasta la alcaldía, donde lo convencieron (sin que les costara demasiado) de pronunciar un discurso. "Me recibieron, recordaría después, como si hubiese conseguido una gran victoria". Efectivamente, hubiese sido bueno tener una, porque entre el 10 y el 15 de diciembre el general Gatacre en Stormberg, lord Methuen en Magersfontein y el general Bullers en Colenso acababan de sufrir aplastantes derrotas. Con la epopeya del tren blindado y el relato de su evasión rocambolesca, Winston Churchill, descendiente del gran Marlborough, llegaba en el momento justo para remontar la moral de los civiles y darles brillo a los blasones de los militares.

Un poco asombrado de haber adquirido tan bruscamente la celebridad que buscaba desde hacía tanto tiempo, Churchill primero reaccionó como periodista y envió una serie de noticias al *Morning Post*. Por su estilo, la amplitud de sus posturas, su objetividad y su impertinencia, en todo sentido eran tan dignas como las enviadas desde India y Sudán: "No es razonable no reconocer que luchamos contra un terrible y temible adversario. [...] Cada boer [...] vale por tres a cinco soldados regulares. [...] El único medio de tratar el problema es hacer venir como fusileros a hombres que puedan comparárseles en carácter y en inteligencia o, si no los tuviéramos, enormes masas de tropas. [...] Llevar refuerzos a cuentagotas constituye una política peligrosa y un desperdicio de armas". Se necesitaban, recomendaba nuestro estratega, regimientos de caballería ligera y al menos doscientos cincuenta mil hombres, pues, en definitiva, "finalmente resulta menos costoso enviar más de lo necesario". Esta recomendación da cuenta de su gran perspicacia: durante el siglo siguiente se perderían muchas guerras por no haberla tenido en cuenta. Pero en ese momento, estos consejos brindados por un ex teniente de veinticinco años a los más altos responsables civiles y militares provocaron algunas apoplejías en los estados mayores y en la Cámara de los Comunes. Tanto más cuanto que las publicaron un mes después de la salida de su libro *The River Word*, en el que había criticado con virulencia a los militares. En el *Morning Leader* se pudo leer, por ejemplo: "Todavía no hemos recibido confirmación de un comunicado según el cual lord Lansdowne [ministro de Guerra] ha nombrado a Winston Churchill comandante de las tropas de África del Sur, con el general Redvers Buller como jefe del estado mayor".

A decir verdad, los resultados no habrían sido seguramente peores; pues el infortunado general, incinerado por su derrota del 15 de diciembre, se declaró incapaz de liberar Ladysmith, y Londres le dejó el mando en Natal y le envió refuerzos, pero lo reemplazó como comandante en jefe. Por lo tanto, era un general vencido y pasablemente deprimido el que recibió en Estcourt al héroe del día, la víspera de la Navidad de 1899. Después de las felicitaciones de rigor, Buller le preguntó a Churchill si podía hacer algo por él y se sorprendió al escuchar: "Sí, permitirme que me enrole en uno de los cuerpos de combatientes que se están formando".

Era realmente sorprendente. ¿Winston, que podría haber sido recibido triunfalmente en Londres e iniciar su lanzamiento a una hermosa carrera política, prefirió quedarse en Natal para combatir? Y bien, sí. En este jugador congénito existía la ambición de la victoria y el odio a la derrota. Su equipo, el equipo de Su Majestad, estaba perdiendo y no lograba admitirlo; Inglaterra *tenía* que ganar, y el corresponsal de prensa Winston Churchill no sólo tenía que asistir a la victoria, sino contribuir a ella. Y además, otra cosa: Winston *amaba* la guerra. Nunca dejó de amarla. Si el oficio de las armas hubiese estado mejor remunerado, quizá no lo habría dejado nunca; pero hasta ese momento, el *Morning Post* pagaba sus necesidades materiales y le encantaba poder darse el gusto de guerrear de nuevo.

Buller se encontraba frente a un dilema cruel: desde la campaña de Sudán, el War Office había decretado que un militar no podría ser simultáneamente corresponsal de prensa y viceversa. Esta medida era resultado de la indignación que había provocado en las esferas dirigentes las noticias de un cierto teniente Churchill. ¿Y resulta que ahora ese mismo Churchill quería ser la primera excepción a una regla dictada principalmente para hacerlo callar la boca? Evidentemente, era todo muy irregular, pero en el punto en el que estaban el vencido de Coenso no tenía demasiado para perder; además, ya tenía bastantes problemas con los boers y el War Office, como para cargar en su espalda también con los periodistas. Así que Churchill podría enrolarse como teniente en el South African Light Horse del coronel Byng.

De manera que nuestro héroe se convirtió en militar a medio tiempo, con el espléndido uniforme de la caballería ligera de África del Sur, una unidad de setecientos soldados, todos voluntarios, reclutados entre los *vitlanders* y los colonos de Natal. No le faltaba nada a su alegría; el coronel Byng, que sabía con quién se las tendría que ver, lo nombró ayuda de campo, con libertad total de ir adonde quisiera cuando no estuviera en servicio; entre dos escaramuzas, enviaba un montón de noticias al *Morning Post*, con información de primerísima mano. La vida al aire libre le encantaba, los enfrentamientos también, se vivía el día a día y siempre pasaba algo. Winston también estaba muy satisfecho con la combatividad del pelotón que dirigía y tenía excelentes relaciones con los otros oficiales subalternos, la mayoría de los cuales eran antiguos compañeros de Sandhurst, de las Indias o de Sudán, y además, agregó con orgullo: "Conocía a todos los generales y a otra gente importante, tenía acceso a todo el mundo y me recibían bien en todos lados".

Por supuesto que era así, pero en el ejército inglés, como en todos los demás, un teniente jamás podría influir en la estrategia del general; y este, sir Redvers Buller, seguía dando muestras de una incompetencia enloquecedora: entre el 24 y el 26 de enero de 1900, la ofensiva que lanzó en el oeste de Ladysmith culminó con un sangriento fracaso en la colina de Spion Kop, donde los británicos tuvieron mil ochocientos muertos y heridos (pérdidas terribles para la época); la ofensiva siguiente no fue mejor y les costó la vida a quinientos hombres. Cada una de las veces, un ataque frontal contra posiciones sólidamente defendidas era seguido por una horrorosa carnicería y una retirada humillante, frente a un enemigo que se movía mucho y que sabía utilizar el terreno admirablemente. A comienzos de febrero, después de un mes de ofensivas desastrosas, las tropas de Buller volvieron a Chieveley, su punto de partida, en tanto que se esperaba que un día u otro capitulara la guarnición de Ladysmith. A todo esto, Winston, que seguía en la primera línea con la caballería, no podía sino hacer alusiones discretas en sus despachos al *Morning Post* la censura obliga... Y, además, había que seguir siendo *persona grata* ante el estado mayor.

Durante el mes de febrero se produjeron nuevas ofensivas insensatas contra las posiciones mejor defendidas del enemigo, en Inniskilling, en el suroeste de Pieters, donde se perdió a dos coroneles, tres mayores, otros veinte oficiales y seiscientos hombres, es decir, ¡más de la mitad de los efectivos! Pero incluso el peor estratega no podía fracasar indefinidamente, sobre todo cuando recibía permanentemente refuerzos. Esto era lo que pensaban los boers, que consideraron más sensato eclipsarse cuando sus posiciones fueron desbordadas desde las alturas del monte Cristo y de Bartons Hill, al suroeste de Pieters.

Así fue que el 28 de febrero, los dos primeros escuadrones del South African Light Horse llegaron a los alrededores de Ladysmith, bajo los ¡viva! de una guarnición diezmada por el hambre y la enfermedad. Entre los primeros liberadores estaba el teniente Churchill, quien, con el comandante de la plaza, sir George White, y su viejo amigo, el general Hamilton, esa noche participó en el banquete de la victoria. ¡Cuánto camino recorrido desde la recepción en Calcuta, dos años antes!

¿Se mostraría ahora Winston en el Natal liberado, explotaría estos hechos de armas y de pluma para que lo aclamaran en Londres y así poder entrar al Parlamento? Para nada. La zona de combates se había desplazado hacia el Estado Libre de Orange, donde el nuevo comandante en jefe, el mariscal lord Roberts, acababa de liberar Kimberley y en ese momento ocupaba Bloemfontein; de ahí no dejó de lanzar el ataque decisivo hacia el norte. Ahora bien, Winston no podía soportar que lo tuvieran alejado de un combate (y menos todavía de un combate decisivo). Como su coronel no tenía decididamente nada que negarle, podía irse cuando quisiera, mientras siguiera siendo teniente del South African Light Horse. En un abrir y cerrar de ojos, Winston había empacado, tomado el tren para Durban, embarcado en el vapor para Port Elizabeth y tomado otro tren para El Cabo; sus observaciones y las entrevistas que realizó en el camino servirían para que los lectores del *Morning Post* comprendieran mejor lo que sucedía y empezaran a esperar sus envíos con impaciencia...

Los dos meses siguientes fueron verdaderamente asombrosos. ¿Lord Roberts, manifiestamente influido por su jefe de estado mayor, Kitchener, no quería a Churchill? Un problema suyo: Roberts tenía en su estado mayor a los generales Hamilton y Nicholson, dos veteranos de la campaña de las Indias... y grandes amigos de Winston; por lo tanto, lo asediaron y terminó por ceder. ¿Todo estaba tranquilo en Bloemfontein, pero se luchaba más al Sur, en Devetsdorp? Entonces Churchill se dirigió hacia allí a mediados de abril, con muchas más ganas, dado que el comandante de brigada responsable de ese teatro de operaciones no era otro que el coronel Brabazon, el ex jefe del 4º de húsares. ¿Después de algunos duros combates, los boers se vieron obligados a retirarse? Así que Winston partió a triple galope a unirse a la división de caballería del general French, que acababa de lanzar una ofensiva hacia el norte. ¿French detestaba a Churchill? Poco importaba: su ayuda de campo era Jack Milbanke, el mejor —y el único— amigo de Winston en Harrow... A comienzos de mayo, lord Roberts finalmente lanzó su gran ofensiva en dirección a Johannesburgo y Pretoria; ¿acaso querían apartar al teniente y corresponsal de prensa Churchill de la batalla final? ¡Vamos! Su viejo acólito, el general Hamilton, dirigía en este teatro una fuerza de dieciséis mil hombres, de los cuales cuatro mil eran infantes de caballería, a los que Winston se unió inmediatamente. Acompañó a las patrullas de reconocimiento, galopó sin cesar entre las balas y los obuses y fue completamente feliz: "Con toda la inconciencia de la juventud, buscaba cada miguita de aventura, cada experiencia y todo lo que podía permitirme escribir un buen artículo".

Es verdad que durante esta campaña al teniente Churchill no le faltó nada: ni los tonificantes (un carro con caballos lleno de botellas lo seguía a todos lados) ni la caza con perros (en El Cabo, fue a buscar y capturó un chacal con una jauría, en compañía del alto comisariado lord Milner), ni siquiera la familia: su hermano Jack había querido venir y Winston le consiguió sin dilaciones un puesto como teniente en el South African Light Horse; su madre llegó a El Cabo a bordo de un barco hospital, el *Maine*, cuyo alquiler financió con una suscripción pública; finalmente, su primo "Sunny", el duque de Marlborough, servía en el estado mayor de lord Roberts, hasta el día en que los diarios radicales de Londres revelaron que el mariscal tenía tres duques en su entorno.³

Para desarticular las críticas, lord Roberts había decidido liberarse del duque de Marlborough. Despechado, "Sunny" se dirigió al primo Winston, que obtuvo para él inmediatamente un lugar en el estado mayor de su amigo, el general Hamilton. A partir de ese momento, los dos primos pudieron cabalgar juntos hacia Pretoria.

Sin embargo, no nos engañemos: a pesar de su apariencia jovial y fresca, esta campaña era extraordinariamente mortífera; Winston perdió en ella a muchos amigos, como el teniente Brazier Creagh, el capitán William Edwards, el teniente Albert Savory (del equipo de polo de Bangalore) y el corresponsal del *Daily Mail* G. W. Steevens. El propio Winston estaba todo el tiempo en los lugares más expuestos, y fue así como Jack Churchill se hirió en el primer enfrentamiento en compañía de su hermano. Muchos testigos recordaron con estupor haber visto en dos oportunidades cómo el teniente Winston Churchill escalaba la colina de Spion Kop, barrida por la metralla y jalonada de cadáveres. Después de la travesía de la Tugela, en el camino de Ladysmith explotó un obús en medio de su grupo e hirió a todo el mundo, salvo a él. En Devetsdorp, el 20 de abril, quedó bajo el fuego de una docena de boers y se salvó por muy poco de que lo capturaran. El 2 de junio, un joven pelirrojo, cuya descripción se había difundido seis meses antes en todo el Transvaal, penetró vestido de civil, armado solamente con una bicicleta, en Johannesburgo, ocupada por los boers, para llevarle un mensaje del coronel Hamilton al mariscal Roberts, que acampaba en las afueras. Cuatro días más tarde, ese mismo hombre entró de día en Pretoria con su primo "Sunny", cabalgando hacia su antiguo campo de prisioneros, negoció la rendición de ciento cincuenta guardias y, sin llegar a luchar, liberó a todos los prisioneros británicos. El 11 de junio, nuestro fogoso teniente escaló solo la colina de

Diamond Hill bajo la metralla de los boers, para indicarle a la caballería el camino a la cima. Para estupefacción del general Hamilton y de todo el estado mayor, volvió a bajar sin una magulladura en cuanto se tomó la posición. "Creo, dijo modestamente nuestro héroe luego de una larga serie de encuentros fallidos con la muerte, que Dios me reservó para cosas más grandes". Tenemos aquí una hermosa declaración de confianza en el Eterno, sobre todo viniendo de un hombre no creyente.

Pero cuando se conquistó el Transvaal, los boers todavía estaban muy lejos de capitular. De todos modos, las grandes operaciones bélicas habían terminado y Winston consideró que su misión también. En los últimos despachos al *Morning Post*, con los que escribiría dos obras, reclamó repetidamente una actitud generosa hacia los boers, por los que había concebido gran admiración. Como en Sudán después de la batalla de Omdurman, consideró que la magnanimidad con los vencidos era a la vez un deber moral y una buena inversión para el futuro: *Debellare superbos, sed parcere subjectis*.[4] Pero en Gran Bretaña, donde había muy pocos latinistas, la guerra había atizado las pasiones y el mensaje de Winston Churchill no fue bien recibido, lo que no impidió que lo repitiera en todos los tonos posibles durante los meses y años siguientes.

El 4 de julio de 1900, después de haberse despedido del South African Light Horse, el periodista Winston Churchill volvió a Inglaterra a bordo del *Dunottar Castle*, el barco que lo había llevado a África del Sur ocho meses antes. Desde ese momento, sus hazañas y sus escritos lo hicieron célebre y el Partido Conservador se apresuró a aprovechar esta popularidad: en previsión de las próximas elecciones generales, ¡*once* circunscripciones diferentes solicitaron su candidatura! Pero Churchill, que tenía buena memoria e ideas claras, decidió presentarse en Oldham, adonde le habían ganado unos años antes. ¿Deseo de revancha de este jugador que odiaba perder? ¿O es que se acordaba de las palabras del mecánico Dewsnap ante la mina de Balmoral: "Votarán por usted la próxima vez"?

De hecho, no todos votaron por Winston Churchill, pero había dos lugares que ocupar, y el 21 de septiembre de 1900 doscientos electores liberales inscribieron al héroe del día en la segunda posición en su boleta de votación. Fue suficiente para permitirle ganar el segundo lugar. El destino se inclinó ante una voluntad arisca y un valor desmesurado y el sueño entró en la vida.

5
Gentleman **acróbata**

Ser diputado a los veintiséis años es, con todo, un buen logro. Sin embargo, en la Gran Bretaña del 1900, la función parlamentaria no era remunerada, de modo que nadie podía ejercerla sin tener además un trabajo lucrativo o gozar de una renta holgada. Pero Winston había dejado el oficio de las armas y sólo conocía otro: el de escritor. Ya habían aparecido cinco libros suyos: *The Malakand Field Force; The River War; London to Ladysmith y Ian Hamilton´s March*; dos relatos de la campaña de África del Sur y, finalmente, *Savrola*, una novela de capa y espada más bien ingenua, pero admirablemente escrita. Como el autor se había asegurado su publicidad durante cuatro años, en cinco campos de batalla y en cientos de diarios, todos los libros se vendieron muy bien. Además, el *Morning Post* le había pagado 2.500 libras por diez meses de trabajo como corresponsal en África del Sur y, finalmente, el primo "Sunny" le había ofrecido al nuevo diputado una ayuda de 100 libras por año. Lindas sumas, por cierto, pero insuficientes para Winston Churchill, cuyo tren de vida era cualquier cosa menos modesto.

Su agente literario encontró la solución para este problema: una gira de conferencias a través del Reino Unido, Estados Unidos y Canadá. Después de todo, nuestro hombre tenía un manifiesto talento de orador y el tema era importante: la guerra de los Boers, de la que podía hablar con autoridad. Pero no resultó ningún descanso: después de diez meses de combates en África del Sur y cinco semanas de una campaña electoral agotadora en Oldham, Winston se vio envuelto en una gira a ambos lados del Atlántico. Habló todas las noches, seis días de cada siete, a los públicos más variados. En el Reino Unido fue un éxito franco; en Canadá, un triunfo; en Estados Unidos, donde el tema no parecía apasionar a las multitudes, la acogida fue más mitigada. Pero, evidentemente, la empresa fue muy rentable: algunos días antes de jurar en la Cámara de los Comunes, el 14 de febrero de 1901, nuestro joven diputado pudo entregarle a sir Ernest Cassel, brillante financista y amigo de su padre, la suma de 10.000 libras que se invirtieron juiciosamente. Y esto sirvió de anuncio previo: en la Inglaterra de la época, esta suma representaba más de doce años de honorarios de un joven que ejerciera una profesión liberal.

Las primeras semanas de actividad del diputado Winston Churchill dejaron azorado a más de un observador: en quince días asistió a ocho cenas, dirigió una investigación en el Tesoro, se entrevistó con el primer ministro, fue a Manchester para apoyar la campaña de un candidato conservador, recibió a los periodistas y pronunció tres discursos en los Comunes... La preparación de los discursos fue lo que más lo absorbió. Como su padre, los aprendía de memoria, previendo hasta el mínimo detalle los enlaces, las pausas, los gestos y hasta las interrupciones; también como su padre, ceceaba marcadamente, pero se entrenaba todos los días para corregir este defecto; finalmente, también como su padre, no tenía intención de tragarse las palabras.

La apertura de la nueva sesión del Parlamento del 14 de febrero fue un acontecimiento: la reina Victoria había muerto tres semanas antes y el nuevo soberano, Eduardo VII, se había dirigido solemnemente a los lores y a los diputados, en presencia del conjunto de los miembros del gobierno y de la oposición, de los más altos dignatarios de la sociedad británica, del cuerpo diplomático y de todas sus amantes juntas. Dos semanas más tarde, para su primer discurso en la Cámara, Winston difícilmente habría podido esperar tal afluencia, aun cuando el *Morning Post* haya constatado "un auditorio con el que no contaban muchos diputados nuevos". Era un hecho: allí estaban todos los tenores de la mayoría conservadora, como Arthur Balfour o Joseph Chamberlain, y también los de la oposición, como Herbert Asquith, sir William Harcourt, sir Henry Campbell-Bannerman, y un diputado radical galés que ya gozaba de cierta reputación: David Lloyd George. Si bien es cierto que ese día había un importante debate sobre África del Sur, muchos de los honorables miembros (y sus familias) habían concurrido sobre todo para escuchar al "hijo de Randolph" y no iban a quedar decepcionados.

Como tenía que tomar la palabra inmediatamente después de Lloyd George, que había atacado con violencia la estrategia de represión de lord Kitchener en África del Sur, Churchill se vio en una posición sumamente delicada en su primera intervención parlamentaria: como diputado conservador, tenía que apoyar al gobierno en contra de sus detractores; como idealista, testigo, combatiente y aficionado inteligente a la estrategia, no podía ser insensible a los argumentos de la oposición; finalmente, como hijo de lord Randolph, estaba psicológicamente impedido de callar sus convicciones.

Frente a este dilema, Winston eligió presentarse como árbitro más que como partidario, y su presentación en público dejó muy asombrado al auditorio: la oposición reprobaba la política del gobierno en África del Sur. ¿Acaso apoyaba a los boers? ¡No tenía medios para hacerlo! ¿Los nacionalistas irlandeses también se oponían a cómo se llevaba a cabo la guerra? ¡Era porque se habían olvidado de que regimientos irlandeses luchaban valientemente en África del Sur! ¿Acaso no sabían que el gobierno de Su Majestad no podrá arreglar el problema irlandés hasta que se haya liberado del grillete de la guerra de los Boers? ¿Era buena la política del gobierno, entonces? Y bien, no: por una parte, era preciso enviar más tropas; por otra, la guerra feroz que Kitchener sostenía contra los civiles boers tenía ciertamente precedentes, ¿pero era oportuna? Una política de conciliación hubiera sido al mismo tiempo más humana, menos costosa y mucho más rentable en el futuro. ¿Esto quería decir que los boers tenían razón? Para nada: se equivocaban al oponerse al Estado británico, pero eran luchadores valientes, convencidos de que estaban defendiendo sus tierras y su modo de vida. La frase: "Si yo fuese boer, me encontraría en el campo de batalla" provocó algunos escalofríos en la bancada de la mayoría. "En todo caso, siguió nuestro joven diputado, hay que ofrecer a los boers todas las condiciones para una rendición honorable". Y Winston terminó este discurso de una media hora rindiendo homenaje a su padre, en el que más de un diputado debía de estar pensando en ese momento. Sesenta y cuatro años antes, Benjamin Disraeli había comenzado su carrera parlamentaria con un discurso fallido; ahora, la prensa, la mayoría y hasta la oposición estaban de acuerdo en decir que el joven Winston Churchill empezaba la suya con un discurso logrado.

"Es tan difícil, escribía lord Curzon, encontrar un término medio entre la independencia y la lealtad". No se podría encontrar mejor frase para esta ocasión: durante los siguientes treinta y nueve meses, Churchill, bien o mal, ejecutó un asombroso número de acrobacia para conciliar sus obligaciones y sus convicciones. Desde mediados de marzo de 1901, el nuevo diputado se hizo notar con una defensa magistral de la política del gobierno en el asunto Colville: el general Colville había sido nombrado comandante en jefe en Gibraltar, pero una investigación lo había encontrado culpable de graves errores tácticos en combates en África del Sur el año anterior, y el War Office acababa de retirarlo de sus funciones. A la oposición que se levantó en contra de esta medida "tan tardía como injustificada" y reclamaba la constitución de una comisión de investigación parlamentaria, Winston Churchill, muy experimentado en este tema, le presentó dos argumentos de peso: por una parte, existía efectivamente una deplorable tendencia de la jerarquía militar a tapar los errores de sus oficiales en el momento en que los cometían, lo que explicaba que los incapaces se descubrieran mucho después de los hechos; por otra, el responsable de seleccionar, promover y remover a los oficiales era el ministro de Guerra y, si el Parlamento se inmiscuía en sus prerrogativas, esto sería muy nefasto para la disciplina militar y para el mismo Parlamento. La demostración fue un éxito, la moción de la oposición quedó rechazada por una cómoda mayoría y a Winston lo felicitaron calurosamente sus colegas.

Pero no tardarán en desencantarse, ya que nuestro joven diputado expresaba opiniones muy personales sobre la mayoría de las cuestiones más candentes del momento ignorando alevosamente la disciplina partidaria: la guerra en África del Sur, declaró, está conducida con una evidente escasez de medios y de imaginación, empeorada por un exceso de crueldad hacia los civiles y los prisioneros (exactamente a la inversa de lo que se requiere para poner fin definitivamente al conflicto). Y hubo cosas más molestas aún: en mayo de 1901, Churchill se levantó con vigor y elocuencia en contra del proyecto de aumento de un quince por ciento a los fondos de los ejércitos de tierra, defendido por el ministro de Guerra, William Brodrick. Recordando que su propio padre había sacrificado una carrera ministerial prometedora con el único fin de obtener una reducción del presupuesto militar, el digno hijo de lord Randolph protestó contra la "furia militarista que nos aflige" y se declaró en favor de "la paz, el ahorro y la reducción de los armamentos". Los diputados de la oposición liberal estaban locos de contentos y los miembros del gobierno, consternados; mucho más cuando vieron que varios jóvenes diputados conservadores en esta oportunidad se alinearon con Churchill: Ian Malcolm, lord Percy, Arthur Stanley e, inclusive, lord Hugh Cecil, el mismísimo hijo del primer ministro Salisbury... Todos estos jóvenes bien nacidos y provocadores formaron un pequeño círculo muy activo denominado los *Hooligans*. Para terminar, el gobierno se resignó a abandonar el costoso proyecto Brodrick y les concedió a los jóvenes molestos de su mayoría parlamentaria una victoria de lo más halagadora.

Antes de fin de año, otra iniciativa churchilliana asombró a los miembros del gobierno de Su Majestad. Después de haber leído el libro de Seebohm Rowntree: *A Study of Town Life*, que describe la miseria del pueblo bajo en la ciudad de York, el descendiente de los Marlborough tuvo la revelación de un mundo que desconocía y enseguida clamó su indignación en la Cámara. Inclusive le escribió al presidente de la asociación conservadora de los Midlands, el 23 de diciembre: "Por mi parte, no veo ninguna gloria en un imperio dueño de los mares, pero incapaz de vaciar sus sumideros". Muy bien dicho, por cierto, pero no era exactamente lo que los honorables diputados conservadores preferían escuchar: ¿el hijo de lord Randolph estaba virando hacia el socialismo? En todo caso, se entrevistaba muy seguido con los tenores del Partido Liberal: Rosebery, Morley, Grey, Asquith. ¿Acaso no llegó a votar con la oposición en el asunto Cartwright[1] y en todos los debates sobre la política sudafricana hasta que, finalmente, se firmó la paz con los boers en mayo de 1902? De hecho, Churchill fue más lejos aún. Pero el que le ofreció la oportunidad de hacerlo fue Joseph Chamberlain.

Después de una madura reflexión, el ministro de las Colonias había llegado a la conclusión de que la economía británica, debilitada desde hacía tres décadas por la competencia extranjera, no podría recuperar la prosperidad si no era con una medida radical: el abandono del librecambio. El 15 de mayo de 1903, en un discurso pronunciado en Birmingham, lo propuso a los militantes *tories*: al tasar pesadamente las importaciones extranjeras y al acordar tarifas preferenciales a los productos provenientes del imperio, se reafirmarían los lazos entre la metrópolis y los territorios de ultramar y, al mismo tiempo, se protegerían la agricultura y la industria británicas. Los diarios y los comités electorales conservadores adoptaron con entusiasmo esta "preferencia imperial" proteccionista, que también tuvo opositores resueltos y, en primera fila, a Winston Churchill. Después de haber estudiado de cerca la cuestión y de haber consultado a algunos especialistas (entre ellos, el ex ministro de Hacienda Michael Hikcs-Beach y los altos funcionarios del Tesoro Francis Mowatt y Edward Hamilton), Churchill lanzó una amplia campaña contra la preferencia imperial. Según él, tendría cuatro inconvenientes: dividir al partido, encarecer de modo considerable los productos alimentarios a expensas de los más pobres, aislar a Inglaterra del resto del mundo y llevar a una guerra económica, es más, a una guerra, sencillamente.

El primer inconveniente apareció enseguida. El 13 de julio de 1903, Winston tomó la iniciativa de crear la Free Food League, que reunía a sesenta diputados conservadores. La agrupación rival de Chamberlain, bautizada Tariff Reform League,[2] tenía sólo treinta.

Pero Churchill tenía mucha más influencia sobre los militantes de base, comités electorales del partido y... el gobierno, cuyo jefe era Arthur James Balfour. Este, que había reemplazado diez meses antes a su tío Salisbury, evitó cuidadosamente tomar partido públicamente por el librecambio o el proteccionismo. Churchill estaba estupefacto e indignado de que un hombre de Estado pudiera negarse a comprometerse en un asunto tan importante para el futuro del país y no dejó de hacérselo saber, así que agregó a sus diatribas parlamentarias en contra del proyecto de Chamberlain ataques cada vez más violentos contra el primer ministro y su gobierno.

Era obvio que la sombra de lord Randolph pesaba con fuerza en el comportamiento de su hijo. Winston, que ocupaba en los Comunes la banca de su padre cuando estaban en la mayoría, había adoptado sus tics, sus inflexiones y hasta sus gestos. También sus amistades, ya que sus principales blancos, Brodrick o Chamberlain, ya eran adversarios de su padre. La mayoría de sus amigos cercanos, Michael Hicks-Beach, John Gorst, Ernest Cassel, Francis Mowatt o lord Rosebery, también eran amigos de su padre. Y este pequeño círculo de los "*Holligans*" que había constituido dentro del Parlamento ¿acaso no era una imitación servil del "cuarto partido"? Esta lucha por la reducción del presupuesto militar, ¿no era la que llevaba adelante Randolph cuando dimitió? Este gran partido nacional con el que soñaba, ¿no era la expresión pura y simple de la *Tory Democracy* a la que aspiraba el padre? En el departamentito de Winston en Mount Street, las paredes estaban cubiertas de fotos de lord Randolph, cuya biografía había empezado a escribir dos años antes. Sería superfluo añadir que sus ataques contra Chamberlain y Balfour se concebían en el más puro estilo paterno, simultáneamente sarcástico y sin matices: "Es un absurdo económico pretender que el proteccionismo lleve a un gran desarrollo de las riquezas. [...] En cuanto a pretender que lleve a una distribución más equitativa de estas riquezas, es una mentira en su más alto grado".

Las mismas causas produjeron los mismos efectos. Winston se encontró cada vez más aislado e inclusive desaprobado por el comité electoral de su circunscripción de Oldham. Es verdad que Balfour no provocaba entusiasmo: para asentar su autoridad se había deshecho tanto de los librecambistas como de los proteccionistas de su gobierno.³ Pero por reflejo solidario, los ministros y la mayoría de los diputados y de los militantes conservadores se abroquelaron a su alrededor. Sólo los librecambistas más convencidos del Partido Tory se mantuvieron fieles a Churchill; todos los demás lo evitaban. El 29 de marzo de 1904, el conflicto estalló abiertamente en los Comunes: cuando Winston se levantó para hablar, Arthur Balfour dejó la sala y detrás de él hicieron lo mismo los miembros del gobierno y la mayoría de los diputados conservadores. Churchill no esperaba una desaprobación tan completa por parte de su propio partido y quedó profundamente afectado por ello. Tres semanas más tarde sobrevino el drama: en medio de un discurso –que se había aprendido de memoria con el tesón que lo caracterizaba– se detuvo en forma abrupta con la mente en blanco, algo que nunca le había ocurrido antes; desconcertado, sólo atinó a buscar en los bolsillos las notas que no tenía, balbuceó algunas palabras y luego se sentó con la cabeza entre las manos. A su alrededor reinó la consternación; muchos diputados guardaban todavía en la memoria las penosas escenas que habían acompañado, en el mismo recinto, en la misma banca, la decadencia de lord Randolph diez años antes. Al día siguiente, se pudo leer en la primera página del *Daily Mail*: "Churchill se derrumba. Escena trágica en la Cámara de los Comunes".

Aunque si bien la historia tartamudea, no por eso se repite. Nuestro joven diputado, sin lugar a dudas, tenía una gran carga y estaba debilitado por las tensiones permanentes de la lucha que llevaba desde hacía tres años dentro de su propio partido. Pero los temores de sus amigos y los propios carecían de fundamento: Winston gozaba de una salud vigorosa y tres días más tarde estaba de nuevo en su puesto para llevar la ofensiva (ahora armado con abundantes notas que casi nunca tuvo que mirar). Es más, el 16 de mayo se encontraba tan en forma, que fue capaz de predecir la caída del gobierno conservador: "A la cabeza de su acto de acusación figura una gestión financiera extravagante que se inscribirá también en la cabecera de su piedra fúnebre". La guerra de los Boers fue "un inmenso desastre público" y el "nuevo imperialismo" de Chamberlain no era más que una amplia mistificación política: "Este imperialismo bastardo, con el que machaca el aparato del partido y que vino de perillas para llevar al poder a un cierto grupo de señores".

Otra cosa diferenciaba a Winston de su padre: si bien había heredado la propensión de Randolph a hacerse de enemigos, tenía un talento mayor para hacerse de amigos. Raros dentro del Partido Conservador, se habían convertido en una legión en la oposición. Sus denuncias del imperialismo, del proteccionismo y de los presupuestos militares excesivos seducían a los liberales; sus diatribas contra la guerra de los Boers ponían muy contentos a los nacionalistas irlandeses; sus ataques contra la política social del gobierno encantaban a los radicales y liberales obreros. Hacía muchos meses que los discursos de Winston, despreciados por el gobierno y abucheados por la mayoría de los diputados *tories*, eran aplaudidos a rabiar en las bancas de la oposición. Entre las principales personalidades del Partido Liberal, como Rosebery, Asquith, Morley, Grey, Lloyd George, Herbert Gladstone o su tío, lord Tweedsmouth, Winston encontró mucha más comprensión que dentro de su propio partido. Como veía que se alejaba la perspectiva de un partido *tory* librecambista, les propuso una especie de pacto electoral que permitiera que algunos conservadores librecambistas se presentaran en algunas circunscripciones con el apoyo de los liberales. De concertación electoral a contubernio parlamentario, los puntos de vista se acercaron tanto, que Winston llegó a ser considerado más como liberal que como conservador. No era el único: el 11 de noviembre de 1903, en uno de sus discursos en Birmingham, alguien de la concurrencia exclamó: "¡Ese hombre no es más conservador que yo!". Sin duda por esto, en previsión de las próximas elecciones generales, le propusieron sucesivamente que fuera candidato liberal en Birmingham, Sunderland y hasta en Manchester, donde podría presentarse con la denominación de "librecambista", con el apoyo de los liberales.

Para Winston, que evidentemente estaba sentado entre dos sillas, se trataba de propuestas tentadoras. Como nunca supo aparentar, le pareció indecente seguir ocupando la banca de un partido cuyas ideas combatía y a cuyos dirigentes denunciaba. ¿No sería mejor unirse abiertamente a los que compartían sus convicciones? Con un intervalo de dos décadas, volvía a aparecer el dilema con el que se había enfrentado su padre. Como sabemos, para lord Randolph el obstáculo del *Home Rule* había sido insalvable; su hijo, más dúctil, finalmente decidió dar el paso y se declaró partidario de un "*Home Rule* administrativo", que acordara a los irlandeses una autonomía limitada. Para este hombre tan respetuoso de la herencia paterna, a los veintinueve años esto constituyó una emancipación espiritual. El 18 de abril de 1904, atravesó una nueva etapa al aceptar presentarse en Manchester en las próximas elecciones generales, bajo el lema de "librecambista", con el apoyo de los liberales. En los Comunes votó varias veces con la oposición. Todo esto difícilmente podría mejorar sus relaciones con los conservadores y varias veces se oyó murmurar la palabra "traidor". *Alea jacta est*: el 31 de mayo, Winston Churchill hizo una notable entrada en la Cámara: atravesó el pasillo que separaba las bancadas de la oposición y se sentó con los liberales, al lado de Lloyd George. El hijo de lord Randolph acababa de culminar su emancipación política; bueno, casi, porque la banca que había elegido era la que había ocupado su padre veinte años antes, cuando estaba en la oposición.

Algunos cambian de principios por amor a su partido; Winston cambió de partido por amor a sus principios. A partir de ese momento estuvo en un país amigo en medio de la facción liberal a cuyos dirigentes admiraba y, mejor aún, cuyos dirigentes lo admiraban. Y el colmo de la felicidad: podría atacar sin ningún tipo de restricción a los voceros de su ex partido, por lo que comenzó sin tardanza: "Una de las cualidades atrayentes del señor Balfour es la parte de feminidad que se desprende de su persona. Sin duda es lo que lo impulsa a agarrarse del poder el mayor tiempo posible". "Para quedarse en el poder todavía unas semanas o algunos meses, este gobierno está dispuesto a abandonar todos los principios, a traicionar a todos los amigos o colegas y a tragar sin límites todo tipo de roña y de barro". El viejo "Joe" Chamberlain siguió siendo un blanco privilegiado: en cuanto al primer ministro, según clamaba nuestro nuevo miembro de la oposición, "desprecia las tradiciones parlamentarias y deshonra el servicio a la Corona".

Winston disparaba balas de muy grueso calibre contra sus antiguos colegas. Su familia, sus amigos, sus nuevos aliados políticos y hasta el mismo rey enseguida le pidieron que moderara sus palabras. Los *tories* intentaban devolver golpe con golpe, pero padecían tres desventajas mayores: por una parte, el gobierno de Balfour estaba muy dividido y su jefe sólo se mantenía en el poder evitando tomar la menor medida económica o política de alguna relevancia; la preferencia imperial, el presupuesto militar, la ley sobre los extranjeros fueron atacados por la oposición y defendidos muy débilmente por la mayoría. Por otra parte, el tipo de elocuencia grandiosa y sarcástica que cultivaba el honorable diputado de Oldham era muy difícil de limitar; un solo diputado conservador, el joven abogado F. E. Smith podía contraatacar con eficacia, con una profunda voz de bajo, un admirable sentido de la réplica y una elocuencia mucho más natural que la de Winston. En su primer discurso, logró ridiculizar al desertor. Pero los *tories* no sacaron ventajas, pues Churchill, simplemente, admiró esta prestación que convirtió a F. E. Smith en su mejor amigo. Y, además, hay que reconocer que los viejos jefes conservadores eran unos *gentlemen*, conocían al perturbador desde su infancia y no podían impedir admirarlo. Así fue como Winston aprendió algo especial: en un fin de semana en que se reunieron dignatarios *tories* y sus mujeres, estaban por despedazar al diputado renegado cuando Balfour se puso a elogiar sus cualidades y predijo que haría una carrera notable. De golpe, nadie se atrevió a seguir atacándolo. Y más asombroso todavía: Churchill, que escribía la biografía de su padre, había contactado a todos los que podrían tener recuerdos o documentos sobre el tema. Con un aplomo que helaba, se dirigió a su principal cabeza de turco en el Parlamento, el viejo imperialista y proteccionista Joseph Chamberlain. Y este respondió... ¡con una invitación a cenar y a pasar la noche bajo su techo! Fue una cena memorable y muy bien regada; "Joe" evocó viejos recuerdos, le proporcionó documentos que tenía en su poder y dijo al pasar a Winston que hacía muy bien en ser fiel a sus ideas y en unirse al campo liberal. Finalmente, cuando Churchill cayó enfermo, el ministro de Defensa, Arnold Foster, cuyo plan de reforma militar acababa de ser denunciado sin piedad por ese mismo Churchill, le escribió desde el War Office: "Cúrese. Usted sabe que no estoy de acuerdo con sus concepciones políticas, pero creo que usted es el único hombre de su facción parlamentaria que comprende los problemas del ejército. Por eso, desde un punto de vista totalmente egoísta, espero que se restablezca. ¿Puedo agregar que espero también esto desde un punto de vista personal?". Contra este tipo de adversario político, la ferocidad obligatoriamente tendría que ablandarse.

Es cierto que Winston se tomaba muy en serio su papel de diputado de la oposición. No dejaba de examinar los informes, de interrogar a los funcionarios, de redactar mociones y enmiendas. Como había aceptado presentarse en Manchester en las próximas elecciones, iba allí con frecuencia para pronunciar discursos en los actos librecambistas que reunían a multitudes impresionantes. Sus arengas contra el gobierno conservador a menudo eran interrumpidas por *tories* que le reprochaban su defección o por las sufragistas de la señora Pankhurst, que lo acusaban de ser indiferente a la causa de las mujeres. Pero con esa asombrosa mezcla de franqueza, humor y convicción que lo caracterizaba, Winston, en general, lograba desarmar a sus contrincantes más encarnizados. En esta etapa, por otra parte, el joven diputado hablaba mucho menos de lo que escribía: cuando tomaba el tren o pasaba el fin de semana en casas de amigos, llevaba valijas enteras con documentos; eran los elementos de la biografía de lord Randolph en la que estaba trabajando obstinadamente.

En las recepciones a las que lo invitaban, nuestro hombre solía quedarse absorto en sus pensamientos, sin prestar atención a sus vecinos... o a sus vecinas. Con las mujeres era enfermizamente tímido. Ni Harrow, ni Sandhurst, ni los campos de batalla exóticos, ni la Cámara de los Comunes lo prepararon para enfrentarse al bello sexo, y las hazañas amorosas de su madre quizás hayan confundido sus puntos de referencia. La señorita Pamela Plowden, excedida por sus referencias a Platón, finalmente terminó por casarse con otro; siguiendo los consejos de su madre, cortejó a la actriz norteamericana Ethel

Barrymore y luego a la rica heredera Muriel Wilson; pero los resultados estuvieron a la medida de su entusiasmo. En 1904, en un baile en Salisbury Hall, su madre le presentó a una agradable debutante, Clementine Hozier, nieta de la condesa de Airlie. Winston se conformó con mirarla y no dijo una sola palabra. Dos años más tarde, la joven Violet Asquith estaba sentada a su lado en una cena mundana (una experiencia que describió en estos términos: "Durante un largo momento, quedó absorto en sus pensamientos. Luego, de pronto, pareció darse cuenta de mi existencia. Me dirigió una mirada sombría y me preguntó la edad. Le respondí que tenía diecinueve años. 'Y yo, dijo con un tono casi desesperado, ya tengo treinta y dos.' Luego agregó, como para tranquilizarse: 'De todos modos soy mucho más joven que toda la otra gente que cuenta'. Y luego, con violencia: '¡Maldigo al impiadoso tiempo! ¡Maldigo nuestra naturaleza mortal! ¡Qué cruelmente corto es este tiempo de vida que nos han acordado, si pensamos en todo lo que tenemos que hacer!'. A lo que siguió un torrente de elocuencia que terminó con esta modesta comprobación: 'Todos somos gusanos, pero creo que yo soy una luciérnaga'".

Al poco tiempo tuvo oportunidad de lucirse, porque el 4 de diciembre de 1905 Balfour, desalentado por los conflictos internos que paralizaban su gobierno, decidió renunciar. A partir de ese momento, a la espera de las elecciones generales, el rey encargó al jefe de la oposición, Henry Campbell-Bannerman, que formara un nuevo gobierno. Sir Henry, que había nombrado a Grey en el Foreign Office, a Asquith en Hacienda, a Lloyd George en Comercio y a Haldane en el Ministerio de Guerra, le propuso al ilustre desertor el puesto de secretario del Tesoro. Era un lugar que ofrecía muchas posibilidades, cuyo titular podía convertirse enseguida en miembro del gabinete; un vulgar ambicioso habría aceptado al instante, pero Winston respondió que preferiría ser viceministro de las Colonias. "Y bueno, exclamó estupefacto el primer ministro, es usted el que me pide un puesto más modesto que el que le estoy proponiendo". Por supuesto que Winston tenía sus razones, en las que, como siempre, se mezclaban los sentimientos y el cálculo: por una parte, en la administración saliente el puesto de viceministro de las Colonias lo ejercía su primo "Sunny" Marlborough, y Winston tenía un alto sentido de la familia. Por otra, el ministro de las Colonias era lord Elgin, el ex virrey de las Indias, el mismo que había recibido con mucha civilidad al subteniente Churchill en Calcuta, un cierto día de diciembre de 1897. Ahora bien, como Elgin tenía una banca en la Cámara de los Lores, no tenía acceso a los Comunes y, por lo tanto, Winston sería el encargado de defender allí la política colonial del gobierno, una misión que le venía de perillas. Y además, como el lord residía en Escocia, se ocuparía de su ministerio desde lejos, lo que convenía todavía más a un joven al que le gustaba que le dejaran las riendas sueltas.

Así que he aquí a nuestro héroe, a los treinta y dos años, formando parte por primera vez del gobierno. En París, en ese mismo momento, un estudiante del Colegio Normal Superior llamado Charles de Gaulle se había puesto a trabajar en serio, con la ambición de ingresar un día en Saint-Cyr. En Linz, un escolar flacucho, llamado Adolph Hitler, soñaba con ir a Viena, la meca de la música, del arte y de la arquitectura; en Nueva York, un estudiante de derecho, Franklin Delano Roosevelt, recorría distraídamente los anfiteatros de la Universidad de Columbia, le interesaba bastante poco el derecho, para nada la política y muchísimo su prima, Eleanor, con la que, por otra parte, acababa de casarse. En Tammerfors, Finlandia, un ex seminarista georgiano de veintiséis años, convertido en periodista, agitador profesional y convicto de la justicia, asistía discretamente a la conferencia nacional del Partido Bolchevique; se llamó consecutivamente Sosso, Koba, David, Nijeradzé e Ivanovitch, pero su verdadero nombre era Josef Vissarionovitch Djougachvili, mientras esperaba convertirse en Josef Stalin.

"La política, le había confiado Churchill a un periodista, es casi tan exultante como la guerra". Así que a comienzos de enero de 1906, estaba en campaña, ya que la Cámara acababa de disolverse, y el nuevo viceministro se lanzó con dinamismo a la lucha electoral, con los colores liberales y librecambistas. Hay que reconocer que se presentó en una circunscripción hecha a su medida: ¿acaso Manchester, la ciudad de Cobden, no era desde hacía sesenta años la ciudadela del librecambio? Aquí, hasta los hombres de negocios conservadores eran librecambistas y apoyaban a Churchill contra el candidato proteccionista de su propio partido. En cuanto a los obreros, fueron sensibles a sus repetidos llamados en favor de una política social más generosa. La comunidad judía apoyaba al que un año antes criticaba vigorosamente las iniquidades del *Aliens Bill*. Además, nuestro hombre ahora era muy conocido, venían de muy lejos para escucharlo y se repetían a porfía sus sarcasmos y sus buenas palabras. Y Jennie, vieja concurrente habitual de las campañas electorales, que seguía muy joven de cuerpo, iba a apoyar a su hijo y haría todo lo que fuese necesario. Por último, y feliz coincidencia, la biografía de lord Randolph se publicó a comienzos de enero, justo a tiempo para hacer hablar a su autor, y con suerte, porque las críticas coincidían en que era una obra notable. ¿Totalmente objetiva? No hay que pedir tanto...

El 13 de enero por la noche, los resultados de la votación no tenían apelación: Churchill obtuvo cinco mil seiscientos treinta y nueve votos por la circunscripción de Manchester noroeste, es decir mil doscientos cuarenta y uno más que su competidor conservador. Por el conjunto de Manchester, los conservadores, que ocupaban ocho bancas de nueve, se quedaron con una sola. ¡Hasta Balfour fue derrotado! El triunfo se extendió a nivel nacional: trescientos setenta y siete bancas para los liberales, ochenta y tres para los nacionalistas irlandeses, cincuenta y tres para los ulsteristas. Los conservadores, que ocupaban cuatrocientos escaños, se quedaron solamente con ciento cincuenta y siete. El reinado de los *tories* había terminado, comenzaba el de los liberales. ¡Y Winston Churchill, al cambiar su fidelidad dieciocho meses antes, evidentemente había hecho una excelente inversión política! Como su padre, siempre había jugado fuerte; pero tenía mejores cartas, era más dúctil desde el punto de vista táctico y contaba con una suerte absolutamente anormal.

Como había vía libre, Winston pudo dedicarse a su ministerio. De hecho, no había dejado de hacerlo desde su nominación, y la amplitud de su actividad no dejaba de asombrar, sobre todo si pensamos que no tenía la menor experiencia administrativa. En las primeras semanas había reunido una importante cantidad de documentación, consultado a decenas de expertos, redactado cuatro memorándums y respondido a cientos de preguntas del Parlamento. El primer problema que se le planteó al ministerio fue el del Transvaal y del Estado de Orange que, desde los acuerdos de paz de Vereeniging, tres años antes, se administraban como colonias de la Corona. Los conservadores habían considerado conferirles una autonomía limitada, pero el proyecto había quedado en suspenso. En cuanto entró en funciones, Winston, que consideraba todo lo concerniente a los boers como un asunto personal, envió al gabinete, como si fuera lord Elgin, dos ayudamemoria muy densos, con conclusiones categóricas: había que acordar con las dos colonias una autonomía interna completa, y cuanto antes, mejor. El gabinete se dejó convencer y el viceministro de las Colonias jugó un papel muy activo en la redacción de las constituciones que fueron proporcionadas por Londres. También intervino con energía para que las adoptara el Parlamento y con tesoros de diplomacia para obtener el asentimiento del rey. ¡Sin ninguna duda los boers no podían tener mejor abogado en Londres que su ex adversario!

Durante sus vacaciones, Churchill pasó rápidamente por Trouville para disputar algunos partidos de polo, luego por Deauville para jugar en el casino y después se fue para... Silesia, donde asistió a las grandes maniobras del ejército alemán, por invitación del káiser. Con esto redactó algunos informes que entregó al Ministerio de Guerra, algo sorprendente de parte de un viceministro de las Colonias, pero este no era un viceministro común. En cuanto regresó, empezó a organizar la conferencia de las colonias que se llevaría a cabo en Londres en abril de 1907. Era una tarea delicada, porque el gobierno anterior había previsto realizar un gran foro para lanzar la preferencia imperial y la mayoría de los primeros ministros invitados, especialmente los de Canadá, Australia y Nueva Zelanda seguían siendo favorables a ella. Por lo tanto, había que recibirlos como reyes, convencerlos de contribuir al esfuerzo de la defensa naval y hacer que se olvidaran de la preferencia imperial. Churchill lo logró y tuvo largas y fructuosas entrevistas con el general Botha, nuevo primer ministro de Transvaal, quien en noviembre de 1899 comandaba el destacamento boer que había capturado a un joven corresponsal de prensa ante los restos de un tren blindado. Winston también entablaría lazos de amistad sólidos y duraderos con un joven ministro llamado Jan Christiaan Smuts, el mismo que lo había interrogado cuando lo tomaron prisionero.

Decididamente, Winston estaba en su salsa en el Ministerio de las Colonias: se ocupaba de unos sesenta países, leía todos los informes, a los que les agregaba voluminosos comentarios, y redactaba memorándums interminables. Se tratara de la ayuda a las tribus zulúes de Natal, de la reducción de los derechos a la naturalización, de la asistencia financiera a los chipriotas o del arresto del jefe de los botswana de Bechuanaland, tenía una tendencia a transformar los asuntos más insignificantes en asuntos de Estado. "Churchill, escribió Ronald Hyam con discreción, exageraba la importancia de todo lo que tocaba". Lord Elgin a veces se ofuscaba, pero como esa persona a la que consideraba una "criatura extraña e impulsiva" llevaba a cabo un trabajo considerable tanto en el ministerio como en el Parlamento, sólo raramente frenaba sus impulsos. Un día, sin embargo, Churchill le envió un memorándum muy largo, que terminaba con estas palabras: "Este es mi punto de vista". Lord Elgin se lo reenvió con esta simple mención: "Pero no el mío". En el Parlamento, el estilo épico de Churchill, que impresionaba tanto en las ocasiones importantes, era muy cansador cuando se trataban asuntos banales o mezquinas peleas entre partidarios.

Un poco perturbados por este frenesí de actividad, varios ministros terminaron por convencer a nuestro gran trabajador de que merecía unas largas vacaciones. De modo que en septiembre de 1907 dejó Inglaterra para realizar un largo periplo a través de Europa y de África. En Francia, asistió a maniobras militares (absolutamente indispensables para tener unas buenas vacaciones), luego hizo un viaje en automóvil por Italia y Moravia con su primo "Sunny" y su nuevo amigo, F. E. Smith. A comienzos de octubre fue a Viena, luego a Siracusa y, finalmente, a Malta, donde lo esperaban su secretario, Eddie Marsh, su mayordomo, George Scrivings, y el coronel Gordon Wilson, esposo de su tía Sarah. En Malta, Winston visitó todo, desde las defensas costeras hasta las escuelas, pasando por la prisión, e inmediatamente consignó sus observaciones en un voluminoso informe. El crucero *Venus*, que el Almirantazgo había puesto a su disposición, los transportó luego a Chipre, desde donde salió un nuevo informe (por telegrama) sobre las mejoras que convendría aportar a la administración de la isla. El crucero apareció por Port Said, atravesó el canal de Suez y el mar Rojo, hizo escala en Adén, luego en Berbera, y en Somalia, ya que nuestro viceministro quería saber por qué el gobierno de Su Majestad gastaba en este protectorado 76.000 libras con tan pocos beneficios. Winston estaba muy satisfecho con el confort del crucero; su secretario Eddie Marsh, mucho menos: con un calor apabullante, trabajaba catorce horas por día en seis enormes informes, que provocaron un indudable estupor en el Ministerio de las Colonias, donde creían que Winston estaba de vacaciones.

A fines de octubre, nuestros cuatro viajeros llegaron a Kenya. Como en todas partes, el gobernador los recibió a la manera real, después de lo cual partieron hacia un safari en tren. El procedimiento era sencillo: confortablemente sentados en una pequeña plataforma en la parte delantera de la locomotora, tiraban sobre cualquier animal de caza que se presentara. Hoy no vemos en eso ningún aspecto deportivo, pero todo esto sucedía en 1907, mucho antes de que existieran la ecología y la WWW. ¿Era lo único que hacía Winston? Por supuesto que no: escribía sus notas periodísticas, porque el *Strand Magazine* le había ofrecido 750 libras para relatar sus impresiones de viaje. ¿Escribió solamente esto? Claro que no: entre Kenya y Sudán, dictó nuevos memorándums en los cuales se apilaban, intercalándose, observaciones, críticas, alabanzas, proyectos y propuestas de todo tipo. Así fue como el secretario del Tesoro recibió los planos de una vía férrea destinada a unir el lago Victoria con el lago Albert (con estimación detallada de costos); para el Ministerio de las Colonias hubo, entre otros, un proyecto de un dique con usina hidroeléctrica cerca de las fuentes del Nilo, donde se encuentran las cataratas de Ripon;[4] para el Ministerio de Comercio, un plan de reforma social que interesaría al conjunto del Reino Unido, con seguro de desempleo, salario mínimo y jubilaciones, inspirado en el sistema alemán;

en cuanto al Ministerio de Guerra, naturalmente recibió un largo memorándum sobre las maniobras francesas y las enseñanzas que había que sacar de ellas.

Todo esto se lo dictaba a viva voz al pobre del señor Marsh, mientras los viajeros atravesaban el lago Victoria o remontaban el Nilo en confortables barcos a vapor. Como siempre, el peligro andaba cerca de Churchill: en Uganda pasáron por una región en la que la enfermedad del sueño acababa de cobrarse doscientos mil muertos. Cuando llegaron a Kartún, el 23 de diciembre, hubo que hospitalizar al valet Scrivings, que murió al otro día de diarreas coléricas. Para su patrón esta muerte fue doblemente trágica: estaba muy ligado a él, ya que había sido el mayordomo de su padre y, además, nunca, a lo largo de su vida, había podido estar sin personal doméstico.

El 17 de enero de 1908, nuestro joven viceministro estaba de regreso en Londres, y al día siguiente, en un banquete ofrecido en el Club Liberal Nacional, declaró: "Vuelvo a la línea de fuego en el mejor estado de salud posible y dispuesto a combatir tan de cerca como sea posible". No obstante, algunos combates parecían desesperados: en una cena en la casa de su antigua benefactora, lady Jeune, dos meses más tarde, Winston volvió a encontrarse con la graciosa Clementine Hozier.[5] Esta vez le habló (sin que nadie intercediera) y le prometió enviarle una biografía de lord Randolph. Pero, como se olvidó, la impresión que produjo en la hermosa joven no fue mejor que la primera vez.

Como siempre, esta distracción se debía a un exceso de concentración. Pues Winston volvió a Londres con un nuevo caballito de batalla: el plan de reformas sociales que había preparado cuidadosamente durante sus "vacaciones". Charles Masterman, un reformador con quien se encontró en esa época, anotó en su diario que Churchill "estaba obsesionado con los pobres, cuya existencia acababa de descubrir. Creía que la Providencia lo había llamado para que hiciera algo por ellos. '¿Por qué siempre escapé con lo justo de la muerte, se preguntó, si no para hacer algo así?'". Era una buena pregunta. Ciertamente, Winston buscaba la gloria, para dejar una marca en su época, como los héroes de su juventud; y también para llevar a cabo su gran ambición: ser primer ministro, porque su padre no había podido serlo... y sin esperar demasiado, pues solamente trece años lo separaban del desenlace que él consideraba fatal. Pero esto no era todo: nuestro joven apurado no se sentía él mismo más que cuando defendía una causa justa, en el campo de batalla o en las bancas del Parlamento. Ahora bien, los bolsones de pobreza que subsistían en la opulenta Inglaterra le parecieron a este corazón generoso una monstruosa anomalía que había que remediar imperativamente. Y como este gran sentimental también era un político de alma, consideró utilizar este noble proyecto para poner en dificultades a los conservadores en las próximas elecciones... y ponerles palos en la rueda a los laboristas.

Podrán objetarnos que nuestro viceministro de las Colonias, que no era ni siquiera miembro del gabinete, se estaba metiendo en lo que no le competía. Pero mejor que nos acostumbremos: durante toda su vida, Winston se metió donde no correspondía. Sin embargo, Masterman se equivocó cuando pensó que Churchill "acababa de descubrir" a los pobres. De hecho, los había descubierto seis años antes, cuando leyó el libro de Rowntree sobre la ciudad de York, y volvió a encontrárselos cara a cara a comienzos de 1906, cuando hacía la campaña en Manchester. Y el hijo de lord Randolph, que sólo dejaba el Parlamento y los clubes de Londres para pasar unos días en el palacio de Blenheim, estaba hecho de tal modo, que disfrutaba menos del confort al tomar conciencia de las carencias que lo rodeaban. Desde que había ingresado en el Partido Liberal, además, había caído bajo la influencia del diputado radical Lloyd George. Este abogado galés de origen muy modesto se comprometió a fondo con la lucha contra una miseria que conocía bien y que quería que su colega y amigo descubriera. Finalmente, a comienzos de febrero de 1908, Winston, siempre ávido de documentación y de ideas nuevas cuando una cuestión atraía su atención, pidió encontrarse con la temible Beatrice Webb. Esta militante del socialismo reformista, que era una de las cabezas pensantes de la Fabian Society, ya se había entrevistado con él cuatro años antes y lo había encontrado "completamente ignorante en cuestiones sociales". Pero esta vez, ella tuvo un interlocutor atento: "Fue de lo más gentil y se apresuró a asegurarme que estaba dispuesto a absorber todos los planes que pudiéramos darle". No podría haber dicho algo mejor: a la salida de la entrevista con Beatrice Webb y su protegido William Beveridge, Churchill realizó una síntesis de sus propuestas, de las ideas de Lloyd George y de sus observaciones en Alemania y presentó todo en un artículo titulado: "Un campo inexplorado en la política". Este gran modesto consideraba, naturalmente, que el campo no había sido explorado, ya que él mismo nunca lo había hecho. Pero si bien las ideas expresadas no eran nuevas, estaban expuestas con un talento innegable: no podía haber libertad política verdadera sin un mínimo de bienestar económico y social; el responsable de ayudar al individuo era el Estado, a través de la formación profesional, de hacerse cargo de ciertos sectores de la economía, como los ferrocarriles, los canales y los bosques, de la regulación del empleo y, finalmente, a través de la fijación de "normas mínimas de existencia y de trabajo".

Su amigo F. E. Smith escribió: "Nunca sabíamos qué versión personal daría Winston *a posteriori* de la idea que uno hubiese tenido". Pero esta vez, esta versión llegó en el momento justo. A fines de marzo, el viejo primer ministro, Campbell-Bannerman, enfermo, renunció, y el rey encargó al ministro de Hacienda, Herbert Asquith, que formara el nuevo gobierno. Ahora bien, la situación económica se había deteriorado claramente desde 1907 y la desocupación prácticamente se había duplicado en un año; con la disminución de los salarios y el aumento de los precios al por menor, la miseria había crecido manifiestamente y las autoridades tenían el deber de reaccionar. Asquith, influido por Lloyd George, quiso por consiguiente lanzar un osado programa de reformas sociales, y las palabras de Churchill le venían bien, tanto más cuanto que sus iniciativas mostraban, sin duda, que poseía toda la energía necesaria para traducir sus ideas en actos. El 9 de abril de 1908, a Churchill le ofrecieron un puesto muy importante: el Ministerio de Comercio, cuya competencia se extendía al trabajo y a la legislación social. A los treinta y dos años, se convirtió en ministro con plenos poderes. Más aún, entró al gabinete, la instancia de decisión suprema del gobierno.

En esa época, era costumbre que un diputado que entraba al gabinete volviera a presentarse a elecciones. Así que nuestro ministro fue nuevamente candidato en Manchester noroeste, en condiciones mucho más difíciles que en 1906: la situación económica se había degradado y el gobierno era considerado el responsable; el proteccionismo ya no se consideraba una amenaza y, además, los conservadores presentaban a Churchill como un renegado que había vendido a vil precio al Imperio y virado hacia el socialismo y que se estaba disponiendo, por otra parte, a atacar a la escuela libre. Esto era demasiado, evidentemente, y el 23 de abril, el diputado saliente fue derrotado con justicia. Los conservadores triunfaron. "¿Para qué puede servir un W.C. sin asiento?",* preguntaban sin demasiada fineza. Pero un partido bien organizado sabe corregir los acontecimientos inciertos de la democracia: en Dundee, Escocia, había una banca vacante, tradicionalmente del Partido Liberal. Ante estos electores mayoritariamente obreros, la retórica de Churchill hizo maravillas: la Cámara de los Lores conservadora, declaró, "está llena de viejos pares poco sólidos, grandes financistas perversos, hábiles titiriteros, gordos cerveceros de nariz enrojecida". Y como también había un candidato laborista, agregó: "El socialismo quiere derrotar a los ricos, en tanto que el liberalismo quiere elevar a los pobres; el socialismo quiere matar a la empresa, en tanto que el liberalismo quiere liberarla de las trabas del privilegio y de la protección". Un discurso que dio resultados: el 9 de mayo, Winston fue elegido con tres mil votos de mayoría.

El gobierno de Herbert Asquith fue notable. Grey en Relaciones Exteriores, Lloyd George en Hacienda, Haldane en Guerra, Mc Kenna en Marina, Churchill en Comercio, Birrell en Irlanda y Burns en la Administración Regional. "Una orquesta de primeros violines que a veces tocaba en tonos diferentes", escribió Violet Asquith. Pero al menos dos ministros estuvieron de acuerdo en sus instrumentos, a tal punto que los llamaban "los divinos gemelos de la reforma social": Lloyd George

---

* Juego de palabras entre *siège* (asiento/banca del Parlamento) y las iniciales de Winston Churchill y de inodoro (W.C.) (N. de la T.).

y Churchill. Efectivamente, desde sus respectivos ministerios, en dos años orquestaron un verdadero cambio de la legislación del trabajo: jornada de ocho horas en las minas; fin del *seating system*, la explotación de la mano de obra no organizada; paso al *Trade Boards Act*, que instituía un salario mínimo; creación de las bolsas de trabajo; preparación de las leyes sobre seguro de enfermedad, seguro de desempleo y jubilaciones. Churchill fue el encargado de justificar en el Parlamento y en el país todos estos avances, algo que hizo con todo el énfasis que se requería: "¿Para qué vivir si no es para luchar por las causas nobles y hacer surgir de toda esta confusión un mundo mejor, en beneficio de los que vivirán en él cuando nosotros nos hayamos ido?". Y: "Mientras nuestra vanguardia disfruta de todos los placeres [...], nuestra retaguardia tiene que enfrentar condiciones más crueles que en los mundos bárbaros". También en el Ministerio de Comercio tuvo que arbitrar en conflictos de trabajo, algo que hizo con éxito incierto, especialmente en el caso de los talleres navales y de la industria del algodón. Este espíritu inventivo fue más lejos todavía y les propuso a sus colegas la creación de sistemas permanentes de arbitraje, con dos delegados de los trabajadores, dos representantes de los empleadores y un presidente nombrado por el Ministerio de Comercio. La idea pareció tan buena que empezó a aplicarse en 1909, con excelentes resultados. Con todo esto, una vez más Churchill encontró el medio para inmiscuirse en asuntos de sus colegas. Así fue como le sugirió al primer lord del Almirantazgo que adelantara los programas de construcción en los talleres navales, para evitar que los obreros de la Tyne y de la Clyde sufrieran un largo período de desocupación durante el invierno: su propuesta se adoptó sin dilaciones.

Pero la actividad de nuestro ministro no se limitaba a esto, ni mucho menos. En el verano de 1908, el Almirantazgo, inquieto por el rearme naval alemán, solicitó la construcción inmediata de seis acorazados *Dreadnought*. Ahora bien, dentro del gobierno, el ministro de Hacienda, Lloyd George, consideró que con cuatro bastaría; había que ahorrar para financiar los programas de reformas sociales, y Churchill lo apoyó con toda su elocuencia: "Me parece absolutamente criticable, declaró ante una asamblea de mineros galeses el

14 de agosto, que algunos difundan en este país la idea de que es inevitable una guerra entre Alemania y Gran Bretaña. Es absurdo". Y agregó que, efectivamente, los dos países no tenían el menor motivo de conflicto "aun cuando puedan oírse algunos gruñidos y palabras agresivas en los diarios o en los clubes londinenses". Para terminar, la evolución del programa de rearme naval alemán llevó al gobierno a apoyar al Almirantazgo y se construyeron ocho *Dreadnought* en lugar de seis. Churchill terminó por declararse satisfecho de haber sido derrotado... pero para que lo admitiera hizo falta que se desencadenara una guerra mundial. Por el momento, el mismo káiser lo invitó en el verano de 1909 a observar las maniobras alemanas y por supuesto que consideró que era su deber establecer un informe detallado de sus observaciones para el War Office. Es verdad que nuestro ministro de Comercio quiso entrar en el Comité de Defensa Imperial, del que iba a convertirse en uno de sus miembros más asiduos; además, era mayor en el regimiento territorial de los Queen´s Own Oxfordshire Hussars, y participaba de todas las maniobras que se realizaban... en el parque público del castillo de Blenheim. Y, finalmente, este mal conspirador, siempre fascinado por los asuntos secretos, apoyó con todas sus fuerzas la creación del Secret Service Bureau, con secciones de contraespionaje (MI5) y de información en el extranjero (MI6).

En medio de este frenesí de actividad, Winston llegó a encontrar tiempo suficiente para casarse. Después de un nuevo encuentro y de un esbozo de correspondencia, Clementine Hozier terminó por mostrarse sensible al encanto de este galán poco común. Una recepción en Blenheim el 7 de agosto, los consejos de Jennie y la intervención oportuna del primo "Sunny" para reparar las torpezas del pretendiente permitieron que, por fin, Winston pidiera la mano. Cuando la hermosa joven aceptó, nuestro hombre, siempre apurado, fijó la fecha del casamiento para el 12 de septiembre, menos de tres semanas después del anuncio oficial. ¿Tendría miedo de que se echara atrás?[6] Efectivamente, Clementine estuvo tentada de hacerlo, pero no se atrevió. Y la ceremonia se realizó tal como estaba prevista, en la iglesia St. Margaret de Londres. De todos modos, hubo algunas sorpresas: en la sacristía, después de la ceremonia, Winston se puso a hablar de política con Lloyd George, ¡olvidando totalmente que tenía que salir con la esposa! En Blenheim, en la primera etapa del viaje de bodas, el feliz esposo revisó el manuscrito de su libro sobre África; en la segunda etapa, en el lago Mayor, se puso de lleno a revisar los informes sobre las negociaciones salariales en curso en la industria algodonera de Lancashire; en Venecia, última etapa del viaje, se ocupó del plan de modificación de los plazos de producción en los talleres navales, con los que decidió que debía beneficiar al Almirantazgo. La pareja hizo algunos paseos en góndola... A pesar de todo, Clementine no estaba enojada por volver a Londres. Quizá no sea superfluo agregar que fue un matrimonio feliz.

En cuanto regresó, Winston se encontró en el centro de la lucha. El gobierno había decidido financiar simultáneamente el programa de reformas y las construcciones navales suplementarias, y había que encontrar los recursos necesarios. Este fue el origen del "presupuesto del pueblo" del que Lloyd George y Churchill fueron los principales artesanos. Para esa época fue una verdadera revolución: aumento del impuesto a las rentas, creación de un impuesto suplementario a las grandes rentas, evaluación de los grandes campos para su imposición, tasación de las plusvalías, aumento de los derechos sucesorios, aumento de los impuestos al tabaco, el alcohol y la venta de bebidas, introducción de una tasa a los combustibles, viviendas familiares para los matrimonios más desprotegidos. Este proyecto, que se presentó en los Comunes en abril de 1909, fue el centro de una furiosa controversia durante siete meses. La Cámara Baja, de mayoría liberal, finalmente lo adoptó a mediados de octubre; pero la mayoría conservadora de la Cámara de los Lores había hecho saber desde el principio que opondría su veto, lo que hizo el 30 de noviembre al votar mayoritariamente contra el presupuesto, una acción sin precedentes desde hacía doscientos cincuenta años... Para salir de este callejón sin salida, Asquith decidió disolver la Cámara y provocar, de este modo, el llamado a nuevas elecciones.

Como presidente de la Liga por el Presupuesto, Churchill estaba, naturalmente, a la vanguardia del combate, en compañía de Lloyd

George. En innumerables discursos en el Parlamento y en todo el país, defendió enérgicamente el proyecto y atacó violentamente a la Cámara de los Lores, esa "orgullosa facción conservadora" que "se cree la única capaz de servir a la Corona" y cuyos miembros, "que consideran al gobierno su feudo y a la autoridad política un simple accesorio de su fortuna y de sus títulos", sólo votan para defender "los intereses de su partido, los intereses de su clase y sus intereses personales". Todo lo que podían hacer, "si pierden la cabeza", es "poner una piedra en la vía y hacer que el tren del Estado descarrile". Todo esto no hizo sino atizar el odio de los conservadores hacia este elocuente criticón de la aristocracia quien, sin embargo, era hijo de un lord y nieto de un duque...

Los liberales perdieron ciento veinticinco bancas en las elecciones generales de enero de 1910, pero conservaron una mayoría suficiente como para formar, con el apoyo de sus aliados laboristas e irlandeses, un nuevo gobierno que retomó la lucha contra la obstrucción de la Cámara de los Lores. Churchill fue reelecto con comodidad en Dundee, y su notable contribución a la campaña liberal en todo el país le valió los agradecimientos de Asquith, que en esta oportunidad incluso arriesgó una predicción: "Sus discursos quedarán en la historia". Más aún, ofreció al nuevo Demóstenes un puesto clave en el gobierno en formación: el de ministro del Interior.

Era una gran promoción, y por primera vez Winston cobró un salario de ministro.[7] Pero era justo, ya que sus nuevas responsabilidades no eran nada menores: efectivamente, el *Home Secretary* es el responsable del mantenimiento del orden, de la administración de las prisiones y correccionales, de la organización de la justicia, de la presentación de proyectos de ley en materia de justicia criminal, de la supervisión del cuerpo de bomberos, de la reglamentación del empleo de los niños, del control de los inmigrantes, de la naturalización de los extranjeros, de la seguridad en las minas, del resguardo de los explosivos almacenados, del control de la expedición de bebidas y de los juegos de azar, de la supervisión de los cementerios y de los crematorios... por no mencionar la obligación de aconsejar a la Corona en materia de ejercicio del derecho de gracia y que el primer ministro le había encargado redactar cada tarde un resumen detallado de los debates parlamentarios para Su Majestad.

Winston inauguró sus funciones con una visita a las prisiones. Abordó el universo carcelario con una mirada nueva, un sólido sentido común y el recuerdo de su propia detención en Pretoria diez años antes y, desde el comienzo, percibió cuáles eran los puntos débiles de la institución: la tercera parte de los prisioneros estaba detenida por ebriedad, la mitad por no pagar sus deudas. Al reemplazar el encarcelamiento de los borrachos por multas y al acordar plazos de pago a los deudores, hizo que en dos años la cantidad de detenidos pasara de ciento ochenta y cuatro mil a treinta y dos mil quinientos. Los que siguieron presos gozaron de condiciones más humanas: supresión del látigo, maltratos y otras medidas vejatorias, instauración de una red de bibliotecas, extensión a las sufragistas del estatus de prisioneras políticas. "Una vez por semana, y a veces más, recuerda sir Edward Troup, el secretario permanente del *Home Office*, el señor Churchill, llegaba a la oficina con algún proyecto tan audaz como irrealizable. Pero después de media hora de discusiones, habíamos elaborado algo que seguía siendo audaz, pero que era más realizable".

Al pasar del Ministerio de Comercio al del Interior, Winston trocó el papel de mediador por el de responsable del mantenimiento del orden, justo en el momento en que estallaron huelgas muy duras en los puertos, las minas y los ferrocarriles del país. En noviembre de 1910, en un levantamiento de los mineros del carbón en la pequeña ciudad galesa de Tonypandy, el jefe de la policía local, desbordado, apeló a las tropas. Cuando Churchill se enteró, prefirió enviar a la vanguardia a trescientos policías londinenses y mantener a las tropas de reserva. Finalmente, se restableció el orden sin derramamiento de sangre y el general Macready, comandante de las tropas enviadas a ese sector, reconoció en sus *Memorias* que "solamente gracias a la previsión que demostró Churchill al enviar una poderosa fuerza de policía municipal [...] se pudo evitar que corriera sangre". Pero la política tiene sus exigencias y los conservadores acusaron a Churchill de haber sido demasiado laxo en este asunto, en tanto que los laboristas lo convirtieron en el "carnicero de Tonypandy". La historia, con su espejo deformante, perpetuó este sobrenombre totalmente inmerecido.

Sin embargo, el episodio más conocido del paso de Churchill por el Ministerio del Interior probablemente sea el del sitio de Sidney Street. En la mañana del 3 de enero de 1911, nuestro ministro se enteró –literalmente en salto de cama– de que anarquistas letones, que pertenecían a la banda de "Pedro el pintor" habían sido cercados en una casa del número 100 de la calle Sidney, en Whitechapel, después de haber matado a tres policías. Se le pidió autorización para enviar tropas que ayudaran con mano fuerte a los policías encargados del desalojo. Churchill aceptó y se dirigió de inmediato al lugar del hecho, donde se mezcló con naturalidad en las operaciones. Primero, recomendó llevar a cabo el asalto con hombres escondidos detrás de una gran placa de metal, pero hubo que desistir del ataque cuando la casa se incendió. Los bomberos quisieron apagar el incendio, pero Churchill se interpuso: "Me pareció preferible dejar que la casa se quemara, explicó, antes que sacrificar buenas vidas británicas para salvar a esos feroces canallas". Efectivamente, el incendio hizo el trabajo. Pero en el lugar había un fotógrafo y los negativos de Churchill con sombrero de copa y abrigo con cuello de astracán avanzando hacia la línea de fuego se difundieron como un reguero de pólvora en toda Inglaterra. Sus adversarios aprovecharon para presentarlo como un aventurero, un presumido y un metido. En los Comunes, Balfour ironizó: "Entiendo la presencia del fotógrafo, pero ¿qué hacía el ministro del Interior?". Al interesado le costaba dar explicaciones, pero como ya conocemos a nuestro hombre, responderemos en su lugar: Winston Churchill no podía resistirse a la atracción que le causaban los acontecimientos excepcionales, la acción y el peligro.

En el verano de 1911, pasó de todo. J. A. Spender escribió: "Nunca en la memoria contemporánea un gobierno había tenido que enfrentar tantos graves peligros como el de Asquith en esa época". Así fue, y Winston estuvo cada vez en el centro de la tormenta. En ese verano tórrido se asistió al dramático desenlace del enfrentamiento del gobierno liberal con la Cámara de los Lores sobre el tema del "presupuesto del pueblo". A la muerte de Eduardo VII, en mayo de 1910, le siguió un intento de conciliación y, como no tuvo éxito, hubo nuevas elecciones generales que confirmaron el resultado de las primeras, sin que esto hiciera que la Cámara de Lores cambiara de posición. Pero después de largas vacilaciones, el nuevo rey, Jorge V, accedió a los deseos de su primer ministro y amenazó a los lores con designar "una nueva camada de pares" que generaría una mayoría a su favor. El 10 de agosto, la Cámara Alta aceptó, por escasa mayoría, y reconoció con ello la supremacía de los Comunes en materia presupuestaria, y, al mismo tiempo, perdió lo esencial de sus poderes. Durante estos dos años de lucha sin descanso, Churchill, a pesar de sus innumerables ocupaciones, asistió a todos los debates en la Cámara, presidió la Liga por el Presupuesto, redactó numerosas propuestas y pronunció incontables discursos. En varias oportunidades intervino en la Cámara en reemplazo de un primer ministro impedido por problemas de voz... o por exceso de alcohol. En el Partido Radical y en la oposición conservadora se rindieron ante la evidencia: esta victoria de Asquith y de Lloyd George era también la victoria de Winston Churchill.

Pero no hubo mucho tiempo para disfrutarla, pues la agitación obrera que se venía incubando desde hacía dos meses acababa de desembocar en una ola de huelgas y levantamientos simultáneos en los muelles, las minas de carbón y los ferrocarriles. Se iniciaron negociaciones, pero en las ciudades empezaron a faltar alimentos mientras, en Liverpool, los obreros atacaron a la policía. Churchill, que consideraba que los huelguistas estaban mal pagos y prácticamente obligados al hambre, demostró una gran moderación y apostó a la intervención de las comisiones de arbitraje. Pero los disturbios se multiplicaron y enseguida las fuerzas del orden quedaron desbordadas. Además, la situación internacional inspiraba inquietudes y el propio rey estaba impacientándose. Dado que la tarea del ministro del Interior era asegurar la provisión, la seguridad y la libre circulación de los trenes, terminó por ordenar la intervención de las tropas para prestar ayuda a la policía. El 19 de agosto, en Llanelli, en el sur del país de Gales, los revoltosos tomaron por asalto un tren, lo pillaron y maltrataron a su conductor. A los soldados que se interpusieron los atacaron, éstos terminaron por disparar y hubo cuatro muertos. Pero la intervención de los militares desalentó a los revoltosos más violentos y facilitó la misión conciliatoria de Lloyd George, que ese mismo día logró un acuerdo para ponerle fin al conflicto. En este asunto, Churchill se ganó el odio de la mayor parte de los laboristas, la simpatía de muchos conservadores y el reconocimiento de todos sus colegas del gobierno. También recibió este telegrama del rey Jorge V: "Convencido de que las prontas medidas tomadas por usted evitaron pérdidas humanas en varias regiones del país".

Dos meses de huelgas y de levantamientos, el punto culminante de una crisis institucional, discursos, artículos y memorándums en enorme cantidad, un informe cotidiano al rey sobre los debates en el Parlamento además de, por supuesto, los deberes de su cargo ministerial, que, como sabemos, no eran pocos. Se podría pensar que todo esto era más que suficiente para ocupar a Winston durante ese verano, más aún después del nacimiento de su hijo (bautizado Randolph, naturalmente) dos meses antes. Pero sería un error: también estaba el proyecto del *Home rule* irlandés, que el gobierno iba a volver a presentar en el Parlamento y que Churchill tendría que defender nuevamente, ante los Comunes y ante el país. Además, como si fuera poco, había algo que lo preocupaba mucho más y a lo que este diablo de hombre todavía lograba dedicarle todo su tiempo y energía, sin que sea sencillo comprender cómo es que todavía le quedaban.

El 1º de julio de 1911, el emperador Guillermo II había enviado una cañonera al puerto marroquí de Agadir. Pero, al querer presionar a Francia, había alertado a todas las cancillerías de Europa. En Londres, esta iniciativa se vio desde el principio como una amenaza para la paz, que borró de un plumazo la principal división dentro del gobierno: los radicales, tradicionalmente hostiles a los compromisos diplomáticos, coloniales o militares, dieron un giro abrupto. El ministro de Hacienda, Lloyd George, que pertenecía a esta fracción, el 21 de julio declaró públicamente que Gran Bretaña no compraría la paz al precio de la humillación. Cuatro días más tarde, a través de una comunicación diplomática muy escueta, Berlín hizo conocer su disgusto a Londres. Churchill, que se había encontrado con el káiser durante las maniobras de 1906 y 1909, estaba convencido de que Alemania no era una amenaza para la paz e inclusive había intentado convencer a los demás; pero también para él Agadir fue una revelación: Alemania, que había conseguido tener un ejército poderoso y reforzaba considerablemente su marina, ¿no estaría buscando un pretexto para hacerle la guerra a Francia y al resto de Europa? La reacción de Berlín al discurso de Lloyd George parece haberle proporcionado la respuesta. "Fue así que, con algún resquemor, empecé a leer la correspondencia diplomática", escribió.

No se limitó a esto; pues nuestro héroe estaba hecho de tal modo que, una vez que se encontraba en presencia del peligro, era casi imposible detenerlo. El 25 de julio le escribió al ministro de Relaciones Exteriores, sir Edward Grey, para sugerirle un acercamiento a España, que también garantizaría la seguridad de Francia. Dos días más tarde, cuando se enteró de casualidad que la policía era la responsable de la vigilancia de dos arsenales donde se almacenaban reservas de explosivos de la marina, convenció al ministro de Guerra de enviar a dos compañías de soldados para reforzar su seguridad. Se informó sobre todos los puntos vulnerables al sabotaje en todo el país, se preocupó por las probabilidades de espionaje y dio autorización para interceptar la correspondencia de cualquier persona sospechosa de ser un agente alemán. Pero el ministro del Interior de Su Majestad no se detuvo allí, y empezó a estudiar el conjunto de la situación militar europea. Fiel a sus costumbres, reunió una imponente documentación y se entrevistó con muchos expertos a los que sometió a una andanada de preguntas. El ministro de Guerra, lord Haldane, ordenó que le proporcionaran a su inquieto colega toda la información que solicitara, de manera que Churchill consiguió especialmente que el jefe de operaciones en el War Office y el jefe de estado mayor, sir William Nicholson —un viejo conocido, por otra parte— se pusieran a su disposición. Catorce años antes habían servido juntos en el estado mayor del general Lockhart, en la expedición del Tirah, y se habían vuelto a encontrar en Bloemfontein, durante la guerra de los Boers.

Armado con esta documentación, Winston redactó el 13 de agosto (en medio de los disturbios y de la huelga de los ferrocarriles) uno de esos memorándums que sólo él podía escribir. Este asombroso documento estaba destinado al Comité de Defensa Imperial y partía de la hipótesis, para nada inverosímil en esa época, del ataque de Alemania y Austria a una alianza formada por Francia, Gran Bretaña y Rusia. Consideraba que las operaciones decisivas tendrían el formato de una ofensiva alemana en el norte de Francia y, si esta eventualidad se producía, se pronunciaba a favor del envío al lugar de cuatro a seis divisiones británicas, susceptibles de ejercer un efecto psicológico y estratégico mayor en el curso de la batalla; finalmente, predecía que a los veinte días de la ofensiva, los ejércitos franceses se verían obligados a evacuar la línea del Mosa y retirarse hacia París. Pero también consideraba que cerca del día cuarenta, las líneas de comunicación alemanas se habrían extendido al extremo y que, como el ejército ruso intervendría por el Este, sería posible una contraofensiva francesa con buenas posibilidades de éxito.

Si se piensa en los combates que se desarrollaron en Francia tres años más tarde, se puede apreciar la aguda capacidad de anticipación que ofrecía este informe. Naturalmente que este estudio se basaba en los informes proporcionados por el War Office y el Estado Mayor, pero ninguno de los oficiales superiores prudentes y acicalados del ejército británico se habría aventurado a realizar predicciones como éstas. Solamente un ex teniente aventurero, novelista en sus ratos libres, dotado de una amplia capacidad de síntesis, de una visión a largo plazo en materia estratégica y de una ausencia completa de inhibición, se habría atrevido a llegar a este punto. En todo caso, en ese momento el primer ministro Asquith describió el memorándum de Winston como "una proeza" y enseguida agregó: "Me gustaría que fuera tan conciso en sus discursos como en sus escritos".

Pero era pedir demasiado. Después de la reunión del Comité de Defensa Imperial el 23 de agosto, que finalizó con un desacuerdo total entre el War Office y el Almirantazgo a raíz de la estrategia a seguir en caso de guerra,[8] nuestro ministro del Interior retomaría la pluma. El 30 de agosto le escribió al ministro de Relaciones Exteriores para sugerirle que, si las negociaciones franco-alemanas sobre Marruecos fracasaban, se concretara una triple alianza con Francia y Rusia, que garantizara la independencia de Bélgica. A comienzos de septiembre le propuso al primer ministro una concentración de la flota en el mar del Norte, algo que, en principio, era resorte del Almirantazgo; el 13 de septiembre sugirió ciertas medidas de abastecimiento en caso de guerra, que pertenecían manifiestamente a la órbita del ministro de Comercio; ese mismo día, escribió al primer ministro para preguntarle si el Almirantazgo se estaba tomando en serio este asunto, porque acababa de comprobar que todo el mundo se había ido de vacaciones, salvo el primer lord naval, que tenía que irse al otro día.

No es muy difícil imaginar la reacción de los destinatarios al recibir este diluvio de consejos y de imprecaciones. "No podía pensar en otra cosa que no fuera el peligro de guerra", explicó Winston. "Hacía el trabajo que me correspondía en la medida en que podía, pero en mi cabeza tenía un solo centro de interés". Hay que entender que, ante el peligro que se anunciaba, Churchill se tomaba tan en serio su papel de miembro de la Cámara y del Comité de Defensa Imperial, que se inmiscuía resueltamente en los asuntos de todos sus colegas. El único que no lo tomó a mal fue el primer ministro; si bien era verdad que Winston era un especial entrometido, que a veces podía ser muy agotador, también tenía capacidad de razonamiento, de trabajo y de acción imprescindibles para su gobierno si había peligro. Además, Lloyd George se lo había confirmado: el primer lord, Mc Kenna, parecía muy indolente, y el Almirantazgo tenía que ser reorganizado por completo para poder cooperar armoniosamente con el War Office en caso de guerra. Por otro lado, Winston estaba muy limitado en sus funciones de ministro del Interior. El 1º de octubre de 1911, Asquith se decidió y le ofreció a Winston Churchill el puesto de primer lord del Almirantazgo.

Para Churchill, fue al mismo tiempo un alivio y una consagración. Recordemos que la carrera militar ya lo había atraído en su juventud porque pensaba que le permitiría dirigir el ejército. Pero cuando se dio cuenta de que tendría que obedecer durante demasiado tiempo antes de poder mandar, a disgusto en papeles subalternos y mal retribuidos, había dimitido, aunque nunca dejaron de fascinarlo las armas, la táctica y la estrategia. Once años más tarde, le ofrecían la posibilidad de su vida: ¡no sólo iba a dirigir un ejército, sino el conjunto de las unidades navales de Su Majestad! En otras palabras, tendría en sus manos la seguridad de las Islas Británicas y del Imperio, y esto en un momento de peligro creciente en Europa. Para este hombre fascinado por las situaciones extraordinarias y que tenía la sensación de que existía para cumplir un papel decisivo, se trataba de una función hecha a medida; por otra parte, su sobrecargado predecesor podría haber hecho valer el argumento de que ya ejercía el cargo desde hacía tres meses... simultáneamente con muchos otros. Ahora que era responsable de un ministerio esencial, podría darle toda la medida a sus talentos y, quizá, se ocuparía menos de los asuntos de sus colegas. Pensar así significaría conocer muy poco a Winston Spencer-Churchill.

Sobre el tiempo que pasó en el Almirantazgo escribió: "Fueron los cuatro años más memorables de mi vida". Estas palabras son de 1923, y Winston conoció años más memorables todavía; pero el celo y el entusiasmo que aportó al ejercicio de sus funciones introdujeron un ambiente totalmente diferente en la marina británica. A partir de ese momento, los oficiales de la marina estuvieron al servicio del Almirantazgo de día y de noche, durante la semana, los domingos y los días festivos, para que se pudiera dar el alerta en cualquier momento. También debía encontrarse allí permanentemente un lord naval para tomar sin demora todas las medidas necesarias. El primer lord Churchill trabajaba quince horas por día y esperaba, naturalmente, que sus colaboradores hicieran lo mismo. Es verdad que la tarea era demoledora: preparar a la Royal Navy para un ataque de Alemania, como si estuviera por producirse de un día para el otro; modernizar la flota y llevarla al máximo de su potencia; crear un estado mayor naval de guerra; colaborar estrechamente con el War Office para preparar un eventual transporte del ejército británico a Francia y, por supuesto, defender en el Parlamento los importantes argumentos presupuestarios necesarios para tomar todas estas medidas.

Al comienzo, Churchill buscó, sobre todo, informarse: "Me esforzaba todo el tiempo por verificar y corregir las opiniones que había traído conmigo al Almirantazgo, confrontándolas con la información de los expertos que ahora estaban a mi disposición en todos los campos". Según su costumbre, interrogaba incansablemente a todos cuya experiencia pudiera contribuir en algo, empezando por lord Fisher, ex primer lord naval y padre de la marina británica moderna, que le debía, entre otras cosas, el acorazado *Dreadnought*, el cañón de 13,5 pulgadas y el submarino. En 1907, en Biarritz, Churchill había conocido a este singular personaje, que durante quince días le impartió un verdadero curso sobre la marina, sus armas, sus reformas, sus estrategias y sus oficiales. Churchill, que en ese momento había vuelto de las Colonias, lo escuchó fascinado y nunca lo olvidó. En cuanto llegó al Almirantazgo tomó nuevamente contacto con el ilustre marino, que se había retirado al lago de Lucerna, y lo invitó a que volviera a Londres. El viejo lobo de mar, encantado de que se acordaran todavía de él, respondió al llamado sin tardanza. "En Fisher encontré un verdadero volcán de ciencia y de inspiración. En cuanto se enteró de lo esencial de mi objetivo, entró en una violenta erupción. [...] Una vez que empezó, era prácticamente imposible acallarlo. Lo presionaba con preguntas y desbordaba de ideas", escribió. Este colorido personaje se había hecho incontables enemigos durante el ejercicio de sus funciones. Churchill tuvo que lamentar el hecho de tener que renunciar a reponerlo en su puesto de primer lord naval; pero este hombre difícil, de un carácter imposible y con un genio efervescente, se convirtió en un valioso consejero.

Para poner en marcha su política, Winston primero tuvo que poner las cosas en claro en las altas esferas del Almirantazgo: sir Arthur Wilson, primer lord naval, se oponía irreductiblemente a la creación de un estado mayor naval de guerra y al proyecto de enviar un cuerpo expedicionario a Francia a comienzos de un conflicto. Sobre la base de los consejos de lord Fisher, lo reemplazaron por sir Francis Bridgeman, con el príncipe Luis de Battenberg como segundo lord naval. El secretario naval del primer lord del Almirantazgo pasó a ser el almirante Beatty, un viejo conocido de los tiempos de la campaña de Sudán. Finalmente, aunque mantuvo en su puesto al almirante Callaghan, comandante en jefe de la *Home Fleet*, nombró segundo comandante a sir John Jellicoe. Todas elecciones juiciosas; todos estos nombres se convertirían tiempo después en celebridades.

Con el ministro de Guerra la colaboración comenzó desde el inicio. "Winston y Lloyd cenaron conmigo la otra noche, le escribió lord Haldane a su madre, y tuvimos una discusión muy útil. [...] Es raro pensar que hace tres años tuve que pelearme con ellos por cada peso de mis reformas militares. Winston está lleno de entusiasmo con el Almirantazgo y le interesa tanto como a mí el Estado Mayor [naval] de guerra. Es un placer trabajar con él". Muchos no opinaban del mismo modo, pues el nuevo ministro de Marina dejaba poco respiro a sus colaboradores. No contento con trabajar en el Almirantazgo desde el alba hasta medianoche, pasaba los fines de semana y los días feriados visitando unidades navales, puertos, arsenales, talleres navales y defensas costeras. El yate del Almirantazgo, el *Enchantress*, se convirtió en la oficina flotante del primer lord. "Su trabajo era su vida, la inacción o la distensión eran un castigo para él", escribió Violet Asquith. Desde los almirantes hasta los encargados del pañol, pasando por los intendentes y los artilleros, nadie estaba al reparo de una visita sorpresa de Churchill, que sometía a todo el mundo a un fuego cruzado de preguntas y esperaba respuestas muy precisas. "Llegué a conocer el aspecto, la ubicación y las imbricaciones de todo, tanto que terminé por poder meter la mano en todo lo que necesitaba y que no ignoraba nada de nuestra situación naval".

Aconsejado e informado de este modo, Churchill emprendió una transformación radical de la marina de guerra antes de octubre de 1914, porque lord Fisher, ese visionario genial y agitado, predijo que en esa fecha se produciría la "batalla de Armageddon". Las reformas se produjeron en todos los sectores de la Royal Navy: el sueldo y las condiciones de vida de los marinos mejoraron; se revisó la formación, la disciplina y el sistema de promoción del personal, para obtener mayor eficacia; se instituyeron sesiones de *Kriegspiel*,[9] para reforzar la preparación de los oficiales; se constituyó el estado mayor naval de guerra y Churchill se ocupó especialmente de que cooperara estrechamente con el del War Office, especialmente en cuanto al establecimiento de un plan detallado de transporte del cuerpo expedicionario a Francia; como la gran flota no tenía fondeaderos protegidos en tiempo de guerra, Churchill eligió construirlos en la base escocesa de Scapa Flow, en las Orcadas, desde donde podría controlar cualquier salida de la flota alemana; en cuanto a la construcción de los nuevos acorazados *Super Dreadnought*, tomó una decisión temeraria: los equipó con cañones de quince pulgadas, mucho antes de que se los hubiera construido y ensayado. Algunos expertos consideraron esto una locura; otros, como lord Fisher, eran partidarios absolutos; Churchill, como siempre, decidió jugarse el todo por el todo y, como de costumbre, la suerte lo siguió: los cañones de quince pulgadas descubrieron ser totalmente confiables y dieron a las nuevas unidades un poder de fuego muy superior al de los buques alemanes. Otra apuesta arriesgada fue la siguiente: a partir del consejo de lord Fisher, decidió reemplazar el carbón por el fuel oil como combustible en los buques de guerra, para aumentar su velocidad y autonomía. La conversión fue costosa y hubo que asegurar reservas suficientes en caso de guerra, pero el primer lord del Almirantazgo convenció a su gobierno de adquirir una participación mayoritaria en la Anglo Persian Oil Company, una inversión que, además, demostró ser altamente rentable.

Por otra parte, desde 1909 Churchill se interesaba desde muy cerca en la aviación, cuyas aplicaciones militares descubrió desde el inicio, a diferencia de sus colegas. Por lo tanto, en cuanto llegó al Almirantazgo creó un Departamento del Aire que, en 1912, se convirtió en el Departamento Aeronaval. Para hacer buena letra, aprendió a pilotear, algo que ocasionó mucho miedo a su familia y a sus instructores, tanto más cuanto que los aviones de esa época eran bastante primitivos. Pero, como de costumbre, nuestro hombre tenía una suerte insolente: un hidroavión en el que volaba se descompuso sobre el mar del Norte, pero logró posarse en el agua y lo remolcaron hasta el puerto, donde el primer lord enseguida se subió a otro. Poco después, en un viaje de inspección, su hidroavión se estrelló y se mataron todos los pasajeros: a Churchill lo habían llamado de urgencia una hora antes, así que acababa de bajar del avión para volver a Londres en remolcador. Como siempre, este as de la supervivencia era también un visionario; una noche estaba cenando en compañía de varios de sus instructores y les anunció como una evidencia que en los conflictos futuros los aviones tendrían armas. Los comensales se quedaron estupefactos: nadie hasta ese momento había pensado en usar los aviones para algo que no fuera un reconocimiento. Pero la mayoría de los instructores presentes esa noche nunca verían el cumplimiento de esa profecía, pues la esperanza de vida en la aviación de la época era muy limitada y la suerte de Churchill no alcanzaba a todos.

Esta gigantesca expansión aérea y naval, naturalmente, costó muy cara, y el Parlamento refunfuñó. Pero nuestro ministro de la Marina estaba tanto en las calderas como en el puente de mando: cada año explicó pacientemente a los diputados la necesidad de los fondos, que aumentaban sin pausa: en julio de 1912, pidió recursos suplementarios para reforzar la flota del Mediterráneo; en octubre, nuevo pedido de ampliación presupuestaria para la construcción de cruceros y de acorazados suplementarios; en diciembre de 1913, presentó para el año siguiente el proyecto de presupuesto naval que se elevaba a más de cincuenta millones de libras, lo que hasta el mismo Lloyd George consideró excesivo. Pero Churchill era un abogado talentoso y sabía explicar las cosas más complejas en términos concretos, de manera de golpear a la imaginación: "Si quieren representarse correctamente una batalla entre grandes acorazados modernos, no hay que verla como dos hombres con armadura que luchan con pesadas espadas. Se parece más bien a un combate entre dos cáscaras de huevo golpeadas por un martillo. De ahí la importancia de golpear primero, de golpear más fuerte y de seguir golpeando". Con argumentos tan vibrantes, a los que se agregaba el apoyo del primer ministro, de los conservadores y del rey, Churchill terminó por ganar la partida: en marzo de 1914, los diputados votaron el presupuesto naval más importante de toda la historia británica.

Sin embargo, sería un error considerar que Churchill era belicista. Por supuesto que amaba la táctica, la estrategia, el peligro y la gloria, pero la guerra sólo es buena para los que no la conocen, y Churchill la había visto de bien cerca durante cuatro campañas como para desear otra: por consiguiente, pensaba que había que hacer lo necesario para evitar todo conflicto, pero no al precio de la deshonra o de la capitulación. Ahora bien, armándose lo mejor posible, uno se volvía menos vulnerable y tenía una posibilidad de disuadir al agresor: *Si vis pacem, para bellum*.[10] Eso era, justamente, lo que pensaba Churchill (que más de una vez se quejó de que los romanos le habían robado sus mejores expresiones). En un discurso que pronunció en abril de 1912, propuso para el año siguiente "vacaciones navales", una especie de tregua durante la cual Gran Bretaña y Alemania se abstendrían de poner en los talleres nuevos barcos. Por intermedio de su amigo Ernest Cassel y de Albert Ballin, director de la Hamburg-American Steamship Line, le hizo llegar varios mensajes conciliadores al Káiser, que iban en el mismo sentido, con el acuerdo del gabinete británico. Pero si bien Guillermo II parecía tener cierta simpatía por ese joven Winston, a cuyos padres había conocido en otro momento (y que le había enviado seis años antes su biografía de lord Randolph), no por eso dejaba de albergar ambiciones en las que los sentimientos no tenían cabida. Así, todos los intentos de Churchill fueron vanos, hecho que sólo sirvió para darle nuevos ánimos en la colosal empresa del rearme naval.

¿Infalible nuestro héroe? Por supuesto que no: su impaciencia, su exceso de celo y su temperamento un tanto dictatorial hicieron que cometiera muchos errores, algunos de los cuales tuvieron consecuencias: así, por ejemplo, cuando le llegó la renuncia del primer lord naval, sir Arthur Wilson, Churchill se dio cuenta de que no se llevaba bien con su sucesor, sir Francis Bridgeman, a quien él mismo había nombrado. Por consiguiente, también le pidió la renuncia a sir Francis, "por razones de salud", algo que hizo sin ninguna gana. Este asunto causó no poca agitación en la marina y en el Parlamento. Con la misma inspiración Churchill apartó desde el comienzo de las hostilidades a John Callaghan del puesto de comandante en jefe de la flota, lo reemplazó con el almirante Jellicoe, y realizó todo esto sin ningún miramiento ni diplomacia. Más grave todavía, el diferendo con Turquía en las vísperas de la guerra: el gobierno turco había encargado dos acorazados a los talleres navales británicos que tenían que entregarse en julio de 1914. Pero ese mes la situación en Europa era tal, que el primer lord del Almirantazgo fue a requisar esos navíos con su jefe. La indignación que esta medida arbitraria causó en Turquía (Churchill nunca se tomó el trabajo de explicarles nada a las autoridades turcas) no deja de tener relación con el acuerdo secreto que éstas firmaron dos días más tarde con Alemania. Así, un Estado neutro se transformó en una potencia hostil, con consecuencias muy funestas para Gran Bretaña en general, y para Winston Churchill en particular.

Al igual que otros, el ministro de Hacienda Lloyd George se quejó porque, desde su ingreso al Almirantazgo, Winston se había apartado de los programas de reforma social para "cocerse en su caldero" y "declamar durante toda la sesión sobre sus endemoniados barcos". Es cierto que cuando Churchill tenía una idea fija, lo absorbía a expensas de cualquier otra, sobre todo si se trataba de la supervivencia del país y si en esa pieza él podía tener un papel histórico. Sin embargo, había un asunto al que el ministro de Marina, tan ocupado, sí aceptó dedicar buena parte de su tiempo y de su inagotable energía: Irlanda.

El apoyo de los diputados irlandeses en la lucha contra la Cámara de los Lores y su peso en la coalición gubernamental desde las elecciones de 1910 volvía inevitable una nueva presentación en el Parlamento del proyecto de la *Home Rule*. Donde Gladstone había fracasado, Asquith se hizo fuerte con un triunfo. Es verdad que, esta vez, la Cámara de los Lores había perdido el poder para impedirlo. Pero los conservadores no habían renunciado a esto de ningún modo y los aguijoneaban los unionistas protestantes del Ulster, dirigidos por sir Edward Carson. Este había armado un pequeño ejército de ochenta mil voluntarios, firmemente decididos a oponerse al *Home Rule* por las armas. Churchill, tal como recordamos, se había liberado de las posiciones de su padre sobre Irlanda (era el precio que había que pagar por su paso al campo liberal). Pero el tiempo y la experiencia solo lograron endurecer sus posiciones sobre este tema: ¿por qué, después de todo, se les negaría a los irlandeses el derecho a ocuparse de sus asuntos internos? Los pueblos están hechos de tal modo, que prefieren estar mal administrados por los suyos que bien administrados por extranjeros... De manera que Churchill siempre estuvo en la primera línea de la defensa de este *Home Rule*, cuyos méritos fue a explicar en Belfast (con una buena dosis de valor y de inconsciencia).

Durante todavía treinta meses, el debate fue furioso, con discursos inflamados de ambas partes, intentos de intimidación y amenazas de recurrir a la fuerza. El proyecto de ley que introducía la *Home Rule*, votado dos veces en la Cámara, fue rechazado dos veces por los lores. En el mismo momento, la rebelión gruñía entre los unionistas, que, como tenían aliados bien ubicados en el ejército, hacían sobrevolar el espectro de una guerra civil. A comienzos de marzo de 1914, el gabinete llegó a recibir informes según los cuales voluntarios protestantes estaban aprestándose para ocupar los cuarteles y los puestos de policía de Ulster; por otra parte, habían recibido armas de Alemania, sin que el ejército británico pudiera impedírselo. Para Churchill, ya obsesionado por el peligro alemán, la medida era el colmo: el 19 de marzo, sin comunicarlo al gabinete, envió una escuadra de ocho barcos a aguas irlandesas. El primer ministro dio la contraorden tres días más tarde, pero esta demostración de fuerza ya había calmado un tanto los espíritus. Conociendo a Churchill y sus hazañas pasadas –reales o imaginarias– en Sidney Street y en Tonypandy, nadie se imaginaba que iba a dar marcha atrás ante la perspectiva de pasar a la acción.

Pero Winston, fiel a su naturaleza, no podía blandir el sable sin tender también la rama de olivo. De manera que el 24 de abril de 1914, durante un discurso muy fuerte, que prometía una represión ejemplar en caso de rebelión contra las autoridades legales, indicó de pronto el camino de la reconciliación: ¿eran los adversarios más fanáticos de la *Home Rule*, tanto en el Parlamento como en el Ulster, capaces de guardar las armas hasta que se llegara a un acuerdo? Si algunos condados del Ulster se oponían tan categóricamente a la autonomía irlandesa, ¿por qué no exceptuarlos de ella? Para esto, hubiera bastado con que los unionistas plantearan una enmienda en la Cámara. Aparentemente, esta propuesta fue mal recibida por sus adversarios, pero no dejó de provocar un serio debate en las filas unionistas y, también, discretas negociaciones en los pasillos entre los partidos. Mientras el 26 de mayo se presentó por tercera vez el proyecto de la *Home Rule* en los Comunes, las tratativas seguían para conseguir el texto de una enmienda que eximiría a ciertos condados del Ulster. Pero el problema era determinar cuáles: después de dos meses y medio de palabrerío, nacionalistas y unionistas llegaron a ponerse de acuerdo, excepto sobre dos condados: Fermanagh y Tyrone, donde católicos y protestantes estaban representados casi por igual. Nadie quería ceder, así que las negociaciones terminaron en un punto muerto, que ni siquiera logró desbloquearse con la intervención del rey a mediados de julio.

En una reunión del gabinete de la tarde del 24 de julio, tomaron conciencia del fracaso de las negociaciones, volvieron a examinar la cuestión en todos sus aspectos, sin avanzar ni un paso; luego, en el momento en que la sesión tocaba fin, sir Edward Grey leyó un documento que acababa de llegarle del Foreign Office: era el texto de una nota enviada por Austria a Serbia, un mes después del asesinato del archiduque Francisco Fernando de Sarajevo. Churchill, todavía bajo la impresión de las interminables deliberaciones sobre Irlanda, no se dio cuenta al principio del sentido de las frases, que fue apareciendo de a poco: "Esa nota era manifiestamente un ultimátum, como nunca se había redactado uno en nuestra época. [...] Parecía absolutamente imposible que un Estado pudiera aceptarlo o que una sumisión, por abyecta que fuera, pudiera satisfacer al agresor. Los condados de Fermanagh y de Tyrone se atenuaron en la bruma y la borrasca de Irlanda, en tanto que un extraño brillo [...] apareció y se extendió por el mapa de Europa".

Al otro día, las noticias parecían tranquilizadoras: Serbia se inclinaba, aceptando prácticamente el conjunto del *diktat* austríaco. Pero el 26 de julio se enteraron de que Austria había rechazado la respuesta serbia. Para Churchill, era una señal decisiva; preocupado por los ahorros, decidió reemplazar las tradicionales maniobras navales por una movilización de la flota a Portland, sobre la Mancha. El ejercicio había finalizado el 18 de julio con una gran revista a las unidades de guerra, en presencia del rey. En ese momento, el primer lord del Almirantazgo, que había consultado a Edward Grey, decidió enviar un mensaje propio para atemperar los ardores guerreros de Europa central: hizo suspender la desmovilización de la 1ª y la 2ª flotas en Portland y en los puertos vecinos. En este asunto, el Ministro de Asuntos Exteriores perseguía un objetivo doble: impedir la guerra y seguir siendo solidario con Francia en caso de que se desencadenara un conflicto. Para ayudarlo en su primera tarea, Churchill, según su costumbre, multiplicó las medidas disuasorias: el 28 de julio, Austria había declarado la guerra a Serbia y decidió, sin dar cuenta al gabinete, que la 1ª flota pasara de Portland a Scapa Flow, su puerto de guerra. Como la indisciplina tiene sus límites, se lo confesó al primer ministro Asquith, que reaccionó como siempre: "Me miró duramente y lanzó una especie de gruñido. Con esto era suficiente". A partir de la noche siguiente, efectivamente, la flota zarpó y atravesó el paso de Calais, sin usar las armas; el 30 de julio estaba en Scapa Flow, controlando el mar del Norte y dispuesta para cualquier eventualidad.

Pero en Europa central, los acontecimientos se precipitaron: el 31 de julio, Austria y Rusia decretaron la movilización general; Berlín lanzó un ultimátum al gobierno ruso emplazándolo a que informara en veinticuatro horas su orden de movilización. Ese día, Grey telegrafió a París y a Berlín para obtener la seguridad de que las dos partes respetarían la neutralidad de Bélgica. Francia se comprometió; Alemania no respondió. Para Churchill, se trataba simplemente de una declaración de intención; al otro día le solicitó al gabinete que decretara la movilización inmediata de la flota. Pero muchos ministros eran "neutralistas": lord Morley, John Burns, sir John Simon y hasta Lloyd George pensaban que Gran Bretaña a ningún precio tenía que implicarse en los asuntos del continente, ni para ayudar a Rusia, a Francia o a Bélgica. Los "intervencionistas", como sir Edward Grey, lord Haldane, lord Crewe y, por supuesto, Churchill, consideraban que, por el contrario, el interés y el honor obligaban a Londres a apoyar a Francia y a Bélgica. Contaban con el apoyo discreto del primer ministro, pero seguían siendo minoría: la movilización de la flota no se aceptó, pues se corría el riesgo de que se la "considerara incendiaria".

Esa misma noche, sin embargo, mientras Winston jugaba a las cartas con amigos en el Almirantazgo, un mensajero le trajo una nota del Foreign Office, con seis palabras: "Alemania declaró la guerra a Rusia". Así que Churchill atravesó el Horse Guards Parade para dirigirse al número 10 de Downing Street, donde le anunció al primer ministro que iba a dar la orden de movilización general de las fuerzas navales, exactamente lo que el gabinete había decidido no hacer. El primer lord agregó que se haría personalmente responsable ante el gabinete al día siguiente. Una vez más, Asquith le dio un consentimiento tácito: "El primer ministro, escribió Churchill, se sentía atado a la decisión del gabinete, así que no dijo ni una palabra, pero su mirada mostraba a las claras que estaba de acuerdo. [...] Volví al Almirantazgo y ahí mismo di la orden de movilización".

El día siguiente, domingo 2 de agosto, el gabinete ratificó a disgusto esa orden absolutamente opuesta a su decisión de la víspera. Grey también había informado la noche anterior a los embajadores de Francia y de Alemania que Inglaterra no permitiría que la flota alemana penetrara en la Mancha o en el mar del Norte para atacar Francia; los ministros también aprobaron esta decisión. Sin embargo, se opusieron a cualquier otra iniciativa, y dos de ellos, Morley y Burns, inclusive renunciaron. Antes del aplazamiento de la reunión, Asquith declaró que estaban al borde de una crisis gubernamental, algo imposible de negar. Churchill, para quien el interés nacional superaba de lejos la lealtad a un partido, le pidió a su amigo, F. E. Smith que sondeara a los dirigentes conservadores. ¿Estarían dispuestos a entrar en un gobierno de coalición? Los *tories* acogieron con gran desconfianza esta iniciativa, que provenía de alguien cuya defección permanecía en la memoria de todos, y Bonar Law hizo notar, apropiadamente, que una propuesta de este tipo debería de provenir del primer ministro.

Los acontecimientos se precipitaron: esa misma noche recibieron la noticia del ultimátum alemán a Bélgica. En la reunión de gabinete del día siguiente, 3 de agosto, dos nuevos ministros renunciaron,[11] pero durante las deliberaciones se enteraron de que Bélgica había rechazado el ultimátum alemán y que el rey de los belgas había pedido la intervención de los británicos. Aunque la atmósfera estaba lo suficientemente enrarecida, los ministros estuvieron de acuerdo en la movilización inmediata del ejército de tierra, que ya había sido ordenada el día anterior por el primer ministro, por iniciativa de lord Haldane. Churchill se ocupó durante toda la sesión de convencer a Lloyd George de que se uniera al campo de los "intervencionistas" y, para lograrlo, le mandó discretamente varias notitas. Por la tarde, mientras las tropas alemanas atravesaban la frontera belga, sir Edward Grey expuso en la Cámara de los Comunes la situación diplomática y militar y recordó las obligaciones jurídicas de Inglaterra con respecto a Bélgica, así como las obligaciones morales con Francia. La aclamación que saludó su discurso indicaba claramente que tenía el apoyo de la aplastante mayoría de los diputados; y Churchill lo recordaría luego: "Ni él ni yo podíamos seguir por mucho más tiempo en la Cámara. En cuanto salí, le pregunté: 'Y ahora, ¿qué va a pasar?'. 'Ahora, me contestó, vamos a enviarles un ultimátum exigiéndoles la detención de la invasión a Bélgica en veinticuatro horas'".

El 4 de agosto, ya estaba hecho. Grey y Asquith redactaron el ultimátum y lo enviaron sin más; le daba a Alemania hasta el mediodía de ese mismo día para respetar la neutralidad de Bélgica. El día anterior, por la noche, Churchill había enviado un mensaje a Asquith y a Grey para solicitarles autorización para poner en práctica el plan anglofrancés de defensa de la Mancha. El mensaje terminaba con esta frase, perteneciente al más puro Churchill: "A menos que me lo prohíban expresamente, tomaré todas las disposiciones en este sentido". En la tarde del día siguiente, mientras esperaban la expiración del ultimátum a Alemania, el primer lord también le pidió a Asquith y a Grey autorización para dar la orden a los buques británicos de abrir fuego sobre el crucero de batalla alemán *Goeben*, que había sido localizado en la costa de África del Norte. "Winston, escribió Asquith a su amiga Venetia Stanley, se ha puesto todas sus pinturas de guerra y arde por librar un combate naval para hundir al *Goeben*". De hecho, expuso sus razones apasionadamente ante el gabinete, pero los ministros fueron bien claros: ninguna acción de guerra antes de la expiración del ultimátum.

Mientras transcurrían las últimas horas antes de que finalizara el plazo, era posible hacerse la pregunta: ¿Winston Churchill estaba realmente contento con el conflicto que se anunciaba? Muchos de sus colegas lo habían constatado y estaban indignados, pero sólo habían visto una parte de la realidad. De hecho, el fracaso de los intentos de conciliación fue para él un desgarro: el 29 de julio se había asociado a Grey para recomendarle al gabinete que propusiera una conferencia de las grandes potencias que permitiera darle una última oportunidad a la paz. Se iniciaron las tratativas, pero el Káiser no les hizo lugar. El día siguiente, cuando el armador alemán Albert Ballin llegó a despedirse de Churchill, éste "le imploró, casi con lágrimas en los ojos, que no iniciaran la guerra". Dos días antes, le escribió a su esposa: "Los preparativos [de la guerra] ejercen sobre mí una odiosa fascinación".

La frase lo pinta de cuerpo entero: una vez que el carácter inevitable del conflicto quedó admitido, Churchill estuvo dispuesto a lanzarse a la pelea con todos los recursos de su intuición, de su creatividad y de su prodigiosa energía. Y, además, ya sabemos que la guerra, ese desastre grandioso y aterrador, nunca había dejado de fascinarlo; esta vez, podía abordarla desde una posición de responsabilidad, a la cabeza de una marina de guerra a la que había preparado minuciosamente para esta tarea. Finalmente, por supuesto, Winston Churchill estaba hecho de tal modo, que no podía soportar la espera y la pasividad cuando había una situación de peligro. La acción era una liberación, y entrar al campo de juego como campeón de la patria y del rey, un sueño que se remontaba a su más tierna infancia. "Winston Churchill, escribió con perspicacia sir Maurice Hankey, era por naturaleza diferente de todos sus colegas. [...] Si la guerra era inevitable, él, por lo menos, podía encontrar placer en ella".

El Big Ben dio las once y media de la noche, hora del continente. Como no se había recibido ninguna comunicación desde Berlín, todos los barcos y las bases navales de las Islas Británicas y del imperio recibieron un telegrama: "Iniciar hostilidades contra Alemania". Cuando dejó el Almirantazgo, el primer lord se dirigió al número 10 de Downing Street, donde estaban reunidos el primer ministro Asquith y todos sus colegas: el ambiente era lúgubre. Desde lo alto de la escalera, Violet Asquith, que acababa de visitar a su padre, vio entrar a Winston Churchill, "con cara de contento, dirigiéndose a zancadas hacia la puerta de dos placas de la sala del consejo". Era el mismo hombre que Lloyd George había visto dos minutos después: "Winston entró como una tromba, radiante [...] y nos anunció con una ola de palabras que iba a enviar telegramas al Mediterráneo, al mar del Norte y a Dios sabe dónde más. Evidentemente, era un hombre feliz".

6
La imaginación sin poder

Un gobierno británico muy poco belicoso entró caminando de costado, como los cangrejos, en la gran tormenta de la guerra: es más, entró sin tener siquiera ministro de Guerra. El primer ministro Asquith asumió temporariamente esa función aunque por cierto era difícil encontrar a alguien menos belicoso que Herbert Asquith... Sin duda, por esta razón, el 5 de agosto llamó a lord Kitchener, el héroe de Kartún, para ocupar este ministerio clave. Kitchener era muy popular en el país y agregó al gobierno de civiles un aderezo militar muy apreciable. Poseedor de una sangre fría a toda prueba y una admirable prestancia en el campo de batalla, el glorioso mariscal, en cambio, no sabía delegar, comunicar ni colaborar, y es probable que como ministro haya alcanzado su mayor grado de incompetencia. ¿Podrá llegar a entenderse con este otro ministro prestigioso, ni totalmente civil ni totalmente militar, el primer lord del Almirantazgo? Sus anteriores relaciones, tanto en Sudán como en África del Sur, no permitían ser optimistas al respecto. Pero Churchill nunca fue rencoroso y Kitchener, militar aislado entre los políticos, era demasiado prudente como para atraer desde el comienzo los rayos del ministro de la Marina y mucho menos cuando el éxito de sus iniciativas (y la supervivencia de Inglaterra) dependía de su buena y mutua comprensión. Sin dudas, lord Kitchener consideraba con cierto asombro los métodos de trabajo de su colega del Almirantazgo. Lo que ocurría es que ahora Winston Churchill trabajaba desde las 8 de la mañana hasta las 2 de la madrugada, con una hora de siesta por la tarde (un recuerdo de Cuba). Desde ya que sus ayudas de campo, asistentes y secretarios estaban obligados a imitarlo (sin tomar en cuenta la siesta), provocando un desgaste prematuro. Por la mañana, Churchill dictaba un montón de cartas y de memorándums desde la cama (o la bañadera) fumando un grueso cigarro Corona (también un recuerdo de Cuba) y tomando sin cesar whisky con soda... una costumbre de la India. Pero es cierto que los litros de alcohol que ingería eran directamente proporcionales a la cantidad de trabajo que hacía: en tres días, cuarenta kilómetros de la Mancha entre Douvres y Calais quedaron protegidos de cualquier incursión alemana con campos minados; en menos de dos semanas, ciento veinte mil hombres del cuerpo expedicionario británico comandado por el mariscal French atravesaron la Mancha sin la menor pérdida; desde el 12 de agosto, los puertos alemanes del mar del Norte quedaron sometidos a un estrecho bloqueo; en el mismo momento, unidades navales británicas patrullaban toda la extensión marítima entre Escocia y Noruega, en tanto que en los otros cuatro rincones del mundo escuadras de cruceros perseguían a los barcos alemanes, con una instrucción imperativa del Almirantazgo: hundir a todos los que se negaran a rendirse; entretanto, las colonias alemanas de África del Norte y de Asia fueron sitiadas u ocupadas; la Royal Navy se encargó de acompañar hacia la metrópolis a los cuerpos del ejército canadiense, australianos y neozelandeses y a cinco divisiones indias, desbaratando todos los intentos alemanes de interceptarlos. Finalmente, Winston, a quien seguían fascinando los secretos del espionaje, hizo instalar en la *"Room 40"* del Almirantazgo un servicio de intercepción y decodificación de las señales de la marina imperial alemana, que luego se reveló como de suma eficacia.

En un enorme mapa instalado en su oficina, que se actualizaba en forma permanente, el primer lord del Almirantazgo seguía hora a hora el desarrollo de todos los movimientos navales; pero no estaba para nada satisfecho, y su espíritu decididamente ofensivo le hizo pensar desde el inicio en proyectos de gran envergadura: una ocupación de la isla holandesa de Ameland, que se utilizaría como base naval y aérea para una ofensiva contra Alemania; un bloqueo a los Dardanelos, para interceptar los barcos alemanes refugiados en las aguas territoriales turcas; un plan tendiente a forzar los estrechos daneses con la ayuda de doscientos cincuenta mil soldados griegos, "para escoltar a las tropas rusas hacia la costa alemana cerca de Berlín y provocar un golpe de efecto". Tanto los almirantes como los ministros le hicieron notar a Churchill que todo esto equivaldría a atraer de entrada la hostilidad de tres países que todavía eran neutrales, pero en su entusiasmo guerrero el ardiente primer lord no se detenía en detalles de este tipo.

Semejante frenesí de actividad hubiera requerido la energía de varios hombres, pero no agotaba la de Churchill. Una vez más, su furor por vencer en medio de la batalla era tal, que tenía que encargarse de todo, incluido, por supuesto, lo que no le competía: así fue como el Almirantazgo inició la construcción de obuseras móviles de 15 pulgadas, bajo la supervisión constante de su primer lord; éste también hizo reclutar a miles de voluntarios para crear la Royal Naval Division, capaz de participar en las operaciones terrestres; comprometió sin dilaciones al cuerpo aéreo con el que había dotado a la marina dos años antes en la defensa de las costas y en la caza de los submarinos del mar del Norte. Es verdad que estas injerencias, que sus colegas recibían tan mal en tiempos de paz, eran muy apreciadas en los momentos de mayor peligro. El mismo Kitchener le pidió a Churchill que se responsabilizara de la defensa aérea del conjunto del Reino Unido, lo que el primer lord aceptó con entusiasmo, como era de esperarse. Con la certeza de que tenía que consistir en una defensa avanzada, Churchill envió sin dilaciones a Dunkerque a tres escuadrillas del Royal Navy Air Service con el encargo de interceptar cualquier avión o zeppelín alemán que pudiera amenazar las costas inglesas; pero, como la mejor defensa siempre es el ataque, también tenían como misión bombardear los hangares de zeppelines de Colonia, Dusseldorf y Friedrichshafen... Además, como había que proteger la base aérea de Dunkerque de las incursiones de los ulanos que ya patrullaban la zona, Churchill hizo comprar todos los Rolls Royce disponibles en el reino, que fueron blindados sumariamente, transformados en autos-ametralladoras y enviados de inmediato a Dunkerque. Allí llevaron a cabo un excelente trabajo, hasta el día en que los alemanes se dieron cuenta de cortar las rutas con trincheras para no permitir que siguieran avanzando. Este alarde hizo que la imaginación fértil del primer lord se pusiera en movimiento, y pidió a sus servicios que concibieran en el menor tiempo posible un vehículo blindado que fuera capaz de atravesar las trincheras. Este impulso inicial culminó seis meses después en la puesta a punto en los talleres navales de un *"landship"* (barco de tierra), que tendría un gran futuro con el nombre de "tanque".[1] Paralelamente, el primer lord encargó veinte submarinos a la empresa estadounidense Bethlehem Steel. ¿Que los Estados Unidos eran un país neutral? No importaba: con discreción enviarían las embarcaciones en partes separadas a Canadá, donde se las ensamblaría antes de atravesar el Atlántico.

Es innegable que las primeras semanas de la guerra fueron desastrosas para las tropas franco-británicas. Mientras en el Este los franceses se agotaban en una vana y costosa ofensiva en Lorraine, en las Ardenas, un millón de alemanes afluían hacia el Oeste en un amplio movimiento en forma de hoz: una detrás de la otra, las fortalezas belgas de Lieja, Namur y Mons cayeron en sus manos; las tropas francesas, belgas y británicas enviadas a las apuradas para sostener el frente del Aisne y del Escaut quedaron desbordadas a fines del mes de agosto. Para los británicos y para sus aliados, la campaña de agosto de 1914 parecía limitarse a una larga retirada, y los artículos de los diarios londinenses eran lúgubres: el *Times* hablaba de un avance enemigo "poderoso, implacable, incesante" que era "tan imposible de detener, como detener las olas del mar", en tanto que el ejército británico se veía reducido a "fragmentos ruinosos de muchos regimientos".

No se necesitaba mucho más para provocar una reacción enérgica del primer lord; como sabía que un ejército no podía vencer si la retaguardia era débil, el periodista Churchill, un poco alentado por el primer ministro, retomó el servicio de inmediato y redactó en forma anónima un comunicado más apropiado a las circunstancias: "Es cierto que nuestros hombres predominan por sobre los alemanes y [...] que, a igualdad de efectivos, los resultados no dejarían ninguna duda". Sus colegas del gobierno también necesitaban una buena dosis de aliento, de manera que hizo circular su memorándum de 1911, que predecía un agotamiento del ejército alemán al cabo de cuarenta días. Con la victoria del Marne del día treinta y ocho, ese memorándum, en efecto, causó una fuerte impresión. Como los franceses también necesitaban apoyo moral, los colegas le pidieron a Churchill que se dirigiera a Dunkerque, adonde llevaría las palabras de aliento en un francés execrable... con excelentes resultados. Sus frecuentes giras de inspección en los puertos franceses y belgas siempre tuvieron como efecto galvanizar a los soldados y a sus oficiales.

Pero, con esto no bastaba. A medida que la presión alemana se acentuaba en el oeste del Escaut, Kitchener recibía llamados desesperados para cubrir los puertos belgas de la Mancha y, como no había más tropas disponibles, apeló al Almirantazgo. Churchill envió, sin más, una brigada de *Royal Marines* que se estableció en Ostende y surcó ostensiblemente los alrededores, para darles la impresión a los alemanes de que su retaguardia estaba amenazada. Los franceses también le habían pedido a Kitchener que protegiera el puerto de Dunkerque, de manera que el mariscal volvió a llamar a Churchill, quien envió otra brigada de *Royal Marines* y el regimiento de reserva de los Oxfordshire Hussars (cuyo coronel en jefe era el primo "Sunny"), acompañados por unos cuarenta autobuses londinenses requisados, que pasearon por todo el paso de Calais para convencer a los alemanes de que había llegado un nuevo ejército británico. Los críticos conservadores del primer lord, siempre al acecho, bautizaron a esta operación *"Churchill's circus"* (El circo de Churchill), pero aun así el golpe estratégico resultó de gran valor.

Sin embargo, fueron soluciones azarosas, y en Bélgica la suerte de las armas se puso manifiestamente del lado de las tropas del káiser. Después de la toma de Ypres, los alemanes empezaron a amenazar la plaza fuerte de Amberes. Ahí se habían refugiado el rey Alberto 1º y su gobierno, defendidos por cinco divisiones del ejército belga. Desde el 28 de septiembre la artillería pesada alemana bombardeaba las defensas del puerto y el 2 de octubre, en Londres se enteraron de que, a pesar de la promesa francesa de enviar refuerzos, las autoridades belgas habían decidido evacuar la ciudad para replegarse en Ostende. Ahora bien, si Amberes caía, todos los puertos de la Mancha se volverían vulnerables, el flanco izquierdo del dispositivo franco-británico quedaría amenazado y hasta era esperable un desembarco alemán en Gran Bretaña. Grey y Kitchener, reunidos en el Foreign Office en ausencia del primer ministro, consideraron que había que convencer a las autoridades belgas de suspender la evacuación. ¿Quién sería capaz de hacerlo? Consultaron a Churchill, quien lo haría con gusto, y partió esa misma noche. Para Kitchener y Grey era un alivio; para Churchill, una consagración: ya tenía altas responsabilidades e iba a lanzarse a lo más fuerte de la batalla y, quizás, ejercer personalmente una influencia decisiva en el curso de los acontecimientos. Una vez más, un sueño de la infancia que se hacía realidad.

El día siguiente por la mañana, Asquith, de regreso en Londres, se vio ante un hecho consumado, pero sus cartas muestran que bendijo la empresa. Esa tarde, en Amberes, el primer ministro de Broqueville y el rey Alberto, sometidos a una arenga magistral en un francés fantasioso, aceptaron diferir la evacuación de la ciudad. Es verdad que Churchill no llegó con las manos vacías: prometió que al día siguiente llegaría la brigada de *Royal Marines* con base en Dunkerque y el apoyo de sus dos nuevas *Naval Brigades*, que seguían entrenándose. Los belgas también recibirían raciones de socorro y suficiente cantidad de municiones como para defender el fuerte de Amberes. Pero el primer lord no se conformó con prometer, sino que fue él mismo en persona. Al inspeccionar los atrincheramientos de Amberes en compañía de oficiales británicos y belgas, se mostró poco satisfecho con el dispositivo defensivo. "Explicaba sus ideas con fuerza, contó el marinero que le servía de chofer, blandiendo su bastón y golpeando el suelo con él. Cuando llegaron a una línea de trincheras, encontró que estaba débilmente sostenida y preguntó dónde estaban esos 'fracasados'. No se tranquilizó cuando le respondieron que era todo lo que se podía hacer en ese lugar". Al regresar de su inspección, telegrafió a Kitchener que los defensores belgas, en su mayor parte inexpertos, además estaban "cansados y desalentados".

Ya se sabe que ninguno de estos adjetivos podría aplicarse a Winston Churchill. Como si la cosa fuera evidente, tomó en sus manos la defensa de Amberes, hizo ubicar a los *Royal Marines*, dio otras posiciones a los soldados belgas, dispuso los cañones y consolidó las obras. También telegrafió a Londres para encargar barreras de globos aerostáticos, obuses de fragmentación, cabos de acero, teléfonos de campaña y ametralladoras Maxim. El 5 de octubre por la mañana, con toda su furia por vencer, envió al primer ministro un telegrama en el que se declaró dispuesto a renunciar al Almirantazgo y "tomar el mando de las fuerzas de relevo y de defensa afectadas en Amberes", siempre que se le concediera "el rango y la autoridad militares necesarios y los plenos poderes de mando de una unidad destacada en campaña".

Esta propensión a abandonar con brusquedad la dirección del conjunto para involucrarse en persona en cada detalle muestra a las claras uno de los puntos débiles de Winston Churchill en tanto estratega. De hecho, Asquith contó que esta propuesta, leída en el Consejo de Ministros, "fue recibida con un estallido de risa homérico". Todo esto les pareció un tanto rocambolesco a los ministros de Su Majestad que, a diferencia de Churchill, desde hacía tiempo habían abandonado las novelas de aventuras de la infancia. Curiosamente, el único ministro que no compartió la hilaridad generalizada fue el de Guerra. El mariscal Kitchener, cuya simpatía por el ex teniente de los húsares Winston Churchill siempre había sido de lo más limitada, consideraba sin embargo que su idea era sensata y se declaró dispuesto a nombrarlo teniente general. El único militar entre todos los ministros civiles tenía plena conciencia de la vital importancia estratégica de una resistencia prolongada en Amberes. También había comprendido que Churchill era un propagandista y un organizador genial y que su presencia en el campo constituía una carta de triunfo. Pero el resto del gobierno no veía las cosas del mismo modo: todos estarían más tranquilos si supieran que Churchill estaba en Londres, empezando por el primer ministro, que se ocupaba como podía de los asuntos del Almirantazgo en su ausencia. Por eso se informó al primer lord esa misma tarde que "no podían prescindir de sus servicios" en Londres y que el comando de Amberes sería confiado al general Rawlinson, que llegaría a Dunkerque con su división.

Pero el general Rawlinson estaba bloqueado en el camino, su división ni siquiera había desembarcado y Churchill hizo saber que iba a conservar la dirección de los asuntos en Amberes hasta que lo relevara alguien competente. Es verdad que, en ese mismo momento, los alemanes lanzaron una ofensiva precipitada contra la ciudad, que los *Royal Marines* y las tropas belgas rechazaron. Naturalmente, el primer lord estaba en la línea del frente; así fue como el corresponsal del *Giornale d'Italia*, Gino Calza Bedolo, que visitaba esa tarde una posición defensiva cerca de Lierre, en el sudeste de Amberes, vio a un singular personaje en medio de un grupo de oficiales: "Era un hombre todavía joven, vestido con una capa y con un gorro de navegación. Fumaba un grueso cigarro y observaba el desarrollo de la batalla bajo una lluvia de metralla que, tengo que decirlo, asustaba. [...] Estaba sonriente y parecía muy satisfecho". Pero era una sonrisa de fachada, pues la situación era muy grave: los tiros de la artillería alemana causaban cada vez más muertes, las tropas belgas estaban agotadas y las únicas reservas disponibles eran los seis mil "azules" de las dos brigadas navales que acababan de desembarcar. Como no quería exponerlas sin razón, Churchill les asignó posiciones defensivas en profundidad, entre el frente y la ciudad. Durante este tiempo, en el Consejo de Ministros belga la magia del discurso churchilliano seguía trabajando: acababan de decidir que lucharían hasta el final, pasara lo que pasara.

Recién el 6 de octubre, hacia las 17 horas, el general Rawlinson logró llegar a Amberes. Pero estaba solo, porque su división todavía estaba desembarcando en Ostende. Para las autoridades belgas, que esperaban un refuerzo inmediato, se había colmado la medida: sus tropas estaban desmoralizadas, las obuseras pesadas alemanas ahora llegaban al centro de la ciudad, los franceses no habían enviado los refuerzos prometidos y los ocho mil soldados británicos estaban evidentemente fuera de estado, como para taponarle la ruta al enemigo. En estas condiciones, el Consejo de Ministros y el rey decidieron la evacuación de Amberes. Desde un punto de vista estratégico, no había otra solución y Churchill tuvo que aceptarlo: los británicos cubrirían la retirada y mantendrían la ciudad por el mayor tiempo posible. Esa noche, después de haber hecho una última visita a "sus" tres brigadas, el primer lord se embarcó para Dovres y dejó el mando al general Rawlinson, un viejo conocido: pertenecía al Estado Mayor de Kitchener en Omdurman.

De regreso a Londres, en la mañana del 7 de octubre, Churchill se enteró al mismo tiempo de que Rawlinson había evacuado su cuartel general a Brujas, que las brigadas navales estaban comprometidas en la primera línea y… que acababa de tener una segunda hija, Sarah. El día siguiente, en el Consejo de Ministros, todos los colegas lo recibieron como a un héroe; Asquith lo encontró en plena forma y encantado con su aventura. Mientras tanto, Amberes era aplastada por los obuses, las brigadas navales empezaban a evacuar sus trincheras, y en la mañana del 10 de octubre los belgas se rindieron, en tanto que los británicos que habían escapado de que los capturaran huían hacia el sur siguiendo la costa. "El pobre Winston está muy abatido, notó el primer ministro ese día, pues tiene la impresión de que su misión no sirvió para nada".

Era inexacto: al retener a los alemanes durante siete días en Amberes, los belgas, galvanizados por Churchill, permitieron que sus aliados se reagruparan más al sur y que consolidaran sus defensas desde Calais hasta Nieuport. Gracias a esto, el noroeste de Francia y el suroeste de Bélgica escaparon del Káiser hasta el fin de la guerra y muchas otras cosas cambiaron. Pero la prensa conservadora británica no lo veía de este modo. Como disponía de una cantidad mínima de informes estratégicos y estaba animada por un odio feroz contra el renegado de Churchill, no le alcanzaban las palabras duras para condenar sus "excursiones privadas" a Dunkerque y Amberes. El *Morning Post* hablaba, por ejemplo, de la "costosa metedura de pata" de Amberes, "de la que era responsable Churchill"; el *Daily Mail* denunciaba el "ejemplo flagrante de falta de organización, que costó vidas preciosas". Todo esto estaba muy alejado de la verdad: las "excursiones" del primer lord siempre se emprendieron con el consentimiento del gobierno y, a menudo, *a pedido* de ese gobierno. Decir que Churchill era el responsable de la caída de Amberes era dar pruebas de una mala fe que se prestaba a la confusión; en cuanto a las "vidas preciosas" que se había cobrado la operación, hubo exactamente cincuenta y siete del lado británico, algo en verdad insignificante frente a los sesenta mil que murieron en el frente principal, más al Sur, por no mencionar los doscientos mil muertos en las filas francesas. Además, mientras los dos ejércitos enemigos se enterraban desde las costas del mar del Norte hasta la frontera suiza, la carnicería recién empezaba.

Pero la opinión pública no podía enterarse de nada de esto y muchos ministros se distanciaron con discreción del héroe de la víspera: la victoria tiene muchos padres, pero la derrota es huérfana. Además, ¿acaso la Royal Navy no había sufrido desde hacía dos meses penosos reveses? Tres cruceros hundidos a lo ancho de las costas holandesas, otro destruido en el Loch Ewe, dos acorazados enviados al fondo cerca de Scapa Flow; luego se produjeron los bombardeos de la flota alemana en Hartlepool, Whitby y Scarborough en la costa de Inglaterra. Ante el aumento de los ataques personales, Churchill pensó en renunciar, porque consideraba que su posición se había debilitado.

No sucedió lo mismo con su capacidad para actuar: el 8 de octubre lanzó una expedición aeronaval contra un nudo ferroviario en Colonia y un hangar de zeppelines en Dusseldorf. Una semana más tarde, a pedido de los franceses, ordenó un bombardeo naval de gran envergadura contra las tropas alemanas que avanzaban a lo largo de las costas del mar del Norte, con el auxilio de los fusileros marinos para consolidar las posiciones defensivas del sur de Ostende. Esta operación combinada fue muy eficaz, pero el prestigio de Churchill no se vio reforzado en consecuencia en su país, donde se denunció en términos muy violentos la negligencia del gobierno y la pusilanimidad de su política de guerra. Asquith, viejo zorro de la política, sabía bien que había que echar a alguien al pasto de las fieras de la prensa y de la opinión pública, pero no podía arreglárselas sin

Churchill en el punto culminante de la guerra. Así que le quedaba el príncipe Luis de Battenberg, primer lord naval, cuyos orígenes alemanes lo señalaban de antemano ante el veredicto popular. Sin embargo, a pesar de un acento gutural muy marcado, el príncipe Luis, miembro de la familia real, era un auténtico patriota que había sido condecorado muchas veces, y la Royal Navy era la pasión de su vida. Pero la razón de Estado o, mejor dicho, la prudencia política, exigía su partida, y el príncipe lo aceptó al renunciar el 28 de octubre.

La posición de Churchill en este asunto fue ambigua. Por una parte, estaba indignado con la caza de brujas que se había llevado a cabo con el primer lord naval, cuya lealtad y entrega estaban fuera de toda sospecha; por otra, no pudo impedir notar en el príncipe Luis la ausencia del espíritu decididamente ofensivo que esperaba de él y los ataques que recibía podían reforzar aún más esta prudencia en la acción. Así que, de algún modo, su alejamiento era deseable y estaba claro que el primer lord del Almirantazgo lo había alentado un poco en este sentido. Churchill no dudó ni un minuto sobre la elección del sucesor: ¡sería el almirante Fisher o nadie! Es verdad que el viejo lobo de mar tenía setenta y cuatro años en ese momento, que era notoriamente fantasioso e irascible, muy poco popular dentro de la marina y que el mismo rey Jorge V lo encontraba demasiado viejo e imprevisible e hizo saber que no consideraría correcta su nominación. Pero Churchill estaba decidido a no considerar esto, ya que, desde el comienzo de las hostilidades, lord Fisher había sido su eminencia gris. Cada día, y en ocasiones varias veces a lo largo del día, lo bombardeaba con memorándums tan fogosos como densos sobre todos los temas imaginables, y muchas veces lo visitaba en el Almirantazgo. Churchill escribió: "Después de haberlo observado de cerca, para juzgar su estado físico y su vivacidad, tuve la impresión de que estaba contemplando un formidable motor de potencia mental y física que zumbaba dentro de esa vieja carcasa". Estaba dicho: lord Fisher fue el primer lord naval para mejor y para peor.

Al comienzo, las cosas fueron para mejor. Los dos hombres se estimaban mucho y formaban un excelente equipo; el viejo almirante era tan popular en el país como el mismo Kitchener, y lo fue todavía más cuando a comienzos de diciembre una escuadra de la Royal Navy enviada al hemisferio sur para vengar el desastre de Coronel[2] hundió a todos los barcos del coronel von Spee cerca de las islas Malvinas. Finalmente, el primer lord del Almirantazgo y su primer lord naval, que no soportaban la falta de acción, se entendieron a las mil maravillas para concebir proyectos de ofensiva. Churchill ya había propuesto varios desde agosto: en Holanda, en el Báltico, en la bahía de Heligoland, contra la costa prusiana, en el Elba o el Danubio, en el Adriático, contra los Dardanelos, etcétera. Su plan de ataque a la isla holandesa de Ameland fue denunciado por sus propios consejeros del Almirantazgo como "una futilidad estratégica y táctica", pero enseguida Churchill le prestó atención a la isla vecina de Borkum, luego a la isla danesa de Sylt. En su entusiasmo, maquinaba planes tan seductores en la teoría como irrealizables en la práctica, igual que su proyecto de tomar el poder en Pretoria quince años antes. Es difícil cambiar... "Churchill, recordó luego el almirante Oliver, con frecuencia pasaba a verme antes de irse a dormir, para explicarme cómo se las arreglaría para capturar Borkum o Sylt. Si no lo interrumpía, o si le hacía preguntas, era capaz de capturar Borkum en veinte minutos". Era un hecho, y a partir de allí, necesitaba todavía menos tiempo para invadir Schleswig-Holstein, bloquear el canal de Kiel, implicar a Dinamarca en la guerra y hacer desembarcar a las tropas rusas a ciento cincuenta kilómetros de Berlín. Sin dudas para no quedar rezagado, el almirante Fisher presentó algunos días después de su nominación un "proyecto báltico" que consistía en atacar la costa alemana desde de las bases escandinavas con botes de desembarco especialmente concebidos a tal efecto, los *monitors*. Según las palabras del primer lord naval: "Una armada sin precedentes de seiscientas doce naves, concebida para llevar a cabo una misión decisiva en un teatro de operaciones decisivo para el desenlace de la guerra".

Uno carecía de lo que le faltaba al otro: los proyectos de Fisher eran tan poco realistas como los de Churchill. Efectivamente, en ningún lado el viejo almirante especificaba la manera en que se controlaría el Báltico antes de efectuar el desembarco ni tampoco cómo se aseguraría el apoyo de los países escandinavos, decididamente neutrales, cómo se bloquearía la flota alemana en sus puertos para impedirle oponerse al desembarco y, sobre todo, cómo se alejaría la amenaza de las minas y de los submarinos. Churchill, al que estos detalles no disuadirían, se declaró encantado y, de hecho, se construyeron los botes de desembarco. Sin embargo, nunca verían las aguas frías del Báltico porque, mientras tanto, la atención del primer lord del Almirantazgo era atraída por un teatro de operaciones en apariencia más prometedor: los Dardanelos.

En septiembre y en noviembre, Churchill había recomendado una operación cuyo objetivo era ocupar la península de Gallípoli, para permitir la entrada de la flota británica en el mar de Mármara. A comienzos de septiembre, Turquía todavía no era beligerante, y a fines de noviembre, Kitchener afirmaba categóricamente que no había tropas disponibles para una empresa de ese calibre. Como Churchill consideraba que era imposible forzar los estrechos sin una operación terrestre, había renunciado al proyecto, para volver a su plan favorito de atacar Alemania por Borkum. Pero el 2 de enero de 1915, el embajador británico en San Petersburgo informó al Foreign Office que el ejército ruso, atacado por los turcos en el Cáucaso, había solicitado una intervención británica para aliviar su frente meridional. A falta de este refuerzo, tendría que desguarecer su frente principal en Polonia y en Prusia oriental y permitir de este modo que los alemanes liberaran efectivos para su ofensiva en Francia. Lord Grey transmitió este pedido a Kitchener que, una vez más, se dirigió a Churchill: ¿no sería posible emprender una acción naval en los Dardanelos para impedir que los turcos enviaran refuerzos al Cáucaso? Tanto más cuanto que con el cierre de los estrechos había trescientas cincuenta mil toneladas de trigo bloqueadas en el mar del Norte y Francia e Inglaterra las necesitaban.

Churchill seguía pensando que un ataque naval aislado no permitiría forzar los estrechos, y se pronunció una vez más a favor de una operación combinada. El almirante Fisher, al que nunca le faltaban planes, produjo uno nuevo el 3 de enero: en conjunción con un ataque naval, setenta y cinco mil soldados desembarcarían en la bahía de Besika mientras los griegos tomarían Gallípoli. ¡Pero se trataba de pura ficción! No se podía contar con los griegos, y el War Office permaneció en sus posiciones: no había tropas disponibles. Por conciencia, Churchill telegrafió al almirante Carden, cuya escuadra aseguraba el bloqueo de los Dardanelos, para preguntarle sobre las posibilidades de éxito de una operación puramente naval, con unidades vetustas, inutilizables para las operaciones en el mar del Norte. Luego, volvió a su plan de ofensiva contra Borkum, que esperaba se produjera en marzo o en abril.

Pero en el Consejo de Guerra del 4 de enero había otros planes que competían con los de Churchill. Todos los miembros del consejo habían descubierto que tenían vocación de estrategas: Lloyd George quería un desembarco en Salónica para establecer una unión con el ejército serbio; F. E. Smith sometió a consideración un plan de desembarco en Esmirna; Kitchener volvía a hablar de Gallípoli pero, sobre todo, quería ocupar Alejandría; sir Edward Grey propuso una operación en el Adriático en tanto que sir Maurice Hankey, con el apoyo del almirante Fisher, quería tomar Constantinopla con la ayuda de los griegos y los búlgaros, para emprender luego un amplio movimiento a través de los Balcanes; por fin, el mariscal French hizo saber que desearía un ataque contra el puerto belga de Zeebrugge, ocupado por los alemanes. En ese momento hubo un golpe de efecto. Churchill les leyó a sus colegas la respuesta del almirante Carden, que consideraba que era posible violentar los estrechos con una operación únicamente naval. De modo que, a pesar de la reticencia de Churchill, se llegó a un acuerdo y el proyecto Dardanelos pasó a una etapa de planificación detallada.

Diez días más tarde, todo el mundo parecía haberse aliado a este proyecto: en el Consejo de Guerra del 13 de enero, Lloyd George declaró que "el plan le gustaba", Kitchener estaba encantado; Grey, entusiasta; Hankey, ditirámbico, Asquith, como siempre, seguía la opinión general, y hasta Fisher se había dejado convencer. El único que tenía reservas era Churchill, quien expuso frente a un mapa el plan tal como había sido propuesto por el almirante Carden: siempre deploró que no hubiera un plan de operaciones terrestre que apoyara la acción naval y seguía pensando que "no tenemos que actuar en el Sur, salvo que no podamos hacer nada en el Norte", es decir, en Borkum o en el Báltico. También resaltaba que ninguno de los ministros presentes había renunciado a su plan favorito, de manera que también se decidió someter a estudio operaciones en Salónica, en los Países Bajos, en Rumania, en el Adriático y en el Danubio. Pero parecía que la decisión sobre Gallípoli era irrevocable: a partir de febrero de 1915 una expedición naval destinada a "bombardear y tomar la península de Gallípoli" se puso en marcha con el objetivo final de la "toma de Constantinopla". ¡Pero nadie se había planteado la pregunta sobre cómo tomar Constantinopla con algunos acorazados!

Así que ahí empezaron las cosas serias: se equiparon navíos antiminas, se instaló una base aérea en la isla griega de Tenedos. Paralelamente, Churchill convenció a Asquith de renunciar al proyecto de Grey de una operación en el Adriático, lo que simplificó bastante los operativos. ¡Pero claro! A medida que se acercaba el desenlace, el almirante Fisher empezó a recular porque, como temía un ataque contra Scapa Flow, no quería comprometer "su" flota y solicitó que la reemplazaran navíos franceses; quería que doscientos mil hombres atacaran por tierra la península y se quejó ante Churchill y ante los almirantes; finalmente, el 25 de enero amenazó con dimitir. A desgano, Churchill empezó a admitir que el rey tenía razón: Fisher se había vuelto senil.

Todo esto auguraba fuertes encontronazos en la sesión del Consejo de Guerra del 28 de enero. En efecto, ese día el almirante Fisher anunció una vez más su intención de renunciar si el plan se implementaba como estaba previsto. Sin embargo, se enfrentó a una sólida oposición: Kitchener consideraba que la empresa tenía una importancia vital, Balfour declaró que "es difícil imaginar una operación más útil", Grey lo siguió y Asquith fue, por una vez, categórico: "El plan Dardanelos debe ejecutarse". Churchill también se pronunció a favor de la operación, incluso sin contar con el apoyo de las tropas terrestres, sin duda influenciado por los informes por demás optimistas del almirante Carden. A lo que hay que añadir que una operación exclusivamente naval era mejor que ninguna operación, pues para

Churchill la inacción era la peor de las políticas, y el Consejo de Guerra había abandonado uno tras otro los planes de operaciones en los Balcanes, en Borkum, en Alejandría y hasta en Zeebrugge. Si desaparecían también los Dardanelos, lo único que quedaría era la absurda carnicería de las trincheras, donde Gran Bretaña estaba perdiendo la flor de su juventud. El propio almirante Fisher terminó por rendirse y se unió al plan de ataque naval de los Dardanelos y una vez más se guardó la renuncia en el bolsillo.

¿Estaba dicha la última palabra? Para nada. Cuando un comité conduce una guerra, los virajes bruscos de opinión son inevitables. Y así fue que el Consejo del Almirantazgo hizo saber que la operación naval no podía realizarse sin apoyo terrestre que conquistara la península de Gallípoli. Los almirantes ganaron para su causa a sir Maurice Hankey, el secretario del Consejo de Guerra y, para terminar, al primer ministro Asquith. Churchill, que había defendido esta posición por más de un mes, no era difícil de convencer. Además, ahora había una división disponible, la 29ª, que tenía que desembarcar en Salónica para ayudar a Serbia; pero enseguida tuvieron que abandonar este plan ante la oposición de Constantino de Grecia. Así que Kitchener consintió en afectar la 29ª división a las operaciones de Gallípoli.

El Consejo de Guerra del 16 de febrero ratificó con satisfacción este nuevo acuerdo de puntos de vista: la 29ª división se agregó a treinta mil soldados australianos y neozelandeses, con lo que constituyeron un total de unos cincuenta mil hombres. Kitchener declaró a Churchill: "Si usted logra forzar el paso, me comprometo a encontrar las tropas necesarias". Este compromiso duró exactamente... tres días. En el Consejo de Guerra del 19 de febrero, Kitchener hizo saber que, a causa de los reveses rusos en Prusia oriental, había que temer una nueva ofensiva alemana en Francia y que, por lo tanto, la 29ª división tenía que ser enviada allí para detener cualquier eventualidad. ¿Era un pretexto? ¿Hay que buscar la verdadera razón en un diferendo más bien mezquino que acababa de oponerlo al primer lord del Almirantazgo?[3] ¿Era la influencia del Estado Mayor del ejército, que confundía teatro principal y teatro decisivo y quería conservar todos los efectivos para operaciones en el frente occidental? Cualquiera haya sido la causa, Kitchener se puso terco en sus posiciones: la operación de los Dardanelos, sostenía, se podría ejecutar sin problemas sin la intervención de las tropas terrestres, pues los turcos, atrincherados en la península de Gallípoli, iban a huir en cuanto la flota destruyera sus cañones.

En las sesiones del Consejo de Guerra de los días 24 y 26 de febrero, Churchill, Lloyd George, Hankey y Asquith intentaron en vano que cambiaran de posición. Luego, como sucede siempre que la guerra es conducida por un cónclave de civiles, algunos cambiaron de opinión: Balfour y Grey se alinearon con Kitchener y, al ver esto, Asquith también cambió de campo, con lo que aseguró la derrota de Churchill. El primer lord se limitó a declarar que declinaba toda responsabilidad si se producía un desastre en Turquía a causa de la insuficiencia de tropas. Muy despechado, telegrafió al almirante Carden para decirle que la operación sería puramente naval; para intentar atenuar un tanto las consecuencias de este viraje, decidió enviar a Gallípoli los nueve mil hombres de "su" división naval.

Kitchener consideraba que su pesimismo no tenía justificación; después de todo, doce cruceros franceses y británicos habían llevado a cabo un primer bombardeo a los fuertes más avanzados de Gallípoli el 19 de febrero, con resultados bastante concluyentes: las reservas de municiones de dos fuertes explotaron y destruyeron por completo las obras; seis días más tarde, destacamentos de los *Royal Marines* desembarcaron ante otro fuerte e hicieron saltar cuarenta cañones. Kitchener consideró que estos primeros golpes de advertencia habían desalentado a los turcos. Pero Churchill temía que los incitaran a reforzar sus posiciones; además, el 3 de marzo declaró en el Consejo de Guerra que "la estrategia correcta consiste en una ofensiva en el Norte, por Holanda y el Báltico", en tanto que las operaciones de Oriente "tienen que considerarse solo como operaciones de diversión". Se observa con claridad que, a diferencia de sus colegas, el primer lord del Almirantazgo seguía fiel a sus ideas. Por otra parte, la lista del resto de sus actividades simultáneas hubiera asustado a cualquier mortal: se ocupaba en persona de la organización de un bombardeo aéreo a los hangares de Cuxhaven; negociaba en secreto en París, a cuenta del gobierno, la entrada de Italia en la guerra; seguía de muy cerca otro proyecto predilecto: la puesta a punto del tanque. El War Office se había desinteresado por completo, y los numerosos críticos del primer lord habían bautizado el proyecto *"Winston´s folly"* (La locura de Winston). Es verdad que desde hacía cinco meses se estudiaban tres máquinas diferentes y que todas habían demostrado ser irrealizables; pero se necesitaba más para descorazonar a Churchill. El 20 de febrero, a pesar de estar enfermo, presidió, desde su habitación, una nueva conferencia sobre este tema, en la cual se decidió crear un Landship Committee, compuesto por técnicos navales, oficiales de los escuadrones de ametralladoras automáticas y todos los ingenieros militares disponibles. Estos hombres tenían carta blanca siempre que sus trabajos terminaran rápido. De hecho, al cabo de un mes, le propusieron a Churchill construir dieciocho prototipos, de los cuales seis tenían ruedas y doce, orugas. El primer lord, después de haber solicitado una estimación de los costos y de los plazos de construcción, les acordó en ese momento setenta mil libras para los primeros gastos, sin dar cuenta a nadie, ni siquiera al Tesoro. ¡Desgracia para los inconscientes a los que se les ocurriera enfrentarse a este proyecto... y a algunos otros!

En Gallípoli, el 20 de febrero quedaron destruidos todos los fuertes exteriores, y el almirante Carden confiaba en su capacidad de forzar los estrechos en el primer intento. Pero el clima era malo y los turcos tenían en las dos márgenes de los Dardanelos obuses móviles muy difíciles de ubicar, y la tripulación de los buques antiminas, compuesta por pescadores ingleses movilizados, se negaba a trabajar bajo fuego. A pesar de esto, Churchill alentó a Carden a que lanzara sus escuadras en la primera oportunidad favorable. En ese momento intervino lo que tendríamos que denominar un elemento cómico: el 10 de marzo, lord Kitchener aceptó enviar la 29ª división a Gallípoli. Este nuevo giro fue recibido con alivio en el Consejo de Guerra y, sin embargo, tendría consecuencias funestas, pues cuando, dos días más tarde, el general Hamilton, nombrado comandante en jefe de las fuerzas terrestres de Gallípoli, partió hacia el teatro de operaciones,

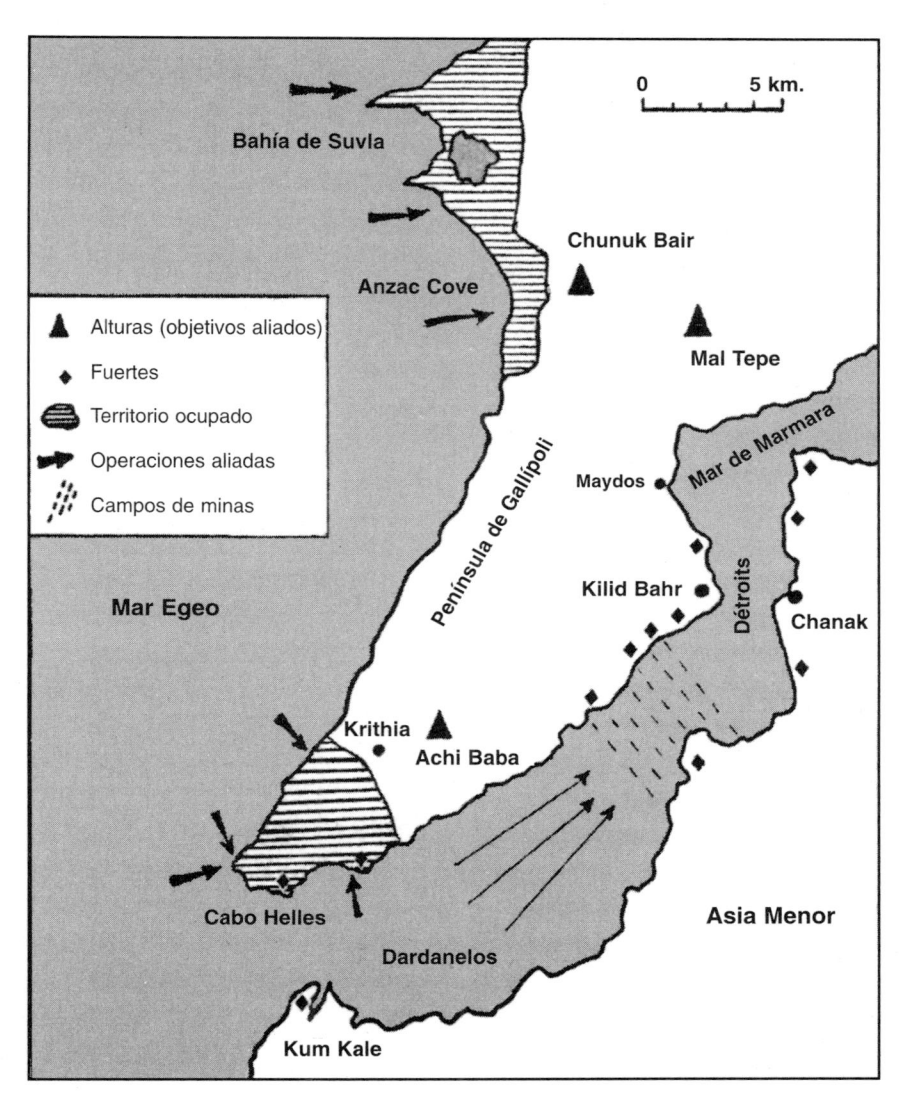

La operación de los Dardanelos, 1915

llevaba instrucciones totalmente contradictorias: el primer lord Churchill, su viejo amigo de la campaña de las Indias y de África del Sur, le pidió que ocupara la península en un golpe relámpago con las tropas disponibles, es decir, los treinta mil australianos y neozelandeses y los nueve mil hombres de la división naval. Pero el ministro de Guerra Kitchener, que era su superior directo, le ordenó que actuara con lentitud y circunspección, bajo la protección de la artillería naval y, sobre todo, que esperara la llegada de la 29ª división para pasar a la ofensiva. ¡Pero esta recién estaría disponible en tres o cuatro semanas! Para todos los miembros del Almirantazgo que deseaban una ofensiva terrestre en conjunción con el ataque naval, fue un golpe mortal. De manera que, por diversas razones, entre ellas la amenaza de los submarinos, la operación naval contra los estrechos tuvo que realizarse sin dilación. El almirante Carden, que ya estaba al tanto, decidió entrar en acción el 18 de marzo: tenía que abrirse paso por los estrechos y llegar al mar de Mármara. Después de esto, se abriría la ruta a Constantinopla.

En teoría, una estrategia brillante, pero el almirante Carden era, sin duda, demasiado emocional como para efectivizar el tipo de misión que le había confiado el Almirantazgo, y evidentemente el primer lord lo aterrorizaba: tan sólo dos días antes del día J, víctima de un agotamiento nervioso, tuvo que reemplazarlo su segundo, el almirante John De Robeck. Desde Londres, Churchill telegrafió al nuevo comandante para decirle que tenía toda la libertad para proponer los cambios de planes que considerara necesarios e, inclusive, para atrasar la fecha de la ofensiva. Pero De Robeck respondió que se atenía al plan establecido y a la fecha prevista. El 18 de marzo, una imponente armada de diez acorazados británicos, acompañados por cuatro acorazados franceses y seguidos por seis acorazados de reserva, penetró en los estrechos y bombardeó los fuertes intermedios, que rápidamente quedaron reducidos al silencio. Pero en el momento en que los acorazados de la vanguardia agotaron sus municiones y dieron media vuelta para dejar paso al resto de la flota, que debía atravesar los estrechos, la suerte se encarnizó con los atacantes: el acorazado francés *Bouvet*, que acababa de virar, chocó con una mina y se hundió en minutos con seiscientos treinta y nueve tripulantes. En la media hora siguiente, tres acorazados británicos fueron víctimas de las minas y las explosiones causaron un total de cincuenta muertes. El efecto psicológico fue considerable y, aunque todavía las pérdidas eran moderadas y las baterías turcas seguían en silencio, el almirante De Robeck ordenó interrumpir el ataque naval.

Nunca se retomaría, a pesar de las súplicas de Churchill y del envío de nuevos acorazados de refuerzo. Empezó a haber mal tiempo, las minas a la deriva eran amenazadoras, las obuseras móviles turcas no habían sido destruidas y el almirante De Robeck, que temía perder más barcos, aun cuando fueran vetustos, se negó categóricamente a volver al asalto antes de que se iniciaran las operaciones terrestres. En Londres, el 23 de marzo hubo nuevos cambios: el almirante Fisher y otros dos lores navales apoyaron a De Robeck, y el primer ministro Asquith, vacilante como siempre, terminó por pisarles los talones. Así que Churchill quedaba desautorizado, y todo pasó a depender de la ofensiva terrestre, prevista para mediados de abril. La conducción de las operaciones desde Londres pasó, por consiguiente, a manos de Kitchener, en tanto que, en el lugar, el almirante De Robeck aceptó subordinarse al general Hamilton. En cuanto a Churchill, quedó totalmente apartado de los preparativos del desembarco durante las semanas siguientes. Peor aún, sus enemigos, tanto en el Partido Conservador como en el Parlamento, empezaron a hacerlo responsable del fracaso del 18 de marzo.

Por fin, el 25 de abril, después de la llegada de la 29ª división, se produjo el asalto de las tropas terrestres contra Gallípoli: el primer día desembarcaron treinta mil hombres en el cabo Helles, en la punta de la península y más al norte, en Gaba Tepe, en la costa del mar Egeo. Se trataba de ganar lo más rápido posible la línea de cresta dominante de los fuertes que controlaban los estrechos y el mar de Mármara. Pero, lamentablemente, los turcos tuvieron dos largos meses para traer refuerzos y atrincherarse; ahora había sesenta mil defensores, equipados con ametralladoras, morteros y artillería pesada proporcionados por los alemanes y, desde los dos puntos de desembarco, los asaltantes nunca lograron llegar a las alturas que constituían su objetivo del primer día del asalto. Después de cinco días de combates, los hombres estaban agotados y se refugiaron como pudieron en las playas, mientras los turcos contraatacaban. El 6 de mayo, Hamilton hizo retomar la ofensiva, sin mejores resultados.

El almirante De Robeck se conformó con esperar un éxito cada vez más complicado de la operación por tierra para largar sus naves. Churchill lo exhortó a "librar batalla y soportar sus consecuencias", a que, al menos, se limpiara el campo de minas y poder bombardear los fuertes ante el puerto de Chanak, pero inclusive esto le parecía demasiado arrojado a De Robeck. También al almirante Fisher, además. El primer lord naval, cuya competencia parecía cada vez más aberrante, lanzó un anatema sobre todos los que habían estado en los inicios de la operación (de la que, en ese momento, era uno de los partidarios más entusiastas). Exigió que se hiciera regresar al acorazado *Queen Elizabeth*, al que él mismo había enviado y, por último, anunció a quien quisiera oírlo que renunciaría si se llevaba a cabo alguna operación naval en los estrechos, antes de que toda la península de Gallípoli estuviera en manos de las tropas terrestres.

En el frente francés el conflicto estaba atascado, las pérdidas británicas eran catastróficas y la oposición atacaba sin piedad la política de guerra del gabinete de Asquith. En estas condiciones, el primer ministro consideró que su gobierno no sobreviviría a la dimisión del primer lord naval y le hizo saber a Churchill que "no se debe llevar a cabo ninguna acción naval independiente sin el acuerdo de Fisher". Aun cuando estaba comprometido al mismo tiempo con delicadas negociaciones diplomáticas (que finalizarían el 24 de mayo con la entrada de Italia en la guerra) y con la prosecución de algunos planes personales (sobre todo armar los hidroaviones con torpedos, equipar con aparatos fotográficos los aviones de reconocimiento, instalar la TSF en los submarinos y, en especial, perfeccionar al máximo el sistema de intercepción y decodificación de los mensajes de radio de la marina alemana), Churchill hizo lo imposible por tranquilizar a Fisher: la marina no iba a realizar ninguna acción ofensiva en los estrechos y se iba a limitar a proteger las playas; además se iba a llamar al *Queen Elizabeth*.

Todo fue en vano; el 15 de mayo, con un pretexto fútil,[4] Fisher presentó su renuncia. Era el octavo anuncio de este tipo en dos meses, pero esta vez, el primer lord naval dejó su puesto. Para Asquith, fue una catástrofe; "en nombre del rey" lo conminó a que volviera al Almirantazgo. Trabajo en vano: al día siguiente Fisher envió su dimisión definitiva e informó al jefe de la oposición conservadora, Bonar Law. Esta vez, la caída del gobierno parecía inevitable.

Ese día, Churchill le propuso a Asquith renunciar, si esto ayudaba a superar la crisis, pero el primer ministro se negó. Sin embargo, al día siguiente Asquith cambió de opinión y, como quería evitar preguntas embarazosas en el Parlamento sobre la conducción de la guerra en Francia y los lamentables fracasos de Gallípoli, aconsejado por Lloyd George decidió proponer un gobierno de coalición a los conservadores. A fin de cuentas, era lo que Churchill venía solicitando desde los inicios de la guerra. Pero, lamentablemente, no salió gratis, pues los *tories* plantearon una condición formal para su participación: Churchill, a quien la oposición conservadora hacía cargar con todos los pecados desde hacía semanas, tenía que abandonar el Almirantazgo.

Cuando, el 17 de mayo, después de un encuentro con Asquith, Winston terminó por comprender que sería la víctima expiatoria del nuevo gobierno de coalición, comenzó a rebelarse: ¿irse del Almirantazgo no sería admitir que sus detractores tenían razón? Ahora bien, sus argumentos casi nunca eran torpes y bastaría con reproducir algunos documentos del Almirantazgo para probarlo. Además, Churchill preparaba con energía una defensa de su política naval desde el verano de 1914 hasta los Dardanelos. Podía establecer, con todos los elementos en la mano, que todas las medidas que él había ordenado contaban con la aprobación total de lord Fisher, del almirante Carden y del conjunto de los colegas del Consejo de Guerra. Pero éstos, que ya estaban sondeando cómo formar parte del nuevo gobierno, se apresuraron a abandonarlo. Lloyd George y Grey, inclusive, lo disuadieron de que presentara su defensa ante el Parlamento y ante la prensa, con el pretexto de que eso podría ayudar al enemigo. En su ingenuidad, Churchill intentó justificar su política ante Bonar Law, sin comprender que el jefe conservador sabía con certeza que las acusaciones contra él eran pura fantasía. Pero ya no había más *gen-*

tlemen a la cabeza de los *tories*: Churchill tenía que pagar su deserción de 1904, sus antiguos ataques contra los proteccionistas, los unionistas y la Cámara de los Lores, y todos los crímenes imaginarios, desde Tonypandy hasta Amberes, pasando por Sidney Street y Belfast. Y para esto, todos los medios eran buenos.

Por cierto, que pudieran concretar este arreglo de cuentas tan mezquino en medio de la gran tormenta de la guerra mundial da una idea de la mentalidad de los dirigentes conservadores. Pero hay que confesar que sus colegas liberales no eran mucho más brillantes. Así, cuando Herbert Asquith sacrificó a Churchill, alejando con este acto en plena guerra al único verdadero guerrero de su gabinete, ya no era la misma persona: el 17 de mayo, se había enterado de que su amante, Venetia Stanley, iba a casarse y estaba visiblemente alterado. Como es natural, se consoló con otra amante, pero conservó la lamentable costumbre de escribirle cartas durante las reuniones del Consejo de Guerra.

Al fin, Churchill se rindió ante las evidencias; su partida del Almirantazgo era un asunto decidido y todo lo que pudiera hacer o decir no cambiaría nada. Entonces, se vino abajo; Violet Asquith, que se lo encontró en el pasillo de la Cámara de los Comunes, quedó muy conmovida: "Me llevó a su oficina y se sentó –silencioso, desesperado, como nunca lo había visto–. Parecía que había superado la etapa de la rebelión y hasta la de la rabia. Ya no se las tomaba con Fisher, sino que tan solo decía: 'Soy un hombre terminado'. Protesté [...], pero descartó mis argumentos: 'No, estoy terminado. Mi mayor deseo es tomar parte activa en la derrota de Alemania, pero no puedo hacerlo, me quitaron la posibilidad. Iría al frente, pero nuestros soldados están tan limitados que no soportarían que me den un mando de cierta importancia. No, estoy terminado'".

El 23 de mayo, Churchill, en estado de plena depresión, entregó el Almirantazgo a su sucesor, Arthur Balfour. Sin embargo, ese mismo día Asquith se decidió a ofrecerle un puesto en el nuevo gobierno: el de canciller del ducado de Lancastre, un puesto puramente honorífico. Muchos otros se habrían conformado con él: la paga era la de un ministro, lo único que había que hacer era nombrar magistrados locales y el riesgo de encontrarse en una situación expuesta en tiempos de guerra era nula; en una palabra, el trabajo ideal. Pero Churchill lo consideraba la humillación suprema, que lo privaba de todo medio de acción. Ahora bien, como había hecho en otros tiempos en India o en África del Sur, no dejó de actuar en el Almirantazgo, como si la posibilidad de salir de la guerra dependiera de él; ahora tenía que asistir como espectador a un combate que no iba nada bien y esto le resultaba insoportable. Sin embargo, Asquith le prometió que si aceptaba el ducado de Lancastre, podría conservar su lugar en el Consejo de Guerra. ¿Quizá podría conservar de este modo alguna influencia en el desarrollo de los acontecimientos?

Esperanza vana: el ex primer lord del Almirantazgo tuvo que asistir impotente a la multiplicación de ofensivas mal coordinadas y dirigidas con indolencia contra la península de Gallípoli. A mediados de junio, su querida división naval lanzó un ataque contra las alturas del cabo Helles y dejó seiscientos muertos en el campo de batalla, sin adelantar más que la 29ª división dos meses antes. En el Consejo de Guerra, rebautizado Comité de los Dardanelos, Churchill propuso sin éxito nuevas estrategias, como el bombardeo de las fábricas de municiones turcas en Constantinopla; se inquietaba por el abastecimiento del cuerpo expedicionario aliado y por los objetivos de la próxima ofensiva, sin obtener respuesta; a comienzos de julio le pidió permiso a Asquith para acompañarlo a la conferencia estratégica interaliada que iba a desarrollarse en Calais y recibió un rechazo; Kitchener, con el asentimiento de Asquith, le propuso, a pesar de todo, que fuera a Gallípoli en visita de inspección, para dar su opinión sobre las perspectivas de éxito de la próxima ofensiva. Churchill aceptó entusiasmado y se preparó para partir, pero los conservadores del gobierno vetaron esta diligencia y Asquith declinó una vez más. El primer lord venido a menos se pronunció a favor de la creación de un Ministerio del Aire, del que se encargaría y que podría tener un papel capital en las grandes operaciones futuras, pero le rechazaron la propuesta. En el Almirantazgo, a pesar de las súplicas de Churchill, una de las primeras decisiones de su sucesor, Balfour, fue abandonar la fabricación de los tanques, pero, como ya se habían otorgado los fondos, de todos modos se construyó un prototipo.

El 6 de agosto, en Gallípoli, la gran ofensiva contra las alturas de Chunuk Bair fracasó penosamente. Iban a retomarla el 21 de agosto, pero Churchill solicitó que se hiciera con tropas frescas llegadas de Egipto, lo que significaría una gran diferencia. No lo escucharon, lanzaron el ataque con los regimientos diezmados dos semanas antes y la derrota fue todavía más truculenta. Churchill pidió un nuevo ataque naval contra los estrechos, pero Balfour se negó. Nuestro ministro en desgracia redactó luego una nota sobre el abastecimiento de las tropas previendo el invierno... que ni siquiera fue examinada. Durante los meses siguientes, sir John French le propuso que se hiciera cargo del mando de una brigada en Francia; la oferta fue aceptada en el momento, pero Kitchener se opuso. Churchill realizó nuevas propuestas sobre la conducción de la guerra: suspender las cruentas ofensivas en el frente francés, donde los alemanes se habían atrincherado a la perfección; instaurar un servicio militar obligatorio; lanzar una ofensiva sorpresa contra Chanak pasando por la orilla oriental de los estrechos, con la cobertura de fumígenos y de gas mostaza. Pero nadie tomó nada de esto en serio y la masacre continuaba en el frente occidental mientras una escuadra entera estaba inmovilizada en los Dardanelos y ciento veinte mil hombres marcaban el paso en las tres cabezas de puente de Gallípoli. En Londres empezaron a hablar de evacuación... Y durante todo este tiempo, la prensa conservadora siguió atacando con ferocidad a Winston Churchill, que ni siquiera podía defenderse públicamente.

A fines de octubre, Asquith anunció que reemplazaría el Comité de los Dardanelos por un "gabinete de guerra". El 11 de noviembre, se concretó: este nuevo cónclave estaría formado sólo por cinco miembros, y Churchill obviamente quedó excluido. Entonces renunció y se negó a permanecer "en un ocio bien retribuido". Cuatro días más tarde, de nuevo un simple diputado, expresó en la Cámara el deseo de que se publicaran todos los documentos sobre su acción en el Almirantazgo, con lo que se haría justicia frente a las principales acusaciones en su contra, especialmente la de haber "impuesto el proyecto de los Dardanelos a oficiales y a expertos reticentes a él". Sobre el tema de lord Fisher, se limitó a declarar que durante sus funciones en el Almirantazgo, el primer lord naval no le había aportado lo que tenía derecho a esperar, es decir, "consejos claros y un firme apoyo después del acontecimiento", un buen eufemismo... Por último, anunció que partiría hacia el frente en Francia. ¿Acaso no era comandante en el régimen de reserva de los húsares de Oxfordshire, estacionado allí? Los parlamentarios y los periodistas creyeron que se trataba de una operación publicitaria. Se equivocaban. Churchill amaba la guerra, le fascinaba el peligro y sólo vivía para la victoria. Si le temía a algo, era a la falta de acción, con la secuela de depresión que indefectiblemente la acompañaba; tanto más debido a que la sombra siniestra del fracaso de los Dardanelos no dejaba de acecharlo. El ministro de Armamento, Lloyd George, que lo había abandonado como todos los demás, confesó sin embargo la verdad exacta: "El fracaso de los Dardanelos se debió menos a la precipitación de Churchill que a las postergaciones de lord Kitchener y de Asquith".

Desde comienzos de la guerra e, inclusive, durante mucho tiempo antes, Churchill no había ocultado su preferencia por un mando en el frente. "Una carrera política, decía con frecuencia, no es nada para mí en comparación con la gloria militar". Nuestro héroe, convencido de haber heredado el genio estratégico de su antepasado Marlborough, se veía en ese momento como comandante de división. Después de todo, a un oficial subalterno no podía interesarle la gloria y ¿cómo cambiar el curso de la historia al frente de un batallón? Sin embargo, todo teatro de operaciones ejercía una atracción irresistible para Churchill y, además, sus amigos estaban en Francia, en ese famoso regimiento de reserva a cuyas maniobras anuales en el castillo de Blenheim no faltaba nunca. Así, el 18 de noviembre de 1915, el comandante de reserva Churchill se subió con discreción a un barco civil y desembarcó en Boulogne.

7

El hombre orquesta

Pero la desgracia tiene sus límites. En Boulogne, el modesto oficial de reserva Churchill tuvo la sorpresa de que lo recibiera el ordenanza de sir John French, quien lo condujo al cuartel general del comandante en jefe, un castillo en los alrededores de Saint-Omer, donde lo acogieron cálidamente. Sir John recordaba que el primer lord del Almirantazgo había sido un aliado muy valioso cuando sus relaciones con Kitchener estaban en su peor momento; como desde ese entonces no habían mejorado, el mariscal French presentía que se aproximaba su debacle, por lo cual simpatizaba con el ministro caído en desgracia. Tanto más cuanto que, como muchos militares y la mayor parte de los políticos, French no veía en Churchill a un hombre acabado: no tenía el aspecto ni el discurso de una persona así. De todos modos, la primera noche de nuestro comandante en campaña no fue incómoda: baño caliente, champaña helado, cena fina, cama mullida... y, sobre todo, una excelente noticia: el mariscal le propuso que fuese su ayuda de campo o que se hiciera cargo del mando de una brigada. Naturalmente, Churchill eligió la brigada y convinieron que antes de que asumiera sus funciones habría un período de formación en la guerra de trincheras en un batallón de los Grenadier Guards.

El 20 de noviembre, el comandante Churchill se enteró de que estaba afectado al 2º batallón de granaderos, detenido cerca de Merville, al suroeste de Armentières. Esa noche, el teniente coronel George "Ma" Jeffreys, al que visiblemente no le caían bien los políticos paracaidistas, lo recibió en el cuartel general del batallón: "Creo que tengo el deber de decirle, *Sir*, que no se nos ha consultado sobre su destino", dejó caer de manera nada amena. El sargento de la compañía, para no quedarse atrás, le indicó que debía olvidarse de su abundante equipaje, pues "los hombres no necesitan más de lo que llevan a la espalda". Churchill se encontraba en un ambiente decididamente hostil que se tornó aún más inhabitable cuando el batallón subió al frente bajo un fuerte bombardeo y se instaló en las trincheras inundadas frente a una granja destruida.

Pero el hijo de lord Randolph, a pesar de sus cuarenta y un años, su corpulencia y sus costumbres de lujo, estaba hecho de tal modo que se adaptaba tanto a un agujero de ratas como a un palacio en Oxfordshire. De entrada declaró que estaba "totalmente cómodo" y hasta se ofreció como voluntario para acompañar a Jeffreys en sus giras de inspección cotidiana a la línea del frente, un ejercicio tan difícil como peligroso, que se hacía tanto de día como de noche y que, obligatoriamente, creaba lazos entre los que lo practicaban. Jeffreys le propuso instalarse en el cuartel general del batallón, menos vulnerable a los enemigos, pero, para su gran asombro, Churchill solicitó el favor de permanecer en una trinchera de primera línea: "Tengo que reconocer, confesó luego, que mis motivaciones [...] sorprendían. Es que en el cuartel general del batallón no estaba permitido beber alcohol, sólo té fuerte con leche condensada, una bebida especialmente repugnante. En las trincheras, en cambio, eran sin ninguna duda más flexibles".

Así se hacen los héroes... Estos principios sólo podían asegurar la popularidad de Churchill entre los oficiales y los hombres de la tropa, que tenían una concepción muy distinta del político. Es verdad que éste llegó con incontables botellas de whisky, oporto, coñac y cherry; recibía todo el tiempo encomiendas con vituallas con las que se mostraba generoso y hasta había conseguido, no se sabe dónde, una bañera y un calentador, que aceptó prestar sin problemas las raras veces que no los usaba. Pero hay algo más: el buen humor, la resistencia y la sangre fría del recién llegado dejaron atónitos a los oficiales, mucho más porque no eran actitudes fingidas. Churchill, que tenía el don de transformar casi al instante sus deseos en realidades, se maravillaba realmente con esta "vida encantadora con personas agradables", que le ofrecía el privilegio único de contemplar de frente "los ojos relumbrantes del peligro". Efectivamente, al igual que en Malakand, Omdurman, Ladysmith o Amberes, su indiferencia soberana frente al fuego enemigo tenía algo que asustaba. Con frecuencia se descuidaba y no se ponía a cubierto de las esquirlas de obús que llovían a su alrededor, las balas lo enmarcaban, algunos proyectiles penetraban en su cacharro o en su lámpara de mano; muchos de sus compañeros murieron o quedaron heridos a su lado, pero este diablo de hombre seguía indemne. Un día, una salva de obús tocó de lleno su minúsculo escondite y decapitó al oficial que allí se encontraba; Winston había salido unos momentos antes, convocado por un general desocupado que quería charlar...

Para visitar al ministro caído en desgracia, muchas personalidades, como lord Curzon o F. E. Smith,[1] aceptaron arrastrarse por el barro de Flandes, imitados por algunos militares que nunca habían visto las trincheras de tan cerca. Gracias a ellos y a la voluminosa correspondencia que recibía a diario de Londres por los correos del Almirantazgo, se enteró de las dificultades del gobierno de Asquith y de su decisión de evacuar definitivamente los Dardanelos. También pudo comprobar que el rencor de los conservadores seguía persiguiéndolo hasta las trincheras de la primera línea: el mariscal French le había prometido una brigada, pero cuando hubo que reemplazarlo, tuvo que volverse atrás con la promesa: tanto en el gabinete como en el Parlamento los *tories* demostraron su oposición, y, desde luego, Asquith cedió. Éste le escribió a French que Churchill, como mucho, podría quedar como comandante de un batallón, con el grado de teniente coronel.

El 18 de diciembre de 1915, sir John French, al instante mismo de dejar su puesto de comandante en jefe, recomendó a Churchill a su sucesor, el general Douglas Haig. Éste respondió que sólo veía ventajas en que Churchill se hiciera cargo de un batallón, pues "hizo un buen trabajo en las trincheras" y, justamente, lo que faltaba eran comandantes de batallones. Mientras esperaba recibir un destino, Churchill fue a recorrer el conjunto de la línea del frente: siempre con la atracción del peligro, por supuesto, pero, sobre todo, con la voluntad de hacerse una idea general de las condiciones de la guerra y de las posibilidades de ofensiva. De hecho, Winston continuaba comportándose exactamente como si la terminación de la guerra dependiera de sus iniciativas y de sus estratagemas; por eso, desde su llegada a Flandes, entre dos patrullas, en medio de las explosiones de granadas y de obuses, entre matorrales inundados o granjas devastadas, a la luz de una vela o de una lámpara de kerosén, no dejaba de escribir para exponer sus concepciones sobre la manera de romper el mortal estancamiento que envolvía al frente, desde el mar del Norte hasta la frontera suiza. Se encuentran propuestas detalladas de redes de túneles ofensivos, de lanzallamas, de escudos de infantería portátiles o montados sobre ruedas, de hidroaviones lanzatorpedos y, sobre todo, el plan que más lo atrapaba, el de los "vehículos oruga", en los que seguía viendo el único modo de destrozar por sorpresa el frente enemigo con pérdidas insignificantes. Lo que sucede es que los miembros del ex Landships Committee del Almirantazgo habían logrado resultados interesantes multiplicando decenas de veces el único prototipo que Balfour había autorizado, y se lo informaron a su antiguo jefe. Este, en un memorándum literalmente redactado bajo fuego y titulado "Variantes de la ofensiva", escribió lo siguiente sobre el tema del tanque: "Máquinas de este tipo son capaces de seccionar los alambres de púas del enemigo y de dominar su línea de fuego. Casi setenta están a punto de terminarse en Inglaterra y habría que inspeccionarlas. No habría que usar ninguna antes de que todas puedan entrar conjuntamente en acción. [...] Llevan dos o tres [ametralladoras] Maxim cada una y pueden equiparse con lanzallamas. [...] Cuando alcanzan los alambres de púas enemigos, giran a derecha o a izquierda y siguen una línea paralela a la trinchera enemiga, barriendo sus parapetos con fuego y aplastando los alambres para abrir pasos a través de [...] los cuales la infantería podrá avanzar detrás de los escudos".

Todo esto era bastante visionario para la época y en gran medida se les escapaba a los atildados generales del cuerpo expedicionario británico, empezando por su nuevo comandante en jefe, el general Haig, que contaba con una guerra de desgaste y con cargas masivas de la caballería para derrotar a los alemanes. En cuanto al ministro de Guerra, lord Kitchener, parecía que desde la evacuación de Gallípoli había perdido el poco espíritu de iniciativa que le quedaba. Por consiguiente, el peso del esfuerzo de guerra había caído en el jefe del estado mayor imperial, sir William Robertson, que, lamentablemente, era un ferviente adepto a la guerra de desgaste. Pero si bien Churchill ya no era corresponsal de prensa, ahora tenía otros medios para que las autoridades lo escucharan: su memorándum sobre las "Variantes de la ofensiva", que había enviado al comandante en jefe, también había sido despachado a Londres, donde el Comité de Defensa Imperial lo imprimió y difundió, para presentárselo a los ministros y a los jefes de estados mayores, quienes no lo leyeron mejor que el comandante en jefe.

Churchill, que ya había conocido a la mayoría de los oficiales que se encontraban en el frente, bien en la India, en Sudán, en África del Sur o en las recepciones que daban su madre, sus tías o sus primas, se hizo amigo, como siempre, de los que más podían servirle y que siguieron siendo sus seguidores de por vida. Entre ellos estaban Archibald Sinclair, comandante segundo del batallón de los Grenadier Guards, al que, nadie sabe muy bien cómo, Churchill logró transferir a su propio batallón; Max Aitken, observador canadiense en el frente; Desmond Morton, el ayuda de campo del general Haig; Edward Spears, oficial de unión entre el cuartel general y el estado mayor del general Joffre, que lo llevó de visita a las líneas francesas, donde se lo trató con más atenciones en ese momento que cuando era primer lord (hasta le regalaron un casco *poilu* que Churchill usó durante todo el resto de su estadía en Francia, lo que le daba un aspecto un tanto curioso para un oficial inglés).

¡El uniforme no importaba! El 1º de enero de 1916, este oficial tan poco convencional fue nombrado teniente coronel y afectado al regimiento 6º Royal Scots Fusiliers, un batallón de escoceses duramente maltratado en la matanza de Loos tres meses antes. Estos hombres, que creían haber visto todo, sin embargo fueron testigos de una escena inolvidable: en su acantonamiento improvisado, en medio del miserable caserío de Moolenacker, una hermosa mañana apareció un teniente coronel a caballo, con un uniforme como mínimo disparatado y seguido por un importante destacamento que transportaba su equipaje: bañera, calentador y algo que se parecía mucho a cajas de vigorizantes... El recibimiento fue tan poco cordial como en los Grenadier Guards, ya que el comandante anterior era muy popular en el batallón, aunque no así los políticos, y el que daba órdenes incomprensibles a los soldados de infantería era, evidentemente, un oficial de caballería. Pero como en los Grenadier Guards, los prejuicios desaparecieron enseguida: el nuevo teniente coronel era profundamente humano, tan avaro en las sanciones como pródigo al dar aliento, muy preocupado por la moral de los soldados y tan presto para aprender como para enseñar, y, además, no dudaba en ponerse a trabajar: mientras el batallón descansaba, se lo veía usar la cuchara de albañil y las bolsas de arena, seguía las instrucciones de los oficiales sobre el manejo de las ametralladoras y las técnicas de bombardeo, se interesaba en los detalles más pequeños del entrenamiento de sus hombres, establecía él mismo los planes de protección, de escarpas, contraescarpas y trincheras en media luna, participaba personalmente en el refuerzo de los parapetos y, todas las noches, en un reconocimiento del conjunto del sector de su batallón. Organizaba conferencias, juegos, conciertos, hacía cantar durante las marchas y planeaba una ambiciosa campaña contra los piojos del batallón, que fueron exterminados por completo, para gran asombro de un oficial de enlace francés llamado Émile Herzog (más conocido luego como André Maurois). Algunas instrucciones del teniente coronel Churchill quedaron grabadas en la memoria de los oficiales, especialmente una, que habla a las claras sobre su autor: "Ríanse un poco y enséñenles a reír a sus hombres. La guerra es un juego al que hay que jugar con una sonrisa. Si son incapaces de sonreír, hagan una mueca; si no pueden, retírense hasta que sean capaces de hacerla".

Sin embargo, a partir del 24 de enero, cuando el batallón se alineó cerca del pueblito belga de Ploegsteert, oficiales y soldados pudieron tener cabal medida del fenómeno Winston Churchill. Había establecido su cuartel general en la vieja granja a ochocientos metros de la línea del frente y supervisaba personalmente la instalación de sus hombres en su red de trincheras, un laberinto de barro que se extendía por más de un kilómetro y que se atravesaba en dos horas, en el mejor de los casos. El sargento Andrew Gibb recordó: "En promedio, iba dos veces por día, lo que era mucho, ya que tenía muchas otras ocupaciones. Al menos una de estas visitas se hacía de noche, por lo general alrededor de la una de la mañana. Cuando llovía, se ponía un traje totalmente impermeable, incluso el pantalón y el chaquetón y, con su casco francés azul claro, ofrecía un espectáculo tan insólito como inolvidable. [...] Ningún comandante prestaba más atención a sus heridos. Por un lado, los horrores de la guerra lo dejaban imperturbable; por el otro, siempre era el primero en llegar a los lugares donde golpeaba la tragedia y hacía todo lo posible por ayudar y reconfortar". También anotó este episodio característico: "En el momento en que las piezas de campaña alemanas abrían el fuego, el [teniente] coronel llegó a nuestra trinchera y propuso que echáramos una ojeada por sobre el parapeto. Mientras nos manteníamos sobre la plataforma sentimos el soplido y el silbido de varios obuses que pasaban justo por encima de nuestras cabezas, algo que siempre me horrorizó. Entonces oí que Winston preguntaba con una voz soñadora y lejana: '¿Les gusta la guerra?'. No pude hacerme el que no había oído. En ese momento, odiaba profundamente la guerra; pero creo, como los demás, que Winston se deleitaba con ella".

Sin duda el comentario es exacto: hacía treinta y cinco años que la guerra fascinaba a este cuarentón y, con la edad, la atracción no disminuyó para nada: en medio de esta tormenta infernal, la vida se jugaba todos los días a los dados, una salva tirada demasiado alto o bajo podía borrar en un instante todas las pequeñas o grandes preocupaciones, y Churchill, en lugar de ser un ministro impotente y perpetuamente desautorizado, era un jefe respetado en el campo, cuyas decisiones podían cambiar ya no el curso de la guerra pero, al menos, el destino de ochocientos hombres. Aquí, en el confort relativo de las trincheras inundadas y de las granjas devastadas, mantenía apartados por algunas horas diarias a sus dos enemigos más temibles: la inacción y la impotencia. De este modo pueden explicarse la alegría insólita y el entusiasmo contagioso que parecían animar al teniente coronel Churchill en medio del peor de los cataclismos.

Pero la alegría tenía sus bemoles, pues Churchill, que conocía con exactitud el alcance de sus competencias (y la incompetencia de las autoridades) no dejaba de echar pestes contra la manera en que desperdiciaban los recursos de su capacidad de organización y su inventiva. Cada día, en el frente y en la retaguardia, era testigo de debilidades que hubiesen podido remediarse, de desastres que él podría haber previsto, de oportunidades perdidas que él habría sabido explotar, simplemente con que hubieran consentido en escucharlo y en dejarle una parcela de poder: los ferrocarriles por donde se transportaban los víveres y las municiones hacia el frente eran muy pocos; el sistema telefónico, primitivo; los aviones alemanes, dueños del cielo (algo impensable cuando el primer lord Churchill estaba a cargo de la aviación británica); los oficiales superiores ignoraban casi todo sobre las condiciones en las trincheras, y hasta fuera de las grandes ofensivas cada día se perdían cientos de hombres porque no contaban con una protección adecuada y porque la estrategia de sus jefes era a veces temeraria, a veces pusilánime.

Evidentemente, Churchill sostenía que el responsable directo de todo este despilfarro era Asquith. La manera en que había obligado a renunciar al mariscal French, la falta de profesionalidad y de resolución que caracterizaba su política de guerra, sus vacilaciones sobre el tema de la conscripción, sus interminables intrigas políticas para mantenerse en el poder, todo esto sublevaba a nuestro teniente coronel, que, además, tenía sus buenas razones personales para estar enemistado con el que, vergonzosamente, lo había abandonado en el asunto de los Dardanelos y había llegado hasta la vileza de negarle el comando de una brigada, por miedo a disgustar a los conservadores. Le escribió a Clementine: "Me inclino a pensar que su conducta alcanza los límites tanto de la mezquindad como de la pequeñez". No era el único: en Londres los vientos habían cambiado y el gobierno se tambaleaba de crisis en crisis, y muchas personalidades, tanto entre los liberales como entre los conservadores, consideraban que había llegado el momento de deshacerse de Asquith. Tres de los principales "complotados" fueron inclusive a visitar a Churchill a Saint-Omer: su joven amigo F. E. Smith, su antiguo cómplice, Lloyd George, y hasta... su viejo enemigo Bonar Law. Todos estuvieron de acuerdo en la formación de un gobierno de recambio que, naturalmente, los incluyera, y Churchill quedó muy esperanzado. Por supuesto que todo esto no llegó a nada; pero, entre dos patrullas y tres bombardeos, Churchill terminó por convencerse de que tenía que estar en Londres si esperaba influir en la política de guerra del gobierno.

El War Office ya le había dado al oficial y diputado Winston Churchill un permiso para asistir a las sesiones secretas de la Cámara. A comienzos del mes de marzo le acordó otro, que nuestro hombre aprovecharía para jugar sus mejores cartas. El 7 de marzo pronunció en los Comunes, después de la presentación del presupuesto de la Marina que hizo Balfour, un discurso que causó sensación, pues cuestionó duramente el inmovilismo del Almirantazgo desde la llegada de su sucesor: los zeppelines y los submarinos enemigos no se encontraban con ninguna oposición, había injustificables retrasos en la construcción naval, el espíritu ofensivo parecía haber desaparecido en el mar y en el aire, y los alemanes enseguida tomarían la delantera si se prolongaba tanta pasividad. ¡Conquistó a la mayor parte del auditorio! Pero no fue con suerte: el discurso empezó bien pero terminó mal, pues Churchill, para remediar las debilidades de la política naval, hizo una propuesta que produjo consternación en sus amigos, alegró a sus adversarios y asombró al conjunto de los asistentes: "Exhorto al primer lord del Almirantazgo a que se corrija sin tardanza y a que vuelva a darle fuerza y vitalidad al Consejo del Almirantazgo convocando a lord Fisher para el puesto de primer lord naval".

Escucharon bien: Churchill recomendó el regreso del mismo Fisher cuyos caprichos, aberraciones, excesos lingüísticos y abandono del puesto habían provocado su propia partida del Almirantazgo diez meses antes. ¿Quería demostrar hasta qué punto era magnánimo? ¿Estaba influido por sus partidarios J. L. Garvin y C. P. Scott, respectivamente redactores en jefe del *Observer* y del *Manchester Guardian* y ambos grandes amigos de Fisher? ¿No había encontrado nada mejor para darle un nuevo aliento al esfuerzo de guerra que un jubilado irascible, rencoroso, megalómano y que estaba manifiestamente chocho? En todo caso, parece que las debilidades de Winston Churchill eran proporcionales a sus grandes talentos. No necesitó esperar la áspera partida de Balfour el día siguiente para comprender su fracaso: el desasosiego de sus amigos, el triunfo de sus enemigos, los sarcasmos de la prensa le mostraron hasta qué punto se había descarriado. Pero el hombre era belicoso y anunció a quien quisiera escucharlo que se iba a quedar en Londres para llevar a cabo una lucha parlamentaria junto a sus amistades políticas. Incluso le escribió a Kitchener para notificarle su renuncia al ejército...

Sin embargo, hubo voces que se levantaron para disuadirlo de abarajar con tan pocos triunfos en la mano: su esposa Clementine, su confidente Violet Asquith (que se había vuelto la señora Bonham Carter) y su amigo F. E. Smith le aconsejaron que volviera a Francia, al menos un tiempo como para que su discurso se diluyera en la memoria de la gente. Bastante curiosamente, el que al fin logró hacerlo entrar en razón fue el primer ministro Herbert Asquith. Recordemos que había caído mucho en la estima de Winston, pero que éste no era para nada rencoroso y que no resistía los consejos paternos (que, por otra parte, Asquith sabía prodigar admirablemente). Le recordó que lord Randolph se había suicidado políticamente "por una sola acción impulsiva", y agregó: "Si puedo, me gustaría preservarlo de una iniciativa semejante. Créame que no me mueve otro sentimiento que el afecto". En un momento del encuentro, Churchill le explicó que tenía "muchos partidarios" y que tenía que "ponerse al frente de ellos". Pero Asquith, más bien realista, le respondió: "Por el momento, no tiene ni uno que realmente cuente", y agregó: "Quiero salvarlo porque lo aprecio". Churchill salió con lágrimas en los ojos y cambió varias veces de opinión sobre la conducta a seguir. Max Aitken, C. P. Scott, J. L. Garvin y, naturalmente, lord Fisher lo incitaron a que llevara la lucha al Parlamento la semana siguiente, pero su influencia no pudo contrapesar la de Clementine, F. E. Smith y Herbert Asquith, unidos por esta vez. El 13 de marzo, Churchill retiró su renuncia y partió hacia el frente.

Pero no se quedó allí por mucho tiempo. Aun cuando estaba satisfecho de encontrarse nuevamente frente al peligro con sus hombres, lejos de las intrigas y de los ardides de Londres, nuestro teniente coronel no lograba olvidar la política. Es verdad que en esa época la alta estrategia y la baja política estaban estrechamente unidas y, además, ¿para qué servía librar una batalla si las condiciones del combate parecían garantizar de antemano el fracaso de toda operación defensiva? Fuera de los artilleros, nadie podía emprender nada contra los alemanes. El batallón estaba ahí para recibir una lluvia de obuses, sin otra perspectiva de acción que una avalancha insensata hacia las púas y las ametralladoras enemigas. Churchill tuvo que rendirse ante la evidencia: en este tipo de guerra, no era más útil que cualquier otro súbdito de Su Majestad, en tanto que en el Parlamento, o en el gobierno, su elocuencia, sus capacidades de organización y (su falta de modestia lo obligaba a reconocerlo) sus instintos estratégicos, heredados del ilustre Marlborough, podrían ejercer una influencia decisiva en el desenlace de la guerra. Además, hay que confesar que en el teatro de operaciones tanto los soldados como los suboficiales y los oficiales compartían ampliamente este punto de vista y lo alentaron mucho para que regresara a Londres para hablar en su nombre y expresar su descontento. Fue así como el general W. T. Furse, comandante de la división de la que dependía su batallón, le escribió sin vueltas: "Me parece que Lloyd George y usted están especialmente calificados como para intentar provocar sin dilaciones la caída de un gobierno incapaz". Hasta el nuevo comandante en jefe, Douglas Haig, que no le tenía ningún aprecio, le declaró que estaba dispuesto a confiarle una brigada pero que "sería más útil si fuera a Londres e hiciera que los Comunes dictaran una ley sobre la conscripción obligatoria".

Era difícil resistir ante tales argumentos, sobre todo cuando uno estaba casi totalmente convencido de ellos. Además, hasta Clementine, que lo había convencido de dejar Inglaterra por miedo a que el ridículo lo matara políticamente, ahora temía todos los días que en Bélgica un obús lo matara así nomás, de manera que no sabía muy bien qué aconsejarle. Por último, los azares de la guerra se encargaron de resolver el dilema del teniente coronel Churchill: como su batallón, al igual que muchos otros, había sufrido terribles pérdidas, se unió al 7º Royal Scots Fusiliers y, por consiguiente, tuvo un nuevo comandante. Como dijo Winston con gran acierto: "No soy yo quien abandona el batallón, sino el batallón el que me abandona a mí". El 6 de mayo, en todo caso, después de haber enviado su renuncia a Kitchener,[2] ofreció a sus oficiales un almuerzo de despedida en un restaurante de Armentières; el sargento Gibb parece expresar el sentimiento general al escribir: "Creo que todos los hombres presentes en la sala consideraban la partida de Winston Churchill como una verdadera pérdida personal". De Bangalore a Pretoria, muchos oficiales habían tenido el mismo sentimiento al ver partir a Winston Spencer-Churchill. Era un hecho, el hombre era atractivo y estaba tan dotado para pelear como para hacerse amigos.

Sin embargo, a comienzos de mayo de 1916, en Londres, muchos políticos preferirían no verlo, tanto más cuanto más cerca del poder estuvieran. Sucede que nuestro veterano diputado seguía siendo un temible aguafiestas, y en poco tiempo más en la Cámara de los Comunes resonarían sus anatemas y exhortaciones: había que repatriar a los obreros de las fábricas de armamentos, minas y talleres navales que habían ido como voluntarios al frente; en Inglaterra eran indispensables para los esfuerzos de la guerra en tanto que en Francia no eran más que carne de cañón; para limitar la amenaza de los submarinos alemanes, había que agrupar a los barcos en convoyes bien escoltados. También propuso volver a la ofensiva en la retaguardia del enemigo, en Oriente Medio y, por supuesto, en el Báltico. En los frentes de Francia y de Bélgica, también había que realizar modificaciones urgentes: mejora sustancial de la iluminación de las trincheras, construcción de una red ferroviaria ligera para abastecer rápidamente las primeras líneas, distribución urgente de cascos de acero a todos los soldados, reforma profunda del escandaloso sistema que hacía que algunas tropas estuvieran siempre en el frente, en tanto que otras no se acercaban nunca a él (empezando por todos esos oficiales superiores que vivían en la retaguardia, en los castillos donde pasaban el tiempo enganchándose medallas unos a otros). "Los honores, disparó Churchill, tendrían que estar donde se encuentran la muerte y el peligro". En cuanto a la supremacía aérea de Inglaterra a comienzos del conflicto, ciertamente se había perdido por negligencia, pero "nada impide que la recuperemos. Nada obstaculiza que volvamos a tener nuestra superioridad en el aire, salvo ustedes". Su elocuencia alcanzó la cima cuando suplicó a los miembros del gobierno que se liberaran de la influencia de los expertos militares y renunciaran a los ataques suicidas en el frente occidental (tanto más cuando sabía perfectamente que Haig se disponía a iniciar otro en el Somme). Sin tomar descanso, declaró que no había que realizar ofensivas por tierra antes de que se dispusiera de superioridad material, preponderancia numérica y... ciertas armas nuevas.

El honorable y valeroso[3] diputado de Dundee generalmente era escuchado en silencio, a veces lo abucheaban los adversarios y con frecuencia los ministros se burlaban de él y se defendían poco a poco. Prácticamente todas sus propuestas sobre la conducción de la guerra fueron letra muerta, desde el proyecto de convoyes hasta el de la rotación de los contingentes; en cuanto a sus precauciones sobre las ofensivas prematuras, les prestaron tan poca atención que el 1º de julio de 1916, el primer día de la gran ofensiva en el Somme, los soldados de infantería británicos tuvieron veinte mil muertos y sesenta mil heridos. Contemplando todo esto y condenado a la impotencia, Churchill sentía un dolor casi físico. "Era un suplicio, escribió su amigo Max Aitken, cuando pensaba que hombres de menor envergadura que él administraban los asuntos". El 15 de julio le escribió a su amigo Jack: "Aunque mi vida está llena de comodidades y de prosperidad, cada hora que pasa me encuentra convulsionado de dolor por la idea de que no puedo hacer nada eficaz contra los boches". Diez días antes, en una carta a Archibald Sinclair confesaba con tristeza y sin modestia: "No quiero un ministerio, sino solamente la dirección de la guerra. Me siento profundamente perturbado pues no puedo hacer uso de mis capacidades, sobre cuya realidad no tengo la menor duda".

Pero otros sí dudaban: entre los conservadores, Bonar Law,

Balfour, lord Derby y lord Curzon lo atacaban sin perdón, y los jefes liberales como Asquith y Lloyd George se abstenían cuidadosamente de apoyarlo. Frecuentemente interrumpido en sus intervenciones en el Parlamento y en el país con gritos de: "¿Y los Dardanelos?", Churchill terminó por comprender que realmente no podría hacerse oír a menos que todos los intríngulis de este asunto se hicieran públicos. El 1º de junio, a pedido de varios diputados, Asquith aceptó publicar los documentos sobre esta desgraciada expedición; si se hubiese negado, habría dado la impresión de que tenía algo que ocultar, cosa que era cierta. ¿Acaso el fracaso de los Dardanelos no era atribuible en buena medida a su total incompetencia militar y a su manera de presidir el gobierno como un club de discusión filosófica? Por eso, indudablemente, menos de un año más tarde, Asquith cambió de opinión y anunció a los diputados que los documentos no podían hacerse públicos porque sería "contrario al interés nacional". Después de todo, su gobierno acababa de sobrevivir a tres crisis de relevancia: la de Irlanda,[4] la de la conscripción (finalmente adoptada dos meses más tarde) y la más reciente todavía de la batalla naval de Jutland, que fue un revés táctico, una victoria estratégica... y un desastre político, a causa de la incompetencia del primer lord Balfour.[5] Asquith consideraba apropiadamente que su gobierno no sobreviviría a una cuarta crisis política, la que podría provocar las revelaciones sobre la incompetencia de los dirigentes en el fracaso de los Dardanelos. Pero el efecto producido en el Parlamento fue desastroso: sir Edward Carson denunció violentamente este cambio y lo siguieron ampliamente. Para terminar, Lloyd George encontró una fórmula de compromiso: se nombraría una comisión de investigación parlamentaria...

Evidentemente, Churchill habría preferido que se hubiesen hecho públicos todos los documentos; sin embargo, la comisión investigadora, compuesta por ocho personalidades eminentes y presidida por lord Cromer, le pareció un sustituto aceptable: se podía contar con su imparcialidad y el propio Winston sería invitado a declarar. Pero, entretanto, se produjo un golpe de efecto: mientras se dirigía hacia Rusia, lord Kitchener falleció en el mar: su barco chocó con una mina y zozobró con cuerpos y bienes. De este modo desapareció uno de los principales responsables de la derrota de Gallípoli. Por el momento, lo sucedió Lloyd George en el War Office, lo que era más bien una buena nueva para las armas británicas, aun cuando el nuevo ministro de Guerra también dejó actuar con libertad a los estrategas de la guerra de desgaste. Para Churchill, sin embargo, hubo una luz de esperanza: ¿quizá le confiaban el Ministerio de Armamentos que Lloyd George acababa de dejar? Pero una vez más tuvo una decepción: le confiaron la cartera a Edwin Montagu, y Winston tuvo que volver a la soledad, de la que se consoló pintando paisajes,[6] preparando sus declaraciones ante la comisión investigadora y pronunciando algunos discursos que nadie oyó. No obstante, la soledad de Churchill siempre fue relativa. En todos los partidos, hasta entre los *tories*, contaba con una pequeña cantidad de amigos fieles y enérgicos, como Max Aitken, F. E. Smith e inclusive sir Edward Carson (si se olvidaban los asuntos relativos a Irlanda). Pero había algo más: como Churchill se había hecho una sólida reputación de hombre de guerra, tanto en el frente como en el Parlamento, cada vez más oficiales, soldados, marinos, funcionarios, ingenieros y técnicos de las fábricas de armamentos le exponían en privado las debilidades, insuficiencias y escándalos del esfuerzo de guerra británico. Y, algo más extraordinario todavía, algunos ministros también lo hacían. Así se enteró de que a comienzos de septiembre Haig, que buscaba desesperadamente un medio para retomar la iniciativa en medio de la carnicería del Somme, se dispuso a usar contra el enemigo los pocos tanques disponibles. Para Churchill, eso sería una catástrofe: hacía cerca de un año que no dejaba de decir y de escribir que los tanques, "sus tanques", no tenían que usarse si no era como una masa compacta, para aprovechar al máximo el efecto sorpresa y realizar un ataque que la infantería pudiera aprovechar. Si se los comprometía de a pocos, resultarían ineficaces y no harían otra cosa que alertar al enemigo sobre las potencialidades de este nuevo artefacto (en el que Churchill se obstinaba en ver el arma de la victoria). Así que inmediatamente se dirigió a Asquith, le explicó todo el asunto y le imploró que interviniera. El primer ministro lo escuchó atentamente y no entendió nada. Como siempre, las cuestiones militares lo superaban y tenía muchas otras preocupaciones. A mediados de septiembre, quince tanques intervinieron en orden disperso en la batalla del Somme, con resultados tan magros que los alemanes ni siquiera les prestaron atención.

Pero los días del gobierno de Asquith estaban contados. Había sobrevivido a las crisis políticas y a las derrotas militares, pero seguía siendo vulnerable a una implosión, y ésta se produjo a comienzos de diciembre de 1916. Cansados de la incapacidad de Asquith para dirigir eficazmente las sesiones del gabinete de guerra, Lloyd George y Bonar Law solicitaron la creación de un nuevo organismo de dirección de la guerra, que tuviese una sede permanente, que tomara realmente decisiones y que... no fuera presidido por Asquith. Como este, muy celoso de sus prerrogativas, se había negado, Lloyd George, Bonar Law y lord Curzon renunciaron el 5 de diciembre y produjeron la caída del gobierno. El rey le pidió a Bonar Law que formara un nuevo gabinete, pero el jefe de los *tories* declinó el honor que, por lo tanto, le cupo a Lloyd George.

Churchill estaba convencido de que Lloyd George ahora iba a ofrecerle un ministerio, inclusive pensaba que le darían a elegir entre varios puestos y, pensándolo bien, contaba con volver al Almirantazgo. ¡Pero no! Una vez más nuestro héroe pecó por exceso de optimismo. Es que, al derrocar a Asquith, Lloyd George se quedó sin el apoyo de sus partidarios y creó de este modo una escisión de hecho en el Partido Liberal. La facción que lo apoyaba quedó debilitada, y el nuevo gobierno de coalición dependía esencialmente para su supervivencia de las buenas voluntades de los conservadores que ocupaban puestos claves: Bonar Law en Economía, Balfour en Asuntos Exteriores, Robert Cecil como ministro del Bloqueo, Austen Chamberlain en las Indias, lord Derby en el Ministerio de Guerra, sir Edward Carson en el Almirantazgo. Ahora bien, implícita o explícitamente, todos estos hombres le hicieron saber al primer ministro que no admitirían el regreso de Churchill al gobierno. *Volens nolens*. Así que Lloyd George le hizo saber a Churchill que no había lugar para él en su gabinete.

Obviamente, Churchill se sintió indignado; pero Lloyd George, a pesar de todo, le hizo un gran favor al decidir publicar el informe de la comisión de los Dardanelos en cuanto estuviese terminado, en febrero de 1917. Asquith se había opuesto vehementemente a esto y, cuando se vio el informe, se supo la causa: los miembros de la comisión que, sin embargo, habían sido elegidos por Asquith, condenaban severamente su política durante el período examinado y señalaban, por ejemplo, que entre el 10 de marzo y el 14 de mayo, período crucial para la operación terrestre de Gallípoli, no hubo *ni una sola* reunión del Consejo de Guerra. El otro gran acusado, como podía esperarse, era lord Kitchener, cuya actitud dilatoria y los cambios dignos de Ubú antes y durante las operaciones quedaron subrayados sin piedad en el informe. En cuanto a Churchill, que estaba muy lejos de beneficiarse al principio con un juicio previo favorable entre los miembros de la comisión, prácticamente quedó exonerado: el informe reconocía que su plan de ataque naval contaba con el apoyo de todos los expertos y que, contrariamente a las acusaciones ampliamente difundidas desde ese momento, no había obligado a nadie a que lo adoptara y ejecutara. También admitieron que su concepción primaria sobre un ataque simultáneo por tierra y por mar era la correcta y que el Consejo de Guerra había cometido la falta de no haber apurado a Kitchener para que proporcionara las tropas necesarias en los plazos razonables. Todo esto provocó la mayor estupefacción en la opinión y una cierta confusión en la prensa conservadora: veintiún meses de ataques cáusticos contra Churchill en el asunto de los Dardanelos aparecían como calumnias sin ningún fundamento. Para lord Northcliffe y para los otros magnates de la prensa conservadora, lo que había que hacer era moderar los ataques contra el ex primer lord, al menos hasta que el informe de la comisión de los Dardanelos cayera en el olvido.

Pero, decididamente, el tiempo, los azares de la política y el curso de la guerra trabajaban a favor de Churchill. Lo que sucedía era que a Lloyd George, que ahora dirigía un gabinete de guerra eficaz, le costaba mucho, por el contrario, dirigir un gobierno de coalición tan completamente dominado por los *tories* de Bonar Law. Al igual que ellos, tenía que someterse ciegamente a los militares del estado mayor que seguían imponiendo su estrategia de guerra de desgaste, puntuada con carnicerías periódicas hábilmente disimuladas con el nombre de ofensivas. Pero el fracaso de estas iniciativas y el descontento que provocaban se agregaban inexorablemente al pasivo de su gobierno, y bastaba con una coalición de los liberales de Asquith, los laboristas y los nacionalistas irlandeses en la Cámara de los Comunes para que este estuviese en peligro.

Justamente en los Comunes en ese momento oficiaba Winston Churchill, francotirador armado solamente con su elocuencia... y una cantidad de información que el gobierno prefería ocultar a la opinión pública. La revolución de febrero de 1917 en Petrogrado puso a raya la frágil mecánica de la "aplanadora rusa"; en el mar, la guerra submarina a ultranza que desarrollaban los alemanes podía estrangular a las Islas Británicas; en los Balcanes, Rumania se había desmoronado y el rey griego intrigaba con Alemania; los turcos habían tomado la delantera en la Mesopotamia y ahora amenazaban el canal de Suez; en abril los norteamericanos entraron en la guerra, pero se precisaría al menos un año para que sus tropas pudiesen contribuir significativamente a las operaciones contra Alemania, y, en el ínterin, el estado mayor y el general Haig, fuertemente alentados por el nuevo comandante en jefe francés, Nivelle, se disponían a lanzar nuevas ofensivas desesperadas para ganar la guerra por sus propios medios. Ahora bien, una vez más, Churchill les imploró que renunciaran a hacerlo y el diputado de Dundee, liberado de la cruz de los Dardanelos, cada vez más creíble por el desmesurado crecimiento de la lista de pérdidas en el frente occidental, ahora era escuchado en el Parlamento con una atención cada vez mayor. El 10 de marzo, su discurso en la Cámara reunida en sesión secreta produjo un efecto de consideración: invitaba al gobierno a concentrar todo su esfuerzo en la guerra contra los submarinos, tanto para salvaguardar el abastecimiento de Inglaterra como para permitir el refuerzo de los norteamericanos, pero luego volvió a la tierra: "¿No es evidente [...] que tendríamos que evitar dilapidar lo que queda de los ejércitos de Francia y Gran Bretaña en ofensivas precipitadas antes de que el poderío norteamericano empiece a pesar en el campo de batalla? No tenemos la superioridad numérica necesaria para triunfar en este tipo de ofensiva; nuestra artillería no tiene ningún tipo de preponderancia notable sobre la del enemigo; no tenemos la cantidad de tanques que precisamos; no hemos conquistado la superioridad aérea; no hemos descubierto los métodos mecánicos ni tácticos que permitan atravesar una sucesión infinita de líneas fortificadas defendidas por las tropas alemanas. ¿En estas condiciones vamos a lanzar lo que nos queda de efectivos en empresas desesperadas en el frente occidental, antes de que se hayan reunido en Francia las importantes fuerzas norteamericanas? Que la Cámara suplique al primer ministro que utilice la autoridad que tiene y toda su influencia personal para impedir que los altos mandos franceses y británicos se impliquen mutuamente en nuevas aventuras tan sanguinarias como desastrosas. Triunfen frente a los ataques submarinos; hagan venir a los norteamericanos por millones y, mientras tanto, mantengan una defensa activa en el frente occidental para ahorrar vidas francesas y británicas y entrenar, aumentar y perfeccionar nuestros ejércitos y nuestros métodos, a fin de lanzar el año próximo el esfuerzo decisivo".

Parece que esta intervención decidió a Lloyd George. Como les había dado vía libre a los militares para una nueva ofensiva en Francia, no podía dejar de prever el efecto de un discurso tan elocuente en caso de un fracaso (lamentablemente previsible) de los nuevos ataques en el frente occidental. En estas circunstancias, sería evidentemente muy maligno desde el punto de vista político contar con un hombre de este temple entre los adversarios. Ya en abril, para comprar su silencio sin comprometerse demasiado, Lloyd George le había mandado a decir a Churchill que "intentaría que recuperara su puesto de canciller del ducado de Lancaster", pero Churchill se había reído en la cara del emisario. No pedía un puesto en el que no hubiera nada que hacer y le pagaran, le bastaba con uno secundario, con tal de que fuera para hacer la guerra. Lloyd George se inspiró cuando tomó la costumbre de consultar discretamente a su antiguo acólito sobre todos los asuntos militares: Churchill era mucho más fácil de manejar cuando tenía la sensación de que lo escuchaban con atención. Otra iniciativa feliz fue enviarlo en misión de inspección al otro lado de la Mancha a fines de mayo, con una carta de presentación del primer ministro para el ministro de Guerra francés. Winston fue muy bien recibido, recorrió el frente y aprovechó para reprender a los responsables franceses y a los oficiales del cuerpo expedicionario británico sobre la necesidad absoluta de renunciar a cualquier ofensiva de envergadura durante 1917. Volvió a Londres muy animado a comienzos de junio, sin sospechar que los franceses y los británicos se habían puesto de acuerdo para lanzar su gran ofensiva dos meses más tarde.

Lloyd George, que temía tanto las tormentas parlamentarias como los desastres estratégicos, no podía seguir dejando que Churchill se moviera como un electrón libre en la Cámara y en el país. Si para neutralizarlo era necesario darle una cartera, habría que hacerlo. Por otra parte, las ideas que proponía dieciocho meses antes sobre los tanques, los convoyes y el desarrollo de la aviación, con el paso del tiempo parecían menos tiradas de los pelos, y la presencia en el gabinete de guerra británico del sudafricano Jan Smuts, gran vencedor de los alemanes en África austral, demostró *a posteriori* la razonabilidad de la política de reconciliación que pregonaba Churchill después de la guerra de los Boers. Desde diciembre de 1916, más de una vez Lloyd George se sorprendió deseando que hombres con la energía y la inspiración de un Churchill participaran en el esfuerzo de guerra. Es que en el nivel de la estrategia y en el de la producción de armamento, la imaginación y el dinamismo seguían siendo cruelmente deficitarios en los ministerios de Su Majestad. Había un signo inequívoco: en abril, Churchill se había encontrado con Christopher Addison, el nuevo ministro de Armamento; enseguida después de esta entrevista, Addison le propuso a Lloyd George que Churchill fuese nombrado presidente de un comité ministerial que supervisaría el desarrollo del tanque y de otras armas secretas. Como no se aceptó esta propuesta, Addison le hizo saber a Lloyd George que estaría dispuesto a abandonar su propio ministerio y dárselo a Churchill. Un ministro dispuesto a ceder su lugar era algo poco corriente, y Lloyd George no dejó pasar la oportunidad: el 16 de julio le propuso a Churchill que se sumara al gobierno como ministro de Armamento. Pero no podría tener un asiento en el gabinete de guerra y nuestro hombre algunos meses antes todavía decía que se negaría a cualquier función que no le permitiera influir en la política de guerra del país; pero hay que rebajarse para conquistar, y todo lo que le permitiera salir de la falta de acción para acercarse al campo de batalla era bueno, así que Churchill aceptó el Ministerio de Armamento.

Pero a Lloyd George le quedaba todavía lo más duro. Ocho meses antes, la mayoría de los ministros conservadores había aceptado participar en su gobierno sólo si se excluía a Churchill. El anuncio de su regreso provocó una avalancha de protestas indignadas por parte de lord Curzon, lord Derby, Robert Cecil, Austen Chamberlain y unos cuarenta diputados *tories*. Se habló de renuncias en masa, de crisis de gobierno, de voto de censura. Pero Lloyd George era muy zorro: preveía esta tormenta desde hacía tiempo y tomó todas las disposiciones para prevenirla cuando hizo saber que sería él quien renunciaría si se le negaba el derecho a nombrar a todas las personas cuya colaboración le parecía indispensable. El contraataque dio en el blanco, pues una renuncia de Lloyd George le conferiría a Bonar Law responsabilidades que no se sentía capaz de asumir en tiempos de guerra. Por lo tanto, calmó a sus tropas; la grave crisis política amenazante se fue desinflando de un solo golpe y no quedaron más que algunos editoriales vengativos en el *Times* y en el *Morning Post*. El 18 de julio de 1917, la novedad era oficial: después de veinte meses de travesía en el desierto, Winston Churchill se reintegró al gobierno y se convirtió en ministro de Armamento. Su tía Cornelia, hermana de Randolph, le escribió una carta de felicitaciones: "Te aconsejo limitarte a Armamento y que no intentes dirigir el gobierno". Como conocía muy bien a su dinámico sobrino, difícilmente podía esperar que siguiera este consejo.

El Ministerio de Armamento, creado dos años antes por iniciativa de Lloyd George, se había vuelto prácticamente imposible de administrar. Tenía doce mil funcionarios, cincuenta departamentos mal coordinados, celosos de su autonomía pero que se dirigían todos directamente al ministro para tomar decisiones, grandes o pequeñas. Menos de un mes después de su entrada en funciones, Churchill ya había reorganizado todo: sólo habría grandes departamentos (Finanzas, Explosivos, Proyectiles, Cañones, Motores, Acero y Hierro, Mano de Obra, etcétera); al frente de cada uno, un administrador directamente responsable ante el ministro por los asuntos de su departamento, pero que también sería miembro de un consejo de gestión del ministerio, manifiestamente calcado del Consejo de Ministros. Para asegurar las responsabilidades, habría hombres de negocios afamados, pero también funcionarios eficaces, como Masteron-Smith o Graham Greene, pues Churchill, que había podido estimar sus servicios en el Almirantazgo dos años antes y que prefería trabajar con gente a la que conocía, hizo que los trasladaran inmediatamente a su ministerio. Por las mismas razones, naturalmente recuperó a su secretario Eddie Marsh e hizo nombrar en el consejo de gestión al general Furse, que había dirigido el año anterior la 9ª división, de la que dependía su batallón en Flandes. La descentralización relámpago del ministerio rápidamente dio sus frutos: las decisiones se tomaban de arriba hacia abajo y los legajos dejaron de acumularse en el escritorio del ministro que, entonces, pudo dedicarse a su verdadera tarea: dar las grandes orientaciones, supervisar, inspirar, aguijonear, planificar, evaluar, analizar, arbitrar y, por supuesto, ocuparse de los asuntos de los generales, los almirantes y los otros ministros, sin olvidar, naturalmente, al primero de ellos.

Ya había mucho para hacer en el Ministerio de Armamento, inclusive después de su reorganización. Es que en el verano de 1917 el abastecimiento de armas y municiones de las fuerzas británicas era de lo más precario: faltaban capacidad de transporte, acero, mano de obra calificada y dólares. El War Office, el Almirantazgo y el nuevo Ministerio del Aire competían todo el tiempo para que se les otorgara la mayor parte de las armas y de los materiales y, como el Almirantazgo tenía prioridad, tendía claramente a abusar de ella en detrimento de los otros ministerios. Los obreros de las fábricas de armas, muy celosos de sus prerrogativas y sólidamente encuadrados en los sindicatos, tenían una deplorable tendencia a entrar en huelga en el preciso momento en que su producción era la más necesaria. Los miembros del gabinete de guerra habían prometido a los aliados franceses e italianos enormes entregas de víveres, armas y municiones que comprometían al Ministerio de Armamento, que ni siquiera había sido consultado. Finalmente, y sobre todo, estaba el aliado norteamericano, cuyas cuarenta y ocho divisiones quedarían equipadas y armadas en cuanto llegaran a Europa, y también el Ministerio de Armamento británico tenía que encontrar los recursos necesarios.

Como nuevamente tenía un papel oficial en la participación en la derrota del enemigo, Winston Churchill se lo tomó en serio y nadie nunca lo acusó de falta de energía o de imaginación. Desde su confortable ministerio instalado en el Hotel Metropole, a algunos minutos del Almirantazgo, estallaban durante quince horas por día instrucciones, propuestas, memorándums y directivas. ¿A causa de las privaciones y del alza de precios el descontento y la agitación se propagaron en las fábricas de armas? Entonces, aceptar todas las reivindicaciones legítimas de los obreros, especialmente un aumento de salarios del 12,5% y volver a contratar a los huelguistas despedidos, siempre que se comprometan a un aumento de la producción. ¿El Almirantazgo dice que son suyas las placas de blindaje reservadas para los tanques? Entonces, acumular en los talleres montañas de placas de acero, hasta que las pida por favor. ¿Los generales no creen en la utilidad de los tanques? Poco importa; hay que construirlos de a miles y enviarlos al teatro de operaciones, y hasta los oficiales más limitados terminarán por comprender que es el arma de la victoria. ¿Las promesas imprudentes del gabinete de guerra de entregar a los franceses y a los italianos enormes suplementos de productos alimentarios provocaron la reducción en dos millones de toneladas de la capacidad de flete disponible para el transporte de hierro, carbón y acero? Entonces, hacerles saber a los ministerios francés e italiano de Armamento que sus entregas de acero y de municiones se reducirían en la misma capacidad, para incitarlos a presionar a sus respectivos gobiernos con vistas a restringir la solicitud de productos alimenticios superfluos. ¿Existe una amenaza de falta de hierro y de acero? Entonces, ¿por qué no usar las rejas con las que se cierran los parques? ¡Solamente alrededor de Hyde Park hay unas veinte mil toneladas de hierro! Y, además, ¿se pensó en recoger todo el acero que está desparramado en los campos de batalla? En los del Somme hay como mínimo setecientas mil toneladas. Poner a punto enseguida las máquinas necesarias para esta recolección y prever la construcción de fundiciones cerca de la línea del frente... ¿El War Office objeta que las minas podrían detener fácilmente los tanques? Entonces, estudiar inmediatamente este asunto, considerando las medidas para contrarrestarlo que el mismo Churchill había imaginado: martillos o rodillos ubicados ante los tanques para hacer explotar las minas, tanques muy pesados que resistieran las detonaciones situados al frente de las columnas, blindajes especiales, etcétera.

Los que tardaron en poner en práctica las ideas del nuevo ministro veían rápidamente cómo un rayo se abatía sobre ellos; los que objetaban algo, tenían que justificarlo racionalmente ante un inquisidor impiadoso, que siempre encontraba argumentos en contra. Este volcán de ideas podía entrar en erupción tanto de día como de noche; por otra parte, se hizo instalar una cama en su oficina, para poder trabajar temprano y tarde. Durante sus muy raros momentos de descanso en Londres, concebía... prototipos de armas de guerra. De hecho, nunca había dejado de hacerlo: diez días antes de su entrada al gobierno, ya le había enviado al primer ministro un memorándum muy largo que incluía los planes de "chalanas con proa rebatible, para el transporte y el desembarco de los carros" y de "espigones flotantes constituidos por artesonados de cemento", dos invenciones que iban a tener un brillante futuro... un cuarto de siglo después.

Por supuesto que las directivas, los inventos y las propuestas del nuevo ministro de Armamento no se detenían en su ministerio. ¿Al cuerpo expedicionario británico en Francia le faltaban cañones de largo alcance? El ex primer lord del Almirantazgo, que siempre había tenido una memoria de elefante, recordó que había unos excelentes en una cierta cantidad de unidades vetustas de la Royal Navy, así que le escribió al primer ministro para que los extrajeran y los usaran en Francia, montados sobre ruedas, orugas o ferrocarriles. Esto era suficiente para provocarle una crisis de apoplejía al nuevo primer lord, sir Eric Geddes, que era extremadamente celoso de sus prerrogativas, inclusive cuando no las ejercía, y que odiaba que lo despojaran de sus materiales, inclusive cuando no estaban en uso. ¿Se corría el riesgo de que faltaran efectivos para las tropas en Francia? Churchill anunció en un memorándum al gabinete de guerra que bastaría con sacarlos de las reservas excesivas que se mantenían en Gran Bretaña para hacer frente a una hipotética amenaza de invasión. ¿Había solamente dieciocho mil soldados para servir en los carros y se necesitaría el doble? Nuevo memorándum: ¿por qué no afectar unidades enteras de caballería para este fin, manifiestamente inútiles en una guerra de trincheras? Como siempre, estas propuestas contaban con argumentos contundentes, con un dominio de las cifras y de los hechos que dejaba atónito. El ministro de Guerra se enfureció ante esta intromisión flagrante en su campo; una rabia tanto más violenta cuanto que tenía que ser discreta, porque se podía atacar sin ambages al oficial Churchill y hasta al diputado Churchill, pero el ministro de Armamento Churchill era un personaje al que había que cultivar si uno quería estar correctamente abastecido de municiones y del resto del indispensable equipamiento.

La actividad de nuestro ministro no se limitaba, evidentemente, a esto. Si el año anterior el teniente coronel Churchill enviaba al gabinete de guerra desde el barro de las trincheras ayudamemorias y recomendaciones sobre la manera de llevar adelante la guerra, ¿cómo imaginar que el ministro Churchill podría abstenerse? ¡Evidentemente se trataba de una imposibilidad psicológica! Winston no era un estratega profesional, pero era un aficionado tan brillante como inspirado y desbordaba de ideas, en tanto que a los miembros del gabinete de guerra, políticos de tiempos de paz, les faltaban de una manera cruel. Por lo tanto, era inevitable que se instaurara un fenómeno de vasos comunicantes, aun cuando muchos ministros y oficiales de los estados mayores protestaran ruidosamente por esto. Así, el 22 de julio, el secretario del gabinete de guerra, Maurice Hankey, anotó en su diario, después de haber tomado el té con el reciente ministro de Armamento: "Lloyd George le ha dado mi informe sobre la política de guerra; ya estaba muy al corriente del conjunto de la situación y conocía perfectamente todos nuestros planes militares, lo que me pareció totalmente incorrecto". Típico de la mentalidad de los dirigentes de la época, poder juzgar "incorrecto" el hecho de que un ministro de Armamento esté al corriente de los planes militares de su gobierno. Y además, en este caso, los planes en cuestión eran vagos hasta la exasperación y timoratos (salvo uno, en extremo preciso, locamente temerario y potencialmente catastrófico: el plan de la nueva ofensiva en Flandes).

En la noche del 22 de julio, Churchill le escribió a Lloyd George para advertirle una vez más que no se retomara una ofensiva en Francia y para suplicarle que limitara la duración de cualquier operación que se hubiese aprobado ya. Como también pensaba Lloyd George, lo mejor sería enviar refuerzos a los italianos. Su propio plan consistía en utilizar las seis divisiones del general Sarrail, inmovilizadas en Salónica desde hacía cerca de dos años, para abrir un nuevo frente en los Balcanes o poner fuera de combate todas las tropas turcas en el oeste del Bósforo, provocando, de este modo, una reacción en cadena en todo Oriente Medio. Pero era trabajo perdido: Lloyd George, con reticencias, siguió la opinión de su gabinete de guerra, que seguía fuertemente influenciado por el jefe del estado mayor Robertson y el comandante en jefe Haig. Ambos estaban hipnotizados por la ilusión de la guerra de desgaste, no habían aprendido nada del sangriento fracaso de la ofensiva de Nivelle en el Camino de las Damas dos meses antes y seguían convencidos de que un nuevo ataque masivo de la infantería y de la caballería en Ypres y Passchendaele les permitiría retomar, sin encontrar oposición, los puertos belgas de la Mancha: Ostende, Zeebrugge y Amberes. Ilusión costosa. El ataque, lanzado el 31 de julio, fracasó como todos los anteriores: los alemanes, perfectamente atrincherados y debidamente alertados por una larga preparación de la artillería, hicieron pagar muy caro cada metro de terreno inundado y sin valor estratégico. Como siempre, los generales británicos se obstinaron en el error, la ofensiva prosiguió durante tres meses y medio y se ganaron ochenta y cinco metros cuadrados al precio de cuatrocientos ochenta mil hombres, entre los cuales hubo más de ciento cincuenta mil muertos. Churchill, que había hecho lo imposible por abastecer de armas y municiones una ofensiva que condenaba formalmente, pronunció ante sus colegas una requisitoria irrefutable contra la guerra de desgaste: "Si al atacar perdemos tres o cuatro veces más oficiales y casi dos veces más hombres de tropa que el enemigo al defenderse, ¿cómo vamos a desgastarlo?".

Una buena pregunta... Pero, por el momento, lo que había empezado a desgastarse era la paciencia de Lloyd George. En octubre, cuando la ofensiva de Flandes se atascó en el barro, los informes de los servicios de informaciones ya le habían revelado la amplitud del desastre, y el 25 de octubre le llegó la novedad de la derrota de Caporetto: en tres días de ofensiva austro-alemana, un millón de italianos quedaron fuera de combate, doscientos mil prisioneros, mil ochocientos cañones le quedaron al enemigo. El general Haig, sin embargo, le había afirmado al primer ministro algunos días antes que Italia "podría sostenerse sin ayuda". Cuando ahora se le preguntó si podía enviar dos divisiones a Italia, el comandante en jefe contestó con la misma seguridad que lo mejor que se podía hacer para ayudar a los italianos era "seguir ocupando Ludendorff" en Flandes. Pero Lloyd George dejó de tener confianza en Haig; incluso antes de reunir al gabinete de guerra, les pidió consejo a Churchill y al general Henry Wilson, y sus puntos de vista eran idénticos: era urgente enviar refuerzos a los italianos. Por lo tanto, dos semanas más tarde había cinco divisiones británicas y cinco divisiones francesas en el frente italiano. En cuanto a Churchill, lo enviaron a París el 18 de noviembre para negociar con sus colegas italianos y franceses el rearme de las tropas italianas con fusiles, ametralladoras y cañones de campaña. Entretanto, una noticia desastrosa llegó a Londres y a París: los bolcheviques habían tomado el poder en Petrogrado y declarado su intención de firmar la paz con Alemania. Rusia, que inmovilizaba en el Este un millón de soldados alemanes y tres mil cañones, desertaría de la causa aliada y permitiría que los alemanes llevaran todo el esfuerzo al frente occidental. En París, algunos ministros habían reconocido ante Churchill que esta desaparición de la "aplanadora rusa" quizá fuese la señal de la derrota.

En los primeros cuatro meses en funciones, nuestro ministro de Armamento fue cinco veces a Francia. ¿Para concertar con su par francés? ¿Para evaluar las necesidades y juzgar en el lugar la eficacia de las armas y de las municiones? ¿Para sondear a los oficiales e influir sobre ellos si fuese necesario? ¿Para ver cómo habían evolucionado las técnicas defensivas desde su propia estadía en el frente? ¿Para recoger información de primera mano sobre el dispositivo y las intenciones enemigas? ¿O, simplemente, porque nunca pudo resistirse a un campo de batalla? De hecho, era todo esto junto: el teniente coronel Churchill, político caído en desgracia, volvía como ministro a las trincheras de Flandes, pero era el mismo hombre: quería ver todo, comprender todo, medir todo; verificar todo; seguía amando el peligro y comportándose como si la terminación de la guerra dependiera de él. Sólo que ahora era así en gran medida; lo que observaba en el lugar aparecía luego en los informes y memorándums con los que bombardeaba a sus colegas del gobierno; al redactar estos documentos asombrosos, sin cesar buscaba determinar las condiciones óptimas para lograr la victoria y los mejores argumentos para convencer a los militares rígidos y a los políticos timoratos.

Así, a fines de noviembre, el general Haig, ya casi sin recursos después del fracaso de su ofensiva en Passchendaele y con nada más que perder, había autorizado un ataque de tanques en el sector de Cambrai: ¡ya que estaban allí, que hicieran algo! El 20 de noviembre, cuatrocientos tanques lanzados sin preparación de artillería atravesaron las líneas alemanas al sur de Cambrai, en un frente de diez kilómetros. La sorpresa fue total, tanto entre los alemanes, que perdieron quince mil hombres y doscientos cañones, como entre los británicos que, como no habían previsto el necesario acompañamiento de la infantería, fueron incapaces de aprovechar el embate. Pero en el terreno conquistado enseguida apareció la silueta familiar de Winston Churchill, que había ido a verificar por sí mismo las condiciones del éxito de "sus" carros. Tomó nota de todo: las huellas de las orugas, los límites de penetración, los accidentes del terreno, el estado de los alambres de púas y de las trincheras del enemigo, la ubicación de los cadáveres en la línea de fuego, y envió un informe detallado a Lloyd George. En cuanto regresó a Londres, expuso en el gabinete de guerra en términos contables la lección estratégica de este cuasi éxito: en Cambrai, en 48 horas se habían ganado sesenta y siete kilómetros cuadrados, con el costo de menos de diez mil muertos o heridos y de seis millones seiscientas mil libras de municiones; en Flandes, después de cuatro meses de ofensiva, se habían ganado ochenta y seis metros cuadrados, con un costo de trescientos mil muertos y heridos y ochenta y cuatro millones de libras de municiones. ¿Cuál operación era la más rentable? Su ministerio había recibido desde hacía mucho instrucciones con vistas a una gran ofensiva de *treinta semanas* en la primavera de 1918. ¿El gabinete de guerra no tendría que detener esta locura, antes de poder generalizar ataques como el de Cambrai, con una aplastante superioridad en aviación, tanques, gas, artillería, morteros de trincheras y, por supuesto, el apoyo masivo de los norteamericanos?

Esta vez, para gran alivio de Churchill, recibieron el mensaje. Es que el propio estado mayor había quedado espantado con el interminable desastre de Passchendaele, y el ardor ofensivo se había atenuado claramente. Pero... el primer ministro fue más lejos: como había perdido toda confianza en su comandante en jefe y en su jefe de estado mayor, decidió cambiar radicalmente de política; como temía no poder resistir las presiones de Haig, de las que la prensa daba cuenta, a favor de una nueva ofensiva en la primavera, simplemente decidió acumular en Gran Bretaña todas las reservas de efectivos y retacearle todos los refuerzos al comandante en jefe. La maniobra era políticamente hábil, pero estratégicamente catastrófica. Churchill vio rápidamente el peligro: debilitado por las recientes sangrías, privado de refuerzos, el general Haig quedaría fuera de estado para resistir durante mucho tiempo una ofensiva general de las tropas del káiser. En un largo memorándum del 8 de diciembre sobre los efectivos de las fuerzas armadas, pidió simultáneamente el refuerzo inmediato del cuerpo expedicionario y que se lo mantuviera en reserva para acciones futuras. Pensaba que el peligro era tan grande, que tres días más tarde, en un discurso en Bedford, apeló a la opinión pública: "Tenemos que hacer las cosas de modo que en los meses futuros una gran parte de nuestro ejército esté en reposo y entrenándose *detrás de la línea del frente*, dispuesto a saltar como un leopardo sobre las hordas alemanas. Masas de cañones, montones de obuses, nubarrones de aviones, todo debe estar listo, *y todo tiene que estar en su lugar*". Jugando con todos los registros, el 19 de enero de 1918 envió una nota personal a Lloyd George para protestar contra la prioridad con que contaba la marina en cuanto al reclutamiento y agregaba: "Para mí, esto es incomprensible. El peligro inminente está en el frente occidental, y la crisis estallará antes del mes de junio. Una derrota en este teatro sería fatal. Por favor, no permita que su resentimiento por las metidas de pata anteriores de los militares (que comparto por completo) lo lleve a subestimar la gravedad de la campaña que se prepara o a privar al ejército de lo que necesita. [...] Necesitamos un buen plan de contraataque, preparado por completo de antemano, para aliviar la presión sobre los objetivos atacados. [...] Los alemanes son enemigos a los que hay que temer, y sus generales son mejores que los nuestros. Reflexione sobre estos temas y actúe".

Esfuerzo perdido. Lloyd George y el gabinete de guerra no tomaron en serio la amenaza: al atacar, decían, los alemanes seguirían la misma suerte que los británicos en Ypres o en Passchendaele. Nada pudo persuadir de lo contrario a estos dos nuevos adversarios de la ofensiva, pues nadie es más fanático que un converso reciente. Pero a mediados de febrero, después de maniobras complicadas, Lloyd George logró que sir William Robertson renunciara y que sir Henry Wilson fuese nombrado jefe del estado mayor en su reemplazo. Este, ulsteriano y unionista convencido, no simpatizaba más con Churchill que su predecesor, pero claramente era alguien menos limitado, y una de sus primeras iniciativas fue llevar los efectivos del cuerpo de tanques de dieciocho mil a cuarenta y seis mil hombres.

Churchill, que diariamente devoraba los informes de los servicios de informaciones sobre el desplazamiento de los efectivos enemigos liberados por la caída de Rusia, había previsto una gran ofensiva alemana en el oeste para la tercera semana de febrero. No andaba lejos: el 21 de marzo, en un amplio frente que se extendía desde Arras hasta el Aisne, treinta y siete divisiones alemanas, apoyadas por seis mil cañones, se lanzaron hacia las posiciones británicas, defendidas solamente por diecisiete divisiones y dos mil quinientos cañones. Uno de los principales objetivos de Ludendorff era Amiens: quería separar al cuerpo expedicionario británico de los ejércitos franceses atrincherados más al sur, antes de destruirlo metódicamente; en todas partes, los británicos retrocedían. Churchill, entre dos reuniones de estados mayores sobre las entregas de tanques y la guerra de los gases, había decidido tomarse cuarenta y ocho horas de "vacaciones" para visitar la parte del frente donde se encontraba la 9ª división, dirigida en la actualidad por el general Tudor (un viejo conocido del tiempo de la campaña de las Indias). En su cuartel general, cerca de Péronne, los sorprendió el ataque, que llegó con un bombardeo cataclísmico. Nuestro ministro, después de haber admirado el espectáculo, volvió a Saint-Omer sin ninguna gana.

Cuando regresó a Londres en la tarde del 24 de marzo, Churchill se dirigió directamente al War Office para informarse del desarrollo de la batalla; después se dirigió al 10 de Downing Street, en compañía del nuevo jefe de estado mayor, sir Henry Wilson. Lloyd George, visiblemente enloquecido por la amplitud del ataque y mortificado por haber elegido una vez más la peor opción estratégica, se llevó aparte a Churchill y lo interrogó: "Si fuimos incapaces de mantener la línea que habíamos fortificado con tanto cuidado, ¿cómo lograremos mantener posiciones que están más atrás, con tropas ya vencidas?". La pregunta da cuenta explícitamente del estado de ánimo del primer ministro; pero Churchill, que ya había visto otros, le respondió con total tranquilidad: "Toda ofensiva pierde su fuerza a medida que avanza. Es como cuando uno tira un balde de agua en el suelo: el agua empieza a caer hacia delante, luego avanza mojando el suelo y se detiene por completo hasta que uno trae otro balde de agua. Después de cincuenta o sesenta kilómetros, seguramente habrá un respiro considerable, que podremos aprovechar para reconstruir un frente, siempre que pongamos todos nuestros esfuerzos en ello". Todo esto parecía muy optimista, pero Lloyd George dejó de desconfiar del juicio de su ministro de Armamento. ¿Acaso no había condenado formalmente las grandes ofensivas de Haig, autorizadas por Lloyd George, que debilitaron fatalmente los cuerpos expedicionarios? ¿Acaso no había denunciado luego el exceso inverso de Lloyd George, que consistió en privar a Haig de los medios para una nueva ofensiva, retirándole los medios para asegurar la defensa? Para el primer ministro era molesto de aceptar, pero en materia de estrategia Churchill en general tenía más aciertos que errores, en tanto que en el caso de Lloyd George era más bien a la inversa.

El momento era grave y no se trataba de un formalismo: esa tarde, invitaron a Churchill a la reunión del gabinete de guerra. En los días siguientes se agravó la situación en Francia y se anunciaron pérdidas muy fuertes de hombres, armas y material. De pronto, Churchill se convirtió en un hombre indispensable... "¿Es posible, le preguntaron, reemplazar los casi mil cañones perdidos, las montañas de municiones y las toneladas de material abandonadas?". Churchill se comprometió formalmente a hacerlo y, para mantener su promesa, movilizó al Ministerio de Armamento en pleno, con su consejo de gestión, sus diez departamentos, sus ochenta comités y sus dos millones y medio de trabajadores. Se aceleraron los tiempos; se agotaron las reservas; los obreros –duramente reprendidos– se negaron a tomarse el feriado de Pascua, y el inspirador de todo esto inclusive renunció al sueño varias noches seguidas para coordinar programas de producción, acelerar los transportes, arengar al personal y suprimir los cuellos de botella... Tres días más tarde, nuestro burro de carga pudo anunciar en el gabinete de guerra que a partir del 6 de abril habría dos mil cañones disponibles para reemplazar los mil cañones perdidos. Todas las pérdidas en tanques y en aviones también serían compensadas en esa fecha.

Le pidieron más: el 28 de marzo, Lloyd George, que temía una desbandada británica y un ataque alemán, le solicitó a Churchill que volviera a Francia para encontrarse allí con Foch, que acababa de ser nombrado generalísimo de las tropas aliadas. Tuvo que utilizar toda su influencia para conseguir que los franceses lanzaran un contraataque contra el flanco sur de la ofensiva alemana, para aliviar la presión sobre los ejércitos británicos, severamente castigados. Churchill se puso en camino en la mañana del 28 de marzo en compañía del duque de Westminster;[7] pero hasta en los momentos más trágicos la política no perdía sus derechos: Bonar Law y Henry Wilson fueron a ver al primer ministro para protestar por el hecho de que se hubiera encargado esta misión a Churchill, cuando el que debería haberse ocupado era el Ministerio de Guerra. Lloyd George fingió estar de acuerdo con ellos y telegrafió a Churchill ¡para que no fuese a ver al generalísimo en Beauvais, sino que fuera directamente a París a entrevistarse con Clemenceau! O sea, la tarea que le correspondería a un primer ministro, pero, decididamente, Lloyd George parecía tener más confianza en las capacidades persuasivas de Churchill que en las propias.

No se equivocaba: cuando le informaron de la misión de Churchill en la mañana del 29 de marzo, el "Tigre" se declaró dispuesto a "conducir personalmente la batalla" a partir del día siguiente y a que conociera a todos los comandantes de los ejércitos y cuerpos de ejércitos en contacto con el enemigo. Así, Churchill, acompañado por el ilustre presidente del Consejo, fue a ver a Foch en Beauvais, luego se encontró con el general Pétain en su tren personal y con el general Rawlinson en su cuartel general de Drury, en el sur de Amiens. Éste indicó a sus huéspedes que las tropas que dirigía, que retrocedían sin cesar desde hacía diez días, estaban en el límite del agotamiento, y que ignoraba cuánto tiempo podrían seguir conteniendo al enemigo. Entonces, Clemenceau aceptó y ordenó que no hubiera contraofensiva en el flanco alemán, sino que los *poilus** subieran en línea hacia los lugares en los que los británicos eran más débiles –una decisión que Churchill transmitió inmediatamente por teléfono a Lloyd George–. Luego, Clemenceau insistió para ir a "ver la batalla" en el sector británico, y el cortejo de personalidades, guiado por Churchill, avanzó hasta cerca de la línea del frente, en el noroeste de Montdidier. Churchill estaba encantado de encontrar en Clemenceau a un hombre al que el peligro y el estruendo del combate fascinaban tanto como a él; los acompañantes, que se cubrían instintivamente la cabeza bajo la lluvia de obuses, evidentemente lo estaban mucho menos. Al volver a París, hacia la una de la mañana después de dieciséis ho-

---

* Nombre del casco característico del ejército francés en la Primera Guerra Mundial. Por extensión, así se denominaba a sus soldados (N. de la T.).

ras de reuniones, de periplos en automóvil, de inspección del frente, todavía tenía que redactar un informe detallado para el gabinete de guerra. En el momento en que iba a descansar merecidamente, después de haber pasado siete noches trabajando en el Ministerio de Armamento, le trajeron de urgencia un largo telegrama de Lloyd George en el que le informaba que acababa de enviarle al presidente Wilson un pedido apremiante para el inmediato envío de tropas norteamericanas a gran escala, y le pedía a Churchill que volviera a ver a Clemenceau lo más rápidamente posible para lograr que redactara un telegrama en el mismo sentido.

Al otro día estaba hecho y, como respuesta a este pedido, el presidente Wilson autorizó el envío inmediato a Europa de medio millón de hombres, muchos sin entrenamiento y la mayoría sin armas. Churchill, de regreso a Londres, tuvo como prioridad equiparlos (una empresa colosal, que les costó muchas noches de insomnio a los miembros del Consejo del Hotel Metropole, y que llevó a Churchill a mantener relaciones muy estrechas con el representante del Ministerio de Guerra norteamericano, Stettinius, así como con el presidente del Consejo de Industrias de Guerra, Bernard Baruch). Los resultados de esta colaboración fueron sorprendentes: Inglaterra armó a cuarenta y ocho divisiones norteamericanas; en Francia, Gran Bretaña y Canadá se fabricaron para estas divisiones doce mil piezas de artillería en fábricas inglesas, francesas, anglo-norteamericanas o franco-anglo-norteamericanas; se transfirió a Inglaterra el conjunto de la producción norteamericana de gas mostaza; se compró en Chile el nitrato necesario para los explosivos, asunto que los norteamericanos dejaron en manos de Churchill;[8] se exportaron masivamente hacia Inglaterra materias primas norteamericanas; Henry Ford prometió construir para los ejércitos aliados diez mil tanques último modelo, que serían ensamblados en Francia en fábricas anglo-norteamericanas; Churchill programó la construcción de veinticuatro mil aviones en 1918 y muchos más el año siguiente. En el gabinete de guerra, en el estado mayor, en el cuartel general del cuerpo expedicionario británico, en las cancillerías de París, Londres o Washington nadie lo ignoraba: el Carnot de la Gran Guerra, el director de orquesta de esta gigantesca empresa que dio a las fuerzas aliadas con creces las armas de la victoria fue Winston Churchill.

Estas armas eran muy necesarias, pues en Francia las tropas británicas y francesas seguían soportando todo el peso de las ofensivas alemanas; en cuanto contuvieron la del 21 de marzo en Amiens se desencadenó una segunda el 7 de abril, en el frente de cincuenta kilómetros entre Passchendaele y Loos, en dirección de Ypres y de Hazeboruck. Una vez más, el choque dobleó a los británicos, pero no cedieron. Evidentemente, Haig era mejor general en la defensiva que en el ataque. Todavía al ataque, Ludendorff golpeó el 25 de abril en el sur del Aisne, por el Camino de las Damas, y sus tropas, que tomaron de sorpresa a los franceses, se dirigieron hacia el Marne y a comienzos de junio ocuparon Soissons y Château-Thierry, a setenta kilómetros de París.

Uno podría pensar que el ministro de Armamento, absorbido por su tarea colosal, no dejaba nunca la oficina del Hotel Metropole. Error: Winston tenía el don de la ubicuidad, hizo construir en Francia incontables fábricas, el banco de ensayo de sus armas estaba en el campo de batalla y no dejaría por nada en el mundo el espectáculo de los combates. Haig, que ahora sabía lo que sus ejércitos le debían a este burro de carga, hizo que le acondicionaran una confortable residencia cerca de su propio cuartel general, en el castillo de Verchocq. A partir de ese momento, Churchill pudo ocuparse de los asuntos de su ministerio en Londres por la mañana, tomar el avión en Hendon a mediodía, asistir dos horas más tarde a una reunión del estado mayor de Haig en Saint-Omer o en un ministerio en París e ir al frente a la tarde. "Me las arreglé, escribió con orgullo, para asistir a todas las batallas importantes hasta el fin de la guerra". Es exacto: inclusive fue testigo de una de ellas desde un avión caza que volaba por encima del *no man's land*... Una vez más, sus frecuentes desplazamientos en avión eran muy riesgosos, tanto más cuanto que con frecuencia se instalaba en los comandos. Un día, su avión se estrelló en el despegue; otra vez, se prendió fuego sobrevolando la Mancha; la tercera, el 12 de junio, se descompuso en la costa y aterrizó en la playa, planeando con poco margen de maniobra.

Ya era bastante para un solo hombre... pero no era todo. En París o en Londres, en el frente o en su residencia campestre, en tren o en avión, este inverosímil hombre orquesta seguía redactando cartas, notas y memorándums para aclarar, guiar, aconsejar o exhortar al primer ministro y al gabinete de guerra. Quizás una nota de dos líneas a Lloyd George para implorarle que no renuncie a bombardear Alemania el día de la Fiesta de Dios o un ayudamemoria de veinte páginas para demostrarle al gabinete de guerra que no se puede ganar la guerra si se ocupan solamente de las urgencias del momento, así que ahora era preciso planificar cuidadosamente la producción y la estrategia para 1919. Como siempre, estos documentos rebosaban de estadísticas, análisis, predicciones y hasta de información fresca recogida en los estados mayores o en los campos de batalla; y, por supuesto, no se ocupaban solamente de estrategia o de armamento, sino también de abastecimiento de víveres, de política exterior, de presupuesto, del empleo de las mujeres, del futuro reglamento de paz, de la desmovilización posterior a la victoria y del buen uso de la propaganda...

De hecho, la propaganda hizo que este asombroso entrometido lograra aguijonear el esfuerzo de guerra de sus compatriotas. En el Parlamento, sus arengas magistrales no dejaban de causar impresión, y el primer ministro le encomendaba cada vez más que explicara al país la política de guerra del gobierno, sus éxitos y, sobre todo, sus fracasos. Había que sostener la moral, incorporar a los idealistas, aislar a los pacifistas, y Churchill, por instinto, sabía encontrar las palabras que impactaban: los obreros que trabajaban en las fábricas de armas eran "el ejército industrial", cuyo papel era tan glorioso como el del "ejército combatiente"; el pueblo inglés podía soportar todo: "Ningún esfuerzo es demasiado prolongado para la paciencia de nuestro pueblo. Ningún sufrimiento, ningún peligro asusta su alma". Sobre los derrotistas decía: "Nunca durante esta guerra hubo menos excusas para que los patriotas se dejaran llevar por sofismas y consejos peligrosos".

Si pensamos que este torbellino humano todavía encontraba tiempo para reunirse con su familia y jugar con sus tres hijos durante el fin de semana en la nueva casa de campo de Lullenden, terminamos por preguntarnos si realmente estamos frente a un mortal común...

A mediados de julio de 1918, mientras en Francia las grandes ofensivas alemanas perdían fuerza y los primeros contraataques se organizaban en el Marne y el Somme con el apoyo de los norteamericanos, Churchill tuvo que enfrentar una terrible amenaza: los obreros de las fábricas de armamentos, a los que se les pagaba muy bien, empezaron a hacer huelga. En el ministerio se inició una negociación, pero la agitación seguía y la huelga se extendió. Entonces, Churchill, que tenía mucha experiencia en asuntos sociales, decidió tomar personalmente el toro por las astas. Cuando se aseguró el apoyo del primer ministro y de la prensa, anunció que todos los obreros que no volvieran al trabajo en el plazo más breve tendrían el privilegio de servir a la patria en el frente francés, con un sueldo módico. La huelga se terminó y las armas y las municiones nuevamente salieron de las fábricas.

Llegaron en el momento preciso, pues se estaban desarrollando las grandes contraofensivas. Para Ludendorff, la del 8 de agosto de 1918 en el este de Amiens fue el comienzo del fin. Cerca de seiscientos tanques recientemente desembarcados participaron y, como era de esperar, Churchill estaba presente para asistir al enfrentamiento con el que soñaba desde hacía tres años. No quedó decepcionado: mientras diez divisiones británicas, canadienses y australianas pasaron al ataque, apoyadas en el sur por ocho divisiones francesas, "sus" tanques arrasaron el frente y avanzaron catorce kilómetros detrás de las líneas enemigas. Como siempre, no sacaron ventajas del ataque: la infantería y los caballos no pudieron seguir el avance, pero se capturaron veintidós mil hombres y cuatrocientos cañones en un solo día, y el efecto psicológico fue inmenso. Para Ludendorff fue "el día negro del ejército alemán"; para Churchill, un triunfo personal. Todavía habría muchos combates, pero el dispositivo alemán empezó a dislocarse; desde Belfort hasta Dunkerque, franceses, británicos, belgas, canadiense, australianos, sudafricanos, apoyados ahora por un millón doscientos mil norteamericanos, avanzaban inexorablemente, rechazando a las fuerzas alemanas al otro lado de Lille, Douai, Cambrai y Saint-Quintin. Los más optimistas pensaban que en Navidad se terminaría la guerra; Churchill, por una vez, no formaba parte de ellos y trabajaba sin descanso para preparar la ofensiva final de la primavera de 1919.

Para todos, la caída alemana se produciría antes de lo previsto. Sucede que en Salónica, el sucesor del general Sarrail, Franchet d´Espery (al que los ingleses llamaban Desperate Frankie) puso fin a tres años de inmovilismo y lanzó sus seis divisiones contra Bulgaria, que capituló sin luchar el 28 de septiembre. Este fue el inicio de una reacción en cadena: el 21 de octubre fue la caída de Turquía, como consecuencia de las resonantes victorias de las tropas británicas del general Allenby y de la legión árabe del coronel Lawrence en Palestina y en Siria; una semana después, fue el estallido de Austria-Hungría y, finalmente, los movimientos revolucionarios que paralizaban a Alemania hicieron doblar las campanas del Káiser, que fue a refugiarse a Holanda. En Londres, a las once horas del onceavo día del onceavo mes de 1918, el Big Ben sonó para anunciar el armisticio. Desde su oficina del Hotel Metropole, el ministro de Armamento, que preparaba las futuras campañas, comprendió que la pesadilla que se terminaba hacía que instantáneamente su trabajo se volviera superfluo. En un rato, su ministerio se vació, y hasta Trafalgar Square todas las calles de los alrededores se llenaron de una multitud alborozada. Con su esposa, que acababa de llegar, Churchill decidió ir a Downing Street para felicitar al primer ministro. Lo lograron con gran dificultad, por lo repletas que estaban las calles, y esa noche Lloyd George y Churchill, que cenaba con un pequeño grupo de personas,[9] bebieron a la salud de una victoria muy anhelada.

Esta guerra la habían iniciado conjuntamente los dos acólitos y así fue como la terminaron. En el intervalo, sin embargo, los caminos divergieron: Lloyd George hizo un notable recorrido como político, que lo llevó a la cima del poder. Churchill, desde las alturas del Almirantazgo hasta los abismos de las trincheras, nunca dejó de hacer la guerra, de estar cerca de la muerte y de vivir para la victoria. Y este hombre, al que el general Bindon Blood describía veinte años antes como "el que hacía el trabajo de dos subtenientes", ejerció durante los dieciséis últimos meses de la Gran Guerra las funciones de, al menos, tres ministros, ministros especialmente enérgicos, bastante poco apreciados por sus colegas y que se habrían hecho cargo, si hubiese sido necesario, de los asuntos de su primer ministro.

8
Guardián del imperio

La hora del triunfo y del alivio también fue la de la tristeza y la amargura: novecientos mil muertos, dos millones de heridos. Para Gran Bretaña y el Imperio fue una sangría horrorosa... Winston había perdido a varios parientes en esta guerra insensata, entre ellos a su primo Norman Leslie y a su tío Gordon Wilson y a muchos amigos, como Arthur "Oc" Asquith, el poeta Rupert Brooke, su compañero de Harrow Jack Milbanke, y decenas de otros. Hasta para Churchill era suficiente como para estar asqueado con el oficio de las armas: "La guerra, que era cruel y magnífica, se había vuelto cruel y sórdida". El nacimiento de su cuarto hijo, Marigold, el 15 de noviembre de 1918, fue lo único que trajo un rayo fugaz de sol en medio de tanta desolación.

Pero la política no demoró mucho en recuperar sus derechos. A tan sólo tres días del armisticio, el gobierno anunció que las elecciones generales serían el mes siguiente. No faltaban buenas razones para esto: el gobierno necesitaba un nuevo mandato para afrontar los problemas complejos de la posguerra; las últimas elecciones habían sido en 1910, y con la extensión del derecho de voto, ahora había veinte millones de nuevos electores, entre los cuales se contaban ocho millones de mujeres. Pero Lloyd George, como viejo profesional de la política, tenía otros motivos, menos confesables pero más imperativos todavía. Al llamar a los ciudadanos a las urnas al otro día de la victoria, prácticamente se aseguraba un triunfo electoral comparable al de las "elecciones caqui" en la guerra de los Boers. Además, en la coalición de guerra dominada por los conservadores, el partido de Lloyd George, del que habían desertado los liberales de Asquith, tenía el papel del pariente pobre. ¿Acaso no era la oportunidad soñada para reestablecer el equilibrio, apostando a la popularidad personal de Lloyd George, "el hombre que ganó la guerra"?

El primer cálculo demostró estar ampliamente justificado: a comienzos de enero de 1919, la coalición de los conservadores y de los liberales de Lloyd George tenía cuatrocientos sesenta y ocho escaños de setecientos siete. Pero la segunda apuesta falló: sobre los cuatrocientos sesenta y ocho escaños obtenidos por la coalición, trescientos treinta y cinco pertenecían a los *tories*. El margen de maniobra política de Lloyd George era a todas luces tan estrecho en la paz como en la guerra.

La desgracia de unos era la felicidad de los otros, pues, una vez que hubo terminado la guerra, Winston Churchill dejó de ser útil, y Lloyd George no tenía ningún escrúpulo para excluir del gobierno a un personaje tan bullicioso como molesto. Pero después de las elecciones, el partido del primer ministro quedó en una posición muy minoritaria dentro de la coalición y, además, era objeto de los ataques de los cincuenta y nueve diputados laboristas, de los treinta y nueve liberales de Asquith y de los setenta y tres elegidos del Sinn Fein,[1] así que no podía de ninguna manera ver cómo se pasaba al enemigo un temible tribuno como Winston Churchill. Además, los liberales fieles a Lloyd George y capaces de ocupar cargos de ministros no eran tantos, y hasta los peores enemigos de Churchill estaban de acuerdo en que había desempeñado más que honorablemente sus funciones en el Ministerio de Armamento. Lord Milner iba a dejar el War Office y, para reemplazarlo, se necesitaba alguien enérgico, que comprendiera bien los problemas del ejército, capaz de asegurar una desmovilización tranquila y dispuesto a hacer recortes claros en el presupuesto, sin por ello desmantelar el aparato militar. Estaba dicho: a Churchill le ofrecieron el Ministerio de Guerra en el nuevo gobierno de coalición. Como temían que la función no le pareciera demasiado atractiva en tiempos de paz, y como conocían su pasión por la aviación, Lloyd George agregó el cargo de ministro del Aire.

El interesado acababa de ser triunfalmente reelegido en su circunscripción de Dundee como candidato de la coalición; sin embargo, para evitar cualquier acto demagógico, se negó a hacerse cargo de los eslóganes más populares del momento: "¡Alemania pagará!" y "¡Colguemos al káiser!". Por el contrario, como era su costumbre, se pronunció a favor de la mayor generosidad en relación con los vencidos. Pero una vez más no era solo cuestión de sentimientos: el enemigo de ayer podía convertirse en el mejor aliado de mañana... Nuestro recién reelegido diputado ciertamente habría preferido volver al Almirantazgo, ya que el ministro de Guerra no formaba parte del gabinete restringido. Pero Winston tenía espíritu de equipo, no soportaba quedar fuera del poder, y un buen actor no rechaza ni los segundos papeles ni los guiones difíciles. Además, no tenía elección: los conservadores lo odiaban, él detestaba a los laboristas y los liberales de Asquith habían caído en la insignificancia política. Fuera del gobierno de coalición, no había salvación, así que sería el War Office.

Antes de su ingreso a la función oficial el 9 de enero de 1919, nuestro nuevo ministro de Guerra y del Aire comprendió que Lloyd George no le había hecho un favor. Había que desmovilizar a tres millones y medio de soldados y lord Milner, antes de su partida del War Office, había tratado la cuestión con cierto desenfado; es más, al aceptar que los hombres útiles para la industria se desmovilizaran en primera instancia, había abierto una caja de Pandora terrible, porque los obreros que podían ser liberados de inmediato también eran los que habían sido movilizados en último término, casi todos durante la primavera de 1918, en tanto que los hombres que todavía iban a tener que esperar para volver a la vida civil en su mayoría vestían el uniforme desde 1916 e, inclusive, desde 1914. El 3 de enero, en Folkestone, Douvres, Calais y Rosyth, estos veteranos endurecidos, que se consideraban lesionados en sus derechos, dejaron sus campos para manifestarse; en Luton, incendiaron la municipalidad; en Grove Park, formaron miles de "consejos de soldados" siguiendo el modelo bolchevique; en Londres, se manifestaron en masa bajo las ventanas del War Office.

Churchill reaccionó con su típica manera: la firmeza, primero. El 8 de enero, antes de haber sido nombrado oficialmente, dio la orden de arrestar a los amotinados. Luego llegó la rama de olivo: el 12 de enero se anunciaron las nuevas reglas de desmovilización: los hombres que habían pasado la mayor parte del tiempo bajo bandera quedarían liberados en primer término; los que se habían alistado antes de 1916 volverían de inmediato a la vida civil, así como todos los hombres de más de cuarenta años; entre los combatientes alistados después de 1916, se desmovilizaría primero a los heridos. El efecto fue espectacular: cesaron las manifestaciones y los motines, desaparecieron los consejos de soldados y en menos de un mes se desmovilizaron en calma novecientos cincuenta mil oficiales y soldados. Evidentemente, el nuevo ministro de Guerra y de Aire había inaugurado sus funciones con un golpe maestro; en los actos laboristas y en los clubes conservadores, en el *Daily Mail* y en el *Times*, había tal estupefacción que por un tiempo se olvidaron de insultar al enemigo de clase y renegado Winston Churchill.

Pero el interesado tenía muchas otras preocupaciones, y una consistía en impedir una desmovilización completa. Sucede que necesitaba un millón de hombres para mantener el orden en Alemania y en los territorios ocupados de África y de Oriente Medio y, para lograrlo, era necesario mantener la conscripción. Lloyd George, que estaba en París para las primeras sesiones de la conferencia de paz, no quería hablar de conscripción ni de mantenimiento de un millón de hombres bajo bandera. Churchill cruzó la Mancha y en un almuerzo con el primer ministro expuso la absoluta necesidad de ambas cosas: había que preservar los frutos de la victoria y evitar cualquier renacimiento del expansionismo alemán. No había ninguna duda: el hombre era tan diplomático como convincente. Mucho antes de los licores, el "brujo galo" cayó bajo su encanto y se mantuvo la conscripción con un ejército de un millón de hombres. Churchill en persona se ocupó de que el salario fuese atractivo.

En realidad, el emprendedor Ministro de Guerra tenía otra razón para solicitar el mantenimiento de un ejército tan fuerte en tiempos de paz y, también, la instalación de una importante guarnición en

Alemania. Es que formaba parte de una pequeña cantidad de hombres en Gran Bretaña que pensaba que la guerra no había terminado y que nunca terminaría mientras subsistiera el peligro bolchevique. Hasta la primavera de 1918 consideraba que los nuevos dueños de Rusia estarían obligados a hacer causa común con los países de la *Entente* en contra de los agresores alemanes y que, entonces, habría que tenderles la mano. Pero varios incidentes del verano de 1918 le abrieron los ojos sobre la naturaleza real del régimen bolchevique, como el asesinato del zar y de su familia en Yekaterimburgo en la noche del 17 de julio, luego el asesinato del capitán Francis Cromie, agregado naval, a manos de los guardias rojos que habían ingresado en la embajada británica.[2] Finalmente, Churchill había recibido numerosos documentos que demostraban ejecuciones masivas, torturas y mutilaciones sistemáticas perpetradas por las tropas de Lenin y de Trotski, y sentía un gran desagrado por este sistema. Más aún, este hombre con grandes intuiciones se dio cuenta desde el principio de lo que a la mayoría de sus contemporáneos les costaría más de medio siglo comprender: en sus diversos aspectos, el sistema comunista, basado en el crimen, la subversión y la mentira, con la vocación de extenderse a todo el mundo, constituía un peligro mortal para toda la humanidad.

Como percibía con claridad la amenaza, su intención era abortarlo. Después de todo, el poder bolchevique todavía era muy débil a comienzos de 1919. Desde el sur, el este y el noroeste, tres ejércitos blancos comandados por Denikine, Koltchak y Youdenitch convergieron sobre Moscú y Petrogrado. Además, desde el año anterior en Rusia había doscientos mil soldados franceses, británicos, italianos, griegos, norteamericanos, checos, serbios y japoneses. Todos estos hombres habían venido a darle una mano a Rusia contra los alemanes, pero la paz de Brest-Litovsk y, luego, el armisticio del 11 de noviembre de 1918 los habían liberado de esta tarea y, desde ese momento, operaban más o menos activamente con los ejércitos blancos contra el poder bolchevique. Esto también sucedió con algunos batallones británicos enviados a Mourmansk, Arkhangelsk y Vladivostok a comienzos de 1918, para impedir que las tres toneladas de armas y de municiones destinadas a los ejércitos del zar cayeran en manos de los alemanes.

Para Churchill, que no carecía de optimismo, había mucho material en Rusia con el que se podía derrocar el poder bolchevique, siempre que se aceptara darle un empujoncito al destino. Poniendo al servicio de esta causa todos los recursos de su amplia elocuencia y de su inverosímil energía, emprendió la persuasión de sus colegas del gobierno. Les dijo que Inglaterra podía o bien "dejar a los rusos que se maten entre ellos", o bien intervenir "con fuerzas importantes, provistas de aparatos mecánicos en abundancia". Y citó la cifra de treinta divisiones... Ante el asombro de sus interlocutores, realizó una retirada táctica, refiriéndose a "refuerzos sustanciales", luego de "apoyo a los ejércitos rusos". En sus muchas cartas a Lloyd George, de quien sabía que era menos entusiasta todavía, mencionaba tan sólo "el envío de voluntarios" y el "efecto moral" que produciría una declaración de guerra; pero le pedía, sobre todo, que tomara decisiones rápidas y enérgicas: es que desde hacía seis meses había unos treinta mil británicos en Rusia y había que enviarles refuerzos o evacuarlos. Winston, como era lógico, no ocultaba su preferencia por la primera solución... La cruzada del Ministro de Guerra siguió en París: en el consejo supremo Interaliado propuso un plan de coordinación de ayuda a los ejércitos blancos y puso en guardia a sus interlocutores sobre las consecuencias mundiales de un abandono de Rusia. En el Parlamento y en la prensa se esforzó por explicar con imágenes lo que era el bolchevismo: "No es una política, es una enfermedad. No es una fe, es una epidemia".

Pero nada había cambiado desde los Dardanelos: que un gabinete y un primer ministro reticentes adoptaran y ejecutaran una operación militar mayor –mientras el propulsor estaba en una posición subordinada– era siempre un desafío. En el gobierno, muchos de los conservadores, como Curzon, Balfour e, inclusive, el mismo Bonar Law, también deseaban la desaparición del régimen bolchevique, pero se negaban a comprometerse personalmente para conseguirlo; Lloyd George siempre se encontraba a disgusto en las cuestiones militares y la conferencia de paz que se desarrollaba en París lo absorbía por completo. Allí se discutían reparaciones, ocupaciones, minorías, la Sociedad de las Naciones, mandatos y la paz universal. En medio de todo esto, las exhortaciones de Churchill le parecían en absoluto fuera de lugar. Además, consideraba que una intervención masiva en Rusia sería militarmente peligrosa. Con menos ideas, pero más realista que su ardiente ministro de Guerra, consideraba que el pueblo inglés, ya muy lastimado por cuatro años de matanzas y de privaciones, no soportaría un nuevo conflicto. También sabía que el Partido Laborista, ahora la principal oposición en el Parlamento, era en extremo vulnerable a la propaganda bolchevique; además, había evaluado a sus interlocutores del consejo supremo Interaliado y pudo comprobar que ninguno estaba dispuesto a comprometerse de lleno en una cruzada en Rusia. El presidente Wilson sólo pensaba en retirar sus tropas de Siberia, Orlando no quería oír hablar de intervención y el mismo Clemenceau consideraba abandonar la partida (es verdad que los marinos franceses, alcanzados por la propaganda bolchevique, acababan de amotinarse en el mar Negro). Al final, Lloyd George, menos optimista que Churchill, no pudo impedir notar que había una gran desunión entre las fuerzas antibolcheviques, lo que hacía que el éxito fuera cada vez menos probable.

Por todas estas razones, el primer ministro manifestó ante el gabinete de guerra estar en contra de cualquier nuevo compromiso británico en Rusia y, naturalmente, tenía la última palabra. Una vez más, Churchill se vio aislado y en minoría... lo que no hizo más que duplicar su combatividad. A fuerza de arengas, memorándums y gestiones personales, obtuvo algunos resultados: el gobierno renunció a negociar con los bolcheviques; se envió un nuevo cargamento de armas a Koltchak y a Denikine; finalmente, "para permitir la evacuación de los soldados británicos", se autorizó al ministro de Guerra a enviar voluntarios a Mourmansk y Arkhangelsk. Churchill, que, por propia iniciativa, ya había enviado al almirante Koltchak baterías de obuseros pesados, hizo reclutar a una fuerza de ocho mil voluntarios que iría a ayudar a los débiles batallones del general Ironside en los alrededores de Arkhangelsk.

Pero, lamentablemente, no fue suficiente. En definitiva, la victoria en Rusia sólo dependía de los rusos y, después de algunas avanzadas fulgurantes pero mal coordinadas, los ejércitos blancos tuvieron que batirse en retirada. Con frecuencia, en sus filas los soldados se amotinaban y ejecutaban a sus oficiales dejándoles los puestos a los bolcheviques. Finalmente, los anarquistas, los ucranianos, los estonianos y hasta los checos llevaron a cabo operaciones de hostigamiento contra la retaguardia de los ejércitos antibolcheviques, que ya la estaban pasando bastante mal con un Ejército Rojo en expansión. Desde el otoño de 1919, la partida parecía perdida y hubo que resolver la evacuación del conjunto de los contingentes británicos que todavía estaban en Rusia. En Gran Bretaña, Churchill, que se puso al frente de la cruzada antibolchevique, fue designado por la prensa como el enemigo jurado del proletariado mundial; en cuanto a Lloyd George, con preocupaciones presupuestarias a corto plazo, le escribió el 22 de septiembre: "Una vez más le solicito que abandone Rusia, al menos por algunos días, y que se concentre en los gastos totalmente injustificables del War Office y del Ministerio del Aire en Francia, en la metrópolis y en Oriente. Usted nunca habría tolerado algunos de estos gastos si les hubiera dispensado a estos asuntos la quinta parte del tiempo que le reservó a Rusia".

Pero este reproche carecía de fundamento: Churchill también había pasado mucho tiempo organizando la desmovilización de las fuerzas británicas en Francia, Gran Bretaña, África y Oriente Medio; inspeccionando tropas de ocupación en Alemania; elaborando planes de abastecimiento de la población alemana; negociando con los franceses todo tipo de proyecto de reconversión industrial; defendiendo la política del gobierno en la Cámara de los Comunes (con un talento tan asombroso que hasta lo reconocieron sus viejos enemigos del *Times*);[3] haciendo que el ejército y la aviación intervinieran en la represión de un levantamiento antibritánico en Irak; comprometiendo al gobierno en el apoyo a los polacos, que querían retomar la lucha antibolchevique y, sobre todo, organizando la lucha contra el terrorismo en Irlanda, con la ayuda de los cuarenta y tres mil soldados que estaban allí y una unidad de voluntarios constituida por iniciativa suya, los *Black and Tans* que tenían como misión "aterrorizar a los terroristas". Notemos que todavía falta decir que este fenómeno de hombre se inmiscuyó en los asuntos del India Office, el Almirantazgo, el Foreign Office y el Ministerio de las Colonias, escribió incontables artículos, empezó a dictar sus *Memorias de guerra* y ¡retomó las lecciones de vuelo! En Francia, a fines de junio de 1919, su avión se dio vuelta en el aeródromo de Buc; el 18 de julio, en el despegue del campo de aviación de Croydon, los comandos de su aparato dejaron de responder y se estrelló contra el suelo. El instructor sufrió una herida de gravedad, pero su alumno sólo tenía un tajo en la frente y algunos moretones en las piernas. Hasta cuando las circunstancias eran más propicias, la muerte decididamente se alejaba de Winston Churchill.

Sin embargo, nuestro ministro de Guerra no estaba muy conforme con sus funciones. No se atrevía a decir que se aburría, pero en rigor no era un trabajo para él. Como quería ayudar por entero a la Rusia democrática, participar en la conferencia de la paz para volver a dibujar el mapa de Europa, organizar el relevamiento de Alemania para convertirlo en una protección contra el bolchevismo y constituir un ejército y una aviación dignos del papel imperial de Inglaterra, tuvo que asistir casi pasivamente al descalabro de los ejércitos blancos en Rusia, ocupó un lugar secundario en la conferencia de París, se limitó a proporcionar tropas para operaciones represivas desde Irak hasta Irlanda, se puso a la cabeza del desmantelamiento del ejército y de la aviación para secundar el plan de ahorro del gobierno[4] y avaló en nombre de la solidaridad gubernamental la excesiva política pro griega de Lloyd George, que amenazó con llevar a Gran Bretaña a un conflicto con los nacionalistas turcos de Mustafá Kemal. En sus cartas al primer ministro a fin de año, no ocultó su insatisfacción y dejó entender que podría renunciar. Para Lloyd George sería el fin de muchos dolores de cabeza... pero no podía darse ese lujo: Churchill seguía realizando el trabajo de muchos ministros y en términos políticos sería suicida dejar a un orador de esta envergadura unirse a las bancadas opositoras. Era mejor canalizar la energía de este torbellino hacia campos más constructivos. Justamente, lord Milner iba a abandonar el Ministerio de las Colonias, donde había mucho para hacer.

A comienzos de 1921, le propusieron a Churchill que retomara las funciones que había ejercido quince años antes, bajo la dirección de lord Elgin; esta vez, sin embargo, iba a ser el único señor a bordo, después de Dios...

Luego de realizar un cuidadoso inventario, Churchill aceptó y, no obstante, puso una condición: que se creara dentro de su ministerio un Departamento de Oriente Medio, responsable del conjunto de las regiones comprendidas entre India y Egipto. Es verdad que era el talón de Aquiles del Imperio: en Egipto, la población estaba agitada; en Irán, protectorado inglés, los bolcheviques multiplicaban las incursiones; en Irak y en Palestina, antiguas posesiones otomanas que la Sociedad de las Naciones había transferido a los británicos como "territorios bajo mandato", se enfrentaban con las aspiraciones árabes. En 1915, para obtener la alianza de los árabes contra el imperio otomano, los británicos habían firmado con el príncipe árabe de La Meca, Hussein Ibn'Ali, los "Protocolos de Damasco", que garantizaban para la posguerra el reconocimiento de la independencia árabe, desde el norte de Siria hasta el sur de la Península Arábiga y desde las costas del Mediterráneo hasta el golfo Pérsico. Pero, lamentablemente, los representantes de Su Majestad también firmaron al año siguiente con Francia los acuerdos Sykes-Picot, que preveían el reparto de estas mismas regiones entre Gran Bretaña y Francia –que recibió un mandato sobre Siria y Líbano por parte de la Sociedad de las Naciones–. M. L. Dockrill escribió jocosamente: "Los británicos habían vendido dos veces el mismo caballo, [...] a los árabes y a los franceses". De hecho, este caballo había sido vendido una tercera vez, con la declaración de Balfour de 1917, que aceptaba el principio de la creación de un Estado judío en Palestina. Por lo tanto, Winston Churchill era el encargado de deshacer esta madeja bastante enredada y proponer para el conjunto de las regiones bajo mandato un sistema político que mantuviera la realidad del poder británico y, al mismo tiempo, redujera en forma sustancial los gastos en que se incurría, pues los imperativos de realizar ahorros seguían siendo los prioritarios.

Fiel a sus métodos, el nuevo ministro de las Colonias juntó una documentación considerable y empezó a reunir a los mejores especialistas en el problema árabe en su Departamento de Oriente Medio. Entre ellos estaba el conocido coronel T. E. Lawrence, artesano del levantamiento árabe contra los turcos, que había tomado Damasco en septiembre de 1918 junto al emir Faisal, hijo del príncipe Hussein. Pero, a partir de ese momento, los franceses se habían instalado en Damasco, expulsado a Faisal de Siria, y Lawrence, que no había dejado de protestar contra la traición de París y de Londres, se plantó frente a Clemenceau y llegó a rechazar la condecoración del rey Jorge V. Churchill, en quien este tipo de héroe romántico ejercía una irresistible fascinación, lo tomó enseguida como consejero. Feliz idea, pues Lawrence, erudito, idealista y combatiente feroz, también era un político avieso. Le propuso a Churchill instalar a Faisal en el trono de Irak y hacer coronar a su hermano, Abdala, como rey de Transjordania, ambos bajo la mirada vigilante de los altos comisionados británicos. De este modo, Gran Bretaña se reconciliaría con los árabes, repararía una injusticia y podría ir liberándose de Oriente Medio y seguir conservando una influencia preponderante.

La solución parecía seductora y Churchill decidió ponerla a prueba. Con todo su equipo, que incluía entre otros a Hubert Young, Archibald Sinclair (su ex comandante segundo en las trincheras de Ploegsteert), Gertrude Bell y el general de aviación sir Hugh Trenchard, se dirigió a El Cairo el 2 de marzo para una "conferencia de expertos" que duró un mes. Cuando finalizó, se propuso al gabinete un plan de varios puntos: instalación de dos hijos de Hussein en los tronos de Irak y de Transjordania; retiro de lo esencial de las tropas británicas de Irak, cuya protección se confiaría a la Royal Air Force; negociación con el gobierno de El Cairo del fin del protectorado inglés en Egipto, a través del mantenimiento de una presencia militar y de... influencia política; "ajuste" de los conflictos entre judíos y árabes en Palestina, donde se dejaría de perseguir a la inmigración judía, sin dejar de "preservar los derechos de las poblaciones no judías" y, finalmente, Londres dispensaría a Abdala de Transjordania la cantidad suficiente de subsidios como para calmar los ardores antisionistas de su gente... Mientras Churchill y los suyos hacían turismo en Egipto y en Palestina, los miembros del gabinete examinaban el plan y lo adoptaron sin gran entusiasmo: el Foreign Office temió la acción de los franceses[5] y el War Office predijo una catástrofe después del retiro de las tropas de Irak. De hecho, no se produjo nada de esto: los nuevos reinos independientes fueron administrados a favor de los intereses británicos y, cuando los gastos anuales del gobierno de Su Majestad para Irak pasaron de cuarenta a cinco millones de libras, el plan del Ministro de las Colonias se consideró un éxito de importancia. Las únicas disposiciones que demostraron ser ilusorias fueron las relacionadas con la coexistencia entre judíos y árabes en Palestina: aunque es verdad que durante los siguientes ochenta años nadie hizo nada mejor al respecto.

De regreso a Londres, Churchill sufrió el duro golpe de dos duelos crueles: en junio, su madre, Jennie, de sesenta y siete años, murió prácticamente en ejercicio de sus funciones, ya que los nuevos zapatos italianos que se había puesto para una recepción mundana la hicieron tropezar en la escalera y se rompió el tobillo; a pesar de haber sido un accidente banal, se le produjo una gangrena y hubo que amputarle la pierna por encima de la rodilla. La operación fue un éxito, pero una hemorragia se la llevó tres días más tarde. Más trágica todavía fue la desaparición de Marigold, la hija menor de Winston y Clementina, a causa de una meningitis a los dos años y medio. Sus padres nunca lo superarían.

Pero la vida continúa y Churchill volvió a meterse de lleno en su trabajo (y en el de los demás). Lejos de ofenderse, Lloyd George no dejaba de consultarlo cuando había un problema delicado; fue así que, cuando estalló una controversia parlamentaria sobre las reducciones presupuestarias en las fuerzas armadas, el primer ministro lo nombró presidente de un "comité del gabinete sobre los créditos de defensa", encargado de determinar hasta qué punto era posible realizar recortes en los presupuestos militares sin poner en peligro la seguridad nacional. A los que se asombraron de que un ministro de las Colonias se encargara de estas tareas, simplemente les respondieron que no se trataba de un ministro común... Pero Churchill también se encontró en la primera línea en un asunto del que ya había tenido que ocuparse como primer lord del Almirantazgo ocho años antes: el drama irlandés.

Después de las elecciones de diciembre de 1918, los diputados irlandeses del Sinn Fein, que se negaban a tener su sede en Londres, se habían reunido en Dublín para convocar a una asamblea constituyente, la *Dail Eireann*. Ésta se reunió el 21 de enero de 1919 y proclamó la independencia de Eire (Irlanda del Sur), votó por unanimidad una constitución provisoria y eligió como presidente a Eamon de Valera, en ese momento detenido en una prisión inglesa.[6] Luego se dedicó a la creación de un gobierno paralelo, que duplicó en su ilegalidad al de la Corona, con brazo armado, el IRA. Esta organización secreta, dirigida por el joven e intrépido Michael Collins, se impuso como deber sembrar el terror entre los miembros de la administración, de la policía y del ejército británicos en Irlanda. Recordemos que el ministro de Guerra Winston Churchill se había dedicado a este problema desde su inicio y que, incluso, había creado una "fuerza contra el terrorismo", los *Black and Tans*, para terminar con él; pero con todo esto sólo se logró que se multiplicaran los crímenes y las exacciones, sin lograr la pacificación de la isla. A partir de la primavera de 1921, Lloyd George, alentado por el rey, produjo algunos acercamientos discretos con los jefes de la rebelión, sobre todo al proponerles otorgar al Eire un estatus de dominio con autonomía interna, mientras Londres siguiera administrando las relaciones exteriores y conservando las bases en algunos puertos del país. Naturalmente, el Ulster mantendría su estatus de unión con Gran Bretaña. El "presidente" De Valera respondió que la república de Irlanda no podía ser otra cosa que soberana e independiente y que Irlanda era indivisible —con lo que dejaba entender que los seis condados del Ulster tarde o temprano tendrían que pasar a depender de los veintiséis condados del Eire. A pesar de esta respuesta poco alentadora, el primer ministro británico aceptó una tregua, y el 14 de julio de 1921, una delegación del Sinn Fein, conducida por Valera, fue recibida en Downing Street. Sus posiciones eran tan diferentes como incompatibles, así que los interlocutores se separaron una semana más tarde sin llegar al más mínimo acuerdo.

Después de un interminable intercambio de correspondencia y diversos ultimátums, De Valera aceptó renovar las negociaciones y el 8 de octubre envió a Londres una delegación de cinco miembros. La presidían Arthur Griffith, el fundador de Sinn Fein, y Michael Collins, veterano del "levantamiento de Pascua", jefe de los servicios de informaciones del IRA y ministro de Hacienda del gobierno paralelo de la República de Irlanda. Para recibirlos el 11 de octubre en el 10 de Downing Street, estaban el primer ministro Lloyd George, el ministro de Hacienda Austen Chamberlain, el ministro de Justicia F. E. Smith, que se había convertido en lord Birkenhead, y el ministro de las Colonias Winston Churchill.[7] Como siempre, éste no era partidario de las concesiones a los adversarios, puesto que sólo podía concebir la magnanimidad una vez que el enemigo había sido vencido: pero la guerra en las sombras que se desarrollaba en Irlanda desde hacía tanto tiempo le parecía ahora imposible de ganar, y su amigo F. E. Smith y él mismo fueron reconvenidos con dureza por Lloyd George: había que terminar con esto a cualquier precio.

Las negociaciones duraron cerca de dos meses y fueron en extremo difíciles, ya que los delegados irlandeses tenían orden de mantenerse firmes en sus posiciones ante a los opresores, y los conservadores unionistas, dueños de la coalición gubernamental y contrarios de manera categórica a cualquier concesión al terrorismo, llamaban constantemente al orden a los ministros británicos. Pero Lloyd George era hábil y tenía tres cartas de triunfo en la mano: De Valera no estaba allí, Arthur Griffith era más bien razonable en los encuentros cara a cara, y en cuanto a Michael Collins... lo había confiado a los buenos cuidados de Winston Churchill y su amigo F. E. Smith. Ahora bien, Winston se sintió atraído de inmediato por la personalidad de Collins; y no era para menos, ya que ambos hombres tenían rasgos en común: carisma, coraje, patriotismo, espíritu de lucha, sentido del humor y... gusto sin moderación por la bebida. Es verdad que en este campo Collins superaba en mucho a su interlocutor, pero cuando las libaciones se prolongaban hasta la madrugada, siempre se podía contar con el inigualable F. E. Smith (lord Birkenhead), al lado del cual Winston parecía abstemio. Churchill recordó una de esas duras noches de conciliábulos en su casa de Sussex Square: "Era un momento de crisis y las negociaciones parecían pender de un hilo. Griffith había subido para entrevistarse a solas con Lloyd George, en tanto que lord Birkenhead y yo nos habíamos quedado en compañía de Michael Collins. Estaba de muy mal humor, intercalando reproches y provocaciones sin cesar, y a todo el mundo le costaba mucho mantenerse en calma. '¡Me han perseguido día y noche!', exclamaba; '¡Pusieron precio a mi cabeza!'. '¡Un momento –le dije–, usted no fue el único!'. Y descolgué de la pared la copia enmarcada del aviso de recompensa emitido por los boers por mi captura. 'Por su cabeza, al menos, se había puesto un buen precio: cinco mil libras. Yo, en cambio, valía apenas veinticinco libras, muerto o vivo'. [...] Leyó el afiche y se desternilló de risa. Toda su irritación había desaparecido". En otra noche de confrontaciones, Churchill citó párrafos de un informe secreto que había caído en manos de los ingleses, en el que Collins describía en términos poco halagüeños al ministro de Guerra Winston Churchill: "Está dispuesto a sacrificar todo por una ventaja política... Tendencia a la grandilocuencia. Manifiesta un chauvinismo de oficial en retiro [...]. No se puede confiar nunca en él". Los dos adversarios intercambiaron miradas feroces y... se echaron a reír. El poderoso jefe del comité electoral conservador de Lancashire, sir Archibald Salvidge, que se había enterado del secreto de las negociaciones, notó con estupefacción que "Winston y Michael Collins parecían fascinarse mutuamente". Más exacto, imposible.

Pero si bien se había instaurado una confianza, era necesario mucho más para poner fin al asunto, pues los obstáculos eran incontables: la creación de una Marina irlandesa, el estatuto del Ulster, la delimitación territorial entre Ulster y el nuevo "Estado libre de Irlanda", el lugar de éste en el Imperio, la representación de la Corona en Dublín, el juramento de nacionalidad que los diputados irlandeses tendrían que prestarle al rey, el control de Gran Bretaña de las bases navales en el sur de Irlanda, la protección de las zonas de pesca, la entrada de Irlanda en la Sociedad de las Naciones. Era un verdadero campo minado y hasta último momento cada explosión amenazaba con poner en riesgo las negociaciones. Lloyd George, Churchill, F. E.

Smith y Austen Chamberlain buscaban constantemente nuevas formas de acuerdo, por lo cual los irlandeses tuvieron que volver varias veces a Dublín para consultar. Hasta que al fin, el 6 de diciembre de 1921, después de violentas discusiones entre los mismos representantes irlandeses, las dos delegaciones firmaron el tratado que dio nacimiento al Estado Libre de Irlanda, un dominio independiente dentro de la Commonwealth. Al dejar su pluma, Birkenhead, pensando en la reacción de sus amigos conservadores, suspiró: "Acabo de firmar mi condena a muerte política". A lo que Collins le respondió: "Acabo de firmar mi condena, lisa y llanamente". Ambos tenían razón.

Pero no se trataba para nada del fin de la relación de Churchill con los asuntos irlandeses. A pedido de Lloyd George, tomó la palabra en el Parlamento para defender el acuerdo que se acababa de firmar, y lo hizo con tal talento, que el tratado fue ratificado por ambas cámaras por una aplastante mayoría.[8] En Dublín, también fue aceptado por el Dail por una leve mayoría a comienzos de enero de 1922, pero De Valera renunció denunciándolo formalmente; lo sucedió Griffith, quien se convirtió en el primer presidente del nuevo Estado libre de Irlanda, con Collins como primer ministro. En Londres, Churchill intentó lo imposible por ayudarlos: hizo adoptar de urgencia en los Comunes los textos de ley que transferían los poderes ejecutivos a las nuevas autoridades de Dublín; convenció al gabinete de indultar a los miembros del Sinn Fein condenados a muerte por terrorismo, procedió de inmediato y de la manera más ostensible a la evacuación de las tropas británicas de Eire; participó, con Griffith y Collins, en la redacción de la Constitución del nuevo Estado libre y organizó una reconciliación entre Belfast y Dublín que terminó con la instauración del libre intercambio entre los dos hermanos enemigos. Cuando De Valera, que había ingresado a la clandestinidad, lanzó al IRA en contra de las nuevas autoridades del Eire y organizó campañas terroristas y asesinas contra sus antiguos aliados,[9] Churchill (él mismo amenazado por los asesinos del IRA) voló en ayuda de Griffith y Collins, les envió fusiles, hizo reprimir las exacciones de los extremistas del Ulster, amenazó con invadir Irlanda en la eventualidad de una victoria del IRA y hasta despachó a Dublín artillería y obuses de fuerte carga explosiva para permitir que las autoridades recuperaran el Palacio de Justicia ocupado por los terroristas. Todas estas iniciativas (bastante notables por parte de un ministro de Colonias) contribuyeron a que la balanza se inclinara a favor de las autoridades legales, que lentamente iban teniendo ascendiente por sobre el IRA; a que en octubre de 1922 se votara la Constitución redactada por Griffith, Collins y Churchill; y a que la Sociedad de las Naciones admitiera al Estado Libre de Irlanda. Griffith no llegó a ver estos días benditos: murió el 12 de agosto, fulminado por una crisis cardíaca; tampoco Collins: los terroristas del IRA lo mataron en la madrugada del 22 de agosto; algunas horas antes, había declarado a unos amigos: "Díganle a Winston que nunca lo habríamos logrado sin él".

Ese otoño, los más optimistas pensaban que habían asistido al fin de la tragedia irlandesa. Pero Churchill no se contaba entre ellos. Cuatro décadas de interés apasionado por los asuntos de la "isla de los Santos" lo habían llevado a esta sombría conclusión: "En Irlanda parece que todo el mundo ha perdido la razón", algo que los acontecimientos posteriores confirmarían ampliamente. Pero en ese momento, nuestro ministro estaba absorbido por el torbellino de la política británica. En el Parlamento, los ulsterianos se agitaban, los conservadores pensaban en dejar el gobierno, había que defender en los Comunes el proyecto de creación de un hogar nacional judío en Palestina. Lloyd George intentó un acercamiento con los nuevos dueños de Rusia, y su fobia a los turcos amenazaba con llevar al gobierno de Su Majestad a peligrosas aventuras exteriores.

En lo personal, el otoño de 1922 fue para Churchill un período de lo más fastuoso: sus intervenciones parlamentarias a favor del Estado Libre de Irlanda y de la política británica en Palestina le valieron una amplia consideración; la herencia de un primo que había muerto accidentalmente le permitió comprar por cinco mil libras la propiedad de Chartwell, en Kent (una casa solariega más bien decrépita, pero rodeada por un parque espléndido), y –el colmo de la felicidad– Clementine dio a luz el 15 de septiembre a una niña, Mary, que trajo un poco de alivio a la dolorosa herida que había dejado la muerte de Marigold el año anterior. Pero para esa fecha, el feliz padre se encontraba otra vez sobre el puente durante una violenta borrasca que en esta ocasión soplaba en las costas del mar Egeo.

En 1920, el tratado de Sèvres le había impuesto a la Turquía vencida la cesión a los griegos de Tracia, la provincia de Esmirna y las islas costeras del mar Egeo; también había delimitado en las dos riberas del mar de Mármara una "zona neutra" que iba desde los Dardanelos hasta la ciudad de Ismid, pasando por Constantinopla; todos estos puntos estratégicos serían ocupados por tropas francesas, británicas e italianas. Poco después, los griegos, que se sentían fuertes por el apoyo moral de Lloyd George, habían invadido Anatolia. Pero a partir de la primavera de 1920, el general Mustafá Kema, que había formado en Anakar un gobierno paralelo al del sultán, se propuso reconquistar los territorios perdidos. Entre agosto de 1921 y septiembre de 1922, logró detener a los griegos y echarlos de Anatolia. A comienzos de septiembre de 1922 el ejército griego tuvo que evacuar Esmirna y los turcos penetraron en la "zona neutra" y amenazaron a las tropas aliadas instaladas en la península de Gallípoli y el puerto de Chanak, que controlaba el acceso a los Dardanelos.

Chanak, los Dardanelos, Gallípoli: todo esto daba una desagradable sensación de algo que ya se había vivido... Desde hacía ya un año Churchill le pedía a Lloyd George que se entendiera con Mustafá Kemal; la política decididamente pro griega del primer ministro le parecía muy excesiva, simpatizaba con el nacionalismo de Kemal y, sobre todo, contaba con Turquía para formar un dique contra el comunismo. Sin embargo, sin siquiera tomarse el tiempo para exclamar: "Yo lo había dicho", Winston se reunió con sus colegas para hacer frente a la crisis, por solidaridad ministerial, por supuesto, pero también porque las tropas de Su Majestad no podían ser humilladas por segunda vez en Gallípoli. Una vez lanzado, nuestro héroe era difícil de parar. Aprovechando su disposición belicosa, Lloyd George le encargó redactar un comunicado de prensa en el que se estableciera la necesidad de defender los Dardanelos de "una agresión violenta y hostil por parte de Turquía" y enviar un telegrama a los gobiernos de los dominios para pedirles apoyo y envío de refuerzos militares. El 22 de septiembre nombró a Churchill presidente de un comité del gabinete encargado de supervisar el movimiento de tropas, de aviones y de barcos hacia los Dardanelos, un papel que el ex primer lord del Almirantazgo asumió con el entusiasmo que podemos imaginar.

A fines de septiembre, la situación era en extremo delicada y la historia corría el riesgo de repetirse en condiciones que ya no serían favorables a las armas de Su Majestad: sólo había tres mil quinientos hombres para defender Chanak, contra una vanguardia de veintitrés mil turcos; los italianos y los franceses habían retirado rápidamente sus tropas de la zona neutra, y los dominios, salvo Nueva Zelanda y Terranova, negaron apoyo. Pero todo esto no hizo más que reforzar la determinación de Churchill, que siempre se encontraba más en forma cuando tenía encima una espada de Damocles. El 29 de septiembre, las autoridades militares británicas en Constantinopla recibieron la orden de presentar a los turcos un ultimátum: si no se retiraban de los accesos a Chanak, la defensa británica abriría fuego.

Pero el general Harrington, comandante en jefe en Constantinopla, era un diplomático. Retrasó la entrega del ultimátum y el 30 de septiembre los turcos dieron signos de haberse tranquilizado: sus tropas dejaron de avanzar, enviaron dos días más tarde un emisario para negociar con Harrington[10] y, en definitiva, aceptaron respetar la zona neutra. Lo que sucedió es que Mustafá Kemal juzgó inútil realizar una prueba de fuerza con un gobierno británico manifiestamente resuelto a pelear. Como general intrépido, pero político astuto, pensaba obtener más en la mesa de negociaciones que en el campo de batalla, y el futuro iba a darle la razón.[11] En ese momento, en todo caso, la tensión cayó, y el 6 de octubre parecía que la crisis de Chanak había terminado. En Gran Bretaña, todo el mundo suspiró de alivio, pero Churchill, con todo su ardor guerrero, se mostró más bien decepcionado.

De hecho, el verdadero peligro llegaba de otro lado. El ex jefe del Partido Conservador, Bonar Laus, retirado de la política desde hacía un año y medio, aprovechó los últimos acontecimientos para volver al primer plano. El 7 de octubre, en un artículo que publicó el *Times*, atacó con violencia al gobierno, al que acusó de provocación contra Turquía. Esta diatriba, que llegó en un mal momento, no era más que un pretexto manifiesto para poner fin a la coalición. De hecho, doscientos setenta y tres diputados conservadores se reunieron en el Carlton Club doce días más tarde y, bajo la influencia de Bonar Law y del ministro de Comercio Stanley Baldwin, votaron por mayoría el retiro del apoyo conservador al gobierno. Fue el tiro de gracia para Lloyd George, quien renunció ese mismo día.

El 23 de octubre, Bonar Law, reelegido jefe del Partido Conservador, se convirtió en primer ministro y disolvió el Parlamento. Durante las elecciones generales que se produjeron como consecuencia, Churchill tuvo que enfrentar un nuevo comicio en su feudo de Dundee. Tenía en su contra a los liberales de Asquith, a los laboristas, a los unionistas, a los comunistas y a los prohibicionistas... Era demasiado; pero, sobre todo, estaba en cama desde el 18 de octubre, después de una difícil operación de apéndice, y recién pudo hacer la campaña en Dundee cuatro días antes de la elección, con una herida de dieciocho centímetros mal cerrada en el abdomen. El 15 de noviembre se proclamaron los resultados de la votación y Churchill había sido ampliamente derrotado. "En un abrir y cerrar de ojos, escribió, me encontré sin ministerio, sin banca, sin partido y sin apéndice".

Fue un golpe muy fuerte, que lo sumergió en un abismo depresivo. Su esposa no tuvo ninguna dificultad para convencerlo de que se tomara un tiempo y, sobre todo, de que descansara. Dos semanas más tarde partió para el sur de Francia dejando tras él un gobierno conservador reforzado, con trescientas cincuenta y cuatro bancas en los Comunes, y un Partido Laborista que, a partir de ese momento, con ciento cuarenta y dos bancas, se convirtió en la segunda fuerza política del reino. Para nuestro ex ministro y ex diputado, que acababa de cumplir cuarenta y ocho años, era difícil imaginar un cuadro más sombrío.

Pero Winston Churchill siempre supo cómo volver a ponerse en pie y tenía sorprendentes capacidades de recuperación. Es verdad que su nuevo entorno se prestaba maravillosamente para lograrlo: cerca de Cannes, en la mansión Rêve d'Or, la vida parecía más atractiva. Nuestro veraneante pasó, a pesar de él mismo, seis meses de lo más agradables: pero hay que cuidarse de confundir convalecencias con ocio. Durante los primeros meses de 1923, los habitantes de Cannes pudieron ver de tanto en tanto a un hombrecito rechoncho, un poco encorvado, con una calvicie avanzada, que se dedicaba a la natación y hacía paseos en el mar en el yate de Max Aitken, que se había convertido en lord Beaverbrook; en las tardes con buen tiempo, el mismo hombre, cubierto con un increíble sombrero y prolongado por un cigarro, ponía su caballete a cubierto o al aire libre y pintaba hasta que se hacía de noche; después de cenar, podían encontrar en el casino a un jugador inveterado que se le parecía como un hermano. Pero su jornada sólo estaba volviendo a empezar. Al regresar a la casa, trabajaba hasta el alba en sus memorias de guerra, asistido por dos mecanógrafas y algunos vasos de whisky con soda. Volver a los recuerdos gloriosos, justificar su acción pasada con la ayuda de documentos irrefutables, ¿no era la mejor terapia contra un siempre amenazante *black dog*? Por supuesto, pero también hay que saber que la operación era muy rentable: por los dos primeros volúmenes de las memorias, titulados *The World Crisis*, recibió de su editor británico un adelanto de nueve mil libras,[12] a lo que había que agregar un segundo adelanto de cinco mil libras por los derechos en los Estados Unidos y otro tanto por los derechos de reproducción por entregas en el *Times*. Para un hombre que ya no recibía sueldo ministerial ni tenía indemnización parlamentaria, pero seguía siendo incapaz de privarse de las cosas superfluas, no era nada despreciable. Por otra parte, también estaba escribiendo largos artículos, muy bien pagados, para el *Daily Chronicle*, el *Times* y el *Empire Review*. En medio de estas "vacaciones" volvió dos veces a Londres, donde se alojó en el Ritz y permaneció en Kent para supervisar los trabajos de reconstrucción de la casa de Chartwell, cuyo costo terminó por elevarse a veinte mil libras, es decir, cuatro veces su precio de compra. Además, también encontró tiempo para sus hijos, Diana, Randolph, Sarah y Mary, esforzándose por compensar sus largas ausencias dedicándoles mayor atención y afecto, dos cosas que su padre les había negado.

¿Y no se ocupó para nada de política durante todo este tiempo? ¡Vamos! Era tan indispensable para él como el aire que respiraba... Y mucho más porque en Londres estaban pasando cosas interesantes: una vez solucionados los problemas vinculados a la guerra, a la desmovilización, a los tratados de paz, a Oriente Medio y a Irlanda, Bonar Law había pensado que iba a poder instalarse en el cómodo papel de primer ministro de un reino sin problemas. Pero al cabo de algunos meses, este antiguo comerciante de placas de acero vio cómo se confirmaban sus temores. Hasta cuando todo estaba calmo, era incapaz de ejercer el poder, y como, por otra parte, su salud había desmejorado mucho, renunció en mayo de 1923. Su sucesor, Stanley Baldwin, se encontró con una situación económica difícil, y el único remedio que se le ocurrió fue la vieja receta proteccionista de Joe Chamberlain: instituir tarifas aduaneras altas. Pero, como su predecesor se había hecho elegir con un programa librecambista, para llevar a cabo tal giro había que obtener un nuevo mandato del pueblo. Así que se disolvió el Parlamento y se realizaron nuevas elecciones en noviembre. Para Churchill, fue una ganga: volvían a surgir las viejas controversias de 1906, que habían asegurado en su momento el triunfo del Partido Liberal. ¡Qué mejor ocasión para reunir por fin a los liberales, tan divididos desde hacía siete años, que la amenaza del proteccionismo!

El 19 de noviembre de 1923, Churchill aceptó presentarse con los liberales en la circunscripción de West Leicester, al este de Birmingham. Clementine intentó disuadirlo, con argumentos muy sensatos: le habían propuesto otras bancas mucho más seguras; su adversario principal en West Leicester era un laborista y no un conservador, y el lema de librecambista no lo ayudaría, porque los laboristas también se oponían a las tarifas aduaneras. Pero su marido no la escuchó: había sonado el clarín del liberalismo reunificado, el adversario blandía el estandarte rojo del Labour Party y, por lo tanto, había que ir a la carga. Pero los laboristas de West Leicester mostraron ser más duros que los derviches del califa: sólidamente atrincherados en una circunscripción obrera, fortificados por la ola de desocupación que había en la región, acorazados con principios generosos y furia proletaria, abrieron un fuego devastador, y nuestro ex teniente de los húsares, tratado de secuaz del capitalismo reaccionario, carnicero de Tonypandy, aventurero de Amberes, sepulturero de Gallípoli y verdugo de la Rusia bolchevique, se vio desconcertado. Es que las multitudes olvidan con rapidez los importantes hechos de armas, pero nunca los errores y los crímenes, sobre todo cuando son imaginarios. Así que en los actos electorales, a Churchill lo interrumpían sin cesar, lo abucheaban, lo amenazaban y, a veces, lo agredían. En la noche del 6 de diciembre, el veredicto de las urnas fue inapelable: F. W. Pethick-Lawrence, el candidato laborista, le sacó a su adversario más de cuatro mil votos.

A esta humillación se agregó otra: a nivel nacional, los conservadores perdieron noventa bancas, y, si bien seguían siendo el primer partido del Parlamento, podían perder la mayoría si se aliaban los laboristas y los liberales. El 18 de enero de 1924, en una carta al *Times*, Churchill lanzó un llamado urgente a los liberales para que apoyaran a los conservadores y cerraran así la ruta a un gobierno laborista, cuyo advenimiento significaría una catástrofe para el país. Trabajo en vano: tres días más tarde, en una votación de una moción de confianza, los liberales se aliaron a los laboristas y Baldwin tuvo que poner su renuncia a disposición. Así que el laborista Ramsay MacDonald formó el nuevo gobierno, con el apoyo de los liberales. Para Churchill fue una verdadera traición que significó su alejamiento definitivo del Partido Liberal y la adhesión al Partido Conservador. Precisamente, Stanley Baldwin, que ahora había quedado en la oposición, pero que no tenía ninguna intención de permanecer allí, buscó unirse a los liberales hostiles en la alianza *"liberal-labour"*, y Churchill constituiría un recluta selecto. Hay que martillar el hierro mientras está caliente. Seguro de la neutralidad benévola de Baldwin y del apoyo de unos veinte conservadores notables, entre los que se encontraban Arthur Balfour, Austen Chamberlain y lord Londonderry, se presentó el 4 de marzo en una elección parcial en la circunscripción de la abadía de Westminster. Era una plaza fuerte del partido *tory* y

Churchill pensaba ganar con el lema de "antisocialista independiente", siempre que los liberales lo apoyaran y que los conservadores aceptaran no presentar un candidato contra él. Pero no se pudo lograr esta segunda condición, así que el capitán Otho Nicholson recibió la investidura de la unión electoral conservadora y el candidato laborista concentró sus ataques sobre Churchill, quien, entre dos fuegos, fue derrotado una vez más, ajustadamente, es verdad, pero eso no obstaba haber sufrido tres derrotas electorales en menos de dieciséis meses. Sin lugar a dudas, se imponía adoptar una retirada táctica.

Pero los éxitos del autor compensaron los sinsabores del político. Es verdad que en esta época el escritor Churchill era más popular en su país que el político: los dos primeros volúmenes de su libro *The World Crisis* aparecieron en el verano y el otoño de 1923 y tuvieron un gran éxito por una sencilla razón: la Gran Guerra recién había terminado hacía cinco años y seguía presente en todas las cabezas. Estos dos primeros volúmenes se ocupaban del período 1911-1915, durante el cual Churchill estaba en el Almirantazgo; por lo tanto, le daban al lector una idea sin precedentes de los bastidores del conflicto y del proceso de toma de decisiones en la cumbre del Estado. Contaban con una documentación considerable, juicios definidos sobre los políticos y los militares de la época, una asombrosa amplitud de puntos de vista, un tono épico, un estilo admirable, un humor omnipresente, y Churchill resistía con éxito la tentación de ponerse constantemente en el centro de la escena. Es cierto que su puntuación no había mejorado para nada desde los primeros escritos de Bangalore, pero el fiel Eddie Marsh había cuidado este aspecto y los resultados eran irreprochables. La acogida que tuvieron estos dos volúmenes alentó a Churchill a proseguir su obra.

Entre dos campañas electorales nada felices e, incluso, durante ellas, nuestro político escritor no se limitaba a trabajar en sus memorias. También redactaba nuevos artículos sobre los temas más variados: "La batalla de Sidney Street"; "Una defensa de Singapur"; "El tratado irlandés"; "Los peligros que amenazan a Europa"; "Un diferendo con Kitchener"; "El futuro de Lloyd George"; "Una lucha cuerpo a cuerpo con los fanáticos del desierto"; "El liberalismo"; "Memorias de la Cámara de los Comunes"; "Cómo escapé de los boers"; "Mis jornadas épicas con el káiser"; "Ramsay MacDonald, el hombre y el político"; "El complot rojo y después..."; "¿Tendrían que vetar los estrategas un túnel bajo la Mancha?"; "Cuando era joven"; "Por qué renuncié a volar"; "¿Quién dirige el país?"; "Socialismo y polvo en los ojos", etcétera. Escribió colaboraciones en prosa para muchos diarios y revistas: el *Sunday Chronicle*, el *Weekly Dispatch*, *Pall Mall*, el *Daily Chronicle*, *Cosmopolitan*, *English Life*, *Strand*, el *Times* y *John Bull*. Además, la tarea estaba muy bien remunerada: hasta quinientas libras por artículo, es decir, unos nueve mil ciento cuarenta y siete euros de hoy. Para un político desocupado con una mujer y cuatro hijos, era un recurso nada desdeñable.

Es obvio que todo esto no bastaba para ocupar las jornadas de un hombre como Winston Churchill. En la primavera de 1924, mientras terminaban los trabajos en la casa de campo de Chartwell, comenzó a ocuparse personalmente del parque. Así que enseguida se lo pudo ver arrancando yuyos, talando árboles, cortando el césped, armando una huerta, construyendo un dique, cavando un pozo nuevo, luego otro y después un tercero... Claro que todos tenían que ponerse manos a la obra: los niños, el servicio doméstico, los asistentes de investigación, los visitantes y hasta el detective. Sólo quedaban exentas las secretarias porque tenían que reservarse para las largas noches de dictados y a veces terminaban a las cuatro de la mañana. A cualquier hora era una prueba difícil: el hombre dictaba a toda velocidad y a media voz, sin articular, mientras caminaba y mascaba el cigarro apagado. Cuando no le entendían o no conseguía de inmediato lo que quería, se ponía todo colorado, vociferaba y golpeaba el piso con el pie, lo mismo que hacía en su *nursery* de Phoenix Park medio siglo antes. Lo único que le aportaba al cuadro un toquecito de novedad era el cigarro.

Pero ni la jardinería, ni las sesiones de dictado ni el inevitable caballete evitaban que Churchill escrutara intensamente el paisaje político. Y tal como esperaba, éste se degradaba a simple vista. Para darle garantías a la base de su partido, MacDonald había reconocido a la

Unión Soviética y hasta le había acordado un préstamo de importancia. Es más, había ido todavía más lejos al permitir que el *Attorney General* abandonara todas las persecuciones contra el agitador comunista Campbell, que había sido arrestado por subversión dentro del ejército. Para los liberales de Asquith, que ya soportaban bastante mal el giro a la izquierda del gobierno, la medida fue el colmo: retiraron su apoyo a los laboristas, que quedaron en minoría en ocasión de un voto de confianza. De manera que MacDonald dimitió y se fijaron nuevas elecciones generales para el mes de octubre. Churchill, dispuesto a aprovechar la oportunidad, pasó el otoño organizando un frente antisocialista que uniera a los conservadores y a los liberales de Lloyd George. Baldwin le había prometido que pondría a su disposición una banca en una circunscripción sólidamente conservadora. Fue la de Epping, en el noreste de Londres, por la que Churchill aceptó presentarse el 11 de septiembre como candidato "constitucionalista y antisocialista", apoyado por los conservadores. Incluso su antiguo enemigo, lord Carson, el ulsteriano extremista, fue a hacer campaña a favor de él, en compañía de Arthur Balfour, ¡un enemigo aún más viejo! El 29 de octubre, en medio de la brutal agitación conservadora producto del "incidente Zinoviev",[13] Churchill fue triunfalmente elegido en Epping, con nueve mil votos por encima de su adversario más cercano. Cuando efectuó su entrada en los Comunes después de dos años de ausencia, el paisaje parlamentario había cambiado mucho: los conservadores ocupaban cuatrocientas diecinueve bancas; los laboristas, ciento cincuenta y una, y los liberales, tan sólo cuarenta. Una vez más, por un inverosímil conjunto de circunstancias, Churchill, ex conservador que se había pasado al bando liberal por amor al librecambio, y ex liberal, que había vuelto discretamente a las filas conservadoras por odio al socialismo, se encontró del lado de los vencedores.

"Todo el mundo puede dar vuelta su saco, le había escrito nuestro héroe a un amigo, pero hay que ser muy hábil para volver a ponerlo del lado derecho". De hecho, una vuelta al redil demasiado ostensible del hijo pródigo podría provocar apoplejías entre los dinosaurios del partido de Arthur Balfour y Joe Chamberlain. Por eso, en virtud de estas consideraciones, el nuevo diputado "constitucionalista" de una circunscripción en su mayor parte conservadora todavía no se había vuelto a unir a las filas del partido *tory*. No esperaba que lo llamaran desde el gobierno: con una mayoría tan aplastante en los Comunes, Baldwin podía perfectamente permitirse formar un gobierno de conservadores incondicionales. Pero por una vez, Winston fue demasiado pesimista. En la mañana del 5 de noviembre, el nuevo primer ministro lo invitó a Downing Street y le propuso el cargo de Canciller.

—¿Del ducado de Lancaster? —preguntó Churchill.

—No, contestó Baldwin, del Ministerio de Hacienda.

Para el nuevo diputado de Epping, la sorpresa fue inmensa; pero el sentimiento y la ambición, que seguían siendo los dos motores principales de su accionar, le prohibieron negarse: Randolph Churchill era ministro de Economía cuando dimitió fatídicamente en 1886. Y, además, era por tradición la vía regia real que llevaba al cargo de primer ministro.

¿Por qué diablos Stanley Baldwin le echó el ojo al ex renegado Churchill y corrió el riesgo de hacer rechinar tantas dentaduras en los clubes conservadores de Londres? Es que el medio hermano de Austen Chamberlain, Hebille, candidato natural para este cargo,[14] había preferido el Ministerio de Salud. Además, los problemas económicos a los que se enfrentaría el nuevo gobierno volvían imperativa la presencia en este ministerio de un hombre tan enérgico como intrépido, y Baldwin tuvo que rendirse ante la evidencia: la mayoría de los caciques del partido *tory* eran demasiado viejos, demasiado timoratos, demasiado incapaces o demasiado inexpertos para ocupar esta función. Además, Baldwin, como viejo político, sabía perfectamente que algunos hombres eran menos peligrosos adentro que afuera: al reclutar a Churchill, lo desalentaba de formar un partido de centro que atraería en forma inevitable a Lloyd George y a F. E. Smith y, con ello, expondría al gobierno a la aplanadora de los tres oradores más temibles del momento. Además, al confiarle a Winston el Ministerio de Hacienda, que no era ningún trabajo fácil, se podía esperar que no tuviera tiempo para inmiscuirse en el trabajo de sus colegas. Finalmente, la última razón era sin duda la más extraña, pero no la menos importante: Stanley Baldwin, como muchos enemigos de Churchill, era uno de sus admiradores.

El 30 de noviembre de 1924, mientras festejaba su quincuagésimo aniversario, Winston Churchill tenía todas las razones para ser feliz: después de tantas pruebas y peligros, tantas glorias efímeras y caídas vertiginosas, estaba de nuevo sólidamente instalado en el papel de diputado y de ministro. Además, había superado la edad fatídica hacía algunos años y se encontraba en un estado de salud excelente; era un marido y un padre de familia dichoso y hasta un escritor de éxito, disfrutando de una confortable casa de campo por completo remodelada según su conveniencia. Así que lo único que le faltaba era ¡ponerse a trabajar!

Nuestro nuevo ministro llegó al ministerio muy decidido a dominar todos los arcanos de la economía y las finanzas. También contaba con dejar para la posteridad la marca de un ministro reformador, que hubiese contribuido ampliamente a la prosperidad del reino y a un reparto más justo de las riquezas, sin lo cual no habría verdadera grandeza. Todas estas intenciones estaban expresadas con claridad en la presentación en los Comunes de su primer presupuesto el 28 de abril de 1925: preveía una reducción del 10% del impuesto a las rentas para los productores de riqueza y para los contribuyentes más desfavorecidos; descenso de la edad de jubilación a sesenta y cinco años; pago de pensiones a las viudas; extensión de la mayor cantidad de beneficios de la seguridad social y construcción de viviendas sociales a gran escala. Las propuestas fueron presentadas en un discurso larguísimo (dos horas y cuarenta y cinco minutos) con vuelo lírico, rasgos de humor y metáforas marciales que lograron despertar a los diputados más somnolientos: "No hay que otorgar favores y recompensas a los vigorosos soldados de infantería. Las ambulancias de la ayuda nacional tienen que dirigirse a los rezagados, los débiles, los heridos, los veteranos, las viudas, los huérfanos". Pero también declaraba sin cambiar de tono: "Mi misión es fortificar el Tesoro público y, con el permiso de la asamblea, me propongo hacerlo sin tardanza", y se sirvió un gran vaso de whisky que vació de un trago...

Estas oleadas de elocuencia y de bebida evidentemente no podían disimular los aspectos menos sencillos del presupuesto, es decir, que había que financiar los avances sociales y que los dispositivos previstos a tal fin borrarían muchas sonrisas: aumento de los derechos sucesorios, impuestos a los automóviles, relojes, películas, neumáticos y a los instrumentos musicales; derechos aduaneros sobre el lúpulo, la seda y el rayón, algo que no podía dejar de asombrar en este librecambista convencido. Pero lo que iba a causar sensación en los medios financieros e iba a tener consecuencias más importantes era, sin dudas, el anuncio del regreso al patrón oro.

El reestablecimiento de la convertibilidad de la libra esterlina a su nivel de la preguerra era de hecho el objetivo de todos los gobiernos británicos desde 1920, que lo habían preparado cuidadosamente con una severa política de deflación. Esta medida, juzgada indispensable para el prestigio de Gran Bretaña y para la prosperidad de sus instituciones financieras,[15] implicaba sobre todo un alza del 10% del curso de la libra y, por consiguiente, encarecía en la misma proporción el precio de las exportaciones británicas, que se volvían, por ende, mucho menos competitivas en los mercados extranjeros. Así que el único remedio era disminuir los costos de producción, lo que, inevitablemente, implicaba reducciones de los salarios, aumento de los despidos y un descenso general del nivel de vida. Esto fue lo que muy pronto explicó un economista de Cambridge, el profesor John Meynard Keynes, autor cinco años antes de *Consecuencias económicas de la paz* y que en ese momento publicó un opúsculo titulado *Las consecuencias económicas del señor Churchill*. Su demostración era convincente, pero el principal interesado no la tuvo en cuenta, y el 15 de mayo de 1924 los diputados votaron por aplastante mayoría el *Gold Standard Act*, que parecía marcar el regreso de Gran Bretaña a su prosperidad de antes de la guerra.

Pero no fue así. La supremacía económica del imperio británico había sido devorada por el torbellino de la Gran Guerra y nada podía hacerla resucitar. Pretender lograrlo gracias a la incorporación del oro era sostener una costosa ilusión. ¿Por qué Churchill tomó esta decisión, dejando de lado las advertencias de un economista que admiraba y de alguna gente cercana cuyo juicio le merecía respeto, como su amigo de los tiempos de guerra, Max Aitken, convertido en el magnate de la prensa lord Beaverbrook? Habría que atribuir este paso en falso a la falta de seguridad de un ministro que ejercía su función desde hacía sólo unos meses y que oía a los expertos, los políticos, los banqueros, al director del Banco de Inglaterra, al primer ministro, a los funcionarios de su propio ministerio y a todos sus predecesores en el ministerio que recomendaban un regreso al patrón oro en los plazos más cortos; además, muchos hombres influyentes le habían presentado esta medida como el mejor medio para que Inglaterra volviera a encontrarse con su grandeza imperial y estrechara vínculos con los Estados Unidos, dos argumentos a los que Churchill era en extremo sensible; finalmente, hay que decirlo, el hombre de los grandes hechos de armas y de los grandes vuelos no se sentía muy cómodo con la mezquina contabilidad de los dineros públicos, con las incompatibilidades de intereses de los socios económicos y con los juegos de naipes de los mercados financieros. Si bien hizo muchos más esfuerzos que su padre para desentrañar sus secretos, no es seguro que lo haya logrado, pues, para decirlo todo, esas interminables filas de números no lo inspiraban más que las versiones latinas de su niñez. "Descubrí enseguida, contó Robert Boothby, que en 1926 se había convertido en su jefe de gabinete, que el Tesoro no le gustaba para nada y que, en el fondo, los problemas de las altas finanzas no le interesaban". Y Churchill le confió, al término de una reunión con funcionarios del Tesoro, banqueros y economistas: "Si fueran almirantes o generales... Yo hablo como ellos y puedo discutir con ellos. Pero estos tipos... al cabo de un rato se ponen a hablar en chino y ahí no entiendo más nada". Esto nos permite pensar que un hombre así se encontrará mucho más en su salsa en los dramáticos acontecimientos que vendrán y que no fueron otra cosa que consecuencia directa de su desafortunada iniciativa económica.

Con el algodón, el carbón era la principal industria exportadora del reino. Ya había tenido dificultades para mantenerse en el mercado mundial, pero la golpeó de lleno el aumento de los precios como consecuencia del regreso al patrón oro, y los dueños de las minas de carbón se vieron obligados a restringir sus costos o a perder sus mercados más importantes. Los salarios representaban aproximadamente el 80% de estos costos, y anunciaron su intención de volver a los acuerdos salariales existentes, reduciendo las remuneraciones y alargando la jornada laboral. Esto provocó un levantamiento de los mineros que amenazaron con ir a la huelga, apoyados por el TUC (*Trade Unions Congress*, Federación de Sindicatos) y por el Partido Laborista. En agosto de 1925, el primer ministro Baldwin, después de haber intentado una mediación, aquietó las aguas al aceptar subvencionar las minas de carbón durante nueve meses y al nombrar en el ínterin una comisión real, encargada de encontrar un acuerdo. Pero en abril de 1926, cuando las subvenciones se interrumpieron y los mineros rechazaron las disminuciones salariales propuestas por la comisión, se evidenció que no se había arreglado nada. En la mañana del 1º de mayo, comenzó la huelga en las minas. El día siguiente, el TUC, a través del secretario general del sindicato de transportistas, Ernest Bevin, anunció una huelga general de solidaridad, que se inició efectivamente el 3 de mayo a medianoche, después del fracaso de las negociaciones con el gobierno.

Fue una huelga muy dura. Se paralizaron todos los transportes así como la producción de gas y de electricidad, la industria metalúrgica y química, la construcción, los muelles y la prensa. El gobierno apeló a voluntarios para manejar los trenes y los autobuses, distribuir víveres y combustible y asegurar los servicios esenciales, y se movilizó a la policía y al ejército para asegurar su protección. Pero para las autoridades todavía quedaba por hacer lo esencial: a pesar de la parálisis de todos los medios de impresión, había que seguir en contacto con la opinión pública, cuyo apoyo era esencial para salir vencedores en esta prueba.[16] En este contexto, Stanley Baldwin, siguiendo la opinión de uno de sus consejeros más próximos, se dirigió a su ministro de Economía y le propuso que asumiera las funciones de redactor en jefe de un diario "oficial". Quizá parezca extraño que se haya dirigido a este ministro para restablecer la comunicación con el pueblo, pero si nadie en el gabinete planteó alguna objeción, fue porque ese ministro era Winston Churchill. Por supuesto que era vanidoso, charlatán, impulsivo, en extremo egocéntrico, insoportable las más de las veces, y estaba todo el tiempo buscando la gloria, pero en las situaciones urgentes era también absolutamente irremplazable.

De hecho, Churchill consideraba que las quejas de los mineros eran justificadas y se había declarado en varias oportunidades partidario de las concesiones en su favor, en nombre de la justicia y de la armonía social. Pero consideraba que la huelga general que llevaba a cabo el TUC era un ataque directo contra el gobierno y las instituciones, sin duda inspirado por los comunistas.[17] Por lo tanto, inició nuevamente las hostilidades y se unió a los "duros" del gobierno, como su amigo Birkenhead o el ministro del Interior Joynson-Hicks, para vencer al adversario por todos los medios posibles. Con esta idea, muy cercana, hay que confesarlo, a la de 1914, abordó su nueva misión: crear un diario que fuera el vocero del gobierno, luego hacerlo imprimir y difundirlo, a pesar de que los impresores y distribuidores hubieran parado por completo sus actividades. El ministro del Aire, sir Samuel Hoare, ya había encontrado el nombre del diario: *British Gazette*; el *Morning Post*, que se había quedado sin obreros, puso todos sus locales a disposición del gobierno. Había que encontrar tipógrafos, redactores, distribuidores, artículos y, por supuesto, lectores...

El Ministro de Hacienda se encargaría en persona. Gracias a lord Beaverbrook, cuyo *Daily Express* también estaba paralizado, obtuvo la ayuda de un linotipista experimentado y de algunos empleados que conocían las rotativas; varios estudiantes se presentaron como voluntarios para distribuir el diario, con la protección de la policía; en cuanto a los artículos, los elegía personalmente el redactor en jefe Churchill, cuando no los escribía él mismo. Así, en el primer número, que salió el 5 de mayo con una tirada de doscientos treinta mil ejemplares, se podía leer este párrafo no firmado, pero redactado con un estilo característico: "Esta gran nación [...] se ve en la actualidad reducida al nivel de los indígenas africanos, que dependen únicamente de los rumores que se transportan de un lado a otro. En algunos días, si dejamos que esta situación se prolongue, los rumores van a envenenar la atmósfera, provocarán pánico y desórdenes, inflamarán tanto los temores como las pasiones y nos arrastrarán a todos a abismos inimaginables por ningún hombre de mente sana, cualquiera sea su partido o clase social". Más lejos, podía leerse lo siguiente: "La huelga general es un medio de hacer soportar a cuarenta y dos millones de ciudadanos británicos la voluntad de cuatro millones". El número del 6 de mayo ya tuvo una tirada de quinientos siete mil ejemplares y afirmaba perentoriamente: "La huelga general es un desafío al Parlamento; es el camino de la anarquía y de la ruina". Para Churchill, al que Beaverbrook describió como poseído por "el viejo espíritu de Gallípoli" y por "uno de sus accesos de vanagloria y de excitación excesiva", se trataba de propaganda de guerra en el más puro estilo de 1917-1918, con los sindicatos haciendo el papel de los alemanes... o de los bolcheviques. Así que estaban permitidas todas las armas: acusaciones sin pruebas, rumores incendiarios, noticias censuradas, himnos patrióticos, comunicados de victoria, ultimátums belicosos, mala fe atronadora.

Los ministros pensaban que el diario se limitaría a dar relevancia a algunas informaciones oficiales etéreas, así que no podían creer lo que estaban viendo. El primer ministro, que le había confiado esta tarea a Churchill diciendo: "Y bueno, esto va a mantenerlo ocupado e impedirá que haga cosas peores", tampoco. Grueso error: el Ministro de Hacienda no dejó de encontrar tiempo para pedirle al Consejo de Ministros la movilización de las tropas territoriales para ayudar a la policía, la congelación de los fondos sindicales y el arresto de los alborotadores de la huelga. También se erigió en vocero del gobierno, y sus palabras eran claramente más fuertes que las de la mayoría de sus colegas: "Estamos en guerra, declaró al aterrorizado secretario adjunto del gobierno, y tenemos que llegar hasta el final; tiene que tener sangre fría".

Stanley Baldwin, que llevaba la sangre fría hasta la indolencia, prefería evitar las medidas extremas y dejó que la huelga se pudriera. Es verdad que con la llegada de voluntarios para reemplazar a los huelguistas y el extraordinario éxito de la *British Gazette*, que tenía una tirada de dos millones doscientos mil ejemplares, su gobierno había quedado claramente en una posición de fuerza. El 12 de mayo finalizó la huelga general y los jefes del TUC se dirigieron a Downing Street para deponer las armas. Para su estupefacción, Churchill, presentado siempre como un extremista decidido a humillar a los trabajadores, declaró: "¡A Dios gracias, se ha terminado!".

Sin embargo, era previsible, y también lo que siguió: nuestro ministro, para quien la magnanimidad en la victoria seguía siendo un principio intocable, se convirtió en abogado de los mineros que se habían quedado solos para luchar por su supervivencia, así como antes había defendido a los boers o a los alemanes humillados por la derrota. Baldwin, que sabía que una vez que las armas se hubieran guardado en el ropero este valeroso luchador podía mutar en un conciliador de talento, lo nombró a la cabeza de una comisión gubernamental encargada de encontrar un acuerdo equitativo entre los sindicatos de mineros y los patrones de las minas de carbón. Intentó que se adoptara el principio de un salario mínimo en las minas y negociar con los patrones una disminución de sus beneficios como intercambio para una reducción de los salarios de sus empleados. Si bien terminó por fracasar, a pesar de cinco meses de esfuerzos, fue tanto a causa de la obstinación de los mineros como de la arrogancia de sus patrones y del espíritu de revancha de la mayoría de los barones conservadores, decididos a que los mineros pagaran el precio de la derrota. El primer ministro prefirió no comprometerse: para reponerse de sus emociones, fue a pasar unas prolongadas vacaciones al sur de Francia.

Pero a Churchill ni se le pasaba por la cabeza hacer algo así. Siempre a la búsqueda de un equilibrio presupuestario perpetuamente amenazado por los disturbios sociales y las malas medidas financieras, se dedicó a la reducción de los presupuestos militares, especialmente el del Almirantazgo,[18] y negoció con algún éxito un plan de pago de las deudas de guerra, tanto con los deudores europeos de Inglaterra como con sus acreedores norteamericanos. Pero esto no impidió que, una vez más, se inmiscuyera en los asuntos de sus colegas: el primer lord del Almirantazgo, William Bridgeman, vio con horror cómo intervenía para retrasar los plazos de construcción de cruceros; el ministro de Salud, Neville Chamberlain, asistió abrumado a sus incursiones intempestivas en el campo de los seguros de desempleo y de las prestaciones por enfermedad, y sólo la flema legendaria del ministro de Asuntos Exteriores, Austen Chamberlain, le impidió patalear de rabia al comprobar que Winston exigió (y obtuvo) la ruptura de las relaciones diplomáticas con la URSS,[19] aseguró en el Consejo de Ministros que no habría guerra con Japón en un futuro previsible, intervino para que Inglaterra fuese árbitro entre Alemania y Francia y alentó al alto comisionado británico en Egipto, lord Lloyd, para que impidiera el ascenso al poder de Zaghlul Pacha.[20]

Pero no se podía hacer nada: a fines de 1926, la posición de Churchill era inatacable. Lo que sucedía era que la opinión pública lo veía como el principal artesano de la derrota de los huelguistas (aun cuando sólo había sido el que más ruido había hecho), y nadie, fuera de Keynes (y de él mismo) ponía seriamente en duda sus conocimientos como ministro de Hacienda. Cada año, hasta 1929, su presentación del presupuesto en el Parlamento se esperaba como un acontecimiento de relevancia, que atraía una multitud de conocedores y encantaba al conjunto de los diputados. Es verdad que sus dones como orador habían crecido: hablaba con mucha más comodidad y con frecuencia dejaba de lado sus notas para seguir la inspiración del momento o, al menos, daba esa impresión. Como estaba más relajado, mostraba con más naturalidad su sentido del humor, un arma que dominaría indiscutiblemente en los Comunes. Así, el 7 de julio de 1926, declaró con tono belicoso a los diputados laboristas de la Cámara: "Que se comprenda bien que si ustedes lanzan contra nosotros una nueva huelga general, nosotros lanzaremos contra ustedes... –corta pausa, durante la cual los diputados de la oposición, que esperaban una amenaza de usar el ejército, se disponían a abuchear al orador– una nueva *British Gazette*". El asombro y el alivio de los diputados se confundieron con un interminable estallido de risas.

Es cierto que seguía teniendo muchos enemigos: los laboristas seguían denunciándolo como enemigo jurado de la clase obrera, los liberales no le perdonaban su retorno al campo conservador y los viejos conservadores seguían viendo en él al renegado de 1904. Pero detrás de las apariencias, esta vez había curiosas realidades: la del jefe laborista MacDonald, que le escribió a Churchill: "Siempre tuve, en lo personal, la mayor de las estimas por usted"; la del líder liberal Asquith, cuyas relaciones con Churchill eran más distantes desde hacía diez años, pero que no por eso dejaba de ver en el ardiente ministro de Hacienda "un Everest entre las dunas de arena del gabinete de Baldwin". En cuanto al ministro de Salud conservador Neville Chamberlain, que no tenía gran simpatía por su colega de Hacienda, en el verano de 1926 tuvo que admitir que "Churchill mejoró claramente su posición y es muy popular [...] en nuestro partido y dentro de la Cámara". De ahí a ver que él podía ser el próximo jefe de gobierno había un solo paso. Los que tienen apego por los símbolos señalan que la residencia del ministro de Hacienda en el 11 de Downing Street estaba separada de la del primer ministro apenas por un pequeño jardín. Pero los que observan estos símbolos de más cerca subrayan que Churchill vivía allí lo menos posible: la casa de campo de Chartwell seguía ejerciendo sobre él una atracción irresistible.

En efecto, en el papel de hombre de campo nuestro diputado y ministro de Hacienda parecía encontrar su bienestar completo. Se había instalado hacía dos años en Chartwell con su esposa (a la que el lugar no le gustaba para nada) y sus cuatro hijos –Diana, de diecisiete años; Randolph, de quince; Sarah, de doce, y Mary, de cuatro–. Al igual que la residencia, el parque se había remodelado por completo según las especificaciones del dueño de casa, que siguió metiendo mano en la masa, agregando a las instalaciones anteriores un jardín acuático con rocas y cascadas, una plantación de bambúes y una gran piscina circular. Como luego había edificado una pequeña pared, descubrió su pasión por la albañilería y, a partir de ese momento, no dejó de construir: una casa de juguete para los niños, un taller, un pabellón para el valet. Siguió siendo un gran amigo de los animales, de modo que muy pronto el parque se pobló de peces rojos, patos, pollos, cisnes, ocas, ponys, cabras, corderos, zorros, tejones, dejando de lado los incontables gatos y perros que circulaban por la casa. Un verdadero terrateniente tenía que tener una propiedad productiva, así que se dedicó a la cría de ovejas, cerdos y aves, pero los resultados de sus esfuerzos estaban a la altura de la falta de profesionalidad. Sin embargo, cierta rentabilidad no sería superflua, pues Churchill, que nunca había sabido privarse de algo, siempre usaba lo mejor: ropa a medida, ropa interior de seda,[21] comida sofisticada, cigarros de La Habana, vinos franceses de primeras cosechas, champaña en cantidad respetable (invariablemente Pol Roger), whisky, coñac, oporto, cherry, estaban siempre entre las primeras necesidades. Además, los gastos de mantenimiento de su propiedad eran considerables, con un personal que comprendía tres mucamas, un hombre que realizaba todo tipo de tareas, una cocinera, dos mucamas de servir, un mayordomo, un valet, un palafrenero, dos niñeras y tres jardineros (sin contar las dos secretarias y los tres asistentes de investigación). Es así como se puede ser ministro y diputado y estar lleno de deudas. Además, ¡ya sabemos que entre los Spencer-Churchill era una tradición familiar! Pero a diferencia de sus antepasados, Winston tenía un excelente medio para tranquilizar a sus acreedores: redactar libros y artículos.

De hecho, más allá de sus obligaciones como diputado, ministro de Hacienda, redactor en jefe militante, mediador, entrometido del Consejo de ministros, padre de familia, paisajista, agricultor, criador y albañil, seguía escribiendo con un asombroso virtuosismo. El tercer volumen de sus *Memorias de guerra* se publicó en 1927, y hasta el verano de 1928 quedó absorbido por la escritura de los dos últimos tomos, que cubrían también el período de la preguerra. Al mismo tiempo, escribió largos artículos para *Pall Mall*, el *Sunday Times*, el *Daily Mail*, *John Bull* y el *Cosmopolitan*. Los temas eran variados, aun cuando hubiese, como es natural, muchas reminiscencias de su pasado aventurero: "Cómo me fugué"; "En un valle indio"; "Un tren blindado que cayó en una trampa"; "En el Cabo con Buller"; "Cómo me reconcilié con lord Roberts" pero, también, "Douglas Haig"; "George Curzon"; "Herbert Asquith"; "La crisis de Palestina"; "Trotski, el ogro de Europa"; "La charlatanería de los socialistas" y, de un experto en el tema: "Sobre la constancia en política". Como, decididamente, su tiempo era extensible, también empezó a escribir *My Early Life*, un pequeño libro simple y emotivo en el que contaba sus experiencias juveniles. Como siempre, dictaba todo a gran velocidad y estaba muy bien remunerado. A comienzos de septiembre de 1928, nuestro feliz autor y hombre de campo le escribió a Stanley Baldwin: "Pasé un mes delicioso construyendo una cabaña y dictando un libro: doscientos ladrillos y dos mil palabras por día".

Churchill terminó tomándole el gusto a mostrar su propiedad a los amigos. Así vemos cómo pasan por Chartwell el inevitable F. E. Smith, el fiel Eddie Marsh, el joven jefe de gabinete, Robert Boothby, la confidente Violet Asquith, el admirador y "brazo derecho" Brendan Bracken y, naturalmente, todos los acólitos de los tiempos de guerra y de posguerra: Archibald Sinclair, Desmond Morton, Edward Spears, Max Aitken (lord Beaverbrook), Lloyd George, Bernard Baruch, T. E. Lawrence (que había vuelto a ser un simple soldado) y el profesor Lindemann, llamado *"The Prof"*, un original vegetariano y abstemio que fascinaba a Churchill por su conocimiento de cifras y de divulgación científica. Entre los visitantes regulares, también había algunos jóvenes diputados conservadores, como Duff Cooper, Harold MacMillan o Victor Cazalet, que lo consideraban su mentor político. Por cierto, según confesó, "no me gusta ver caras nuevas", pero estos jóvenes se habían distinguido durante la Gran Guerra, y esta era la mejor carta de visita para tener los favores del señor de Chartwell.

Sin embargo, en política no hay nunca nada comprado, y si alguien lo sabía bien era Churchill. Ciertamente, se dedicaba a ser un ministro de Hacienda ortodoxo y presentó todos los años presupuestos equilibrados, acordó desgravaciones fiscales para dinamizar la industria y la agricultura, puso un impuesto al combustible, el vino, el tabaco, la cerveza y los alcoholes fuertes, reevaluó los impuestos a la renta, aceptó algunas distorsiones al librecambio para aumentar la recaudación, hizo votar deducciones de impuestos a las familias numerosas ("un nuevo ejemplo, declaró a los diputados, de nuestra política general de ayuda a los productores") y, en su conjunto, administró mejor las finanzas del Estado que las propias. Pero los efectos de sus errores iniciales no se borraron enseguida: la reevaluación de la libra esterlina y las huelgas de 1926 le propinaron un duro golpe a la economía y, a comienzos de 1929, había más de un millón de desocupados. El 29 de mayo, por primera vez, las elecciones generales le daban la mayoría al Partido Laborista. Los conservadores habrían podido mantenerse en el poder si se hubiesen aliado a los liberales de Lloyd George, pero Baldwin se negó[22] y el jefe laborista, Ramsay MacDonald, formó el nuevo gobierno.

Churchill de nuevo se encontró en la oposición; reelegido por la circunscripción de Epping, formó parte del *shadow cabinet* conservador.[23] Pero no se hallaba cómodo, ya que muchos dirigentes conservadores lo hacían responsable de la derrota electoral, como si hubiese asumido por sí solo toda la política del gobierno, y, además, Stanley Baldwin había decidido apoyar los proyectos laboristas que consistían en evacuar militarmente Egipto y acordar la autonomía interna a la India. Para Churchill, guardián del Imperio y ferviente partidario del Raj, era inaceptable: formado en la tradición victoriana, seguía viendo a la India como una de las joyas del Imperio, partícipe de su grandeza y brillo. Influido por su amigo F. E. Smith, ministro de la India, consideraba, además, que los trescientos cincuenta millones de indios no estaban listos para asumir las responsabilidades de su propio gobierno. Hoy esto parecería de lo más reaccionario y políticamente incorrecto, pero hay que recordar que, con doscientas cincuenta lenguas, 85% de analfabetos, sesenta millones de intocables y otro tanto de parias, y un odio feroz entre hindúes y musulmanes que no esperaba la partida de los ingleses para degenerar en masacres, la India de esa época no era exactamente un modelo de sociedad evolucionada. Además, ni Baldwin ni MacDonald eran apóstoles declarados de la descolonización y de un tercermundismo de vanguardia. Simplemente, veían en la India y en el resto del Imperio una cruz demasiado pesada de cargar, de la que había que liberarse lo antes posible. En cuanto a la suerte ulterior de las colonias, no les interesaba para nada y no lo ocultaban. En realidad, muchos otros conservadores también se oponían a esta política bastante cínica,[24] pero muy pocos se arriesgarían a distanciarse del partido para ser coherentes con sus convicciones. Como sabemos, Churchill nunca dio marcha atrás ante tal eventualidad y multiplicó sus artículos y sus declaraciones públicas para condenar esta política de abandono. Sus relaciones con Baldwin, ya tensas desde la derrota electoral, se degradaron durante el año 1930, hasta que su posición en el *shadow cabinet* conservador se volvió insostenible y lo invitaron a que lo abandonara (lo que hizo sin dudar).

Desde que Churchill dejó de ser ministro, sus dificultades financieras se agravaron. Si bien es cierto que nuestro autor de éxito había recibido un cómodo adelanto por *My Early Life* y que, por consejo de T. E. Lawrence, había iniciado la escritura de una biografía de su ilustre antepasado, el duque de Marlborough (con otro adelanto sustancial), y que había vuelto a escribir artículos también rentables sobre sus preocupaciones del momento: "¿Va a durar el imperio británico?"; "El peligro en India"; "Verdades principales sobre India"; "La crisis palestina"; "Los Estados Unidos de Europa"; "¿Por qué se precisan impuestos?" y hasta "¿Por qué perdimos las elecciones?" (o sea, no se privó de nada), pero es de lamentar que una parte de estos apreciables ingresos se colocaran en la Bolsa de Wall Street y el crack de octubre de 1929 los redujera prácticamente a cero.

Es asombroso, pero Churchill nunca le dio al dinero una importancia desmesurada. Mucho más cruel fue para él la pérdida de F. E. Smith, su cómplice brillante y espiritual, en octubre de 1930, muerto a causa del humo y del alcohol. Durante un cuarto de siglo habían vivido y actuado de común acuerdo. Juntos habían fundado un club: The Other Club, al que Churchill siguió vinculado de por vida. Ahora sin ministerio, sin fortuna, sin influencia de su partido y sin su mejor amigo, el diputado de Epping se metió de lleno en la biografía del gran Marlborough. Para el esparcimiento seguía estando el sur de Francia, donde podía instalar su caballete y acechar los casinos. También el Nuevo Mundo, donde siempre lo recibían bien. Después de una estadía en los Estados Unidos y Canadá con su hijo, en el otoño de 1929, volvió a fines de 1931 para una serie de cuarenta conferencias (por supuesto que muy bien pagadas: diez mil libras, es decir, dos veces el salario anual de un primer ministro). Pero esta resultó muy agitada: la noche del 14 de diciembre, nuestro conferencista estaba en Nueva York y quiso visitar a su viejo amigo el financista Bernard Baruch. Siempre distraído, se olvidó la dirección en el hotel; siempre aventurero, hizo que un taxi lo dejara en la Quinta Avenida pensando que iba a encontrar la casa de memoria, pero, una vez más, la distracción hizo que se olvidara de que los norteamericanos manejaban por la derecha, y al bajar a la calzada, un automóvil que iba a gran velocidad lo atropelló. El choque fue terrible (comparable, según calculó el doctor Lindemann, al provocado por la caída desde diez metros de altura). Churchill quedó con una herida profunda en el cuero cabelludo y algunas contusiones, y esta vez necesitó casi dos meses para recuperarse. Con la edad, los accidentes mortales se vuelven más extenuantes...

9
Aviso de tempestad

A comienzos de 1932, el dueño de Chartwell, que acababa de cumplir cincuenta y siete años y vivía retirado en su propiedad campestre, no era exactamente un solitario. Tenía una esposa, cuatro hijos, muchos asistentes y sirvientes, decenas de amigos que vivían en la región e iban frecuentemente a verlo, unos cien animales que retozaban por el campo y, naturalmente, millones de lectores que esperaban con impaciencia los escritos del autor célebre en que se había convertido Winston Churchill.

Pero las cosas no eran tan idílicas como parecían: Clementine Churchill no la pasaba bien en Chartwell y no disfrutaba demasiado de la compañía de algunos visitantes,[1] padecía crisis de depresión prolongadas y se ausentaba con frecuencia para ir a visitar los centros de arte del continente. Los hijos, demasiado mimados y sin muchos límites, empezaron a causar algunas preocupaciones: Diana se casó de repente y su unión fue un fracaso; Sara quería ser actriz, pero su talento no estaba a la altura de su humor caprichoso; Randolph, que era un hombre muy apuesto y se expresaba con facilidad, abandonó sus estudios en Oxford para lanzarse a la política y al periodismo. Pero lamentablemente carecía de las asombrosas virtudes de su padre y, en cambio, había heredado la indolencia, el mal carácter y la impulsividad desordenada de su abuelo Randolph; además, la maldición de los Spencer-Churchill lo había alcanzado como a sus dos hermanas: bebía muchísimo, pero su capacidad para soportar el alcohol era muy inferior a la de su padre, y se auguraban días desastrosos.[2]

Así como al clima familiar no le faltaban nubes, los animales no reservaban menos sinsabores: los perros se encargaron de las alfombras; el carnero, de las sirvientas; los gatos, de los peces rojos; el zorro, de las ocas; las cabras, del cerezo; y los parásitos, de los pollos. Churchill cada tanto se ocupaba, pero sus intervenciones episódicas no eran más eficaces que sus intentos de mediación en los asuntos familiares (lo que no impedía que presentara a sus huéspedes a todos los habitantes de su pequeña propiedad con el orgullo emocionado de un patriarca satisfecho). En realidad, los visitantes estaban mucho más impresionados por la conversación del dueño de casa, que con frecuencia tomaba la forma de un monólogo lírico de sobremesa sobre todos los temas imaginables. "Las escenas que montaba, escribió lady Longford, eran tan brillantes que pocos oyentes se atrevían a interrumpirlo. Adivinaban que su egocentrismo era la expresión de una visión interna que tenía que exteriorizarse y consideraban un privilegio poder ayudarlo a que lo hiciera". De hecho, Winston muchas veces probaba con sus invitados frases que pronunciaría en una semana –o en un año– en la Cámara de los Comunes o en un acto electoral. Pero sus dichos, entrecortados con reminiscencias de la juventud, declamaciones de poesías o frases leídas en *Punch* cuarenta años antes, no dejaban nunca de cautivar a los invitados, como luego fascinarían a los diputados y a los electores.

En ese momento, el efecto en el Parlamento era más limitado. Es que a comienzos de los años treinta, Churchill estaba políticamente muy aislado. Si bien su paso por el Ministerio de Hacienda había hecho que sus posiciones en materia de librecambio evolucionaran, su oposición categórica a los proyectos de autonomía india lo había apartado por completo de la dirección del Partido Conservador. Después de dejar el *shadow cabinet* en enero de 1931, se encontró naturalmente excluido del gobierno de unión nacional constituido tras la caída de los laboristas ocho meses más tarde, y su posición en los Comunes era tan singular como poco cómoda: adversario del gobierno de coalición, también era hostil a la organización laborista, y los que lo apoyaban incondicionalmente en este papel de opositor universal se contaban con los dedos de la mano. El resto tendía a evitarlo como si estuviera contaminado. Así que, *mutatis mutandi*, de nuevo estaba en la situación de 1904 y de 1916. Decididamente, la vida era un eterno recomenzar para este francotirador enfurruñado, que se sentaba en la primera banca detrás del gobierno, justo por encima del ala central (el lugar que antes había ocupado su padre, cuando también era rebelde y estaba aislado). "Winston estaba bien ubicado como para tirar contra los dos campos", señaló el líder laborista Clement Attlee; "recuerdo haberlo descripto como un blindado poderosamente armado que surcaba el *no man´s land*".

Este extraño diputado conservador que se había pasado al Partido Liberal, que había roto con los liberales para volver a ser conservador y que ahora había roto con casi todo el aparato de su partido, ¿contaba al menos con apoyo a nivel nacional? No era para nada seguro, pues estaba absolutamente a contracorriente de la opinión pública. Fuera de la aristocracia y de algunos coroneles retirados, nadie en Gran Bretaña tenía verdadero interés por el futuro de la India, y la gran mayoría del pueblo vería sin alarma que esta joya de la Corona accediera a la autonomía e, inclusive, a la independencia. Churchill, al que sólo le interesaba la opinión de los demás cuando coincidía con la propia, no era para nada consciente de esto. Lo que les interesaba realmente a sus compatriotas en esa época eran las consecuencias de la crisis económica, con la caída brutal de las exportaciones, la acumulación de quiebras de empresas y la situación catastrófica del empleo: tres millones de desocupados a fines de 1931. Como es lógico, el pueblo era partidario de un aumento sustancial de los subsidios por desempleo, pero Churchill, que sabía que el gobierno no contaba con medios, se opuso públicamente (una actitud valiente, pero que, por cierto, no mejoró su imagen en los medios obreros[3]).

En política exterior había dos posiciones muy marcadas dentro de la opinión pública y, en parte, contradictorias. Por un lado, el deseo de paz y la confianza casi absoluta en las virtudes y eficacia de la Sociedad de las Naciones; por otro, el rechazo a cualquier compromiso que estableciera obligaciones en el extranjero. A esto se agregaba la convicción (sobre todo después de la publicación del libro de Keynes sobre las consecuencias económicas de la paz) de que el tratado de Versalles había establecido en Europa una situación injusta, de donde provenían dos sentimientos difusos, pero muy extendidos: una simpatía bastante grande por Alemania y una hostilidad segura hacia Francia, especialmente desde la ocupación del Ruhr en 1923. ¿Cómo un público con estas certezas iba a poder entender los discursos de Churchill, que defendían enérgicamente los tratados de paz, pedían que Alemania se hiciera cargo de sus obligaciones en materia de desarme y consideraban que el ejército francés era el único amparo para una paz duradera en Europa? ¿Cómo un país en el que la moda del comunismo empezaba a instalarse, tanto en las universidades como en los medios obreros, podría entender a este conservador de otra época, que había llevado el anticomunismo hasta el extremo de pronunciar palabras a favor de Mussolini durante su estadía en Roma en 1927?[4] Y, por sobre todo, ¿cómo seguir a este viejo militarista, mientras todo el mundo en el país se había vuelto tan profundamente pacifista?

Es verdad que en Gran Bretaña y en Francia los estragos de la Gran Guerra habían marcado profundamente a la gente y habían provocado una enorme ola de antimilitarsimo. Desde mediados de los años veinte, la idea de que la guerra solo había sido consecuencia de una acumulación considerable de armamentos en Europa no había dejado de ganar espacio y, durante este período, los imperativos económicos y sociales, el papel pacificador de la Sociedad de las Naciones, el ingreso de Alemania en esta organización, la concertación permanente que se había instaurado entre Briand, Stresemann y Austen Chamberlain desde Locarno, el optimismo y el idealismo oficiales que culminaron en 1928 con el pacto Briand-Kellog, la publicidad sobre las interminables conferencias de Ginebra sobre el desarme y, finalmente y sobre todo, la ausencia de amenazas contra la paz en Europa durante los años veinte convencieron a los ciudadanos británicos de la posibilidad, es más, de la necesidad, de renunciar a las armas de guerra.

El único que parecía seguro de lo contrario era Churchill. Desde 1929 sostenía que había que tener cuidado con las ideas hechas: en muchos discursos intentó que se pusiera en evidencia la incompatibilidad absoluta que subsistía entre la eficacia de la Sociedad de las Naciones y el desarme de sus dos sostenes más firmes, Gran Bretaña y Francia. Era una contradicción que, obviamente, no se les había escapado a los otros políticos, pero los dirigentes del Partido Laborista no iban a renunciar por nada en el mundo al desarme, que constituía uno de los más bellos adornos de su programa político desde la guerra. Por otra parte, los jefes liberales y conservadores preferían dejarse llevar por la opinión pública más que dirigirla, porque siempre tenían un ojo puesto en los resultados electorales, así que se la pasaban diciendo banalidades solemnes sobre las virtudes de la Sociedad de las Naciones y del desarme en general. Y cuando se retomó la conferencia de Ginebra a comienzos de 1932, que finalizó en un callejón sin salida total después de cinco meses de ásperas negociaciones, los británicos, con MacDonald, Baldwin y Simon a la cabeza, fueron los que se mostraron más decididos a renovar el diálogo, a riesgo de aceptar el rearme de Alemania y ¡a reclamar el desarme de Francia! En cuanto a reducir las defensas de Gran Bretaña, hay que reconocer que lo esencial ya se había hecho.

En efecto, en menos de diez años, el estado de las fuerzas armadas británicas se había degradado de una manera espectacular: el presupuesto del ejército de tierra, que se elevaba a cuarenta y cinco millones de libras en 1923, cayó a cuarenta millones en 1930 y a treinta y seis millones en 1932; sus efectivos se habían reducido significativamente desde el abandono de la conscripción; los cañones de que disponía a comienzos de los años treinta ya estaban desactualizados en 1914 y la mayoría de las fábricas de municiones tuvieron que interrumpir su producción por falta de pedidos; en cuanto a los tanques, orgullo del ejército británico en 1918, fueron víctimas de la incomprensión presupuestaria y también de la mala voluntad de los oficiales de caballería, de manera que se interrumpió su producción en serie en 1925. La aviación no había salido más favorecida: en 1923 se había previsto afectar un mínimo de cincuenta y dos escuadrillas a la defensa de las Islas Británicas; diez años más tarde, sólo había cuarenta y dos y estaban compuestas por diecisiete tipos de aviones diferentes, casi todos construidos entre 1914 y 1918. Fue así como la aviación británica, una de las dos mejores del mundo cuando finalizó la Gran Guerra, había quedado relegada al quinto lugar en 1931. Por su parte, las fábricas de construcción aeronáutica tuvieron que cerrar sus puertas o reconvertirse (como la compañía Westland Aircraft, que sobrevivió fabricando toneles de cerveza). Y la Marina, tradicionalmente el arma más favorecida, sufrió mucho con los efectos del tratado de Washington[5] y con la "Regla de los diez años". En 1929 se estimaba que sus necesidades mínimas eran setenta cruceros; cuatro años más tarde, tenía sólo cincuenta y seis en servicio, de los cuales treinta y cuatro estaban en el límite de la obsolescencia. Sin embargo, la actividad en los talleres navales estaba reducida en extremo.

Por supuesto que los jefes de los estados mayores de las tres armas protestaban vigorosamente contra este estado de hecho. En el Parlamento contaban con el apoyo elocuente de Churchill y de un puñado de diputados, para quienes los problemas de defensa seguían manteniendo un significado concreto. Sin embargo, los resultados se hacían esperar y los jefes de los estados mayores, pasando por encima de los ministros responsables, decidieron dirigirse directamente al primer ministro para pedirle que remediara las insuficiencias más graves. El historiador británico A. J. P. Taylor describió este proceso de manera elocuente: "El primer ministro recorrió rápidamente las recomendaciones de los jefes de estado mayor y las edulcoró en la primera lectura y, después, volvió a hacerlo antes de someterlas al gabinete, que las edulcoró nuevamente en previsión de las dificultades que encontrarían para que las adoptara el Parlamento y el país". No obstante, a mediados de marzo de 1932, MacDonald recibió de los jefes de estado mayor un informe todavía más categórico: volvía a explicar la falta de preparación y el subequipamiento de las fuerzas armadas británicas, pero esta vez agregaba que "no estarán en estado de cumplir con las tareas militares que podrían confiárseles". Por consiguiente, el informe pedía la anulación instantánea de la "Regla de los diez años" y postulaba un refuerzo inmediato de las tres armas, sin esperar la conclusión de los trabajos de la conferencia de desarme. La primera respuesta les llegó del ministro de Hacienda,

Neville Chamberlain: "En este momento, los riesgos más graves y más urgentes que el país debe enfrentar son, de lejos, los económicos y financieros".

Sin embargo, los jefes de estado mayor finalmente ganaron la causa, ya que el 23 de marzo de 1932 el gobierno aceptó anular la "Regla de los diez años". Sólo que la situación financiera era muy mala y el gobierno acababa de comprometerse a equilibrar el presupuesto; por eso enseguida declaró que la abolición de la "Regla de los diez años" "no justificaba un aumento de los gastos militares en lo inmediato". A pesar de las apariencias, nada había cambiado, y menos de un año más tarde, el primer lord del Almirantazgo, presionado por su estado mayor, solicitó a los miembros del gabinete que le aseguraran "que se dan cuenta del estado de falta de preparación en que se encuentra la Marina y que asumen la responsabilidad de esto". Con una asombrosa indolencia, el primer ministro MacDonald dio las seguridades solicitadas inmediatamente.

Cuando Churchill hizo pública su indignación por lo que estaba sucediendo, sus detractores le recordaron que, en gran medida, él había contribuido al debilitamiento de las defensas del país. ¿Acaso como ministro de Guerra y del Aire no había sido el artesano de la desmovilización de 1919? ¿No había recortado radicalmente los fondos del ejército y de la aviación a comienzos de los años veinte? ¿Como ministro de Hacienda no había amputado ampliamente el presupuesto del Almirantazgo? ¿Después de todo, no era el padre de la tristemente célebre "Regla de los diez años"? Todo esto era verdad, pero dejaba de lado dos elementos esenciales: Churchill no hacía otra cosa que ejecutar las decisiones del gobierno y todo esto sucedía durante una década en la que no había amenazas a la paz. En 1932, en cambio, la crisis económica mundial y sus consecuencias políticas y sociales habían acercado a Hitler al poder, y éste era un personaje con el que Churchill no se hacía ninguna ilusión: en 1925 había leído la primera traducción inglesa de *Mein Kampf*; la voluntad de borrar toda huella del *diktat* de Versalles, rearmar a Alemania, anexarle los otros territorios habitados por alemanes y llevar a cabo la conquista de un *Lebensraum* en el Este se exponían sin vueltas, así como el odio mortal del Führer por los judíos y su loca ambición de dominación mundial. Winston Churchill, a diferencia de la aplastante mayoría de sus compatriotas, había elegido tomarse al pie de la letra este libro denso y amenazador; además, una experiencia personal confirmó sus temores.

Recordemos que el descendiente del primer duque de Marlborough había empezado a escribir una biografía de su ilustre antepasado. De modo que era a la vez un proyecto muy rentable y un acto de reparación: Churchill consideraba que Macaulay, al que tanto admiraba, no había dejado de difamar vergonzosamente al vencedor de Blenheim y se tomó a pecho el restablecimiento de la verdad histórica. Sin dejar de lado sus incontables artículos,[6] se lanzó a esta amplia empresa con su fogosidad y su minucia habituales, para lo que movilizó a varios asistentes de investigación de tiempo completo,[7] utilizó la totalidad de los archivos del castillo, hizo examinar montañas de documentos preservados en los Países Bajos desde el siglo XVIII y, para darse una idea justa de los acontecimientos de la época, este biógrafo concienzudo inició una gran gira por los campos de batalla del duque de Marlborough, lo que lo llevó a Alemania en 1932.

La estadía fue instructiva en muchos aspectos. Churchill y sus acompañantes recorrieron a lo largo y a lo ancho el vasto campo de batalla de Blenheim, pero también pudieron hacerse una idea de las realidades alemanas contemporáneas, en el momento exacto en que Hitler iniciaba su marcha hacia el poder. En Munich, Winston no logró concretar una entrevista con el Führer[8] pero percibió en el país "una atmósfera hitleriana", que le causó una profunda impresión e inspiró, a su regreso a Londres, cada uno de sus discursos públicos: "Todos estos grupos de jóvenes alemanes vigorosos que recorren las calles y las rutas de Alemania, animados por el deseo de sacrificarse por la madre patria, [...] quieren armas, y cuando las tengan, créanme, exigirán que se les restituyan los territorios y las colonias que han perdido, y esto va a hacer que tiemblen hasta sus cimientos (y hasta desaparezcan) todos los países de los que hablé... y hasta algunos de los que no hablé".

Cuando Hitler se convirtió en canciller el 30 de enero de 1933, Churchill comprendió que sus peores temores estaban justificados; los discursos de paz ahora eran irrisorios y los planes de desarme, suicidas. Pero la opinión pública no era manifiestamente consciente y los miembros de la unión de estudiantes de Oxford votaron por amplia mayoría una resolución que afirmaba su voluntad de "no luchar en ninguna circunstancia por el rey y la Patria". Ante esta confesión de debilidad, por consiguiente, el gobierno siguió su camino con la seguridad de un sonámbulo: "el plan MacDonald", sometido a la conferencia de Ginebra en febrero de 1933 y destinado a "que Hitler confiara", preveía una reducción del ejército francés de quinientos mil a doscientos mil hombres, en tanto que Alemania podría duplicar sus efectivos para estar en igualdad con Francia. Inglaterra, Italia y Francia –sobre todo Francia– también destruirían una parte de su artillería pesada y reducirían su aviación a quinientos aparatos cada una. MacDonald, a quien las cuestiones militares aburrían sobremanera, un mes después confesó a los diputados que, cuando presentó este documento en Ginebra, no "se podía pretender que hubiese controlado las cifras personalmente". Esto equivalía a agregar inconsciencia al diletantismo, pero no impidió que los diputados laboristas, liberales y conservadores lo ovacionaran. Churchill le respondió el 23 de marzo: "No me parece ninguna viveza presionar a Francia para que adopte el plan en este momento. Dudo de que los franceses acepten. Deben asistir con la mayor inquietud a lo que sucede actualmente en Alemania. [...] Diría, inclusive, que durante este mes lleno de alarmas mucha gente se ha dicho lo que vengo repitiendo desde hace años: '¡A Dios gracias, existe el ejército francés!'". Pero decimos poco si afirmamos que a Churchill no lo comprendieron: "Me acuerdo especialmente, escribió más tarde, de la expresión de sufrimiento y de aversión que apareció en las caras de los diputados en todas las bancas de la Cámara cuando declaré: '¡A Dios gracias, existe el ejército francés!'".

O sea que con la aprobación prácticamente unánime MacDonald y Simon siguieron con las negociaciones en Ginebra, sobre la base de su audaz proyecto de desarme unilateral. Pero, algo remarcable, el propio Hitler los preservó de las consecuencias de su propia inconsciencia. ¿Quizá tanta estupidez le pareció sospechosa? En todo caso, antes de fines del año 1933, el Führer retiró a Alemania de la Sociedad de las Naciones y de la conferencia sobre el desarme.

Este golpe de efecto también debe de haber abierto los ojos de los ingleses, tanto más cuanto luego le siguieron varios otros: la disolución de los partidos políticos con la excepción del Partido Nacionalsocialista, la apertura de los primeros campos de concentración, la reconstitución de un ejército alemán de trescientos mil hombres, el sangriento arreglo de cuentas de la "noche de los cuchillos largos", el intento de golpe nazi en Viena y, finalmente, el establecimiento de una dictadura absoluta en agosto de 1934, después de la muerte del presidente Hindenburg. Pero hay que confesar que durante este período los súbditos de Su Majestad, absorbidos por la crisis económica y fascinados por el sueño pacifista, se preocuparon muy poco por la política extranjera. Entre los que consentían en interesarse, algunos pensaban que Hitler no hacía otra cosa que reparar las injusticias del tratado de Versalles, otros predecían que no permanecería mucho tiempo en el poder y otros todavía estaban convencidos de que el ejercicio de las responsabilidades de Estado atenuaría los excesos de su política. Mientras tanto, naturalmente, no había que hacer nada que pudiera impulsar al Führer a mostrarse más agresivo. De hecho, estos fueron los orígenes del *Appeasement*, como lo concebían Lothian, Simon, Londonderry, Astor, Neville Chamberlain, Thomas Jones y Geoffrey Dawson.

La importancia de todo esto habría sido limitada si en Gran Bretaña hubiese habido una mano firme y segura en el Estado. Pero, lamentablemente, no era así. MacDonald, enfermo y muy debilitado políticamente, era solamente un primer ministro de fachada, y el *Lord President* Stanley Baldwin, personaje clave del gobierno, que se convertiría en primer ministro en 1935, se interesaba lo menos posible por la política exterior. Duff Cooper, en ese momento ministro de Guerra, escribió que "los asuntos externos le disgustan tanto que preferiría hacer como si no existieran". De hecho, en las reuniones de gabinete, Baldwin cerraba los ojos con ostentación en cuanto se trataba de política exterior. "Cuando hayan terminado con esto, me despiertan", decía. Y cuando, a comienzos de 1936, Anthony Eden asumió como ministro de Relaciones Exteriores, Stanley Baldwin simplemente le dijo: "Espero que al menos no me aburra con la política exterior durante los tres próximos meses".

Esta clase de disposiciones no podía estimular en nada la posición política exterior lúcida y coherente que hubiera sido necesaria ante el inexorable avance de las dictaduras en Europa. De modo que habrían de sucederse iniciativas bastante desordenadas, de acuerdo con las luchas de influencia entre las facciones del Foreign Office que querían oponerse a Hitler y las que pretendían calmarlo. Como la ilusión de la conferencia del desarme había estallado en pedazos en el verano de 1934, primero se intentó el camino propuesto por Anthony Eden[9] y el subsecretario de Estado, Robert Vansittart: reforzar los vínculos con Francia e Italia, para enfrentarse a Hitler. Así fue como se constituyó el "frente" de Stressa, que desde el principio chocó con dificultades de consideración: la Italia de Mussolini se iba a lanzar a la conquista de Etiopía y era muy difícil para Gran Bretaña apoyar una violación al derecho internacional; Francia, paralizada por sus disputas políticas internas y el recuerdo de la Gran Guerra, oscilaba constantemente entre la firmeza y una actitud de espera en relación con Alemania, mientras buscaba a tientas un acuerdo con Italia y una alianza con la URSS. Finalmente, el Foreign Office tuvo que considerar su posición dentro de la Sociedad de las Naciones e iniciativas para nada definitivas de los ministros que se iban sucediendo a la cabeza del Ministerio de Asuntos Exteriores británico. Por ejemplo, sir John Simon negoció y su sucesor, sir Samuel Hoare, firmó en junio de 1935 un acuerdo naval con la Alemania de Hitler, que permitía que ésta construyera una flota de guerra igual a la tercera parte de la Marina británica y tantos submarinos como los que poseía Gran Bretaña. Este acuerdo, tan evidentemente contrario a las disposiciones del Tratado de Versalles y que significaba permitir que los alemanes dominaran la mitad del Báltico, se firmó sin que se realizara la menor consulta con Francia o Italia. Que Stanley Baldwin y su gabinete hayan podido apoyar una aberración tal habla a las claras sobre la calidad de su dominio de la política extranjera.

Sir Samuel Hoare volvió a la carga algunos meses más tarde con el plan Laval-Hoare, esta vez más cercano a las posturas del Foreign Office, ya que apuntaba a reconstituir el frente de Stressa, pero también poco de acuerdo con los intereses de la Sociedad de las Naciones, ya que volvía a despojar a Etiopía de gran parte de su territorio y a legitimar la política de conquista de Mussolini. Ahora bien, la opinión pública británica, que seguía estando muy apegada a los ideales de la Sociedad de las Naciones, estaba entusiasmada por los discursos enérgicos de sus dirigentes a comienzo del conflicto y cuando, a fines de diciembre de 1935, los términos del acuerdo se hicieron públicos por una indiscreción de la prensa francesa, una formidable corriente de indignación barrió el plan de Laval-Hoare y, por consiguiente, a sir Samuel Hoare.

Después de esto, Gran Bretaña tuvo que resignarse a aplicar las sanciones parciales decretadas por la Sociedad de las Naciones contra Italia, sin otro efecto que romper definitivamente el frente de Stressa y de llevar a Mussolini directamente a los brazos de Hitler. Pero en marzo de 1936, cuando el Führer, que había vuelto a introducir la conscripción, ocupó la Renania desmilitarizada, se vio cómo el conjunto de elementos de los que hablamos antes se asociaban para prevenir cualquier iniciativa británica: la parálisis del gobierno francés, la hostilidad declarada de Italia desde el asunto de las sanciones, el desinterés manifiesto del primer ministro Baldwin, el ardiente deseo de paz de su opinión pública y, finalmente, la indiferencia completa de los principales responsables conservadores que consideraban que Hitler no hacía otra cosa que luchar contra las disposiciones "humillantes" del tratado de Versalles y que no era posible impedirle conscientemente que "volviera a su casa". Pero hay otro elemento que pesó con fuerza en la abstención del gobierno de Su Majestad: el sentimiento de una notable inferioridad militar en relación con Alemania. Baldwin le confió al ministro de Asuntos Exteriores, Flandin, que había llegado a Londres el 12 de marzo para solicitar el apoyo británico en la crisis renana, que "no conocía demasiado sobre asuntos exteriores" (lo que no era un secreto para nadie), pero que "no tenía el derecho de comprometer a Inglaterra" pues "no está en estado de entrar en guerra". Era exacto: a causa de la falta de profesionalismo de los gobiernos de MacDonald y de Baldwin en materia de defensa –bastante comparable, hay que confesarlo, a su desinterés por la política exterior– Gran Bretaña se encontró muy desarmada ante la amenaza totalitaria.

La toma del poder por parte de Hitler y el retiro de Alemania de las negociaciones sobre el desarme a fines de 1933 habían llevado a los militares británicos a reflexionar seriamente sobre las implicancias estratégicas de esta nueva amenaza, que acababa de agregarse a la del expansionismo japonés en Extremo Oriente.[10] Así, el subcomité de jefes de estados mayores había llegado a la conclusión de que el ejército británico estaría fuera de estado para cumplir cualquier papel en una guerra en el continente y que era imposible remediar esto rápidamente, pues Gran Bretaña carecía no solo de soldados, sino también de armas y de municiones para equiparlos, así como de fábricas para producir estas armas y municiones.[11] Molesto por estas desagradables realidades y apremiado porque tenía que explicárselas al Parlamento, el gobierno de MacDonald había decidido... crear un comité, el Defence Requirements Committee, encargado de hacer recomendaciones sobre un eventual rearme del país.[12] En su primera reunión, este propuso un plan de cinco años para remediar las carencias más apremiantes de la defensa británica: permitir que el ejército disponga de al menos cuatro divisiones de infantería, una brigada de tanques y una división de caballería; también había que hacer lo necesario para que la aviación contara con cincuenta y dos escuadrillas, lo que ya se había recomendado (y aceptado) ¡en... 1923! El costo total de este plan "de mínima" era setenta y seis millones de libras.

El 19 de marzo de 1934, el gabinete examinó el informe y se preguntó seriamente si la Alemania de Hitler no tendría que considerarse el principal enemigo potencial. Sir Samuel Hoare, por ejemplo, no lo pensaba. Al final de cuentas, se dejó de lado el plan de urgencia del comité, que parecía poco oportuno y demasiado costoso, y se decidió poco después... confiarle el examen de la situación a otra instancia. Esta vez fue un comité ministerial, algo alentador, pero su nombre era: Comité sobre la Conferencia del Desarme, algo mucho menos alentador... Estaba presidido por Ramsay MacDonald y lo integraban Stanley Baldwin, Samuel Hoare, Neville Chamberlain y los representantes de las tres armas. Nuevamente se evaluó el plan de urgencia del Defence Requirements Committee, pero a causa de la prioridad que se le otorgaba al mejoramiento de la economía y de las finanzas (y de la personalidad de los otros ministros presentes) el ministro de Hacienda, Neville Chamberlain, dominó los debates y algunos días después señaló: "Propuse encargarme yo mismo de la revisión (del plan) teniendo en cuenta consideraciones políticas y financieras [...]. Acabo de terminar un memorándum con nuevas propuestas, con el objetivo de disminuir los gastos en cinco años de setenta y seis a cincuenta millones".

La reducción se llevó a cabo a expensas del ejército terrestre –una vez más el olvidado de las fuerzas armadas, pues Chamberlain se oponía a la constitución de un cuerpo expedicionario que pudiera intervenir en el continente–. Por razones de ahorro, la modernización de la Marina de guerra también se postergó; la aviación fue relativamente favorecida porque el Comité terminó por recomendar la atribución de veinte millones de libras para "remediar las eventuales insuficiencias". De este modo, se pudieron crear cuarenta y una nuevas escuadrillas, una cantidad irrisoria comparada con lo que se estaba haciendo en Alemania para la misma época, y mucho más si pensamos que el dinero se otorgaría en un plazo de *cinco años*, que no se desbloquearía totalmente y que las sumas que realmente se entregarían se repartirían con discreción, sin que ni siquiera los ministros implicados se tomaran el trabajo de verificar a qué se afectaban. De modo que los militares redactaron un nuevo informe para señalar las carencias alarmantes que subsistían y se agravaban en las tres armas; los diplomáticos redactaron más informes todavía para exponer el avance brutal del rearme alemán tanto en tierra como en el aire, así como el efecto desastroso de las incoherencias de la política exterior británica. Pero nadie en el gobierno se tomó el trabajo de leer estos documentos. Es más, los enviados cuyos informes disgustaban a los nazis inmediatamente eran llamados por el Foreign Office. Esto fue lo que sucedió con el vicecónsul británico en Hannover y, sobre todo, con el embajador en Berlín, Horace Rambold, y luego con su sucesor, Eric Phipps. Por consiguiente, la mayoría de los militares y de los diplomáticos terminaron por renunciar a que los superiores escucharan sus razones. Pero entre los que se negaron a bajar los brazos, algunos se dirigieron hacia Winston Churchill.

¿Por qué a Churchill? Principalmente, porque no había ningún otro... Los diputados liberales y laboristas eran decididamente pacifistas y la simple mención de los fondos para armamentos bastaba para que les diera un vahído; sin embargo, los conservadores, por tradición favorables a la defensa, tenían un deber feudal con Stanley Baldwin, que seguía servilmente los humores antimilitaristas de la opinión pública y ni siquiera leía los informes sobre defensa que le entregaban. Churchill los estudiaba con avidez y, como no estaba en ningún partido, no dudaba en expresar sus puntos de vista en el Parlamento, incluso –y sobre todo– cuando eran molestos. Y, además, como ya había escrito el ministro de Guerra Arnold Foster en 1904, era "el único hombre de su facción parlamentaria que comprendía los problemas del ejército". Treinta años más tarde, nada había cambiado al respecto... Finalmente, muchos recordaban que veinte años antes, en plena Gran Guerra, muchos oficiales y funcionarios habían venido a exponer al diputado, ex ministro y veterano de las trincheras Winston Churchill las insuficiencias y las aberraciones del esfuerzo de guerra británico.

En el Foreign Office, los principales informantes de Churchill eran el subsecretario de Estado permanente, sir Robert Vansittart; el jefe de la sección de Europa central, Ralph Wigram, así como uno de sus subordinados inmediatos, Michael Creswell; el jefe de la sección de información, Reginald Leeper; y el ex adjunto de sir Horace Rumbold en Berlín, Duncan Sandys. En la aviación, estaban el teniente coronel Torr Anderson, jefe de un centro de entrenamiento de la RAF; el teniente coronel Goddard y el comandante G. P. Myers, que trabajaba para la sociedad General Aircraft; en el Almirantazgo, el capitán Maitland Boucher, ex jefe de la Marina aeronaval; en el ejército, principalmente el general de brigada Hobart, inspector general del Royal Tank Corps. De este modo, todos los informes que sus ministros se negaban a ver o que endulzaban antes de transmitírselos al primer ministro (que no los leía más que Baldwin), llegaban simultáneamente a Churchill por intermedio de sus secretarias o de su vecino y amigo de tiempos de guerra, el mayor Desmond Morton, que era también su primer informante: en 1929, lo habían enviado al Industrial Intelligence Center, organismo ultrasecreto que reunía información sobre las capacidades de los países extranjeros en materia de armamento, y, naturalmente, Churchill recibía las indicaciones que se recogían. Lo más curioso es que Morton, escrupuloso, le había pedido permiso al primer ministro y que éste, con su falta de preocupación habitual y su completo desinterés por las cuestiones militares, le había respondido: "Dígale todo lo que quiera saber, manténgalo al corriente de todo" y, a pedido de Morton, había consignado la autorización por escrito. Naturalmente que este permiso podía revocarse en cualquier momento, pero MacDonald enseguida se olvidó del asunto. Además, en tanto ex ministro y *Privy Councillor*, Churchill también tenía acceso a otros documentos, aunque, por cierto, mucho menos confidenciales. Pero, por lo demás, muchos refugiados alemanes, investigadores, profesores, ingenieros venían a aportarle las últimas informaciones sobre el estado de avance de los preparativos industriales y militares alemanes, como, por ejemplo, Ian Colvin, el corresponsal del *News Chronicle* en Berlín, que mantenía contactos permanentes con ciertos oficiales y civiles antinazis que ocupaban altas funciones en el corazón del III Reich. Finalmente, Churchill intercambió datos precisos sobre el ritmo del rearme alemán con varios ministros franceses a los que había conocido durante la Gran Guerra, así como con todos los presidentes del Consejo, desde Tardieu hasta Reynaud, pasando por Blum y Daladier.

Gracias a este servicio de informaciones personal que funcionaba asombrosamente bien, Churchill se enteró de cómo el partido nazi estaba dominando los engranajes del Estado alemán, del enrolamiento de los jóvenes en la Hitlerjugend (Juventud hitleriana), de la ferocidad de las persecuciones contra los judíos, de la reintroducción del duelo en los colegios, de los ejercicios de defensa pasiva impuestos a la población, de la actividad de las secciones de asalto hitlerianas, de la amplitud de las liquidaciones consecutivas a la "noche de los cuchillos largos", del desarrollo del partido nazi en Checoslovaquia y del aumento de las tensiones con Austria. También se enteró sucesivamente de que se habían abierto suscripciones públicas para acelerar el desarrollo de la aviación, que las fábricas de municiones alemanas trabajaban veinticuatro horas sobre veinticuatro, que la población de Dessau, donde estaban ubicadas las fábricas de aviación Junkers, había aumentado en trece mil personas en un año, que la Wehrmacht, con trescientos mil soldados en 1933, contaba con quinientos cincuenta mil en la primavera de 1935, con una reserva movilizable de tres millones de hombres, que cuatro millones de alemanes participaban en actividades ligadas a la defensa nacional y que Berlín gastaba en sus fuerzas armadas el equivalente a mil millones de libras por año. Por otra parte, le informaron que a mediados de 1934 la aviación alemana representaba aproximadamente las dos terceras partes de la RAF, que a fines de ese mismo año se acercó a la paridad, y que sería prácticamente igual a la aviación británica a fines de 1935, superior en un 50% a fines de 1936 y dos veces más fuerte en 1937. Además, los alemanes tenían muchos más bombarderos y su aviación civil era tres o cuatro veces más importantes que la inglesa. Ahora bien, a diferencia de ésta, podía convertirse casi inmediatamente en aviación de guerra, con el desmonte de los asientos y la instalación de lanzadores para las bombas, que ya estaban almacenados en los aeropuertos civiles.

Las informaciones que llegaban simultáneamente a Chartwell sobre el estado de las defensas británicas eran todavía más deprimentes: la RAF, una de las dos mejores aviaciones del mundo a fines de la Gran Guerra, ahora se encontraba en el sexto lugar; el entrenamiento de los pilotos dejaba mucho que desear, casi todas sus bombas databan de 1919, los aeródromos eran muy vulnerables, la mayoría de las fábricas que trabajaban para la defensa estaban mal equipadas, los pedidos del Estado no tenían ninguna prioridad y los plazos de construcción de los nuevos aviones casi nunca se respetaban. Había menos de cien cañones de defensa antiaérea para defender a Londres, y los que tenían que usarlos no estaban entrenados. De los trescientos setenta y cinco tanques con que contaba el ejército, trescientos se consideraban oficialmente perimidos; sólo doce mil libras estaban destinadas a la compra de combustible, ¡pero se reservaban cuarenta y cuatro mil para la compra de forraje para los caballos! El colmo, sin dudas, era la noticia de que el gabinete británico había decidido (en secreto) autorizar la venta a Alemania de ciento dieciocho motores de aviones Merlin, de Rolls-Royce, el último grito en la materia. Churchill se negaba a creerlo, hasta que su informante le hizo llegar los papeles de expedición. Para el ministro de Hacienda de Su Majestad, en efecto, el comercio seguía siendo prioritario. Finalmente, se supo que con los veinte millones de libras suplementarios cuyo desbloqueo (a cinco años) se había anunciado con trompetas a mediados de 1934, sólo podrían adquirirse unos cincuenta aviones durante los dos años futuros, es decir, la mitad de la producción *mensual* de la Alemania nazi.

Sobre la base de esta masa de información, evaluada y puesta en perspectiva por algunos expertos, como Desmond Morton o "el profe" Lindemann, Churchill estaba en condiciones de atacar al primer ministro y a los miembros del Parlamento; lo hizo ante sus electores de Epping, en las columnas del *Strand*, del *Sunday Chronicle* y del *News of the World*, en la BBC y, por supuesto, desde su banca de "conservador independiente" en los Comunes. Hasta los honorables diputados, que ya estaban acostumbrados a su temible elocuencia, quedaban mudos ante algunos de sus discursos. Es que Winston, que ahora tenía más de tres décadas de experiencia en las justas parlamentarias, nunca era mejor que cuando tenía una gran causa a la cual servir. ¿Y había causa más noble que defender que la supervivencia de Gran Bretaña y de su imperio, en peligro por la ferocidad de los nuevos bárbaros nazis y la incuria de los viejos dirigentes británicos? Así, las bóvedas de la antigua Cámara resonaron con arengas como no se habían oído desde la muerte del segundo Pitt, ciento treinta años antes: "¿Y qué tenemos a fin de cuentas?", preguntaba el 14 de marzo de 1934. "No tenemos el desarme y tenemos el rearme de Alemania. [...] Hace poco tiempo oí que los ministros decían [...] que el rearme era impensable. [...] Y enseguida, tendremos que resignarnos a aceptar un impensable no reglamentado". Y, tres meses más tarde: "Durante estos últimos años hubo un deterioro constante de las relaciones entre los diferentes países y un crecimiento rápido de armamento que prosiguió, a pesar de la ola incesante de hermosas palabras, de nobles sentimientos, de banquetes y de peroratas". Todos los recursos del arte oratorio se movilizaron al servicio de una causa: eufemismos, asonancias, metáforas, antífrasis, aliteraciones: "Incluso este refuerzo tenue, tardío, timorato, a tientas, de nuestras fuerzas aéreas, al que el gobierno finalmente se decidió a proceder, es censurado por el conjunto de las fuerzas unidas de los partidos Laborista y Liberal"; "Había creído comprender que no habíamos hecho nada (en materia de defensa aérea del país) para no asustar mucho a la población. [...] ¡Y bien! Es mucho mejor estar asustado ahora que muerto más tarde". Y toda la teoría de la disuasión se encuentra resumida en esta intervención del 28 de noviembre de 1934: "Estoy convencido de que, si en el futuro conservamos un poder aéreo suficiente como para permitirnos infligir al agresor potencial tantos daños como los que puede hacernos sufrir, podremos proteger eficazmente a nuestro pueblo. [...] ¿Qué son cincuenta o cien millones de libras si van a asegurarnos esta falta de castigo? Nunca un seguro tan fecundo y tan bendito va a estar disponible en una cuenta tan buena". Pero el seguro siempre parece caro antes del accidente y el 2 de mayo de 1935, el implacable diputado de Epping seguía estigmatizando "los lamentables errores de cálculo que ahora nos toman por ingenuos y de los que, si no nos cuidamos, seremos víctimas".

Todas estas bellas parrafadas representan un ejercicio de lo más delicado pues, al citar hechos y cifras para sostener sus demandas, Churchill, en quien la discreción nunca había sido un punto fuerte, tenía que cuidarse todo el tiempo de no traicionar sus fuentes y de no dar ninguna información que el enemigo pudiera explotar. Además, el papel de simple crítico nunca le había venido bien: quería actuar, participar, tomar responsabilidades, ejercer una influencia directa en los acontecimientos dramáticos que se anunciaban. En una palabra, sufría porque estaba alejado del poder y porque no tenía ninguna influencia en la política de su país. Por lo tanto, sus discursos eran, antes que todo, pedidos permanentes a los ministros para que tomaran las medidas urgentes que él estaba impedido de tomar por sí mismo; acelerar el ritmo del rearme, empezando por hacer votar "fondos para duplicar nuestra fuerza aérea", luego "fondos más importantes todavía para reduplicarla"; proceder sin retraso a las compras de terrenos para futuros aeropuertos, desarrollar las escuelas de pilotos, reorganizar las fábricas civiles para permitirles que produjeran rápidamente equipos militares; crear un Ministerio de Defensa que se encargara de los arbitrajes, la coordinación y la armonización necesarias entre el Almirantazgo, el Ministerio del Aire y el de Guerra. También había que crear un Ministerio de Abastecimiento, similar en su concepción al Ministerio de Armamento del que Churchill se había hecho cargo hacía veinte años; disipar la ilusión pacifista que enceguecía a la opinión pública, explicando claramente al país la absoluta necesidad de una defensa eficaz; rever los programas de construcciones navales, liberándose de las sujeciones del Tratado de Londres, que limitaban desde 1930 el tonelaje de los destructores, cruceros y submarinos; coordinar estrechamente la política exterior británica con la de Francia, Italia (había que disuadirla de iniciar la conquista de Etiopía antes de que fuera demasiado tarde) e, inclusive, la URSS, cuyo ingreso a la Sociedad de las Naciones Churchill aplaudió, ya que ahora el peligro bolchevique le parecía mucho menos preocupante que la amenaza hitleriana; reforzar lo más posible el papel pacificador de la Sociedad de las Naciones, dándole los medios para actuar y hacer respetar sus decisiones; impulsar la investigación en el campo de la defensa antiaérea, especialmente aumentando los fondos para el desarrollo de radares y de algunos proyectiles experimentales. Ya había un comité que se ocupaba de esto, el Air Defence Research Committee, pero estaba bajo la autoridad del Ministerio del Aire, que se ocupaba tanto de este asunto como el War Office de los carros durante la Gran Guerra. Así que Churchill solicitó que se creara un nuevo organismo, bajo la autoridad directa del Comité de Defensa Imperial. Lo logró en marzo de 1935, pero tres meses más tarde tuvo que rendirse ante la evidencia: este nuevo comité se reunió *solamente dos veces* en tres meses. Para Churchill se trataba de un puro y simple diletantismo y de nuevo en los Comunes se escucharon algunas diatribas vengativas. Finalmente, Churchill deseaba que las cuestiones de defensa se discutieran en el Parlamento en sesiones secretas, para que todos los problemas pudieran debatirse con franqueza, sin que el enemigo se beneficiara.

Para los hombres que estaban en el poder, todo esto era muy molesto. Si se consideran los objetivos que se habían fijado (prioridad del equilibrio fiscal, de la política de paz y de los plazos electorales), las recomendaciones de Churchill eran totalmente inaceptables. Pero ¿cómo hacer callar a este torbellino que terminaría por levantar a la opinión pública si no se cuidaban? ¿Revocar su derecho como *Privy Councillor* a obtener información confidencial del gobierno? Solo serviría para convertirlo en un mártir, traería grandes complicaciones en los Comunes y no arreglaría nada de nada. Churchill, evidentemente, contaba con fuentes de información de otro orden, que ni Baldwin, ni MacDonald ni sus ministros pudieron identificar. Desde luego, si se ponían a leer los informes militares y diplomáticos que les enviaban, descubrirían enseguida que su principal detractor recibía los mismos documentos que ellos y, por consiguiente, utilizaba la complicidad de hombres bien ubicados dentro del Foreign Office, del War Office, del Almirantazgo y del estado mayor de la Fuerza Aérea. Solo que ya sabemos que las cuestiones militares y la política exterior los aburría por completo y, en definitiva, fue esto lo que protegió el anonimato de los informantes del diputado de Epping. Además, no era un diputado común y silvestre: llevaba un nombre ilustre, había sido ministro nueve veces, sin duda había aprendido mucho durante la última guerra (y en algunas otras antes), de lejos era el mejor orador del Parlamento, contaba con el aprecio del rey Jorge V, conocía personalmente desde hacía cerca de tres décadas a los principales responsables militares y a sus subordinados y se entrevistaba con el embajador de la URSS o el de Italia y luego enviaba al Foreign Office un largo informe sobre las conversaciones. Evidentemente, era un personaje intocable y mucho más temible porque sabía manejar el humor e ignoraba soberbiamente el rencor. A Stanley Baldwin, su principal cabeza de turco en el Parlamento (después de MacDonald), le envió un ejemplar amablemente dedicado del primer volumen de su notable biografía de Marlborough y hasta fue a visitarlo durante su cura de reposo en Aix-les-Bains.[13] ¿Qué hacer, realmente, con este fenómeno?

Pero MacDonald, Baldwin, Simon y Hoare, como políticos astutos, sabían bien que todo hombre tiene su talón de Aquiles, y el de Churchill era su reputación de falta de medida, de impetuosidad, de exageración... Así que el 25 de noviembre de 1934, Samuel Hoare propuso al gabinete que Baldwin acusara a Churchill de exagerar en sus requisitorias parlamentarias. Más aún, se presentaría a los miembros del gobierno de Su Majestad como hombres serios y prudentes, a los que, ante todo, les preocupaba el interés y la seguridad del pueblo y que trataban con una condescendencia irónica a este alarmista exaltado y totalmente irresponsable, Winston Churchill.

¿Quién mejor que Stanley Baldwin podría emprender esta tarea? Con su pipa en los labios, su aspecto bonachón, sus palabras calmas, su flema a toda prueba, el *lord president* presentaba la imagen de la moderación y del buen sentido. ¿Acaso no había declarado ocho meses antes: "El gobierno actual velará porque, desde el punto de vista del poder aéreo, nuestro país no se encuentre más en posición de inferioridad en relación con cualquier país situado a distancia de disparar a nuestras costas"? El 28 de noviembre de 1934, siguiendo al pie de la letra el guión previsto en el consejo de gabinete tres días antes, Baldwin pasó a la ofensiva en los Comunes. Churchill acababa de apoyarse en los datos y cifras que conocemos para bosquejar un cuadro muy sombrío de la situación y concluyó que "la aviación alemana se acerca rápidamente a una paridad con la nuestra. El año próximo para esta época, si todo sigue igual, será tan fuerte como la nuestra y, quizá, más fuerte aún". A lo que Baldwin respondió secamente que las cifras citadas eran "muy exageradas" y que "no es exacto que las fuerzas aéreas alemanas se acerquen a ser iguales a las nuestras". Muy por el contrario, agregó, la RAF tiene "un margen de superioridad cercano al 50% sobre la aviación alemana".

De hecho, Baldwin sabía perfectamente que Churchill no exageraba y que, inclusive, no decía toda la verdad: los funcionarios del Foreign Office, del War Office, del Ministerio del Aire y hasta algunos ministros se lo habían confirmado varias veces. Simplemente, el *lord president*, del mismo modo que el primer ministro y el ministro de Asuntos Exteriores, consideraba que no era bueno decir todas las verdades, especialmente en un campo tan detestable y tan impopular como el de la defensa. "¡Duerman tranquilos, buenas personas! Sobreviviremos porque seguiremos siendo los más fuertes. ¡Vergüenza para los peligrosos irresponsables que se atrevan a sugerir lo contrario!". Este excelente número de ilusionista demostró ser de lo más popular: Baldwin fue aclamado casi por unanimidad en la Cámara, la prensa atacó la "histeria belicista" de Churchill, ningún funcionario, ningún ministro osó declarar públicamente que estaban mintiendo a un pueblo que lo único que pedía era que lo tranquilizaran y poder recuperar sus ilusiones pacifistas. Pero, lamentablemente, una vez más Hitler iba a arruinar todo: el 25 de marzo de 1935, Simon y Eden, de visita en Berlín, oyeron cómo el propio Führer les decía que el Reich había alcanzado "la paridad con Gran Bretaña desde el punto de vista del poder aéreo". Imposible disimular la información: todos los diarios alemanes la difundían con bombos y platillos al otro día...

En Londres, la noticia causó el efecto de una bomba y hasta creó un principio de pánico dentro del gabinete. Al ministro del Aire, lord Londonderry, que solicitaba en vano fondos desde hacía años, le agradecieron en la primera oportunidad que tuvieron por no haber pedido más. Y luego de dos meses de reflexión, Baldwin, al que tomaron en un mal momento, decidió pasar a las confesiones. El 22 de mayo, declaró en los Comunes: "En lo que respecta a las cifras de la fuerza aérea alemana que había indicado en noviembre, nada de lo que me he enterado desde ese momento me lleva a pensar que hayan sido falsas. En esa época, las consideraba justas. No estaba en mis previsiones equivocarme. Desde este punto de vista, me equivoqué gravemente. [...] Sean cuales sean las responsabilidades, y todos estamos dispuestos a aceptar las críticas, estas no incumben a tal o cual ministro, sino al conjunto del gobierno: todos somos responsables y todos seremos castigados". Esta vez, Churchill aprovechó su ventaja: "Todos sabemos muy bien que los ministros son totalmente incapaces de inducir a errores a sabiendas al Parlamento; sería un crimen abominable. Pero, evidentemente, en algún lado entre los servicios de informaciones y los que están a cargo de los ministerios hubo alguna dilución o minimización de los hechos. El Parlamento tendría que insistir para que este asunto quede totalmente aclarado".

Naturalmente, el Parlamento no lo hará y, algo extraordinario: Stanley Baldwin saldrá más popular que nunca. Churchill, asqueado, escribió: "Hasta se observó una extraña ola de entusiasmo a favor de un ministro que no dudaba en reconocer que se había equivocado. [...] De hecho, muchos diputados conservadores parecían odiarme porque había puesto al jefe en el que confiaban en una situación difícil de la que había salido bien gracias a su valentía y honestidad naturales". A decir verdad, el comportamiento de los diputados laboristas y liberales durante esta sesión fue también asombroso: así, el dirigente laborista Clement Attlee declaró: "Nuestro objetivo es la reducción de los armamentos, seguida por el desarme completo". Y Archibald Sinclair agregó, en nombre de los liberales: "El gobierno debe presentar propuestas claras y detalladas para la abolición de las fuerzas aéreas militares y llevar a Alemania a cooperar activamente con nosotros".

Para Churchill, que podía contar legítimamente con un cambio en la Cámara y en la opinión pública después de revelaciones de semejante calibre, todo esto parecía insensato; pero, decididamente, nada podía mermar la popularidad de Baldwin, que reemplazó a MacDonald en el cargo de primer ministro el 7 de junio de 1935. Cuatro meses más tarde, su partido triunfó en las elecciones generales y se quedó con cuatrocientas treinta y dos bancas, contra ciento cincuenta y cuatro de los laboristas y tan sólo veintiuna de los liberales. ¿Esta victoria no era la prueba de que Baldwin, cualesquiera fueran las aberraciones de su política exterior y de defensa, estaba totalmente de acuerdo con la opinión pública británica?

Así es posible comprender más fácilmente el desaliento de Churchill a fines de 1935. Él, que después de cinco meses había puesto en sordina sus ataques contra el gobierno y hasta había aceptado apoyar a los candidatos conservadores antes de la elección, esperaba que lo llamaran para formar parte del gobierno, pero rápidamente tuvo que desencantarse.

Ahora bien, su dieta parlamentaria de trescientas libras y sus ingresos literarios ya no le permitían hacer frente a los enormes gastos de su propiedad de Chartwell, así que consideró ponerla en venta. La biografía de Marlborough tomó proporciones desmesuradas, para consternación de su editor, que no había previsto verla desplegarse en cuatro volúmenes. La familia también le causaba problemas: Randolph se portaba de manera insoportable en los clubes, los salones y las reuniones políticas y contraía deudas impresionantes; Diana se había divorciado al cabo de solamente un año de matrimonio; Sarah, que acababa de cumplir veintiún años, se estaba dedicando al teatro, pero se trataba más de cabaret que de Shakespeare; para consternación de sus padres, se había prendado del austriaco Vic Oliver, un actor de music-hall divorciado dos veces, con quien terminó casándose en 1936. En esa oportunidad, Churchill llegó a recibir algunas cartas compasivas de sus enemigos políticos, empezando por Stanley Baldwin en persona. Clementine, esposa devota y fiel consejera, se iba de Chartwell cada vez más frecuentemente para viajar, visitar museos y hasta hacer cruceros por el Pacífico sur (donde tuvo una breve relación con un joven y rico *marchand*). Para Winston, decididamente, había períodos en los que nada funcionaba... Tanto más cuanto que, en octubre de 1935, el Parlamento terminó por votar el *India Bill*, que le dio al país amplia autonomía y parecía consagrar la derrota definitiva de Churchill. Pero lo que, sin duda, más lo afectó fue la decisión que tomó Baldwin en la primavera de 1936, cuando, finalmente, cedió ante las presiones para crear un ministerio de Defensa y nombró a un "ministro encargado de la coordinación de la defensa". Según todo el mundo, incluidos sus enemigos, Churchill era el único político calificado para ejercer una función de este tipo. ¿Acaso no había estado a cargo, sucesivamente, del Almirantazgo, del Ministerio de Armamento, del War Office y del Ministerio del Aire? ¿No tenía tanto experiencia como pasión por el oficio de las armas, frente a colegas que no tenían una ni otra? El propio Neville Chamberlain le escribió a su medio hermano Austen: "Por supuesto que se trata de una cuestión de eficacia militar, y Winston es, indudablemente, el hombre de la situación". Pero no. No se trataba para nada de una cuestión de eficacia militar, y Stanley Baldwin eligió a sir Thomas Inskip, por cierto un jurista emérito y un especialista en cuestiones religiosas, pero que no tenía el menor conocimiento de los problemas de defensa. "La nominación más extraña desde que el caballo de Calígula fue nombrado cónsul", comentó el profesor Lindemann. De todos modos, sir Thomas Inskip no tuvo poderes (ni siquiera oficina), y luego le confiaría al general sir John Kennedy que había demorado seis meses en comprender en qué consistían sus funciones.[14] Le tomó más tiempo todavía hacerse una idea del estado de las fuerzas armadas británicas pero, cuando lo logró, quedó profundamente impresionado.

¿Cómo asombrarse de que Winston Churchill estuviera tan deprimido? Ralph Wigram, el jefe de la sección de Europa central del Foreign Office y uno de los principales informantes de Churchill, profundamente afectado por el militarismo desenfrenado que había observado durante su estadía en Alemania y el pacifismo atolondrado que había encontrado cuando regresó a Inglaterra, prefirió poner fin a sus días. Poco antes, le había confiado a su esposa: "Todo mi trabajo de tantos años fue en vano. No logré que la gente de aquí comprendiera lo que está en juego. Supongo que no soy lo suficientemente fuerte para esto". Pero, para Churchill, el suicidio no podía ser una solución: "Después de todo, nada impide seguir haciendo lo que uno considera su deber y correr riesgos cada vez mayores, hasta que nos dejen fuera de combate". "¿Rendirme? Pero si todavía no empecé a luchar", exclamaba John Paul Jones, el joven héroe de la independencia norteamericana... Es casi el mismo espíritu que animaba a Winston Churchill. Además, este sexagenario que había trabajado duramente, sin duda había comprendido que la vida —especialmente la suya— era un sube y baja y que, después de tocar fondo, no iba a tardar mucho en andar de nuevo por las nubes.

Algunos signos lo hacían prever. Por una parte, Churchill, atacado con virulencia en los Comunes por los ministros y los diputados de la mayoría, en 1935 había sido contactado discretamente por Baldwin, quien le hizo una propuesta sorprendente: ¿aceptaría formar parte del subcomité para la investigación en materia de defensa aérea? Por supuesto que conservaría su libertad para atacar al gobierno en los Comunes. ¡Esas cosas no se veían en Gran Bretaña! Después de una madura reflexión, Churchill aceptó y de este modo se convirtió en un miembro muy asiduo de este subcomité, al que sometió una cantidad inverosímil de planes y proyectos —algunos notables y la mayoría por completo irrealistas. Pero, como era su costumbre, servía de aguijón e imponía a los miembros del comité un ritmo de trabajo al que no estaban para nada habituados. Por otra parte, gracias a sus intervenciones, sir Watson-Watt obtuvo el material y los fondos necesarios para poner a punto y experimentar su "radar", un invento que iba a tener un gran futuro.

Ese verano Churchill también recibió de sir Thomas Inskip —al que regularmente agobiaba con sus sarcasmos en el Parlamento— una carta en la que el infortunado ministro de Coordinación de Defensa, que seguía sin comprender en qué consistían sus funciones, ¡solicitaba consejos sobre la manera de ejercerlas! Churchill, que como siempre era poco rencoroso, enseguida lo ayudó con su experiencia: "Su tarea, como la Galia, está dividida en tres partes: 1) Coordinar la estrategia y arreglar los diferendos entre los servicios; 2) asegurarse de que las entregas previstas a los diversos programas se realicen correctamente y 3) crear la estructura de una industria de guerra y proceder a su organización". Luego seguían indicaciones técnicas sobre la puesta en funcionamiento de una industria de guerra y esta conclusión decepcionada: "Personalmente, no puedo más que asegurarle mi compasión. Nunca habría emprendido esta tarea sabiendo, por experiencia, hasta qué punto la toma de posición sobre estos temas se vuelve feroz una vez que la nación está alarmada. Es algo terrible hacerse cargo de masas de responsabilidades tan vagamente definidas".

Por otra parte, acababa de crearse un Consejo Mundial Antinazi, que comprendía a personalidades de todos los sectores, incluidos hombres provenientes del Partido Laborista, como Hugh Dalton, que empezaban a comprender la locura de la línea oficial de su partido. Este consejo estaba presidido por sir Walter Citrine, el poderoso líder del TUC –y adversario principal del ministro de Hacienda Churchill durante la gran huelga de 1926–. Pero los tiempos cambian: ahora era el propio presidente Citrine el que le pedía al diputado Churchill que se dirigiera a los miembros del Consejo, invitación que, obviamente, éste aceptó enseguida. Por último, hay que reconocer que las campañas del diputado de Epping a favor del rearme, así como sus victorias pírricas en el Parlamento, terminaron a la larga por despertar a los que dormían menos profundamente: ya en mayo de 1935 el *Daily Express* le presentó públicamente excusas por haber dejado de lado durante tanto tiempo sus advertencias; además, algunas personalidades del Partido Conservador, y no las de menor cuantía, se agregaron discretamente a su minúscula cohorte: Austen Chamberlain, Leo Amery, el conde Winterton, sir Edward Grigg, lord Lloyd, Harold Macmillan y lord Robert Cecil.

Los cinco primeros formaron parte de una delegación de dieciocho miembros conservadores de las dos cámaras, dirigida por el propio sir Austen Chamberlain, que el 28 de julio de 1936 expusieron al primer ministro las urgencias del momento. Como podía esperarse, el que habló más tiempo fue Churchill: "Estamos en peligro, como nunca lo hemos estado antes, ni siquiera en la ofensiva submarina de 1917". Siguieron algunas conminaciones apremiantes: hay que cooperar de la manera más estrecha posible con Francia; incitar por todos los medios a la flor de la juventud británica para que se forme como pilotos de aviación; acelerar y simplificar la construcción aeronáutica y, sobre todo, encargar material militar y equipos en el extranjero, especialmente en los Estados Unidos. Apoyándose en la información confidencial que le llegaba desde hacía cuatro años y en su experiencia como ministro de Armamento hacía veinte años,

Churchill inclusive realizó una asombrosa exposición técnica a sus interlocutores Baldwin, Halifax y Hankey,[15] que, ciertamente, no pedían tanto: "¿Dónde estamos situados ahora? El Parlamento sólo recibió algunos retazos de información que, aisladamente, podrían llevar a error a los ignorantes. Así se nos dijo la semana pasada que se habían inspeccionado cincuenta y dos empresas y que se les habían ofrecido contratos para fabricar municiones. [...] Pero hace sólo tres meses que se hicieron los primeros pedidos y en ningún caso se puede pasar a las entregas en masa antes de, al menos, dieciocho meses, a contar a partir de la fecha del pedido. Si por municiones comprendemos proyectiles (bombas y obuses) y casquillos que contengan el propulsor, habría que equipar a todas estas fábricas con una cierta cantidad de máquinas herramienta especializadas y modificar sus instalaciones. Además, la producción propiamente dicha necesitará gálibos de fabricación y gálibos de ensamblaje que, en la mayoría de los casos, serán fabricados por empresas completamente diferentes de las que se encargarán de la producción de proyectiles. Después de la entrega de las máquinas herramienta especializadas, habrá que prever un plazo suplementario para su instalación y para la puesta en marcha del proceso de producción. Recién después de todo esto podremos esperar recibir las primeras entregas, primero un hilito, luego una ola, finalmente un torrente. [...] de las cincuenta y dos empresas a las que les ofrecimos contratos, la semana última tan sólo catorce los habían aceptado. En este momento podemos estimar sin exageración que los alemanes tienen entre cuatrocientas y quinientas fábricas de municiones, que trabajan a pleno desde hace casi dos años. Ahora hablemos de los cañones: el proceso de puesta en servicio de una fábrica de cañones es, necesariamente, muy largo, los talleres y máquinas herramienta especiales son más y el acondicionamiento más complejo. [...] Por lo tanto, necesitaremos dos años para recibir entregas sustanciales de piezas de campo y de cañones antiaéreos".

Del mismo modo, Churchill pasó revista a los plazos de fabricación, las insuficiencias y las aberraciones encontradas en la fabricación de tanques, ametralladoras automáticas, fusiles, ametralladoras, gas, máscaras de gas, proyectores, cohetes, morteros, granadas, minas, cargas de profundidad, aviones de caza y de bombardeo. ¿Por qué no se buscó la cooperación de los sindicatos? ¿Cómo se va a formar la mano de obra especializada para la producción de armamentos? ¿Por qué no se puede armar y equipar a las tropas territoriales? ¿Por qué todavía no se creó un ministerio de abastecimiento? ¿Cómo asegurarse de que en dieciocho meses se tendrán unos dos mil aviones de caza disponibles para ser utilizados, si la producción de las ametralladoras para equiparlos recién está en estado de planificación y se necesitan dieciocho por avión? ¿Qué se hizo para organizar la defensa antiaérea de las grandes ciudades, de los centros estratégicos y de los aeropuertos? ¿Se previeron centros de mando bajo tierra? ¿Una red de comunicaciones y de abastecimiento energético de emergencia? ¿Se pensó en el abastecimiento de la población en tiempos de guerra? ¿Y en los servicios de incendio? ¿Y en el mantenimiento del orden público?

No hay peor sordo que el que no quiere oír: la delegación vio cómo le prometían que todas estas cuestiones se examinarían con el mayor de los cuidados, pero pasaron cuatro meses sin que se acelerara el ritmo del rearme. Es que el gobierno se negaba con obstinación a adoptar las medidas de urgencia pregonadas por la delegación, que podrían perturbar el funcionamiento de la industria civil e, inclusive, inquietar a la opinión pública. Simultáneamente, Churchill recibió un informe del jefe de escuadrilla H. V. Rowley, que acababa de regresar de Alemania: "Los alemanes ahora son más fuertes en el aire que Inglaterra y Francia juntas". Cuando informó de esto a los miembros de la delegación del 28 de julio, decidieron solicitar al primer ministro un gran debate parlamentario sobre la defensa nacional, algo que Churchill solo nunca hubiese podido conseguir. Pero Baldwin no podía ignorar la demanda de personalidades como Austen Chamberlain, Robert Horne, Leo Amery y el marqués de Salisbury, pilares del partido *tory*. Así que se fijó el debate para el 11 y 12 de noviembre de 1936. Sin duda, fueron las dos sesiones parlamentarias más memorables de la entreguerra.

El primer día, Churchill y otros cinco diputados plantearon una moción –la misma que se había presentado dos años antes, en noviembre de 1934–: "Las defensas de Gran Bretaña, especialmente en materia de aviación, no bastan para salvaguardar la paz, la seguridad y la libertad del pueblo británico". Sir Thomas Inskip habló en nombre del gobierno. Manifiestamente incómodo por tener que estar en la primera línea de un frente tan poco familiar para él, con un equipamiento tan ligero y una retaguardia tan vulnerable, frente a un adversario al mismo tiempo aguerrido y con superioridad de armas, el ministro de Coordinación de la Defensa se esforzó por generar cortinas de humo: "Es verdad que las cosas no andan tan bien como se podría desear, que el rearme no puede realizarse de un día para el otro y que cada uno hacía todo lo posible, aun cuando hubiera que reconocer que se había perdido mucho tiempo en el pasado". Y este buen hombre, que habría preferido la Biblia a los cañones, agregó piadosamente: "Nadie puede recuperar el tiempo que se tragaron las langostas".

Pero Churchill, para quien la Biblia nunca había sido una lectura favorita, lo llevó rápidamente a las realidades terrenales, al plantearle una pregunta concreta: ¿cuándo iba a tomar el gobierno una decisión sobre la creación de un ministerio de abastecimiento? Inskip enumeró los inconvenientes de un ministerio de este tipo: empeoraría las cosas, desorganizaría la industria, paralizaría las exportaciones, desmoralizaría al mundo financiero y "transformaría al país en un amplio depósito de municiones". Luego dudó, se le mezclaron las notas, se contradijo, tartamudeó, habló de "examinar de nuevo esta cuestión en algunas semanas" y dio tantas señales de agotamiento que el primer lord del Almirantazgo, sir Samuel Hoare, se vio obligado a socorrerlo: "Lo que manifiestamente quiso decir mi muy honorable amigo [...] es que todo el tiempo estamos examinando esta cuestión.

Churchill: ¿No logran decidirla?

Hoare: Es muy fácil hacer este tipo de pregunta. El señor Churchill sabe, como todos los miembros de esta Cámara, que la situación es fluida".

Churchill no se olvidó de nada de lo que se dijo en esta primera sesión y al otro día utilizó todas las armas del adversario para bombardear sus posiciones: "El ministro de Coordinación de la Defensa, como de costumbre, se pronunció en contra de la creación de un ministerio de abastecimiento. Invocó argumentos de peso [...] a los que podría adherir cualquiera que se los tome en serio. Pero luego mi honorable amigo siguió diciendo: 'La decisión no es definitiva; la cuestión se examinará de nuevo en algunas semanas'. ¿Qué van a saber dentro de algunas semanas que no sepan hoy, que tendrían que haber sabido hace un año, que les repetimos sin cesar durante los últimos seis meses? ¿Qué va a pasar en las próximas semanas para invalidar todos estos magníficos argumentos [...] y justificar la parálisis de las exportaciones, la destrucción de las finanzas y la transformación del país en un amplio depósito de municiones? El primer lord del Almirantazgo llegó aún más lejos. [...] Dijo: 'Todo el tiempo estamos examinando esta cuestión'. Todo, nos aseguró, es fluido. Estoy convencido de esto último. Todo el mundo ve qué es lo que pasa: el gobierno no logra decidirse o no puede llevar al primer ministro a que se decida. Así que, entonces, sigue su camino singular, decidido solamente a ser indeciso, resuelto a la irresolución, sólidamente partidario de la fluidez, poderosamente anclado en su impotencia. Así preparamos los nuevos meses, los nuevos años –preciosos, vitales (quizá) para la grandeza del país– que las langostas van a devorar. El gobierno me dirá: 'No se impone la creación de un ministerio de abastecimiento, porque todo anda bien'. No estoy de acuerdo. 'La situación es satisfactoria'. Es inexacto. 'Todo se desarrolla según las previsiones'. Ya sabemos qué quiere decir esto".

Evidentemente indignado por los magros resultados que había obtenido la delegación del 28 de julio, Churchill fustigó una vez más la indigencia completa de las tropas territoriales y luego se dedicó al ejército regular: "Al ejército le faltan prácticamente todas las armas necesarias para la guerra moderna. ¿Dónde están los cañones antitanques, los aparatos de transmisión inalámbricos, las piezas de defensa antiaérea de campaña? [...] Consideren el cuerpo de blindados, ya que el tanque fue un invento británico. Este concepto, que introdujo una revolución en las condiciones de la guerra moderna, era una idea británica que elementos externos[16] le impusieron al War Office. Permítanme decirles que hoy sería difícil imponerle una idea nueva... y hablo con conocimiento de causa. Durante la guerra, prácticamente teníamos el monopolio [...] en materia de blindados y durante algunos de los años siguientes, seguimos estando a la vanguardia. [...] Ahora todo esto pertenece al pasado. No se hizo nada durante 'los años que devoraron las langostas' para dotar al cuerpo de blindados de nuevos modelos. El tanque medio con el que está equipado y que, en su momento, fue el mejor del mundo, desde hace mucho tiempo es obsoleto. [...] Todas las fábricas de obuses y de cañones del ejército de tierra [...] están en un estado preliminar. Necesitaremos un largo período hasta que podamos contar con un flujo de municiones, inclusive para las reducidas fuerzas con las que contamos ahora. Y, a pesar de esto, se nos dice que no es necesario tener un ministerio de abastecimiento, que ninguna urgencia debe molestar el curso normal del comercio".

Finalmente, al pasar revista al estado de la aviación, Churchill anunció que Alemania disponía de al menos mil quinientos aviones de primera línea y que Inglaterra solamente tenía las dos terceras partes de eso, es decir, novecientos sesenta aviones, que, además, estaban lejos de poder entrar en combate. Como insistió en la fuerte responsabilidad del gobierno en esta larga sucesión de negligencias, concluyó solicitando que el Parlamento nombrara una comisión de investigación independiente: "Creo que es lo que haría cualquier Parlamento digno de este nombre en parejas circunstancias". Y, resuelto a liberarse de todo lo que le pesaba, concluyó con estas palabras brutalmente francas: "Nunca habría creído que podríamos hundirnos hasta llegar a esta penosa situación, mes tras mes, año tras año, sin que ni siquiera las confesiones de los errores del gobierno inciten a la opinión pública y a las fuerzas parlamentarias a unirse para otorgar a nuestros esfuerzos la sensación de urgencia que la situación requiere. Y afirmo que, salvo que la Cámara se decida a poner las cosas en claro, habrá cometido un acto de abdicación sin precedentes durante su larga historia".

Siempre había sido difícil replicar un discurso de Churchill en los Comunes, pero esta vez se había excedido, ya que la solicitud era inapelable. Sin embargo, Baldwin se levantó para contestarle y hablarle con una franqueza literalmente enternecedora: "Mis divergencias de opinión con el señor Churchill se remontan a 1933 y a los años siguientes. [...] En ese momento, en Ginebra se llevaba a cabo la conferencia sobre el desarme, y hay que recordar que, en esa época, el país estaba recorrido por un sentimiento pacifista más fuerte sin duda que en ningún otro momento desde la guerra. [...] Mi posición como jefe de un gran partido no era de las más cómodas. [...] Imaginemos un instante que me hubiese presentado ante los electores para decirles que Alemania estaba rearmándose y que teníamos que hacerlo también. ¿Piensan que nuestra democracia pacífica habría respondido a mi llamada en ese momento? Nada podría haberme llevado con mayor seguridad a una derrota electoral".

El auditorio quedó atónito; los partidarios de Baldwin, consternados. Si bien es verdad que la mayor parte de los políticos priorizan el interés de sus partidos al de su país, ¿cuántos llegan a la inconsciencia de reconocerlo ante la Cámara? Como muchos diarios conservadores que perseguían a Churchill vengativamente, el *Times* del día siguiente tuvo que rendirse ante la evidencia: Baldwin había perdido; su adversario había ganado.

Para Churchill, finalmente, empezaba a bosquejarse la recompensa a tantos esfuerzos. Poco antes de su cumpleaños número sesenta y dos, percibió claramente un vuelco de la opinión pública, si no todavía de la mayoría del pueblo, al menos de la prensa, los clubes, los sindicatos y los partidos. Varios líderes sindicales, conservadores de derecha, partidarios de la Sociedad de las Naciones, liberales y laboristas parecían ahora decididos a unirse a su campaña a favor de un rearme acelerado, y el Consejo Mundial Antinazi lo invitó a lanzar un llamado solemne a una concentración en una gran reunión en el Albert Hall el 3 de diciembre. En esa oportunidad, su discurso, basado en el lema "Sobre las armas y el pacto", postulaba una unión defensiva de todos los países de Europa para resistir la agresión nazi, y fue aclamado durante mucho tiempo por una inmensa multitud. Se fijaron nuevas reuniones del movimiento en las cuatro puntas del reino para las semanas siguientes, y todo permitía prever una aglutinación en torno de Churchill, que obligaría a un primer ministro lo suficientemente desacreditado a renunciar o, al menos, a modificar finalmente su actitud dilatoria en materia de defensa y de política externa. Churchill escribió: "Teníamos la sensación de que nuestras posturas inspiraban respeto y hasta iban a imponerse".

Pero no fue así. Cuando la victoria estaba al alcance de la mano, el péndulo se puso a andar de nuevo en sentido inverso; pues en ese momento preciso estalló una crisis constitucional que rápidamente tomó una amplitud insospechada. A Eduardo VIII, que había llegado al trono ocho meses antes, tras el fallecimiento de su padre, Jorge V, se le había metido en la cabeza casarse con una norteamericana, Wallis Simpson. Ahora bien, ni la Iglesia anglicana, ni la gran mayoría de la opinión pública estaban dispuestas a aceptar el matrimonio del rey con una mujer divorciada dos veces. El primer ministro Baldwin, dotado en materia de estrategia política de un olfato casi infalible, intimó al rey a que eligiera entre la corona y la señora Simpson: tendría que renunciar al casamiento o abdicar y dar a conocer su decisión en el plazo más corto posible.

En el ínterin, Churchill entró en escena. Incondicional de la corona, amigo personal de Eduardo VIII desde su más tierna infancia y siempre a la búsqueda de una causa justa que defender, consideraba que su deber era correr en auxilio del monarca. Pero cuando se trataba de juzgar intrigas sentimentales o combinaciones políticas, evaluar el estado de la opinión pública o los humores del Parlamento, Churchill era tan torpe como hábil Baldwin. Las advertencias de Clementine y de sus amigos no surtieron efecto: menos de un mes después de su triunfo del 12 de noviembre, volvió a la Cámara "lleno de emoción y de coñac" y se sentó en la banca en el momento en que Baldwin estaba diciendo que se le habían otorgado algunos días de plazo al rey para que se decidiera. Churchill, que no había escuchado, se obstinó en interrumpirlo para hacerle una pregunta a la que ya había respondido... El *speaker* lo llamó dos veces al orden y, sin embargo, solicitó la seguridad de que "no se tomará ninguna medida irrevocable antes de que la Cámara haya recibido una declaración completa". La reacción de los diputados fue fulminante: de todas las tendencias se dirigieron hacia él y le impidieron continuar mientras le gritaban: "¡Cállese!"; "¡Hipócrita!"; "¡Orden!". Churchill no podía hacerse oír, el *speaker* volvió a reprenderlo y, finalmente, tuvo que sentarse, pálido y deshecho. El diputado Harold Nicolson señaló: "Winston se había venido abajo por completo en la Cámara. [...] En cinco minutos destruyó el paciente trabajo de reconstrucción de dos años". Y otro diputado presente, Robert Boothby, lo confirmó: "En cinco minutos fatales, toda la campaña a favor de 'Sobre las armas y el pacto' se vio reducida a la nada. Después de la sesión, en la sala de fumar, nos dijo a Bracken y a mí que su carrera política se había terminado. Le respondimos que era ridículo".

Pero no era para nada ridículo. El *Times* del día siguiente habló de "la desaprobación más asombrosa de la historia parlamentaria moderna" y, en un santiamén, los ataques de la prensa contra Churchill volvieron con toda su fuerza; los diputados de todos los partidos lo evitaban en los pasillos de la Cámara; nuevamente sus fieles se contaban con los dedos de una mano; el Consejo Mundial Antinazi se redujo a la insignificancia y se anularon las reuniones previstas. "Todas las fuerzas que había reunido bajo el lema 'Sobre las armas y el pacto', del que me consideraba la pieza fundamental, se apartaron de mí o se dispersaron, y yo mismo estaba tan abatido, según la opinión pública, que había una opinión generalizada de que mi carrera política finalmente se había terminado".

La desgracia de algunos es la felicidad de otros. La firma de Eduardo VIII de su acta de abdicación el 11 de diciembre de 1936 marcó el fin de la crisis constitucional y aseguró el triunfo de Stanley Baldwin en la Cámara y en el país. Este hombre anciano, tan despreciado en el debate del 12 de noviembre, se había vuelto objeto de un concierto de alabanzas casi unánime: había resuelto la crisis e impedido que se mantuviera en el trono un hombre que no era digno de él. La negligencia en cuanto a la defensa, las promesas no mantenidas, las confesiones abyectas, las incoherencias de la política extranjera, todo quedó en el olvido y, a comienzos de 1937, Stanley Baldwin era el hombre más popular del reino.

Winston Churchill nació en 1874 en el palacio Blenheim, cerca de Oxford. John Churchill, primer duque de Marlborough, había recibido la propiedad en recompensa por su victoria frente a las tropas francesas y bávaras en 1704.

Winston a los siete años.

Su padre, Lord Randolph Churchill (1849-1895), era el cuarto hijo del séptimo duque de Marlborough. Fue elegido miembro del Parlamento en 1874.

Jeannette (Jennie) Jerome (1854-1921), madre de Winston, era hija del acaudalado financista de Wall Street Leonard Jerome.

Winston y su novia Clementine, en 1908. Después de la ceremonia de casamiento en St. Margaret, el novio se puso a hablar de política con Lloyd George, olvidando que tenía que salir con la esposa.

Winston Spencer-Churchill ingresó con gran entusiasmo en el *Royal Military College* de Sandhurst el 1º de septiembre de 1893.

El teniente coronel Churchill en 1916. El sargento Andrew Gibb recordaba que ningún comandante prestaba tanta atención a sus heridos.

Frente al ministerio de la Marina en 1912, cuando estaba a su cargo.

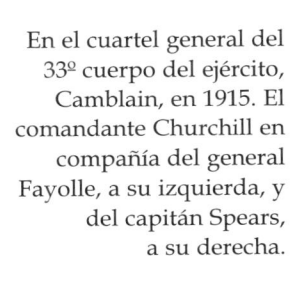

En el cuartel general del 33º cuerpo del ejército, Camblain, en 1915. El comandante Churchill en compañía del general Fayolle, a su izquierda, y del capitán Spears, a su derecha.

Carta del 5 de agosto de 1944 dirigida a Franklin D. Roosevelt

Churchill colabora con dos enfermeras de la Joint War Organisation.

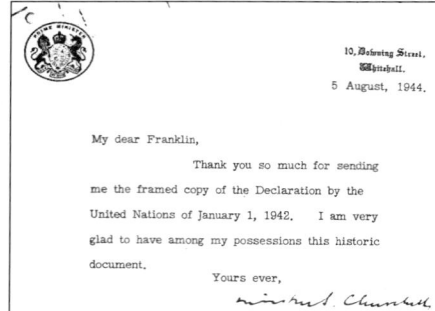

A pesar de los años, la fenomenal memoria heredada de su padre no había disminuido su temible agudeza.

Junto a Franklin D. Roosevelt, Chiang Kai-Shek y su esposa, en la Conferencia de El Cairo, en 1943.

Stalin, Roosevelt y Churchill en la Conferencia de Teherán, en 1943.

El reportero Winston Churchill ataca a los hunos.

Caricatura de su 80º cumpleaños exhibida en el Salón Churchill del Trinity College (Toronto, Canadá).

Dueto defensivo entre los señores Asquith y Churchill.

Churchill inspecciona a los húsares en Egipto, en 1943. Por entonces se lo veía agotado luego de un año de intensa actividad.

Durante su vejez, el ocio forzado abrió las puertas al *black dog*, implacable depresión que no lo abandonó hasta su muerte.

Entre las tres mil personalidades que asistieron al oficio religioso por la muerte de Churchill, se encontraban seis soberanos, quince jefes de Estado y treinta primeros ministros, llegados desde los cuatro rincones del mundo.

Inglaterra rinde su homenaje a Churchill con este monumento en Londres.

Después de haber apoyado a Eduardo VIII hasta el último momento, Winston, viejo gruñón impenitente, volvió tristemente a Chartwell, a sus dificultades familiares, a sus deudas, a su pintura, al último volumen de su biografía del gran Marlborough y a sus artículos sobre la amenaza nazi y la falta de preparación británica. La muerte de sir Austen Chamberlain el 16 de marzo de 1937 lo privó de su aliado más prestigioso dentro del Partido Conservador; Eduardo, convertido en simple duque de Windsor, partió hacia el continente, se casó con su dulcinea y saltaría a los titulares por algunas iniciativas lamentables.[17] El 17 de mayo, en la coronación de su hermano Jorge VI en la Abadía de Westminster, Churchill le confió a Clementine: "Tenías razón. Ahora veo que el otro no era conveniente". Pero la comprobación era tardía y el mal estaba hecho. Al día siguiente de la coronación, Stanley Baldwin, ennoblecido y condecorado con la Orden de la Jarretera, dejó el poder en un halo de gloria y de gratitud. Su sucesor designado fue, naturalmente, Neville Chamberlain. A los sesenta y ocho años, el segundo hijo del "viejo Joe", excelente alcalde de Birmingham y ministro de Hacienda emérito, era considerado como el que mejor proseguiría la política de Baldwin, si este alguna vez había tenido alguna. Churchill no lo pensaba: "No existe ningún tipo de proyecto en ningún campo. [...] Avanzan en las brumas. Todo es oscuro, muy oscuro".

Pero para "el solitario de Chartwell", inclusive en la oscuridad absoluta siempre había una lucecita, y la que se anunciaba en ese momento fue tan inesperada como salvadora. Como todos los diputados, había dirigido votos respetuosos al rey Jorge la víspera de su coronación. El día siguiente a la ceremonia, recibió esta respuesta, escrita a mano por el monarca: "Le escribo para agradecerle su amable carta. Sé hasta qué punto usted ha sido y sigue siendo devoto de mi querido hermano, y me emociona más allá de toda expresión la simpatía y la comprensión que ha manifestado durante las difíciles pruebas que tuvimos que pasar desde que nos dejó en diciembre. Me doy cabalmente cuenta de las responsabilidades que asumo como rey y me alienta mucho recibir los buenos deseos de uno de nuestros grandes hombres de Estado, que ha servido con tanta fidelidad a su país".

Para Churchill, emotivo, sentimental, vanidoso y ciclotímico, la misiva real fue un regalo del cielo: "Este gesto magnánimo con un hombre cuya influencia estaba reducida a la nada siempre fue un episodio bendito de mi existencia". Con estas pocas líneas juiciosamente elegidas, dirigidas en el momento más oportuno, este nuevo rey inseguro y timorato se aseguró para siempre una devoción sin límites de un prodigioso servidor.

Al retirarse de la vida pública, Stanley Baldwin tuvo en materia de política exterior un juicio asombrosamente perspicaz, que al menos probaba que, aunque tarde, terminó por darse una idea de la situación europea: "En este momento, le confió a Anthony Eden, en Europa hay dos locos en libertad. Todo puede suceder". Cuando Neville Chamberlain asumió como primer ministro en mayo de 1937 se encontró con una situación mucho más compleja: Mussolini había terminado la conquista de Etiopía, Hitler seguía con su rearme a velocidad acelerada y ambos se habían acercado lo suficiente como para proclamar un "eje Roma-Berlín" e intervenir de común acuerdo en España, donde una vez más la dictadura parecía ganarle la partida a la democracia. Francia, paralizada por las disputas políticas y los conflictos sociales desde la victoria del Frente Popular, parecía fuera de estado para jugar un papel estabilizador en Europa; la URSS, que intervenía discretamente en contra del fascismo en España, provocaba muchas inquietudes por las actividades del Komintern y los juicios de Moscú. En cuanto a Japón, que había firmado el año anterior con Alemania un "pacto anti Komintern", seguía con su conquista de China, sin que el imperio británico pudiera oponerse a ella, tanto menos cuanto que los Estados Unidos se negaron categóricamente a aceptar las propuestas de Londres sobre una intervención naval e, inclusive, diplomática, en el conflicto chino-japonés. Así que aquí estaba Gran Bretaña aislada y desarmada, en un mundo cada vez más hostil. Y en la conferencia imperial que se desarrolló en esa época, Anthony Eden definió de este modo la política de su gobierno: "Mantener nuestras posturas políticas actuales reforzando nuestro potencial militar al abrigo de aquellas".

¿Era este el camino que pensaba tomar el nuevo primer ministro? Si bien, efectivamente, se había puesto a la cabeza del rearme desde su llegada al poder, nada indicaba que haya intervenido para acelerarlo. El capitán Margesson, que lo conoció bien en esa época, escribió que "todas las cuestiones militares y navales le repelían profundamente". Además, sabemos que Neville Chamberlain, como su antecesor, no estaba dispuesto a tomar la única iniciativa que realmente terminaría con los atrasos acumulados por el país: una reconversión parcial de la industria civil en beneficio de la de defensa. Chamberlain, como primer ministro, seguía manteniendo los prejuicios y las prevenciones que había tenido durante ocho años como ministro de Hacienda. El siguiente fragmento de su diario político, escrito a comienzos de 1938, proporciona un ejemplo penetrante: "Nuestro propio programa de armamento continúa incrementándose y haciendo que nos endeudemos con compromisos financieros de una manera realmente alarmante. [...] El costo anual del mantenimiento de los materiales una vez que finalice el rearme podría superar los recursos disponibles, a menos que aumentemos considerablemente los impuestos durante un período de tiempo indeterminado. Por eso, desde el principio mencioné a Alemania con términos favorables en mis discursos".

La última parte es muy clara: Neville Chamberlain, que no tenía ninguna confianza en las virtudes del rearme y que rechazaba sus costos, pretendía que fuese superfluo a partir de nuevas iniciativas en política exterior. Por eso, desde que llegó al poder, declaró al ministro de Asuntos Exteriores, Anthony Eden: "Estoy seguro de que no objetará que me interese más en la política exterior que Stanley Baldwin", y Eden señaló en esta oportunidad: "Ambos sabíamos que era imposible interesarse menos...". Lamentablemente, no bastaba con el interés. Poco tiempo antes de su muerte, Austen Chamberlain, quizá por un presentimiento, había advertido a su medio hermano: "Neville, no olvide que usted no sabe nada de asuntos exteriores". Muchos contemporáneos expresaron de mil modos este hecho innegable, desde Lloyd George, que lo pintó como un "buen lord alcalde de Birmingham en un año magro", hasta Churchill, quien afirmó que Neville "miraba los asuntos del mundo según la perspectiva de un recaudador municipal". Pero el juicio del nuevo primer lord del Almirantazgo, Duff Cooper, sin dudas es el más perspicaz: "Chamberlain tenía muchas cualidades, pero no tenía experiencia mundana, ni la imaginación necesaria para llenar las lagunas de la inexperiencia. [...] Europa le era totalmente extraña. Como lord alcalde de Birmingham había sido exitoso y, para él, los dictadores de Alemania y de Italia eran como los alcaldes de Liverpool y de Manchester, que pertenecían, por supuesto, a otros partidos políticos y tenían intereses diferentes, pero debían desear el bienestar de la humanidad y ser gente sensata y decente como él". A esto, indudablemente, hay que agregar este juicio de lord Strang, que acompañó a Chamberlain a Munich: "Con equidad, podemos decir que [...] tenía una confianza ingenua [...] e injustificada en sus propios juicios y dotes". El cuadro se completaría al precisar que se trataba de un hombre muy orgulloso, de una testarudez poco común y que deseaba entrar en la historia como un gran pacificador.

En virtud de todo esto, Neville Chamberlain inició una diplomacia personal con el objetivo de ganar la confianza de los dictadores, disipando algunos malentendidos que todavía separaban a los hombres de buena voluntad... Para la realización de esta nueva política de apaciguamiento, el primer ministro ciertamente podía contar con la adhesión de la mayoría de la opinión pública y con la docilidad del Partido Conservador, que seguía disponiendo en el Parlamento de una cómoda mayoría y, también, con la colaboración de su "círculo estrecho", compuesto por hombres de confianza como John Simon, Samuel Hoare, lord Halifax y Horace Wilson, así como con el apoyo de ciertos personajes influyentes, como Geoffrey Dawson o lord Astor. Lamentablemente, todos estos hombres tenían en común con el primer ministro una ignorancia que confundía las realidades de la política europea, multiplicada por una conciencia bastante imperfecta de la extensión de su ignorancia. "No estaba de moda, recordó Anthony Eden, tener algún tipo de experiencia en materia de política exterior. Aficionados sin complejos ocupaban el primer plano de la escena".

Sin duda, esta ausencia de complejos explica que Chamberlain no haya buscado ningún apoyo diplomático antes de ponerse en contacto con los dictadores. Por ejemplo, no hubo ninguna concertación diplomática con París, pues Chamberlain no confiaba en los franceses —y mucho menos en Leon Blum— y, además, a comienzos de 1938 había escrito: "Francia está en un terrible estado de debilidad". Tampoco se trataba de entenderse con los soviéticos, de los que Chamberlain, según su propia confesión, "desconfiaba profundamente". En cuanto a los norteamericanos, señaló: "No se puede contar con algún tipo de ayuda de su parte en caso de dificultad". Y cuando, contra todo lo que se esperaba, el presidente Roosevelt propuso intervenir para facilitar las negociaciones entre potencias europeas a comienzos de 1938, Chamberlain, en ausencia de Eden, se apuró en responder que él mismo pensaba abrir negociaciones con Italia y que la intervención del presidente podría contrarrestar su intento. Esta fue una de las razones de la renuncia de Eden, ya que, sin discusiones, la principal fue la decisión del primer ministro de tratar con el embajador de Italia y de mantener correspondencia con Mussolini, sin informar al Foreign Office. Pues Neville Chamberlain, que no dudaba decididamente de nada, se creía con la capacidad para negociar personalmente con los dictadores, no sólo sin el apoyo de otras potencias, sino también sin que lo supiera su propio ministro de Asuntos Exteriores. Eden fue reemplazado por el ex virrey de las Indias lord Halifax, un ferviente católico, totalmente ganado para la causa del apaciguamiento, que se había encontrado con el Führer en una "visita privada" a Berchtesgaden cuatro meses antes. Por otra parte, el subsecretario de Estado permanente en Asuntos Exteriores, sir Robert Vansittart, un antinazi convencido, acababa de ser relevado de sus funciones y nombrado "consejero diplomático", un cargo puramente honorífico, que le retiraba todas las responsabilidades en la elaboración o en la ejecución de la política extranjera británica. Su sucesor fue Alexander Cadogan, otro partidario enérgico del apaciguamiento; finalmente, el sucesor en Berlín del embajador Eric Phipps no era otro que Neville Henderson, un gran admirador de los jefes nazis, dispuesto a cualquier concesión con tal de obtener un acuerdo anglo-alemán.

Así que el camino estaba libre. Ya conocemos las etapas sucesivas de la diplomacia personal del primer ministro: sus contactos con Mussolini por intermedio de su cuñada en Roma y del embajador Grandi en Londres; la firma del acuerdo anglo-italiano de abril de 1938, que reconocía como un hecho concluido la intervención italiana en Etiopía y en España; la búsqueda asidua de contactos con Alemania, durante la que se multiplicaron las seguridades que su gobierno se esforzaba por acordar y, al mismo tiempo, desalentar las críticas de la prensa y del Parlamento británicos en relación con el régimen nazi; los intentos de "apaciguamiento colonial", increíbles de creer si no estuvieran en los documentos diplomáticos ingleses (en una súbita inspiración, a comienzos de 1938, Chamberlain le ofreció al Führer algunas colonias bajo mandato británico, como intercambio por las concesiones alemanas en cuestiones de rearme, inclusive de una simple declaración de buena voluntad; como temía la reacción de la opinión pública británica –y la de su propio ministro de las Colonias–, propuso luego transferir a Alemania las colonias belgas, portuguesas y francesas... ¡sin ningún tipo de acuerdo con Bruselas, Lisboa o París!). Felizmente para Gran Bretaña, Hitler, desconcertado una vez más por tanta ineptitud, informó el 3 de marzo al embajador Henderson que no tenía nada que hacer con las colonias en cuestión.

Pero sus contactos personales con Halifax o Henderson, así como las entrevistas de su embajador Ribbentrop con Chamberlain, Samuel Hoare u Horace Wilson, habían convencido al Führer de que los hombres que estaban en el poder en Londres no tenían el coraje, la inteligencia ni la voluntad necesarios para oponerse a su política de conquista de Europa. Después de todo, Stanley Baldwin había aceptado sin reaccionar todas las iniciativas alemanas desde el rearme hasta la remilitarización de la Renania, y su sucesor no parecía menos incompetente. Para Hitler, la ausencia de reacciones por parte de Downing Street al Anschluss a mediados de marzo de 1938 era una prueba evidente de esto. Ahora estaba preparando un golpe a Checoslovaquia, seguro de que no habría medidas contrarias por parte de los británicos y que los franceses no intentarían nada sin el apoyo de Londres.

En el momento en que su país se encaminaba apaciblemente hacia el desastre, Churchill seguía enojadísimo porque lo mantenían apartado de todo cargo de responsabilidad. El general Ironside, que lo visitó en diciembre de 1938, señaló en su diario: "[Winston] dijo que no podía dormir de noche pensando en todos los peligros que nos amenazaban y en este magnífico imperio, edificado en tantos siglos, que podría desaparecer en un minuto". En estos casos, la inacción para él era un suplicio, y su vecino, el mayor Morton, recordó que "parecía un niño al que se le había roto un juguete". Pero en medio de la confusión y de las tragedias de la situación europea, se esforzó por trazar en el Parlamento una línea política clara: en la guerra de España, la no intervención le parecía la mejor de las políticas, en la medida en que las facciones en lucha le parecían igualmente feroces y fanáticas: "Me niego a comprometerme con alguna de las partes. No se trata de oponerse al nazismo o al comunismo, sino de combatir la tiranía en la forma en la que se presente". No dejaba de repetir que la salvación residía únicamente en el rearme acelerado, pero también en un apoyo firme a la Sociedad de las Naciones, para que pudiera convertirse en un freno moral y material para los dictadores. Churchill consideraba que querer negociar con Mussolini, después de las tristes hazañas de sus tropas en Etiopía, en Libia y en España, y, sobre todo, después de la proclamación del eje Roma-Berlín, carecía por completo de razonabilidad. Por estas consideraciones, sostuvo en los Comunes las iniciativas del ministro de Asuntos Exteriores Eden y pronunció en febrero de 1938 una acusación despiadada contra el primer ministro, que acababa de obligar a Eden a dimitir: "El dictador italiano triunfó en su *vendetta* contra Eden. ¿Qué pasó después del anuncio de su renuncia? En todo el mundo, [...] donde haya amigos de Inglaterra, éstos están consternados, y los enemigos de Inglaterra, exultantes. [...] La antigua política consistía en edificar, a través de la Sociedad de las Naciones o de pactos regionales en el marco de la Sociedad de las Naciones, frenos que pudieran disuadir al agresor. ¿La nueva política consiste en reconciliarse con las potencias totalitarias, con la esperanza de que grandes actos de sumisión [...] permitan preservar la paz? Es posible que los nuevos responsables de nuestra política exterior, cuando hayan estudiado bien el aspecto siniestro de Europa y del mundo actual, [...] vuelvan un día a la antigua política. Pero entonces, quizás sea demasiado tarde".

Menos de un mes después, como consecuencia de la anexión de Austria por parte del Reich, Churchill pronunció lo que muchos consideraron en ese momento su mejor discurso –el "discurso de su vida", como señaló el diputado Harold Nicolson–: "Se puede exagerar la gravedad del acontecimiento del 11 de marzo. Europa se ve enfrentada a un programa de agresión bien calculado y bien regulado, que se desarrolla etapa por etapa, y los países implicados tenemos una sola elección: someternos, como Austria, o tomar medidas eficaces mientras todavía es tiempo de apartar el peligro y, si no podemos apartarlo, enfrentarlo". Después de haber explicado hasta qué punto la anexión de Austria afectaba el equilibrio de las fuerzas en Europa central, Churchill empezó a hablar de los países de la Pequeña Entente, que ahora estaban amenazados por Alemania: Rumania, Yugoslavia y Checoslovaquia. "Si los tomamos aisladamente, son potencias de segundo orden; pero unidas constituyen una gran potencia". Le prestó especial atención a Checoslovaquia, y no por azar: dos meses antes, un agente de Vansittart con un cargo en la oficina de Goering le había comunicado la primera versión del *Fall Grünn*, el plan nazi de invasión a Checoslovaquia: "Para los oídos ingleses, el nombre de Checoslovaquia puede parecer bárbaro; ciertamente no es solamente un pequeño Estado democrático; es verdad que su ejército no representa más que el doble o el triple que el nuestro, que sus reservas de municiones son sólo tres veces más importantes que las de Italia, pero que, igualmente, es un pueblo viril, que tiene derechos reconocidos por tratados, una línea de fortificación y una voluntad firme de vivir en libertad. Ahora bien, en este momento Checoslovaquia se encuentra aislada, económica y militarmente". Más aún, la Alemania nazi era "capaz de dominar el conjunto de la Europa del sudeste", poblada por unos doscientos millones de habitantes. ¿Qué hacer? El rearme acelerado de Gran Bretaña es necesario, por supuesto, pero no basta; hay que proclamar su adhesión, "renovada, revitalizada, inquebrantable" al pacto de la Sociedad de las Naciones, para darle "una base moral al rearme y a la política exterior británica". Al presentar el papel crucial de los ideales en una guerra entre pueblos, Churchill explicó: "Necesitamos esta base para unir e inspirar a nuestro pueblo, obtener su compromiso sin reservas e incitar a la acción a los pueblos de lengua inglesa de todo el mundo". Es que el hijo de Jennie Jerome estaba pensando naturalmente en los Estados Unidos, cuya intervención en Europa había sido decisiva veinte años antes. Pero en ese momento, como "no hay más salvación sin correr riesgos", se trataba de organizar de manera urgente la defensa de Europa en el marco de la seguridad colectiva: "Si una cierta cantidad de Estados se unen en torno de Gran Bretaña y Francia, en un tratado solemne de defensa mutua contra la agresión; si sus fuerzas se reunieran en lo que podríamos denominar una Gran Alianza; si sus estados mayores se pusieran de acuerdo; si todo esto se basara en [...] el pacto de la Sociedad de las Naciones, de acuerdo con todos sus objetivos y todos sus ideales; si esta empresa fuera sostenida, como no dejaría de serlo, por el sentido moral del mundo y si esto se realizara durante 1938 –y, créanme, será quizá nuestra última oportunidad de hacerlo–, entonces, digo que todavía se podrá detener esta guerra que se acerca. Entonces, quizá la maldición que sobrevuela Europa se aleje; entonces, quizá las pasiones feroces que actualmente anidan en un gran pueblo se dirijan más hacia el interior que hacia el exterior, [...] y la humanidad se ahorrará la prueba mortal hacia la que nos inclinamos y deslizamos mes tras mes. [...] Antes de rechazar esta esperanza, esta causa y este plan que, no lo oculto de ningún modo, implica un elemento de riesgo, todos los que deseen declinarla tendrían que meditar muy seriamente en lo que nos sucederá si, cuando todo el resto haya sido entregado como comida a los lobos, nos quedemos solos para enfrentar nuestro destino".

Este discurso visionario anunciaba simultáneamente junio de 1940, diciembre de 1941 y hasta abril de 1949.[18] En ese momento, hubo un eco en todas las capitales europeas, desde París hasta Moscú, pero no produjo el menor efecto en Downing Street. Como los anteriores (y los posteriores), los hombres que no podían entenderlo, porque su política de apaciguamiento estaba totalmente en las antípodas de lo que éste preconizaba, lo ignoraron. Y el diputado de Epping quedó reducido a seguir con sus arengas, escuchado con mezcla de admiración, de irritación y de indiferencia por diputados desganados y una opinión pública que seguía interesándose muy poco por los acontecimientos externos. "Las advertencias del señor Churchill, señaló más tarde Philip Guedala, se habían vuelto algo tan familiar como la voz del almuecín a la hora de la plegaria".

Pero los infieles se asombrarían al enterarse de que este hombre que rezaba en el desierto estaba llevando a cabo una diplomacia paralela a la del gobierno de Su Majestad y que tenía interlocutores de relieve: el embajador en Alemania Ribbentrop, por ejemplo, que lo había invitado una noche de mayo de 1917 para decirle que Hitler estaba dispuesto a garantizar la integridad del imperio británico, siempre que le dejaran las manos libres en Europa del este: Polonia, Ucrania, Bielorrusia. Churchill respondió que Gran Bretaña, incluso en malos términos con la Rusia comunista, no podría consentir nunca una expansión alemana de esta naturaleza. Como quería suplir las carencias de la diplomacia del apaciguamiento, Churchill agregó que "no había que subestimar a Inglaterra", ni "juzgarla por la actitud del régimen actual". Entre los interlocutores discretos de Churchill también estaba Samuel Hoare en persona, uno de sus más feroces enemigos en el Parlamento, que le pedía algunos consejos sobre la estrategia naval a adoptar en el Mediterráneo y, por supuesto, Anthony Eden, a quien el dueño de Chartwell no le retaceaba los consejos; es más, en febrero de 1938 llegó a sugerirle los términos de su renuncia. En París, en Londres o en Chartwell, se entrevistó con Leon Blum, Paul-Boncour, Paul Reynaud y el general Gamelin. Siguió intercambiando con ellos información sobre el armamento alemán, mientras les prodigaba consejos políticos o militares, que estos escuchaban cortésmente. Entre los otros visitantes inesperados, estaban Konrad Henlein, el jefe de los nazis alemanes de los Sudetes, al que Churchill recibió a pedido de Vansittart, en el momento preciso en que Hitler empezó su campaña virulenta a favor de la minoría alemana en Checoslovaquia. Nuestro diputado-guerrero-diplomático intentó desarmar el conflicto que se anunciaba alentando a Henlein a negociar con el gobierno de Praga un estatus de autonomía interna, que no amenazaría la independencia de Checoslovaquia. Hubiese podido lograrlo si Henlein no hubiese sido un simple agente provocador al servicio del Führer, al igual que otro invitado de Churchill, el *Gauleiter* de Dantzig, Albert Forster.

En el verano de 1938, mientras la amenaza alemana contra Checoslovaquia se iba haciendo más precisa, Churchill también recibió en Chartwell, en el mayor de los secretos, al comandante Ewald von Kleist-Schmenzin, miembro de un círculo antinazi alemán, que le hizo saber que el ataque contra Checoslovaquia era inminente y le pidió que redactara un mensaje que permitiera "consolidar el sentimiento general de hostilidad a la guerra en Alemania". Después de haber consultado al Foreign Office, Churchill le envió una nota firmada de su puño y letra en la que precisaba que cualquier violación de la frontera checa implicaría un conflicto mundial en el que Inglaterra y sus aliados se comprometerían a fondo, "para vencer o morir". Esto era totalmente concordante con la estrategia diplomática que había llevado a cabo Churchill desde hacía meses: persuadir a Hitler sobre la determinación de Inglaterra y de sus aliados para disuadirlo de lanzarse a la aventura de una guerra con resultados imprevisibles. En realidad, si recordamos la acción de este mismo Churchill veinticuatro años antes, durante los meses que precedieron a la Gran Guerra, nos damos cuenta de que no se había modificado en absoluto: seguía tratándose de mostrar su fuerza y su resolución, para no tener que usarlas.

El 2 de septiembre de 1938, mientras la crisis de Checoslovaquia llegaba a su paroxismo, el embajador de la URSS, Iván Maiski, se dirigió discretamente a Chartwell. Es verdad que Churchill era el primer antibolchevique del Reino Unido, pero Stalin era un pragmático y no lo detenían los detalles: los enemigos de nuestros enemigos son nuestros amigos, y Churchill, desde hacía cinco años, era el peor enemigo de Hitler. En ese momento se trataba de constituir un frente unido con Francia y Gran Bretaña, para resistir a Alemania en la cuestión checoslovaca; pero el ministro soviético de Asuntos Exteriores, Litvinov, temiendo un desaire por parte de los partidarios del apaciguamiento de Downing Street y del Foreign Office, prefirió un acercamiento indirecto, convencido de que Churchill sería su mejor abogado. Se equivocaba sólo en parte: Churchill efectivamente se esforzó por llevar a buen término la propuesta soviética redactando un largo memorándum para el ministro de Asuntos Exteriores Halifax. El noble lord, aun cuando estaba muy comprometido con los esfuerzos del apaciguamiento, a veces tenía dudas sobre la sagacidad de la política que estaban implementando y, en esos momentos, era bastante vulnerable a los vastos talentos persuasivos del diputado de Epping, que había sido su superior en el Ministerio de las Colonias treinta años antes. Pero, aunque Halifax transmitió los informes de Churchill a Downing Street con su opinión favorable, fueron escritos furiosamente en lápiz por sir Horace Wilson, antes de que el propio Neville Chamberlain los rompiera en pedazos. El memorándum sobre la iniciativa soviética no fue una excepción a la regla. El primer ministro, lejos de buscar intimidar a Hitler con amenazas o alianzas, seguía esperando seducirlo y tranquilizarlo, pagando el precio de concesiones sin contrapartida y un asentimiento tácito a su política de expansión (porque, naturalmente, esperaba que esta se efectuara a expensas del Estado, más que de las Islas Británicas).

Precisamente, a Chamberlain acababa de ocurrírsele una idea que le parecía genial y que terminó siendo catastrófica: mientras se multiplicaban los disturbios fomentados por los nazis en los Sudetes y las amenazas de la invasión alemana al territorio checo se volvían más claras, pensaba que era el único capaz de salvar la paz a través de una intervención personal y directa con Hitler. Evidentemente, el primer ministro no medía hasta qué punto era vulnerable a las tácticas de intimidación de un Führer que sólo sentía desprecio por su política de debilidad y apaciguamiento. De modo que fue a Alemania en tres ocasiones, primero a Berchtesgaden el 15 de septiembre, luego a Godesberg el 22 y, finalmente, a Munich, el 29. De esta última reunión, en la que también participaron Daladier y Mussolini, Chamberlain trajo un acuerdo cuatripartito, una declaración de buenas intenciones firmada por Hitler, la promesa de "la paz para nuestra época" y la impresión de que el Führer era "un hombre con el que se podía contar cuando empeñaba su palabra". Pero, mientras tanto, abandonó a los checos a su suerte y se asoció, como Daladier, al *diktat* que les impuso el Führer: los Sudetes tendrían que evacuarse en diez días y las sólidas fortificaciones checas del cuadrilátero de Bohemia se entregarían intactas a las tropas alemanas. Así, sin un disparo, Checoslovaquia, privada de su principal línea de defensa, se encontraba a merced de una invasión alemana (que nadie sensato dudaba que se produjera en un futuro muy cercano).

Chamberlain no sospechaba nada, y la opinión pública británica, tampoco. El regreso a Londres del "hombre que había salvado la paz" fue triunfal, la prensa le cantaba alabanzas y la Cámara lo aclamó como a un héroe, antes de aprobar de manera masiva los acuerdos de Munich. Sin embargo, hubo algunas notas en falso, algunas de las cuales resonarían con cruel intensidad. Así, a partir del 1º de octubre, el primer lord del Almirantazgo Duff Cooper presentó su renuncia y la explicó en los Comunes dos días más tarde, al denunciar que Munich era una traición pura y simple; Eden, Attlee, Archibald Sinclair, Amery, MacMillan y Bracken también ese día se levantaron contra el cobarde abandono de Checoslovaquia, pero quedaron aislados en medio de los fervientes admiradores del héroe de Munich. El 5 de octubre sucedió lo mismo con Churchill, lo que no le impidió pronunciar ese día una de sus acusaciones más notables: "Hemos sufrido una derrota total y sin medias tintas. [...] Las condiciones que trajo el primer ministro se hubiesen podido obtener [...] por vía diplomática normal en cualquier momento del verano. Y hasta diría que los checos, abandonados a sí mismos e informados del hecho de que no podían contar con ninguna ayuda por parte de las potencias occidentales, habrían sido capaces de obtener mejores condiciones que estas; en todo caso, no habrían obtenido peores". Y lanzó esta advertencia profética: "Verán que dentro de algún tiempo, un tiempo que quizá se mida en años, pero también quizás en meses, el régimen nazi se devorará a toda Checoslovaquia". A lo que agregó esta exhortación solemne: "Nuestro pueblo [...] tiene que saber que hemos sufrido una derrota sin guerra, cuyas consecuencias nos acompañarán durante mucho tiempo en el camino. [...] Y no crean que se ha terminado; no es más que el comienzo del arreglo de cuentas, el primer trago, el primer anticipo de una copa amarga, que nos presentarán año tras año salvo que, en un último sobresalto de salud moral y de vigor marcial nos levantemos para defender nuestra libertad como ya lo hemos hecho en otros tiempos".

Pero fue todo en vano. En esa época había muchos comentadores que consideraron que la oposición de Churchill a los acuerdos de Munich había sido un suicidio político. En todo caso, es claro que a fines de 1938 esta oposición lo había separado de la opinión pública y ni siquiera le había valido el apoyo en el Parlamento de los adversarios de la política de apaciguamiento. Lo que sucede es que los laboristas y los liberales seguían desconfiando de él y hasta algunos disidentes de los conservadores del grupo de Anthony Eden, como MacMillan, Sidney Herbert, Edward Spears o Duff Cooper preferían evitarlo, al menos en público: lo consideraban demasiado poco previsible, demasiado radical y demasiado comprometido con la oposición al gobierno. El 17 de noviembre de 1938, Chamberlain lo atacó públicamente en los Comunes al reprocharle su "falta de juicio". El aparato del Partido Conservador intentó varias veces levantar en su contra a los electores de Epping, pero nunca lo logró; la gran mayoría de la prensa seguía siendo hostil a él, sus giras de conferencias en el país contaban con pocos participantes y el rey Jorge VI apoyaba públicamente a Chamberlain. Ante tanta incomprensión, la mayoría de los políticos habría bajado los brazos hacía rato, o bien cambiado de discurso para ir hacia donde soplaba el viento.

Pero Churchill, hace tiempo que lo sabemos, no era un político común, y el que hubiese querido seguirlo en estos finales de 1938 habría quedado agotado. Nuestro hombre seguía escribiendo artículos vengativos contra el nazismo y la política de apaciguamiento;[19] organizaba almuerzos en el Hotel Savoy para reunir a los opositores a la política del gobierno de todos los bandos, a los que intentaba unificar en el grupo Focus, del que era el principal propulsor; con asiduidad recibía en Chartwell a antinazis que llegaban desde toda Europa y mantenía una correspondencia constante con ministros franceses, checos, polacos y rumanos; se dirigía inclusive a París para alentar a los adversarios de la política de debilidad del ministro de Asuntos Exteriores Georges Bonnet y para convencer a Georges Mandel y a Paul Reynaud de que renunciaran al gobierno para protestar por la capitulación de Munich; no dejaba de llamar por teléfono a Chamberlain y a Halifax para solicitar información y prodigar consejos. Al mismo tiempo, construía solo una cabaña en su propiedad de Chartwell; pintaba; le escribía largas cartas a Clementine, que siempre estaba viajando y, sobre todo, trabajaba encarnizadamente para retrasar los temibles vencimientos financieros que lo acosaban. ¡Arruinado por una nueva baja catastrófica de sus acciones norteamericanas, había tenido que poner en venta Chartwell! Pero gracias a la ayuda de un importante hombre de negocios, sir Henry Strakosh (que también era uno de los principales informantes sobre la situación en Alemania), pudo retirar la casa de la venta y recuperar una apariencia de solvencia.[20] Sin embargo, sólo pudo conservarla porque realizó un trabajo literario encarnizado. Así, en el verano de 1938 le dio la última mano al cuarto volumen de su biografía de Marlborough, una soberbia respuesta a las maledicentes afirmaciones de Macauley en la que los teatros de guerra, las estrategias, las hazañas se describen con un talento y una precisión inimitables (aun cuando los matices de caracteres y la complejidad de los personajes no aparecen en sus escritos, como no aparecían en su vida). De todos modos, antes de haber terminado su biografía, Churchill ya estaba escribiendo los primeros capítulos de su *Historia de los pueblos de lengua inglesa*, un asombroso fresco histórico que iba de la conquista romana a la guerra de los Boers. Todo esto se hacía entre las diez de la noche y las cuatro de la madrugada, con tres secretarias, media docena de asistentes y muchos litros de whisky y de champaña.

¿Que era mucho para un solo hombre? Por cierto... pero todavía no dimos cuenta de la actividad esencial de Winston Churchill. Pues lo que más monopolizaba su tiempo libre y la atención del diputado de Epping en esa época eran, como siempre, los problemas de defensa: seguía trabajando regularmente dentro del subcomité de investigación sobre la defensa aérea; recibía todo el tiempo a oficiales y funcionarios que iban a informarle sobre las debilidades y los retrasos del esfuerzo de rearme británico; enviaba gran parte de esta información a los ministros (y al primer ministro) en incontables informes sobre todos los aspectos de la organización militar: defensa antiaérea de las ciudades, preparación de la Marina, camuflaje de los aeropuertos, constitución de las reservas estratégicas, propaganda, abastecimiento de los civiles en caso de guerra, etcétera. La cima se alcanzaba cuando Churchill transmitía a los ministros documentos secretos obtenidos de manera fraudulenta –a veces inclusive dentro de sus propios ministerios– pidiéndoles que los consideraran totalmente confidenciales y que no intentaran establecer su proveniencia. El ministro de la Coordinación de la Defensa, sir Thomas Inskip, le respondió en abril de 1937, reenviándole uno de estos documentos: "Ya que usted desea que trate este memorándum como ultrasecreto, quizá no sea deseable que lo conserve entre mis papeles". Incluso las cosas llegaron a mayores cuando este mismo Inskip escribió (confidencialmente) al principal adversario político del gobierno que las cifras de las fuerzas aéreas que él mismo había presentado al Parlamento (ciento tres escuadrillas) de hecho eran engañosas, ya que muchas estaban incompletas o constituidas por aviones obsoletos. Es más, agregó: "Creo poder darle esta información confidencial ya que usted tiene ya tanta información secreta sobre este tema". Parecen sueños...

Cuando el gobierno de Chamberlain tuvo la idea absolutamente descabellada de invitar a oficiales alemanes con el general Milch a la cabeza para que inspeccionaran los últimos modelos de avión de la RAF, Churchill, alertado por altos responsables de la aviación, le pidió (en vano) al secretario del comité de defensa imperial, lord Hankey, que recuperara el juicio. Generales y almirantes le hicieron visitar las instalaciones militares más secretas, *a veces* con el consentimiento de sus ministros, y Churchill enseguida estableció nuevos informes sobre los puntos débiles que había podido encontrar en estas oportunidades. Y, luego, como siempre, aconsejaba discretamente al ministro de Guerra, al primer lord del Almirantazgo, al ministro del Aire y al ministro de Coordinación de la Defensa. Lo que sucedía era que el ministro del Aire, Kingsley Wood, ex ministro de Salud, y el nuevo primer lord del Almirantazgo, lord Stanhope, al que le costaba distinguir entre babor y estribor, no se sentían más cómodos en sus funciones que el desafortunado ministro de Coordinación de la Defensa. A todos, el ex primer lord del Almirantazgo, ministro de Armamento, de la Guerra y del Aire, Winston Churchill, intentó inculcarles los rudimentos de un método aplicado un cuarto de siglo antes con eficacia; la carta siguiente, dirigida a sir Thomas Inskip, es un modelo: "¿Por qué no hacer una lista de todo con lo que hay que equipar una escuadrilla normal: pilotos, aparatos, motores de recambio, piezas separadas, ametralladoras, visores y reservas de diferente tipo. [...] Luego, con esta lista, hacer una visita imprevista, acompañado por tres o cuatro personas competentes. Si durante todo el día su gente desgrana la lista, mientras usted interroga a los oficiales, obtendrá información confiable en la que podrá apoyarse".

Si bien todo esto es notable, no debería darnos la impresión de que Churchill era infalible en materia militar: como veinticinco años antes, era capaz de cometer graves errores de apreciación, y algunas de las ideas que proponía estaban pasadas de moda o eran peligrosas o inaplicables. Por ejemplo, estaba convencido de que el ejército francés era el primero del mundo, que el avión de bombardeo no podía imponerse a barcos de guerra y que el submarino había sido "prácticamente dominado por métodos científicos"; él, que había sido el pionero de la guerra de los blindados en 1915, consideraba en la actualidad que los carros se habían vuelto vulnerables a las ametralladores y cañones antitanques; no creía en la guerra de movimiento y predijo que un enfrentamiento futuro en Europa tomaría nuevamente el aspecto de una guerra de posiciones, con trincheras y frente continuo. Además, muchos de los planes estratégicos que planteó seguían siendo desesperadamente irrealistas, ya sea que propusiera desembarcar en la isla de Corfú (despreciando la amenaza aérea italiana) o hacer ingresar a una escuadra en el Báltico, "para paralizar a Alemania", sin preocuparse para nada por la vulnerabilidad de los barcos frente a los ataques aéreos o submarinos. Ciertamente que todo esto era inquietante pero, como tenía una comprensión intuitiva de los pensamientos de los dictadores, un ideal patriótico inquebrantable, un cierto olfato en materia de política exterior y una pasión casi innata por el oficio de las armas, Churchill, exactamente como un cuarto de siglo antes, cometía muchos menos errores de apreciación que los hombres en el poder –que seguían siendo aficionados en política exterior y a quienes horrorizaban las cuestiones militares–.

Bastante curiosamente, lo que en definitiva hizo correr el espeso velo de las ilusiones oficiales fue la entrada de las tropas alemanas a Praga el 15 de marzo de 1939. Chamberlain, sensible a la indignación de la opinión pública, del Parlamento y de las colonias, quizá consciente de haber abusado demasiado tiempo, terminó preguntándose públicamente si la última agresión de Hitler no constituía "una etapa de una iniciativa tendiente a dominar el mundo por la fuerza". Quince días más tarde, anunció que el gobierno británico había decidido darle garantías a Polonia. Esta vez, el primer ministro no omitió informarlo antes a las autoridades francesas, pero olvidó consultar a sus propios jefes de estado mayor. Algo realmente lamentable, pues estos, que conocían muy bien la geografía, la estrategia y las capacidades de las fuerzas armadas de Su Majestad, habrían podido señalarle que, en caso de conflicto, Gran Bretaña no tenía ningún medio concreto de honrar las garantías ofrecidas. Sus diplomáticos, aun cuando no los hubiesen escuchado, habrían podido agregar que no era algo obligatoriamente deseable: Polonia había firmado un pacto de no agresión con Hitler en 1934 y acababa de ayudar a Alemania a despedazar Checoslovaquia; su dirigente, el coronel Beck, de visita en Londres a comienzos de abril de 1939, declaró ante lord Halifax que Polonia no se sentía de ningún modo amenazada por Alemania y que no tenía la menor intención de garantizar que las fronteras rumanas no fueran agredidas por los alemanes, como solicitaban sus interlocutores británicos. ¡Y para proteger a este "aliado", Gran Bretaña corría el riesgo de entrar en una guerra total! Yendo más lejos todavía en este absurdo, Chamberlain ni siquiera consideró las iniciativas del ministro soviético de Asuntos Exteriores, Litvinov, que había propuesto a mediados de abril una triple alianza anglo-franco-soviética, acompañada por una convención militar, para enfrentar a

Hitler, sin duda la única iniciativa que habría podido volver creíble la garantía que tan imprudentemente se había ofrecido a Polonia.

En su discurso del 3 de abril en la Cámara, Churchill parecía haber aprobado estas garantías; es probable que haya sido un alivio para él enterarse de que el gobierno británico finalmente se decidía a hacer frente a Alemania, aun cuando hubiese elegido el peor frente en el peor momento. Pero Churchill sabía por instinto lo que se le había escapado a Chamberlain: este tipo de garantía era ilusoria sin medios militares adecuados y sin la alianza soviética. Por eso, en incontables discursos y artículos más numerosos todavía, no dejó de solicitar la aceleración del rearme, la introducción de la conscripción, la creación de un ministerio de Abastecimiento, la formación de un gobierno de unión nacional y la apertura de negociaciones serias con Moscú. A la vez se produjo un viraje en la opinión pública y en la prensa, que ya se había iniciado a comienzos de 1939, pero que adquirió una amplitud considerable después del ingreso de las tropas alemanas a Praga: ahí empezaron a entender que la guerra era inevitable; bruscamente recordaron que Churchill lo repetía con diferentes tonos desde hacía seis años y, sobre todo, tomaron conciencia del desastre que sería una guerra conducida por aficionados que ni siquiera habían sabido ganar la paz. Cuando llegaba el peligro, cuando sin duda iban a tener que enfrentarse con una dictadura muy bien armada, ¿podían no contar con un viejo guerrero como Churchill? Uno tras otro, los grandes periódicos nacionales, inclusive los que habían atacado con más ferocidad al diputado de Epping, exigieron su regreso al gobierno: en abril, fueron el *Daily Telegraph*, el *Evening Advertiser*, el *Sunday Pictorial* y el *Evening News*; en mayo se les unieron el *News Chronicle* y el *Time and Tide*, que proclamó sin vueltas el 6 de mayo: "¡Necesitamos a Churchill!". A comienzos de julio, también se subieron al caballo el *Yorkshire Post*, el *Observer*, el *Sunday Graphic*, el *Daily Mail*, el *Evening Standard* y hasta el *Manchester Guardian*, que exhortó al primer ministro a que "privilegiara el patriotismo ante las reyertas personales", y a que utilizara el talento de Churchill "en todas sus capacidades". Cuando el *Daily Worker*, comunista, tomó partido por el "carnicero de Tonypandy" y el "monstruo de Sidney Street", el gobierno comprendió que se estaba por desencadenar un mar de fondo. En esa misma época, el Foreign Office recibió el resumen de una conversación entre el general británico Marshall-Cornwall y el conde Schwerin von Krosigk, ministro de Hacienda del Reich, que le había confiado al general que el Führer "no se tomaba en serio ni al primer ministro ni a Halifax", y que sería bueno que Chamberlain hiciera que Churchill entrara al gobierno, porque era "el único inglés al que Hitler le tenía miedo". El conde se habría sorprendido si se hubiese enterado de que, aun habiendo llegado al borde del precipicio, Chamberlain estaba pensando en algo que no tenía nada que ver con darle miedo al Führer.

Este movimiento en el país a favor de su regreso parece haber tomado por sorpresa a Churchill. Convencido –justamente– de que Chamberlain no podría hacer otra cosa que sentirse celoso de él, hizo todo por convencer a las autoridades de que no era el inspirador de este movimiento; fuera de sus artículos en el *Daily Telegraph*, el *News of the World* y el *Daily Mirror* para exhortar al gobierno a que estableciera urgentemente una sólida alianza con la URSS y de un discurso en el Carlton Club que iba en el mismo sentido, renunció a todas las intervenciones públicas fuera de la Cámara de los Comunes. En realidad, en esa época el pasado lo absorbía tanto como el presente: los vencimientos financieros eran tan acuciantes como los vencimientos políticos y, para mantener apartados a los acreedores, tenía que trabajar sin pausa en su *Historia de los pueblos de lengua inglesa*; noche tras noche, sobre la base de esbozos redactados por sus asistentes, dictaba a las secretarias largas parrafadas sobre la conquista normanda, el rey Juan, Eduardo el Confesor, y luego daba un salto en el tiempo para tratar sobre la guerra de Secesión, volver a Jorge III, Nelson y Pitt, para luego pasar sin transición al siglo XVI. Estos vertiginosos zigzags cronológicos no le molestaban para nada y lo encontraban siempre dispuesto a volver al presente para fustigar el abandono del gobierno frente a las amenazas del momento. Verdaderamente, reinaba un ambiente raro en la vieja propiedad de los Churchill durante ese verano: con mapas de Europa sobre todas las mesas, el teléfono que no dejaba de sonar, las idas y venidas de las secretarias y los asistentes, el cortejo permanente de los visitantes y el intercambio discreto de documentos confidenciales, Chartwell era al mismo tiempo una colmena, un ministerio, un estado mayor y una guarida de conspiradores. A mediados de agosto, nuestro infatigable diputado-escritor-opositor-propietario de un castillo-complotador-albañil-artista-periodista-estratega-consejero-diplomático se dirigió a Francia para realizar una visita minuciosa de la línea Maginot, bajo la conducción de los generales Gamelin y Georges.[21]

Durante este tiempo, en el 10 de Downing Street reinaba una atmósfera muy diferente. Chamberlain y su círculo restringido resistieron victoriosamente todas las presiones a favor de un regreso de Churchill al gobierno; hasta lord Camrose, propietario del *Daily Telegraph* y miembro de un grupo de conservadores y liberales muy cercanos al poder, había ido a pedirle a Chamberlain por él pero, como señaló otro miembro de este grupo, el diputado Harold Nicolson: "El problema es que el propio primer ministro, como Hoare y Simon, están aterrorizados por Winston y opondrán toda forma de resistencia". Era un hecho; en cambio, no pudieron resistir a sus repetidos llamamientos a favor de la conscripción, tanto más cuanto que el ministro de Guerra Hoare-Belisha era un firme partidario de esta; por consiguiente, se la introdujo a fines de abril, a pesar de la oposición encarnizada de los liberales y de los laboristas, pero su alcance fue muy limitado, pues no se podía armar ni entrenar a los conscriptos. Siempre bajo la presión del ministro de Guerra (debidamente asesorado por Churchill), también tuvieron que resolver la creación de un ministerio de Abastecimiento, pero Chamberlain se lo confió al ministro de Transportes, Leslie Burgin, cuya incompetencia en materia de producción bélica parecía garantizar su docilidad. En política exterior, el gobierno de Su Majestad había asistido sin reaccionar a la invasión de Italia a Albania, a la firma del Pacto de Acero entre Alemania e Italia y a las primeras amenazas alemanas contra Polonia, conminada a liberar Dantzig y el corredor... para empezar. Londres otorgó nuevas garantías a Rumania, Grecia y Turquía, pero, dado el estado de las fuerzas británicas, todo el mundo comprendió en Europa que eran gestos sin el menor alcance concreto. Conducían las negociaciones con la URSS, en las que Churchill veía la única tabla de salvación, con un abandono estudiado: en lugar de enviar a Moscú a un hombre conocido, como Anthony Eden, en junio despacharon a un personaje de segundo rango, lord Strang; en cuanto a la misión militar franco-británica, llegó a la URSS a comienzos de agosto en el trasatlántico más lento, y sus miembros ni siquiera tenían mandato para comprometer en algo a sus respectivos países.

En realidad, Chamberlain, como Halifax, Simon, Cadogan, Wilson e Inskip, no querían una alianza con los soviéticos, no sólo por razones de principios, sino también porque este tipo de alianza podría asustar a Hitler. Pues, por extraordinario que pueda parecer, el primer ministro no había renunciado de ningún modo a su política de apaciguamiento. El 10 de julio declaró en los Comunes que un golpe en Dantzig constituiría una amenaza a la independencia de Polonia, "país que nos comprometimos a defender", pero enseguida agregó que "deberían poder establecerse negociaciones, una vez que la atmósfera esté más tranquila". Siguiendo la misma línea política, Halifax había declarado en la Cámara de los Lores que el "verdadero peligro [...] consistiría en llevar al conjunto del pueblo alemán a la conclusión de que Gran Bretaña ha abandonado todo deseo de llegar a un acuerdo con Alemania". Aparentemente, el noble lord no veía ningún peligro más grave en el horizonte... En ese mismo momento, por vías oficiosas, su gobierno estaba proponiéndole a Alemania ventajas económicas como parte de la firma de un pacto de no agresión anglo-alemán. Y durante todo el verano, especialmente por intermedio del embajador en Berlín Neville Henderson, Chamberlain y Halifax ejercieron una discreta pero firme presión sobre los polacos, para que aceptaran negociar con Hitler, es decir, ceder a todas sus exigencias. ¿Se oponía el cónsul general británico en Dantzig a esta política? Halifax hizo que lo echaran. Evidentemente, el proceso checo había recomenzado: se veía cómo forzaban a los polacos a capitular, para no tener que cumplir con las obligaciones que no se sentían capaces de asumir, y para llegar, finalmente, a un acuerdo anglo-alemán que garantizaría definitivamente la paz y convertiría a Neville Chamberlain en el gran hombre del siglo XX.

Todos estos sueños se disiparon bruscamente en la mañana del 24 de agosto, cuando Moscú anunció la firma del pacto Ribbentrop-Molotov, finalización relámpago de las negociaciones secretas que se llevaron a cabo paralelamente a los enviados oficiales con la delegación franco-británica. En Londres y en París no habían visto lo que se venía y la sorpresa fue total. Incluso los más obtusos comprendieron que la guerra era inevitable; tanto más cuanto que Hitler, ahora tranquilo en la retaguardia, lanzó cuatro días más tarde un ultimátum a los polacos comparable en todos sus puntos al que había enviado antes a los austríacos y a los checos: reclamaba Dantzig y, luego, exigía la llegada a Berlín de un negociador polaco "provisto de plenos poderes". Nadie podía despreciar el sentido de esta conminación: incluso en esta hora fatídica, los paladines del apaciguamiento siguieron su camino sin preocupaciones. Por intermedio del hombre de negocios sueco Birger Dahlerus, Halifax le hizo saber a Hitler que la diplomacia británica estaba en condiciones de presionar a los polacos; simultáneamente, telegrafió al embajador Kennard a Varsovia, y le dio instrucciones de comunicarle al coronel Beck que el gobierno británico esperaba que estuviera dispuesto a "mantener negociaciones directas con Alemania". Sería difícil caer más bajo: el Foreign Office quedó reducido a trasmitir a los polacos el *diktat* de Hitler y recomendarles que aceptaran. Pero ni siquiera esta bajeza pudo salvar la paz: Hitler quería la guerra y la tendría. A las 5.30 de la madrugada, el 1º de septiembre de 1939, las tropas alemanas entraron a Polonia.

Tres horas más tarde, en Londres, el embajador de Polonia, Raczynski, no avisó primero a Halifax o a Chamberlain, sino a Winston Churchill. ¿Quizás haya pensado que era el único político en Gran Bretaña del que se podía esperar algún auxilio? Dos horas más tarde, Churchill llamó por teléfono al War Office para obtener nueva información, y nadie todavía estaba al tanto del ataque alemán... Pero una vez que el gobierno se enteró, las decisiones que se tomaron por la tarde justificaron ampliamente los temores del embajador polaco: ciertamente, se decretó la movilización general, y se envió a Berlín un mensaje "enérgico", que advertía que "a menos que el gobierno alemán esté dispuesto a retirar rápidamente sus fuerzas del territorio polaco", el gobierno británico "cumplirá sin dudar sus obligaciones con Polonia".[22] Pero, lamentablemente, no existía ni la sombra de plazo; es más, el embajador Henderson estaba encargado de hacer saber a las autoridades alemanas que esta advertencia "no tenía que considerarse como un ultimátum". ¡Y ni hablar de una declaración de guerra! Manifiestamente, Chamberlain no había renunciado a andar con rodeos y tomó todas las disposiciones para que el Parlamento aceptara sin inconvenientes su política contemporizadora. Una disposición consistía en hacerle saber a Churchill que consideraba que la guerra era inevitable y que estaba pensando en constituir un "pequeño gabinete de guerra formado por ministros sin cartera", al que sería invitado a participar. Únicamente un aficionado absoluto en materia de defensa nacional podía concebir un gabinete de guerra que excluyera a los ministros de Guerra, del Aire y de la Marina; pero únicamente un político nato podía imaginar un medio tan eficaz para amordazar al principal detractor del gobierno, en el momento mismo en que podía convertirse en más peligroso. Churchill, extremadamente vulnerable a las astucias políticas, aceptó de inmediato y consideró que tenía una obligación de solidaridad con un gobierno del que, prácticamente, ya era miembro.

De manera que Chamberlain tenía el camino libre. Esa noche, en el Parlamento, se limitó a anunciar que su gobierno había enviado una advertencia a Berlín y que iba a publicar un Libro Blanco que justificaría ante todos sus esfuerzos diplomáticos para solucionar el conflicto germano-polaco. En cuanto a cumplir sus compromisos y ayudar a los polacos, sometidos desde hacía quince horas a un ataque devastador, no dijo una palabra, y los diputados no plantearon ninguna objeción. Los franceses parecían todavía más decididos que él a atrapar la menor posibilidad de negociación que pudiera sustraerlos del cataclismo que se había abatido sobre los polacos. Justamente, Mussolini había lanzado la idea de una conferencia de cuatro para "revisar las cláusulas del Tratado de Versalles", preservar la paz y, naturalmente, satisfacer a Hitler y, al mismo tiempo, salvaguardar las apariencias ante el mundo –en suma, un segundo Munich, que no le disgustaría a Chamberlain, ya que el primero le había rendido frutos–. Por eso la jornada del 1º de septiembre y, luego, la del día siguiente pasaron sin que el gobierno de Su Majestad tomara nuevas iniciativas. Mientras tanto, Hitler rechazó la nota británica y se evidenció con claridad que la resistencia polaca estaba desmoronándose. En una reunión de gabinete en la tarde del 2 de septiembre, los ministros, sensibles a la revulsión de la opinión pública, insistieron en que "la advertencia" del día anterior se transformara en un ultimátum que expirara a medianoche: el primer ministro aceptó y prometió informar esa misma noche esta decisión a la Cámara.

Pero no hizo nada: ante los parlamentarios que esa noche esperaban el anuncio de una declaración de guerra, Chamberlain se limitó a evocar la actitud moderada del Quai d'Orsay, las propuestas de conferencia de Mussolini y la posibilidad de nuevas negociaciones "si el gobierno alemán acepta retirar sus fuerzas de Polonia". "Mientras escuchábamos, señaló el diputado Edouard Spears, nuestro asombro mudaba en estupefacción y nuestra estupefacción en exasperación". Churchill subestimó la verdad al escribir que "las declaraciones contemporizadoras del primer ministro fueron mal recibidas por la Cámara"; de hecho, cuando Chamberlain terminó su discurso, la hostilidad de la Cámara era casi palpable: los que no vociferaban estaban mudos de rabia, y Leopold Amery recordó que los diputados "estaban atónitos. Hacía dos días completos que estaban bombardeando a los infortunados polacos y el primer ministro [...] todavía estaba buscando un medio para invitar a Hitler a decirnos si consentiría en dejar su presa". Amery se preguntó, como muchos otros diputados sin duda, "si las tonterías de Chamberlain" no eran "el preludio de un nuevo Munich". En nombre de la oposición, Arthur Greenwood luego pronunció un discurso de protesta bastante débil, pero que fue saludado con salvas de aclamaciones provenientes de las bancadas conservadoras; evidentemente, el primer ministro estaba perdiendo el control del Parlamento y hasta de su mayoría.

Chamberlain salió de esta sesión muy sacudido y confesó a Halifax que su discurso "había caído muy mal". Pero todavía no había visto todo: la misma tarde, los miembros de su gabinete, furiosos de que hubiese callado su decisión unánime en relación con el ultimátum a Alemania, se reunieron en torno de sir John Simon y decidieron obligar a Chamberlain a presentar sin dilaciones el ultimátum a Berlín. Hacia las 21 horas, se le exigió explícitamente al 10 de Downing Street y Chamberlain comprendió que el apaciguamiento había terminado de manera definitiva; una hora más tarde se resignó a llamar por teléfono al presidente del Consejo, Daladier, para anunciarle su intención de lanzar un ultimátum al otro día a las 9, con plazo de vencimiento a las 11, y le dijo que lo que sucedió fue que hubo una "sesión turbulenta en los Comunes" y que "sus colegas del gabinete están también muy perturbados". Cuando Daladier le informó que su gobierno había considerado un ultimátum con un plazo de vencimiento de cuarenta y ocho horas, Chamberlain le respondió que él no podría permitírselo, pues "la situación aquí se volvería inmanejable". En unas pocas horas, su amor por la conciliación y su miedo a la confrontación habían sido barridos por un miedo mucho más fuerte aún: a que sus ministros y su mayoría parlamentaria lo echaran del poder. De manera que se envió el ultimátum a Berlín el 3 de septiembre a las 9 y debía expirar a las 11. A partir de ese momento, los acontecimientos siguieron un curso inexorable: a las 11.15 de ese mismo día, Chamberlain anunció en los Comunes que Gran Bretaña estaba en guerra; Francia siguió sus pasos seis horas más tarde.

En agosto de 1914, el primer ministro Asquith había entrado en la guerra a desgano; en septiembre de 1938, su homólogo Chamberlain, obligado y forzado, hizo lo mismo, pero dio vuelta la cabeza y se tapó la cara. Como en 1914, no era posible lanzarse a esta aventura sin la ayuda de Winston Churchill: hacía al menos dos meses que se había vuelto evidente que la opinión pública no lo soportaría; a fines de agosto, hasta el *Times* de Geoffrey Dawson había publicado una solicitada de trescientos setenta y cinco universitarios en la que pedían el regreso de Churchill al gobierno, y el centro de Londres se cubrió de afiches que exigían que volvieran a convocarlo. Además, Chamberlain, perfectamente consciente de su propia incompetencia militar y de su vulnerabilidad política, no podría afrontar la gran tormenta que se preparaba bajo la mirada hostil de un diputado de temible elocuencia, que realizaba advertencias proféticas, con una imaginación desbordante y con conocimientos militares enciclopédicos. Así que en la tarde del 3 de septiembre, a Churchill le ofrecieron el cargo ministerial que deseaba por sobre todas las cosas: primer lord del Almirantazgo. Y, además, Chamberlain terminó por entender razones: como sus colegas de Guerra y del Aire, el ministro de Marina formaría parte del gabinete de guerra. En todo el país, este anuncio provocó un gran y muy comprensible alivio: cuando se salta hacia lo desconocido, es mejor hacerlo con un hombre que sabe cómo manejar el paracaídas.

10

Reencarnación

Se dice que la historia no se repite. Para Winston Spencer-Churchill, sin embargo, hubo una excepción. En realidad, extraño destino para un hombre quebrado, que había dejado el Almirantazgo con la muerte en el alma un sombrío día de mayo de 1915 y que volvía a instalarse allí un cuarto de siglo después, en el mismo cargo y en circunstancias prácticamente idénticas. Esta vez también la patria estaba amenazada por la destrucción, el peligro venía nuevamente de Alemania y, al igual que entonces, las posibilidades de salvación de Gran Bretaña y del Imperio se fundaban en la Royal Navy y en su primer lord, Winston Churchill.

En un cuarto de siglo, sin embargo, muchas cosas habían cambiado en el mundo: Francia, otrora tan ardiente en el combate, había perdido toda su fogosidad de antaño; el aliado italiano había abandonado el campo de la democracia y se había unido a la Alemania totalitaria; Japón había hecho lo mismo; la santa Rusia había desaparecido y su sucesor soviético también había pactado con el nuevo coloso germánico; incluso los hermanos de armas norteamericanos, cuya intervención había sido decisiva en 1918, esta vez habían optado por ser neutrales. Así que, privada de sus aliados seguros, más vulnerable por los avances de la aviación y del arma submarina, considerablemente debilitada por dos décadas de negligencias catastróficas en materia de defensa nacional, Gran Bretaña tuvo que luchar con la espalda contra la pared.

Este era el tipo de situación que duplicaba el ardor combativo de Winston Churchill; pero, decididamente, esta nueva oportunidad que le ofrecía el destino tenía algo de irreal, y el primero en asombrarse fue él: "Una extraña experiencia, como la de volver a una encarnación anterior". El hecho era que a los sesenta y cinco años, la edad del retiro, la edad que nunca hubiera pensado que iba a alcanzar, ahí estaba, con las mismas responsabilidades administrativas, logísticas, estratégicas y políticas que había asumido a los cuarenta años, en las dramáticas circunstancias que conocemos. En efecto, una reencarnación: sus colaboradores más cercanos de esa época ya no estaban: Fisher, Battenberg, Wilson, Jellicoe, Beatty y muchos otros más. Sus antiguos tenientes y ayudas de campo ocupaban ahora puestos de mando, como el almirante sir Dudley Pound, primer lord naval; incluso sus hijos estaban al mando de los destructores de la flota, como ese joven capitán Louis Mountbatten, que no era otro que el hijo del príncipe Louis de Battenberg.[1] Había dos cosas que no habían cambiado: los barcos, en su mayor parte de 1911-1914 y el primer lord del Almirantazgo, que sólo tenía cuatro décadas más.

A este sobreviviente de otra época, el destino no sólo le había acordado una nueva posibilidad, sino un favor aún más raro: le había dejado todas las facultades intactas. Pues Churchill, apartado durante once años del gobierno, pero con una experiencia política y militar sin igual, no se había olvidado de *absolutamente nada*. Seguía conociendo los modelos, armas, velocidad de operaciones, blindajes y los efectivos de todas las unidades de la Royal Navy, con la ubicación de sus puertos de amarre y sus arsenales; estaba al tanto del estado exacto de las defensas antiaéreas del país y del avance en las investigaciones en materia de radares y de lucha antisubmarina; no ignoraba nada de las características precisas del equipamiento en vehículos, artillería, ametralladoras y fusiles de tropas terrestres, ni de los tiempos y carencias de la industria armamentista. Como vemos, esta memoria fenomenal heredada de lord Randolph no había perdido una pizca de su temible agudeza, y la energía asombrosa de Leonard Jerome seguía viviendo en su nieto, un sexagenario. La imaginación de Winston parecía haberse incrementado con la edad y seguía dispuesto a obsequiársela a los ministros del nuevo gabinete de guerra a los que, por otra parte, conocía personalmente. Es que desde comienzos del siglo había sido su superior, su colega, su detractor, su cabeza de turco, su inquisidor o su consejero, y con frecuencia todo esto al mismo tiempo. En resumen, podremos buscar durante mucho tiempo en otros momentos y en otros países algún ejemplo de un fenómeno comparable, pero probablemente no lo encontremos.

"*Winston is back!*": el Almirantazgo envió este mensaje a todos los buques y todas las bases navales británicas en la noche del 3 de septiembre de 1939. Únicamente los oficiales más novatos podrían ignorar su sentido; pero hasta ellos lo comprenderían enseguida. Pues la llegada del viejo bulldog disfrazado de lobo de mar era un verdadero huracán que se abatiría sobre las fuerzas navales de Su Majestad. Unas pocas horas después de su nombramiento oficioso –y dos días antes del oficial– Winston ya había recuperado su oficina en la Admiralty House, pasado revista a sus oficiales, reacondicionado la sala de operaciones y enviado sus primeras órdenes: la intendencia tenía que transformar inmediatamente la guardería y los graneros del Almirantazgo en departamentos funcionales. La biblioteca, situada justo debajo de los graneros, que ya tenía dos siglos, fue rebautizada *"upper war room"* y en veinticuatro horas se convirtió en una sala de mapas; en inmensos mapas enmarcados se representaron con banderas todos los barcos de guerra aliados y alemanes, así como todos los convoyes, con indicación de su rapidez y su carga, datos estos que había que actualizar cada hora. De modo que se produjeron estadísticas sobre la cantidad de submarinos alemanes en operaciones y en construcción; plazos de finalización de los cargueros británicos; entregas de materias primas estratégicas provenientes del Imperio: producción de municiones y su utilización; equipamientos de la fuerza aeronaval; existencias de minas, etcétera. Como los datos debían estar al día, se creó "un cuerpo central de estadística" dirigido por un experto: el propio profesor Lindemann, pues Churchill, siempre alérgico a las "caras nuevas", había desembarcado en el Almirantazgo con todos sus colaboradores, empezando por Desmond Morton, Brendan Bracken y su secretaria Kathleen Hill.

La información que empezó a fluir serviría para obtener otra información. En las primeras semanas, el primer lord visitó todas las bases navales, interrogó a las oficiales sobre diversos aspectos de las estadísticas que había recibido y pidió sin cesar nueva información sobre el estado de las defensas costeras, la velocidad de rotación de los buques mercantes en los puertos y la productividad del personal afectado a los talleres navales. Pero una vez que había asimilado la información y digerido las estadísticas, el volcán entraba en erupción y se disparaban órdenes en todas direcciones: someter a las costas alemanas a un bloqueo hermético; poner en marcha un sistema de convoyes para el conjunto de la flota mercante británica; transportar inmediatamente cuatro divisiones a Francia, como en 1914; transformar las traineras en cazadores de submarinos, con *asdics*[2] y cargas de profundidad; equipar mil buques mercantes con cañones y defensa antiaérea; colocar redes y obstáculos submarinos suplementarios para proteger la base naval de Scapa Flow; inspeccionar y detener todos los buques mercantes alemanes que se encontraran en alta mar; vigilar la costa oeste de Irlanda, para asegurarse de que no se abastecieran allí submarinos alemanes y reclutar agentes irlandeses a este efecto; reponer en servicio los viejos buques mercantes, pero solamente después de un carenado completo; colocar redes de protección contra los torpedos alrededor de todas las naves, tanto de guerra como de comercio; iniciar el estudio inmediato de los planos de un barco antisubmarino y antiaéreo que fuese al mismo tiempo simple, barato y del que pudieran construirse cien unidades en menos de un año, con las siguientes especificaciones: quinientas a seiscientas toneladas, dieciséis a dieciocho nudos, dos cañones, cargas de profundidad, sin torpedos; dispersar y camuflar las estaciones de radares, las escuelas de formación, los centros de investigación y experimentación de la Marina; prever la protección de las islas de Santa Elena y de Ascensión de los radares de superficie alemanes; aliviar discretamente el sistema de convoyes, para evitar que se volviera mucho más lento el abastecimiento de las Islas Británicas; asegurar la protección del edificio del Almirantazgo y preparar su repliegue hacia el norte en caso de invasión; prever una fuerte escolta de destructores, equipados con *asdics*, para los barcos que transportarían a las tropas australianas hacia Europa (hasta se especificó el nombre de los destructores); no obstaculizar el reclutamiento de marinos indios para la flota (pero asegurarse de que no hubiese demasiados); hacer imprimir los códigos de la Marina en papel inflamable, para que se pudieran destruir con facilidad en caso de captura inminente;[3] insistir enérgicamente ante los responsables de los talleres navales para que respetaran los plazos contractuales; establecer fuertes penalidades en caso de incumplimiento y señalar sin dilaciones los elementos recalcitrantes en el Almirantazgo. De lo alto a lo bajo de la función pública, Churchill ejerció desde el comienzo una presión tan feroz que la indolencia, que hasta ese momento había sido una virtud cardinal, pasó inmediatamente a ser un pecado mortal.

Uno podría pensar que tal frenesí de actividad, más una equivalente preocupación por los detalles, no le permitiría al primer lord ocuparse de los asuntos de sus colegas, pero eso significaría que todavía no se había comprendido al personaje con el que se las estaba viendo. Nuestro incansable entrometido interpretaba con naturalidad que su pertenencia al gabinete de guerra implicaba un permiso para intervenir en todos los niveles de la conducción de la guerra; además, ¿acaso no era también miembro del Comité de Fuerzas Terrestres que presidía sir Samuel Hoare? ¿Para qué servían estos títulos sino para tomar iniciativas rápidas y decisivas? Por lo tanto, gracias a su intervención personal el 3 de septiembre, su viejo cómplice, el general Ironside, fue nombrado jefe del estado mayor imperial; en el gabinete de guerra y en el Comité de las Fuerzas Terrestres, el primer lord del Almirantazgo se pronunció desde el comienzo a favor de la creación de un ejército de cincuenta y cinco divisiones, un plan que, sobre la base de su experiencia en la guerra anterior, le parecía perfectamente compatible con el proyecto de construir dos mil aviones por mes; también pidió que se constituyera en el plazo más breve posible un ministerio de navegación y, sobre todo, un comité de coordinación militar dentro del cual los ministros de las tres armas y el ministro de Abastecimiento podrían tomar decisiones de manera serena, es decir, sin la interferencia de los demás ministros.

Cuando su servicio de estadística le informó que la artillería y los explosivos del ejército eran insuficientes, enseguida le propuso a su colega de Guerra proporcionarle cincuenta toneladas de cordita por semana, así como cañones de Marina de grueso calibre. También conminó al ministro de Abastecimiento a buscar los treinta y dos obuseros de doce pulgadas, los ciento cuarenta y cinco obuseros de nueve pulgadas, los ciento setenta obuseros de ocho pulgadas y los doscientos obuseros de seis pulgadas que el ministro de Guerra Winston Churchill había hecho engrasar cuidadosamente, empaquetar y poner en un depósito veinte años antes, en 1919. Le solicitó al ministro de Hacienda que reflexionara sobre la oportunidad de lanzar una campaña contra el despilfarro, como se había hecho en 1918; el ministro del Aire recibió el amistoso consejo de tomar medidas para la protección antiaérea de las fábricas aeronáuticas y le preguntó con insistencia por qué la cantidad de escuadrillas de la RAF aumentaba lentamente, en tanto que salían setecientos aviones por mes de los talleres. Según las estadísticas del primer lord, efectivamente, la mitad de la producción de aviones parecía evaporarse entre la salida de las fábricas y la llegada a los aeródromos. El ministro del Interior recibió la sugerencia apremiante de crear una Home Guard, guardia nacional de unos quinientos mil hombres de más de cuarenta años que podría tener un papel importante en caso de invasión y contribuiría, mientras tanto, a mantener el espíritu combativo de la población. ¿Los ministros de Pesca y de Agricultura no deberían lanzar sin dilaciones una campaña de "pesca a ultranza"? El lord del Sello Privado fue conminado a explicar por qué había ordenado racionar la nafta sin que hubiera nada en el abastecimiento de las Islas Británicas que permitiera justificar esta medida. El ministro de Asuntos Exteriores recibió un ayudamemoria detallado en el que se lo invitaba a hacer todo lo posible para preservar la neutralidad de Italia, incluir a Bulgaria en el sistema de defensa balcánico y asegurar la colaboración de Turquía. Ni siquiera quedó afuera el primer ministro: Winston lo bombardeó con decenas de memorándums sobre todos los temas imaginables, desde el toque de queda y el racionamiento de los alimentos hasta un plan de fortificación de la zona fronteriza franco-belga, con casamatas, artillería y obstáculos anticarros. Finalmente, el infortunado ministro de Navegación fue despertado a las dos de la madrugada con un llamado telefónico del Almirantazgo: ¡al mirar sus mapas, el primer lord se había preguntado si los plazos de cargo de los buques mercantes británicos en el Río de la Plata no eran excesivos! Como en 1918, todos estos ministros maldecían a su movedizo colega; pero todavía más que en 1918, estaban obligados a callar su rencor: Winston Churchill se había vuelto intocable y, una vez más, era el único verdadero guerrero del gabinete de guerra.

¿Esto era todo? No, era sólo el comienzo, pues nuestro inspirado sexagenario maduraba paralelamente proyectos de ofensivas, que iban de los más fantasiosos, como el plan "Catalina" (una versión nueva apenas retocada de su viejo plan de operaciones en el Báltico en 1915, cuando Rusia era un país aliado y la aviación todavía estaba en pañales) hasta los más brillantes, como la operación "Royal Marine", un plan de interrupción de la navegación fluvial alemana por medio de minas que iban a la deriva. Además, seguía de cerca la investigación en materia de nuevas armas y asistía a los ensayos del sistema de defensa antiaérea guiado por hilo UP (un invento bastante tirado de los pelos del profesor Lindemann), así como las primeras evoluciones del White Rabbit Nº 6, un gigantesco aparato para atravesar trincheras, a fin de penetrar por sorpresa en las líneas alemanas (y que únicamente sorprendió a los chatarreros). Al mismo tiempo, este inverosímil hombre orquesta puso todos sus talentos epistolares al servicio de la Patria: el 11 de septiembre, el presidente Roosevelt le había escrito para felicitarlo por su regreso al Almirantazgo y había agregado: "Me encantaría que en todo momento me informe usted mismo todo lo que desea que yo sepa". Evidentemente, Roosevelt, aun atado por la declaración de neutralidad, quería interesarse de cerca sobre los asuntos europeos y veía en Churchill a un mejor interlocutor que Chamberlain. Los acontecimientos posteriores le darían la razón y, en ese momento, el primer lord mantuvo, con la autorización del gabinete de guerra, una correspondencia que tendría un hermoso futuro. También estaba en relación directa con los franceses, especialmente con Blum, Mandel, Daladier, Reynaud y su viejo amigo de la Gran Guerra, el general Georges. Al mismo tiempo, nuestro ministro-diputado-guerrero-periodista preparaba los discursos que iba a pronunciar en la BBC o en la Cámara de los Comunes y —no sabemos si decirlo o no— ¡dictaba los capítulos siguientes de su *Historia de los pueblos de lengua inglesa*! Ese otoño iba a pelearse con Cromwell, Canadá y la era victoriana, sobre la base del cañamazo preparado por sus asistentes William Ashby, Allan Bullock y William Deakin; en diciembre de 1939, lo hizo con Waterloo y Trafalgar... Y este diablo de hombre encontraba también tiempo para leer toda la prensa y los resúmenes de los debates parlamentarios, ir al teatro con su esposa y asistir al casamiento de su hijo Randolph con la joven Pamela Digby.

¿Cómo hacer todo esto en jornadas de veinticuatro horas? Recuperando las antiguas costumbres de la Gran Guerra, ¡por supuesto! Despertar a eso de las 6 de la mañana, trabajo en la cama, descenso en salto de cama a la sala de mapas hacia las 7, permanencia prolongada en la bañadera (de donde salían numerosas instrucciones, que sus secretarias anotaban al vuelo), trabajo hasta la una del mediodía (con una generosa ración de tónico escocés), almuerzo prolongado, luego una hora de siesta en la cama, nuevo baño, trabajo hasta la noche, cena con los invitados del momento (generalmente amigos, colaboradores o políticos útiles), conferencia del estado mayor a las 9 de la noche, luego dictado de los discursos parlamentarios hacia las 2 en su oficina privada, seguido por el dictado de la *Historia de los pueblos de lengua inglesa*. "Era muy difícil convencerlo de que se fuera a dormir", señaló el secretario parlamentario del Almirantazgo, sir Geoffrey Shakespeare. A las 2 de la madrugada volvía a bajar a la sala de operaciones en el subsuelo e interrogaba a los oficiales presentes, volvía a la sala de mapas y se quedaba ahí mucho tiempo. "Cuando estaba en el Almirantazgo, recordó su secretaria personal Kathleen Hill, en el lugar vibraba una atmósfera eléctrica". No es difícil creerle. Y todo el estado mayor de la Marina tuvo que adaptarse a su ritmo, sin que obligatoriamente tuvieran las mismas capacidades físicas. Hasta los jóvenes oficiales quedaban agotados al seguir a este ardiente sexagenario mientras que el primer lord naval, sir Dudley

Pound, que se preocupaba por sufrir un desgaste anticipado, intentó imitar (adaptándola) la técnica de la siesta cubana de su indestructible superior: "No iba realmente a acostarse, sino que dormitaba en su sillón y llevaba el procedimiento hasta hacerlo en las reuniones de gabinete".

Pero, como al comienzo de la Gran Guerra, los primeros meses del nuevo conflicto demostraron ser muy decepcionantes para los ejércitos aliados. En Londres asistían, impotentes, al desmoronamiento de Polonia; el gabinete de guerra había prometido un apoyo aéreo a Francia en la eventualidad de operaciones contra la línea Siegfried, pero los franceses parecían firmemente decididos a no hacer nada. En el mar, la situación no era mejor: cada día, los submarinos, las minas o los saqueadores de superficie hundían tres, cuatro o cinco buques comerciales franceses o británicos; a mediados de septiembre desapareció el portaviones *Courageous* con quinientos miembros de tripulación; un mes más tarde, le tocó al acorazado *Royal Oak*, torpedeado por el submarino del capitán Prien en plena rada de Scapa Flow. Todo esto fue desastroso para el ánimo de los británicos, y Berlín aprovechó para proponer negociaciones de paz, que Alemania encararía, evidentemente, desde una posición de fuerza.

Sin dudas, se imponía una reacción enérgica: Churchill hizo que se acelerara la puesta en funcionamiento de los equipos de lucha antisubmarina y creó un comité especial para encontrar una detención brusca a las minas magnéticas –con una sección especialmente encargada de recuperar los restos para estudiarlos–. Les ofreció a los franceses equipar todos sus barcos con el sistema de detección *asdic*. Finalmente, el viejo tribuno se puso decididamente en línea para sostener el ánimo de sus compatriotas y, como no estaba ensayando, encontró de entrada el tono justo y expresó sin vueltas la resolución que lo animaba: "Estas pruebas, declaró en la BBC la noche del 1º de octubre, ya las hemos atravesado en otra época; no tenemos nada más que temer esta noche". En los Comunes se lo oyó afirmar: "Hay que esperar una larga serie de pérdidas. [...] Sufriremos y seguiremos sufriendo, pero terminaremos por desalentarlos". El 12 de noviembre, aseguró por el mismo micrófono de la BBC que "el mundo entero se opone a Hitler y al hitlerismo" —algo que debe de haber parecido un tanto exagerado en Roma, Tokio y Moscú—. En cuanto a los ofrecimientos de paz, nuestro implacable luchador gruñía que no había que tomarlos en serio mientras Polonia y Checoslovaquia siguieran bajo el yugo nazi.

Todo esto fue muy saludable para el ánimo de la población (y del gobierno). Tanto más cuanto que la obstinación terminó por dar sus frutos: se recuperó intacta una mina magnética lanzada por un avión en la desembocadura del Támesis y los primeros experimentos mostraron que era posible neutralizar este tipo de artefacto desmagnetizando los cascos de los barcos. Antes de fines del año 1939, la amenaza de las minas magnéticas quedó totalmente descartada. Y luego, el 15 de diciembre, la suerte se dio vuelta y la historia se repitió: con un cuarto de siglo de diferencia, casi día por día, los británicos tuvieron una nueva victoria en las Malvinas. Esta vez, fue más al norte, en el Río de la Plata, cuando el acorazado de bolsillo *Graf Spee*, cercado y semidestruido por una escuadra de la Royal Navy, acabó por hundirse en aguas profundas. Fue una victoria que vino justo para hacer olvidar los sinsabores, y Churchill, señor de la propaganda, la explotó al máximo: se ocupó de que los marinos vencedores, con su capitán a la cabeza, recibieran a su regreso una recepción triunfal y no se olvidó de establecer un informe detallado de la batalla para ese apasionado de las cuestiones navales, Franklin Roosevelt. Pues, contrariamente a sus colegas del gabinete de guerra, el primer lord del Almirantazgo esperaba mucho de un diálogo consecuente con el presidente de los Estados Unidos.

Sin embargo, en Europa la iniciativa seguía siendo alemana, en tanto que los aliados franco-británicos se vieron reducidos a preguntarse dónde y cuándo daría el próximo golpe el enemigo. Y, para Winston Churchill, ex oficial de caballería, adversario resuelto de la expectativa, apóstol incansable de la acción y del ataque sorpresa, una situación de este tipo era totalmente inaceptable. Además, como bien sabemos, para este activista furioso, el ocio —inclusive un poco de ocio— siempre había provocado la depresión y, en tiempos de guerra, le parecía que esta era una monstruosa aberración. En este conflicto todavía limitado, la mayoría de sus colegas del gobierno se contentarían con no perder; pero para Churchill, la única posibilidad era ganar. Lo que necesitaba era un golpe de efecto, una acción decisiva que tomara a los alemanes por sorpresa y los decidiera a capitular antes de que las hostilidades se declararan de una vez por todas. Por supuesto que la Marina tendría que encargarse de la operación, porque su jefe era un descendiente del gran Marlborough y porque era el único ministro que quería, sabía y amaba combatir. Pero, ¿qué podía hacerse? La operación "Royal Marine" tenía pocas posibilidades de ser decisiva y dependía del consentimiento de los franceses; el plan "Catalina" también era peligroso y quimérico, y los oficiales del estado mayor se lo habían dado entender al primer lord, con todo el tacto necesario. Pero también le relataron algunas discusiones que había desde hacía semanas en el Almirantazgo y que parecían abrir perspectivas mucho más atractivas.

Al estudiar los abastecimientos de Alemania en mineral de hierro, los expertos británicos comprobaron que de los veintidós millones de toneladas que recibía en 1938, once millones provenían de fuentes que ahora le estaban cerradas. De los once millones de toneladas restantes, al menos nueve millones seguían llegando de las minas suecas de Galibare, así que esta era una fuente vital para la industria alemana. Ahora bien, cuando estudiaron el camino que tomaban los convoyes de minerales, los expertos comprobaron que partían del puerto sueco de Lulea y Oxelösund en el Báltico, pero que en invierno el Báltico estaba helado, así que el mineral se enviaba a Narvik por tren, la "ruta del hierro", desde donde llegaba a Alemania por mar, por el canal que va a lo largo de la costa noruega hasta Skagerrak. "El estado mayor del Almirantazgo, escribió Churchill, se inquietó al ver que se le ofrecía esta importante ventaja a Alemania". Así, el 18 de septiembre el almirante Drax, jefe del estado mayor adjunto, le expuso los efectos determinantes que tendría la interrupción del abastecimiento alemán de mineral de hierro.

Convencido de que había descubierto el talón de Aquiles del Führer, Churchill inmediatamente elaboró un plan de operaciones con el objetivo de "detener, por medio de una operación naval, el transporte de mineral que desciende desde Narvik a lo largo de la costa noruega". Pero no era tan simple: por una parte, había negociaciones en curso para fletar una parte de la flota de transporte noruega y una intervención en sus aguas territoriales podría incitar a los noruegos a romper estas negociaciones; por otra, el plan chocó de entrada con la oposición del ministro de Asuntos Exteriores: ferviente católico y funcionario escrupuloso, lord Halifax era decididamente hostil a cualquier violación de la neutralidad noruega; finalmente, la desaceleración del tráfico de mineral con destino a Alemania durante el mes de septiembre privó a Churchill de un argumento esencial. Todas estas incertidumbres eran transparentes en los argumentos del primer lord del Almirantazgo cuando, a comienzos de octubre, sostuvo su plan en el gabinete de guerra. Si bien reconoció que "la operación no podía ejecutarse inmediatamente", sin embargo esperaba que el gabinete de guerra aceptara el establecimiento de planes detallados, "con vistas a una pronta realización"; pero la oposición de lord Halifax siguió siendo un elemento decisivo: "La utilidad del proyecto fue reconocida por todos, escribió Churchill, pero los argumentos del Foreign Office sobre la neutralidad eran serios y no pude ganar la partida".

Seis semanas más tarde, sin embargo, el Ministerio de Guerra económico informó a Churchill que "actualmente, una detención completa de las exportaciones de mineral de hierro permitiría [...] poner fin a la guerra en algunos meses". El 30 de noviembre, el primer lord, animado, propuso a sus colegas una nueva versión del plan: "Justo antes del fin de la última guerra, les dijo, fuimos capaces de privar a Alemania de sus importaciones de mineral de hierro, minando las aguas territoriales noruegas y forzando, así, a que los barcos con mineral tomaran la ruta de alta mar. Es tiempo de encarar medidas similares".

Voluntariamente o no, Churchill se equivocó: los británicos, por supuesto, habían tenido *la intención* de minar las aguas territoriales noruegas durante la Gran Guerra pero, al final de cuentas, no habían hecho nada. Además, poco importaba, pues en el gabinete de guerra nada había cambiado realmente: lord Halifax seguía siendo hostil al proyecto y Chamberlain lo apoyaba, de manera que se separaron sin haber tomado una decisión, salvo invitar a los jefes de estado mayor a hacer un informe sobre los aspectos militares de la cuestión. Este esquema de sesiones del gabinete de guerra enseguida se transformó en familiar pues, detrás de los argumentos de respeto a los derechos de los neutrales, de prudencia estratégica y de oportunidad política invocados por Halifax, Chamberlain y la mayoría de sus colegas, se ocultaba una realidad que producía consternación: Neville Chamberlain seguía siendo en tiempos de guerra un primer ministro de tiempos de paz, y su única estrategia verdadera consistía en esperar pasivamente que el enemigo, alcanzado en su moral o en su economía por el bloqueo aliado, se decidiera a deponer las armas... En estas condiciones, es posible pensar que los proyectos de interrupción del tráfico de mineral habrían quedado como letra muerta si, mientras esto sucedía, no se hubiese declarado la guerra ruso-finlandesa.

El ataque de la Unión Soviética a Finlandia el 30 de noviembre de 1939 creó una gran emoción en el mundo. A mediados de diciembre, el secretario general de la Sociedad de las Naciones pidió a cada uno de los países miembros que proporcionaran a Finlandia toda la asistencia material y humanitaria posible. Francia, alentada por los primeros triunfos del ejército finlandés, respondió al llamado con entusiasmo. Es que el presidente del consejo, Daladier, violentamente atacado en el Parlamento y en la prensa por la inercia de su política bélica, tuvo que tomar una iniciativa; pero no se trataba de atacar directamente a Alemania, pues nadie se había olvidado de las hecatombes de la Gran Guerra. Todavía seguían los "teatros de operaciones externos". Por eso Daladier ejerció una enérgica presión sobre las autoridades de Londres para que aceptaran "ayudar a Finlandia". Durante las semanas siguientes, les propuso consecutivamente acciones navales contra Petsamo, Lulea, Narvik y Murmansk; dicho de otro modo, en Finlandia, Suecia, Noruega y... ¡la URSS!

En Londres, nadie quería entrar en un conflicto abierto con la Unión Soviética y recibieron este plan bastante en pañales con un escepticismo mezclado con indulgencia. Pero Winston Churchill, que ni por un instante perdía de vista el objetivo único de combate, calculó con celeridad cómo la guerra soviético-finlandesa podía servir para retomar su proyecto favorito: "Si el puerto de Narvik estaba llamado a convertirse en una especie de base aliada destinada a abastecer a los finlandeses, escribió, sería ciertamente sencillo impedir que los buques alemanes cargaran mineral allí, para dirigirse, con toda seguridad, a Alemania". Después de todo, hasta lord Halifax acababa de declarar que "el pueblo británico ha quedado profundamente impresionado" por el ataque soviético, varios buques aliados habían sido atacados con torpedos en aguas noruegas y el servicio de información naval informó que entre el 27 y el 30 de noviembre, en Narvik, hubo tres llegadas y dos partidas de barcos alemanes cargados de mineral. Entonces, Churchill expuso un nuevo plan al gabinete de guerra en un memorándum del 16 de diciembre: "El mineral de Narvik tiene que ser detenido por el fondeo sucesivo de una serie de campos de minas en las aguas territoriales noruegas en dos o tres puntos convenientemente elegidos de la costa, lo que obligará a los barcos que transporten mineral a Alemania a dejar las aguas territoriales y a irse a alta mar, donde serán capturados si son alemanes y sometidos al control de contrabando si son neutrales".

Como hábil táctico, Churchill modificó una vez más su plan para que el Foreign Office lo aceptara: los buques cargados con mineral de hierro no serían hundidos, sino capturados. Sin embargo, si quería que su proyecto llegara a buen puerto, el primer lord todavía tenía que persuadir al general Ironside, jefe del estado mayor imperial; este veterano de innumerables campañas lejanas era, por cierto, un viejo amigo de Churchill, pero el plan de minar aguas territoriales le parecía demasiado limitado: quería que se realizara una expedición terrestre en regla, que permitiera ocupar las minas de hierro suecas. Churchill, tolerante, declaró el 18 de diciembre en el gabinete de guerra: "Si fuese necesario realizar operaciones terrestres, sería perfectamente posible hacer desembarcar tropas británicas y francesas en Noruega". Finalmente, recibió el apoyo del gobierno francés, que el 19 de diciembre solicitó la redacción de un comunicado común asegurando a Suecia y Noruega el apoyo aliado, para que aceptaran cualquier medida que se decidiera adoptar.

Cuando el 22 de diciembre el gabinete de guerra se reunió nuevamente, Churchill parecía tener todas las cartas de triunfo en la mano. Sin embargo, su posición contaba con un punto débil: el general Ironside consideraba que el plan del Almirantazgo comprometía las posibilidades de su proyecto terrestre. En el gabinete de guerra, esta división se hizo pública y Chamberlain, que temía que se desencadenara una "verdadera guerra", la explotó ampliamente, así que hizo observar que había dos proyectos diferentes, uno ("menor") cuyo objetivo era detener el tráfico de Narvik a través de una acción naval y el otro ("mayor") destinado a asegurarse la posesión de las minas de hierro a través de una expedición terrestre. Ahora bien, el consentimiento de los escandinavos era esencial para el éxito del proyecto "mayor", pero la operación "menor" desagradaría a Noruega y molestaría a Suecia. ¡No había que correr el riesgo de comprometer la operación "mayor" ejecutando la operación "menor"!

De manera que lo bueno se convirtió en enemigo de lo mejor y durante los tres meses siguientes estos dos proyectos siguieron oponiéndose. Este fue un obstáculo de temer para los planes de Churchill: este plan "mayor" o "ampliado", tan largo para poner a punto, les venía de perillas a muchos miembros del gabinete que, como escribió el subsecretario de Estado Cadogan, "no querían ir demasiado rápido". También para el primer ministro fue una réplica perfecta a las exhortaciones de su impetuoso ministro de Marina. En las reuniones del gabinete de guerra de los días 22 y 27 de diciembre, se conformaron con solicitar a los estados mayores planes de operaciones en la península escandinava, lo que no comprometía a nada, y se elaboró el memorándum que los franceses querían enviar a los noruegos y a los suecos, lo que tampoco comprometía a mucho. Se les informó "un poco tarde", "en términos generales", que tenían la intención de enviar buques a las aguas noruegas para interrumpir el tráfico de material pero, naturalmente, no se haría nada hasta que no dieran a conocer sus opiniones (y Chamberlain no dudaba de que serían en contra).

Esta era la situación el 28 de diciembre de 1939. Pero Churchill no era un hombre que renunciara tan fácilmente: al otro día envió directamente al primer ministro una nota en la que lo exhortaba a enviar sin dilaciones el memorándum a los suecos y noruegos y a pasar a la acción en Noruega cinco días más tarde. En la sesión del gabinete de guerra del 2 de enero de 1940, Chamberlain, impresionado, se declaró efectivamente a favor del "proyecto limitado", pero enseguida agregó que "las reacciones posibles de Alemania en Noruega y en Suecia [...] lo inquietaban seriamente". Entonces, con una paciencia notable y aunque un poco exasperado, Churchill replicó: "Hemos preparado todo para detener inmediatamente el tráfico que pasa por Narvik. [...] En una operación de guerra es imposible evitar todas las objeciones que pueden oponerse a un plan de acción determinado. [...] La guerra nos cuesta seis millones por día y sería desastroso que se rechazara esta propuesta, que parece ofrecer la mejor posibilidad para poner fin al conflicto".

Después de esto, hubo interminables discusiones, y el general Ironside explicó así la finalización de los debates: "Un largo día. Ocho horas y media en conferencias y reuniones. No se puede conducir una guerra en estas condiciones". Sin embargo, Churchill obtuvo un resultado: inmediatamente se realizó la comunicación a los gobiernos escandinavos pero, por supuesto, se aguardó sus reacciones para tomar otras decisiones. Al final, la nota se envió el 6 de enero: al referirse al ataque con torpedos a barcos ingleses y neutrales en las aguas noruegas, afirmaba que "a través de estas acciones hostiles, las fuerzas navales alemanas las convirtieron en un teatro de guerra [...]. Por este hecho, podría ser necesario que fuerzas navales de Su Majestad ingresaran y operaran en esta aguas".

La respuesta noruega llegó a Londres dos días más tarde, como una carta privada dirigida por el rey de Noruega, Haakon VII, a su primo Jorge VI. Le pedía que intercediera ante el gobierno británico para que reconsiderara el proyecto. Por supuesto que Jorge VI no podía tomar decisiones, pero la intervención de un personaje tan eminente como el rey de Noruega bastaba para que un primer ministro que no esperaba otra cosa desistiera de cualquier iniciativa belicosa. Además, la reacción sueca fue también totalmente negativa. Así que Churchill había perdido otra vez; pero fue una derrota provisoria, pues menos de cinco semanas más tarde estalló el asunto del *Altmark*.

El *Altmark*, barco auxiliar del crucero alemán *Graf Spee*, transportaba 299 marinos británicos que pertenecían a las tripulaciones de los buques hundidos por el crucero. Después de la destrucción del *Graf Spee*, el *Altmark* intentó volver a Alemania costeando Groenlandia, Islandia y Noruega. Efectivamente, logró pasar desapercibido hasta el 15 de febrero, cuando la RAF lo descubrió al sur de Bergen. Interceptado por una flotilla de destructores británicos dirigida por el capitán Philip Vian, el *Altmark* se refugió en un fiordo estrecho, el Jøssingfjord. Dos destructores recibieron la orden de seguirlo y abordarlo, pero los torpederos noruegos se interpusieron y los buques ingleses se retiraron.

El asunto podría haber quedado ahí, pero el primer lord del Almirantazgo, siempre al acecho en la sala de mapas, intervino personalmente. El 16 de febrero a las 17.25 envió al capitán Vian la siguiente instrucción: "A menos que un torpedero se encargue de acompañar al *Altmark* hasta Bergen, [...] usted tiene que abordarlo, liberar a los prisioneros y tomar posesión del barco". Esa misma noche, el destructor *Cossak* penetró en el Jøssingfjord y abordó el *Altmark*; después de un breve cuerpo a cuerpo, capturaron el barco. Los prisioneros ingleses liberados subieron a bordo del *Cossak*, que dejó el fiordo algunas horas más tarde y dejó al *Altmark* encallado en un bajo fondo.

Según Churchill, este asunto "levantó el prestigio del Almirantazgo"; sobre todo, reforzó considerablemente su popularidad en el país. Pero también trajo a la Península Escandinava al primer plano de los debates estratégicos. Ahora bien, mientras tanto, el "plan ampliado" tomó mayor amplitud: concebido al comienzo como un desembarco en Narvik de dos divisiones que luego se dirigirían hacia las minas de hierro suecas y, *quizás*, hacia Finlandia, el proyecto de la operación fue bautizado "Avonmouth". Sin embargo, se enteraron de que los alemanes podrían responder desembarcando en Bergen, Trondheim y Stavanger. Para adelantárseles, los jefes de estado mayor previeron un segundo plan de operaciones, "Stratford", y hasta un tercero, denominado "Plymouth", con dos divisiones que desembarcarían en Trondheim para "cooperar con la defensa del sur de Suecia". A comienzos de enero, inclusive, se habían juntado dos unidades en previsión de la realización anticipada del "Avonmouth" y del "Stratford". El 12 de enero, después del rechazo noruego, estas fuerzas se disolvieron, pero los planes siguieron vigentes, aun cuando fueran poco realistas: es que habían enviado diez divisiones a Francia y en Inglaterra no quedaba ni siquiera el equivalente a dos divisiones regulares. Por otra parte, todos estos planes, una vez discutidos por los jefes de estado mayor, tenían que ser transmitidos al comité de coordinación militar; después de esto, la discusión se retomaría en el gabinete de guerra... que todavía tendría que considerar la opinión de los franceses.

En Francia, justamente, seguían examinando planes de operaciones contra la URSS, en Petsamo, en Murmansk, en los Balcanes y en el Cáucaso. El único problema era que ninguno de estos proyectos podía realizarse sin el apoyo de Londres, que seguía negándose a tomarlos en serio. Esto fue lo que Chamberlain, con la diplomacia del caso, expresó en el consejo supremo franco-británico del 5 de febrero de 1940, mientras, al mismo tiempo, recalcaba discretamente los méritos del famoso plan escandinavo "ampliado". Daladier, que necesitaba imperiosamente una iniciativa militar para asegurar la permanencia de su gobierno, terminó por rendirse ante sus argumentos. De modo que se acordó constituir un cuerpo expedicionario anglo-francés destinado a "prestar ayuda a Finlandia" y, sobre todo, a ocuparse de las minas de hierro. Por supuesto que los noruegos y los suecos no estaban dispuestos a cooperar, pero se convino en ejercer sobre ellos "una vigorosa presión moral": cuando la expedición estuviera lista, se le pediría oficialmente a Finlandia que convocara a las tropas aliadas, y los escandinavos tendrían que inclinarse. Los planes franceses y británicos finalmente parecían coordinados y la expedición estaba prevista para la tercera semana de marzo. Por consiguiente, del lado británico, se reconstituirían las unidades de "Stratford" y "Avonmouth", y los preparativos de los cuerpos expedicionarios inglés y francés seguirían a pasos acelerados.

Pero, mientras tanto, Churchill volvió a sacar a relucir su plan de minar las aguas noruegas. Ahora contaba con el apoyo del Foreign Office, que prefería la operación "menor" a la operación terrestre, cuya amplitud empezaba a atemorizarlos. Incluso contaba con el consentimiento del general Ironside, a quien le había explicado que el fondeo de minas ciertamente provocaría una reacción alemana, que justificaría su acción terrestre. ¡Pero no hubo caso! No fue suficiente: en la reunión del gabinete de guerra del 23 de febrero, Neville Chamberlain anunció que la medida que le estaban proponiendo no podía tomarse "a la ligera", así que podían dejar el proyecto de lado y volver a examinarlo llegado el caso. Como tenía que ser, la gran mayoría del gabinete se alió sin más a esta "decisión" y Churchill volvió a perder.

Pero este curioso gabinete de guerra no podía mantener durante demasiado tiempo una decisión, ¡ni siquiera la de abstenerse! La situación en Finlandia había desmejorado en forma ostensible; el ejército soviético, reorganizado después de los desastres de diciembre, a partir de mediados de febrero llegó a tomar varias posiciones de avanzada de la línea Mannerheim, y los fineses, como sabían que no podrían resistir indefinidamente, establecieron contactos indirectos con Moscú. El 23 de febrero, el embajador británico presentó en Helsinki el plan anglo-francés del 5 de febrero y prometió la llegada de un cuerpo expedicionario aliado de unos veinte mil hombres hacia mediados de abril, poco después que los finlandeses hicieran oficialmente el pedido. Pero estos sabían muy bien que Oslo y Estocolmo se negarían al paso de las tropas aliadas, que los franceses y los británicos querían sobre todo ocupar las minas de hierro y que la ayuda a Finlandia pasaría a segundo plano.

Al final de cuentas, el gobierno finés decidió iniciar negociaciones con la URSS. Pero solicitó a París y a Londres que le proporcionaran de inmediato una gran cantidad de tropas y de material; si los Aliados aceptaban, era posible todavía esperar dar vuelta la situación; si dudaban, los soviéticos al menos estarían informados del proyecto y se mostrarían más conciliadores en el momento de la negociación. Además, Chamberlain no podía asistir como espectador a una derrota de los finlandeses ante los soviéticos, pues representaría un fracaso severo para la causa aliada del que la oposición lo haría responsable. De modo que autorizaron a lord Halifax a prometer a los finlandeses un refuerzo de doce mil hombres *antes de fin de mes*, y el 11 de marzo, aunque no había habido aceptación del tránsito por parte de los escandinavos, ni solicitud de ayuda oficial por parte de los fineses, el gabinete de guerra, en un giro llamativo, decidió ejecutar el plan de desembarco en Narvik. Las tropas se dirigieron inmediatamente hacia los puertos... "La sesión del gabinete, señaló el general Ironside al día siguiente, fue horripilante. Cada uno tenía una opinión diferente sobre el grado de fuerza que teníamos que desplegar en Narvik. Nunca vi una prestación tan poco militar [...]. El gabinete daba la impresión de una tropilla de caballos enloquecidos".

Sin embargo, las órdenes de operaciones eran formales: había que establecerse en Narvik, apoderarse lo más rápido posible del ferrocarril que llevaba a Suecia y concentrar allí las tropas para ayudar a Finlandia. No se trataba de luchar contra los suecos o los noruegos, pero tampoco había que "dejarse disuadir de actuar si se resistían para guardar las formas". Lo que no se decía era cómo iban a reconocer los oficiales británicos que los lugareños se resistían para guardar las formas. Además, en la noche del 11 de marzo, rumores provenientes de Helsinki dieron cuenta de la firma inminente de un acuerdo de paz.

Estos rumores eran totalmente fundados: el 7 de marzo se enviaron a Moscú negociadores fineses y el 12 de marzo, tarde por la noche, se firmó el acuerdo. En la mañana del día siguiente, las delegaciones finlandesa y soviética firmaron la paz. El gabinete británico, reunido a las 11.30 no pudo hacer otra cosa que tomar nota; Churchill quería proseguir con la operación a pesar de todo, y recordó que "nuestro verdadero objetivo consiste en tomar posesión de las minas de hierro de Galibare". Pero Chamberlain se opuso enérgicamente y John Simon, Oliver Stanley, Samuel Hoare y Kingsley Wood lo aprobaron sin reservas. Finalmente, el gabinete concluyó que "es preciso tomar medidas para dispersar las unidades preparadas para la expedición escandinava". ¡Jaque mate! Esa noche, Winston, desalentado, le escribió a lord Halifax: "Todo se desmorona [...]. Ahora el hielo va a derretirse y los alemanes serán los dueños del Norte [...]. Ignoro si concibieron su propio plan de acción y si veremos dentro de poco sus efectos. Pero me asombraría que sucediera lo contrario". Y no le faltaba intuición: efectivamente, los alemanes ya tenían su propio plan de acción en la Península Escandinava y de una envergadura totalmente distinta.

A comienzos de la guerra, Hitler no se había interesado especialmente en Noruega. Por supuesto que había hecho establecer durante el invierno un "Estudio Norte", previendo la invasión de este país en caso de que fuera necesario; pero este plan era muy secundario en relación con el gran proyecto de ataque al Oeste. El golpe de efecto de Churchill en el Jøssingfjord del 16 de febrero fue lo que hizo modificar sus prioridades; el Führer tuvo un acceso de rabia, se emborrachó de palabras hasta el éxtasis y en un instante tomó su decisión: había que invadir Noruega. El general von Falkenhorst, encargado desde el 20 de febrero de preparar el operativo (nombre codificado: "Weserübung") contó más tarde: "El Führer me dijo que [...] el abordaje del *Altmark* había dejado en claro las intenciones británicas. [...] Yo sentí todo el nerviosismo ocasionado por lo sucedido en Jøssingfjord". Seis semanas más tarde, mientras los preparativos continuaban a ritmo acelerado, Hitler fijó la fecha del desencadenamiento del ataque: el 9 de abril.

En Londres, desde mediados de marzo la atención de los dirigentes se apartó un poco de la Península Escandinava. El bombardeo de la Luftwaffe a Scapa Flow, el descubrimiento de las terribles deficiencias de la defensa antiaérea del país, ciertas informaciones que indicaban que Alemania se estaba preparando para atacar Holanda y, finalmente, la misión de paz del subsecretario de Estado norteamericano, Summer Welles, a Europa dominaron las discusiones del gabinete de guerra. Pero Churchill, incansable, propuso el 19 de marzo un nuevo plan de acción: esta vez se trataba de hundir los buques fondeados en el puerto minero de Lulea, para bloquearlo. Y luego, por supuesto, seguía estando el plan de minar las aguas noruegas, llamado "Wilfred", como el famoso plan "Royal Marine". Si bien este no fue demasiado mal recibido (los franceses serían los responsables), no pasó lo mismo con los planes de operaciones en la Península Escandinava: Chamberlain señaló que "controlar las aguas noruegas no serviría para nada, ya que inmediatamente el mineral de hierro podría pasar por el golfo de Botnia", olvidando que Churchill había propuesto el bloqueo de Lulea. De todas maneras, agregó, "el cuerpo expedicionario que debía apoderarse de las minas de hierro acaba de ser dispersado". Pero era imposible no hacer nada, pues los franceses querían una acción a toda costa: Daladier, al que hacían responsable del fracaso finlandés, tuvo que dimitir el 21 de marzo.

Su sucesor, Paul Reynaud, era un dirigente de tiempos de paz, bastante mal preparado para tomar decisiones estratégicas de envergadura, pero, para evitar la suerte de su predecesor, tuvo que mostrar que conducía la guerra enérgicamente. Por eso el plan de acción que propuso el 25 de marzo a las autoridades británicas constituyó una síntesis de los proyectos más quiméricos concebidos bajo Daladier, desde la acción de los submarinos en el mar Negro hasta el bombardeo de Bakú. Cuando en Londres se inauguró la reunión del consejo supremo del 28 de marzo, no hubo otro remedio que comprobar que estaban en el mismo punto que en febrero. Chamberlain se negó de nuevo a dejarse llevar a una guerra contra la URSS y, como no había nada mejor que hacer, terminaron por ponerse de acuerdo para lanzar el "Wilfred" el 5 de abril. Como contraparte, los franceses minarían las aguas del Rin.

Así que, finalmente, se disponían a salir de la inacción; si intervenían el 5 de abril en Noruega, los aliados se adelantarían a Hitler. El 30 de marzo, la dirección de las operaciones militares consideró necesario reconstituir las fuerzas de "Stratford" y de "Avonmouth", y muchos, empezando por Churchill, esperaban que la colocación de minas llevara a Hitler a reaccionar, lo que les daría a los británicos la mejor excusa posible para desembarcar en Noruega. A partir de ese momento, la cuestión de una oposición noruega al desembarco aliado dejó de plantearse, lo que inclusive calmó los escrúpulos del Foreign Office. Cinco días para volver a poner en pie a los dos cuerpos expedicionarios disueltos era, evidentemente, un plazo muy breve; reutilizar tal cual los planes de ataque contra los soviéticos en Finlandia cuando ahora se quería operar en Noruega contra los alemanes era un tanto arriesgado. Sin embargo, el 5 de abril, las tropas británicas estaban listas para ser embarcadas, los barcos listos para zarpar, para poner las minas, para que las tropas desembarcaran y para ser más rápidos que Hitler. Era una proeza indiscutible e... inútil, pues las minas no serían fondeadas el 5 de abril.

En efecto, el comité de guerra francés se opuso a la operación "Royal Marine" porque temía las represalias alemanas y, sobre todo, porque el ministro de Guerra, Daladier, buscaba torpedear la acción de Paul Reynaud. Pero "Royal Marine" era la contraparte de "Wilfred" y el 1º de abril Chamberlain, indignado, le declaró al embajador de Francia: "¡Si no hay minas, no hay Narvik!". Churchill, destrozado, se precipitó a París para intentar que los franceses dieran marcha atrás con el rechazo y reconciliar a Reynaud y Daladier. Después de todo, era persuasivo y los dos hombres eran amigos... pero fue un fracaso completo. Entonces, temiendo que cayeran de nuevo en la inacción total, Churchill conjuró a sus colegas a autorizar, a pesar de todo, la operación "Wilfred"; terminó por ganar la partida y se fijó la fecha de ejecución para el 8 de abril.

Tanto en Londres como en París, la decisión provocó cierto alivio: finalmente pasaban a la acción. Incluso Chamberlain demostró cierto optimismo: "Hitler se perdió el tren", declaró imprudentemente el 4 de abril. Dos días más tarde, los cuatro destructores que pondrían las minas se hicieron a la mar, precedidos por una fuerte escolta; al otro día, en Rosyth en la Clyde, los buques que transportaban las tropas de "Plymouth" y de "Avonmouth" estaban listos para levantar el ancla en cuanto Alemania reaccionara, o hiciera como que reaccionaba ante el minado. "Todos nuestros planes, escribió el historiador británico T. K. Derry, se basaban en el principio de que tendríamos la iniciativa".

En las primeras horas del 9 de abril, los jefes de estado mayor y los ministros de Su Majestad se levantaron sobresaltados por una novedad sorprendente: los alemanes habían tomado Copenhague, Oslo y los principales puertos de la costa noruega; los pequeños campos de minas fondeados el 8 de abril al sur de Narvik y las pocas unidades navales que los cuidaban no pudieron impedir nada. Cuando el gabinete de guerra se reunió a las 8.30, el general Ironside presentó las conclusiones de los jefes de estado mayor: había que "ejecutar el plan para capturar Narvik", pues "los alemanes no lo ocuparon", y "liberar Bergen y Trondheim". Después de esto, se instaló el griterío: Churchill preguntó si se consideraba prioritario "la realización de las operaciones contra Narvik"; lord Hankey se pronunció a favor de una "acción inmediata en Oslo"; sir Cyrill Newall, jefe de estado mayor de las fuerzas aéreas, se inclinaba más por una operación contra Stavanger. Finalmente, el gabinete de guerra decidió que "los noruegos tenían que ser [...] informados del hecho de que sus aliados irían en su socorro". Por otra parte, "los jefes de estado mayor tenían la instrucción de poner en marcha una expedición militar destinada a recuperar Trondheim y Bergen y ocupar Narvik".

Sin embargo, cuando al mediodía el gabinete de guerra volvió a reunirse, los ministros se enteraron de que Narvik ya había sido ocupado por una "pequeña fuerza alemana"; por consiguiente, recomendaron el envío de destructores de reconocimiento al fiordo de Narvik. Por lo demás, dudaban entre Bergen y Trondheim. El primer lord del Almirantazgo, que dominaba los debates a causa de su personalidad, la información de que disponía, sus anotaciones estratégicas y el papel predominante de la flota en esta cuestión, declaró que "las órdenes se dieron a las fuerzas navales para que forzaran la entrada de Narvik y de Bergen, pero dejaremos de lado Trondheim hasta que la situación sea más clara".

Esta tendencia se confirmó cuando se abrió, a las 16.20, la sesión del consejo supremo interaliado. Paul Reynaud fue derecho a los hechos: "En primer lugar, no hay que perder de vista que uno de los objetivos esenciales de los aliados es aislar a Alemania de sus fuentes de mineral de hierro". La resolución final del consejo supremo mencionó que "se considerará [...] la importancia particular otorgada a asegurar la posesión del puerto de Narvik, en vistas a una acción posterior en Suecia". Esa noche, a las 21.30, el comité de coordinación militar se reunió bajo la presidencia de Churchill, que propuso sin ambigüedades que "no se tome ninguna iniciativa en relación con Trondheim". El comité aceptó y se invitó a los jefes de estado mayor a "preparar un plan para la captura de Narvik". Pero el comité agregó: "Este plan debe tener en cuenta la posibilidad de que las fuerzas aliadas ocupen Namsos y Aandalsnes".

De manera que el 9 de abril, mientras los alemanes consolidaban sus posiciones en Noruega y el gobierno noruego dudaba todavía entre la resistencia y la negociación, los Aliados, después de seis reuniones importantes en diecisiete horas, efectuaron (en el papel) un recorrido estratégico impresionante: prioridad para Bergen y Trondheim a las 8.30 de la mañana, evolución progresiva hasta Narvik durante la mañana, confirmación de la prioridad de Narvik bajo la influencia francesa por la tarde, abandono "definitivo" de Trondheim a la noche, con la aparición sorpresa más tarde de los pequeños puertos de Namsos y Aandalsnes, en el norte y al sur de Trondheim.

Durante la reunión del gabinete de guerra del día siguiente (10 de abril), los ministros se enteraron de que las fuerzas disponibles para la operación contra Narvik (nombre codificado: "Rupert") se limitaban a los seis batallones de "Avonmouth" y de "Stratford". Su jefe, el general Mackesy, tuvo que partir de Scapa Flow el 11 de abril. Pero sólo era responsable de las operaciones terrestres; Churchill acababa de nombrar al mando de las operaciones navales en Narvik al almirante lord Cork and Orrery. Ahora bien, el almirante y el coronel no se conocían, no se pusieron de acuerdo, no hicieron la ruta juntos, y las instrucciones que se le dio a cada uno fueron contradictorias: lo que sucedió es que el Almirantazgo y, sobre todo, su jefe, deseaban recuperar Narvik con un golpe más rápido que metódico, en tanto que el War Office prefería que prevaleciera la prudencia por sobre la rapidez.

Mientras tanto, lograron tomar contacto con el gobierno noruego, que había ordenado la resistencia al invasor alemán y había hecho saber que esperaba instalarse en Trondheim "en cuanto los alemanes hayan sido expulsados". Evidentemente, era la estrategia que se adoptó en la mañana del 9 de abril, pero retomarla ahora equivalía a cuestionar todas las decisiones tomadas con tanta laboriosidad durante las últimas cuarenta y ocho horas. Churchill se opuso categóricamente: la expedición contra Narvik estaba a punto de iniciarse y, sobre todo, no había que debilitarla por una dispersión intempestiva de sus efectivos. Se podía seguir con el estudio de una operación contra Trondheim e, inclusive, pensar en un desembarco "exploratorio" en Namsos, pero "no había que llevar a cabo ninguna acción" antes de que se conocieran los resultados de la operación contra Narvik. Tenemos que recordar que el primer lord del Almirantazgo estaba mejor informado que sus colegas, era muy elocuente y... el comité de coordinación se reunía al final del día: los jefes de estado mayor y los ministros estaban agotados por setenta y dos horas de trabajo y reuniones casi ininterrumpidas... salvo Churchill, que tenía una capacidad de recuperación sorprendente. Por el momento, se limitarían a Narvik.

Desde hace tiempo sabemos que el sistema de toma de decisiones británico era un mecanismo complejo, de triple gatillo, que se desencadenaba con dificultades y se frenaba fácilmente. Ahora bien, las decisiones "definitivas" se tomaban en el gabinete de guerra y el debate estratégico se retomó en ese nivel al día siguiente. Churchill admitió que el estado mayor naval deseaba ver Namsos ocupado lo más pronto posible, pero agregó enseguida que "se consideraba inoportuno interrumpir [...] el desarrollo de las operaciones contra Narvik". Ese día, sin embargo, Neville Chamberlain se sentía un estratega y sugirió que desembarcara un destacamento en Namsos, después de lo cual lord Halifax se pronunció a favor de Trondheim: "Las operaciones contra Narvik tendrían un efecto mucho menor que una acción con el objetivo de expulsar a los alemanes del sur de Noruega". Ahí mismo, el ministro de Guerra, Oliver Stanley, intervino para señalar que se requeriría la ayuda de los cazadores alpinos franceses para desembarcar en Tronheim; ahora bien, los franceses habían insistido en que se diera prioridad a la operación contra Narvik...

El refuerzo del ministro de Guerra y la incertidumbre en cuanto a las reacciones de los franceses terminaron por decidir a favor de la posición de Churchill: el ataque a Narvik no se debilitaría con una

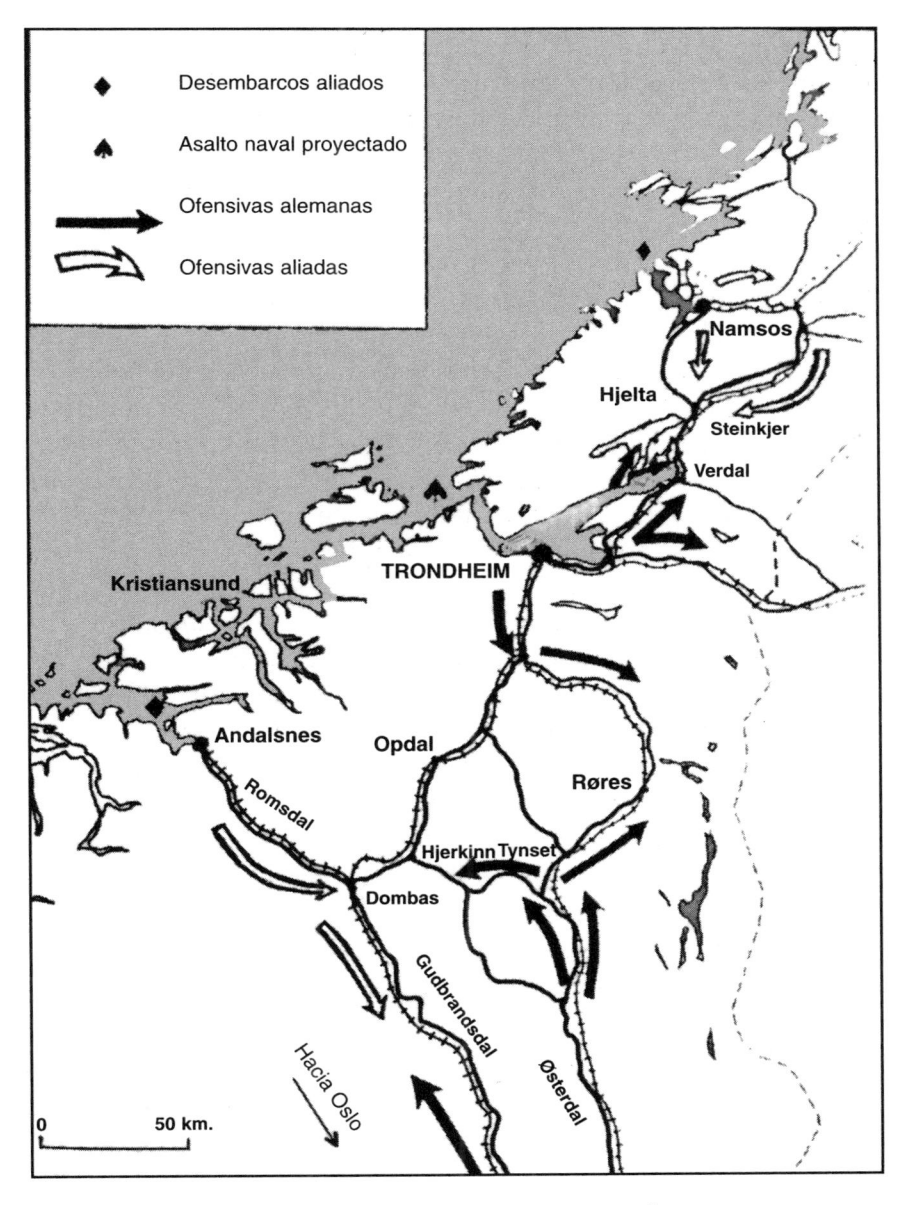

Operaciones en Noruega central
Abril-Mayo de 1940

dispersión en Trondheim. Pero, lamentablemente, además de los tres niveles de decisión estratégica –el comité de los jefes de estado mayor, el comité de coordinación militar y el gabinete de guerra– había una cuarta instancia que era todopoderosa y que quizás podría cuestionar las decisiones del gabinete de guerra: el gabinete de guerra del día siguiente.

Y así fue, el 13 de abril por la mañana volvieron a cuestionar todo: lord Halifax retomó sus argumentos a favor de Trondheim; el general Ironside señaló que para esto habría que retirar tropas de Francia y Winston Churchill repitió sus advertencias del día anterior. Pero Chamberlain señaló "la urgencia de establecer una posición sólida en Trondheim, especialmente desde el punto de vista político. [...] La división de cazadores alpinos franceses podría utilizarse con mayor utilidad en Trondheim que en Narvik". Churchill suplicó a sus colegas que no comprometieran planes que estaban en curso de ejecución y señaló que, a falta de otros medios, la operación contra Narvik podría degenerar en un sitio prolongado y, por el contrario, se trataba de tomar la ciudad de un solo golpe. Pero no pasó nada: lord Halifax repetía que había que considerar la cuestión desde su ángulo político, el ministro de Guerra se inclinaba tanto por Trondheim como por Narvik y el ministro de Hacienda se declaró a favor de Trondheim, aunque sus conocimientos en materia estratégica se situaran en algún lado entre los de Halifax y los de Chamberlain. Para terminar, Churchill tuvo que aceptar, y las conclusiones del gabinete de guerra fueron diametralmente opuestas a las del día anterior: querían "tomar Trondheim y Narvik" y pedirles a los franceses permiso para "utilizar los cazadores alpinos para operaciones que no fueran solamente en Narvik".

¿De dónde venía todo esto que daba la asombrosa impresión de algo ya vivido? Lo que ocurría era que habíamos asistido a las mismas peripecias exactamente un cuarto de siglo antes. Estos jefes de estado mayor que oscilaban entre el exceso de celo y la inacción total, estos ministros que no lograban decidirse, este primer ministro que se echaba atrás ante toda acción bélica para convertirse enseguida en un estratega aficionado, este primer lord del Almirantazgo desbordante de ideas y dispuesto a todas las concesiones, siempre que se decidieran por hacer algo, estos comandantes que se dirigían hacia sus objetivos con instrucciones diametralmente opuestas del Almirantazgo y del War Office:[4] el asunto de los Dardanelos que se repetía punto por punto. Así, Narvik parecía una especie de Gallípoli ártica, en tanto que las minas de hierro suecas brillaban a lo lejos como el viejo espejismo de Constantinopla. Para Winston Churchill, decididamente, la vida seguía siendo un eterno comienzo, y al igual que el 28 de enero de 1915, cuando terminó por unirse al plan de ataque exclusivamente naval de Gallípoli, el primer lord cedió ahora bruscamente sobre la cuestión de Trondheim y se puso como deber aplicar con celo las concepciones de sus colegas.

Esa noche llegó una excelente noticia a Londres: una escuadra británica que había penetrado en el fiordo de Narvik había hundido los siete destructores alemanes que defendían su acceso. Enardecidos por esta victoria, convencidos de que la caída de Narvik era inminente y alentados por la decisión del gabinete de guerra de la tarde, los miembros del comité de coordinación militar se dedicaron a otros objetivos y decidieron lanzar un ataque naval contra Trondheim (operación "Hammer"), precedido por un desembarco en el sur, en Aandalsnes ("Sicle") y por otro más al norte, en Namsos ("Maurice").

Churchill visitó al general Ironside a las 2 de la madrugada del 14 de abril: "*Tiny*, nos equivocamos de objetivo. Hay que apuntar a Trondheim. La Marina va a lanzar un ataque directo contra la ciudad y necesito una pequeña fuerza [...] para sacar rédito del ataque naval. También necesito desembarcos en el norte y en el sur de Trondheim [...] para apoyar el asalto principal con un movimiento que atenace Trondheim". Ironside protestó: no tenía tropas disponibles para Trondheim mientras no se tomara Narvik. Sin embargo, terminó por ceder, porque el proyecto había recibido el aval del conjunto del comité; unas horas más tarde, en el gabinete de guerra, Churchill se declaró decididamente optimista y sus colegas aceptaron el cambio de rumbo de la 146ª brigada desde Narvik hacia Namsos –sin declarar que no era nada profesional esta improvisación logística–. Finalmente, los franceses aceptaron enviar a los cazadores alpinos a Trondheim y no a Narvik. La gran contraofensiva podría iniciarse.

Sin embargo, la euforia era totalmente injustificada: la expedición "Rupert", que se dirigía hacia Narvik, sólo estaba constituida por la 24ª brigada, equipada para un desembarco pacífico dentro del marco de "Avonmouth" y ya despojada de parte de su equipamiento por el viraje hacia Namsos de los navíos de la 146ª brigada. Para la operación "Maurice" sobre Namsos, las cosas no se presentaban mejor: la 146ª brigada era una unidad territorial poco entrenada, cuyo equipamiento había sido parcialmente amputado cuando el convoy en ruta hacia Narvik se había escindido en dos en medio del mar del Norte; los hombres poseían mapas de Narvik y una parte del equipamiento de la 24ª brigada, en tanto que sus medios de transporte, una parte de su armamento... y su comandante seguían navegando hacia Narvik. Las tropas de la 148ª brigada tenían mapas de Namsos, pero no podían usarlos porque iban a desembarcar en Aandalsnes. Por otra parte, los soldados de "Maurice" no tenían camiones, esquíes ni raquetas de nieve, y para llegar a Trondheim tendrían que recorrer doscientos quince kilómetros (salvo que tomaran la ruta, algo nada indicado para tropas desprovistas de cobertura aérea y de defensa antiaérea). Por supuesto que quedaba la operación naval en Trondheim ("Hammer"), que a fuerza de cháchara se había impuesto a las demás.

El 17 de abril, el gabinete decidió efectivamente lanzar esta operación, "si era posible, el 22 de abril". Participarían en el ataque una brigada de dos mil quinientos cazadores alpinos franceses, mil canadienses y la 15ª brigada regular británica. Dos portaaviones apoyarían la operación y la cubrirían cien aviones, entre los cuales estaban los cuarenta y cinco cazadores. "Esperaba con impaciencia, escribió el movedizo primer lord, que se iniciara esta exaltante empresa, que parecía recibir la adhesión completa del estado mayor naval y de todos nuestros expertos". Esto era verdad el 17 de abril; lo era menos el 18 y ya no lo era para nada el 19.

¿Qué había pasado? Simplemente que los jefes de estado mayor acababan de cambiar de opinión: la operación naval directa contra

Trondheim era sin lugar a dudas demasiado arriesgada. El almirante Pound dio la indicación de media vuelta; en la mañana del 18 de abril, el crucero *Suffolk*, que bombardeaba el aeropuerto de Stavanger, volvió a Scapa Flow con la proa totalmente destruida, después de haber sido acosado durante siete horas por la aviación enemiga. El almirante no pudo impedir pensar lo que podría producirse si su flota quedaba expuesta a un bombardeo de este tenor en el fiordo de Trondheim, y se lo comunicó el 18 de abril al general Ironside. Este, que sabía que su cuerpo de desembarco estaría desprovisto de toda defensa antiaérea, se unió a su opinión y, en conjunto, no les costó nada convencer al jefe de estado mayor del Aire, que no tenía muchas ganas de cubrir la operación con sólo cien aviones pasados de moda. Así, el 19 de abril, los jefes de estado mayor redactaron un informe en el que se pronunciaban categóricamente contra la puesta en práctica del plan "Hammer".

Para Churchill, que se había decidido a favor de esta operación muy recientemente, fue una catástrofe: "Me indigné cuando me enteré de esta súbita media vuelta e interrogué cuidadosamente a todos los oficiales implicados. Enseguida fue evidente que todos los responsables se oponían a la operación". ¿Qué se podía hacer en estas condiciones? El primer lord había aceptado abandonar el "Rupert" a favor del "Hammer", siempre que se tomara la ofensiva sin retraso; ahora parecía que las resistencias al asalto directo contra Trondheim eran todavía más fuertes que la oposición al ataque inmediato contra Narvik. Evidentemente, quedaba un partidario enérgico del "Hammer": el almirante de la flota, sir Roger Keyes, quien había dejado su retiro y propuesto ponerse él mismo al mando del asalto. Sir Roger no era un recién llegado: héroe de Zeebrugge en 1918, almirante de la flota desde 1930, superior en grado al almirante Pound, así que su opinión tenía peso y su entusiasmo por la ofensiva no podía desagradar a Churchill, que lo conocía desde la cuestión de los Dardanelos. Pero, precisamente, el primer lord se enteró en esta oportunidad de lo que costaba lanzar un asalto mayor frente a la oposición de algunos, la indiferencia de otros y la pusilanimidad de todos. Como no quería que la historia se repitiera, Churchill rechazó con diversos pretextos los ofrecimientos de servicios del almirante Keyes; más aún, así como se dejó desviar de Narvik para aceptar el ataque contra Trondheim, Churchill cambió bruscamente de posición y recomendó el abandono de esta operación. En la mañana del 20 de abril, se dirigió así a sus colegas del gabinete de guerra: "Dados los éxitos que hemos obtenido al desembarcar tropas en Namsos y Aandalsnes, y los graves riesgos que implicaría un desembarco de fuerza en el sector de Trondheim, sería preferible que lleváramos nuestro esfuerzo a un movimiento de pinza por el Norte y por el Sur, más que a la realización de un desembarco en Trondheim".

Grandes palabras para una pinza muy frágil: las tropas del general Morgan, que habían desembarcado en Aandalsnes, apoyaron a los noruegos ante Lillehammer (a trescientos cincuenta kilómetros al sur de Trondheim). En cuanto a la operación "Maurice", dirigida por el general Carton de Wiart, estaba inmovilizada en los accesos a Namsos, a doscientos quince kilómetros al norte de Trondheim, a causa de furiosos bombardeos enemigos. Pero, decididamente, los miembros del gabinete de guerra se negaban a jugar la suerte de la flota a un solo golpe de dados, tanto más cuanto que Italia podría entrar en guerra si los Aliados sufrían un desastre naval de envergadura. Finalmente, Churchill recordó que no había que permitir que uno se apartara del objetivo principal, que seguía siendo "poner las manos sobre las minas de Galibare". Así que el gabinete de guerra aprobó este giro y la operación "Hammer" entregó el alma definitivamente la noche del 20 de abril. Algunas horas más tarde, en el Almirantazgo, justo después de la última reunión de estado mayor sobre las operaciones navales, los oficiales de guardia oyeron cómo el primer lord se remontaba en el tiempo y dictaba sus inolvidables parrafadas nocturnas sobre la Gran Isabel y la Armada Invencible, Cromwell en Naseby y Wolfe ante Québec.

Durante los tres días siguientes, el gabinete de guerra no tomó ninguna decisión importante. Ahora bien, mientras tanto, las fuerzas británicas que se encontraban al sur de Trondheim fueron despedazadas por la infantería alemana que subía de Oslo, y las del norte, que habían avanzado imprudentemente a lo largo del fiordo de Trondheim, fueron severamente castigadas cerca de Steinkjer por tropas de montaña alemanas que habían desembarcado al fondo del fiordo. Así, los dos brazos de la pinza, "Sickle" y "Maurice", en lugar de cerrarse sobre Trondheim se separaron de ahí desmesuradamente y hasta se fisuraron, bajo los ataques súbitos de la aviación y de la artillería enemigas. En otras palabras, ya no quedaba pinza y para nada martillo,* ya que habían abandonado "Hammer" ¡sin siquiera advertir a los generales Morgan y Carton de Wiart! La operación "Rupert", frente a Narvik, seguía en punto muerto, a pesar de los reproches de un primer lord que, manifiestamente, subestimaba las dificultades de la empresa: después de un furioso bombardeo naval el 24 de abril, lord Cork, que comprobó que "nada indicaba que el enemigo tuviera alguna intención de rendirse", renunció al desembarco.

En este momento Churchill confesó estar "terriblemente preocupado por el fracaso completo de todas nuestras iniciativas contra el enemigo, pero también por la quiebra total de nuestro modo de conducir la guerra". No era para menos: tres días antes, el War Office había designado, por fin, un comando único en Noruega central[5] pero este, el general Massy, tuvo que comandar las operaciones desde Londres, porque no podía hacerlo en el lugar a causa de la ausencia casi total de medios de comunicación. Pero ni siquiera en Londres pudo coordinar gran cosa, tanto más cuanto que no lo invitaron ni una sola vez a asistir a una reunión del comité de coordinación militar, que, por otra parte, no coordinaba nada. Pero el 25 de abril le informaron a Massy cuál había sido el alcance de las pérdidas sufridas por las fuerzas "Sickle" y "Maurice" en el sur y en el norte de Trondheim, y sacó una conclusión lógica: "Habría que preparar planes para asegurar la evacuación de nuestras fuerzas de Aandalsnes y de Namsos en caso de necesidad". El gabinete de guerra, que examinó esta propuesta al otro día, dio marcha atrás ante una medida de este tipo: sería políticamente desastroso y, además,

---

* Juego de palabras con la operación "Hammer", *martillo* en inglés (N. de la T.).

temían mucho las reacciones francesas. Para terminar, sólo decidieron que "el plazo de evacuación tendría que diferirse el mayor tiempo posible, [...] y, para hacerlo bien, habría que intervenir sólo después de la captura de Narvik".

Noble resolución, que no resistió ni veinticuatro horas la prueba de los hechos. Pues, si hasta ese momento el general Massy no había podido hacer nada útil en medio de la completa confusión en la toma de decisiones estratégicas, la recepción de dos mensajes que describían la destrucción completa de Aandalsnes lo llevó por primera vez a ejercer sus prerrogativas de comandante en jefe. En la mañana del 27 de abril envió una nota enérgica al gabinete de guerra: la expedición "Maurice" en Namsos tenía solamente un papel defensivo desde la derrota de Steinkjer, y la fuerza "Sickle", ya severamente maltratada y amenazada con quedar desbordada, acababa de ser sometida a violentos bombardeos en la base detrás de Aandalsnes. El general Massy concluyó: "A partir de este momento, hay que tomar medidas para volver a embarcar la fuerza 'Sickle'" y agregó: "También hay que retirarse de Namsos, pues una unión Oslo-Trondheim [hecha por los alemanes] volvería insostenible la posición de la expedición 'Maurice'".

Esta vez, todos comprendieron en el gabinete de guerra que había que tomar una decisión apremiante y definitiva. Pero los ministros detestaban profundamente este tipo de ejercicio, salvo, por supuesto, Winston Churchill, que se declaró partidario de "dejar que las tropas que están actualmente en Noruega den lo mejor de ellas mismas en cooperación con el ejército noruego", solución sublime para un fogoso teniente de caballería, pero insensata para cualquier estratega razonable. Sus colegas midieron perfectamente las consecuencias políticas de un desastre militar en Noruega y entonces se llegó a un acuerdo: se procedería sin dilaciones a la evacuación.

Naturalmente, nada obligaba a andar proclamándolo a los gritos. Así que durante la sesión del consejo supremo que se abrió dos horas más tarde, nadie se preocupó por hacerles saber a los franceses que era inútil cualquier discusión, ya que acababan de decidir la evacuación de Noruega central. Para el lector que los recuerde, los debates entre franceses y británicos fueron un *vaudeville* malo: Paul Reynaud, preocupado ante todo por la supervivencia de su gobierno, exigía que "se salvara la apariencia" manteniendo "ciertos elementos de resistencia en el sur de Trondheim"; luego, por supuesto, había que "salvaguardar Narvik", hasta que lograran tomarla. Chamberlain aprobó y Reynaud volvió a París totalmente satisfecho. Dos horas más tarde, salían órdenes de evacuación inmediata desde Londres hacia Aandalsnes y Namsos.

El día anterior, sir Roger Keyes le había escrito a Churchill estas líneas amenazantes: "Si este gobierno persiste en querer sabotearnos, tendrá que irse, y haré todo lo que pueda para acelerar el movimiento, ¡por Dios!". La oportunidad no tardó en presentarse y mantuvo su palabra. Pero, por el momento, el gabinete de guerra sostuvo su decisión de evacuación y, dada la situación en el campo, no se equivocaron. A pesar de los furiosos bombardeos y de las pérdidas sensibles, los dos cuerpos expedicionarios lograron irse de Namsos y de Aandalsnes sin desastres mayores entre el 2 y el 3 de mayo; después de esto, las fuerzas noruegas alrededor de Trondheim, rodeadas y con pocas municiones, aceptaron rendirse. Su comandante, el general Ruge, se unió al rey y al gobierno en Tromsø, en el norte de Narvik. Fue así como, en Noruega central, la campaña finalizó por falta de combatientes.

"Es demasiado pronto, declaró Chamberlain el 2 de mayo, para hacer un balance de la cuestión noruega, pues no es más que un episodio de la campaña que finaliza ahora". Es posible, pero terminó muy mal, y la opinión pública, la prensa y los honorables miembros del Parlamento no podían dejar de hacer el balance de la aventura; así que el primer ministro tuvo que prometer a la Cámara un debate general sobre este tema para el 7 de mayo.

En el momento en que en el Parlamento se abrió la sesión del 7 de mayo de 1940, reinaba una gran incertidumbre tanto dentro de la mayoría como dentro de la oposición. El gobierno tendría que justificar sus acciones, sus inacciones, su falta de preparación y sus tergiversaciones y, mientras tanto, saber que entre los censores más severos de su política habría muchos miembros del Partido Conservador.

Del lado de la oposición laborista y liberal se disponían a fustigar las insuficiencias y las torpezas de la política de guerra del primer ministro, pero sabemos bien que los conservadores disponían de una sólida mayoría en los Comunes; como mucho, se podía esperar la constitución de un gabinete de coalición. Solamente que el nuevo primer ministro no podría ser más que uno de los miembros del gobierno al que se disponían a denunciar, así que habría que mostrar habilidad y energía al levantar el acta de acusación. Pero, más allá de las divisiones políticas y de las simpatías personales, lo que dominó los debates y les dio durante dos días una aspereza totalmente inusitada no fue otra cosa que el espectro repugnante de la derrota que amenazaba a Inglaterra.

En cuanto llegó a la Cámara, Chamberlain fue recibido con el siguiente grito: "¿Quién se perdió el tren?", en alusión a sus poco discretas palabras del 4 de abril. El primer ministro parecía molesto, cansado, y desgranó con voz dubitativa los argumentos destinados a desarmar a sus críticos: "Espero que nos cuidaremos de exagerar la extensión o la importancia del revés que acabamos de sufrir. La evacuación del sur de Noruega no es comparable a la de Gallípoli [...]. No había más que una división [...]. El golpe alemán fue facilitado por actos de traición en Noruega [...]. Sin embargo, la campaña no ha terminado...

[*Interrupción*: "¡Hitler se perdió el tren!"]

—Si bien me parece que las implicaciones de la campaña en Noruega se han exagerado...

[*Interrupción*: "¿Quién se perdió el tren?"]

—...y si bien mantengo una total confianza en la victoria final, en cambio no creo que los ciudadanos de este país todavía se den cuenta de la extensión y de la inminencia del peligro que nos amenaza.

—Un diputado: ¡Es lo que decíamos hace cinco años!

—Por mi parte, me esfuerzo por mantener el rumbo sin preocuparme por los extremos...

[*Interrupción*]

—...sin provocar vanas ilusiones...

[*Interrupción*: "¡Hitler se perdió el tren!"]

—Los honorables miembros de esta Cámara están repitiendo muchas veces la frase "¡Hitler se perdió el tren!"

[*Interrupción*: ¡Es suya!]"

Finalmente, el primer ministro terminó su discurso y lanzó un llamamiento a la unidad que no encontró ningún eco. "La Cámara, señaló el diputado Henry Channon, estaba simultáneamente tumultuosa y amorfa. El embajador en Egipto dormía. Finalmente, el primer ministro se sentó". Lloyd George y Herbert Morrison hicieron algunas preguntas y luego Clement Attlee tomó la palabra. El jefe del Partido Laborista no era un gran orador, pero la pertinencia de sus argumentos no escapó a nadie (salvo, por supuesto, al embajador en Egipto): "Sin dudas la evacuación fue un hecho de armas magnífico, pero, finalmente, se trata de una retirada y, por consiguiente, de un revés. [...] No sirve para nada minimizar el acontecimiento. Pregunto si no hubo momentos en los que las dudas y la discusión sirvieron como sustitos de la acción. [...] En el país se dice que los responsables de la conducción de estos asuntos tienen detrás de ellos una sucesión de fracasos ininterrumpidos. Antes de Noruega, estuvieron Checoslovaquia y Polonia. Cada una de las veces, llegamos demasiado tarde. [...] El conflicto actual es para nosotros una cuestión de vida o muerte y no podemos permitirnos confiar nuestros destinos a profesionales del fracaso o a hombres que necesitan una cura de sueño".

Esta requisitoria impiadosa siguió con la del dirigente liberal Archibald Sinclair: "No critico la evacuación, sino las condiciones que llevaron a ella. Desde el punto de vista de la propaganda, [...] de la economía y, sobre todo, de la diplomacia, de la estrategia en menor medida, hemos sufrido un grave revés". Sinclair rechazó uno por uno los argumentos del primer ministro; las carencias de equipamiento, el abastecimiento y el mando de las tropas británicas fueron enumerados por turno por el ex pacifista, que simplemente declaró: "Pretendo que estas fallas en la organización se deben a una falta de previsión por parte de los que, en el nivel político, están encargados de la conducción de la guerra".

Difícilmente se pueda ser más claro y, cuando el jefe del Partido Liberal terminó su intervención, los aplausos no venían solamente de las bancas de la oposición. Varios diputados conservadores se levantaron luego para defender al gobierno; eran poco experimentados, no parecían para nada convencidos y se instaló en la sala cierta somnolencia. Pero los honorables diputados enseguida se despertaron sobresaltados, pues el orador siguiente no era otro que el almirante Roger Keyes, vestido con su uniforme de gala de gran almirante de la flota, con seis rangos de condecoración. Este espectáculo imponente, unido a la convicción profunda del héroe de Zeebrugge y a su lenguaje tan poco parlamentario, literalmente envolvió al auditorio: "La captura de Trondheim era indispensable, era imperativa, era vital. Desde el 16 de abril había conminado al Almirantazgo a lanzar una operación naval más enérgica, utilizando viejos barcos". Keyes, conservador desde larga data, habló largamente de sus intentos infructuosos de obtener el mando de "Hammer", los desaires que había soportado, las causas reales del desastre de Steinkjer, las dudas del gabinete de guerra y, finalmente, el abandono definitivo de todo proyecto de ofensiva. "¡Una asombrosa demostración de impericia desde el comienzo hasta el final!, tronó el almirante, ¡se repitió fatalmente la tragedia de Gallípoli!".

El diputado Harold Nicolson señaló: "La Cámara contuvo la respiración; de lejos fue el discurso más dramático que yo haya escuchado nunca, y cuando Keyes se sentó, sonó un trueno de aplausos". Sin dudas, las palabras de sir Roger Keyes estremecieron fuertemente a los diputados. Pero otra intervención selló el destino del gobierno, y una vez más sería la de un conservador: Leopold Amery. Diputado de Birmingham desde hacía más de un cuarto de siglo, ex ministro, amigo y colega de Austen y de Neville Chamberlain, Amery gozaba de gran prestigio en la Cámara. Como consejero privado, tenía derecho a que lo escucharan en la primera sesión, pero el momento exacto estaba a discreción del *speaker*. "Esta vez, escribió Amery, sabía que lo que tenía que decir era importante y me importaba mucho que produjera el efecto que esperaba". Pero las horas seguían y los diputados salían a cenar unos detrás de otros y cuando, finalmente, se invitó a Leopold Amery a que se expresara, sólo quedaba una media docena de oyentes en la sala. "Casi resuelvo pasar para otro día mi discurso contra el gobierno [...] cuando Clement Davies, que vino a sentarse detrás de mí cuando me levanté, me murmuró al oído que a todo precio era preciso que expusiera el conjunto de nuestras quejas contra el gobierno, así que fue a hacer sonar la llamada a la sala de fumar y a la biblioteca. Cuando hice algunas aclaraciones sobre las intervenciones precedentes, ya estaba ante un auditorio más grande y de inmediato pasé al ataque directo".

La palabra no es demasiado fuerte: durante más de una hora, en medio del grupo conservador, a solamente unos metros de las bancas del gobierno, Leopold Amery pronunció una inculpación devastadora: "El primer ministro nos ha presentado argumentos lógicos para explicar nuestro fracaso. Siempre se puede hacer esto después de un fracaso. [...] Tenemos que analizar la historia de las decisiones, de la ausencia de decisiones, de los cambios de decisiones". Y lanzó una salva de preguntas: ¿por qué habían enviado fuerzas tan reducidas y sin medios de transporte? ¿Por qué no se había tomado Trondheim? ¿Por qué se había anulado la operación "Hammer" y quién había tomado la decisión? "Cuando llegué a este momento de mi discurso, me di cuenta de que la Cámara me escuchaba ávidamente; más aún, los murmullos de aprobación y los aplausos llegaban cada vez más de las bancas conservadoras que se iban completando a mi alrededor". Animado, Amery llegó al punto esencial: "Nuestra organización de tiempos de paz no se adapta a las condiciones del tiempo de guerra [...]. De un modo u otro, tenemos que poner en la dirección del país a hombres que se muestren a la altura del enemigo por su espíritu combativo, su audacia, su resolución y su sed de vencer". Aquí, Amery citó las palabras de Cromwell a John Hampden sobre el ejército del Parlamento, al que habían vencido varias veces los caballeros del príncipe Rupert: "Tiene que encontrar hombres decididos, aptos para ir tan lejos como sus enemigos, de otro modo volverán a derrotarlo". Y prosiguió: "Sin duda no es fácil encontrar hombres así. Sólo podremos hacerlo si los ponemos a prueba y descartamos sin piedad a todos los que fracasen o muestren sus insuficiencias". Pero Amery había pensado en otras palabras de Cromwell, más fuertes todavía, que dudaba en citar... hasta que la aprobación cada vez más manifiesta de sus pares lo decidió a dar el paso: "Me sentí transportado por la ola de emociones que mi discurso había provocado". De manera que concluyó con estas palabras: "Ya cité ciertas palabras de Oliver Cromwell. Ahora voy a citar otras. Lo hago con una gran reticencia, pues me dirijo a hombres que desde hace mucho tiempo son mis amigos y mis colegas, pero las palabras en las que estoy pensando se aplican bien, creo, a la situación actual. Esto es lo que dijo Cromwell en el Parlamento Rabadilla, cuando estimó que no era más apto para seguir conduciendo los asuntos de la Nación: 'Ocupó demasiado este lugar para el poco bien que ha hecho. Váyase, le digo, para que no volvamos a verlo. ¡En nombre de Dios, váyase!'".

Todos los diputados notaron que el efecto que se produjo en la Cámara fue considerable. Harold Macmillan escribió: "Con el discurso que pronunció ese día, Leopold Amery realmente destruyó al gobierno de Chamberlain. Y no estoy exagerando". Por supuesto que no, pero Harold Macmillan se anticipó, ya que el debate siguió durante toda la noche y toda la jornada siguiente. Los ataques contra el gobierno se sucedieron, ásperos, implacables, lanzados desde las bancas conservadoras, laboristas y liberales simultáneamente. En la mañana del 8 de mayo, Herbert Morrison, en nombre del Partido Laborista, solicitó para esa misma noche un voto de censura contra el gobierno. Ante estas palabras, Chamberlain, visiblemente cansado y nervioso, se levantó para contestar: "Acepto el desafío. Es más, lo recibo con placer. Veremos al menos quién está con nosotros y quién en contra, y llamo a mis amigos para que nos apoyen en el voto de esta noche".

Fue un error mayor, que sembró la consternación hasta en las filas del gobierno: de este modo, el primer ministro seguía considerando como un simple asunto del partido, y hasta de lealtad personal hacia él, lo que se había convertido en una cuestión de interés nacional y de salvación pública. La oposición no tardó en aprovechar la brecha abierta, empezando por el viejo Lloyd George: "El primer ministro declaró: 'Tengo a mis amigos'. La cuestión no es saber quiénes son sus amigos, sino algo muy diferente. [...] Nos invitó a realizar sacrificios. [...] Declaro solemnemente que el primer ministro tiene que dar el ejemplo del sacrificio, porque nada podrá contribuir tanto a la victoria como su renuncia".

Sir Stafford Cripps, Duff Cooper, el comandante Bower, el laborista Alexander, uno detrás del otro siguieron remarcando la inconveniencia de las palabras de Chamberlain; muchos jóvenes conservadores en uniforme desgranaron la lista interminable de las insuficiencias comprobadas en la campaña de Noruega y, siguiendo el ejemplo de Duff Cooper, dejaron entender claramente que esa noche votarían contra el gobierno. Pero los adversarios de Chamberlain manifestaron alguna inquietud: por supuesto que querían que el primer ministro se fuera, pero al mismo tiempo no querían sacrificar a Churchill, porque todos sabían perfectamente que era el único capaz de llevar a Inglaterra a la victoria. Ahora bien, estaba comprometido con la cuestión noruega y seguía siendo totalmente solidario con sus colegas del gabinete. Harold Macmillan resumió así el dilema: "Estábamos decididos a hacer caer al gobierno, y cada hora que pasaba seguíamos acercándonos a nuestro objetivo. ¿Pero cómo salvar a Churchill del naufragio?".

De hecho, desde el día anterior, la mayoría de los oradores ya habían preparado un salvataje, al concentrar los ataques en el primer ministro y en la política de defensa que llevaba adelante desde 1935 (un ejercicio peligroso para los diputados laboristas y liberales). También, en varias oportunidades, realizaron una diferenciación muy clara entre Churchill y sus colegas. Por ejemplo, el 7 de mayo, el almirante Keyes, tan severo con el gobierno, dejó visiblemente de lado al primer lord del Almirantazgo: "Espero con impaciencia que se decidan a utilizar convenientemente sus amplias capacidades. No puedo creer que sea posible en el marco del sistema actual". A partir del día siguiente a la mañana, el mismo fenómeno se reprodujo con una regularidad desconcertante: el comandante Bower recordó los ataques pasados de Churchill contra la política de Chamberlain; A. V. Alexander, en el medio de una denuncia implacable contra los ministros de Aire y de Guerra, hizo un vibrante homenaje al ministro de Marina; Duff Cooper lo imitó y agregó: "Esa noche, el primer lord

[...] defendió a los que durante tanto tiempo habían recibido sus advertencias con desprecio. No dudo de que lo logró, [...] y los que tan frecuentemente temblaron ante su espada estuvieron muy felices de refugiarse tras su escudo". Lloyd George también tomó este camino y pronunció algunas palabras memorables: "Todo el mundo sabe que lo poco que se hizo se hizo a desgano, sin eficacia, sin ánimo, sin inteligencia. [...] No creo que el primer lord sea totalmente responsable de todo lo que sucedió en Noruega...

Churchill: —Asumo la entera responsabilidad de todo lo que ha realizado el Almirantazgo.

Lloyd George: —El honorable *gentleman* no debe dejarse transformar en el refugio antiaéreo para proteger a sus colegas de los estallidos de los obuses".

Es claro que los honorables diputados de todos los partidos hicieron lo posible para preservar a Winston Churchill de las salvas repetidas que tiraban contra su gobierno. Cuando, finalmente, el primer lord se levantó para pronunciar su discurso, se encontraba en la situación extremadamente incómoda de tener que defender a sus enemigos políticos de ayer, convertidos en colegas del momento, de los enemigos del gobierno, que ya eran sus partidarios y podrían convertirse en sus colegas de mañana... Por consiguiente, se esforzó por evitar los estallidos, se extendió largamente sobre las dificultades de la cuestión noruega y realizó un emocionante llamamiento a la unidad.

Nadie se engañaba con respecto al significado del voto que se iba a producir; para Harold Macmillan "estaba en juego todo el porvenir de Gran Bretaña y del Imperio". A primera vista, los resultados no eran demasiados desfavorables: doscientos ochenta y un votos para el gobierno, doscientos en contra. De hecho, era una derrota arrasadora para Chamberlain; nunca, desde 1937, tuvo una mayoría tan reducida; treinta y tres conservadores votaron contra el gobierno, sesenta se abstuvieron... "Después del debate, recordó Churchill, Chamberlain me pidió que fuera a verlo y me di cuenta enseguida de que estaba muy afectado por la actitud de la Cámara. Se sentía fuera de estado para proseguir con su tarea. [...] Alguien tenía que formar un gobierno dentro del cual estuvieran representados todos los partidos; si no, no podríamos salir de esta situación". Con su habitual espíritu combativo, Churchill se negó a abandonar la partida e intentó convencer al primer ministro de que se quedara en su lugar. Pero éste estaba desalentado: "Chamberlain no se dejó convencer ni reconfortar, y lo dejé a medianoche con la sensación de que persistiría en su resolución de sacrificarse si no había otra solución".

De hecho, Neville Chamberlain dudó durante mucho tiempo y cambió varias veces de opinión. Durante toda la mañana del 9 de mayo, circuló todo tipo de rumores en los pasillos del Parlamento, dentro de los clubes y en las cúpulas de los partidos. ¿Chamberlain iba a dimitir? ¿Quién lo sucedería? Se decía que los laboristas preferían a Halifax, y era exacto.[6] Chamberlain también, por otra parte. Pero algo era seguro: la situación exigía que se constituyera un gobierno de coalición. El primer ministro acababa de consultar a Attlee y a Greenwood para saber si aceptarían entrar a su gobierno, y ambos le contestaron que someterían la cuestión al congreso de su partido, pero que les parecía que la respuesta sería negativa. Esa tarde, Chamberlain se reunió con Halifax y Churchill en Downing Street: "Nos sentamos a la mesa enfrente de Chamberlain, recordaría Churchill. Nos dijo que tenía la convicción de que le sería imposible formar un gobierno de coalición. La respuesta de los jefes del Partido Laborista no le había dejado ninguna duda al respecto. Por lo tanto, tenía que elegir al que le propondría al rey como su sucesor, una vez que se hubiera aceptado su renuncia. [...] Nos miró a los dos del otro lado de la mesa".

De hecho, Chamberlain se había adelantado hasta declarar a sus dos interlocutores que "Halifax parecía ser el más aceptable". Pero a Churchill lo habían asesorado debidamente Anthony Eden y un viejo amigo de Chamberlain, sir Kingsley Wood. Este le había previsto que el primer ministro "querría que lo sucediera Halifax y le pediría su acuerdo a Churchill... No se lo dé, había agregado Kingsley Wood; es más, no diga nada". Winston Churchill siguió este consejo al pie de la letra: "En general, yo hablo mucho, pero esa vez, me quedé mudo. Así, lo que siguió fue un largo silencio. [...] Finalmente, Halifax tomó la palabra. Declaró que, según él, su posición de par del reino lo mantenía fuera de la Cámara de los Comunes y, por lo tanto, le causaría grandes dificultades para ocuparse de las funciones del primer ministro durante una guerra como ésta. [...] Siguió durante algunos minutos con este tipo de argumento y, cuando terminó, fue evidente que el cargo sería para mí y que, de hecho, ya lo habían decidido".

Todavía no era cierto, pues el día siguiente al 10 de mayo estalló un trueno: Hitler atacó Bélgica y Holanda. Así que Chamberlain dio un paso atrás con su decisión y manifestó su intención de quedarse en su cargo. Nuevamente sir Kingsley Wood intervino para convencer al primer ministro de que la crisis que acababa de estallar volvía más necesaria aún la constitución de un gobierno de unión nacional. Chamberlain al final se convenció y esa noche, a las 18, Winston Churchill fue al Buckingham Palace, donde el rey le encargó que formara un nuevo gobierno. Al regresar del palacio, le confió a su guardia de cuerpo: "Espero que no sea demasiado tarde. Temo que sí. Tendremos que hacer lo mejor que podamos".

II

Director de orquesta

Muchos historiadores se han asombrado del extraño capricho del destino que quiso que Winston Churchill hubiera llegado al poder de la mano de un desastre provocado principalmente por él mismo. Pero muchos historiadores se han equivocado: en esta malhadada campaña de Noruega, es posible que Churchill haya agregado a la confusión improvisaciones arriesgadas e intervenciones intempestivas, pero cuando se tomaron decisiones estratégicas de envergadura, con frecuencia tuvo que aceptar la opinión unánime de los jefes de estado mayor o de la mayoría de sus colegas del gabinete, algo que a veces fue lamentable y, a veces, providencial, pues este lúcido aficionado con ascendencia ilustre podía tener inspiraciones estratégicas excepcionalmente brillantes o absolutamente catastróficas.[1] Pero lo que los honorables diputados reprochaban al gobierno de Chamberlain los días 7 y 8 de mayo de 1940 no era tanto el fiasco noruego como el apabullante cortejo de negligencias, debilidades y falta de previsiones que lo habían hecho posible, y que Churchill no había dejado de denunciar durante siete largos años. En el otoño de 1939, lo habían repuesto en sus poderes de antaño en el Almirantazgo, es cierto, pero sus funciones seguían siendo subordinadas y, como la historia se repetía fielmente, no había podido obtener mejores resultados que en 1915. Ahora, el destino lo favorecía y le otorgaba ese poder supremo al que aspiraba desde 1914 (y hasta desde 1896). Escribió: "Finalmente tuve el poder de dar directivas en todos los campos, [...] y me parecía que toda mi vida pasada no había sido más que una preparación para esta hora y esta prueba". Inclusive entre los más ambiciosos, pocos se regocijarían con que los llamaran a tomar la conducción de un buque averiado; pero Winston Churchill, ya lo sabemos, no era un ambicioso común...

La inminencia del peligro que pesaba sobre Inglaterra al menos presentaba una ventaja: las tratativas complejas que habitualmente precedían a la constitución de un nuevo gobierno se simplificaron de manera notoria. A los que se les había solicitado que se pusieran al servicio, dudaban en zafarse; a los que no, se consolaban fácilmente. A primera vista, además, Winston Churchill no presentó un gobierno revolucionario en los Comunes el 13 de mayo de 1940: allí estaba otra vez la mayor parte de los hombres de Munich, y entre los cinco miembros del gabinete de guerra figuraban tanto Chamberlain como Halifax, respectivamente lord del consejo y ministro de Asuntos Exteriores. ¿Quiso mostrarse magnánimo? No exactamente: a pesar de todo lo que había sucedido desde hacía un año, Chamberlain seguía siendo el jefe del Partido Conservador y no podría haber una mayoría de gobierno sin el apoyo de sus partidarios en la Cámara. Sólo había siete ministros laboristas, pero dos de ellos, Attlee y Greenwood eran miembros del gabinete de guerra;[2] había un solo liberal: Archibald Sinclair, ministro de Aeronáutica, que era el jefe de su partido, pero también uno de los más viejos amigos de Churchill. Por supuesto que los conservadores "disidentes" estaban ampliamente representados: Eden en Guerra, Amery en India, Duff Cooper en Información, lord Lloyd en Colonias, en tanto que el tránsfuga de Kingsley Wood encontró la recompensa de ser ministro de Hacienda. Finalmente, Churchill insistió en nombrar como ministro de Trabajo a un antiguo enemigo al que admiraba, el sindicalista Ernest Bevin, y en el muy nuevo ministerio de la Construcción Aeronáutica, al brillante magnate de la prensa lord Beaverbrook, cuyo carácter insoportable y su terrible eficacia conocía desde hacía un cuarto de siglo.

Pero la verdadera innovación en este gobierno fue la creación del Ministerio de Defensa que Churchill reclamaba desde la última guerra y del cual él mismo se hizo cargo. Si las atribuciones del nuevo ministro de Defensa no estaban definidas con precisión, era porque, justamente, tenían que ser lo menos limitadas posible pues, bajo el control del gabinete de guerra, del Parlamento y del rey, el descendiente del gran Marlborough contaba con ponerse al frente de la conducción de la guerra. Así, a partir de ese momento, el comité de los jefes de estados mayores estaba directamente subordinado a él, y el secretario de este comité fue el general Ismay, jefe de estado mayor del Ministerio de Defensa, secretario adjunto del gabinete de guerra y... la voz de su maestro en el comité de jefes de estados mayores. Los ministros de Guerra, del Aire y de la Marina tuvieron su sede en un comité de defensa con poderes muy vagos, y se limitaron a aspectos administrativos de sus ministerios; por otra parte, todos admiraban al primer ministro, que no los había elegido al azar.[3] Gracias a estos astutos montajes se evitaron los terribles retrasos de la Gran Guerra y de la campaña de Noruega. En cuanto a Winston Churchill, cuya ambición a los catorce años era dirigir un ejército, ahora podría dirigirlos a todos.

Claro que los alemanes tendrían que dejarlo... pues en el norte de Noruega, los soldados que seguían marcando el paso ante Narvik enseguida se encontraron a merced de la Wehrmacht, que subía por Mosjøen a marcha forzada; en Bélgica, mientras tanto, las siete divisiones británicas de lord Gort, que se habían adelantado con el 1er ejército francés, ocupaban posiciones bastante vulnerables detrás del Dyle, donde esperaban el asalto enemigo con una débil cobertura aérea y una asombrosa escasez de carros; era la única división blindada de Su Majestad que todavía no había desembarcado.

Nada de esto provocaba optimismo, pero el reciente primer ministro, que era al mismo tiempo soldado, político, periodista e historiador, sabía muy bien que un ejército no podía sostenerse sin la moral de la retaguardia; por eso, al presentar su gobierno ante los Comunes en la tarde del 13 de mayo, este tribuno sin par pronunció un discurso meticulosamente preparado, que concibió como un vibrante llamado a las armas: "Me gustaría decirle a la Cámara lo que he dicho a los que se unieron a este gobierno: 'No tengo nada para ofrecerles más que sangre, trabajo, sudor y lágrimas'". Ochenta años antes, Garibaldi había dicho lo mismo a sus Camisas Rojas, pero el 13 de mayo de 1940, la mayor parte de los honorables diputados lo estaba oyendo por primera vez, y el efecto producido fue relevante. Y lo que siguió fue totalmente digno de Clemenceau: "¿Me preguntan cuál es nuestra política? Les diré: hacer la guerra, en el mar, en la tierra, en los aires, con toda nuestra potencia y con toda la fuerza que Dios pueda darnos; hacer la guerra contra una monstruosa tiranía, sin igual en todo el sombrío y lamentable registro de los crímenes de la humanidad. Esta es nuestra política. ¿Me preguntan cuál es nuestro objetivo? Les responderé con una palabra: ¡la victoria! La victoria a cualquier precio, la victoria a pesar de todos los errores, la victoria, por largo y difícil que pueda ser el camino; pues, sin victoria, no hay supervivencia. [...] Y en este instante me siento con derecho a pedir la ayuda de todos y les digo: ¡vengan, unamos las fuerzas y marchemos juntos!".

Con una modestia nada habitual, Churchill diría luego que ese día no hizo otra cosa que expresar los sentimientos de todos sus conciudadanos. Esta es una visión romántica, pero muy poco realista: el pueblo británico, al igual que el pueblo francés para la misma época, estaba dividido entre el temor, el derrotismo y el instinto de supervivencia; sin dudas, existía la valentía en estado latente, pero todavía había que convocarla. Y esto era precisamente lo que acababa de hacer Winston Churchill, al dar libre curso a su combatividad natural, transportada en una elocuencia laboriosamente adquirida pero que ejercía a la perfección y, además, enriquecida con los acentos de William Pitt y de la Gran Isabel, cuya epopeya estaba escribiendo desde hacía poco tiempo. Este tipo de discurso, poco eficaz en tiempos calmos, hacía maravillas en las tormentas, y los súbditos de Su Majestad tendrían que haber sido muy valientes para confesar su miedo después de una alocución así; de modo que instintivamente eligieron reconocerse en este excéntrico nutrido de historia y de ideales, que les hablaba con acentos de otra época de la necesidad de que la justicia triunfara sobre la tiranía para, así, escapar del aniquilamiento.

Es verdad que estaban muy cerca de perder la partida. En Bélgica, los ejércitos aliados, que se esforzaban por detener a veintidós divisiones alemanas, ahora veían amenazadas sus retaguardias: el 14 de mayo, después de haber atravesado las Ardenas y el Mosa, siete divisiones de Panzer penetraron las posiciones francesas en Sedan; apoyadas por bombardeos en picada, seguidas por la infantería motorizada, diseminaban la devastación en las filas de dos ejércitos franceses y cortaron las líneas de comunicación de las fuerzas que luchaban en Bélgica. En Londres, en la madrugada del 15 de mayo, le anunciaron al primer ministro que Paul Reynaud estaba en el teléfono. Churchill recordó luego: "Reynaud hablaba en inglés y parecía muy emocionado:

—Nos vencieron, me dijo.

Como no respondí inmediatamente, repitió:

—Nos vencieron, perdimos la batalla.

—Eso no puede pasar tan rápidamente, le respondí.

Pero siguió:

—Atravesaron el frente cerca de Sedan, pasan en masa con carros y coches blindados. [...]

Entonces declaré:

—La experiencia demuestra que, al cabo de cierto tiempo, una ofensiva se apaga por sí misma. Recuerdo el 21 de marzo de 1918. En cinco o seis días, estarán obligados a detenerse para esperar que los reabastezcan, y entonces será el momento del contraataque. Aprendí esto con el tiempo, de boca del mariscal Foch.

Sin ninguna duda, era lo que siempre habíamos visto en el pasado y lo que tendríamos que haber vuelto a ver ahora. Sin embargo, el presidente del Consejo volvió a la frase con la que había comenzado y que demostró tener buenas bases: 'Nos derrotaron. Hemos perdido la batalla'. Entonces le dije que estaba dispuesto a reunirme con él".

Esa noche, el ejército holandés capituló, en tanto que en Bélgica, el 11º ejército francés era prácticamente desintegrado en el oeste de Dinant. No obstante, Winston Churchill, con su experiencia de la Gran Guerra, seguía considerando que todo esto era solamente un revés temporario. El 16 de mayo, sir Alexander Cadogan anotó en su diario: "Reunión de gabinete esta mañana; las novedades de Francia son cada vez más sombrías. Al final de cuentas, Dill[4] nos expuso el plan de retirada para las tropas de Bélgica. Churchill se enojó y se puso todo colorado; dijo que no podíamos dejar las cosas así, que corríamos el riesgo de poner en peligro a nuestro ejército. Luego se levantó de un salto y declaró que se iba a Francia –era ridículo pensar que se podía conquistar Francia con ciento veinte tanques. [...] ¡Le pidió a Neville Chamberlain que le cuidara la tienda en su ausencia!". Así, a las 15 horas, Winston volaba hacia París, acompañado por los generales Dill e Ismay; acababa de pedir una reunión urgente con el consejo supremo.

En cuanto aterrizaron en Bourget, Churchill e Ismay quedaron golpeados por el pesimismo reinante en todos los niveles; incluso les dijeron que los alemanes podían estar en París "como mucho en algunos días". Una vez que estuvieron en el Quai d'Orsay, veían que había fogatas encendidas en los jardines: estaban quemando los archivos. Reynaud, Daladier, Baudouin y el general Gamelin estaban presentes, y sus caras expresaban gran pesar. "Churchill, recordó luego Ismay, dominó la escena en cuanto entró en la habitación. No había intérprete y habló francés durante toda la reunión. Su francés no siempre era correcto y a veces le costaba encontrar la palabra justa. Pero nadie podía engañarse sobre el sentido de su discurso: 'La situación parece bastante mala, comenzó, pero no es la primera vez que nos encontramos juntos en una mala jugada y lograremos salir de esta. ¿Cómo son exactamente las cosas?'". Gamelin esbozó un cuadro bastante sombrío de la situación militar: los alemanes avanzaban sobre Amiens y Arras a una velocidad apabullante; enseguida podrían alcanzar la costa o arremeter contra París; sus columnas blindadas ya habían abierto una amplia brecha de Este a Oeste, que había cortado en dos los ejércitos aliados, y el saliente que se había formado tenía cincuenta kilómetros de ancho. Los ejércitos del norte, concluyó el generalísimo, sin duda tendrían que batirse en retirada.

"Cuando Gamelin terminó su triste relato, sigue contando Ismay, el primer ministro le dio un buen golpe en la espalda (que lo sobresaltó) y le dijo: 'Evidentemente, será la batalla del *Bulge*[5] (y, como no tenía su equivalente en francés, pronunció *bulsh)**. 'Y bien, mi general, ¿cuándo y dónde vamos a contraatacar, por el Norte o por el Sur?'" Gamelin respondió, abatido, que no tenía medios para contraatacar y que sus tropas estaban en inferioridad de condiciones, desde el punto de vista de los efectivos, del equipamiento, de la estrategia y de la moral. Churchill relató: "Se detuvo y luego hubo un silencio muy largo. Yo pregunté: '¿Dónde están las reservas estratégicas?', seguí en francés y agregué: '¿Dónde está la masa de maniobra'. El general Gamelin se dio vuelta hacia mí y con un gran movimiento de la cabeza y alzando los hombros me respondió: '¡No hay!'. Sobre nosotros volvió a caer un largo silencio".

"¡No hay!" Churchill quedó pasmado: "Tengo que confesar que fue una de las sorpresas más grandes de mi vida". Sin embargo, el primer ministro era decididamente optimista: los alemanes, aseguraba, todavía no habían atravesado el Mosa, sus unidades mecanizadas no podían estar en todas partes a la vez, sin duda era prematuro ordenar una retirada en Bélgica y lo que había que hacer era pasar al contraataque. Gamelin respondió que, para esto, necesitarían fuerzas mecanizadas y aviones de combate para proteger a la infantería. En varias oportunidades él y Reynaud pidieron más cazas, pero Churchill respondió que Inglaterra contaba sólo con treinta y nueve escuadrillas para asegurar su propia protección. La cuestión era saber si podría sofocarse la ofensiva alemana. Dill aseguró que a los alemanes iba a faltarles combustible, pero Daladier respondió que lo llevaban con ellos. Gamelin repitió que si los blindados podían detenerse con la aviación, un ataque sobre los flancos del enemigo tendría buenas posibilidades de triunfar. Churchill no dejaba de contestar, en su francés improvisado, que los cazas ingleses no podían utilizarse para eso: "Mi general, no se pueden detener los carros con aviones caza. Se necesitan cañones... ¡Puf! Pero si quiere limpiar el cielo, se lo preguntaré a mi gabinete".

* Juego de palabras entre *bulge*, "saliente" en inglés, y las palabras del general. (N. de la T.)

Enseguida después de la conferencia, Churchill se dirigió a la Embajada de Gran Bretaña y envió al gabinete de guerra el siguiente telegrama: "Situación grave total. [...] Mi opinión personal es que tendríamos que enviar mañana las escuadrillas de cazas que nos pidieron [...] para darle al ejército francés una última posibilidad de recuperar su valentía y energía. Nuestra posición ante la historia no sería buena si rechazáramos el pedido de los franceses y el resultado de esto fuera su derrota". En Londres, este telegrama enérgico empujó la decisión: a las 23.30 llegó la respuesta a París: "Sí". Churchill decidió anunciar él mismo la buena noticia a Paul Reynaud. Era casi medianoche... Al presidente del Consejo le sorprendió esta visita intempestiva, pero estaba encantado con la noticia. Churchill lo convenció de que hiciera venir a Daladier, y Reynaud lo hizo con algunas dudas; tarde por la noche, Daladier, Baudouin y Reynaud escucharon una arenga magistral: "Con una energía de una vehemencia sorprendente, escribió Baudouin, coronado como un volcán por el humo de sus cigarros, Churchill indicó a su colega que si invadían Francia y la vencían, Inglaterra seguiría luchando, esperando la ayuda total y próxima de los Estados Unidos. 'Hambrearemos Alemania. Demoleremos sus ciudades. Quemaremos sus cosechas y bosques'. Hasta la una de la madrugada, fue encadenando una visión apocalíptica de la guerra. Se veía, desde el fondo de Canadá, dirigiendo, por encima de una Inglaterra arrasada por las bombas explosivas, por encima de una Francia cuyas ruinas ya estarían frías, la lucha con aviones del Nuevo Mundo contra el Antiguo, dominado por Alemania. Estaba seguro de que los Estados Unidos entrarían rápidamente en la guerra. La impresión que produjo en Paul Reynaud fue muy fuerte. Le dio confianza. Era el héroe de la lucha hasta el fin".

De hecho, Paul Reynaud se sintió lo suficientemente alentado como para tomar al otro día una decisión enérgica: relevó a Daladier de sus funciones, asumió él mismo el cargo de ministro de Guerra e hizo nombrar al mariscal Pétain como vicepresidente del Consejo. Por sobre todas las cosas, reemplazó a Gamelin con el general Weygand. ¿Era suficiente para detener el avance alemán? Para nada, pues Francia luchaba con los generales y los ejércitos de la Gran Guerra; en

Rethel, en Charleroi y en Saint-Quentin, los carros alemanes barrían todo a su paso; los tanques franceses lanzaban algunos contraataques, pero operaban con pequeñas unidades, privadas de equipos de radio y sin apoyo aéreo, así que sufrían grandes pérdidas y enseguida quedaban atrapados en la retirada general. En el Somme, las columnas alemanas, en lugar de seguir su avance hacia el sur, viraron hacia el oeste y ahora amenazaban Amiens y Abbeville. En el Norte, las tropas aliadas estaban prácticamente aisladas por el avance alemán, pero no se había lanzado todavía ninguna ofensiva contra la cabeza de puente enemiga; el 19 de mayo, el general Gamelin había ordenado a los ejércitos del Norte que se abrieran un camino hacia el sur, pero el general Weygand anuló la orden. Cuando, el 21 de mayo, el mismo Weygand dio la orden de atacar, el frente aliado estaba en plena descomposición y lord Gort encaraba una retirada a Dunkerque.

En Londres, Churchill recibía información confusa y contradictoria sobre el desenvolvimiento de las operaciones. Lo único que pudo hacer fue recomendar al general Gort que siguiera las directivas del alto mando francés y que dispensara a Weygand consejos y aliento. Pero lord Gort nunca recibió instrucciones del mando francés y Weygand no tenía para nada en cuenta las opiniones de Churchill. Por otra parte, el vínculo entre británicos y franceses era de los más difíciles, y Churchill no dejaba de tronar contra "este lazo que no enlaza". Volvió a París el 22 de mayo y mientras aprobaba el plan de ofensiva expresaba su preocupación a causa de las carencias y retrasos en su ejecución. Lo que sucedía era que los alemanes ya habían llegado a Abbeville y capturado Boulogne. Mientras, veinte divisiones francesas se habían concentrado detrás del Somme; entre ellas estaba la 4ª división acorazada del general De Gaulle, que había recibido la orden de atacar la cabeza de puente alemana en el sur de Abbeville y tomó la ofensiva el 26 de mayo con ciento cuarenta carros y seis batallones de infantería. Logró atravesar las líneas enemigas, pero no se pudo explotar el éxito inicial por la falta de refuerzos y de cobertura aérea.

En ese momento, la campaña en el Norte se había virtualmente perdido. Por el Oeste, el Sur y el Norte, los blindados alemanes convergían hacia las divisiones aliadas a las que habían atrapado. El 28 de mayo capituló el ejército belga; el día anterior, el War Office ordenó a lord Gort evacuar la mayor cantidad de hombres posible y abrirse camino hacia la costa; las tropas francesas sólo seguían lentamente, y cinco divisiones habían sido cercadas cerca de Lille. El 30 de mayo, las unidades británicas, severamente perjudicadas, alcanzaron el perímetro defensivo alrededor de Dunkerque, y la mitad del 1er ejército francés logró unírseles. Se organizó una gigantesca operación de reembarco, con el auxilio de todos los barcos disponibles y un compromiso masivo de la RAF. Churchill supervisó personalmente cada etapa, envió sus propias instrucciones a lord Gort desde el War Office y volvió a París el 31 de mayo. Como quería evitar todo tipo de recriminación entre franceses e ingleses, insistió en que la evacuación se hiciera *"tomados del brazo"*.

En Dunkerque, en los primeros días de junio, la operación "Dínamo", ejecutada en condiciones imposibles, se logró por milagro: se esperaba reembarcar a veinticinco mil hombres como mucho, pero se evacuó a trescientos cuarenta mil, dejando lo esencial del equipamiento. El ejército francés ya había perdido la tercera parte de sus efectivos y el resto estaba terriblemente desorganizado; los ingleses sólo tenían en Francia dos divisiones que habían sufrido mucho; en Noruega, si bien el 28 de mayo habían tomado Narvik, las tropas aliadas habían empezado la evacuación al día siguiente. Es que los hombres y el material ahora eran necesarios para defender una Inglaterra que se había vuelto terriblemente vulnerable: sólo la protegían quinientos cañones, cuatrocientos cincuenta tanques, veintinueve escuadrillas de cazas y tres divisiones de infantería; todas las demás estaban "en curso de instrucción" y casi no tenían armas.

En Londres, el primer ministro se mantenía informado hora tras hora sobre la evolución de la situación. Durante toda la jornada y hasta tarde en la noche, desde su oficina, su automóvil, su tren, su cama y hasta desde su bañera, dictaba cientos de notas e instrucciones al comité de jefes de estados mayores y a los diferentes ministerios. Desde hacía tres meses había tomado la costumbre de pegar en sus directivas etiquetitas rojas que decían: *"Action this Day"* (hacer hoy), que aterrorizaban a los burócratas más indolentes y que garantizaban una pronta ejecución. Ahora había que crear un nuevo ejército con los restos del anterior y darle a cada súbdito de Su Majestad la moral de un combatiente. El 4 de junio anunció en los Comunes el éxito de la evacuación de Dunkerque y pronunció nuevamente algunas frases inmortales: "Tenemos que tener cuidado con considerar esta salida como una victoria; las guerras no se ganan con evacuaciones. [...] Lucharemos en Francia, lucharemos en los mares y océanos, lucharemos por los aires, con una confianza y medios que crecerán sin cesar. Defenderemos nuestra isla a cualquier precio. Lucharemos en las pistas de aterrizaje, lucharemos en los campos y en las calles, lucharemos en las colinas. ¡No nos rendiremos nunca! Y si nuestra isla, o una gran parte de ella, tuviese que verse conquistada o hambreada (lo que no creo ni por un instante) entonces nuestro Imperio de ultramar, armado y protegido por la flota, seguirá la lucha hasta que Dios haga que el Nuevo Mundo, con todos sus recursos y poder, se adelante para socorrer y liberar el Antiguo".

El impacto de estas palabras en la Cámara fue considerable; incluso se vio llorar a diputados laboristas. Pero si bien Churchill había declarado que su pueblo estaba dispuesto a luchar "durante años si hiciera falta, y solo, si hiciera falta", consideraba que su país tenía una obligación moral para con Francia. Antes del fin de la evacuación de Dunkerque, había dado órdenes para que se armara un cuerpo expedicionario que fuera enseguida a Francia. También decidió emplazar dos escuadrillas de caza suplementarias. Y, sin embargo, la situación en el campo no dejaba de deteriorarse: el 6 de junio, cien divisiones alemanas atacaron el Somme y el Aisne; más al oeste, Rouen y Le Havre estaban directamente amenazadas. Ese día, Churchill llamó por teléfono a su amigo, el general Spears, que, como en 1915, era el oficial de enlace británico ante el mando francés: "¿Existe un verdadero plan de batalla?", preguntó; "¿Qué van a hacer los franceses si atraviesan sus líneas? ¿Es serio el proyecto bretón? ¿Existe otra solución?". Y Spears señaló: "Su confianza en el mando francés evidentemente se había quebrado mucho. [...] Estaba decepcionado, perplejo y más bien descontento". Es exacto, y mucho más cuando desde París el embajador Campbell le informó que el derrotismo hacía estragos dentro del gobierno francés, poderosamente favorecido por el avance de un ejército alemán que ahora amenazaba la capital. Y la declaración de guerra de Italia a Francia el 10 de junio agravó una situación que ya era muy comprometida.

Churchill no dudaba: una vez más atravesó la Mancha para intentar que los dirigentes franceses compartieran su determinación. Estos ya habían evacuado París y se les unió en Briare, en compañía de Eden, Ismay y Dill, para una reunión improvisada del consejo supremo. Allí estaban Paul Reynaud, el mariscal Pétain, el general Weygand, el general Georges y el general De Gaulle, que acababa de ser nombrado subsecretario de Estado de la defensa nacional. La reunión comenzó con una exposición muy sombría de Weygand sobre la situación militar, confirmada punto por punto por el general Georges. Churchill quedó muy golpeado por el pesimismo de su viejo amigo Georges, en quien confiaba por completo; pero había ido ahí a galvanizar las energías y durante dos horas desgranó los argumentos a favor de la resistencia: "Durante la última guerra, también hubo momentos en los que todo parecía perdido"; "los ejércitos alemanes tienen que agotarse y su presión podría disminuir de aquí a 48 horas"; "quizás sea posible preparar un contraataque británico en la región de Rouen"; "si la capital se defiende casa por casa, podrá inmovilizar muchas divisiones enemigas"; "¿Pensaron en una guerra de guerrillas?"; "seguramente hay un medio eficaz para luchar contra los tanques". Weygand lo interrumpió para preguntarle qué haría si los alemanes lograban invadir Inglaterra. Churchill le contestó que "no se había ocupado de esta cuestión detenidamente", pero que "sin entrar en detalles, se proponía hundir la mayor cantidad de buques durante la travesía y, luego, *golpear la cabeza* de los que lograran andar por tierra". Además, "la RAF no dejará de romper el ataque de la aviación alemana en cuanto se inicie", pero "pase lo que pase, seguiremos luchando, siempre, *all the time, everywhere*, en todas partes, sin perdón, *no mercy*. ¡Y luego, la victoria!". Churchill, llevado por su impulso, se puso a hablar en francés y Reynaud murmuró distraídamente: "Traducción".

Pero no importaba: en cualquier lengua, era un discurso extraordinario. Así y todo, para gran pesar de Churchill, Weygand, Pétain, Georges y hasta Reynaud plantearon todo tipo de objeciones: el ejército francés no contaba con más reservas, esta guerra era muy diferente de la anterior, el proyecto de reducto bretón era ilusorio, no era cuestión de resistir en París y una guerra de guerrillas llevaría a la devastación del país... Únicamente De Gaulle, que se reunió con el primer ministro después de la conferencia, se negó a cualquier capitulación y habló de continuar luchando, en el norte de África si era necesario...

Al regresar a Londres en la tarde del 12 de junio, Churchill le escribió al presidente Roosevelt: "Temo que el viejo mariscal Pétain se dispone a comprometer su nombre y su prestigio para obtener un tratado de paz para Francia. Reynaud es partidario de seguir luchando y lo secunda un cierto general De Gaulle, que es joven y piensa que es posible hacer muchas cosas. [...] O sea que llegó el momento de que usted refuerce la posición de Paul Reynaud tanto como pueda, para que la balanza se incline a favor de una resistencia francesa lo más encarnizada y lo más prolongada posible". Desde su llegada al poder, Churchill cuidaba especialmente sus relaciones epistolares con Roosevelt y esperaba poder llevar ahora al presidente a intervenir para apoyar a los dirigentes franceses. Pero fue en vano, y el primer ministro pagaría una vez más con su persona: en la mañana del 13 de junio, Paul Reynaud lo invitó a ir a Tours, donde su gobierno se mantenía replegado. Menos de tres horas más tarde, Churchill ya estaba a bordo de su *Flamingo* amarillo, en compañía de Halifax, Beaverbrook, Ismay y Cadogan. Era la quinta vez que atravesaba la Mancha desde el 10 de mayo; también era la última antes de largos años, pero esto él no lo sabía.

Esta reunión en la policía de Tours fue sin dudas la más difícil de todas. A pesar de muchas precauciones oratorias, los franceses tenían una sola pregunta que hacerle al primer ministro británico: ¿aceptaría su gobierno desligar a Francia del compromiso acordado el 28 de marzo de 1940 de no firmar nunca una paz por separado? Para Churchill era muy difícil contestar esta pregunta: él, el gran amigo de Francia, estaba oyendo decir que los intereses de su país y los de Francia habían dejado de coincidir y no lograba aceptarlo: "Comprendo plenamente, empezó, que Francia ha sufrido y que sigue haciéndolo. [...] Ya le tocará a Inglaterra y está lista...". El general Spears escribió: "Winston se fue embalando poco a poco, sus ojos lanzaban rayos, sus puños estaban cerrados como si sostuviera la empuñadura de una pesada espada. El cuadro que evocaba lo hacía literalmente farfullar de rabia: 'Tenemos que combatir, combatiremos, y por eso tenemos que pedir a nuestros amigos que sigan luchando [...]. La guerra sólo va a terminar con nuestra desaparición o nuestra victoria'". Esta vez, Reynaud había entendido, y no insistió; luego vino una discusión prolongada y bastante confusa, pero Churchill, para reforzar sus argumentos, les previno que si Francia era ocupada, no se le ahorraría un bloqueo británico. Para terminar, acordaron reunirse nuevamente en cuanto recibieran una respuesta norteamericana, y Churchill terminó con estas fuertes palabras: "Hitler no puede ganar. Esperemos con paciencia su caída".

Evidentemente, el primer ministro había quedado muy decepcionado por la actitud de Paul Reynaud, al que únicamente atraía la esperanza de una ayuda norteamericana y que ni una sola vez habló de continuar con la guerra en el norte de África. Durante toda la reunión, Churchill buscó una personalidad enérgica entre sus interlocutores, y parece que la encontró al salir: "Mientras atravesaba el pasillo lleno de gente que llevaba al patio, recordó, vi al general De Gaulle que estaba cerca de la entrada, inmóvil y flemático. Al saludarlo, le dije a media voz, en francés: '¡El Hombre del Destino!'. Se quedó impasible". Winston Churchill, como siempre, tomó sus deseos por realidades y, como siempre, las realidades se cuidaron bien de sacarlo del error.

Después de su regreso a Londres, el primer ministro no renunció de ningún modo a alentar a los franceses a que tomaran el camino de la resistencia; insistió para que refuerzos británicos y canadienses siguieran desembarcando en Francia, mientras los alemanes hacían su entrada en París y la batalla prácticamente estaba perdida. Los jefes de estados mayores se inquietaron, y el general Ismay le preguntó: "¿Realmente hay que apurarse? ¿No podemos retrasar discretamente su partida?". "Por supuesto que no, respondió Churchill; la historia nos juzgaría con demasiada severidad si lo hiciéramos". Los días 14 y 15 de julio envió mensajes de aliento a Reynaud y una oleada ininterrumpida de telegramas a Roosevelt, para incitarlo a intervenir a favor de los franceses. Sin embargo, los peligros que amenazaban a Gran Bretaña acaparaban toda su atención: ahora estaba sometida a bombardeos esporádicos, sus defensas seguían siendo extremadamente débiles y serían más vulnerables todavía si la flota francesa cayera en manos de los alemanes. Por eso, cuando en la mañana del 16 de junio recibieron un telegrama desde Burdeos donde se decía que, posiblemente, solicitarían a Alemania condiciones para un armisticio, el gabinete, a propuesta de Churchill, le hizo saber a Paul Reynaud que consentía, pero "a condición de que la flota francesa se dirigiera inmediatamente hacia los puertos ingleses durante las negociaciones". Mientras tanto, no dejaron nada de lado para sacar a los franceses del peligro: al general Brooke, que acababa de ordenar la evacuación de las dos divisiones británicas inmersas en la desbandada de los ejércitos franceses, Churchill le recomendó que organizara una resistencia desesperada en algún lugar entre Rennes y Le Mans (una estrategia políticamente deseable pero militarmente sin sentido, que el general Brooke se cuidó muy bien de ejecutar). El 16 de junio, cuando Paul Reynaud parecía estar al borde de la renuncia, Churchill aceptó un proyecto de unión franco-británica concebido por Jean Monnet y presentado por el general De Gaulle. El primer ministro no creía en él más que el general, pero ambos lo veían como el mejor medio de alentar a Reynaud a oponerse a los derrotistas de su gabinete. Se convino que Churchill se encontraría con los miembros del gobierno francés en Concarneau al día siguiente, para apoyar personalmente el proyecto de unión y, de paso, a Paul Reynaud.

Pero, lamentablemente, esa misma noche a las 22 horas, le informaron a Churchill que el presidente del Consejo había renunciado. Poco después se enteró de que el mariscal Pétain formaría un nuevo gobierno y comprendió enseguida lo que esto significaría para

Francia: ya no había ninguna razón para dirigirse a Concarneau. Pero nuestro salvaje luchador no abandonaba la partida: esa noche decidió llamar por teléfono al mariscal Pétain, y a las 2 de la madrugada, después de una espera interminable, terminó por conseguirlo. El general Hollis fue testigo de lo que sucedió: "Nunca escuché a Churchill utilizar palabras tan violentas. Pensaba que el viejo mariscal, insensible a todo el resto, quizá reaccionaría. Pero fue en vano". En la mañana del 17 de junio de 1940, el primer ministro no se hacía ya ninguna ilusión: su país ahora estaba solo. Winston Churchill, es verdad, no conocía el miedo; por otra parte, era totalmente consciente de las enormes ventajas estratégicas que le confería a Gran Bretaña su condición de insularidad, el poder de su flota y la competencia de sus aviadores. Pero no lograba admitir que Francia , "su" Francia, pudiera desaparecer del campo de la libertad donde antes había tenido un lugar tan prominente. ¿Y el pueblo inglés? ¿Cómo reaccionaría al enterarse de que en el momento de mayor peligro su único aliado le fallaba? Cuando se le asestaba un golpe tan duro a la moral del pueblo, ¿no se corría el riesgo de que se abandonara al derrotismo? Tanto más cuanto que en Gran Bretaña había algunos hombres, como Lloyd George o lord Halifax, que no excluían de ningún modo la posibilidad de negociar con Alemania.

Esa tarde, Spears se presentó en Downing Street con el general De Gaulle, sobreviviente solitario del naufragio de Burdeos. Por supuesto que Churchill habría preferido recibir a personalidades más conocidas, como Reynaud, Daladier o Mandel, pero tuvo la satisfacción de comprobar que su intuición no lo había engañado: De Gaulle era uno de los hombres capaces de darle una vuelta de tuerca al destino; su voluntad, su valentía, su prestancia y hasta su nombre parecían designarlo como el portaestandarte de una Francia sin vencer, que seguiría luchando al lado del pueblo británico. Al menos así se lo presentó Winston, artista romántico y publicitario incomparable, al pueblo británico para sostener su moral. ¿Los otros miembros del gabinete de guerra no querían que De Gaulle hablara por la BBC? Les faltaba imaginación y no sabían nada de propaganda. Pero el primer ministro sabía mostrarse persuasivo: al día siguiente, el resumen de la reunión del gabinete de guerra mencionaba lacónicamente que "una vez que se consultó uno por uno a los miembros del *War Cabinet*, otorgaron su aprobación". Esa misma noche, Charles de Gaulle pronunció las palabras irrevocables que lo harían entrar en la historia. ¿Quién había dicho que Inglaterra estaba sola? Ahora había en su suelo una verdadera coalición de aliados: checos, polacos, franceses, holandeses, belgas, luxemburgueses, noruegos (y todos decididos a luchar por la derrota de Alemania) ¡Así había que presentar las cosas! ¿Estos aliados estaban prácticamente desarmados y sus huéspedes británicos también? Y bien, lucharían contra el invasor con armas de fortuna, mientras la industria británica pudiera producir el material necesario; la Home Guard, ese cuerpo de un millón de voluntarios británicos reclutado por el ministro de Guerra Eden se equiparía con mosquetes, varas y horquillas... ¡y Churchill supervisaría en persona su entrenamiento!

Ese 18 de junio de 1940, centésimo vigésimo quinto aniversario de la batalla de Waterloo, un segundo discurso entraría en la historia: el del primer ministro, que quería fortificar a su pueblo en el momento de la prueba decisiva: "Siempre mantendremos [...] nuestros vínculos de camaradería con el pueblo francés [...]. Los checos, los polacos, los holandeses, los belgas han unido su causa a la nuestra. Todos estos países serán liberados. [...] Lo que el general Weygand llamó la batalla de Francia acaba de culminar; la batalla de Inglaterra está por empezar. De esta batalla depende la suerte de la civilización cristiana, la supervivencia de Inglaterra, de nuestras instituciones y de nuestro Imperio. Toda la violencia, todo el poder del enemigo enseguida se desencadenará contra nosotros. Hitler sabe que tendrá que vencernos en nuestra isla o perder la guerra. Si logramos enfrentarlo, toda Europa podrá ser liberada y el mundo podrá levantarse hacia amplios horizontes asoleados. Pero si sucumbimos, entonces el mundo entero, incluidos los Estados Unidos, y todo lo que hemos conocido y amado, caerá en los abismos de una nueva edad de tinieblas, que una ciencia perversa hará más siniestra y, quizás, más duradera. Así que armémonos de coraje para enfrentar nuestros deberes y comportémonos de tal manera que, si el imperio británico y la Commonwealth duran todavía mil años, los hombres puedan seguir diciendo: 'Fue su mejor momento'".

Nobles palabras, por cierto, pero que no bastaban para rechazar al invasor. Había que transformar al país en una fortaleza, y Churchill actuó de manera tal que todo el mundo se dedicara a su tarea. Tanto de día como de noche, los funcionarios, los ministros y los jefes de estados mayores recibieron un verdadero diluvio de notas incitadoras, inquisidoras y conminatorias: al ministro de la Producción Aeronáutica: "Establecer las cifras de producción de aviones, actuales y previstos, en concordancia con el profesor Lindemann; hay que tener cifras precisas, con reactualización semanal; asegurarse de que todos los aviones entregados al Ministerio del Aire se incorporen efectivamente a las escuadrillas inmediatamente utilizables". Al secretario adjunto del gabinete de guerra: "Los ministros pierden demasiado tiempo en reuniones de comités, cuyo rendimiento es insuficiente. Le ruego me haga llegar propuestas para reducir la cantidad de reuniones". Al general Ismay: "Si los alemanes pueden construir tanques en nueve meses, nosotros tendríamos que poder hacerlo en el mismo tiempo. Hacerme propuestas para la construcción de mil tanques suplementarios, capaces de enfrentar en 1941 los modelos alemanes mejorados". Al profesor Lindemann: "Usted no me proporciona estadísticas semanales claras y sintéticas sobre la producción de municiones. Si no tengo esto, no puedo darme cuenta con precisión de la situación". Al ministro de las Colonias: "Repatriar los once batallones de tropas regulares británicas inmovilizados en Palestina; pero no omitir armar a los colonos judíos, para que puedan asegurar su propia defensa". Al ministro de Seguridad Interior: "¿Quién se encarga del camuflaje de los blancos industriales con cortinas de humo y cuáles son los avances producidos en este tema?". Al ministro de Producción Aeronáutica: "¿Cómo puede ser que hasta ahora se haya convertido un solo visor para bombardero? Busque al responsable de esta acción retardadora". Al vicejefe de estado mayor naval: "¿Qué medidas se han tomado para la protección de los convoyes en la Mancha, ahora que está ocupada la costa francesa?". Al coronel Jacob: "Obtener de los servicios de información un informe detallado sobre todos los preparativos suplementarios del enemigo con fines de ataque o de invasión". Al ministro del Aire: "Dar prioridad absoluta al reconocimiento aéreo de los puertos controlados por el enemigo y al bombardeo de los botes de desembarco y concentraciones de barcos detectadas". Al Comité de los jefes de estados mayores: "¿Qué estamos haciendo para reforzar la defensa antiaérea de Malta?". Al ministro del Interior: "No se trata de autorizar la evacuación hacia Canadá de los niños británicos, ya que sería desastroso para la moral de la población". Al ministro sin cartera: "La información de que dispongo me lleva a creer que nuestros recursos en madera para construcción no se explotan adecuadamente". Al primer lord del Almirantazgo: "Por favor, examine atentamente una vez más el plan para fondear minas a lo ancho de las playas una vez que el enemigo haya desembarcado, para aislarlo de sus refuerzos". Al general Ismay, para que lo comunique a los jefes de estados mayores: "La política constante del gobierno de Su Majestad tiene como objetivo constituir fuertes contingentes de soldados, marinos y aviadores franceses, a alentar a estos hombres a que combatan voluntariamente junto a nosotros y a satisfacer sus necesidades [...]. La misma política se aplica a los contingentes polacos, holandeses, checos y belgas. [...] Es absolutamente necesario darle a la guerra [...] ese carácter amplio e internacional que agregará mucho a nuestra fuerza y nuestro prestigio".

Conociendo a Churchill, no podemos imaginarnos que sólo se limitara a esto desde su salón de Downing Street. De hecho, quería ver todo por sí mismo: los puntos más vulnerables de la costa y sus defensas, las instalaciones portuarias, las fábricas de aviación y de municiones, las casernas, los puestos de mando subterráneos, las estaciones de radares y los aeropuertos. Este burro de carga se hizo acondicionar un tren especial, con sala de conferencias, oficina, dormitorio, baño y todos los medios de comunicación necesarios. Así podía desplazarse constantemente y, al mismo tiempo, mantener el contacto con los ministros y los jefes de estados mayores y no privarse del baño ni de la siesta. Lo acompañaban en forma permanente dos secretarias a las que dictaba sin interrupción sus cartas y sus directivas, dando un cuidado particular a los mensajes que iban dirigidos a la Casa Blanca. Pues si bien consideraba que Inglaterra era capaz de enfrentar sola el primer golpe del ataque enemigo, sabía perfectamente que no podría sostenerse en el tiempo sin la ayuda masiva de los Estados Unidos. El 15 de mayo le había solicitado urgentemente al presidente unos cincuenta destructores antiguos, varios cientos de cazas Curtis P-40 y cañones antiaéreos con sus municiones. Estos pedidos se reiteraron en cartas ulteriores, acompañados cada vez con un mensaje explícito: si la resistencia británica se debilitaba y si ciertos políticos aceptaban tratar con el enemigo, Gran Bretaña, convertida en un estado vasallo del Reich hitleriano, sin dudas se vería obligada a entregar la Royal Navy que, agregada a las marinas alemana, italiana, francesa y japonesa, constituirían una amenaza mortal para la seguridad de los Estados Unidos. Tomando en cuenta esto, ¿el interés de la Casa Blanca no sería apoyar a fondo al gobierno de Winston Churchill, que se había comprometido solemnemente con la prosecución del combate pasara lo que pasara?

Pero el presidente Roosevelt estaba absorbido por los plazos electorales y obligado a componer una fuerte corriente aislacionista en el Congreso. Así que Inglaterra no podía esperar más que una ayuda modesta, que surgiera de las existencias de armamentos de la Gran Guerra. Por lo demás, Churchill tenía una preocupación que dominaba cualquier otra: la suerte de la flota francesa el día siguiente a la firma del armisticio. En manos de Hitler, estos barcos volverían extremadamente vulnerables a Gran Bretaña y a sus abastecimientos por mar. Es verdad que el almirante Darlan, Paul Baudouin y hasta el mariscal Pétain habían prometido a los ingleses que la flota no caería nunca en manos de los alemanes; sólo que Londres había recibido anteriormente la seguridad de que el gobierno francés no firmaría nunca un armisticio por separado, que los cuatrocientos pilotos alemanes capturados serían enviados a Inglaterra y que se informaría previamente a los Aliados sobre los términos del armisticio. Y no mantuvieron ninguna de estas promesas. Además, las nuevas autoridades francesas ya no eran libres en la toma de decisiones, y el artículo 8 del acuerdo de armisticio disponía que la flota francesa se desarmaría bajo control alemán o italiano. Es verdad que los alemanes se habían comprometido a no utilizarla durante la duración de la guerra pero, si ya en este estado era difícil creer en la palabra de los dirigentes franceses, era imposible creer en la de Hitler.

Dado el apego de Churchill por Francia y sus soldados, tenía que tomar una decisión terrible. El 3 de julio de 1940, en Mers el-Kebir, el vicealmirante Sommerville, siguiendo las instrucciones de Londres, ofreció al comandante de la escuadra francesa, el almirante Gensoul, elegir entre tres soluciones: concentrarse en un puerto británico y seguir la guerra al lado de los Aliados, con la totalidad o parte de las tripulaciones; hacer que sus escuadras zarparan para las Antillas, donde se las desarmaría, o bien barrenar los barcos en los lugares de fondeo. A diferencia del almirante Godfroy en Alejandría, Gensoul prefirió la confrontación, y mil trescientos marinos franceses pagarían el precio. El viejo francófilo de Downing Street escribió al respecto: "Fue la decisión más penosa y más odiosa que tuve que tomar nunca". Sin duda, también la más necesaria. El general De Gaulle, al que no se puede sospechar de anglofilia desenfrenada, confesó veinte años más tarde: "En el lugar de los ingleses, habría hecho lo que hicieron".

Después de todo, nadie pudo quejarse de la resolución de los británicos y de su primer ministro. En un discurso del 19 de julio, Hitler realizó una oferta de paz, pero Churchill ni siquiera se preocupó por rechazarla y dejó que lo hiciera lord Halifax, el mismo con el que el Führer contaba negociar. A partir de ese momento, nadie podía dudar de lo que iba a seguir: Hitler lanzaría de un momento a otro la operación "Seelöwe", el asalto decisivo contra las Islas Británicas. Desde el 10 de julio, los ataques aéreos alemanes se habían concentrado en los puertos de la costa sur de Inglaterra y en los barcos británicos en la Mancha; después del 21 de julio, se volvieron masivos: había comenzado la batalla de Inglaterra.

Para los británicos se anunciaba muy mal: frente a las Islas Británicas el enemigo ocupaba cerca de cinco mil kilómetros de costas, desde Tromsø hasta Hendaye, y podía lanzar sus ataques aéreos desde Bélgica, los Países Bajos, Francia, Dinamarca y Noruega. Para hacerlo, disponía de unos tres mil aviones, de los cuales mil doscientos eran bombarderos, y podía hostigar la costa sur de Inglaterra con cañones de largo alcance instalados en el litoral del Pas-de-Calais. Frente a esto, los británicos sólo alineaban setecientos setenta cazas modernos y quinientos bombarderos con prestaciones no demasiado buenas; entre la campaña de Noruega y Dunkerque habían perdido cerca de la mitad de sus doscientos destructores, y el resto era tan vulnerable a los ataques aéreos en el mar del Norte y en la Mancha, que no podría oponerse seriamente a una invasión. También pasaba lo mismo con los trece acorazados y cruceros de batalla que tuvieron que refugiarse en los puertos del Norte y del Oeste. En cuanto al ejército, sólo contaba con veintidós divisiones, la mitad de las cuales había sido severamente atacada durante la campaña de Francia, la otra mitad no tenía entrenamiento y a todas les faltaban armas y municiones. Sin embargo, tendrían que defender tres mil doscientos kilómetros de costas, de los cuales más de la tercera parte era muy vulnerable a operaciones de desembarco anfibio.

La situación, sin embargo, no era desesperante: como Hitler, Churchill sabía bien que era imposible invadir las Islas Británicas sin haber dominado antes los cielos. Ahora bien, al respecto Gran Bretaña disponía de tres cartas de triunfo nada desdeñables: comandantes de aviación como el *Air Chief* Marshall Dowding o el *Air Vice* Marshall Park, que, cada uno con un cuarto de siglo de experiencia, estaban en la cúspide de su arte; un cinturón de radares y un sistema de control en tierra que se habían terminado recientemente y que cubrían todo el sur de Inglaterra y, finalmente, "Ultra", una reciente técnica para descubrir los códigos secretos de la Luftwaffe que salían de la máquina "Enigma". Pero nada de todo esto podía ser decisivo, si las estaciones de control por radar, así como los puestos de control de las operaciones y los cuarteles generales de sectores de la RAF, no eran subterráneos, y la decodificación de las comunicaciones alemanas todavía era muy limitada. Así que la partida de cartas prometía ser muy ajustada.

Sin embargo, todos los que conocieron a Winston Churchill en esa época dicen lo mismo: en un momento en el que hasta el destino contenía la respiración, este hombre estaba en su mejor forma y su ánimo era apabullante. No es difícil darse cuenta de la razón: después de haber jugado en segunda línea durante medio siglo en el escenario de la historia, ahora se había visto lanzado al primer plano, con todo el país detrás de él y la libertad de dar órdenes a todos, en todas partes y a cualquier hora. ¿Así que cómo asombrarse de que nuestro político-militar-historiador se viese en el papel de la Gran Isabel mientras esperaba a la Armada, o en el del duque de Marlborough desafiando a Luis XIV? Para colmo de su felicidad, lo que había que hacer era enfrentar un peligro mortal, y a Churchill, a los sesenta y cinco años, seguían fascinándolo los "ojos brillantes del peligro". Indudablemente sentía que siempre había existido para llegar a este momento, y es muy comprensible: él había sido el pionero en 1912 de esta Royal Air Force en la que ahora se centraban todas las esperanzas, y durante dos décadas se había ocupado de su desarrollo y del entrenamiento de los pilotos. El *Air Chief* Marshall Hugh Dowding, comandante de esta aviación de cazas de la que dependería la suerte de la batalla, tenía que ser retirado, pero se mantuvo en sus funciones gracias a la intervención personal de Churchill; el hombre que se había puesto a producir Hurricane y Spitfire más rápido de lo que los alemanes tardaban en destruirlos era el magnate de la prensa lord Beaverbrook, un viejo cómplice gruñón e increíblemente eficaz, al que Churchill tuvo la idea providencial de nombrar ministro de la Producción Aeronáutica. Los soldados que esperaban de pie el cuerpo de desembarco alemán habían sido rearmados a las apuradas por Churchill después de la evacuación de Dunkerque, con el envío inmediato del millón de fusiles, ametralladoras y cañones de 75 que obtuvo del presidente Roosevelt y que ordenó distribuir *la noche misma* de su llegada. Las centenas de tanques que los apoyaban habían sido inventados por el primer lord del Almirantazgo Churchill en 1914, que los había hecho construir en los talleres del Almirantazgo. Esos radares, que serían los ojos y los oídos de la RAF durante toda la batalla de Inglaterra, se habían desarrollado aceleradamente por la intervención del diputado Churchill, cuando era miembro de la comisión de defensa antiaérea a mediados de los años treinta. Ese servicio secreto MI6, que acechaba los preparativos de invasión en todos los puertos de embarque de la Europa ocupada fue creado gracias a la carta que había hecho votar el ministro del Interior Churchill treinta y dos años antes. La mayor parte de los barcos de la Royal Navy que ahora esperaban la invasión enemiga habían sido construidos entre 1911 y 1915 a instancias del primer lord Churchill. El propio Churchill había creado el antepasado de esa oficina de escuchas de Bletchley Park, que empezó a descifrar los códigos de la máquina "Enigma" en la célebre *Room 40* del Almirantazgo. En cuanto a los obuseros pesados que ahora defendían las playas del sur de Inglaterra, habían sido cuidadosamente engrasados y almacenados en 1919, por orden de un ministro de Guerra previsor, cuyo nombre no es muy difícil adivinar... Y, además, muchos aviadores y marinos que ahora desafiarían al invasor eran hijos de oficiales que ya servían un cuarto de siglo antes bajo las órdenes del primer lord del Almirantazgo, ministro de Armamento, ministro de Guerra o ministro del Aire Winston Churchill. El actual ministro del Aire, Archibald Sinclair, ya había sido su comandante segundo en las trincheras de Flandes en 1916; el ministro de Guerra, Anthony Eden, había sido su compañero en la lucha contra el apaciguamiento. Además, entre los consejeros más escuchados del primer ministro Churchill, estaba Jan Christiaan Smuts, su enemigo de 1899, su colega de 1917 y su amigo de siempre.[6] Sin ninguna duda, esta batalla de Inglaterra que acababa de iniciarse era un asunto personal de Winston Churchill y el punto culminante de su carrera.

A comienzos de agosto, lo que los alemanes llamaban el *Kanalkampf* (la batalla de la Mancha) sembró la devastación en la costa sur de Inglaterra y diezmó muchos convoyes pero, en lo esencial, la operación no logró su objetivo: la Mancha no quedó cerrada a la navegación británica y unas ochocientas pequeñas unidades de combate de la Royal Navy siguieron operando allí; en cuanto a la Luftwaffe, ciertamente abatió ciento cuarenta y ocho aviones británicos, pero perdió dos veces más. El 1º de agosto, Hitler ordenó pasar a la segunda etapa: abandonar los puertos y dedicarse a las estaciones de radar, a los aeródromos y a las fábricas de aviación del sudeste de Inglaterra, para aplastar a la RAF en el lapso más breve posible. Cientos de bombarderos Heinkel, que operaban por oleadas sucesivas y escoltados por los cazas Messerschmitt 109 y 110, bombardearon el cinturón de radares y de aeródromos situados entre la costa y la capital. Gracias a la red de alerta muy densa que se había instaurado en todo el sur de Inglaterra, los asaltantes se localizaron rápidamente y los cazas del Fighter Command, guiados por radar, despegaron enseguida para interceptarlos; sus pilotos tenían orden de atacar prioritariamente a los bombarderos, lo que hicieron con una valentía asombrosa: en diez días abatieron trescientos sesenta y siete aparatos alemanes. Pero la RAF, numéricamente más débil, perdió ciento ochenta y tres, sus campos de aviación y sus puestos de mando fueron muy dañados y algunos, como Kenley o Biggin Hill, totalmente destruidos. Además, atacaron seis estaciones de radar y dos quedaron inutilizables; dañaron las fábricas de aviación, lo que atrasó bastante la producción de Spitfire; los cazas en general eran atacados en tierra, las pérdidas se multiplicaron, las líneas de comunicación se interrumpieron con frecuencia, las reservas se agotaron, los pilotos estaban extenuados. A fines de agosto, la situación era crítica...

Un acontecimiento fortuito cambió el rumbo del destino: el 24 de agosto, como consecuencia de un error de navegación, aparatos alemanes dejaron caer sus bombas en los suburbios de Londres. Hitler había prohibido expresamente bombardear la capital, pero Churchill no podía ni quería saberlo; para él, se acababa de dar un nuevo paso en la escalada de terror y, tanto por su espíritu combativo como por la voluntad instintiva de sostener la moral de sus conciudadanos, ordenó para el día siguiente en represalia un ataque aéreo sobre Berlín. Desde un punto de vista estratégico, no era una decisión sensata: los bombarderos británicos de la época transportaban una carga mínima, tenían un radio de acción muy débil y la ciudad de Berlín estaba seis veces más lejos de las costas inglesas que Londres de las costas francesas. De hecho, la operación fue un fracaso: de los ochenta y un bombarderos que despegaron, solamente veintinueve llegaron a Berlín para producir solamente daños insignificantes. Pero, en contra de toda razón, Churchill se encaprichó y los bombardeos se repitieron durante los días siguientes.

Ahora bien, mientras el 1º de septiembre la Luftwaffe iba en camino de superar a la RAF, ya que había destruido metódicamente aeródromos, radares, centros de mando y líneas de comunicaciones, Hitler perdió bruscamente la paciencia y en represalia decidió ordenar bombardeos masivos contra Londres y las grandes aglomeraciones británicas. "¡Arrasaremos sus grandes ciudades!", aulló en su discurso del 4 de septiembre en el Sportpalast.

Fue un error fatal; el 6 de septiembre, mientras la RAF, con pesadas pérdidas y un sistema de apoyo en tierra fuertemente desorganizado estaba a punto de flaquear, la Luftwaffe se apartó bruscamente de sus objetivos militares para ocuparse de las grandes ciudades, donde provocó noche y día gigantescos incendios. Pero si bien para los civiles comenzó el calvario, los militares vieron enseguida el anuncio de la salvación; pues este respiro providencial permitió reparar las líneas de comunicación, abastecer a los aeródromos, volver a construir los puestos de mando y reconstituir las escuadrillas diezmadas. En menos de una semana, el efecto se hizo sentir: la RAF, revigorizada, provocó una verdadera carnicería entre los asaltantes. Solamente en la jornada del 15 de septiembre los alemanes perdieron cincuenta y seis aviones, entre los cuales había treinta y cuatro bombarderos. Para Hitler, eran pérdidas insoportables, tanto más cuanto que desde el 6 de septiembre los británicos habían enviado a sus bombarderos a atacar las concentraciones de botes de desembarco entre Ostende y Le Havre, con resultados devastadores. Decididamente, los elementos necesarios para el éxito de la operación de invasión todavía no se habían reunido y las condiciones de los vientos y de las mareas enseguida se volvieron desfavorables. "En tierra, dijo el Führer, soy un héroe; en el mar, un cobarde". El 17 de septiembre, decidió aplazar "Seelöwe" "hasta nueva orden", aun cuando los preparativos para la invasión siguieron ostensiblemente a lo largo de las costas de la Europa ocupada.

De este modo, entonces, Churchill ganó la batalla de Inglaterra porque actuó impulsivamente como un estratega aficionado. Y Hitler la perdió porque reaccionó de la misma manera. El destino a veces tiene caprichos extraños y, como siempre, dio pruebas de una confusa paciencia frente a Winston Churchill. En Londres, por supuesto, no podían saber que la invasión se había aplazado y menos aún porque sobre las ciudades inglesas continuaban los bombardeos; pero eran tan costosos que muy pronto los ataques fueron exclusivamente nocturnos. Por otra parte, los aparatos de reconocimiento y los servicios de decodificación informaron enseguida que los preparativos de invasión eran más lentos y que habían dispersado algunas unidades navales. Churchill, que enfrentaba con confianza la invasión, ahora la esperaba con impaciencia. En cuanto a su actividad durante la batalla de Inglaterra y el *blitz* feroz que siguió, era para sorprender al espectador más desganado. Es que este hombre parecía estar en todos lados al mismo tiempo. Se lo veía inspeccionar las playas, los aeródromos, los puestos de mando, las fortificaciones costeras, los talleres navales, las fábricas de aviones, los campos de maniobras, los buques de guerra, las estaciones de radares, las divisiones de primera línea, las unidades territoriales, los hospitales de campaña y los centros de experimentación de armas nuevas. También, surcando el Támesis para observar los daños ocasionados por los bombardeos sobre los muelles de Londres o en medio de las ruinas del East End, murmurando palabras de aliento a los habitantes que habían perdido sus casas. Es más, en los campos de tiro era posible ver una silueta maciza y un poco encorvada, con un traje gris claro y un sombrero blando, que apuntaba cuidadosamente a su blanco mientras mascaba un enorme cigarro...

Como consecuencia de estas excursiones, los ministros y oficiales de los estados mayores se vieron sometidos a un verdadero bombardeo de notas sobre todos los temas posibles e imaginables. Al ministro de Guerra: "Me sorprendió desagradablemente constatar que la 3ª división se había dispersado sobre cincuenta kilómetros de costas en lugar de mantenerse en reserva, como imaginaba, y dispuesta a oponerse a cualquier incursión seria. Más asombroso todavía me resulta que la infantería de esa división [...] no estuviese provista de los autobuses necesarios para transportarla hasta los lugares de inicio de las acciones. [...] Debería ser fácil remediar de inmediato estos errores". Al general Ismay: "¿Qué estamos haciendo para alentar y ayudar a los habitantes de las regiones portuarias amenazadas para que se construyan refugios convenientes donde protegerse en caso de invasión? Tomar medidas sin dilaciones"; "El cañón de catorce pulgadas montado sobre el promontorio de Douvres tendría que abrir fuego en cuanto sea posible sobre las baterías alemanas que se están montando en el cabo Gris Nez, antes de que puedan replicar". Al profesor Lindemann: "Si pudiéramos disponer de amplias provisiones de proyectores múltiples y de cohetes dirigidos por radar, [...] la defensa contra los ataques aéreos daría un paso decisivo. [...] Junten sus ideas y los hechos, para que pueda darle la mayor prioridad y el impulso máximo a este asunto". Al general Ismay: "¿Qué hacemos para producir en serie y tener pequeños *blockhouse* circulares que puedan estar enterrados en el centro de los campos de aviación y elevados entre unos sesenta centímetros y un metro por medio de un sistema de aire comprimido para crear una torrecilla que comande todo el aeródromo? Los vi la primera vez cuando visité el aeródromo de Langley la semana pasada. Me parece que es un excelente medio de defensa contra los paracaidistas y, ciertamente, hay que generalizar su empleo. Hágame llegar un plan a tal efecto". Al ministro de Información: "Es importante continuar sin detenernos con las emisiones en francés del general De Gaulle e intercalar por todos los medios posibles nuestra propaganda francesa en África. Me dicen que los belgas estarían dispuestos a ayudarnos desde el Congo". Al ministro de Transportes: "Me gustaría conocer la cantidad de reservas de carbón de que disponen actualmente los ferrocarriles [...]. La detención de las exportaciones hacia Europa debe de haber creado importantes excedentes y no dudo de que los aprovechará para llenar todos los depósitos existentes, para que poseamos provisiones bien distribuidas para los ferrocarriles, [...] que también estén disponibles en caso de un invierno riguroso". Al ministro del Aire: "Al visitar ayer el aeródromo de Manston, me indignó comprobar que más de cuatro días después del último bombardeo la mayoría de los cráteres de la pista de aterrizaje todavía no se habían cubierto [...]. Todos los cráteres de bombas tienen que cubrirse a las veinticuatro horas como mucho, y los que no lo estén deben señalarse a las autoridades superiores". Al general Ismay: "Le ruego me haga llegar en cuanto sea posible la lista de las municiones tiradas cada veinticuatro horas durante el mes de septiembre". Al jefe del estado mayor imperial: "Me inquieta la evidente insuficiencia del equipamiento de las tropas polacas que, sin embargo, han mostrado ser muy eficaces militarmente. Espero poder inspeccionarlas el miércoles próximo. Hágame llegar para el lunes las mejores propuestas posibles para su reequipamiento".

¿Era todo? No, ¡sólo era el comienzo! Cientos de otras notas tratan sobre la necesidad de dispersar y de camuflar los vehículos imprudentemente concentrados en los depósitos; sobre la formación de unidades de guerrilla que puedan operar sobre la retaguardia del invasor; sobre la oportunidad de ahorrar vidrio para ventanas; sobre la constitución de reservas de armas químicas; sobre la previsión de actividades recreativas y educativas para las tropas durante el invierno; sobre construcciones navales, con la prioridad para los destructores que puedan terminarse en menos de quince meses; sobre la necesidad de promoción al rango de teniente coronel del mayor Jeferis, especialista en la puesta a punto de armas nuevas; sobre la afectación inmediata de todos los aviones en estado de volar a las escuadrillas en operaciones; sobre la falta de funcionamiento de los servicios postales durante los bombardeos aéreos; sobre el aumento de las compras de acero a Estados Unidos; sobre las precauciones a tomar en caso de que los alemanes hagan desembarcar tropas con uniforme británico; sobre los abusos del racionamiento; sobre la necesidad de revisión de las máscaras de gas; sobre los retrasos injustificables en la producción de morteros y de armas antitanques; sobre la necesidad de multiplicar los señuelos luminosos en los accesos a las ciudades, para llevar a los alemanes a bombardear de noche campos en barbecho; sobre la subordinación de los servicios de planificación al Ministerio de Defensa; sobre las indemnizaciones del Estado a los ciudadanos cuyas casas quedaron destruidas por bombardeos; sobre la necesidad de construir un avión caza compacto para los portaviones, etcétera.

Todo esto representaba un trabajo hercúleo, pero Churchill estaba muy bien secundado por el personal de secretaría del gabinete de guerra y del Ministerio de Defensa, que le aseguraba el seguimiento de todos los asuntos que hubiesen llamado la atención del primer ministro, con un celo especial, ya que este pataleaba de rabia cuando sus admoniciones no tenían inmediatamente los efectos deseados. Funcionarios y ministros recibían con frecuencia recuerdos conminatorios de este tipo: "Por favor, hágame saber cuáles fueron las mejoras de la situación desde mi nota de ayer". Cuando los informes no eran satisfactorios, los responsables eran convocados y se los invitaba a dar explicaciones; si algunos factores retrasaban la producción, el primer ministro quería de inmediato saber cuáles; si el obstáculo provenía del exceso (o de la falta) de celo de algunos funcionarios, exigía sus nombres... Y cuando la puesta a punto de una antena aérea se atrasó por una discusión entre el Ministerio de Abastecimiento y el de Trabajo, Churchill se convirtió en el árbitro y los desautorizó a ambos a favor del Ministerio de Producción Aeronáutica. Como si todo esto no fuera suficiente, había que encontrar el sucesor de Naville Chamberlain, que acababa de abandonar la presidencia del partido *tory*, y Winston Churchill, que hasta ese momento era sólo primer ministro, ministro de Defensa, diputado y presidente de una media docena de comisiones, se volvió, además, jefe del Partido Conservador. Y como, ante todo, era un humilde súbdito de Su Majestad, nuestro hombre orquesta consideró que su deber era ir todas las semanas a almorzar con el rey Jorge VI, para explicarle cara a cara su política bélica.

Este frenesí de actividad era mucho más asombroso porque la atención del primer ministro estaba absorbida simultáneamente por cuatro cuestiones, todas de primera importancia: la correspondencia con el presidente Roosevelt, gracias a la cual los negociadores británicos en Washington terminaron por conseguir a comienzos de septiembre la entrega de los cincuenta destructores que se esperaban con tanta ansiedad, como intercambio por la cesión por arrendamiento de varias bases británicas en las Antillas y en Terranova; la necesidad de detener la amenaza italiana contra Egipto, que llevó a Churchill y a Eden a tomar la arriesgada decisión de enviar a Oriente Medio ciento cincuenta y cuatro tanques suplementarios (es decir, la mitad de los carros modernos disponibles) en el momento en que se esperaba de una semana a la otra un desembarco alemán en Gran Bretaña; las investigaciones sobre el sistema alemán de guía de los bombarderos por haces radioeléctricos que, gracias a las constantes presiones del primer ministro, lograron a fines de agosto poner a punto un sistema de detención decisivo. Finalmente, por supuesto, estaba la preparación minuciosa de sus discursos en el Parlamento y en la BBC, que se convirtieron en la voz y la conciencia del pueblo británico. Así, el 20 de agosto se lo escuchó rendir este inmortal homenaje a los pilotos de la RAF: "La gratitud de cada hogar de nuestra isla, de nuestro imperio, y hasta del mundo entero [...] se dirige hacia estos aviadores británicos cuya valentía y dedicación están cambiando el curso de la guerra. Nunca en la historia de los conflictos humanos, tantos hombres debieron tanto a una cantidad tan pequeña de sus semejantes". La elaboración de estas proezas le ocupaba, naturalmente, noches enteras, y nos enteraremos, sin duda con alivio, de que Churchill había interrumpido la redacción de la *Historia de los pueblos de lengua inglesa*. Pero únicamente porque este inverosímil hiperactivo pasaba todo el tiempo libre que materialmente le quedaba... ¡concibiendo planes de ofensiva!

Es difícil de creer. Pero el lector hace rato que debe de haber comprendido que no se está enfrentando a un hombre común y silvestre. Mientras a comienzos de 1940 los responsables de la planificación en el War Office excluían por completo cualquier operación ofensiva de alguna envergadura para los próximos seis meses, Churchill tenía una posición decididamente opuesta; pero lo más llamativo es que el *mismo día* en que se terminaba la evacuación de Dunkerque ya estaba exhortando a la ofensiva. En una carta dirigida al general Ismay, para que la transmitiera a los jefes de estados mayores, escribía el 4 de junio: "No tenemos que permitir que la mentalidad exclusivamente defensiva que ha causado la pérdida de los franceses comprometa también todas nuestras iniciativas. Es de la mayor importancia [...] que estemos en condiciones de atacar las costas, cuya población nos prestará apoyo. Esos ataques serían efectuados por unidades autónomas, perfectamente equipadas, que tendrían unos mil hombres y un máximo total de diez mil cuando se trate de operaciones combinadas. [...] ¡Qué maravilloso sería que pudiéramos hacer que los alemanes empezaran a preguntarse dónde sufrirán el próximo ataque, en lugar de estar obligados a amurallar nuestra isla y cubrirla con un techo!". Y dos días más tarde, como podríamos esperarlo, agregó: "Espero que el comité de jefes de estados mayores me someta planes para una ofensiva vigorosa, arriesgada e ininterrumpida contra el conjunto de la línea costera que dominan los alemanes".

Además, Churchill tenía algunas sugerencias para hacer: cuando llegaran las tropas australianas, ¿no se podrían constituir destacamentos de doscientos cincuenta hombres, "provistos de granadas, morteros, vehículos blindados, etcétera, y que fuesen capaces no sólo de oponerse a un ataque contra nuestras costas, sino también de desembarcar en las costas amigas actualmente ocupadas por el enemigo?". Para ellos, se trataría de "imponer el terror en estas costas" y, acompañados por carros y vehículos blindados, "llevar a cabo incursiones de fondo, cortar comunicaciones vitales y, luego, retirarse dejando detrás un tendal de cadáveres alemanes". Por último, había que poner a punto lo más rápidamente posible barcos capaces de transportar vehículos blindados y desembarcarlos en las playas (reconocemos "los barcos de proa rebatible" que Winston había concebido veintitrés años antes, ¡en julio de 1917!). No cabe ninguna duda: el hombre era consecuente con sus ideas...

No eran simples sugerencias, sino órdenes, cuya aplicación el ministro de Defensa Churchill supervisaba en persona. A comienzos de julio, creó por propia iniciativa el Directorate of Combined Operations (DCO) que, justamente, se especializó en la ejecución de incursiones y operaciones anfibias. A este efecto, utilizó las *Independent Companies* formadas en la campaña de Noruega y que, con nuevas unidades, se convirtieron en los *Commandos*. El jefe de esta Dirección de Operaciones Combinadas era el almirante de la flota sir Roger Keyes; Churchill no pudo decidirse a utilizar sus servicios en un ataque contra Trondheim pero, justamente, se lamentó de esto. Por otra parte, el héroe de Zeebrugge seguía dando pruebas de un espíritu francamente ofensivo que Churchill buscaba en vano en otros almirantes.

Ese mismo mes se creó otra organización: el SOE, Special Operations Executive, bajo la autoridad del Ministerio de Guerra económico. Según uno de sus jefes, el mayor general sir Colin Mc V. Gubbins, el propio Churchill había fijado sus tareas en una carta dirigida al ministro Hugh Dalton: "Alentar a las poblaciones de los países ocupados para que dificulten el esfuerzo de guerra alemán en todos los lugares en los que puedan hacerlo, por medio del sabotaje, la subversión, las huelgas ejecutadas a tal fin, lo que ayude, y proporcionarles los medios para hacerlo. Simultáneamente, constituir en su seno fuerzas secretas organizadas, armadas y entrenadas para participar únicamente en el asalto final". Como señaló el mayor general Gubbins, estas dos tareas eran de hecho incompatibles: "Para constituir ejércitos secretos, había que evitar toda actividad que pudiera llamar la atención de los alemanes; ahora bien, el hecho de emprender acciones ofensivas no podía hacer otra cosa que llamar la atención y concentrar los esfuerzos de la Gestapo y de las SS, llevándolas a redoblar la vigilancia". Es un hecho pero, en su entusiasmo, Churchill no se detenía en estos detalles.

El Almirantazgo y el War Office verían todo esto de una manera mucho más crítica. Para ellos, estos "comandos" que absorberían los mejores elementos de las fuerzas armadas de Su Majestad y quedarían fuera de su autoridad, no podían traer nada bueno; en cuanto al SOE, que empleaba civiles y se especializaba en la guerra "irregular", desde el comienzo fue considerado por los otros servicios como una organización peligrosa de aficionados. Por eso el primer ministro tuvo que intervenir constantemente para impedir que el War Office pusiera fin al reclutamiento de los comandos y que los otros servicios negaran su ayuda a las dos nuevas organizaciones. Al final de cuentas, el Ministerio de Guerra, el Almirantazgo y los jefes de estados mayores tuvieron que ceder en gran medida; mientras siguieron esperando la invasión le dieron un lugar más importante que el previsto a la estrategia ofensiva del primer ministro. El 17 de julio de 1940, el general Brooke, que acababa de ser nombrado responsable de la defensa del territorio, anotó en su diario que el primer ministro "estaba en muy buena forma y desbordaba de ideas sobre la manera de pasar a la ofensiva".

La palabra no es demasiado fuerte... De hecho, la lista de blancos potenciales verdaderamente provoca vértigo. A los servicios de planificación conjunta les propuso: la captura de Oslo, la invasión de Italia con un operación anfibia, la ocupación del Cotentin, un desembarco en los Países Bajos para dirigirse luego hacia el Rhur, la toma de Dakar, la conquista del norte de África con la ayuda de Vichy, incursiones aéreas masivas contra Alemania, el desencadenamiento anticipado de la ofensiva contra los italianos en Libia, una operación de ayuda a Grecia,[7] un esfuerzo para lograr que Turquía entrara en la guerra y desembarcos en la isla de Pantelleria (entre Túnez y Sicilia), en Cerdeña, en Rodas, en las Azores y en Cabo Verde... ¡para empezar! Lo esencial, declamaba ante sus generales, era "romper las cadenas insoportables de la defensiva".

Pero, claro, nuestro ardiente poeta-guerrero quería atacar en todas partes al mismo tiempo, ya que no podía atacar en cualquier lado... y los meses siguientes, los resultados fueron más decepcionantes: en agosto, los británicos fueron echados de Somalia por fuerzas italianas muy superiores en cantidad; en septiembre, la operación franco-británica contra Dakar fracasó lamentablemente;[8] a comienzos de noviembre, Churchill comprobó que "el volumen de bombas largadas sobre Alemania es penosamente pequeño"; un mes más tarde tuvo que rendirse ante la evidencia: a pesar de sus invitaciones apremiantes, ni Pétain ni Weygand estaban dispuestos a abrirle las puertas del norte de África; la ofensiva tan esperada del general Wavell en la frontera egipcia daba mejores resultados ya que, desde comienzos de febrero de 1941, los italianos habían sido echados por completo de la Cirenaica, con la pérdida de diez divisiones, cuatrocientos tanques y mil cañones... Lamentablemente, el terreno conquistado con tanta gloria se perdió en la primavera, con la ofensiva relámpago del Afrika Korps del general Rommel; en el mismo momento, el desembarco de tropas en Grecia se convirtió en un desastre a partir del ataque alemán a Atenas y Salónica, y el ejército británico sufrió un nuevo Dunkerque entre El Pireo y Creta.

También se perdió Yugoslavia, no se obtuvo la alianza de Turquía y con lo justo lograron conservar Irak. En cuanto a desembarcar en Cerdeña, en Pantelleria o en las Azores, hubo que renunciar a causa de la falta de medios navales. Con lo justo llegaron en el mes de junio a arrebatarles Siria a las tropas de Vichy, con operaciones militares tan caras como laboriosas. Churchill, que todavía creía que se enfrentaba a los vejestorios de la campaña de Sudáfrica o de la Gran Guerra, envió a sus comandantes en jefe a los teatros de Creta o de Libia instrucciones estratégicas y tácticas detalladas; pero como comprendía mal los imperativos técnicos de la guerra moderna, y se refería constantemente a 1918, a la guerra de Secesión y hasta a Austerlitz y Blenheim, raramente tomaban en serio sus instrucciones. En esa época, además, Gran Bretaña se había comprometido a muerte con la lucha contra un peligro que amenazaba no sólo su capacidad ofensiva en los teatros de operaciones exteriores, sino también su supervivencia como ciudadela de la resistencia aliada.

Para Hitler y su estado mayor, si bien Inglaterra se imponía en el aire, seguía siendo muy vulnerable en el mar. En 1917, la Alemania imperial casi la había estrangulado con una guerra submarina a ultranza; ahora, las perspectivas parecían más favorables todavía: el Reich tenía submarinos perfeccionados, aviones Focke-Wulfe Conder con un radio de acción amplio y grandes unidades de superficie capaces de interceptar los convoyes en el Atlántico. Desde los Pirineos hasta el cabo Norte, disponía de las bases de despegue que tanto le habían faltado en el conflicto precedente; con un gran movimiento con forma de guadaña, en el mar y en el aire, ahora podía barrer todos los accesos occidentales del Reino Unido y cortar sus comunicaciones vitales con Oriente Medio, Estados Unidos, la Commonwealth y América del Sur. A comienzos de 1941, los resultados de esta ofensiva fueron realmente aterrorizadores: en dos meses, seiscientos cuarenta mil toneladas de barcos aliados enviados al fondo del mar; los convoyes fuera de sus rutas, atrasados o anulados, el canal de la Mancha bloqueado, los principales puertos embotellados y parcialmente destruidos, los canales de acceso obstruidos y el propio puerto de Londres funcionando sólo a un cuarto de su capacidad. Ahora bien, para sobrevivir, Gran Bretaña necesitaba sí o sí importar todos los meses treinta y tres toneladas de materias primas, víveres y armamentos y reabastecer a todos los teatros de operaciones exteriores.

Churchill lo sabía mejor que nadie, como testimonió su médico personal, sir Charles Wilson: "Me di cuenta de que el primer ministro tenía siempre en la cabeza las estadísticas mensuales de los barcos hundidos, aunque no hablara nunca de esto. [...] El otro día, lo sorprendí en la sala de mapas. Contemplaba un enorme diagrama con pequeños escarabajos negros que representaban los submarinos alemanes. 'Es aterrorizador', murmuró, y pasó delante de mí con la cabeza gacha. [...] Sabe que corremos el riesgo de perder la guerra en el mar en algunos meses y que no puede hacer nada para evitarlo". Era un hecho, y el mismo Churchill lo reconocería: "Este peligro mortal que amenaza nuestras comunicaciones vitales me carcomía las entrañas. ¡Cómo hubiese preferido una invasión a gran escala a este peligro insondable e impalpable que se expresaba en organigramas, curvas y estadísticas".

Para Winston Churchill, la inacción seguía siendo una palabra desconocida: a comienzos de marzo de 1941 escribió al almirante Pound: "Tenemos que priorizar de manera absoluta esta cuestión". Y para concentrar todo el ardor de sus compatriotas en la lucha, este propagandista de genio, que había anunciado diez meses antes "la batalla de Inglaterra" ahora agregaba: "Voy a proclamar la batalla del Atlántico". Para asociar a los jefes militares, los ministros, los expertos civiles y los capitanes industriales a este esfuerzo vital, decidió igualmente constituir un Comité por la Batalla del Atlántico que presidiría él mismo. No iba a ser una presidencia simbólica: el 6 de marzo, las directivas llovían de todas partes: había que atacar sin descanso a los submarinos alemanes; había que crear "grupos de ataque" independientes, que comprendieran poderosas unidades de superficie y portaviones, para acorralar a los barcos enemigos antes de que se apoderaran de los convoyes; los puertos de la costa oeste, de importancia vital para las importaciones, tenían que contar con una protección antiaérea máxima; se afectaron cuarenta mil obreros suplementarios a los talleres de construcción y de reparaciones navales, con un efecto inmediato; había que multiplicar por tres el equipamiento de los puertos con grúas rodantes y reducir a un tercio el tiempo de rotación de los buques mercantes en estos puertos, para empezar; no había que publicar más los datos semanales de pérdida de tonelaje, ya que lo único que se hacían era ayudar al enemigo. Y cada día, como era esperable, las notitas con la amenazadora etiqueta roja pegada caían sobre los ministros y los estados mayores: "¿Qué dificultades encuentran?"; "¿Por qué no podemos hacerlo mejor?"; "¿Alguien dificulta sus esfuerzos?"

Todo esto era sólo para empezar. Como Churchill recordaba la ayuda valiosa que había recibido por parte de los grandes hombres de negocios cuando era ministro de Armamento en 1917, y de las proezas de Beaverbrook en la producción aeronáutica en 1940, hizo nombrar al industrial lord Leathers a la cabeza de un nuevo Ministerio de Transporte de Guerra, donde hizo maravillas. Siempre fascinado por los nuevos armamentos, seguía de cerca los trabajos de ese gran técnico e inventor de talento, el teniente coronel Jefferis. Como recordaba la resistencia ensañada de los chupatintas del War Office a cualquier innovación durante la guerra anterior, hizo que Jefferis estuviera directamente subordinado al ministro de Defensa, es decir, a él. ¡Y las demostraciones de las nuevas armas se hicieron en las tierras de su propiedad de Chartwell! Pero fue bueno: de los extraños arsenales del teniente coronel Jefferis salieron algunas armas destinadas a revolucionar la guerra submarina.[9] Finalmente, las decodificaciones de la máquina "Enigma" utilizada por la Kriegsmarine empezaron a jugar un papel importante en la lucha contra los submarinos, y Churchill vigiló celosamente que las intercepciones de Bletchley Park se mantuvieran en el mayor de los secretos, como una "muralla de mentiras". Pero necesitaba mucho más para ganar esta batalla, de la que dependía la suerte de Inglaterra y del imperio. El 16 de abril, el primer ministro declaró en el Comité de Defensa: "La batalla del Atlántico y la actitud de los Estados Unidos son los factores decisivos". Era exacto... y ahora estaban íntimamente unidos: no se ganaría la primera sin la ayuda de los segundos.

Desde el verano de 1940, Winston Churchill esperaba que el Nuevo Mundo se decidiera a entrar en litigio para venir en auxilio del Antiguo. Primero había pensado que el golpe de Mers-el-Kébir, al demostrar la resolución británica, alentaría la intervención de Washington; la entrega de destructores a comienzos de septiembre también le había parecido el preludio de un compromiso decisivo; y, luego, contaba con el efecto producido por la destrucción de las ciudades inglesas: "Comprenda, le explicaba al general De Gaulle, que los bombardeos de Oxford, de Coventry, de Canterbury provocarán en Estados Unidos tal ola de indignación, que entrarán en la guerra". Evidentemente, era otorgarles a los primos del otro lado del Atlántico un romanticismo churchilliano del que carecían por completo: si bien Norteamérica quería venderle armas a Inglaterra, no por eso dejaba de ser firmemente aislacionista, y Franklin Roosevelt, incluso después de su reelección en noviembre de 1940, no podía ir más allá. Aun cuando lo deseara, no le permitirían que lo hiciera y, si se lo permitieran, no tendría los medios: su país, que recién empezaba a rearmarse y que disponía de fuerzas militares insignificantes, no estaba de ningún modo dispuesto a entrar en guerra.

Así que Londres intentó influir en los grupos de presión, la prensa y el público norteamericanos; después de la muerte del embajador británico en Washington, lord Halifax fue oficialmente encargado de esta misión a fines de 1940.[10] Pero otros, entre bastidores, hicieron el trabajo mejor que el viejo partidario del apaciguamiento: el MI6, el Ministerio de Información, la BBC, el British Press Service y, por supuesto, el primer ministro en persona, que orquestaría todo con su acostumbrada imaginación. Así, se movilizó al servicio de la causa al escritor Graham Greene, al filósofo Isaiah Berlin y al cineasta Alfred Hitchcock, que participaron activamente del esfuerzo de propaganda en los Estados Unidos; se sostuvieron a fondo comités norteamericanos pro británicos;[11] se recurrió a sondeos de opinión trucados, a revelaciones de prensa sobre el financiamiento de los movimientos aislacionistas norteamericanos por parte del

Partido Nazi, a la compra de ciertas buenas voluntades en la prensa norteamericana, al chantaje de ciertas malas voluntades en el mundo político y hasta a los servicios de un astrólogo encargado de predecir la derrota del III Reich. Evidentemente, el ex redactor en jefe de la *British Gazette* siempre dormía con un ojo abierto... El propio Sherlock Holmes, que sin embargo había muerto con su creador una década antes, resucitó por orden de Downing Street para luchar contra los espías alemanes. Y como sabían que, después de Sherlock Holmes, el inglés más popular en los Estados Unidos era el rey Jorge VI, Churchill ordenó que el bombardeo del Palacio de Buckingham recibiera la mayor publicidad del otro lado del Atlántico.

Pero, naturalmente, el principal trabajo de persuasión había que realizarlo con el presidente; ahora bien, Franklin Roosevelt estaba firmemente decidido a evitar el error del presidente Wilson, e iba ostensiblemente mucho más allá de lo que la opinión pública y el Congreso podían soportar. Una vez más, el nieto del yankee Leonard Jerome, el propagandista de choque y autor prolífico de la (aún inacabada) *Historia de los pueblos de lengua inglesa,* estaba en la brecha; su correspondencia con la Casa Blanca, que se venía realizando desde hacía ya un año, había alcanzado una importancia vital, y la amenaza conjugada de una guerra submarina y de la ruina económica llevó a este suplicante poco banal a forzar su talento. Su carta del 7 de diciembre de 1940 fue una de esas proezas epistolares que cambian el curso de la historia: "En tanto británicos, tanto en el interés común como por nuestra propia supervivencia, nuestro deber consiste en enfrentarnos y luchar contra el poderío nazi, hasta que los Estados Unidos hayan terminado los preparativos. Someto respetuosamente a su amistosa consideración la propuesta según la cual existe una sólida identidad de intereses entre el imperio británico y los Estados Unidos. [...] y me veo obligado a exponerle los diferentes modos en que los Estados Unidos podrían aportar una ayuda decisiva a lo que, desde varios puntos de vista, constituye nuestra causa común". Por lo tanto, en su propio interés se le pide a Estados Unidos que intervenga en el mar para proteger la navegación o, si no, que le ceda a Inglaterra una gran cantidad de unidades navales; también, que interceda ante los irlandeses para que pongan a disposición de Londres puertos y aeródromos en su costa occidental, de importancia estratégica vital para la batalla del Atlántico; asimismo, se necesitaría que los Estados Unidos construyeran unas tres millones de toneladas de buques mercantes, para compensar las pérdidas que sufrió la Marina británica y... dos mil aviones *suplementarios* por mes, por no mencionar los nuevos pedidos de tanques, artillería, armas individuales y municiones.

Pero lo más notable se encuentra al final de la carta: "Se acerca el momento en que no podremos pagar más al contado los barcos y otros abastecimientos [...]. Pienso que acordará en que estaría mal visto, en principio, y sería mutuamente desventajoso, que en el punto culminante de esta lucha Gran Bretaña tenga que deshacerse de todos sus activos vendibles, de manera que después de haber conseguido la victoria con nuestra sangre, salvaguardado la civilización y dado a los Estados Unidos el tiempo necesario para armarse y enfrentar cualquier eventualidad nos encontráramos completamente despojados de todo. Esto carecería de interés moral y material para nuestros dos países. [...] Esté seguro de que estamos listos para los sufrimientos y los sacrificios últimos en interés de la causa y que para nosotros es un honor ser los campeones de esta causa. En cuanto al resto, descansamos con confianza en usted, en su pueblo, tranquilos de que podremos encontrar caminos y medios que provocarán la aprobación y la admiración de las generaciones futuras de una y otra parte del Atlántico. Si, como lo pienso, está convencido, señor presidente, de que la derrota de la tiranía nazi y fascista es un asunto extremadamente importante para los Estados Unidos y el hemisferio occidental, entonces considerará esta carta, no como un pedido de ayuda, sino como el enunciado de las medidas mínimas necesarias para el cumplimiento de nuestra tarea común".

¿Cómo resistirse a este alegato? "El mensaje de Churchill, escribió Robert Sherwood, un testigo privilegiado, produjo una profunda impresión en Roosevelt". E hizo más cuando lo incitó a actuar inmediatamente. Entre el 17 y el 29 de diciembre, los norteamericanos escucharon a su presidente hablar sobre las cuestiones de política extranjera con un énfasis y una convicción totalmente inhabituales: "Me esfuerzo por sacarme de encima este estúpido problema de dólares"; "Imaginen que la casa de mi vecino esté incendiándose y que yo tuviera una manguera para regar. [...] No voy a vendérsela; se la prestaré y me la devolverá cuando su incendio se haya apagado"; "¡Tenemos que ser el gran arsenal de la democracia!", y, sobre todo, este argumento imbatible, en un momento en que los sondeos indicaban que el 88% de los norteamericanos se oponían a que su país abandonara la neutralidad: "Afirmo al pueblo norteamericano que existen menos posibilidades de que Estados Unidos entre en guerra si hacemos ahora todo lo posible por ayudar a las naciones que resisten los ataques del Eje en lugar de aceptar su derrota".

Todo esto culminó con una propuesta de ley autorizando al presidente "a vender, transmitir, intercambiar, alquilar, prestar o ceder de cualquier otra manera [...] materiales militares [...] a cualquier país cuya defensa el presidente considere vital para la de Estados Unidos". Para facilitar que el Congreso votara esta ley "de préstamo y arriendo" se le dio la referencia HR 1776, una cifra casi sagrada del otro lado del Atlántico, y se la denominó "ley para promover la defensa de los Estados Unidos". ¿Cómo rechazar un proyecto con este título sin pasar por un mal patriota? Ni los senadores, ni los representantes encontraron la respuesta, y la ley se votó con una cómoda mayoría a comienzos de marzo de 1941. Antes de que estuviera decidido, Roosevelt envió a Londres a su brazo derecho y amigo Harry Hopkins, para que se informara de las necesidades de Gran Bretaña y, por supuesto, sobre su capacidad para enfrentar a Alemania. Hopkins, que al comienzo tenía una simpatía muy limitada por Churchill, fue recibido en los Chequers[12] como un miembro de la familia. Para el infortunado visitante, que tenía una salud frágil, fue una prueba muy dura: la comida inglesa era incomible; el clima, execrable; la calefacción, rudimentaria; los bombardeos, incesantes, y no había como no acostarse antes de la madrugada. Pero Churchill lo tuvo todo el tiempo bajo el encanto de su notable personalidad, y los informes de Hopkins al presidente dan una buena idea del efecto que produjo: "Aquí la gente, empezando por Churchill, es asombrosa. Y si la valentía bastara para ganar una guerra, ya se habría hecho. El gobierno es *Churchill* en todos los sentidos del término. Él solo asume la dirección de la alta estrategia y se preocupa por los detalles. Los laboristas confían en él; el ejército, la marina y la aviación lo siguen, sin excepciones. Los políticos y la gente de mundo dan la impresión de amarlo. No tendría que insistir más con esto: es el único personaje con el que tiene que estar totalmente de acuerdo. [...] Nunca flaquea, nunca delata el menor desaliento. Paseó por la habitación en la que estábamos hasta las cuatro de la madrugada exponiéndome sus planes de ataque y defensa. [...] Examiné con él en detalle todos los aspectos de nuestros problemas. El que usted llama "ex personalidad naval" no es solamente primer ministro, también es la fuerza motriz que anima esencialmente la estrategia y la conducción general de la guerra. [...] La valentía y la voluntad de resistencia de esta gente está por encima de cualquier elogio y, cualquiera sea la violencia del ataque, podemos estar seguros de que chocará con una resistencia eficaz. Se necesitará otra cosa que la muerte de algunos cientos de miles de personas para vencer a Gran Bretaña. Si actuamos audazmente y sin dilaciones, estoy convencido de que el material que enviaremos a Gran Bretaña durante las siguientes semanas constituirá la fuerza suplementaria necesaria para derrotar a Hitler".

Hopkins incluyó este material en la lista, que no era nada pequeña: "Diez destructores por mes a partir del 1º de abril; necesidad urgente de nuevos buques mercantes; cincuenta hidroaviones PBY suplementarios, con radios, granadas antisubmarinas, bombas, cañones, municiones... y tripulación; cincuenta y ocho motores de aviones Wright 1820; veinte millones de cartuchos calibre 50; la mayor cantidad posible de bombarderos B.17 con piezas de recambio, bombas, municiones y tripulación; ochenta instructores, etcétera". Los británicos recibieron todo esto y muchas más cosas todavía; pues, una vez que volvió a Washington, Roosevelt le encargó a Hopkins que administrara el programa de préstamo y arriendo. Con su representante en Londres, Averell Harriman, hizo prodigios para ayudar a los valientes británicos, que ahora eran aliados en todo, salvo en el nombre... Pues durante estos primeros meses de 1941, el que hubiese mirado entre bastidores habría tenido que admitir que los Estados Unidos se comportaban de una manera extraña para un país neutral: con Gran Bretaña intercambiaban información científica sobre los temas más confidenciales; habían empezado a compartir la información militar; se había instaurado una cooperación estrecha entre los servicios de espionaje y de contraespionaje de ambos países, para neutralizar a los agentes del Eje en el hemisferio occidental; muchos técnicos norteamericanos, militares y civiles, fueron enviados discretamente a Gran Bretaña para estudiar los métodos británicos y evaluar el rendimiento del material norteamericano en situación de combate; barcos de guerra británicos dañados fueron reparados en los talleres navales norteamericanos; tanques, aviones, piezas separadas, talleres de reparación completos se enviaron discretamente a Egipto por el puerto africano de Takoradi; pilotos de la RAF se entrenaron en Estados Unidos y, algo más extraordinario aún, en Washington, entre enero y marzo de 1941, en el mayor de los secretos, se celebraron conversaciones anglo-norteamericanas de estados mayores durante las que se elaboró una estrategia común para el caso de que los dos países estuvieran juntos en una guerra contra Alemania y Japón. Si esto llegaba a suceder, se preveía contener a Japón y darle prioridad al esfuerzo de guerra contra Alemania; también se decidió intercambiar misiones militares con efecto inmediato y, además, el 11 de abril de 1941, el presidente Roosevelt informó a Churchill que iba a patrullar sus unidades navales en el Atlántico hasta el meridiano 26, es decir, el inmenso dominio marítimo al oeste de Cabo Verde, de las Azores y de Islandia, con la misión de detectar los submarinos alemanes y señalárselos a la Royal Navy. Cualquier especialista en derecho internacional lo consideraría un acto de guerra; para Churchill, desde el comienzo fue un paso hacia la salvación.

En la primavera de 1941, esta asistencia y esta cooperación ciertamente no impidieron que Gran Bretaña fracasara en Grecia, Creta y Libia; pero la ayudaron mucho a salvar a Egipto y a no perder la batalla del Atlántico, de la que dependía en definitiva su salvación... ¿Habría podido hacerse esto si el primer ministro de Gran Bretaña hubiese sido otro que el incomparable luchador, artista y propagandista anglo-norteamericano Winston Churchill? No es para nada seguro...

"Antes de mayo de 1940 –escribió el inspector Thompson– nosotros, los miembros del personal, pensábamos que Churchill trabajaba al límite de sus posibilidades. Pero luego nos dimos cuenta de nuestro error". La capacidad de trabajo de esta extraña criatura parecía realmente ilimitada. Cuando un asistente o un ministro le decía que se iba a tomar algunos días de descanso, el primer ministro se asombraba: "¿Descanso? Pero... ¿a usted no le gusta esta guerra?". Churchill sólo vivía para ella, durante el día, la noche, la semana o el fin de semana, en Downing Street o en el "anexo" subterráneo de Storey's Gate. A Chartwell prácticamente no iba desde 1940, y los fines de semana en general los pasaba en la residencia de campo oficial de Chequers. El primer ministro solía llegar allí el viernes por la noche con varias valijas repletas de informes y la inevitable maleta beige que contenía las decodificaciones de "Enigma". Lo seguían un asistente y tres secretarias, un valet, dos detectives, un electricista, dos encargados de proyecciones, tres choferes, ocho policías y una decena de visitantes oficiales o privados. Esos fines de semana agotarían a los más robustos: se organizaban sesiones del gabinete de guerra, reuniones de estado mayor, recepciones de jefes de Estado, ensayos de armas nuevas, conciliábulos con asistentes, emisarios secretos o viejos acólitos, proyecciones de películas (a la una de la madrugada) y, naturalmente, dictados de memorándums y de instrucciones hasta el amanecer. Obviamente que, en esta guerra, la familia Churchill se había movilizado por completo: Clementine trabajaba en el servicio de protección civil; Diana, en la Marina; Sara, en los servicios fotográficos de la aviación; Mary, en la defensa antiaérea, Randolph, en los comandos que operaban en Libia; y su mujer se dedicó con cuerpo y alma al desarrollo de las relaciones anglo-norteamericanas, especialmente al convertirse en la amante del muy seductor Averell Harriman. Como su suegro conocía el carácter insoportable de Randolph, recordaba las hazañas de su propia madre y necesitaba la asistencia norteamericana, parecía apreciar totalmente esta contribución al esfuerzo de guerra: *All is fair in Love and War!*[13]

Como era intuitivo y como había leído *Mein Kampf*, Churchill había declarado un año antes: "Hitler tiene que invadirnos o va a fracasar; si fracasa [...] irá forzosamente hacia el Este". A partir de marzo de 1941, las decodificaciones de "Enigma" confirmaron esta previsión: Hitler envió masivamente fuerzas al Este y tal movimiento, después de una corta interrupción debida a la campaña de los Balcanes, prosiguió durante toda la primavera. A comienzos de abril, Churchill le escribió a Stalin para ponerlo en guardia... Pero el amo del Kremlin no lo tuvo en cuenta y el 22 de junio al alba, desde el Báltico hasta el mar del Norte, un ejército de ciento setenta divisiones, apoyado por dos mil setecientos aviones y tres mil quinientos carros, penetró en la Unión Soviética. En Londres, esa mañana se recibió la noticia con alivio: de este modo, Gran Bretaña no era la única que se enfrentaba a Alemania; más aún, por primera vez en un año, estaba a reparo de una invasión alemana... al menos por algunas semanas. Pues Churchill, al igual que su entorno, pensaba que este era el plazo que necesitaría el ejército de Hitler para conquistar la URSS. Pero en la lucha a muerte de Inglaterra contra el nazismo, había que aprovechar cualquier respiro, y el más viejo antibolchevique del reino decretó enseguida que los nuevos enemigos de los enemigos no podían ser más que sus amigos. Y fue lo que declaró esa misma noche en la BBC, con frases nobles: "Todo hombre, toda nación que luche contra el nazismo contará con nuestro apoyo. [...] Por consiguiente, aportaremos toda la ayuda posible a Rusia y al pueblo ruso. [...] El peligro de Rusia es nuestro peligro y el los Estados Unidos, así como la causa de cada ruso que lucha por su hogar es la causa de los hombres y de los pueblos libres en todo el mundo. Redoblemos nuestros esfuerzos y golpeemos al unísono con todo lo que nos queda de vida y de poder".

Toda medalla tiene, naturalmente, su reverso: una dictadura acababa de unirse a la alianza de los países democráticos que se oponían a Hitler y esto podía perjudicar un tanto la imagen de la coalición aliada ante los Estados Unidos. Además, el primer ministro se había comprometido a proporcionar toda la ayuda posible a la Unión Soviética. ¿Cómo iba a mantener esta promesa si a Gran Bretaña ya le costaba arreglárselas en los campos de batalla de Libia y en la ruta de los convoyes del Atlántico norte? Evidentemente, habría que decidir que Estados Unidos extendiera la ley de préstamo y arriendo a la URSS. Además, los generales británicos esperaban un intento de desembarco en Inglaterra para el otoño, cuando Hitler hubiera aplastado al ejército soviético, y todavía no tenían medios para enfrentarlo. Finalmente, toda la información disponible hablaba de una amenaza japonesa a las posesiones británicas y holandesas del sudeste de Asia. Ahora bien, Gran Bretaña no podía mantenerse sola en dos frentes al mismo tiempo, y Hong Kong o Singapur serían altamente vulnerables a un ataque. Así que, para Churchill, el camino de la salvación pasaba por un compromiso mayor de los Estados Unidos y, para decirlo con franqueza, de su entrada en la guerra. Es verdad que a comienzos de julio el Presidente anunció su intención de enviar tropas para ocupar Islandia junto a los británicos, pero lo que seguía faltando era una declaración de guerra. Ya en enero, Churchill había hablado con Hopkins de la necesidad de una entrevista cara a cara con Roosevelt; en la Casa Blanca, la idea seguía su camino, y el presidente terminó por aceptar: el 9 de agosto se encontraron en Argentia, Terranova.

Churchill preparó minuciosamente el encuentro y mientras atravesaba el Atlántico a bordo del gran acorazado *Prince of Wales*, se sentía como un colegial que iba a rendir un examen. Harry Hopkins lo acompañaba y llegó más lejos: "Podríamos decir que Winston estaba yendo al cielo a encontrase con el Buen Dios". Es verdad que ante Averell Harriman había dicho estas enternecedoras palabras: "Me pregunto si le voy a gustar al presidente". En todo caso, no dejó nada de lado para asegurarse el éxito de la reunión: los dos hombres, ambos apasionados por los asuntos navales, se encontraron a bordo de las unidades más poderosas de sus respectivas marinas, en la base naval de Placentia Bay, que los británicos habían cedido a los Estados Unidos menos de un año antes. Ambos estaban acompañados por sus consejeros más cercanos, sus jefes de estados mayores y viceministros de Asuntos Exteriores; hasta el secreto que rodeó esos cuatro días de conciliábulos garantizó su repercusión mundial.

El encuentro de nuestros dos grandes seductores, tan firmemente resueltos a seducir como a dejarse seducir, en ningún caso debía resultar un fracaso, así que fue un éxito. Es verdad que simpatizaron, que las ceremonias y las manifestaciones de unidad anglo-norteamericana a bordo de los dos grandes buques impresionaron a los observadores más experimentados y que los encuentros de jefes de estados mayores de ambos países permitieron intercambios de puntos de vista muy útiles para el futuro. Y, además, la "Carta del Atlántico", concebida al inicio como un simple comunicado de prensa, tuvo repercusión mundial a causa de los elevados objetivos que proclamaba: ningún crecimiento territorial; ninguna modificación de fronteras que no estuviese de acuerdo con la voluntad libremente expresa de los pueblos interesados; respeto del derecho de los pueblos a elegir su forma de gobierno; acceso de todos los Estados al comercio y a las materias primas mundiales; colaboración de todas las naciones en el campo económico; reestablecimiento de una paz que permita que todas las naciones vivan seguras dentro de sus propias fronteras; libertad de los mares y de los océanos; renuncia al empleo de la fuerza; creación de un sistema que permita la seguridad mundial, etcétera. El efecto de esta proclama fue tanto más considerable cuanto que se ignoraron los ásperos regateos que antecedieron su redacción y las sórdidas disputas que siguieron a su publicación.[14]

En cuanto regresó a Londres, Churchill se declaró encantado con este encuentro histórico. De hecho, tenía todas las razones para estar decepcionado: Roosevelt no había querido oír hablar de un proyecto de comunicación diplomática para advertir a Japón acerca de cualquier nueva expansión en Asia a expensas de los intereses británicos; los jefes de estados mayores norteamericanos, obnubilados por la seguridad del hemisferio occidental y por las discusiones en el Congreso sobre la extensión de la conscripción,[15] manifestaron muy poco interés por Libia, Egipto, el bombardeo de Alemania o las necesidades de Stalin en materia de armamentos; las ceremonias, la cortesía y las bromas no pudieron ocultar el hecho de que Roosevelt, por supuesto impresionado por la verba y la combatividad de su interlocutor, lo consideraba también como un imperialista de otra época, cuyos prejuicios e impulsividad justificaban la mayor desconfianza; pero, sobre todo, el presidente no se comprometió para nada con una eventual entrada de Estados Unidos en la guerra. El hecho de que luego de su regreso a Washington haya creído conveniente precisar que "no ha cambiado nada" y que "los Estados Unidos no están más cerca de la guerra" fue la confirmación oficial de un fracaso que Churchill hubiese preferido no divulgar.

Para Inglaterra, el otoño de 1941 fue sombrío y difícil: proseguía el bombardeo de las ciudades inglesas sin descanso y se cobraba miles de víctimas civiles por mes; las pérdidas de los buques mercantes en el Atlántico norte se multiplicaban, aunque la marina norteamericana escoltara todos los convoyes entre las costas norteamericanas e Islandia; mientras los alemanes se acercaban a Moscú, Stalin exigía sin cesar más armamentos y la apertura de un "segundo frente" en Europa occidental, para distraer de la URSS una parte de las divisiones alemanas; en África y en Oriente Medio, el general De Gaulle, ulcerado por la política conciliadora de Londres hacia Vichy, se mostraba como un aliado receloso y vengativo; varios informes hablaban de una mayor presión de Berlín sobre España, para que participara de un ataque alemán contra Gibraltar; en Libia, los británicos no habían adelantado nada y Churchill, que había perdido la paciencia, había hecho reemplazar a Wavell por el general Auchinleck;[16] para hacer buena letra, a mediados de noviembre nombró al general Brooke jefe del estado mayor imperial, en reemplazo de Dill, de quien sospechaba que "había perdido el espíritu de ofensiva"; el MI6 informó que los alemanes avanzaban en la investigación nuclear, utilizando agua pesada de Noruega para la puesta a punto de una pila atómica; a partir de ese momento, Churchill, por recomendación del profesor Lindemann, pasó por encima del escepticismo de los militares y funcionarios británicos e impulsó al máximo las investigaciones atómicas, con el nombre codificado de "Tube Alloys" (pero los medios materiales y financieros del país seguían siendo muy insuficientes como para llevar a buen puerto un proyecto de tal amplitud). En Japón, a mediados de octubre, la dimisión del primer ministro Konoyé y su reemplazo por el general Tojo volvieron más cierta todavía la perspectiva de una agresión japonesa en Asia del sudeste, a la que seguramente Gran Bretaña no podría hacer frente totalmente sola. Por eso Churchill, que no se cansaba nunca de acechar en las sombras una pequeña lucecita de esperanza, quedó en contacto por todos los medios posibles con Washington: "Ningún enamorado, dijo, se dedicó con tanta atención a los caprichos de su amante como yo lo hice con los de Franklin Roosevelt".

Pero el matrimonio estaba más cerca: en la noche del 7 de diciembre de 1941, en Chequers se enteraron de que la base naval de Pearl Harbor había sido atacada por la aviación japonesa. Churchill enseguida llamó por teléfono al presidente Roosevelt, que le confirmó la noticia. Y el ex viceministro de la Marina norteamericana terminó su conversación transatlántica con el ex primer lord del Almirantazgo británico con esta muy pertinente comprobación: "¡Ahora estamos todos en el mismo barco!". No iba a ser un crucero de placer, pero Churchill estaba en las nubes: "Tener a los Estados Unidos de nuestro lado fue para mí una alegría insigne. [...] De este modo, íbamos a terminar ganando". Hasta ese momento, Churchill estaba convencido de que Inglaterra no perdería, pero no tenía claro cómo iba a hacer para ganar. Ahora, le parecía que el camino estaba trazado: nada en el mundo podría resistir una gran coalición de los Estados Unidos, el Reino Unido y la Unión Soviética, siempre que supieran jugar muy bien sus cartas. Ahora bien, por el momento, los norteamericanos intentarían llevar todo el esfuerzo de guerra contra el agresor japonés; además, la expedición hacia Europa del material cubierto por los acuerdos de préstamo y arriendo se suspendió de manera instantánea: esperaban que sirvieran prioritariamente para equipar al ejército norteamericano. Para poner en orden todo esto, y sobre todo para definir con el presidente una estrategia común, Churchill viajó a los Estados Unidos el 12 de diciembre a bordo del acorazado *Duke of York*. Lo acompañaban el almirante Pound, el mariscal del Aire Portal, el mariscal Dill,[17] el ministro de Abastecimiento, lord Beaverbrook, y su médico, sir Charles Wilson, quien en esta oportunidad escribió: "Winston es otro hombre desde que Norteamérica entró en la guerra. [...] Como si, en un santiamén, lo hubiese reemplazado alguien más joven".

Es verdad que únicamente un hombre netamente más joven habría podido soportar el ritmo de actividad al que Winston Churchill se sometió desde que llegó a Washington el 22 de diciembre de 1941. Los que lo vieron saludar a la multitud con su célebre "V" de la victoria, bromear con los periodistas y participar en interminables banquetes estaban muy lejos de sospechar que cada día, durante cerca de tres semanas, entre las 8 y las 4 del día siguiente Churchill se había entrevistado con el presidente, los ministros, los jefes de estados mayores, los senadores, los representantes, los altos funcionarios y los industriales norteamericanos, el primer ministro y los parlamentarios canadienses, los diplomáticos extranjeros y los miembros de su propia delegación. En el orden del día estaban: la prioridad del conflicto en Europa;[18] la adopción de una estrategia defensiva en el Pacífico;[19] la constitución en Washington de un comité de abastecimiento combinado subordinado al anterior; la redacción de una "Declaración de las Naciones Unidas", que firmarían veinticuatro países;[20] la definición de una política anglo-norteamericana de ayuda a la China de Chiang Kai-Shek; un largo intercambio de notas con el primer ministro australiano, que estaba preocupado por el avance japonés en el Pacífico y reclamaba una mayor protección naval; el examen de un plan de establecimiento de tropas norteamericanas en Irlanda del Norte; el aplacamiento de la gaullefobia patológica del presidente y de su secretario de Estado Cordell Hull, después del desembarco de fusileros marinos de la Francia libre en Saint-Pierre y Miquelon la víspera de Navidad; la organización de convoyes de ayuda a la URSS; el establecimiento de planes norteamericanos de armamento para 1942 que, gracias a la intervención de lord Beaverbrook, previeron, entre otros, la producción de cuarenta y cinco mil aviones, otro tanto de tanques y cerca del doble de esta cifra para el año siguiente; la creación de un estado mayor conjunto integrado por ingleses, norteamericanos, australianos, holandeses (ABDA), dirigido por el general Wavell, para conducir la guerra en Extremo Oriente; el acuerdo sobre un programa común en materia de investigación atómica, que se fijaría como meta establecer antes de julio de 1942 la posibilidad de una reacción en cadena controlada; el examen de un plan de desembarco en el norte de África

("*Gymnast*") con la incorporación de Vichy; largas negociaciones sobre la ayuda norteamericana al frente de Libia; discusiones más ásperas todavía sobre la India, ya que Roosevelt quería que accediera a la independencia; la preparación minuciosa de dos largos discursos que Churchill pronunció ante el Congreso norteamericano el 26 de diciembre y ante el Parlamento canadiense el 30. Y, además de todo esto, Churchill, que había hecho que le acondicionaran una sala de mapas cerca de su habitación en la Casa Blanca, estaba regularmente informado sobre la situación militar en Asia,[21] que era catastrófica, y sobre la situación política en Gran Bretaña, ¡que apenas era mejor!

Esto era manifiestamente excesivo para un hombre de sesenta y siete años y, de hecho, el 27 de diciembre, al intentar abrir una ventana, Churchill sintió un intenso dolor en el pecho, que descendió a su brazo izquierdo y lo dejó sin aliento. Para su médico, era el signo evidente de una trombosis coronaria. ¿Pero cómo convencerlo de que descansara? Finalmente, se encargaron los norteamericanos: el industrial Stettinius puso a su disposición una lujosa mansión en Florida, adonde lo llevó en su avión personal el jefe de estado mayor Marshall. Ni siquiera Churchill podía hacer frente a una coalición de la industria pesada y de las fuerzas armadas norteamericanas, así que se tomó un descanso (muy relativo) en Palm Beach antes de enfrentar las últimas negociaciones con Washington, el viaje de regreso y las incontables molestias que lo esperaban en Londres. Además, faltó poco para que no tuviera que vérselas con nada: el 16 de enero de 1942, mientras regresaba a Inglaterra, su hidroavión perdió el rumbo y se dirigió derecho hacia Brest ocupada... Pero tuvo suerte: el mariscal del Aire Portal estaba a bordo e hizo corregir la trayectoria *in extremis*. Pero como el aparato se dirigió entonces hacia Inglaterra por el sudeste, el control de caza británico lo tomó por un bombardero enemigo: enviaron seis Hurricane, guiados por radar, para derribarlo, y no lo encontraron.

Para los ejércitos aliados, la situación a comienzos de 1942 era innegablemente la más sombría de toda la guerra: los japoneses habían entrado en las Filipinas, invadido las Célebes, Borneo, Nueva Bretaña y las islas Salomón; habían ocupado Hong Kong, tomado la mayor parte de Malasia y ahora se dirigían hacia Singapur; desde la pérdida de los acorazados *Repulse* y *Prince of Wales* en diciembre de 1941, no hubo grandes unidades navales para proteger esta base, muy vulnerable a un ataque terrestre; más al Oeste, la situación no era para nada mejor: en Alejandría, hombres ranas italianos habían logrado poner fuera de acción a dos grandes acorazados; un crucero había sido hundido en el Mediterráneo y los alemanes habían enviado a Rusia un cuerpo de aviación que sometió la isla de Malta a un bombardeo intenso. A causa de la falta de capacidad de transporte, agravada por las pérdidas terribles por la acción de los submarinos del Mediterráneo, era tan complicado reabastecer a Malta como a Singapur; en el Atlántico, y especialmente a lo largo de las costas norteamericanas, las pérdidas en tonelaje eran las más importantes de toda la guerra. Finalmente, los refuerzos prometidos para Libia tuvieron que desviarse a Extremo Oriente, lo que comprometió la ofensiva del general Auchinleck y permitió que Rommel retomara la iniciativa: el 30 de enero logró tomar Benghazi, la principal ciudad costera al oeste de Tobruk. En Londres, el día anterior, Churchill tuvo que defender a su gobierno de las críticas de los diputados, asustados por tantos desastres. Una medida de sus talentos oratorios la proporciona el hecho de que, aunque la sesión había comenzado con una cámara hostil, obtuvo la confianza después de los debates por cuatrocientos sesenta y cuatro votos contra *uno*. Los honorables diputados tuvieron que rendirse ante la evidencia: era difícil resistir a las fuerzas del Eje, pero impensable reemplazar a Churchill en medio del combate.

La situación militar no mejoró y las catástrofes se encadenaron: el 11 de febrero, los cruceros de batalla alemanes *Scharnhorst* y *Prinz Eugen* lograron dejar Brest y pasar de la Mancha al mar del Norte, sin que la Royal Navy los molestara; el 15 de febrero, Singapur capituló, un desastre que dejó a Churchill afónico; los japoneses ahora amenazaban Java en el Sur y Birmania en el Noroeste; peor todavía, después de la batalla del mar de Java, el 25 de febrero, Australia empezó a ser vulnerable a una invasión; a comienzos de marzo, los primeros desembarcos japoneses se realizaron en Nueva Guinea, en tanto que las fuerzas británicas en Birmania, bajo el mando del general Alexander, se vieron obligadas a evacuar Rangún. Cuando Java capituló a mediados de marzo, tanto India como Australia se vieron directamente amenazadas. Ahora bien, Australia tenía tan pocos habitantes que sólo podía ofrecer una resistencia simbólica, y en India, Gandhi se pronunció a favor de la no resistencia, en tanto que los elementos nacionalistas estaban dispuestos a colaborar con el enemigo. Desde fines de marzo, los japoneses, que controlaban Singapur, el estrecho de Sumatra y todo el sur de Birmania, se dirigieron hacia las fronteras de la India, en tanto que sus unidades navales empezaron a penetrar con fuerza en el océano Índico.

Para los jefes de estados mayores británicos, fue una pesadilla suprema. Si los japoneses llegaban a Ceilán y a las costas de la India, serían capaces de cortar las líneas de comunicación marítima británicas que pasaban por el golfo Pérsico, el mar de Omán y las costas africanas; también podrían unirse a las tropas alemanas, a las que su ofensiva de verano llevaría indudablemente hasta el Cáucaso y, quizá, más al sur hacia Irak, fuentes principales del abastecimiento británico de petróleo. Si esto llegaba a suceder, los setecientos cincuenta mil hombres que hacían frente a Rommel en Cercano Oriente quedarían tomados por atrás, aislados de toda posibilidad de abastecimiento y obligados a una capitulación, y quizá Gran Bretaña no podría seguir la guerra durante mucho más tiempo, sin los recursos petrolíferos del golfo Pérsico. Cuando a comienzos de abril los japoneses ocuparon las islas de Andaman, a menos de setecientas millas de las costas indias, y vieron una escuadra que tenía cinco portaviones en dirección a Ceilán, los británicos podrían haber temido lo peor... Y mucho más si consideramos que en el Atlántico la guerra submarina causaba a los Aliados pérdidas sin precedentes: seiscientas ochenta mil toneladas hundidas en febrero, setecientas cincuenta mil toneladas en marzo... Durante este tiempo, en el Ártico, los convoyes que se esforzaban por abastecer a Rusia costeando el cabo Norte soportaban pérdidas lamentables: un cuarto de los buques se hundió y nadie sabía exactamente qué hacía Stalin con los que llegaban a buen puerto. En Londres, el general Brooke, recién nombrado jefe del estado mayor imperial, se encontraba en una situación imposible: "Era una lucha desesperada para intentar tapar los agujeros". Es cierto que en tres continentes y cuatro océanos aparecían nuevos agujeros todo el tiempo, y todos los recursos aliados no bastaban para taparlos.

Pero el infortunado general Brooke aún no había visto todo. El 8 de abril, Harry Hopkins y el general Marshall llegaron a Londres con un plan de ofensiva en Francia para el verano de 1942. Lo habían llamado "Sledgehammer" y preveía el desembarco de una fuerza anglo-norteamericana encargada de establecer una cabeza de puente alrededor de Cotentin, para esperar el gran desembarco ("Round-up") en el verano de 1943. Objetivo de la operación: desviar el esfuerzo de guerra alemán de Rusia y aplastar a las fuerzas alemanas en Europa, para poder comprometer lo más tempranamente posible el conjunto de los efectivos aliados en el Pacífico... En teoría, el plan era muy atractivo, pero era desesperadamente ingenuo en la realidad: los norteamericanos no habían tirado ni un solo tiro de fusil en Europa desde 1918, sus servicios de planificación y de coordinación de los estados mayores estaban en pañales,[22] el ejército terrestre era embrionario y el presidente, que era el jefe de los ejércitos, no tenía ni siquiera un secretario de asuntos militares. Recibía a los jefes de estados mayores por separado, entre dos puertas, y no se levantaba un acta de las conversaciones. Y en estas asombrosas condiciones de improvisación, Franklin Roosevelt dio su bendición al plan "Sledgehammer".

Pero para los responsables militares británicos, lanzar una docena de divisiones poco entrenadas, débilmente equipadas y a las que les faltaban naves de desembarco contra una costa muy fortificada, defendida por cuarenta divisiones perfectamente entrenadas, sería un suicidio puro y simple. Y mucho más porque desviar equipamiento, armamento, aviación y medios de transporte marítimos hacia este nuevo frente significaría prácticamente garantizar la pérdida de Oriente Medio, del océano Índico y del golfo Pérsico. Esto fue lo que el general Brooke, el almirante Pound, el mariscal del aire Portal y el almirante Mountbatten[23] intentaron explicarle a Marshall y a Hopkins, con toda la diplomacia posible. Su propio plan para 1942 era menos ambicioso, pero claramente más realista: contener a los japoneses en el océano Índico y echar a las tropas germano-italianas de las costas africanas, desde Marruecos hasta Egipto. Esto permitiría reabrir el Mediterráneo a la navegación aliada y evitar de este modo la vuelta por el Cabo, que se llevaba todo el tiempo un millón de toneladas de capacidad de transporte. Con la ayuda del primer ministro tendrían que lograr convencer a los norteamericanos.

¡Pero no! Este era justamente el punto débil. Por una parte, Churchill no quería a ningún precio chocar con Franklin Roosevelt al decirle que el plan norteamericano era impracticable; pero había algo peor: aun cuando se daba perfectamente cuenta de la amenaza que pesaba sobre las posiciones británicas en Oriente Medio y en el océano Índico, así como de los pocos medios disponibles para hacerle frente, nuestro estratega inspirado y ruidoso quería atacar por todos lados al mismo tiempo: pidió (y obtuvo) una operación con el objetivo de ocupar Madagascar ("Ironclad"); quería incursiones de "mediana importancia" en el conjunto de las costas de la Europa ocupada, que enseguida se enfrentarían al desastre de Dieppe; ejercía una presión constante sobre el general Auchinleck para que pasara a la ofensiva contra Rommel en Libia, aunque no tenía todavía ni los medios materiales ni las concentraciones de tropas necesarias para tener alguna posibilidad de éxito; reclamaba sin descanso convoyes para Rusia, para aportarle a Stalin los miles de aviones y de tanques que le faltaban a Auchinleck, de los cuales la mayor parte iba a terminar en el fondo del agua o como chatarra;[24] exigía bombardeos cada vez más masivos a Alemania, con pocos aviones, que el ejército reclamaba con uñas y dientes para el apoyo táctico a Cercano Oriente y la Marina para la caza antisubmarina en el Atlántico, y, para coronar todo esto, quería imponer a cualquier precio una idea fija: la invasión de Noruega.

En julio, luego en septiembre de 1941, el primer ministro había solicitado a los servicios de planificación que establecieran un proyecto de operaciones en el norte de Noruega. Echar a los alemanes de esta región iba a significar, por supuesto, una gran ventaja: se amenazaría la retaguardia de la Wehrmacht, muy comprometida en Rusia, y los convoyes aliados con destino a Murmansk podrían finalmente dar la vuelta del cabo Norte sin que los diezmara la aviación y la Marina alemanas. Pero, como siempre, Churchill era incapaz de distinguir entre lo deseable y lo posible: si ya carecían cruelmente de medios de transporte y de cobertura aérea para las operaciones en curso en Cercano Oriente y en el océano Índico, si hasta inclusive estaban fuera de estado como para atravesar la Mancha para ocupar Cotentin, ¿cómo imaginar que sería posible atravesar el mar del Norte infestado de submarinos para desembarcar en una costa abrupta, muy fortificada y defendida por más de trescientos mil hombres, con un terreno montañoso, entrecortado por fiordos y prácticamente carente de rutas, con, además, condiciones climáticas imposibles y sin cobertura aérea, a falta de portaviones disponibles? Evidentemente, era irracional y, de hecho, los servicios de planificación rechazaron toda idea de operaciones en Noruega. Churchill, de ningún modo impresionado, le encargó un poco más tarde al general Brooke, entonces comandante de las fuerzas del interior, que estableciera un nuevo plan detallado para la toma de Trondheim (nombre del código: "Ajax"). El 11 de octubre de 1941, después de examinar la cuestión, Brooke y su estado mayor decretaron también que la operación era imposible. Pero el que pensó que esto lo haría renunciar no conocía a Winston Churchill: en una nota ultrasecreta con fecha del 12 de octubre y que llevaba la etiqueta roja de *"Action this Day!"*, escribió: "Hay que realizar todos los preparativos para la operación 'Ajax'. [...] El plan tiene que someterse a un examen detallado, que permita ver de qué manera los muchos obstáculos mencionados pueden superarse".

¿Tenemos que precisar que seis meses más tarde el primer ministro seguía sin renunciar a su idea fija? El plan solamente había cambiado de nombre y ahora se llamaba "Júpiter". En una carta del 28 de mayo de 1942, Churchill se lo contó al presidente Roosevelt precisando que "le otorgo una gran importancia a este asunto", lo que era casi un eufemismo. Pero de golpe, los jefes de estados mayores británicos se encontraron en una situación imposible: mientras desde hacía dos meses se esforzaban por explicarles a sus homólogos norteamericanos la necesidad de concentrar todas las fuerzas disponibles, evitando toda dispersión y toda ofensiva prematura, ahora tenían que intentar justificar la inspiración de su primer ministro sobre este "Júpiter" que no querían a ningún precio. Si consideramos que en esta época los norteamericanos seguían insistiendo en poner en marcha el "Sledgehammer" en septiembre, en tanto que en Libia, Tobruk acababa de caer en manos de los alemanes (y que Churchill ahora proponía un desembarco en Sicilia y una operación terrestre para recuperar Rangún), no podemos dejar de maravillarnos ante la circunstancia de que los jefes de estados mayores británicos no hayan hecho valer su derecho a la jubilación o pedido de que los internaran.

Pero lentamente, muy lentamente, el destino empezó a cambiar de rumbo. En Ceilán, algunas decenas de Hurricane dañaron tanto la aviación japonesa embarcada, que el portaviones del almirante Nagumo tuvo que pasar el estrecho de Sumatra y no volvieron a aparecer por el océano Índico. En Birmania, las tropas japonesas tropezaron en la frontera india y empezaron a ser acechadas en la retaguardia; en el Pacífico, las grandes batallas del mar de Coral y de Midway le provocaron tales pérdidas a la Marina japonesa que a partir de ese momento se limitó a quedar a la defensiva. De este modo, la irresistible expansión del Sol Naciente alcanzó sus límites y el espectro de la unión entre las fuerzas del Eje empezó a alejarse a partir del verano de 1942, y mucho más porque en Rusia, la Wehrmacht ciertamente había llegado a Sebastopol y Stalingrado durante su ofensiva de verano, pero no había avanzado en el Cáucaso, y los pozos de petróleo de Irán y de Irak seguían fuera de su alcance.

Pero para los jefes de estados mayores británicos la batalla había que librarla en Londres y en Washington. Se precisó todo el talento persuasivo de Brooke, Pound, Portal, Mountbatten y sus asistentes para que Churchill renunciara una vez más al plan "Júpiter", que había sido destrozado por los servicios de planificación conjuntos el 28 de junio; luego había que interceptar y atenuar los telegramas que

Churchill le enviaba al general Auchinleck para obligarlo a que tomara la ofensiva en Egipto sin tardanzas y, sobre todo, convencer al primer ministro de que renunciara a reemplazar a Auchinleck por lord Gort o por algún otro general del que había oído hablar bien. También había que usar todos los recursos de la diplomacia para que admitiera que las pérdidas de los convoyes con destino a Murmansk eran insostenibles[25] y convencerlo de interrumpirlos momentáneamente; finalmente, también habría que convencerlo de que resistiera los reclamos de los soviéticos, de los norteamericanos, de los diputados británicos y de la opinión pública "progresista" a favor de la apertura de un segundo frente en Europa en 1942, tanto más cuanto que Marshall, el almirante King y el secretario de Guerra Stimson hicieron saber discretamente a sus colegas británicos que, si no aceptaban el "Sledgehammer" para septiembre, los Estados Unidos concentrarían todo su esfuerzo bélico en el Pacífico.

Pero, a fuerza de obstinación, los jefes de estados mayores británicos triunfaron, mucho antes de aparecer en los campos de batalla. Churchill, muy criticado, volvió a Estados Unidos el 19 de junio[26] y le entregó el siguiente memorándum al presidente: "Seguimos convencidos de que no tendría que haber un desembarco importante en Francia este año, salvo que sea para quedarnos allí. Hasta este momento, ninguna instancia británica responsable ha sido capaz de establecer un plan para septiembre de 1942 que tenga alguna posibilidad de terminar bien [...]. ¿Los estados mayores norteamericanos tienen un plan? ¿Dónde proponen golpear? ¿Cuántas naves de desembarco y barcos de transporte tienen disponibles? ¿Qué oficial está dispuesto a estar al mando de la expedición? En el caso de que sea imposible elaborar un plan que pueda recoger la aprobación de las autoridades responsables, ¿qué podemos hacer? [...] ¿No tendríamos que preparar [...] alguna otra operación que nos permita tomar ventaja y aliviar directa o indirectamente a Rusia? En este contexto, habría que estudiar el plan de operaciones en África del norte francesa".

Este es un escrito que iba a seguir su camino: cuando el 20 de julio siguiente, Marshall, Hopkins y King volvieron a Londres para intentar imponer "Sledgehammer" y sus colegas británicos seguían empecinados en sus posiciones, el presidente Roosevelt, comandante en jefe de los ejércitos norteamericanos desaprobó por primera vez a sus propios jefes de estados mayores y les dio la instrucción de aceptar el plan británico de desembarco en África del Norte.

Por primera vez en la guerra, ingleses y norteamericanos trabajaron en el mismo plan de operaciones: "Gymnast", al que Churchill rebautizó "Torch". Como quería testimoniar reconocimiento al presidente, también insistió en que el comandante de la operación fuese norteamericano, y fue el general Eisenhower, jefe adjunto de la sección de planificación en el estado mayor y... ¡ferviente partidario de "Sledgehammer"! Este oscuro general, que ni siquiera había dirigido un batallón y no conocía mejor África que Europa, era, sin embargo, un organizador talentoso, un diplomático curtido y un ferviente apóstol de la cooperación anglo-norteamericana.

Sin embargo, los jefes de estados mayores británicos pensaban que estaban muy lejos de haber ganado la partida: tenían que convencer a los norteamericanos de ver las cosas en grande, al desembarcar simultáneamente en Argelia y en Marruecos,[27] y de enviar suficiente cantidad de efectivos para que la empresa no pudiera fracasar; al mismo tiempo, tenían que contener a Churchill, quien, después del desastre de Tobruk[28] quería impulsar la ofensiva, reemplazar al general Auchinleck y al comandante del 8º ejército. A comienzos de agosto, Churchill y su estado mayor volaron a El Cairo y el general Brooke, que había admitido la necesidad de un cambio, logró convencer al primer ministro de nombrar al general Alexander como comandante en jefe y al general Montgomery como comandante del 8º ejército;[29] después, tuvo que mostrarse más persuasivo aún para disuadir a Churchill de que diera a estos nuevos jefes instrucciones detalladas sobre la manera de emprender la ofensiva. Y, para terminar, tuvo que conjurar al primer ministro a que volviera a Inglaterra antes de que las operaciones finalmente comenzaran.

Es que Churchill, siempre fascinado por "los ojos brillantes del peligro", hubiese querido quedarse para observar, participar y hasta dirigir. Pero había pasado mucho tiempo desde Omdurman, Ladysmith y Amberes; las inspiraciones, inclusive las geniales, no bastaban, y la conducción de las operaciones en el campo era competencia de profesionales y técnicos a los que había que dejar trabajar en paz. ¿Qué hacer con este director de orquesta virtuoso pero perpetuamente tentado a dejar la batuta para tocar la partitura del violinista o la del trompetista, mientras pretendía seguir dirigiendo la orquesta? En estos casos es imposible evitar desafinar. Pero el 24 de agosto, para gran alivio de todos, el maestro aceptó volver al atril y empezó el peligroso camino de regreso.

En Londres estuvo en los primeros palcos para seguir la sinfonía: el 24 de octubre, después de haber frenado el ataque de Rommel ante Alam Halfa, Montgomery lanzó en El Alamein una potente ofensiva que rompió al Afrika Korps en tres semanas. El 7 de noviembre, como remate, las tropas anglo-norteamericanas desembarcaron en Orán, Argelia y Casablanca. Para los ejércitos aliados se acababa el período de los grandes reveses; para las fuerzas del Eje, recién empezaban. "No es el fin, decía exultante Churchill, ni siquiera el comienzo del fin; pero quizá sea el fin del comienzo".

12

Segundo violín

¡Cuánto camino recorrido en un año! A comienzos de noviembre de 1941, muy poca gente habría apostado a favor de las posibilidades de sobrevivir de Inglaterra: acorralada en una posición defensiva en Europa, fracasando en Cercano Oriente, amenazada en Extremo Oriente, estrangulada lentamente en el Atlántico, tenía como única aliada a una Rusia invadida, cuya caída parecía inevitable. Un año más tarde, todo había cambiado: el Reino Unido se encontraba en el centro de una poderosa coalición que, después de sangrientos reveses, había dado un golpe que logró detener a las potencias del Eje en todos los escenarios de guerra, desde el Ártico hasta el Pacífico Sur.

Para Winston Churchill no había dudas: este milagro se debía, ante todo, a la unión de los pueblos de lengua inglesa y a los vínculos personales que él mismo había establecido con el presidente Roosevelt. En efecto, gracias al apoyo del material norteamericano fue posible sostenerse en el canal de la Mancha, en el Mediterráneo, en el Atlántico y en el océano Índico; gracias a la comprensión de Franklin Roosevelt, el esfuerzo de guerra norteamericano se dirigió prioritariamente a Europa, en tanto que los Estados Unidos corría riesgos en Asia; y también gracias a la buena voluntad del presidente, los Aliados habían evitado el desastre sangriento que habría significado un desembarco en Francia en 1942 y habían puesto en marcha la estrategia británica del desembarco en el norte de África.

Churchill, tan sentimental como pragmático, expresó su gratitud al insistir en que el mando de "Torch" se confiara a un general norteamericano, pero también al declararse "fiel teniente" del presidente en este asunto. Esto implicaba que se adelantaría a todos sus deseos y que lo apoyaría sucediera lo que sucediese. Pero Roosevelt tenía algunas exigencias que formular antes de que se iniciara la operación: para abrir las puertas de África del Norte a los Aliados, contaba con la ayuda del general Henri-Honoré Giraud, que acababa de escapar del cautiverio en Alemania. Este guapo espadachín, poco sospechado de intelectualidad y bastante comprometido con Vichy, parecía presentar todas las garantías de ingenuidad política y de antigaullismo visceral para ser el hombre de los Aliados en África del Norte. Además, al apostar al prestigio de los norteamericanos ante las autoridades de Vichy para desarmar a los defensores de Argelia y de Marruecos, el presidente deseaba que los británicos fuesen muy discretos en el momento de los desembarcos y que los franceses libres quedaran totalmente excluidos. Esto parecía un tanto ingenuo, sobre todo desde el regreso de Laval al poder en Vichy, y para Londres, complicaba las cosas: la exclusión de la Francia libre iba a provocar la ira del general De Gaulle, con quien las relaciones ya eran bastante difíciles.[1] Pero como fiel teniente del presidente, Churchill, naturalmente, aceptó todo.

La estratagema falló: en Casablanca, donde sólo desembarcaron tropas norteamericanas, la resistencia fue la más ensañada; en Argelia, donde eran la vanguardia, también tuvieron que librar duros combates. Pero el azar quiso que encontraran en el lugar al general Darlan, que había ido a visitar a su hijo enfermo; el general Giraud tardó en llegar y cuando lo consiguió, el 9 de noviembre, en Argelia, se dio cuenta de que ninguno de los responsables franceses en el norte de África estaba dispuesto a obedecerle. El almirante Darlan estaba en poder de los norteamericanos y los combates cesaron en Argelia, pero en el resto de los lugares las fuerzas francesas siguieron siendo fieles a Vichy y opusieron una feroz resistencia a los Aliados. El almirante Darlan era el único que podía ordenar un cese del fuego, y era preciso a cualquier precio que se detuvieran las hostilidades en Argelia y en Marruecos, pues los alemanes se habían repuesto y, con la complicidad de las autoridades locales, empezaban a encaminar las tropas hacia Túnez. Para los norteamericanos, la situación era muy grave, pero el general Clark, que representaba a Eisenhower en el norte de África, era un hombre de acción y, según su propia confesión, "no sabía nada de política". En la mañana del 10 de noviembre, firmó un acuerdo con Darlan: el almirante podría ejercer el poder en África del Norte "en nombre del Mariscal", a cambio de lo cual ordenaría el cese del fuego general en Argelia y Marruecos. Eisenhower, que había llegado a Argelia ese día, dio su consentimiento; después de todo, la solución Giraud había fracasado y el acuerdo con Darlan permitiría salvar muchas vidas norteamericanas. "Soy sólo un soldado, dijo Eisenhower. No entiendo nada de diplomacia".

El Departamento de Estado entendía algo más, pero se mantuvo apartado de las negociaciones. En cuanto al presidente Roosevelt, no sabía nada de nada: para él, Darlan, Giraud y De Gaulle eran "tres *prime donne*", y el mejor modo de solucionar este asunto era "dejarlas a las tres solas en una habitación y confiar el gobierno de los territorios ocupados a la que salga con vida de ahí". Pero como esto no podía hacerse, la solución propuesta por los generales Clark y Eisenhower le parecía aceptable. Es verdad que el almirante Darlan había colaborado con Hitler durante más de un año; que les había entregado la Indochina francesa a los japoneses; que había autorizado a los alemanes a usar los aeropuertos franceses de Siria; que había permitido que el Afrika Korps de Rommel se reabasteciera en Túnez; que había declarado seis meses antes: "Llegará el día en que Inglaterra pagará". Y, además, ¿no era el hombre más odiado en Francia después de Laval? ¿No había ordenado a sus tropas que abrieran fuego sobre los norteamericanos hacía apenas dos días? Vistas desde Washington, las cosas no eran tan claras, y Eisenhower tuvo luz verde; tres días más tarde, Darlan se convirtió en "alto comisario para África del Norte", con el apoyo de los norteamericanos y siempre "en nombre del Mariscal".[2] Inmediatamente lo reconocieron en este puesto los "procónsules" Noguès, Chatel y Bergeret, el gobernador Boisson y hasta el general Giraud, que había recibido el comando en jefe del Ejército a modo de consuelo.

La novedad de la toma del poder por parte del almirante Darlan en África del Norte con la bendición de los norteamericanos fue recibida en Londres con incredulidad y consternación. El mismo Churchill estaba asqueado: "Habría que fusilar a Darlan", decía. Pero antes del inicio de "Torch", el primer ministro le había prometido al presidente Roosevelt apoyarlo en todas las circunstancias, y en ese momento se encontraba en una situación muy incómoda; el 16 de noviembre le confió al general De Gaulle que "entendía perfectamente sus sentimientos y que los compartía. Pero [...] actualmente estamos en medio de la batalla, y lo que cuenta ante todo es echar al enemigo de Túnez. [...] Las disposiciones que tomó el general Eisenhower son esencialmente temporarias y no comprometen en nada el porvenir". Sin embargo, De Gaulle tenía la costumbre de dar a conocer sus puntos de vista, y en esta oportunidad eran muy perspicaces: "No lo comprendo. Usted hace la guerra desde el primer día. Hasta podríamos decir que, personalmente, usted es esta guerra. Sus ejércitos son victoriosos en Libia. Y usted se pone a remolque de los Estados Unidos cuando todavía ningún soldado norteamericano ha mirado a la cara a un soldado alemán. Usted es quien tiene que tomar la dirección moral de esta guerra. La opinión pública europea lo seguirá". El general escribió: "Esta salida golpeó a Churchill. Lo vi moverse en la silla". De hecho, el primer ministro estaba destrozado. Al otro día escribió al presidente Roosevelt: "Me veo obligado a señalarle que el acuerdo con Darlan provocó una profunda agitación en la opinión pública. [...] La gran masa de la gente del pueblo, cuya fidelidad simple y franca constituye nuestra fuerza, no comprendería la firma de un acuerdo permanente con Darlan ni la constitución de un gobierno presidido por él en África del Norte".

Es verdad que la gran masa de la gente del pueblo no comprendía y que el presidente ya se había dado cuenta, pues la Casa Blanca acababa de recibir un verdadero diluvio de protestas. Roosevelt, un político consumado, se dedicó a desarmar las críticas y declaró en una conferencia de prensa: "He aceptado las disposiciones políticas tomadas a título provisorio por el general Eisenhower, en relación con África del Norte y Occidental. Comprendo perfectamente y apruebo a los que [...] estiman que a causa de los acontecimientos de los dos últimos años no habría que firmar ningún acuerdo definitivo con el almirante Darlan. Pero el acuerdo temporario firmado para África del Norte y Occidental es sólo un expediente provisorio, únicamente justificado por las necesidades de la batalla". Todavía habría tres "temporarios" y dos "provisorios" antes del fin del discurso, pero en privado. Roosevelt declaró claramente que utilizaría a Darlan el tiempo que fuera necesario y que seguiría colaborando con los hombres de Vichy en África del Norte mientras no fuese demasiado costoso para su imagen política en los Estados Unidos. De modo que el expediente provisorio corría el riesgo de eternizarse.

Sin embargo, esta asociación *contra natura* con uno de los principales artesanos de la colaboración provocó una indignación cada vez mayor en Gran Bretaña. La prensa protestó enérgicamente, el Parlamento se agitó, los gobiernos en el exilio se quejaron con amargura, el SOE informó que la noticia del acuerdo con Darlan "provocó violentas reacciones en todas nuestras redes clandestinas en territorio ocupado, en especial en Francia, donde tuvo el efecto de una bomba". En la BBC y en el Political Warfare Executive, la casi totalidad del personal empleado en las secciones francesas presentó su renuncia, y hasta dentro del gobierno británico varios ministros, con Anthony Eden a la cabeza, se declararon hostiles a una política tan manifiestamente contraria a la Carta del Atlántico y a la Declaración de las Naciones Unidas. Pero Churchill, acostumbrado a luchar para defenderse, apoyó a Roosevelt contra viento y marea: ¿cómo podían esperar ganar la guerra sin una colaboración estrecha entre Gran Bretaña y los Estados Unidos? Por consiguiente, en sus propias palabras, sólo quedaba "el ardiente y emprendedor segundo" del presidente y los ataques no hicieron otra cosa que despertar su espíritu combativo: "Me resultaba penoso comprobar que el éxito de nuestra inmensa operación y la victoria de El Alamein se vieron eclipsados en el espíritu de muchos de mis mejores amigos por lo que les parecía un tratado innoble y sórdido con uno de nuestros peores enemigos. Me parecía que su actitud era poco razonable, pues no consideraba demasiado ciertas dificultades de la lucha y de la vida de nuestros soldados. Cuando sus críticas fueron todavía más fuertes, me enojé y sentí algún desprecio por una tal falta de sentido de las proporciones".

Aunque Churchill no quisiera admitirlo, su reacción a las críticas también tomó una forma inesperada: lo alejó más del general De Gaulle y lo acercó más al almirante Darlan. Así, el 26 de noviembre, declaró a Eden que "Darlan hace más por nosotros que De Gaulle". Dos días más tarde, el consejero diplomático Oliver Harvey anotó en su diario que el "primer ministro está cada vez más a favor de Darlan". Si consideramos que Churchill había tratado a este mismo Darlan de villano, miserable, granuja, traidor y renegado, y que había declarado trece días antes que "habría que fusilar" al almirante, nos veremos obligados a concluir que el primer ministro no siempre tenía un juicio definitivo. Pero lo más sorprendente sigue siendo, sin duda, el discurso que menos de dos semanas más tarde pronunció en una sesión secreta del Parlamento. En él se encuentra una brillante exposición de los obstáculos con los que se había enfrentado la operación "Torch" en sus inicios, un extraordinario retrato del mariscal Pétain (apellido que Churchill pronunciaba *Peteñe* y persona a la que describía como un derrotista antediluviano), una apología evidente del almirante Darlan y, por último, un ataque en regla contra el general De Gaulle. Por suerte, este no se enteró, pero no dejó de notar un cambio muy claro de actitud por parte de Churchill durante las últimas semanas, tal como le confió a Trygve Lie, ministro de Asuntos Exteriores de Noruega. Este señaló en su informe: "De Gaulle mencionó que había visto a Churchill cuatro veces después del acuerdo con Darlan y que cada vez el primer ministro se había mostrado un poco más sometido a los norteamericanos".

Era un hecho, pero las autoridades británicas seguían recibiendo incontables mensajes de las organizaciones de la resistencia francesas que afirmaban su adhesión a De Gaulle y su irreductible oposición al almirante Darlan; el Foreign Office también había recibido enérgicas protestas de los gobiernos en el exilio, que temían por sobre todas las cosas ver a los norteamericanos colaborar con Mussert, Degrelle, Neditch y otros Quisling después de la liberación de sus países. Entre tanto, la prensa británica seguía indignándose ruidosamente: a mediados de diciembre, hasta el *Times* salió a la palestra para señalar "las graves inquietudes provocadas por el pasado de Darlan y por sus ambiciones actuales".

La campaña de prensa contra el "expediente provisorio" empezó también a cobrar importancia del otro lado del Atlántico, sobre todo cuando se enteraron de que nuevamente se perseguía a los gaullistas y a los judíos en África del Norte. Los hombres de Vichy, los colaboradores, los oficiales antibritánicos y antinorteamericanos volvieron a sus funciones, mientras que una gran cantidad de agentes alemanes e italianos atravesaban sin dificultades las fronteras argelinas y marroquíes. En los Estados Unidos, la prensa y los adversarios del presidente comentaban todo esto sin indulgencia y Roosevelt empezó a inquietarse: era evidente que sus declaraciones tranquilizadoras sobre el "expediente provisorio" no habían tenido el efecto deseado. En privado declaró que pronto iba a deshacerse del almirante, mientras que en público hacía saber que estaba dispuesto a recibir al general De Gaulle. En realidad, se habría necesitado mucho más que esto para aplacar la tormenta política que se levantó en Washington a fines de 1942; pero el 24 de diciembre se enteraron de que habían asesinado en Argelia al almirante Darlan.

Pocos atentados fueron recibidos con tanta indignación pública y alivio secreto. El presidente Roosevelt, que inmediatamente condenó el crimen, vio en él, a pesar de todo, una solución aceptable para el delicado problema del expediente provisorio. Y cuando poco después se enteró de que el general Giraud había sido nombrado alto comisario y comandante en jefe civil y militar para el África francesa por un "consejo imperial" compuesto por los vichystas Boisson, Chatel, Noguès y Bergeret, el Presidente tuvo todas las razones para estar satisfecho: a diferencia de Darlan, Giraud no se había comprometido con los alemanes, era un excelente soldado, no le interesaba la política y detestaba al general De Gaulle. ¿Qué más se podía pedir?

Detrás de una máscara de indignación virtuosa, Winston Churchill también estaba satisfecho, como Roosevelt, del giro que habían tomado los acontecimientos. Como escribió en sus *Memorias*: "La muerte de Darlan, por criminal que haya sido, les ahorró a los Aliados la molestia de tener que seguir cooperando con él y les dejó todas las ventajas que el almirante había podido procurarles durante las horas cruciales del desembarco". Churchill también estaba muy satisfecho con la nominación del general Giraud como sucesor de Darlan: finalmente había llegado la oportunidad de realizar la unidad entre franceses de Londres y franceses de África del Norte, y de formar "un núcleo francés, sólido y unido", que fuese sin dudas menos intransigente que el Comité de Londres y su irascible presidente. Por otra parte, el primer ministro se enteró con placer de que De Gaulle estaba dispuesto a encontrarse con el general Giraud y había propuesto hacerlo enseguida; como De Gaulle también tenía que ir a Washington a fin de mes, se podía pensar que las cosas se arreglarían del mejor modo.

Sin embargo, nada iba a suceder como estaba previsto. Giraud se negó a encontrarse con De Gaulle, y éste recibió el 27 de diciembre una nota de Washington en la que le solicitaban aplazar su viaje a los Estados Unidos. El mismo día el jefe de la Francia combatiente tuvo una entrevista con Churchill que le dejó una impresión lamentable: el primer ministro le declaró sin ambages que no se opondría en ningún caso a la política norteamericana, incluso si Washington tenía que entregarle toda África del Norte a Giraud. Para De Gaulle, esto indicaba que Giraud buscaba excluirlo de África del Norte, con el apoyo de los norteamericanos y la connivencia de los ingleses. Su reacción no se dejó esperar: apeló a la opinión pública; después de una primera alocución difundida por radio el 28 de diciembre, el 2 de enero de 1943 redactó un comunicado que revelaba el desorden que reinaba en África del Norte, sus propios esfuerzos para lograr la unidad y la actitud dilatoria del general Giraud. Esta declaración, publicada por la prensa británica y enseguida por la norteamericana, desencadenó en ambas costas del Atlántico una inmensa corriente de simpatía por el general De Gaulle y sus *"gallant Fighting French"* y, al mismo tiempo, una verdadera corriente de indignación contra la política norafricana del Presidente y de su fiel teniente.

Roosevelt se preocupó por las campañas de prensa dirigidas en su contra; como un político consumado, sobre todo, lo inquietaba el daño que podrían causarle a su reputación de demócrata. Y, aunque no tenía de ningún modo la intención de contribuir a una reconciliación entre los franceses, el presidente llegó a pensar que no era posible seguir excluyendo por completo al general De Gaulle de África del Norte. De modo que les pidió a sus diplomáticos que concibieran una especie de plan de fusión que permitiera incorporar al general a la administración de África del Norte, atribuyéndole, por supuesto, una función subordinada. Winston Churchill también se encontraba en una situación de lo más delicada: por una parte, le otorgaba una importancia primordial a la prosecución de las relaciones privilegiadas con los Estados Unidos y vería con placer que De Gaulle abandonara el primer plano. Pero en 1940 se había comprometido oficialmente a apoyarlo y no podía volver atrás con sus compromisos. Además, el asunto Darlan había incrementado considerablemente el prestigio del general, y contaba con el apoyo de la Resistencia Francesa, de la mayor parte de la opinión pública británica, de la prensa, del Parlamento y hasta de la familia real, de modo que cualquier medida que se tomara contra él debilitaría la resistencia en Francia, pero también la posición del primer ministro en Gran Bretaña. Por último, la situación de África del Norte se agravó aún más: todos los funcionarios fieles a Vichy recuperaron sus puestos, los colaboracionistas regresaron, los gaullistas estaban en la cárcel, el Servicio de Orden legionario mantenía a raya a la población, seguía vigente la legislación de Vichy y se habían reestablecido todas las comunicaciones con Vichy. En Inglaterra, la prensa criticaba cada vez más abiertamente al gobierno, que toleraba este estado de hecho y apañaba la política norteamericana. Ante esta situación, Churchill no tuvo elección: siguió los consejos de Eden y le aseguró a la prensa, a la opinión pública y al Parlamento que no estaba haciendo ningún esfuerzo para promover la unión de todos los franceses de África del Norte.

Pero había que unir los actos con las palabras y, al mismo tiempo, seguir siendo solidario con la política norafricana de Washington y esforzándose por atenuar la *gaullofobia* patológica del presidente. Después de esto, ¿quién iba a seguir creyendo que bastaba con ser un buen guerrero para conducir una guerra mundial?

Mientras tanto, la baja política no debía permitir olvidar la alta estrategia, y se volvió urgente reunir a los responsables militares ingleses y norteamericanos para definir las nuevas prioridades. Pues si bien la posición aliada se había reforzado considerablemente a causa de la ocupación de Argelia, Marruecos, África occidental y la mayor parte de Libia, así como desde la victoria de Guadalcanal en el Pacífico y el cerco de los ejércitos alemanes en Stalingrado, todavía los alemanes seguían dominando el territorio francés y se encontraban atrincherados en Túnez, donde mantenían a los británicos de Montgomery en el Este y a los norteamericanos de Eisenhower en el Oeste. Pero para Churchill, estratega impulsivo y expeditivo, la victoria en Túnez no era más que una cuestión de semanas, de modo que había que afectar las tropas a tareas más grandiosas: una ofensiva en Birmania para restablecer las comunicaciones con China; un desembarco en Noruega para asegurar el paso de los convoyes hacia la URSS y hasta... un desembarco en Francia, en el plazo más breve posible y por los caminos más cortos.

Estos desbordes de entusiasmo estratégico provocaron una protesta general de los jefes militares, empezando por el general Eisenhower, quien envió un cable el 12 de noviembre que decía: "Me opongo categóricamente a cualquier idea que consista en reducir los efectivos de 'Torch'. Por el contrario, tendríamos que reforzarlos [...] para terminar la conquista de África del Norte. Es muy normal establecer planes estratégicos para el futuro, pero, por el amor del cielo, intentemos hacer una cosa después de la otra". Y esto era justamente lo que Winston Churchill no sabía hacer. El general Ismay había dicho un día de él: "Es el mayor genio militar de la historia: puede usar una división en tres frentes al mismo tiempo". Sus jefes de estados mayores, que no eran capaces de hacer esto, compartían por completo la opinión de Eisenhower: no había que subestimar las dificultades de la campaña de Túnez, y la conquista del norte de África tenía un interés estratégico limitado, si no era seguida por un desembarco en Sicilia. En otras palabras, para ellos se trataba de circunscribirse a los planes preestablecidos, sin dejarse seducir por sueños de conquistas que seguían siendo quiméricos de acuerdo con los recursos disponibles.

Hubo que persuadir no sólo a Churchill, sino también a Roosevelt y a sus jefes de estados mayores. El general Marshall y el ministro de Guerra Simons también querían liquidar rápidamente el escenario del Mediterráneo, para poder proceder, en la primavera de 1943, a un desembarco en Bretaña o en el paso de Calais. Así que estaban encantados de enterarse de que ésta era también la opinión del primer ministro británico, y consideraban que nadie podría resistirse a un frente que uniera a Roosevelt, Churchill y los responsables militares norteamericanos. Pero se olvidaban de un detalle: era bastante fácil influir en Winston Churchill, siempre que sus interlocutores supieran hacerlo y conocieran bien su oficio. Ahora bien, esto es justamente lo que pasaba con los miembros del Comité británico de jefes de estados mayores, con el general Brooke a la cabeza. El 16 de diciembre éste escribió en su diario: "Reunión del comité de jefes de estados mayores con el primer ministro. Como era partidario de un frente en Francia para 1943, mientras pedíamos operaciones anfibias en el Mediterráneo, temí lo peor. [...] Sin embargo, logré que cambiara de opinión, y creo que ya no es más peligroso. Ahora tengo que convencer a los norteamericanos". Nadie esperaba que fuera un juego placentero, pero al menos las discusiones se llevaron a cabo dentro de un marco agradable: Churchill y Roosevelt convinieron organizar una cumbre político-estratégica en Casablanca a mediados de enero de 1943.[3]

Fue una conferencia memorable. En un lujoso hotel situado en la colina de Anfa, que pendía sobre el mar y la ciudad de Casablanca, los estados mayores ingleses y norteamericanos intentaron acordar una estrategia común, en tanto que, muy cerca, en suntuosas residencias requisadas, el presidente y el primer ministro discutían sobre alta política. Los jefes de estados mayores se tomaron su trabajo muy en serio, y los británicos más que los norteamericanos: prepararon las sesiones minuciosamente, adoptaron posiciones comunes e hicieron traer un trasatlántico de 6.000 toneladas, convertido en cuartel general flotante, con servicios de decodificación, cartografía, planificación, archivos, estadísticas y el equipamiento necesario para realizar todos los cálculos y simulacros posibles. Sus colegas norteamericanos llegaron sin ningún servicio auxiliar y ni siquiera se habían puesto de acuerdo sobre qué estrategia adoptar.[4] En estas condiciones, después de cinco días de conversaciones, los británicos lograron imponer su plan de desembarco en Sicilia ("Husky"), que se implementaría después de haber eliminado a las fuerzas del Eje en Túnez. De esta manera esperaban obligar a Italia a salir de la guerra y alentar a Turquía a entrar en ella. En cuanto al resto, le otorgarían una prioridad absoluta a la batalla del Atlántico y seguirían acumulando fuerzas en Gran Bretaña ("Bolero") para prever un desembarco en Francia ("Round-up") en 1944. Por último, si bien el general Eisenhower fue confirmado en sus funciones de comandante supremo, la dirección de las operaciones en el terreno fue confiada a oficiales británicos mucho más experimentados: Alexander, Tedder y el almirante Cunningham. El 18 de enero, mientras las negociaciones todavía estaban en un punto muerto, el general Dill, representante británico ante el comité de los jefes de estados mayores combinados, intercambió estas palabras reveladoras con el general Brooke: "Tienen que llegar a un acuerdo con los norteamericanos, pues no se trata de llevarle un problema no resuelto al primer ministro y al presidente: saben como yo el daño que ellos pueden provocar"..

Esto era lo que estaban haciendo en el campo político. El cónsul norteamericano Robert Murphy había notado desde el comienzo que "el humor del presidente Roosevelt era el de un escolar de vacaciones, lo que explica la manera casi frívola de abordar algunos problemas difíciles que tenía que tratar". Entre ellos estaba, por supuesto, la espinosa cuestión de la unidad francesa: al llegar a Casablanca, el presidente hizo que le comunicaran los últimos extractos de la prensa, que seguía denunciando su política norafricana con un tono muy sarcástico; peor aún, ciertos cronistas norteamericanos que en el pasado habían apoyado con firmeza su política liberal se habían vuelto los más feroces detractores en este asunto. Roosevelt comprendió inmediatamente el peligro y se resignó a tratar él mismo el asunto con Churchill. Como le escribió a Cordell Hull: "Esperaba que pudiéramos evitar las discusiones políticas en este momento; pero me di cuenta en cuanto llegué de que los diarios norteamericanos e ingleses habían hecho una verdadera montaña de nada, de manera que no pienso volver a Washington antes de haber arreglado este asunto".

Así que el Presidente buscó una solución que satisficiera a los franceses o, al menos, calmara a la opinión pública norteamericana. Pero, como su humor era el de "un escolar de vacaciones", encaró este delicado asunto con una asombrosa ligereza, y la solución que le propuso a su interlocutor británico fue la siguiente: "Llamaremos a Giraud el hombre casadero y lo haré venir a Argelia, y usted hará que desde Londres venga la mujer casadera, De Gaulle, y arreglaremos un matrimonio forzoso". Churchill quedó bastante sorprendido: le parecía que el problema era un tanto más complicado, y el general De Gaulle nunca había visto con buenos ojos que los "anglosajones" se inmiscuyeran en los problemas franceses. Pero Roosevelt no comprendería que se negara a hacer ir al general y, por otra parte, ¿acaso De Gaulle no había dicho que deseaba encontrarse con Giraud? El presidente sabía ser persuasivo y, evidentemente, Churchill había caído bajo su influencia, así que al regresar, a la madrugada, balbuceó ante su guardia de cuerpo: "Vamos a tener que casarlos de una manera o de otra".

No iba a ser un juego placentero. Primero, De Gaulle declinó la invitación, pero cuando por fin aceptó ir, el 22 de julio, tuvo un encuentro glacial con Giraud y se negó de plano a un plan de "reconciliación" que apuntara a fusionar a gaullistas, giraudistas y vichystas de África del Norte bajo la égida anglo-norteamericana, e incluso rechazó el proyecto de comunicado destinado a salvar la imagen del presidente y del primer ministro ante la opinión internacional. Churchill se sintió mortificado, mientras el pueblo y el Parlamento británicos esperaban resultados concretos de este encuentro, él, el primer ministro de Su Majestad, quedó literalmente ridiculizado ante el presidente de los Estados Unidos por un hombre al que todo el mundo consideraba su creación. Esto explica las fuertes palabras que Churchill le dirigió al general, en su francés de fantasía: "Si usted me *obstaculoriza*, yo lo liquidaré"; "Lo acusaré públicamente de haber impedido el acuerdo, levantaré en su contra a la opinión pública de mi país y apelaré a la francesa"; "Lo denunciaré ante los Comunes y en la radio". Pero De Gaulle se limitó a contestarle: "Usted es libre de deshonrarse a usted mismo". Esta impasibilidad no hizo más que duplicar la ira del primer ministro, pero otras palabras del general fueron más hirientes todavía, porque tocaban un punto sensible: "Para satisfacer a cualquier precio a Norteamérica, usted adhiere a una causa inaceptable para Francia, inquietante para Europa y lamentable para Inglaterra".

Era innegable: Churchill se había subordinado al presidente Roosevelt y esto explicaba el doloroso revés diplomático que sufriría en Anfa. Pues en este suburbio marroquí controlado en su totalidad por el jército norteamericano, Roosevelt se manejó como dueño de los lugares, dictó a su "fiel teniente" la conducta que debía seguir en los asuntos franceses, le echó la culpa cuando esta política fracasó,[5] mantuvo un encuentro en privado con el sultán de Marruecos y reconoció al general Giraud, sin un acuerdo previo con Churchill, "el derecho y el deber de actuar como administrador de los intereses franceses". También fue el presidente quien, para tranquilizar a la opinión pública, organizó la puesta en escena del apretón de manos entre Giraud y Churchill ante las cámaras e hizo ante los periodistas la famosa declaración sobre la "rendición sin condiciones" de Alemania. Cada una de las veces, Churchill, ante el hecho consumado, se cuidó muy bien de protestar, porque consideraba que en esta guerra total, la unión de los pueblos de lengua inglesa valía algunos sacrificios. Pero hasta a un luchador arisco le resulta fácil aceptar el repliegue de la subordinación, pero difícil dejarlo de lado.

Así que la conferencia de Anfa iba a ser un franco éxito para los militares británicos y un fracaso personal para el primer ministro. Pero Churchill no era un hombre que se estancara en los reveses. En cuanto terminó la conferencia, se dirigió a Marrakesh, le pidió a Hopkins que hiciera lo imposible para lograr que el ejército francés de África del Norte se rearmara lo más rápido posible, volvió de nuevo a sus comunicados y sus informes de las decodificaciones "enigma", instaló su caballete en el techo de la mansión Taylor y meditaba en voz alta sobre las siguientes iniciativas estratégicas. Luego, de pronto, decidió ir a El Cairo, antes de volar hacia Turquía, donde contaba con convencer a los turcos de entrar en la guerra. El general Brooke, un tanto estupefacto, describió de este modo la primera parte del viaje, con la llegada a El Cairo al alba, el 26 de enero de 1943: "No eran más de las 7.30 de la mañana; habíamos viajado toda la noche con comodidades rudimentarias, recorrido 4.000 kilómetros en once horas de vuelo sin escalas, de los cuales una buena parte a 14.000 pies, y Churchill, fresco como una rosa, degustaba vino blanco en el desayuno, después de haberse tomado dos whiskys y fumado dos cigarros". El general Eisenhower, que se había encontrado con él ese día, completa el cuadro así: "Era un maestro de la discusión y de la argumentación. Dominaba lo cómico y lo trágico con igual soltura, y para desplegar sus argumentos jugaba con una amplia gama de palabras que iban del argot a la frase hecha, con citas de todas las fuentes imaginables, desde los antiguos griegos hasta el Pato Donald". No bastó para convencer a los turcos de que entraran en la guerra, pero el memorable equipo secreto del primer ministro y sus oficiales en Adana permitieron, al menos, obtener que la neutralidad turca adquiriera un tinte claramente más favorable a los intereses aliados.

En el momento en que el primer ministro volvía a Inglaterra, los últimos soldados del 6º ejército del mariscal Paulus capitulaban en Stalingrado. Fue un gran giro en la guerra, y el 1º de febrero Churchill le envió a Stalin un telegrama de felicitaciones. ¡Así que había tenido razón al apostar a la capacidad de resistencia del pueblo ruso! Por supuesto que no era una cuestión de sentimientos: comprometido a fondo en su cruzada contra el hitlerismo, nuestro viejo antibolchevique comprobó que los soviéticos mantenían ocupadas en su frente a ciento ochenta y cinco divisiones del Eje, en tanto que los aliados anglo-norteamericanos se enfrentaban a menos de una docena en África del Norte. Además, la resistencia soviética en el Cáucaso era la única garantía seria ante una irrupción alemana en Irán y en Irak, cuyas reservas petroleras alimentaban el esfuerzo de guerra británico; por último, al apoyar a Stalin, se lo preservaba de la tentación de firmar una paz por separado con Alemania y, quizás, un día se lo podría llevar a pelear contra Japón. Para Churchill, aunque no para sus generales, esto justificaba sacrificios económicos, diplomáticos y militares, que, sin duda, iban a ser importantes: los convoyes que se encaminaban a Murmansk con inmensas cantidades de tanques, aviones, camiones, piezas de recambio y materias primas sufrieron pérdidas lamentables al pasar por el mar de Barents, entre el cabo Norte y la isla de los Osos. ¡En julio de 1942, el convoy PQ 17 perdió veintinueve buques del total de treinta y tres! Para mantener relaciones satisfactorias y obtener la firma de un tratado anglo-soviético, también había que aceptar silenciar la suerte de los países bálticos, invadidos desde 1940 e, incluso, renunciar a todas las garantías relacionadas con el futuro de Polonia, por la cual, sin embargo, se había entrado en la guerra. Pero la alianza soviética contra Hitler tenía este precio y Churchill, que esperaba establecer con Stalin relaciones comparables a las que mantenía con Roosevelt, inició una correspondencia fluida con el dictador soviético, que participó en el juego de buena gana y no sin habilidad. A mediados de agosto de 1942 los dos hombres se encontraron por primera vez en Moscú, donde interminables banquetes e incontables brindis sellaron la amistad anglo-soviética.

Sin embargo, era el juego de los engaños, y el entorno de Churchill no tardó en darse cuenta: Stalin perdía armas y material en cantidades irracionales y propinaba palabras descorteses cuando no obtenía lo que quería; exigía la apertura inmediata de un segundo frente en Europa Occidental, sin importarle las dificultades y los peligros que se corrieran; permitía que su propaganda se burlara de los esfuerzos de guerra anglo-norteamericanos; aislaba, censuraba, amenazaba, perseguía o expulsaba a los periodistas, militares y diplomáticos occidentales presentes en la URSS; pedía sin cesar información sobre las intenciones estratégicas de estos socios, sin revelarles nada de las propias, y cuando Churchill fue a Moscú, lo sometió al régimen de la "ducha escocesa": demostraciones de amistad un día, insultos calculados al día siguiente, sabia dosificación de elogios e intimidaciones, al otro.

El primer ministro, poco acostumbrado a este tipo de trato, se indignó, pero era evidente que le fascinaba la fuerza de carácter, la viveza y el poder del señor del Kremlin. Le confió a su médico: "Tengo la intención de estrechar lazos sólidos con este hombre". Era lo mismo que querer estrechar lazos entre un león y una pitón, pero Churchill seguía tomando sus deseos por realidades: una relación armónica y hasta cordial con Stalin era indispensable para la victoria aliada; así que esta relación existía necesariamente. Y, para mantenerla, el primer ministro de Su Majestad estaba dispuesto a hacer más concesiones: propuso enviar veinte escuadrillas de la RAF al Cáucaso, para servir a las órdenes del comandante soviético; transmitió a Moscú información estratégica sobre la Wehrmacht en Rusia, obtenida a partir de la decodificación de "Enigma"; eligió no contestar los alegatos mentirosos o insultantes de Stalin y responder calurosamente las pocas palabras amables que el dictador destilaba con parsimonia; se abstuvo de protestar por el tratamiento indigno que recibieron en la URSS ciertos ciudadanos británicos o por el cierre arbitrario de un hospital naval construido en Murmansk para los marinos de los convoyes aliados, e insistía enérgicamente en que estos convoyes partieran en el plazo fijado, y con el conjunto de la carga prevista. Sólo cuando la concentración de tropas alemanas alrededor del cabo Norte amenazó transformar las misiones en operaciones suicidas, Churchill, ante un rechazo categórico del Almirantazgo, decidió suspenderla. Pero como era psicológicamente incapaz de declararse vencido, volvió a salir al ataque en otro campo, al pedir que se establecieran nuevos planes para un desembarco en el norte de Noruega.

Como sabía que los jefes de estados mayores y sus servicios de planificación se habían opuesto con determinación a este plan, el primer ministro quiso encargárselo al general canadiense MacNaughton. Lo invitó a pasar el fin de semana en Chequers, y este quedó sometido al fuego arrollador de la elocuencia churchilliana: "Si queremos que los convoyes puedan pasar, hay que apartar la amenaza que pesa sobre ellos. [...] Las tropas y los aviones alemanes que están en el norte de Noruega constituyen uno de los destacamentos más lucrativos de la historia. Hay que eliminarlos". Pero el primer ministro canadiense, alertado por MacNaughton, vetó la iniciativa y dejó a un furioso Churchill buscando otros medios para hacerle llegar la ayuda aliada a la URSS. Por supuesto, no se atrevía a pedirle a Stalin compensaciones por el material que le entregaba, ni información sobre la manera en que lo usaba, ni siquiera informes generales sobre los planes de operaciones futuras del Ejército Rojo, pues sería, según le escribió al general Ismay, "exponerse a un rechazo seguro". De todos modos, era demasiada timidez para un luchador salvaje. Y cuando, en abril de 1943, el general Siborski llegó a Downing Street para anunciarle que se había descubierto el cuerpo de quince mil polacos asesinados por los soviéticos en el bosque de Katyn, se le oyó responder: "Si están muertos, nada los hará volver". Las palabras que siguieron del primer ministro explican todo y no dejan lugar a ninguna excusa: "Tenemos que vencer a Hitler, y no es el momento de provocar disputas o de lanzar acusaciones".

En la primavera de 1943, la capacidad de trabajo de Winston Churchill seguía apabullando a su entorno; desde hacía diez meses, este hombre de sesenta y ocho años había ido en siete oportunidades a los tres continentes, por mar, aire y tierra, siempre con comodidades muy relativas. Pasó incontables jornadas en giras de inspección y largas noches en banquetes, conferencias y negociaciones de lo más diversas. En febrero, tuvo que guardar cama por una neumonía, pero nunca dejó de meditar acerca de nuevas iniciativas estratégicas ni de enviar a los ministros y a los jefes de estados mayores oleadas de notas en las que inquiría, incitaba y conminaba sobre todos los temas imaginables: ¿por qué no enviar oficiales belgas al Congo, en lugar de dejarlos en Gran Bretaña, donde no tenían nada que hacer? Establecer un informe (no más de dos páginas) sobre las actividades de resistencia en Yugoslavia; los telegramas diplomáticos son demasiado largos, lo que hace perder un tiempo precioso en codificación y decodificación; ¿se pensó en precaverse de una eventual respuesta de los alemanes al último ataque de mil bombarderos sobre Alemania? Si Blum, Mandel o Reynaud quieren escapar, hay que hacer todo lo necesario para ayudarlos; los envíos de la Cruz Roja con destino a Rusia tienen que repartirse entre, al menos, seis buques de cada convoy; ¿qué hace la brigada Royal Marines desde Dakar? ¿No habría que mandarla a Birmania? La tripulación de los destructores pierde demasiado tiempo limpiando las calderas: ¿no sería mejor usar equipos especialmente formados para esto y que mientras tanto la tripulación descansara? No es cuestión de liberar a los soldados para que trabajen en las minas, sino más bien de transferir a los mineros hacia las minas más productivas; acelerar los esfuerzos para encontrar un medio para disipar la bruma que sobrevuela los aeropuertos; cuando un convoy es suprimido, hay que hacer lo necesario para que los alemanes sigan esperándolo en el cabo Norte para inmovilizar la mayor cantidad de tiempo posible sus fuerzas en esta región; ¿cuál es el peso y la velocidad de cada modelo de tanque alemán y el peso del obús que tira? Cada submarino de la Royal Navy tiene que tener un nombre en lugar de un número; no se invita nunca a los oficiales norteamericanos en Irlanda del Norte a las misas de los oficiales británicos, es una falta de respeto a las leyes de la hospitalidad; considerando las dificultades de capacidad de transporte, sólo hay que enviar a África del Norte los tanques que funcionan mejor; ciento cincuenta mil fusiles y trescientas treinta y dos ametralladoras Sten fueron fabricados en los últimos dos meses, ¿cómo se van a repartir? Hay que restringir al máximo el trabajo de los psicólogos y de los psiquiatras en las fuerzas armadas, ya que estos señores pueden hacer destrozos con prácticas capaces de degenerar en charlatanería; consultar al general Catroux, que ejerció el mando en Túnez, sobre defensas de la línea Mareth y hacer un informe para los generales Alexander y Montgomery; establecer un plan para producir más huevos; ¿cómo puede ser que entre las tropas del Eje en Túnez haya siete combatientes por cada no combatiente, en tanto que es a la inversa en el ejército inglés? Es escandaloso que el peculio del soldado británico sea tan escandalosamente bajo en relación con el obrero de las industrias de armamentos; preparar un estudio sobre las medidas que hay que considerar para impedir que los alemanes se escapen de Túnez por mar; cuidar la moral de las tropas territoriales distribuyendo entre ellas más municiones de ejercicio y organizando desfiles de manera regular; prever una reducción del 25% de las personas con acceso a los documentos secretos; hay que confiarle al general (neozelandés) Freyberg, que se distinguió en Creta y en África del Norte, el mando de un cuerpo de ejército; ¿por qué se suprimió la ración de azúcar aprobada para los pequeños criadores de abejas? La campaña en Birmania no se está llevando a cabo satisfactoriamente: ¿qué hace el general Wavell? Noventa y cinco bombarderos pesados se fabricaron esta semana: establecer un informe sobre su reparto en las unidades operativas; ¿por qué se mantuvo la prohibición de transportar flores por tren cuando existe capacidad excedente de material ferroviario? La RAF tiene que actuar de acuerdo con las prácticas norteamericanas en materia de nomenclatura de aviones, y todo caso de obstrucción debe señalarse sin retraso; ¿por qué no se hace nada para atacar al acorazado *Tirpitz* mientras que todavía está fondeado en Trondheim? "La mayoría de los ministros, escribió lord Boothby, vivían obsesionados ante la recepción de una nota del primer ministro con tinta roja, o una carta de despido... y algunos recibieron ambas". Los otros dieron prueba de un mérito asombroso.

Para los Aliados, no obstante, la situación estratégica mejoró bruscamente: los bombardeos masivos del Ruhr golpearon duramente la industria del Reich; en el Atlántico, los submarinos alemanes, que todavía triunfaban en marzo gracias a su "táctica de jauría", dos meses más tarde se vieron en una dramática posición de inferioridad; gracias a la decodificación del código alemán "Triton", a la utilización de aviones de radio amplio de acción equipados con el nuevo radar centimétrico, y a la intervención de nuevas "escuadras de caza" del almirante Horton, los alemanes perdieron cuarenta submarinos entre abril y mayo y se vieron obligados a abandonar la ruta principal de los convoyes; por último, en Túnez, a comienzos de mayo, los doscientos cincuenta mil soldados del Eje, atenazados entre los norteamericanos al oeste y los británicos al este, tuvieron que capitular después de la caída de Túnis y Bizerte.

En ese momento, Churchill y todo su estado mayor ya estaban en camino hacia los Estados Unidos a bordo del *Queen Mary*. Querían convencer a los norteamericanos de la necesidad de aprovechar mejor las victorias de África del Norte, atacando el "punto débil" del Eje: Sicilia; luego la península Itálica. En esta nueva conferencia (cuyo nombre codificado era "Trident"), los estados mayores británicos esperaban encontrarse con grandes dificultades, y no se habían equivocado, pues los norteamericanos estaban decididos a imponer un desembarco en Francia en los plazos más factibles y a negarse a cualquier nuevo ataque en el Mediterráneo después de la conquista de Sicilia. Churchill era decididamente optimista, pues siempre se creía capaz de "convencer al presidente de la sabiduría de toda política que él quisiera seguir, ya sea por escrito o en una conversación". Pero esto decididamente había dejado de ser verdad después de la conferencia de Anfa: a medida que se acentuaba el peso económico y militar de su país, Roosevelt se consideraba capaz de definir su propia política, muy alejada del sueño churchilliano de una alianza indisoluble entre los pueblos de habla inglesa, en la que los norteamericanos proporcionarían los medios y Churchill las ideas.

Tanto en Washington como en Anfa, el primer ministro fue quien cayó bajo la influencia del presidente de los Estados Unidos. Se dejó convencer políticamente respecto de la necesidad de una ruptura de las relaciones con el general De Gaulle, que se disponía a encontrarse con Giraud en Argelia; el telegrama que Churchill le envió al gabinete de guerra el 21 de mayo fue el de un hombre influenciado: "Les pido a mis colegas que examinen con urgencia si, a partir de este momento, no tendríamos que eliminar a De Gaulle en tanto fuerza política y explicar esta actitud ante el Parlamento y ante Francia.[6] [...] Cuando considero el interés absolutamente vital que para nosotros representa mantener buenas relaciones con los Estados Unidos, me parece que no podemos dejar que este torpe y aguafiestas siga dando vueltas con sus nefastas actividades". Además, Roosevelt, asesorado por Marshall, King y Stimson, se pronunció en contra de toda "diversión" mediterránea. Churchill ni siquiera logró que diera marcha atrás con su decisión de interrumpir los intercambios anglo-norteamericanos en materia de investigación atómica que, sin embargo, significaba una violación flagrante de los acuerdos firmados en Hyde Park el año anterior y que había hecho un muy buen negocio con la contribución decisiva de los británicos en este campo. Harry Hopkins comprobó que Churchill se había mostrado "mayormente sumiso" durante los dos primeros encuentros, de los que salió muy decepcionado.

Cuando Churchill y Roosevelt se reunían con sus jefes de estados mayores, siempre había tantas opiniones sobre la estrategia que se iba a seguir como participantes en la reunión: desde un desembarco inmediato en Francia hasta la guerra antisubmarina a ultranza, pasando por una concentración exclusiva en el bombardeo aéreo de Alemania. Del lado británico, los jefes de estados mayores terminaron por concordar con la prosecución de la ofensiva en Italia después del desembarco en Sicilia para aliviar el frente del Este y desguarnecer las defensas del Oeste, facilitando de este modo el ulterior éxito del desembarco en Francia. ¿Y Churchill? Según el general Brooke: "En un momento piensa una cosa y de inmediato, otra. Algunas veces pensaba que la guerra podía ganarse con los bombardeos y que había que sacrificar todo a favor de ellos; en otros, quería que nos lanzáramos sobre el continente sin importar cuáles iban a ser las pérdidas, para hacer como Rusia; en otros momentos, quería que el esfuerzo principal se concentrara en el Mediterráneo, ya fuese en Italia o en los Balcanes, sin contar con que, cada tanto, tenía ganas de invadir Noruega [...]. Pero, en general, lo que quería era lanzar todas las operaciones al mismo tiempo, sin tener en cuenta las carencias de medios de transporte marítimo".

A pesar de estos obstáculos, acordaron un compromiso provisorio al terminar "Trident": el desembarco de Francia les quedó a los norteamericanos, pero recién para el mes de mayo de 1944, y la planificación detallada de la operación, bautizada "Overlord", a cargo de los servicios del COSSAC. Mientras tanto, "se mantendrá la presión sobre Italia" una vez que se haya conquistado Sicilia, sin mayores precisiones. Pero a los jefes de estados mayores británicos no se les habían acabado las penas: los norteamericanos sospechaban que querían continuar con su estrategia "periférica" en el Mediterráneo al precio de un nuevo aplazamiento de "Overlord", y el marcado interés de Churchill por los Balcanes sólo reforzaba sus sospechas. Para terminar, se decidió que el primer ministro iría a Argelia en compañía de los generales Marshall y Brooke para informarse de los puntos de vista de Eisenhower y Alexander sobre la mejor estrategia.

En realidad, Churchill contaba con aprovechar este viaje para influir sobre el general Marshall con sus concepciones británicas y, luego de derroches de elocuencia, pensó que lo había logrado. Además, el viaje a Argelia tenía otro objetivo: la unión inesperada entre los generales Giraud y De Gaulle fue, de alguna manera, un acontecimiento histórico, algo que a Winston le atraía irresistiblemente desde hacía casi siete décadas. Por otra parte, quería preparar el terreno y darle aliento a su viejo amigo, el general Georges, al que había hecho salir discretamente de Francia diez días antes, y al que esperaba ver ingresar al comité francés que se estaba formando; finalmente, se reservaba para intervenir él mismo (u ordenar una intervención armada) si las cosas se ponían mal; pero, al recordar el fracaso de Anfa, le pidió a Eden que fuese a Londres, "para ser el testigo del casamiento entre Giraud y De Gaulle", que podía convertirse en "un drama serio". No pasó nada de esto y el nuevo Comité Francés para la Liberación Nacional, con Giraud y De Gaulle como copresidentes y los generales Georges y Catroux entre los comisarios, satisfizo por completo al primer ministro, que volvió a Londres el 6 de junio con la satisfacción del deber cumplido.

Pero no se quedó ahí mucho tiempo. A mediados de julio, después que se realizaron los primeros desembarcos en Sicilia, se volvió urgente tomar una decisión en la discusión estratégica sobre las siguientes operaciones. Las ásperas controversias entre los aliados se retomaron en la reunión "Quadrant" en Québec, en el mes de agosto; pero esta vez los norteamericanos tenían la firme voluntad de que prevalecieran sus tesis: para el general Marshall, había que imponer la ejecución de "Overlord" en el plazo más breve posible y con todos los recursos disponibles; para el almirante King, había que conseguir que se afectaran recursos suplementarios a la próxima ofensiva contra los japoneses en el Pacífico. Por divergentes que fueran, estas dos estrategias se unían en, al menos, un punto: excluían cualquier extensión de las operaciones en el Mediterráneo. Esta vez, los norteamericanos habían tomado todas las precauciones, y el historiador oficial J. Harrison escribió: "Habían analizado en detalle el desenvolvimiento de las reuniones anteriores, las técnicas de argumentación empleadas por los británicos y hasta la cantidad exacta de responsables de la planificación requeridos para enfrentar a los británicos en un pie de igualdad". Al final, el secretario de Estado Stimson asedió al presidente para que sostuviera a fondo las tesis norteamericanas.

En el castillo Frontenac, la conferencia "Quadrant" fue especialmente animada. En el orden del día de los jefes de estados mayores británicos y norteamericanos estaban la operación "Overlord", el Mediterráneo, la campaña de Birmania y las operaciones en el Pacífico. La siguiente nota del almirante Lehay, que presidía el comité de jefes de estados mayores norteamericanos, dio una idea del tono general de las discusiones: "El general Marshall se declaró decididamente en contra de un compromiso en el Mediterráneo. El almirante King se había decidido a impedir que cualquier buque de guerra, tan necesario en las operaciones en el Pacífico, fuese retirado para nuevas operaciones en el teatro que tanto apreciaban nuestros aliados británicos. Como estos seguían insistiendo en desarrollar sus operaciones en Italia, King recurrió a un lenguaje bastante poco diplomático, y esto es lo menos que podemos decir".

De hecho, si bien los jefes de estados mayores y el primer ministro británicos terminaron por conseguir al menos entrar en Italia y llegar hasta la línea Pisa-Rímini, en parte fue gracias a la información favorable que provenía de Sicilia, donde, el 16 de agosto se había capturado Messina, así como otras noticias que indicaban que Mussolini había sido arrestado y el mariscal Badoglio se disponía a iniciar negociaciones para un armisticio. Pero las fuerzas disponibles para operaciones en Italia se limitarían al máximo, y bajo la presión norteamericana, los jefes del estado mayor combinado adoptaron el principio de un desembarco en el sur de Francia ("Anvil") anterior a la operación "Overlord", lo que limitaría aún más los efectivos y los medios de transporte disponibles para la ofensiva en Italia; tanto más cuanto que "Overlord" tendría que iniciarse, a más tardar, el 1º de mayo de 1944.

Si los jefes de los estados mayores británicos volvieron de Québec relativamente satisfechos por los resultados obtenidos, fue porque los habían asustado ciertas exigencias norteamericanas, como la de una gran ofensiva en Birmania para ayudar a China. Aún más satisfechos se habían sentido por las ideas del propio Churchill, que acababa de descubrir el interés estratégico del extremo noroeste de la isla de Sumatra y quería que dejaran de lado cualquier otra cuestión y se dedicaran a ocuparla, y luego se lanzó a una larga digresión sobre la costa dálmata, la necesidad de que Turquía entrara en la guerra y de... lanzar la operación "Júpiter" en el norte de Noruega. Todo esto había convencido a los norteamericanos de que era acertada su desconfianza de las "divagaciones periféricas" de sus colegas británicos, que varias veces amenazaron con perjudicar la conferencia.

A comienzos de septiembre, los estrategas británicos pudieron medir los efectos del rechazo norteamericano a aumentar los efectivos y los medios de transporte disponibles en el Mediterráneo: como habían hecho pie en Calabria y desembarcado en Salerno con medios navales, efectivos y una cobertura aérea muy limitada, sólo habían avanzado muy lentamente, y los italianos, después de haber firmado el armisticio el 3 de septiembre, habían demostrado ser incapaces de impedir que los alemanes tomaran Roma y liberaran a Mussolini. La Wehrmacht también había ocupado Rodas y luego las otras islas del Dodecaneso, sin que los británicos pudieran reaccionar, debido a la falta de naves de desembarco y aviones de transporte; esta escasez también paralizó el conjunto de las operaciones en Italia, dado que los Aliados sólo tenían una decena de aviones para enfrentarse a las diecinueve divisiones alemanas que defendían la península. Todo esto monopolizó la atención de los jefes de estados mayores británicos durante gran parte del otoño y, por supuesto, también la del primer ministro. Pero Churchill no era un hombre de detenerse demasiado tiempo en un solo objetivo.

A comienzos de octubre, insistió en que se recuperara la isla de Rodas: era la clave de los Balcanes y esto alentaría a los turcos a entrar en la guerra. Los jefes de estados mayores respondieron pacientemente que no se podrían realizar operaciones en el mar Egeo salvo que fueran a expensas de la ofensiva en Italia, pero Churchill no dejaba de volver a la carga: "No logro controlarlo, señaló el general Brooke. Está obnubilado con este ataque a Rodas y magnificó a tal punto su importancia que no puede ver otra cosa". Pero no era así: al mismo tiempo veía otras cosas, como Yugoslavia, un país complicado donde intervino con ideas simples; el control de la costa dálmata permitiría dar vuelta las defensas alemanas en Italia y abrir el camino hacia Liubliana y Viena; como ni sus jefes de estados mayores ni los norteamericanos querían oír hablar de un plan de esta naturaleza, no era cuestión de usar tropas regulares... pero nada impedía lograr los mismos resultados armando e impulsando la acción de los resistentes "chetniks" del monárquico Mijailovich y los partidarios "progresistas" de Josip Broz, llamado Tito. Por intermedio del SOE, cuyas actividades en gran medida escapaban de la órbita de los jefes de estados mayores, y gracias a algunos amigos personales enviados al lugar, como el capitán William Deakin[7] y el "general de brigada" Fitzroy Maclean,[8] Churchill se hizo rápidamente (demasiado rápidamente, sin dudas) una idea de la situación: los integrantes de la resistencia monárquica de Mijailovich estaban inactivos o colaboraban con los alemanes; los partidarios de Tito hostigaban sin cesar a la Wehrmacht, mataban a cinco alemanes por cada uno de los suyos muertos, contaban con el apoyo total de la población, se mostraban tan humanos como tolerantes y ni siquiera eran comunistas. ¿Qué más pedía el pueblo? De modo que a fines del otoño, Churchill ordenó apoyar por todos los medios a los partidarios de Tito y romper relaciones con los de Mijailovich. Pero, como ocurría siempre que no tenía un marco de contención, Churchill se dejó llevar por su imaginación e impulsividad. Pues Tito no era otro que el ex agente del Komintern Walter, un comunista fanático cuya primera preocupación era deshacerse de todos los que pudieran impedirle tomar el poder en Belgrado después de la guerra, empezando por los monárquicos de Mijailovich. La dirección del SOE en El Cairo, que había informado al primer ministro sobre la situación yugoslava, tenía infiltrados comunistas devotos de Moscú;[9] en cuanto a Deakin y Maclean, que no hablaban una palabra de serbocroata y sólo veían lo que Tito quería mostrarles, omitieron señalar que su héroe hacía masacrar sistemáticamente civiles recalcitrantes, practicaba con los alemanes para poder atacar a los chetniks y recibía instrucciones directas de Moscú. Así que, en el momento en que Churchill se preocupaba por la evolución de los partidarios comunistas en Grecia, trabajaba sin cesar para asegurar el triunfo de otro movimiento comunista en Yugoslavia. Los militares profesionales, especialmente los que conocían la situación en el terreno,[10] se esforzaron por abrirle los ojos al primer ministro, pero fue en vano: su capacidad de autoconvencimiento era ilimitada y, además, ya tenía que hacer mucho para evitar provocar catástrofes en otros escenarios de operaciones.

Por ejemplo, en el océano Índico, donde Churchill quería que se lanzara una operación para ocupar el norte de la isla de Sumatra, controlar el estrecho de Malaca y cortar las líneas de comunicación japonesas en el golfo de Bengala... En teoría era una hermosa idea, pero imposible de llevar a cabo si se consideraban los recursos disponibles: "Una hora de batalla formal con el primer ministro, anotó el general Brooke el 1º de octubre, sobre la cuestión de la retirada de las tropas del teatro mediterráneo para una ofensiva en el océano Índico. Me niego a comprometer nuestro potencial anfibio en el Mediterráneo para [...] aventuras en Sumatra. Pero el primer ministro está dispuesto a renunciar a toda nuestra política de base para ocuparse de Japón antes de Alemania. Al final, abandoné la discusión". Churchill, ¿abandonar? Nunca jamás. Simplemente retomó la ofensiva en un campo más familiar: a bordo del *Queen Mary*, que lo llevaba a Québec para la conferencia "Quadrant", ya había intentado que los servicios de planificación establecieran un nuevo proyecto de ataque en Noruega, creando un cortocircuito con el comité de jefes de estados mayores. Y para superar sus objeciones, basadas en la ausencia de cobertura aérea, ahora llevaba a fondo los trabajos de la Dirección de Operaciones Combinadas en el proyecto "Habbakuk", con el objetivo de construir portaaviones *de hielo*,[11] tallados en los bancos de hielo, reforzados con viruta de madera y equipados con motores auxiliares.

Era un hecho: Churchill, estratega ardiente, seguía confundiendo lo deseable con lo posible, y de este modo hacía perder un tiempo precioso a sus jefes de estados mayores y a sus planificadores. Tres años antes, el almirante Pound había dicho con filosofía: "Es el precio que hay que pagar por Churchill" y, evidentemente, no le parecía excesivo. Pero Pound acababa de morir haciendo su tarea, y su sucesor, el almirante Cunningham, se unió a sus colegas Brooke y Portal para enfrentarse al primer ministro cada vez que decía disparates. Cuando sus jefes de estados mayores se abroquelaban en su contra, Churchill se enfurecía, hablaba sin parar hasta el alba, observaba con un tono siniestro que "Stalin tenía la suerte de poder hacer fusilar a todos los que estaban en desacuerdo con él, y que ya había usado muchas municiones a tal efecto", pero al final terminaba por ceder y así evitaba las catástrofes mayores que se abatirían sobre ese otro aficionado inspirado, sin nadie que se le opusiera, que estaba a la cabeza de los destinos del Reich milenario.

Sin embargo, en ese momento, los norteamericanos se alarmaban cada vez más de las "divagaciones periféricas" del primer ministro y deducían que intentaba por todos los medios sustraerse a la obligación de lanzar "Overlord" en mayo de 1944. Y no estaban del todo equivocados: marcado para siempre por las hecatombes de la Gran Guerra en el frente francés, Churchill tenía aprensiones de mandar una vez más a la flor de la juventud británica contra los dispositivos mejor fortificados del enemigo; al atacar por sorpresa en el Ártico, el Adriático o el mar Egeo, al lanzar ofensivas relámpago contra Trondheim, Sofía o Viena, pensaba poder obtener los mismos resultados que Franchet d'Espery en 1918. Pero sus jefes de estados mayores, claramente menos influidos por la guerra anterior, seguían una estrategia muy diferente: fijar la mayor cantidad de divisiones alemanas en Italia para obligar a Hitler a desguarecer las costas de

Europa occidental; recién entonces, lanzarían "Overlord", una operación que consideraban indispensable para provocar la caída de Alemania. Sin embargo, dadas las dificultades encontradas en Italia, los plazos fijados en Québec para el lanzamiento de esta operación le parecían cada vez menos razonables. El 11 de noviembre, el comité de jefes de estados mayores redactó una nota para enviar a Washington en la que se apelaban decisiones tomadas en relación con "Quadrant": "El asunto es saber en qué medida el carácter sacrosanto de 'Overlord' tiene que preservarse en su totalidad, sea cual fuere la situación en el Mediterráneo". Precisamente para discutir esto se desarrolló una nueva reunión del más alto nivel a fines del mes en Teherán, pero esta vez tuvo un participante más: Stalin.

El presidente Roosevelt dejó Washington muy decidido a traducir su nuevo poder económico y militar en influencia política y estratégica. Contaba menos con el imperialista reaccionario y paleolítico de Churchill que con Stalin, el poderoso jefe de Estado progresista, para mantener en el futuro relaciones políticas privilegiadas. ¿No le había escrito a Churchill el año anterior: "Stalin me prefiere y espero que siga siendo así"? Desde el punto de vista estratégico, había decidido imponer su voluntad a los británicos, con la ayuda de Stalin si era necesario: lanzamiento de "Overlord" para el 1º de mayo de 1944, desembarco en el sur de Francia ("Anvil") *un mes más tarde*, abandono de las operaciones ofensivas en Italia, nominación del general Marshall como comandante en jefe supremo para el conjunto del escenario europeo del Mediterráneo hasta el mar del Norte y conquista de las islas Andaman como primer paso para una gran ofensiva en Birmania, destinada a abrir un camino de comunicación por tierra con China.

Para los militares británicos, *nada* de todo esto era realizable. La reunión preliminar que se realizó en El Cairo, en presencia del generalísimo Chiang Kai-Shek, empezó muy mal y no terminó en nada concreto. De este modo, sin ninguna postura en común, los dirigentes civiles y militares anglo-norteamericanos llegaron el 27 de noviembre de 1943 a Teherán, donde Stalin iba a funcionar como árbitro. Por supuesto, insistió para que la operación "Overlord" se lanzara en el plazo más breve y que estuviera precedida por un desembarco en el sur de Francia, todo en detrimento de las operaciones en el Adriático. Roosevelt, que no había comprendido que Stalin quería apartar a sus aliados de los Balcanes, estaba agradablemente sorprendido por este apoyo providencial, que aseguraba el triunfo de "su" estrategia por sobre la de los británicos. En cuanto al resto, dejaba que se ocuparan los jefes de estados mayores. Churchill, a su vez, defendía punto por punto las posiciones británicas, pero una vez más jugaba contra su propio campo al evadirse constantemente hacia el mar Egeo, el Adriático, los Balcanes y Turquía (estaba empeñado en que entrara en la guerra). A un Stalin estupefacto le anunció que "todo habla a favor de una ayuda a Tito, que inmoviliza una gran cantidad de divisiones alemanas y que hace mucho más por la causa aliada que su compatriota Mijailovich", y agregó que Gran Bretaña retiraría su misión militar ante los chetniks. Stalin, suspicaz, pensaba que era un engaño de Churchill, pero no era más que ingenuidad. En cuanto a los norteamericanos, consideraban que las excursiones estratégicas del primer ministro a los diferentes teatros de operaciones del Mediterráneo eran intentos de sabotear "Overlord". En la noche del 29 de noviembre el general Brooke, desesperado, escribió en su diario: "Después de haber oído los argumentos que se adelantaron durante los últimos dos días, tengo ganas de encerrarme en un manicomio o en una casa de retiro".

Por suerte para la causa aliada, no lo hizo, y luego de muchos regateos sus colegas y él mismo lograron arrancar concesiones importantes a los norteamericanos: la ofensiva aliada podría proseguir en Italia después de la conquista de Roma, y todos los medios de desembarco necesarios se mantendrían en el escenario italiano hasta mediados de enero de 1944; "Overlord" se atrasaría hasta fines del mes de mayo; en cuanto a la operación "Anvil", su fecha se fijaría más adelante, en función de la disponibilidad de medios de transporte. Más aún, los jefes de estados mayores británicos lograron convencer a sus pares de que no sería razonable nombrar a un comandante en jefe único para todos los teatros de operaciones europeos, y de que las maniobras anfibias en el océano Índico no dejarían de comprometer "Anvil" al monopolizar todos los botes de desembarco disponibles. Así, se hizo un acuerdo *in extremis* entre militares, y enseguida lo apoyaron sus jefes políticos: Roosevelt, que no era un estratega, no atinó a separarse de las posiciones de Marshall; Stalin, sólo implicado de lejos, se declaró satisfecho, y Churchill era muy consciente de haber escapado de lo peor. Como podía ser muchas cosas menos ingrato, nombró mariscales a los generales Brooke y Portal.

No obstante, salvado de una derrota estratégica, el primer ministro no logró escapar del desastre político, ya que las conversaciones privadas entre los "Tres Grandes", oficiales u oficiosas, serias o banales, le habían dejado un gusto amargo. Tanto con respecto al tratamiento que habría que darle al Reich vencido, como con respecto a la organización del mundo de posguerra o el porvenir de los imperios coloniales, sus dos interlocutores parecían concordar en gran medida, sin que dieran muestra de preocuparse por los intereses británicos. Así, Churchill, que al comienzo buscaba una alianza anglo-norteamericana en un pie de perfecta igualdad, a fines de 1942 había pasado a la posición ya menos gloriosa de teniente del presidente y se veía como el socio más insignificante de un bloque dirigido por un acuerdo norteamericano-soviético. En la noche del 29 de noviembre de 1943, su médico lo encontró extremadamente deprimido: "El primer ministro, señaló en su diario, está consternado por su propia impotencia".

Pero al día siguiente se festejaba al mismo tiempo el cierre de la reunión y el sexagésimo noveno cumpleaños de Winston Churchill. Fue una ocasión memorable, y el dueño de los festejos, que se destacaba entre los dos hombres más poderosos de la Tierra, ponía buena cara; además, Stalin y Roosevelt esta vez rindieron un vibrante homenaje a la edad y a la valentía, y reconocieron que era el inspirador supremo de la cruzada contra el nazismo. Es verdad que desde el 3 de septiembre de 1939 (ya hacía cuatro años) nunca había dejado de luchar y que se había comprometido con esta lucha con toda su energía, su vasta imaginación y... con toda su familia: su esposa Clementine dirigía un fondo de ayuda médica a Rusia; su hija Diana servía en la Marina; Mary estaba movilizada en la DCA y lo había acompañado a Québec como ayuda de campo; Sarah, que trabajaba en los servicios auxiliares de la RAF, también había sido su ayuda de campo en Teherán; y Randolph, que al menos había heredado la valentía de su padre, acababa de participar con los comandos de desembarco de Salerno. ¿Quién no habría estado orgulloso al festejar de este modo su sexagésimo noveno cumpleaños?

Sin embargo, los superhombres no existen. Y el 2 de diciembre Churchill mostró evidentes signos de cansancio al regresar a Egipto. En un año había participado en siete conferencias mayores, en Marruecos, en Turquía, en los Estados Unidos, en Canadá, en Egipto y en Irán, había viajado hasta veinte horas seguidas en las cabinas improvisadas de hidroaviones vetustos o en los compartimientos para bombas mal calefaccionados de bombarderos convertidos a las apuradas, había pasado incontables jornadas en giras de inspección e interminables noches dictando instrucciones, memorándums, proyectos de ofensiva, y todo sin dejar nunca de fumar ni de beber. ¿Qué organismo que entrara en su septuagésimo año de vida resistiría un tratamiento de este tipo? La enfermedad en general ataca los puntos débiles, y el de Winston, desde su infancia, eran los bronquios: el 12 de diciembre, mientras estaba en Cartago, se le declaró una neumonía, con fiebre muy alta. Era la segunda en un año y esta vez estaba acompañada de palpitaciones. Así que el alerta era serio, y Eden, MacMillan, Duff Cooper,[12] Portal y Brooke esperaban, por supuesto, que el primer ministro se tomara un reposo bien merecido y dejara por un tiempo de ocuparse de sus asuntos.

Pero estos diplomáticos afables y estos valientes militares tenían una ingenuidad incorregible. Aunque estuviera en cama en Cartago o convaleciente en Marrakesh, Churchill pretendía seguir entremetiéndose en la diplomacia, estrategia, política, logística y todo lo demás: el mariscal Brooke le había hablado de la utilidad de un desembarco en Anzio, cerca de Roma, para cercar las defensas alemanas al norte de Nápoles, y nuestro paciente empezó a remover cielo y tierra para obtener los medios necesarios para la operación. Y de la logística a la alta estrategia no hay más que un paso: en un santiamén la mansión morisca de la señora Taylor se transformó en un cuartel general, la alcoba en sala de mapas y Churchill, en bata, estableció él mismo los planes de desembarco. A su médico, que le informó que Hitler, no contento con concebir la política bélica, también se ocupaba de planificar todos los detalles, Churchill le respondió alegremente: "¡Es justamente lo que hago yo!". Por supuesto, y a tal punto que, según el mariscal Brooke, el resultado fue "una oleada de telegramas expedidos en todas direcciones, que terminaron por crear una confusión total". La intervención del ilustre enfermo en los asuntos franceses produjo resultados bastante similares: el 21 de diciembre, cuando se enteró de que el CFLN había hecho arrestar a Marcel Peyrouton, Pierre-Étienne Flandin y al gobernador Boisson por colaboración con el enemigo, Churchill, escandalizado, alertó a Eden, MacMillan, Duff Cooper, Eisenhower y hasta al presidente Roosevelt, para que los hicieran liberar. Pero Eden le señaló que los tres hombres habían sido arrestados por pedido de la resistencia francesa y después de una deliberación de la asamblea consultiva de Argelia: exigir su liberación implicaría romper con el CFLN, algo desastroso. Además, los protegidos del primer ministro eran en efecto poco recomendables: Boisson había hecho abrir fuego contra las tropas anglo-francesas en Dakar y había maltratado cruelmente a súbditos británicos internados en África Occidental entre 1940 y 1942. Churchill rezongó, se dejó llevar, vociferó, pero terminó por ceder.

Aunque fue para dedicarse más a Yugoslavia, donde su impulsividad también provocaría algunas catástrofes: el 3 de enero de 1944 escribió a Eden: "Estaba convencido por los argumentos de hombres a los que conocía y en los que confiaba de que Mijailovich era una cruz para el reyecito,[13] y que este no podría hacer nada hasta que no se lo sacara de encima". Los hombres en cuestión eran, por supuesto, Deakin y Maclean, y también el valiente Randolph Churchill, que acababa de lanzarse en paracaídas en Yugoslavia. Pero los partidarios de Tito habían descubierto enseguida su punto débil, y Randolph, como siempre embebido en la Slivovitsa del lugar, le informó a su padre todo lo que los partisanos le hacían creer. Así que, sobre la base de información nada fiable, Churchill desarrolló su política yugoslava, que consistía en apoyar a Tito por todos los medios y en alentar al rey a que se uniera a él. Dado que los partisanos comunistas libraban una guerra feroz contra los monárquicos, y que el mismo Tito había anunciado un mes antes que repudiaba al rey, la política personal de Churchill en el nido de avispas yugoslavo no fue más sensata que con los asuntos franceses. "¡Señor!, escribió Brooke en su diario, si solamente volviera a Inglaterra, donde podríamos contenerlo".

El 18 de enero de 1944, el deseo del mariscal quedó satisfecho, al menos en parte: Winston Churchill regresó a Londres. En cuanto a contenerlo, no fue más fácil que en Marrakesh: para asombro de sus jefes de estados mayores y del general Eisenhower, que acababa de ser nombrado comandante supremo de "Overlord", el infatigable estratega de Downing Street volvió a sacar enseguida sus planes de desembarco en Noruega y en Sumatra. El diplomático entusiasta también sembró la consternación en el Foreign Office: el 1º de abril de 1944 Eden recibió la siguiente instrucción sobre la cuestión yugoslava: "Actúen rápido, redacten una buena proclama para el rey [Pedro II], reenvíenla a Purich [su primer ministro] y compañía, rompan todo contacto con Mijailovich y formen un gobierno de transición que sea aceptable para Tito". Hecho consumado y, años más tarde, muchos diplomáticos de Su Majestad seguirían preguntándose cómo su primer ministro, ese viejo monárquico tan ferozmente anticomunista, había podido contribuir con tanta ligereza a la derrota de la monarquía y al triunfo del comunismo en Yugoslavia. Es verdad que en los primeros meses de 1944 la misma mezcla de falta de profesionalidad, ingenuidad y autosugestión se encontraba en su correspondencia sobre Stalin, en quien encontraba todas las cualidades: "*Uncle Joe*" (*tío Joe*) era un gran estratega, era franco, moderado, mantenía sus promesas, incluso era '*a great and good man*'"; el 16 de enero, Churchill en una carta a Eden habló de "los cambios profundos en el carácter del Estado y del gobierno rusos", así como de "esta nueva confianza hacia Stalin en nuestros corazones", sin que se supiera muy bien en qué se basaba la conmovedora confianza. ¿No era mejor alarmarse por las intrigas del "Padrecito de los Pueblos" en Rumania, por su ayuda a la subversión comunista en Grecia, por sus amenazas contra ciertos miembros del gobierno polaco en el exilio, por sus reivindicaciones territoriales en Polonia? Churchill se lo dijo claramente al presidente del Consejo polaco: "No permitirá que las relaciones anglo-rusas se vean comprometidas por un gobierno polaco que se niegue a una oferta razonable". O sea, *mutatis mutandis*, lo que Chamberlain les había dicho a los checos seis años antes, pero nada indica que a Churchill lo haya impresionado la analogía.

Sin duda fue por falta de tiempo, pues la atención del primer ministro tuvo que dirigirse nuevamente a los asuntos franceses. En ese momento, la cuestión era de primerísima importancia: los Aliados iban a desembarcar en Francia y no se había firmado ningún acuerdo sobre la administración civil con el Comité de Argelia. ¿Cómo se administrarían entonces los territorios franceses liberados? El presidente Roosevelt, que seguía ignorando a De Gaulle, decidió imponer un gobierno militar aliado en Francia, el "AMGOT", parecido al de todos los territorios enemigos ocupados. Eden, que era un profesional de la diplomacia y conocía muy bien al general De Gaulle, se daba cuenta de que una medida de este tipo implicaría la inmediata ruptura de las relaciones con el Comité Francés de Liberación Nacional. Ahora bien, como su visión iba más allá de la guerra y como se negaba a apostar todo a una alianza anglo-norteamericana, contaba con un acuerdo con Francia para impedir que renaciera el militarismo alemán en la posguerra. Así que le pidió a Churchill que le solicitara al presidente Roosevelt que enviara negociadores para establecer un acuerdo tripartito de administración civil antes del desembarco en Normandía.

Churchill empezó por contestar que él "se negaba a molestar al Presidente con este asunto en ese momento", pero como la prensa y el Parlamento británicos se indignaban en voz alta por la ausencia de un acuerdo con los franceses, se vio obligado a ponerse a trabajar. La respuesta de Roosevelt fue decididamente negativa, y Churchill, siempre guiado por sus sueños de sociedad anglo-norteamericana, se cuidó muy bien de seguir insistiendo: "No tenemos que pelearnos con el Presidente a causa de De Gaulle", le escribió a Eden el 10 de mayo. ¿Tampoco había que comprometer las relaciones con Stalin por los polacos? Cuatro meses antes, al recibir a De Gaulle en Marrakesh, Churchill le había dicho estas palabras elocuentes: "¡Míreme! Soy el jefe de una nación fuerte y sin vencer. Y, sin embargo, todas las mañanas, cuando me levanto, empiezo a preguntarme cómo hacer para gustarle al presidente Roosevelt y, luego, cómo reconciliarme con el mariscal Stalin".

Una confesión de consideración, y la política resultante de ella no tuvo más que consecuencias nefastas, en especial cuando el que la practicaba se tentaba e intervenía en la diplomacia con cualquier fin y fuera de propósito: "El primer ministro, le confió Eden a su consejero Oliver Harvey, se mete en todo y envía mensajes personales a diestra y siniestra, generalmente con resultados deplorables". Pero este incontrolable meterete, con sus fantasías imprevisibles y su peligrosa impulsividad, no dejaba de ser un organizador talentoso y un improvisador genial: el plan de desembarco en Anzio, del que era el padre ilegítimo, se puso en marcha con éxito el 22 de enero; a los preparativos de "Overlord", que seguían día y noche, aportó algunas contribuciones esenciales: los rompeolas y los muelles remolcables de cemento habían surgido de su imaginación veintiséis años antes y desde hacía meses no dejaba de afinar su concepción: en agosto de 1943, en la travesía del Atlántico, fabricaba maquetas con cajas que flotaban en las bañaderas del *Queen Mary*. ¿Juegos infantiles? De ningún modo: eran esos "Mulberries" que hicieron posible desembarcar en Normandía fuera de toda zona portuaria. Y, además, nuestro aficionado inspirado hizo otra contribución decisiva al esfuerzo de guerra durante este período: se habían detectado instalaciones equipadas con rampas de lanzamiento para cohetes en la costa báltica y en el norte de Francia; más grave aún, la fábrica noruega de Vemork, saboteada un año antes,[14] se había recuperado por completo y temían que produjera suficiente agua pesada como para permitir que el Reich pusiera a punto una bomba atómica. El físico Eugen Wigner escribió: "Veíamos aterrorizados el peligro mortal que corría el desembarco aliado si la bomba se lanzaba mientras se estaba realizando". El 16 de noviembre de 1943, la US Air Force había lanzado diez mil toneladas de bombas sobre la fábrica de Vemork, sin ningún resultado. Pero Churchill ejercía una presión cotidiana sobre sus servicios y los agentes noruegos del SOE, esa "organización de peligrosos aficionados que había salido de la imaginación afiebrada del primer ministro", aportaron el medio para liberarse de ella: el 20 de febrero de 1944, en el lago de Tinn, sabotearon y hundieron el ferry que transportaba hacia Alemania seiscientos veinte litros de agua pesada.[15] Para los Aliados, desapareció un obstáculo de gran importancia solo catorce semanas antes del lanzamiento de "Overlord".

Cuando se acercaba el día J, Churchill estaba tan nervioso como un colegial ante su primera vuelta a clases; siempre obsesionado por el recuerdo de Gallípoli, temía mucho que todo esto terminara en un terrible fracaso y que el sacrificio de cientos de miles de jóvenes soldados resultara inútil. Entonces, como era habitual, la poderosa máquina de la imaginación churchilliana se ponía en marcha, y lograba resultados asombrosos: "¿Por qué no entrar en Francia por Portugal?", preguntaba. Sus jefes de estados mayores, que trabajaban desde hacía nueve meses en el desembarco en Normandía, veían cómo les pedían que prepararan un nuevo plan ¡en una noche! Pero cuando lo presentaron a la mañana siguiente, el mariscal Brooke recalcó que se trataba de algo absurdo y se indignó porque les hacían perder el tiempo a los planificadores. En ese momento, el viejo león juzgó más prudente batirse en retirada.

Todo el sur de Inglaterra se convirtió en un vasto campo militar: ocho divisiones, ciento ochenta mil hombres, cinco mil barcos y once mil aviones se preparaban para cruzar el canal de la Mancha y librar el primer asalto. Los precederían unidades de comandos y los seguiría un ejército de dos millones de hombres. Su jefe supremo, el general Eisenhower, no era muy experto, pero los comandantes en jefe de tierra, mar y aire, respectivamente Montgomery, Ramsay y Leigh-Mallory, eran profesionales muy talentosos. En medio de los preparativos de la mayor operación anfibia de la historia mundial, se podía ver cómo una silueta maciza, ligeramente encorvada, que se cubría con un sobretodo color melón y que estaba prolongada por un cigarro, recorría incansablemente las bases aéreas, visitaba los buques, examinaba el material, probaba las armas, interrogaba a los soldados y aconsejaba a sus oficiales. Es más, había previsto asistir al desembarco, a bordo del crucero *Glasgow*. Porque, como en Omdurman, Ladysmith o Amberes, iba a ser difícil mantener a Churchill apartado de una batalla decisiva. ¿Y quién sabe si esta vez no tendría también un papel heroico? Esto era precisamente lo que su entorno temía, y apeló en su auxilio al único hombre en el mundo capaz de hacer que Winston revisara su decisión: el rey Jorge VI en persona. De todos modos, se precisaron dos misivas reales, corteses pero imperativas, para sustraer al viejo luchador de la atracción del peligro. Pero el 3 de junio se acercó al teatro de operaciones al ir a Portsmouth, cerca del cuartel general de Eisenhower: desde su tren especial pudo seguir y supervisar todo: "Churchill –comentó Eden– había dado pruebas de imaginación, pero la comodidad se resentía; había muy poco lugar, un solo baño situado cerca de su compartimiento y un solo teléfono. Parecía que Churchill siempre estaba en el baño y el general Ismay en el teléfono, de manera que, si bien nos encontrábamos más cerca del escenario de operaciones, era casi imposible hacer nada de nada".

Sin embargo, Eden logró convencer al primer ministro de que invitara al general De Gaulle para el día previo al desembarco. Como se había hecho rogar, el general llegó el 4 de junio a Portsmouth, donde Churchill había previsto recibirlo en su vagón-salón, contarle el secreto durante una buena comida y llevarlo al cuartel general de Eisenhower. Pero, por razones que ya conocemos, todavía no se había firmado ningún acuerdo sobre la administración civil con las autoridades francesas, así que Francia iba a ser liberada sin su ayuda y los Aliados emitirían su propia moneda en territorio francés. Así que el general De Gaulle estaba de pésimo humor, y después de las cortesías habituales, lo que debía ser un cordial banquete franco-británico, degeneró en un escándalo: "Noto, dijo De Gaulle con un tono glacial, que los gobiernos de Washington y de Londres tomaron disposiciones para evitar un acuerdo con nosotros. [...] Espero que mañana el general Eisenhower, siguiendo las instrucciones del presidente de los Estados Unidos y de acuerdo con usted, proclame que ocupa Francia bajo su autoridad. ¿Cómo quiere que hagamos un trato sobre estas bases? [...] ¡Vayan, hagan la guerra con su moneda falsa!". Y Churchill, al que cada vez le costaba más controlarse, terminó por vociferar: "Nunca va a estallar una disputa entre Gran Bretaña y los Estados Unidos por Francia. ¡Sépalo! Cada vez que tengamos que elegir entre Europa y el océano, estaremos a favor de aquel. Cada vez que tenga que elegir entre usted y Roosevelt, elegiré a Roosevelt". Algo que no sorprende a nadie, pero que Eden no parecía aprobar, y Bevin señaló que Churchill no había hablado en nombre del gabinete británico (lo que no significaba calmar al efervescente primer ministro). Como el general también se negó a dirigirse a los franceses después de Eisenhower la mañana del día J, y a enviar a oficiales de enlace con las unidades de desembarco,[16] las explosiones que se oyeron al alba del 6 de junio no provenían únicamente de las playas de Normandía. Churchill, en el paroxismo de la rabia, le aullaba hasta al mayor Morton: "¡Vaya a decirle a Bedell Smith que ponga a De Gaulle en un avión y que lo mande de nuevo a Argelia, encadenado, si es preciso. No hay que permitirle regresar a Francia". Pero Morton conocía muy bien los cambios de humor de su jefe, Eden era prudente y en la madrugada del 6 de junio se dio marcha atrás con la orden de expulsión. La noche más larga terminaba y el día más largo podía comenzar.

    La complejidad de las operaciones, los azares de la meteorología y el poder de las defensas costeras alemanas podían hacer temer un fracaso catastrófico. Pero después de cuarenta y ocho horas, las novedades de Francia eran tranquilizadoras: las pérdidas en las playas normandas eran menores que las previstas, las tres cabezas de puente británicas y canadienses del Este se habían extendido rápidamente en dirección a Bayeux y Caen, en tanto que en el Oeste, los dos cuerpos de desembarco norteamericanos de Omaha y de Utah Beach, después de las importantes dificultades iniciales, pudieron unirse y moverse hacia Cherburgo. A partir de ese momento, a pesar de las enormes dificultades de abastecimiento debido a una fuerte tempestad en la Mancha, el general Montgomery pudo poner en funcionamiento su plan de batalla: que el grueso de las divisiones alemanas quedara fijo en Caen, para permitir que los ejércitos norteamericanos ocuparan Cotentin y Bretaña, luego rodear las fuerzas alemanas por el sur, dirigiéndose a Avranches y Argentan. La aplastante superioridad aérea aliada, unida a la acción de la resistencia francesa, paralizó los contraataques de los enemigos y cortó sus líneas de comunicación, de modo que, a mediados de julio, veinticinco divisiones aliadas, con un millón de hombres y ciento setenta mil vehículos en el terreno, pudieron pasar a la ofensiva en gran escala en dirección al oeste y al noreste. El comando alemán, que seguía esperando un desembarco en el paso de Calais, reaccionó demasiado tarde y ya no tenía medios para oponerse al despliegue aliado.

El alivio de Churchill era inmenso. Tres semanas antes del desembarco –y tres semanas después– pasó la mayor parte de las noches en la sala de mapas o el cuartel general del frente. Las reuniones del gabinete de guerra y del comité de jefes de estados mayores se terminaban más tarde que lo habitual y, como siempre, el primer ministro intervino en incontables ocasiones para que se desembarcaran en Francia "combatientes y armas" más que "psiquiatras y sillones de dentistas", para que se preparara un nuevo convoy con destino a Murmansk, para que la flota que bombardeaba las costas francesas se reforzara con viejas unidades, para que se utilizara con criterio la brigada polaca, etc. El 12 de junio, naturalmente, fue a Normandía para inspeccionar el frente. A bordo de un destructor que bordeaba la costa, no pudo resistir la tentación de abrir fuego sobre posiciones alemanas, "para participar en la guerra y provocar una respuesta". Fue en vano, pero el día siguiente, los primeros VI cayeron sobre Londres y el mariscal Brooke anotó en su diario: "Winston rejuveneció una buena década, porque las bombas voladoras nos pusieron en primera línea de nuevo". Hay gente que nunca cambia.

Pero la campaña de Francia no monopolizaba toda la atención del primer ministro, ya que en el verano de 1944 también tenía los ojos puestos en Italia. De hecho, el 4 de junio las fuerzas aliadas, al mando del general Alexander, entraron en Roma y los jefes de estados mayores británicos contaban con este éxito para llevar a cabo un avance hacia el Norte, en dirección a Pisa, Rímini y Florencia. En el lugar, los generales Wilson[17] y Alexander incluso concebían un desembarco en la costa norte del Adriático, seguido por una ofensiva en dirección de Liubliana, luego de Viena, un plan que el primer ministro aprobaba con entusiasmo. Sin ser tan optimistas, los jefes de estados mayores veían con claridad cuál era el interés de seguir con las operaciones en Italia, que acababan de obligar al Reich a retirar ocho divisiones de los frentes del este y del oeste para dirigirlas hacia el sur. Dado que contaban con el poderoso apoyo de Churchill, solicitaron a sus colegas norteamericanos que mantuvieran en Italia divisiones destinadas a "Anvil", el desembarco en el sur de Francia. Pero la relación de fuerzas estaba a favor de los norteamericanos y ellos disponían: el 29 de junio respondieron con un rechazo categórico, ninguna "diversión periférica" tenía que trabar "Anvil" (rebautizada "Dragoon"), de la que el general Marshall esperaba resultados decisivos. Con el ánimo destrozado, los británicos aceptaron y se retiraron siete divisiones de Italia para que participaran en el desembarco que se realizaría el 15 de agosto de 1944.

"Una locura total", había dicho Churchill, quien de todos modos había prometido asistir. Pero, mientras tanto, nuestro hombre, que decididamente no se quedaba en un solo lugar, fue a Italia para reunirse con los generales, alentar a las tropas y recorrer la línea del frente. El general Alexander, que sabía con quién tenía que vérselas, le ofreció la oportunidad de disparar con un cañón al enemigo, lo que este gran escolar belicoso por supuesto hizo con gran alegría. Pero si bien los militares miraban con indulgencia cómo su primer ministro jugaba a los soldaditos, los ministros estaban mucho menos contentos de verlo jugar a los diplomáticos. Es que el 12 de agosto se encontró cerca de Nápoles con el jefe de los partisanos yugoslavos. Con la ayuda de la autosugestión, nuestro incorregible romántico seguía considerando al mariscal Tito como un Robin Hood nacionalista, al que apoyó, armó y hasta logró que lo protegieran en la isla de Vis cuando los alemanes hicieron que la situación fuese insoportable en Yugoslavia. Explotando a fondo la propensión del primer ministro a tomar sus deseos por realidades, Tito le aseguró que "no tenía la menor intención de introducir el sistema comunista en Yugoslavia", aunque se negó a anunciarlo públicamente. Como había alabado mucho los méritos de la monarquía constitucional (que su interlocutor había repudiado nueve meses antes), Churchill, entusiasmado con su propio sermón, escribió a su esposa que "este encuentro fue muy útil y parece que Tito está más dispuesto a respetar mis deseos".

Como intercambio por las concesiones que Tito nunca hizo, Churchill obtuvo que el rey Pedro II invitara públicamente a sus compatriotas a unirse a los partidarios de Tito. Sin importarle caer en una contradicción más, este viejo antibolchevique seguía preocupado por la amenaza de las fuerzas comunistas (armadas por los ingleses) contra los elementos monárquicos en Grecia, y se prometió que haría intervenir a las fuerzas británicas en Atenas en cuanto los alemanes se marcharan. La situación en Albania era bastante similar, y el 21 de agosto, en Roma, sir Charles Wilson registró en su diario: "Winston vuelve sin cesar sobre los peligros del comunismo y no parece pensar en otra cosa". Es verdad que los ejércitos soviéticos avanzaban en Rumania, Bulgaria y Polonia, devastando todo a su paso, y a comienzos de agosto, siguiendo las instrucciones de Stalin, dejaron aplastar el levantamiento de Varsovia y les negaron cualquier tipo de asistencia aérea a los insurgentes. Churchill, que una semana antes todavía actuaba como abogado de Stalin, quedó muy impresionado por el maquiavelismo del "Padrecito de los Pueblos", y su desilusión se convirtió en una obsesión: "En sueños ve al Ejército Rojo expandirse como un cáncer de un país al otro", escribió su médico.

El 29 de agosto Churchill volvió de Italia con una fiebre muy alta; era evidente que los contrastes de temperatura causados por los desplazamientos en el extranjero provocaron los accesos de neumonía. ¿Descansaría el primer ministro en Londres o en Chequers? Pero, ¡a quién se le ocurre! Tres días más tarde, ya había ocupado su lugar en el *Queen Mary* con sus jefes de estados mayores para dirigirse a Québec, donde se iba a desarrollar la conferencia "Octogon". Los militares británicos querían ponerse de acuerdo con sus colegas norteamericanos en la estrategia que seguirían en Francia, en las modalidades de una ofensiva en Birmania y en la participación británica en la guerra del Pacífico. Pero Churchill tenía dos proyectos suplementarios y ninguno contaba con la aprobación de sus propios jefes de estados mayores: un plan para reconquistar Singapur y otro —el de siempre— para una operación anfibia en el Adriático norte, con Viena como objetivo último. A los norteamericanos, a quienes les pidió botes de desembarco, les dijo que era necesario entrar en Viena "para enfrentar la peligrosa extensión rusa en los Balcanes" y que, por las mismas razones, una intervención en Grecia también era importante.

De hecho, no se arregló realmente nada en Québec, ni siquiera el grave desacuerdo estratégico entre militares británicos y norteamericanos. Después del brillante triunfo de las operaciones del verano en Normandía, que costaron a los alemanes más de doscientos cincuenta mil hombres y llevaron a los ejércitos aliados hasta el Sena, el general Eisenhower insistió en agregar a su título de comandante supremo el de comandante en jefe en el terreno. Ahora bien, su estrategia consistió en llevar a cabo un movimiento de reconquista progresiva con tres grupos de ejércitos, en un frente de mil kilómetros que iba de la Mancha hasta Alsacia. A esta estrategia bastante timorata y que obligadamente tomaba mucho tiempo poner en práctica, el general Montgomery, reciente vencedor de la batalla de Normandía, opuso un plan mucho más arriesgado: llevar lo esencial del esfuerzo a una ofensiva relámpago de cuarenta divisiones en Bélgica y Holanda para alcanzar el Ruhr, en ese momento muy mal defendido por menos de veinticinco divisiones alemanas. Pero en Québec, los jefes de estados mayores norteamericanos ratificaron la estrategia del general Eisenhower y, una vez más, los británicos tuvieron que aceptar. Además, el general Marshall se oponía a cualquier idea de una operación en el Adriático, y Roosevelt, que sobre todo estaba preocupado por la cercanía de las elecciones, lo apoyaba con firmeza. En cuanto a Churchill, para ser agradable con sus huéspedes, firmó el plan Morgenthau de "ruralización" de la Alemania de posguerra,[18] para gran asombro de Eden y del conjunto del Foreign Office.

En lo esencial, Churchill había fracasado: los norteamericanos no lo apoyarían en sus esfuerzos para limitar la expansión del comunismo en Europa central y en los Balcanes. Pero este asombroso luchador era decididamente incapaz de declararse vencido y siempre le bullían ideas geniales o descabelladas, sin poder distinguir entre las primeras y las segundas. En todo caso, la última era de una simplicidad apabullante; le confesó al doctor Wilson: "Todo podría arreglarse si lograra ganar la amistad de Stalin. Al fin y al cabo, el presidente es un estúpido cuando piensa que es el único que puede tratar con Stalin. Descubrí que podía hablar con él de hombre a hombre y [...] estoy seguro de que se mostrará razonable". Elemental, mi querido Wilson...

Dicho y hecho: llegó a Londres y este joven de setenta años con una energía diabólica decidió volar a Moscú. Después de treinta y seis horas de vuelo, aterrizó en Moscú con una fiebre muy alta en la noche del 9 de octubre y se dirigió directamente al Kremlin para iniciar negociaciones nocturnas con Stalin. Las conversaciones fueron largas y arduas, pero Churchill estaba convencido de que entre *gentlemen* siempre es posible entenderse: ¿los rusos querían ejercer una influencia preponderante en Rumania y en Bulgaria? ¿Tenían muchos más medios porque en ese momento acampaban en el lugar? Muy bien; él, Churchill, estaba dispuesto a aceptarlo, siempre que, a cambio, Stalin reconociera la preeminencia británica en Grecia, donde las tropas de Su Majestad acababan de desembarcar después de la evacuación alemana. En lo que respecta a Polonia, Churchill mostró su buena voluntad al ejercer una presión considerable sobre el primer ministro del gobierno polaco en el exilio para que aceptara participar en un gobierno de coalición con el Comité de Lublin, y que reconociera la línea Cruzon como frontera polaco-soviética.[19] En cuanto a Yugoslavia, Churchill aceptó dividir la influencia en partes iguales entre soviéticos y británicos. El primer ministro resumió todo esto en un plan de "porcentaje de influencias" escrito con apuro y que el dictador aceptó sin pestañear: "Rumania: 90% para Rusia, 10% para los demás; Grecia: 90% para Gran Bretaña (de acuerdo con Estados Unidos), 10% para Rusia; Yugoslavia: 50%-50%; Hungría: 50%-50%; Bulgaria: 75% para Rusia, 25% para los demás".

Una solución en apariencia seductora, de hecho cínica pero, sobre todo, poco profesional: ¿qué podía representar el 10% de influencia en Rumania y el 25% en Bulgaria mientras los soviéticos reinaban allí y los británicos ni siquiera podían acceder a nada? ¿Qué significaba el 50% de influencia en Yugoslavia, mientras el comunista Tito, este ingrato protegido del primer ministro, pretendía ejercer allí un poder absoluto y cuando justo acababa de pedir la ayuda de Stalin para lograrlo? ¿Qué podían esperar los británicos de un gobierno de coalición entre los polacos de Lublin y los de Londres, en una Polonia controlada por el Ejército Rojo? Y, sin embargo, Churchill volvió de Moscú tan contento como Chamberlain había vuelto de Munich. "Stalin sólo tiene una palabra", anunció con seguridad y, por otra parte, "las buenas relaciones con Stalin son más importantes que el trazado de una frontera". Pero con esta misma capacidad ilimitada de autoconvencimiento, en dos semanas Churchill se dio cuenta de que lo habían engañado: los informes provenientes de Rumania indicaban que los soviéticos estaban sacrificando a todo el país; en toda Bulgaria encarcelaron a oficiales británicos para que no asistieran a las últimas etapas de la sovietización; en Yugoslavia, los partidarios de Tito, que se habían unido a las tropas soviéticas del mariscal Tolbukhin, entraron en Belgrado el 20 de octubre para instalar un poder comunista, con el cortejo habitual de arreglos de cuentas sangrientos y ejecuciones masivas; por último, en Grecia, los comunistas del ELAS amenazaban todo el tiempo con desencadenar un levantamiento armado en la capital.

A fines de octubre, Churchill, agotado, no sabía si tenía que dirigirse de nuevo al presidente Roosevelt para convencerlo de enfrentar a Stalin o de hacer nuevas concesiones a Stalin para salvar algo del desastre que se preparaba. ¿Un frente anticomunista en Europa del Este o un pacto con el diablo? Sir Charles Wilson señaló: "No logra decidirse y, a veces, las dos políticas alternan en su cabeza con una rapidez desconcertante". En efecto, un cruel dilema. Hasta este momento Churchill había tenido una sola política: vencer a Hitler en estrecha concertación con los Estados Unidos y en cooperación con todas las naciones que perseguían el mismo objetivo; como Clemenceau, se limitaba a "hacer la guerra", y esto le simplificaba bastante la existencia. Pero en ese momento, cuando la victoria estaba a la vista, las cosas se complicaban mucho: ¿qué dirían el pueblo, el Parlamento, el rey y la posteridad si se comprobaba que Winston Churchill había salvado a Europa de los bárbaros nazis para librarla a los verdugos de Katyn y Varsovia?

Esta era la pregunta que por entonces se hacía el Foreign Office. Eden, que se esforzaba por administrar el futuro, no compartía los puntos de vista de un primer ministro al que juzgaba demasiado obnubilado por las peripecias del presente. La solución churchilliana de una indisoluble alianza política, económica, diplomática y sentimental entre las dos grandes naciones de lengua inglesa, destinada a garantizar la paz y la prosperidad del mundo de posguerra, le parecía demasiado ingenua y simplista: los acontecimientos de los últimos dos años lo habían convencido de que los norteamericanos, más allá de sus proclamas idealistas, tenían una política de un sagrado egoísmo, que no necesariamente coincidía con los intereses británicos. Por otra parte, Roosevelt ya había hecho saber que se desinteresaría de Europa en cuanto hubiese vuelto la paz. Entonces, ¿quién ayudaría a Inglaterra a prevenir el renacimiento del militarismo alemán? ¿Y a frenar los apetitos del ogro del Kremlin? En efecto, no sería posible hacerlo sin la vieja protección de Inglaterra en el continente, la que se había comportado tan bien en 1914 y la que había cedido tan rápido en 1940: Francia, que todavía no había terminado de liberarse y donde ya se había impuesto con firmeza la autoridad del general De Gaulle.

No fue sencillo convencer al general de que invitara a Churchill a las ceremonias del 11 de noviembre ni disuadir a Churchill de que se rechazara la invitación: detrás de una tirante fachada de cortesía, los dos antiguos cómplices de 1940 rumiaban tenaces quejas. Pero a un lado y otro del canal de la Mancha, Eden, Duff Cooper, Morton, MacMillan, Dejean, Massigli y Bidaut, progresivamente, fueron dando por tierra con todos los obstáculos. Así, el 11 de noviembre de 1944, se pudo ver a De Gaulle y a Churchill recorriendo los Campos Elíseos en un automóvil descapotable, bajo la aclamación de los parisienses. Los diplomáticos de los dos países esperaban una reconciliación entre ambos hombres, frente a la solemnidad del momento y al entusiasmo popular; los militares temían que Churchill no saliera vivo de su gira por el este de Francia, donde pasó horas mirando desfilar las tropas, inmóvil en medio de borrascas de nieve. Pero ni el fuego de la amistad recuperada, ni el frío de los elementos de la naturaleza desatados hicieron que el primer ministro se desviara de la línea que se había trazado: si no había una alianza con los norteamericanos, no había salvación; más que compartir con De Gaulle el primer lugar en Europa, iba a ser uno de los "Tres Grandes" en el mundo (salvo que hiciera el papel de honesto intermediario entre los otros dos). Como nunca había sabido disimular, se abrió sin vueltas ante el general: "Los norteamericanos tienen inmensos recursos. No siempre los usan en el momento oportuno. Intento que entiendan las cosas, sin olvidar que tengo que ser útil a mi país. Con Roosevelt establecí relaciones personales estrechas. Con él procedo por sugestión, para dirigir las cosas en el sentido que quiero. En cuanto a Rusia, es un animal enorme que tiene hambre desde hace mucho tiempo. No es posible hoy impedirle que coma, mucho menos cuando ha llegado al centro de la manada de víctimas. Pero hay que lograr que no se coma todo. Intento moderar a Stalin. [...] Estoy presente en todas las tratativas, no consiento algo por nada y saco algunos dividendos".

Sin embargo, se trataba de un papel muy ingrato, y Churchill se dio cuenta de esto a comienzos de diciembre de 1944, cuando los comunistas organizaron un levantamiento en Atenas. Churchill, que había apoyado decididamente al gobierno monárquico griego de Papandreu, consideraba que "había pagado a Rusia el precio de la libertad de acción en Grecia" y ni siquiera se tomó el tiempo de consultar al gabinete: ordenó el inmediato envío a Atenas de refuerzos provenientes de Italia y telegrafió al general Scobie, comandante en jefe británico en este lugar: "Tenemos que mantener y dominar Atenas. Hay que proceder sin efusión de sangre en la medida de lo posible, pero con efusión de sangre si es necesario". El embajador en Atenas, Rex Leeper, el general Alexander, Harold MacMillan y Anthony Eden, menos monárquicos que Churchill y mejores conocedores de los sentimientos de la población griega, consideraban que sería juicioso nombrar un consejo de regencia, a las órdenes del arzobispo Damaskinos, que buscaría una solución política con todas las partes presentes. Churchill no confiaba en el arzobispo, porque sospechaba que simpatizaba con la izquierda. Pero todos estaban de acuerdo en las medidas militares que acababan de tomarse para frenar el golpe comunista.

Por eso estaban destrozados cuando se enteraron, el 5 de diciembre, de que el Departamento de Estado norteamericano había condenado sin ambages la intervención británica. El 10 de diciembre, Churchill le escribió a Henry Hopkins: "Estoy muy apenado por ver estos signos de nuestras divergencias". Estaba decepcionado por tener que pedirle al presidente algún gesto de aprobación (que por otra parte nunca obtendría). Desde que se había iniciado la operación "Anvil/Dragoon" hasta la supresión de su plan de desembarco en el Adriático, pasando por la adopción de la estrategia de Eisenhower en Francia, ¡cuántos sapos se había comido el primer ministro en nombre de la alianza de los pueblos de lengua inglesa! Pero se negaba a ceder en el caso de Grecia: el rey era su amigo, Grecia no podía quedar fuera de la esfera de influencia británica y había que parar en alguna parte la expansión comunista. El primer ministro estaba tan obnubilado con Grecia, que prácticamente dejaba de lado todo el resto: lo que sucedía era que las tropas británicas estaban en el centro de Atenas, el gobierno de Papandreu se encontraba desbordado y Churchill no podía contenerse: en efecto, se trataba de un asunto demasiado serio como para confiárselo a los políticos, a los diplomáticos y a los militares: un solo hombre, pensaba, podría poner orden. Por eso, la víspera de la Navidad de 1944, en un brusco ataque de impulsividad, Winston Churchill voló a Atenas.

Fue una aventura de locos: a bordo de un auto ametralladora, el primer ministro, en compañía de Eden, Leeper y Alexander, surcó a toda velocidad la capital devastada. Dio consignas firmes a los militares, a los diplomáticos, a los ministros, arengó al primer ministro Papandreu, cayó seducido por el encanto del arzobispo Damaskinos, hizo reunir a todas las facciones (incluidos los comunistas) y los invitó a negociar precedido por el arzobispo, soportó algunos tiros y se fue encantado. El infortunado Eden, que lo había seguido con gran esfuerzo, suspiraba: "¡Cómo me gustaría que me dejara hacer mi trabajo!". Era pedir demasiado, pero la alocución improvisada del primer ministro, sin duda, fue un éxito: los refuerzos británicos echaron al ELAS de la capital y controlaban toda Ática a mediados de enero; los comunistas aceptaron un cese del fuego y el rey de Grecia, Jorge II, sometido a una muy fuerte presión británica, nombró regente al arzobispo Damaskinos. En este asunto, hasta Stalin se abstuvo de echar leña al fuego y Grecia pudo evitar la suerte de muchas de las naciones vecinas.

Cuando regresó a Londres, Churchill abandonó por un tiempo la diplomacia para dedicarse a la alta estrategia. El general Eisenhower, acantonado en Reims, sin medios de comunicación eficaces, controlaba mal sus ejércitos peligrosamente dispersos a lo largo de un frente de mil kilómetros. El 16 de diciembre los alemanes aprovecharon para lanzar dieciocho divisiones en las Ardenas: era el punto débil del dispositivo aliado, mantenido sólo por cuatro divisiones extendidas todo lo posible. Diez días más tarde los blindados alemanes, que habían traspasado las líneas norteamericanas y atravesado Saint-Vith y Bastogne, sólo estaban a unos veinte kilómetros del Mosa. Churchill ya había llamado por teléfono a Eisenhower al comienzo de esta ofensiva para pedirle que confiara al mariscal Montgomery el mando del conjunto del dispositivo aliado en el norte de la avanzada alemana y, como era de esperar, se presentó en el frente el 3 de enero de 1945. Cuando visitó a Eisenhower en su cuartel general no escatimó su ayuda ni sus consejos: la ayuda tomó la forma de un mensaje a Stalin para pedirle que lanzara una ofensiva, lo más pronto posible, para que los alemanes tuvieran que alejarse del frente de las Ardenas;[20] en cuanto a los consejos, fueron tanto diplomáticos como estratégicos: el general Eisenhower había ordenado al 6º ejército norteamericano que evacuara Estrasburgo para dirigirse a las Ardenas; pero, para el viejo francófilo de Downing Street, era política y humanamente imposible dejar que Estrasburgo volviera a caer en manos del enemigo, así que convenció a Eisenhower de retirar su orden. El general De Gaulle, que había llegado poco después al cuartel general para presentar la misma solicitud, vio cómo sus deseos se habían realizado antes de que los hubiera formulado. Para gran asombro del general Juin, presente en esta oportunidad, De Gaulle consideró superfluo agradecer a Churchill,[21] pero se dignó a decirle algunas palabras casi amables sobre su aventura en Grecia:

—*Oh! Yes* —exclamó Churchill, con la cara iluminada de pronto— *very interesting, it was good sport, indeed!*

—¿Pero le tiraron? —lo interrumpió De Gaulle.

—Sí, y lo peor fue que me tiraron con las armas que les había dado...

—Son cosas que pasan —concluyó De Gaulle, y se separaron.

En ese mismo momento, Montgomery y Bradly lanzaron su contraofensiva sobre la retaguardia del enemigo, bloqueado ante el Mosa por la falta de combustible y los bombardeos masivos sobre las líneas de abastecimiento. El 16 de enero de 1945, la brecha se había cerrado cuando los ejércitos británico y norteamericano se unieron en Houffalize. A partir de entonces, la Wehrmacht nunca más tuvo la capacidad necesaria para lanzar un ataque de importancia (y mucho menos porque los soviéticos acababan de iniciar una potente ofensiva en todo el frente, desde Prusia Oriental hasta el sur de Polonia) y, además, en Italia las tropas inglesas, norteamericanas, francesas y polacas habían logrado atravesar la línea Gótica y avanzaban hacia Bolonia. Así, en el Oeste, el Este y el Sur, el gran Reich se reducía y la situación del ejército alemán era cada vez más desesperante.

El primer ministro, que había regresado a Londres en la noche del 7 de enero de 1945, si hubiese sido otra persona y no Winston Spencer Churchill, habría podido tomarse el descanso que merecía. En este caso, no lo haría: en la pequeña oficina de Downing Street se preparaban magníficos discursos hasta la madrugada, y las temibles notas de tinta roja seguían cayendo sin distinción entre los civiles y los militares: ¿la malaria había producido tantas bajas en las tropas de Birmania por una negligencia de los servicios de salud? ¿Qué medidas se habían tomado para dispersar a los aviones sobre los aeródromos belgas desde el último ataque aéreo alemán? Entregar un informe detallado sobre el abastecimiento de víveres a los territorios liberados. ¿No hay que destruir los puentes sobre el Rin, detrás de las líneas alemanas, con ayuda de minas fluviales, por ejemplo? Dar prioridad absoluta a los proyectos de investigación que puedan culminar antes de fines de 1946 y frenar o abandonar los otros. Establecer un informe (una página como máximo) sobre la escasez de papas y las medidas tomadas para solucionarla, etc. Las reuniones nocturnas del gabinete de guerra y del comité de los jefes de estados mayores se eternizaban, Churchill se perdía en largas digresiones sobre detalles o en reminiscencias de la juventud, y a sus ministros les costaba permanecer despiertos. ¡Hasta el tímido Attlee terminó por protestar! El mariscal Alambrooke señaló: "Lo quiero mucho, pero tengo que reconocer que pone a prueba nuestra paciencia", un juicio que el infortunado Eden no desaprobaría, por cierto.

Pero Churchill no tenía cura: la guerra, como la revolución, no era una cena de gala, y no le parecía que la estuvieran conduciendo con la energía y el entusiasmo que se requerían. Por otra parte, los cambios radicales estratégicos, la previsible derrota de Alemania, la irrupción del Ejército Rojo en Europa central, el proyecto de creación de una organización de las Naciones Unidas, la cuestión polaca que seguía en suspenso, ¿todo esto no justificaba una nueva reunión anglo-norteamericano-soviética del más alto nivel? Roosevelt no quería ir a Londres y Stalin se negaba a abandonar la URSS, así que terminaron por acordar un encuentro en Crimea, precedido por una reunión del comité de jefes de estados mayores combinados en Malta. Para nuestro infatigable septuagenario, era el doceavo viaje en quince meses: Teherán, El Cairo, Túnez, Marrakesh, Nápoles, Québec, Moscú, París, Malta, Atenas, Reims y, ahora, Yalta.

Así que en la suntuosa residencia de verano de los zares, abandonada por sus sucesores, devastada por los alemanes y restaurada a las apuradas para la ocasión, se desarrolló la reunión cumbre más asombrosa de la guerra. El presidente Roosevelt, que acababa de inaugurar su cuarto mandato, aterrizó en Crimea con dos objetivos restringidos y un candor ilimitado: quería convencer a Stalin de participar en la guerra contra Japón, adherir a su proyecto de organización de las Naciones Unidas y hasta de que se uniera a una especie de coalición de estados "progresistas" contra las viejas potencias coloniales. "Stalin, declaró a su entorno, va a trabajar conmigo por un mundo de democracia y de paz". Pero el "tío Joe", detrás de su máscara de buen tipo, desdeñaba tanto los buenos sentimientos como las vagas abstracciones y buscaba resultados muy concretos: modificación de las fronteras, reparaciones, desarme y partición de Alemania, extensión indefinida de la influencia soviética en Europa central y en Extremo Oriente. Para esto disponía de dos cartas de triunfo: el irresistible avance del Ejército Rojo y la asombrosa incredulidad de su interlocutor norteamericano.

Preocupado por preservar los intereses británicos y el futuro de Europa, Churchill, evidentemente atrapado entre sus dos poderosos aliados, se esforzó por limitar las concesiones al primero y los apetitos del segundo. Aunque seguía siendo ingenuamente sentimental respecto del dictador soviético ("No creo que Stalin sea poco amistoso con nosotros"), el primer ministro no dejaba de ponerse la coraza de sus firmes convicciones y, además, estaba asesorado por los profesionales del Foreign Office, lo que explica su gran combatividad en las negociaciones: sobre Polonia, si bien aceptó el trazado de la línea Curzon como futura frontera polaco-soviética, siguió negándose a reconocer al comité comunista de Lublin como autoridad legítima sobre Alemania, cuya división en zonas de ocupación se había confirmado, e hizo valer la necesidad de alimentar a las poblaciones vencidas por encima de la preocupación por obtener reparaciones para los vencedores; con respecto al conjunto de los países de Europa central y balcánica liberados, insistió en que se organizaran elecciones libres y democráticas; finalmente, en cuanto a Francia, no solamente exigió que tuviera una zona de ocupación en Alemania, sino también un lugar en la Comisión de Control Interaliado, lo que no era sólo reflejo de sus sentimientos francófilos: cuando los norteamericanos anunciaron que todos sus soldados serían retirados de Europa dentro de los dos años siguientes al fin de la guerra, Eden le hizo comprender que "lo inquietaba un poco compartir solo la jaula con el oso soviético" en la Europa de posguerra.

Si bien en definitiva la delegación británica se mostró mayormente satisfecha con los resultados obtenidos, fue porque el comportamiento del presidente le había hecho temer lo peor. Roosevelt dejó entender claramente a Stalin que se desinteresaba de la cuestión polaca y del trazado de las fronteras en Europa central, que no le interesaba para nada concederle a Francia una zona de ocupación en Alemania y mucho menos un lugar en la Comisión de Control; que habría que devolver Hong Kong a China y algunos otros puntos estratégicos, como Dakar o Singapur, tendrían que estar bajo el control de las Naciones Unidas; inclusive le confió a Stalin que "los británicos son gente curiosa, que quiere ganar en todos los tableros". Por último, negoció mano a mano con el dictador la entrada de la URSS en la guerra con Japón y los territorios que recibiría a cambio (¡y Churchill humildemente firmaría luego este acuerdo!). Además, los británicos tenían otro tema que les preocupaba: el presidente, que daba pena ver, con esa cara esquelética, tenía largos momentos de ausencia, en los que se quedaba mirando a lo lejos, con la boca abierta; estaba claro que no había estudiado ninguno de los documentos que el Departamento de Estado había preparado y "parecía que ya no le interesaba el desarrollo de la guerra".

En estas condiciones, Churchill y su entorno, sin duda, podían considerarse felices de haber permitido el regreso de Francia al concierto europeo y mundial, y obtenido de Stalin algo así como un compromiso de moderación: ninguna decisión radical sobre el desmembramiento de Alemania, una "declaración sobre la Europa liberada", la promesa de una ampliación del gobierno de Lublin a polacos no comunistas, la postergación de la fijación de las fronteras occidentales de Polonia para una futura conferencia de paz, la perspectiva de elecciones libres y democráticas en todos los países de Europa central ocupados por el Ejército Rojo y hasta un compromiso implícito de no intervención soviética en Grecia. Como es lógico, todo este edificio se basaba en las promesas de Josef Stalin, quien tenía en su poder todas las cartas triunfo en Europa del este. Pero Churchill, cuyo poder de autoconvencimiento no tenía límites, declaró en el gabinete, a su regreso de Crimea, que estaba seguro de que "Stalin había sido sincero", y en los Comunes, que "el mariscal Stalin y los dirigentes soviéticos desean vivir en una amistad y una igualdad honorables con las democracias occidentales. Creo que sólo tienen una palabra". A su regreso de Munich Chamberlain había dicho casi lo mismo sobre Hitler, pero la esperanza hace vivir y, una vez más, la reacción de los honorables diputados fue entusiasta: por trescientos noventa y seis votos contra veinticinco aprobaron los acuerdos de Yalta. Cuando finalizó la votación, el diputado Harold Nicolson dijo: "Winston está loco de alegría y se porta como un chico".

No iba a ser la primera vez, ni la última. Pero hay niños más peligrosos que otros: dos semanas antes, los bombardeos masivos de la ciudad de Dresde habían causado ciento cincuenta mil muertos. La responsabilidad de Churchill era evidente en una operación cuya condición de indispensable aún hay que demostrar. Por supuesto que es posible alegar que los jefes de estados mayores habían recomendado siete meses antes bombardear masivamente las ciudades alemanas hasta destruirlas, para asestar un golpe definitivo a la moral del enemigo; que Dresde era un nudo de comunicaciones importante, por donde pasaban refuerzos alemanes hacia el frente del Este y, sobre todo, que en el momento de la conferencia de Yalta y de la gran ofensiva soviética en Prusia oriental, había que mostrarle a Stalin que los aliados occidentales conducían la guerra sin debilidad. Todo esto es verdad, pero la destrucción de esta ciudad de arte llena de refugiados no deja de asombrar por su evidente barbarie. La verdad es, sin duda, que después de cincuenta y cinco meses de bombardeos de las ciudades inglesas, y sesenta y siete meses de tensiones cotidianas, de incertidumbres mortales, de responsabilidades apabullantes y de incontables duelos, el más humano de los dirigentes puede quedar atrapado en el furor devastador que los vikingos llamaban *bersek* y los malayos, *amok*. Es muy difícil juzgarlo desde la quietud de la sala de estar, más de medio siglo después del último cañonazo. La historia, al pasear su lámpara vacilante por los caminos del pasado, solo lanza una débil luz sobre las pasiones de esos días.

En ese momento, en todo caso, el hombre que confiaba por completo en la palabra de Stalin no tardó en desencantarse: en Bulgaria, en Rumania, en Hungría, cayó una capa de plomo en los territorios ocupados por el Ejército Rojo. En Polonia, todos los observadores extranjeros fueron expulsados o echados a las fronteras, la promesa de ampliar el gobierno de Lublin enseguida pareció un engaño siniestro, los elementos no comunistas desaparecían misteriosamente y las elecciones libres quedaron para las calendas. En Yugoslavia, Tito se instaló como dueño y señor, se sacó la máscara e instauró un asombroso régimen de terror. "Aquí, escribió en Londres el viceprimer ministro Milan Grol antes de renunciar, no hay un Estado, hay un matadero". En Alemania, los informes sobre los servicios del Ejército soviético y del NKVD contra la población superaban en horror todo lo que era posible temer. Escandalizado por la duplicidad de Stalin y pasmado por la perspectiva de tener que confesarles a los diputados que habían abusado de él y, por lo tanto, él había abusado de ellos, Churchill le escribió a Roosevelt el 13 de marzo: "Ciertamente, me veré obligado a explicar que nos encontramos en presencia de un inmenso fracaso, de la destrucción completa de todo lo que habíamos convenido en Yalta". Muy preocupado por el carácter vago y dilatorio de las respuestas del presidente, cuatro días más tarde consideró útil precisar lo siguiente: "Nuestra amistad es la roca sobre la cual construyo para asegurar el futuro del mundo", a lo que agregó este toque de modestia premonitoria: "...mientras siga siendo uno de sus constructores".

Entre tanto, como no podía resistir la atracción de los combates, Churchill se dirigió a Alemania, donde las tropas aliadas habían logrado atravesar las defensas alemanas al oeste del Rin a fines de febrero; menos de una semana más tarde, era posible ver al primer ministro recorrer los campos de batalla desde Maastricht hasta Aix-la-Chapelle y visitar las obras abandonadas de la línea Siegfrido. Desde el otoño de 1939, todos los soldados de Su Majestad se habían prometido que tenderían ahí su ropa.[22] Churchill y los oficiales que lo acompañaban hicieron algo mucho mejor: todos alineados sobre una de las obras de la temible línea, satisficieron sus necesidades naturales con intenso placer. El 24 de marzo, el primer ministro y su comitiva estaban de regreso en Alemania, esta vez para atravesar el Rin detrás de las tropas norteamericanas (lo hicieron al día siguiente, por el puente de Wesel). Pero la ciudad de la otra ribera todavía estaba ocupada, los obuses empezaron a disparar sobre el puente y Churchill se vio envuelto en el fuego. Se necesitó toda la autoridad y la diplomacia del general norteamericano Simpson, comandante del sector, para hacer batir en retirada al viejo guerrero irresistiblemente atraído por el olor de la pólvora.

Una vez de regreso en Londres, Churchill y su estado mayor se enteraron de que el general Eisenhower había decidido detener el movimiento de tropas cuando hubiesen alcanzado el Elba y esperar a lo largo del río la llegada de las tropas soviéticas. De este modo, Berlín quedaba librada al Ejército Rojo, en tanto que las vanguardias norteamericanas se desviaban hacia el sur, en dirección de Leipzig o Dresde. Peor aún: Eisenhower no había juzgado útil informar a los británicos sobre su decisión, pero sí lo había hecho con Stalin el 28 de marzo, quien respondió encantado que "una propuesta de este tipo coincide por completo con los planes del alto mando soviético" y que, de todos modos, "Berlín había perdido toda la importancia estratégica que tenía".

En Londres estaban aterrados: desde Argelia hasta las Ardenas, pasando por Kasserine, el general Eisenhower había cometido algunos errores de importancia, pero éste superaba a todos: en los planos estratégico, político, diplomático, psicológico, humano, todo exigía entrar en Berlín lo más pronto posible y encontrarse con el Ejército soviético lo más al este posible; además, el hecho de que Eisenhower no hubiese juzgado útil informar a Londres de sus nuevos planes, en tanto que la tercera parte de los soldados eran británicos o canadienses, ilustra de manera especial la caída catastrófica de la influencia y del prestigio de Winston Churchill dentro de la coalición aliada. El primer ministro envió una larga serie de telegramas a Washington. Todos los recursos del arte epistolar, de la diplomacia y de la adulación se movilizaron para convencer al presidente de que interviniera en esta cuestión, que se había vuelto más grave a raíz del comportamiento de los soviéticos en las regiones donde ejercían su autoridad. Churchill dijo al general De Gaulle: "Con Roosevelt, cuatro meses antes procedía con sugerencias, para dirigir las cosas en el sentido que quería". Pero desde hacía tiempo esto había dejado de ser eficaz; en ese momento, el primer ministro podía exhortar, conjurar, implorar... y no pasaba nada: la importancia de la capital del Reich y la gravedad de la amenaza soviética no estaban dentro de la órbita de Franklin Roosevelt, que el 11 de abril respondió con un poco de indolencia: "Me inclino a minimizar lo más posible el conjunto de los problemas soviéticos, porque estos problemas tienden a plantearse cada día de un modo diferente y la mayoría termina por arreglarse solo".

No fue el mensaje más perspicaz del presidente, pero sí el último. El 12 de abril, en Warm Springs, Georgia, Franklin Delano Roosevelt murió de una hemorragia cerebral. Churchill, que se enteró al otro día por la mañana, se puso a llorar. "Acabo de perder a un gran amigo", le susurró a su guardia de cuerpo. Es verdad que, desde hacía más de cinco años, la rica imaginación de Winston Churchill había transformado esta relación políticamente útil en una amistad profunda, ejemplar y desinteresada entre dos socios de la misma altura, para lo mejor de sus respectivos pueblos. Si bien Franklin Roosevelt la había concebido más bien como un efímero casamiento de conveniencia con un imperialista antediluviano, que podría sustituir por una sólida alianza entre las dos grandes potencias "progresistas y anticolonialistas" del momento, muy raramente Winston Churchill se dio cuenta de esto, que se oponía en mucho a sus sentimientos y a los intereses del imperio británico como para que sacara de allí todas las conclusiones.

El mismo día de la muerte del presidente, los ejércitos norteamericanos alcanzaron el Elba; Berlín estaba a menos de cien kilómetros más al este, pero de acuerdo con las órdenes del general Eisenhower, los Aliados permanecieron al otro lado del río con las armas en reposo durante los trece días necesarios para que el Ejército soviético pudiese cercar y pasar a través de la capital del Reich. El 18 de abril los últimos defensores alemanes del Ruhr se rindieron a las fuerzas anglo-norteamericanas; cada día después de esto se anunciaba la toma de nuevas ciudades, la captura de divisiones y de ejércitos enteros; en Italia, la gran ofensiva lanzada en el sur de Bolonia el 23 de abril llegó hasta las costas del Po, donde unas veinte divisiones británicas, norteamericanas, francesas, polacas, sudafricanas, brasileras e italianas obligaron a las veintisiete divisiones alemanas y fascistas a retroceder desordenadamente, hostigadas por los bombardeos de la aviación y los ataques de los partisanos; el 25 de abril, Mussolini, que intentaba huir hacia el Brenner, fue detenido por partisanos comunistas y ejecutado al día siguiente. En la Berlín sitiada, donde el Führer se había atrincherado con sus últimos seguidores, los ejércitos soviéticos avanzaban inexorablemente, en tanto que en el Elba, cerca de Torgau, el ejército norteamericano y el Ejército Rojo acababan de unirse. El final no podía estar lejos...

Churchill no tenía tiempo ni ganas de alegrarse; junto con las noticias de los triunfos sobre el Reich recibió información de lo más detallada sobre las exacciones cometidas en Rumania, en Bulgaria, en Yugoslavia, en Alemania y, sobre todo, en Polonia, donde una delegación de dieciséis representantes de la resistencia interna y de los partidos políticos, que habían recibido un salvoconducto para negociar con las autoridades soviéticas, había desaparecido sin dejar rastros: era evidente que los comunistas eran los dueños de Varsovia y del resto de Polonia y que el "gobierno polaco democrático" prometido en Yalta no era más que pura ficción. A un Churchill indignado, Stalin le respondió cínicamente que los gobiernos griego o belga no eran más representativos y que la seguridad de la URSS exigía que estuviese rodeada de naciones amigas.

Como había comprendido que la seguridad absoluta de la Unión Soviética sólo sería indudable al precio de la inseguridad absoluta de todos sus vecinos, Churchill insistió enérgicamente en que las tropas de Montgomery cruzaran el Elba y se apoderaran de Lübeck lo más pronto posible, impidiendo así el acceso a Dinamarca del Ejército soviético. El 30 de abril le escribió también al nuevo presidente norteamericano Harry Truman: "Si los Aliados occidentales no tienen un lugar importante en la liberación de Checoslovaquia, este país seguirá el camino de Yugoslavia"; poco después le envió otras notas de prevención sobre la suerte de Viena, ocupada el 2 de mayo por el Ejército Rojo, y la de Trieste, invadida el día anterior por los partidarios de Tito.

Pero, lamentablemente, Harry Truman, vicepresidente durante tres meses y presidente desde hacía dos semanas, había llegado a la cima del poder sin experiencia y sin luces. Se esforzaba por seguir la política de su predecesor, con los mismos consejeros y los mismos prejuicios, y corría el riesgo de cometer los mismos errores, dejando que en toda Europa la tiranía roja sustituyera a la dictadura marrón.

Esto es lo que preocupaba a Winston Churchill en el momento en que se produjeron las noticias de la caída del Ejército del Reich, las negociaciones para la rendición de las tropas alemanas de Italia, el suicidio de Hitler, la caída de Lübeck y Hamburgo, la liberación de Copenhague y la llegada al cuartel general de Montgomery de los emisarios del almirante Dönitz, sucesor de Hitler. El fin de las hostilidades ya era una cuestión de días, de horas, quizá... Sin embargo, como comprobó el inspector Thompson, "la cercanía del fin no tranquilizó en absoluto al primer ministro, que seguía trabajando dieciocho horas al día". En efecto, se acostaba a las cinco de la mañana, estaba evidentemente agotado y se negaba cada vez más a leer sus archivos antes de las reuniones de gabinete. Y cuando, en la mañana del 7 de mayo, se enteró en Londres de que se acababa de firmar la rendición de Alemania en el cuartel general de Eisenhower, lord Moran anotó: "El primer ministro no parece entusiasmado con el fin de la guerra".

Podemos comprenderlo; sin embargo, al día siguiente lo ganó la explosión de alegría del *"V-E. Day"*, la proclamación oficial del fin de los combates en Europa. Aclamado en las calles, ovacionado en la Cámara, felicitado por el rey, durante un breve instante pudo saborear la culminación triunfal de seis años de esfuerzos obstinados y, con frecuencia, desesperados. El Reino Unido lloraba trescientas sesenta mil muertes; sus ciudades estaban destruidas; su Imperio, tambaleante; su deuda externa superaba los tres mil millones de libras, pero había sobrevivido. Una vez más, Winston Churchill sintió que estaba viendo algo repetido: veintisiete años antes lo habían recibido en los mismos lugares con las mismas aclamaciones, en el momento final de un conflicto casi tan largo e igual de mortal. Pero, en aquella época, pensaba realmente que el mundo entraba en la era de la paz universal; ahora no se hacía ninguna ilusión: la guerra seguía en Asia, en tanto que en Europa, como le escribió al presidente Truman el 12 de mayo, "una cortina de hierro cayó en el frente ruso". Y el discurso que pronunció en la BBC el día siguiente era tanto para ponerse en guardia como para gritar victoria: "Nos resta asegurar que las palabras 'libertad', 'democracia' y 'liberación' [...] mantengan su verdadero sentido, el que nosotros les atribuimos. ¿Para qué castigar a los hitlerianos por sus crímenes, si no se establece el reino de la ley y de la justicia, si gobiernos totalitarios o policiales toman el lugar de los invasores alemanes?".

En Europa del Este ya estaba todo arreglado: Praga, Viena, Sofía, Bucarest, Varsovia, Belgrado, Budapest habían quedado sumergidas bajo la ola roja. Atenas seguía amenazada y Trieste acababa de ser ocupada por las tropas yugoslavas. Es verdad que Churchill ordenó que las tropas del general Alexander hicieran una demostración de fuerza en Trieste y los partidarios de Tito se vieron obligados a evacuar la ciudad. En Grecia, Churchill seguía apoyando a las autoridades en contra de los intentos de desestabilización comunistas; pero el presidente Truman le hizo comprender con claridad que no tenía que contar con ningún compromiso norteamericano en los Balcanes o en Europa central. Cuando el primer ministro le pidió que al menos aplazara la evacuación de las tropas norteamericanas en Alemania hacia las zonas de ocupación definidas en Yalta, para conservar algunas cartas de triunfo en las futuras negociaciones con Stalin, Truman le contestó con una negativa. Sin embargo, terminó por aceptar el principio de una conferencia de a tres en el mes de julio, en Postdam (no sin pensar en encontrarse antes con Stalin frente a frente). Con tales aliados, ¿quién necesita enemigos?

Pero, por primera vez en muchos años, lo esencial del tiempo y de la energía de Churchill no estaba dedicado a la situación internacional. Pues, sin esperar el fin de la guerra contra Japón, el congreso del Partido Laborista decidió abandonar la coalición. En ese momento, el primer ministro no tuvo más opciones: solicitó al rey la disolución del Parlamento (donde tenía un escaño desde 1935), formó un gobierno provisorio y anunció que las elecciones se realizarían el 5 de julio. Así, a partir del mes de mayo, Churchill se lanzó impetuosamente a la batalla electoral, mientras "durante toda su vida no había estado más preocupado por la situación de Europa" y tenía que ocuparse de la guerra contra Japón, de las incertidumbres de la conferencia de San Francisco y de los "lamentables incidentes" que Francia había provocado en Damasco, que amenazaban con degenerar en un conflicto franco-británico.

Además de estas graves preocupaciones, Churchill se había metido de lleno en la campaña electoral con algunas desventajas de importancia. Después de haberles aportado a sus conciudadanos la victoria, no tenía mucho para proponerles para la posguerra: "No tengo más mensaje para transmitirles", le confió con tristeza a su médico el 22 de junio. Ahora bien, los laboristas tenían un ambicioso proyecto de nacionalizaciones y de reformas sociales y sabían presentarlo muy bien a los electores. Además, Brendan Bracken y lord Beaverbrook, que eran los que manejaban la campaña electoral conservadora, no eran exactamente modelos de fineza política, y el primer discurso electoral del primer ministro, durante el cual acusó a los laboristas de querer instaurar un Estado totalitario, una dictadura roja y hasta "una especie de Gestapo" fue muy mal recibido en el país. Por último, y sobre todo, Churchill daba muestras de un terrible cansancio. En el mes de mayo, recordaría luego, "estaba tan débil físicamente que había que llevarme en una silla para que subiera la escalera a la salida de las reuniones de gabinete". Por otra parte, a lo largo de junio, además de las tareas de gobierno tendría que enfrentar una campaña electoral muy dura, con días y noches de desplazamientos, frecuentes inmersiones en las multitudes, muchísimas entrevistas y cuatro alocuciones difundidas por la radio, laboriosamente preparadas en las madrugadas: ¿cuántos septuagenarios con un corazón débil y pulmones frágiles habrían resistido este tratamiento?

La llegada el 5 de julio, día de las elecciones, fue un verdadero alivio. Los resultados recién se conocieron el 26, por los plazos necesarios para recolectar las boletas de voto de los soldados británicos que estaban en las cuatro puntas del mundo. Mientras tanto, el primer ministro cedió a los pedidos de su médico y se tomó un merecido descanso en el sur de Francia, mientras esperaba la conferencia de Postdam (nombre codificado: "Terminal"), que se iniciaría el 17 de julio.

Una semana en la casa solariega de Bordaberry, cerca de Hendaye, con su esposa y su hija Mary, sus pinceles, su sombrero de paja, algunas buenas botellas y ningún archivo bastaron para que nuestro veraneante se repusiera a pesar de él, y que partiera hacia Alemania el 15 de julio con la moral de un vencedor. La iba a necesitar: llegó a Berlín al mismo tiempo que Eden y Attlee[23] y fue a visitar las ruinas de la cancillería del Reich, asistió a interminables desfiles militares y chapoteó en la bañadera de oro del mariscal Goering antes de encontrarse con un Truman "despierto y resuelto" y descubrir a su viejo amigo Stalin, "demasiado amable", pero que abría muy grande la boca. Era para comerlo mejor... pues desde el inicio, el "Padrecito de los Pueblos" pidió que se transfiriera a la URSS Königsberg y una parte de la Prusia Oriental, reparaciones por las zonas de ocupación occidentales en Alemania (además de las que extraería de la propia), una gran parte de la Marina mercante y de la flota de guerra alemanas, la ruptura de toda relación con el general Franco y el establecimiento de un "régimen democrático" en España, la transferencia a las autoridades comunistas de Varsovia de los bienes del gobierno polaco en el exilio, el control de los estrechos turcos, una colonia en Libia, ¡y todo esto recién para empezar!

Durante ocho días, Churchill, Eden y Attlee se dedicaron a moderar los apetitos de Stalin, con la ayuda inesperada de Truman y de su nuevo secretario de Estado, James Byrnes; de hecho, estos renunciaron a desempeñar el papel rooseveltiano de árbitros entre el "imperialismo" británico y la "democracia" soviética, para protestar por la represión comunista en Europa central y recordarle a Stalin cuánto les importaba a los Estados Unidos la realización de elecciones verdaderamente libres y transparentes, así como un tratamiento humano a los pueblos liberados y a los enemigos vencidos. Churchill vio reforzada su posición, tanto más cuanto que el presidente acababa de someterle un documento ultrasecreto que anunciaba el éxito de la primera explosión atómica en el desierto de Nuevo México (un hecho que podía revolucionar las relaciones de fuerza en Asia y en Europa). En cuanto al resto, los norteamericanos propusieron la creación de un Consejo de ministros de Relaciones Exteriores (Estados Unidos, Gran Bretaña, URSS, Francia y China) cuya misión sería elaborar los tratados de paz con los ex países satélites de Alemania y preparar el arreglo de las cuestiones territoriales que habían quedado en suspenso.

Pero Winston Churchill no se sentía a gusto en este cónclave de vencedores; lo había predicho antes de su partida a Francia: "Seré solamente la mitad de un hombre antes de los resultados de la elección", y la tensión era cada vez mayor a medida que se acercaba el día de la fecha: "Las elecciones planean por encima de mí como un buitre de incertidumbre", confesó entre dos sesiones. El 25 de julio, la conferencia se postergó con el fin de que la delegación británica pudiese regresar a Londres para la proclamación de los resultados: en el último banquete antes de su partida, Churchill preparó un brindis: "A la salud del próximo jefe de la oposición en Gran Bretaña, sea quien fuere". Stalin, ogro cortés, predijo que iba a tener una mayoría de ochenta escaños, ¿no era un buen signo? Al fin y al cabo, nunca se había equivocado con los resultados de las elecciones en la URSS.

En Londres, en la tarde del día siguiente, la sorpresa fue inmensa: los laboristas se quedaron con trescientas noventa y tres bancas; los conservadores y sus aliados liberales, con doscientas diez. El hombre que había ganado la guerra acababa de perder las elecciones, y la amplitud de la derrota era tal que no quería quedarse ni un día más en el poder. Esa misma noche presentó su dimisión al rey.

13

El eterno retorno

El veredicto de las urnas fue un terrible impacto para Churchill. Cinco años antes le había confiado a Anthony Eden: "No cometeré el error de seguir después de la guerra, como Lloyd George". Pero el poder es una droga poderosa, y Winston que sólo vivía para la política o para la guerra, había sentido la derrota electoral como una mordaz desaprobación a su acción y a su persona. Por último, como siempre, cuando se relajaba de la hiperactividad, el *black dog* de Winston volvía a hociquear, con su habitual cortejo de insomnios, ideas oscuras y diversos males psicosomáticos. De ahí estas sombrías palabras durante las siguientes semanas: "A mi edad, no se trata de que uno vuelva a sus asuntos [...]. Me vienen pensamientos desesperados a la cabeza. [...] No logro habituarme a la idea de no hacer nada durante el resto de mi vida; habría sido mejor haberme matado en un accidente aéreo o haber muerto como Roosevelt".

Por supuesto que el mundo seguía girando sin Winston Churchill, y esto no era lo que más lo mortificaba: a mediados de agosto, las bombas atómicas lanzadas sobre Hiroshima y Nagasaki obligaron a Japón a capitular; mientras, en Postdam, se retomó la conferencia, con Attlee y Bevin como representantes de los intereses británicos.[1] Por supuesto que Churchill los acusó enseguida de hacer excesivas concesiones a Stalin,[2] aunque sabía a la perfección que los soviéticos tenían todas las cartas de triunfo en su poder. En cuanto al programa de nacionalización y de planificación de los laboristas, el ex primer ministro preveía que sometería a la inquisición, a la confiscación y a las privaciones a una Inglaterra ya arruinada por la guerra. El pequeño mundo de Chartwell tampoco le aportaba consuelos, ya que la propiedad, que había permanecido cerrada durante los tiempos difíciles, necesitaba importantes trabajos de refacción, y el campo que la rodeaba había padecido tanto por la falta de mantenimiento, que el jardinero lo consideraba irrecuperable. Además, Winston Churchill ahora tenía que vivir con las raciones frugales del ciudadano británico común, y hasta pasar un tiempo sin servicio doméstico.

Como es natural, todo esto resintió la atmósfera familiar, y más aún teniendo en cuenta que el gran hombre y su esposa solo se habían visto ocasionalmente durante la guerra, y ahora se encontraban cara a cara todos los días. Clementine escribió a su hija Mary: "En nuestra infelicidad, en lugar de apoyarnos mutuamente, estamos todo el tiempo peleándonos. Es tan infeliz y esto le hace muy difícil la vida". Era exacto, y una sordera cada vez más acentuada no ayudaba a mejorar las cosas. "¿Que el rey quiere otorgarme la Orden de la Jarretera? De ningún modo: sus súbditos me echaron como a una vulgar sirvienta"; "¿Escribir mis memorias? Fuera de lugar: la inquisición fiscal de los laboristas confiscaría de inmediato todas mis ganancias"; "¿Me han invitado a ir a Australia y a Nueva Zelanda? No tengo ni la fuerza ni las ganas". Tampoco le venían bien sus nuevas tareas como jefe de la oposición. El 21 de agosto se dirigió a un comité del partido, y el diputado Henry Channon anotó en su diario: "Winston, que parecía haber sido tomado por sorpresa, indiferente y sordo, no produjo ninguna impresión en los asistentes a la reunión". Sus adversarios políticos (y hasta sus amigos) veían sin desagrado cómo el viejo león al fin desaparecía para dar lugar a los jóvenes. Les iba a salir caro: el 1º de septiembre, el ilustre vencido, invitado por el mariscal Alexander, partió a Italia con su hija Sarah, su médico, sus secretarias, su valet y su guardia de cuerpo. Tenía a su disposición una lujosa mansión a orillas del lago de Como. Tres semanas de *far niente* bajo el sol, sin papeles ni diarios, con pinceles, agradable compañía y ochenta y seis botellas de Veuve Cliquot requisadas pueden resucitar a cualquiera. Y mucho más si el hombre en cuestión se pasa la estadía leyendo todos sus telegramas, memorándums e instrucciones del tiempo de la guerra y considera, con toda justicia, que al mirar estos documentos, la posteridad lo juzgará con menos severidad que sus electores. Diez días en Antibes y Montecarlo completaron la cura de rejuvenecimiento: Winston pintó nuevos cuadros, se bañó en el mar y perdió 7.000 libras en el casino³ (que el director le restituyó de inmediato). Las ideas oscuras, los insomnios, los males diversos desaparecieron como por arte de magia y hasta la sordera se eclipsó un poco.

Así que a comienzos de octubre de 1945 regresó a Londres un joven septuagenario y muy belicoso. Como había adquirido una nueva residencia londinense en el 28 de Hyde Park Gate, volvió a caer con delicia en los torbellinos de la política al dirigirse a los electores de Woodford, a los veteranos de El Alamein, a los alumnos de Harrow y a los honorables diputados de la Cámara. Se entrevistó con el rey y el primer ministro canadiense, así como con los principales líderes de la oposición conservadora, a los que quería reagrupar en un "gabinete fantasma" y a los que empezó a galvanizar a través de un discurso combativo contra las "doctrinas socialistas, con todo su odio de clase, su inclinación por la tiranía, su aparato partidario y su horda de burócratas". Mientras tanto, fue a París para reunirse con sus viejos amigos Herriot y Blum, se hizo cargo de su sitial en la Academia de Ciencias Morales y Políticas y hasta fue recibido por un general De Gaulle "sonriente y atento", que lo trató "con muchos más miramientos que cuando era primer ministro". Después viajó a Bruselas y a Amberes, que le reservaban un recibimiento triunfal, le confirieron la distinción de ciudadano ilustre y se gratificaron con varios discursos inmortales en francés churchilliano, uno de los cuales comenzaba de este modo: "Estoy muy feliz de haber regresado finalmente al Revés*", y otro terminaba: "¡Viva *la* Bruselas!". Es verdad que a su

---

* El error de Churchill es intraducible: en francés, la ciudad se denomina Anvers (Amberes), palabra que se pronuncia igual que *envers*, que significa *revés*. (N. de la T.)

regreso a Inglaterra, la recepción también fue entusiasta: sus apariciones en la Cámara o en las manifestaciones públicas eran saludadas siempre con verdaderas ovaciones.

Embriagado por el entusiasmo popular, los primeros fracasos económicos del Partido Laborista y una dosis respetable de diversos tónicos vigorizantes, la prodigiosa maquinaria winstoniana volvió a ponerse en marcha y encontró rápidamente su ritmo de los años previos a la guerra. Entre los discursos, las entrevistas y las recepciones de incontables personalidades extranjeras, nuestro stajanovista con bombín retomó sus escritos de historia, planificaba con rigor militar la reconquista de las tierras de Chartwell invadidas por la naturaleza,[4] se sumergió en los documentos diplomáticos y militares que le hacían llegar secretamente algunos ministros y funcionarios (¡la vida es un eterno retorno!) y dictaba al alba respuestas al voluminoso correo proveniente de los cuatro rincones del mundo.

Para Churchill, una de estas cartas era más importante que ninguna otra: la invitación del presidente Truman a pronunciar un discurso en el colegio de Westminster, en Fulton, Missouri. Si Churchill aceptaba, el presidente prometía ir en persona a pronunciar el discurso de presentación. Era un honor muy grande para un modesto jefe de un partido político, que ya no tenía ningún vínculo oficial con el gobierno de su país; pero Winston seguía considerando que un acuerdo privilegiado con los Estados Unidos era la única tabla de salvación para Gran Bretaña y su imperio. Y, además, era la ocasión soñada para hacerle conocer al mundo entero sus puntos de vista sobre el peligro de un enfrentamiento entre la URSS y el mundo occidental, que se había agudizado considerablemente durante los últimos tiempos por los desacuerdos en relación con Alemania y las medidas intimidatorias de los soviéticos contra Turquía e Irán. Por último, su médico le había recomendado que pasara el invierno bajo los cielos más clementes de la Florida, así que Churchill podría juntar lo útil con lo agradable.

De modo que, entre mediados de enero y el comienzo de marzo de 1946, se pudo ver por Miami a un jubilado jovial y rubicundo, que usaba un inmenso sombrero de paja y que se repantigaba en la playa mascando un cigarro desmesurado. Pero a no equivocarse: este viejo *gentleman*, aparentemente ocioso, era un verdadero volcán en actividad. Pintaba cuadros, uno detrás de otro, dictaba capítulos de su *Historia de los pueblos de lengua inglesa*, enviaba cientos de cartas hacia los cinco continentes, estudiaba los telegramas diplomáticos que le hacían llegar la Casa Blanca y el Departamento de Estado, discutía con los editores la redacción de sus futuras memorias de guerra, confiaba a los periodistas sus impresiones sobre la historia del mundo desde Omdurman hasta Postdam, negociaba con su viejo amigo de la Gran Guerra, Bernard Baruch, condiciones más ventajosas para el préstamo de cuatro mil millones de dólares que Londres deseaba tomar en Washington, y todo esto mientras preparaba con sumo cuidado un discurso destinado a sacudir al mundo.

Churchill les mostró a Truman, a Byrnes y al almirante Leahy este borrador en los diversos estadios de su elaboración. Todos se mostraron encantados. El primer ministro Attlee lo habría estado menos, pero sólo le informaron en términos muy generales de lo que se estaba preparando. Así que el 5 de marzo de 1946 se quedó estupefacto cuando oyó que su predecesor se dirigía a los estudiantes y profesores del colegio Westminster de Fulton y les declaraba que él mismo había sido educado en Westminster,[5] que sus palabras sólo lo comprometían a él y que los "pueblos de lengua inglesa" tenían una herencia común que defender en tiempos de paz y en tiempos de guerra, luego de lo cual entró de lleno en el tema: "Una sombra se extendió en el escenario recientemente iluminado por las victorias aliadas. [...] Desde Stettin en el Báltico hasta Trieste en el Adriático, una cortina de hierro bajó en el continente. Detrás, están todas las capitales de los antiguos Estados de Europa central y occidental: Varsovia, Berlín, Praga, Viena, Budapest, Belgrado, Bucarest y Sofía. Todas estas ciudades célebres y las poblaciones que las rodean ahora están incluidas en lo que tengo que llamar la esfera soviética, y todas están sometidas no sólo a la influencia soviética [...], sino también a un grado cada vez mayor de control de Moscú. [...] Los partidos comunistas, que en estos pequeños Estados de Europa oriental eran reducidos, llegaron a una posición de poder y de preeminencia muy superior a su importancia numérica, y buscaron imponer en todas partes un poder totalitario. [...] Turquía y Persia están muy perturbadas y alarmadas por las reivindicaciones y las presiones que el gobierno de Moscú ejerce sobre ellas. [...] En este momento, los rusos se esfuerzan por constituir un partido criptocomunista en su zona de la Alemania ocupada. Sean cuales fueren las conclusiones que se saquen de estos hechos, esta no es la Europa liberada por la que hemos luchado y tampoco la que lleva en ella el fermento de una paz duradera".

Después de subrayar que "los partidos y la quinta columna soviética constituyen un desafío y un peligro constante para la civilización cristiana" y de lanzar un llamamiento "a una nueva unidad en Europa", Churchill llegó a lo esencial: "No pienso que la Rusia soviética quiera la guerra, lo que quiere son los frutos de la guerra y la expansión sin límites de su poder y de sus doctrinas. [...] Nuestras dificultades y nuestros peligros no desaparecerán si escondemos la cabeza, si esperamos a ver qué va a suceder o si practicamos otra vez una política de apaciguamiento. Lo que necesitamos es un arreglo y, cuanto más se atrase, más difícil será lograrlo y mayores serán los peligros. En función de lo que he podido ver de nuestros amigos y aliados rusos durante la guerra, me he convencido de que no hay nada que admiren tanto como la fuerza y nada que respeten menos que la debilidad, en especial la debilidad militar".

Para el nuevo doctor *honoris causa* del colegio de Westminster, la manera de detener esta amenaza era clara y simple: la unidad de las democracias occidentales en general y de algunas de ellas en particular: "Si las poblaciones de la Commonwealth de lengua inglesa se unen a los Estados Unidos, con todo lo que esto implica de cooperación en el aire, en el mar, en cualquier parte del globo, en la ciencia, en la industria y en la fuerza moral, no existirá un equilibrio precario e inestable de fuerzas para ofrecer tentaciones a la ambición y a la aventura. [...] Si todas las fuerzas materiales y morales de Gran Bretaña se unen a las de ustedes en una asociación fraterna, entonces se abrirán los anchos caminos del futuro, no sólo para nosotros, sino para todos, no sólo para hoy, sino para el próximo siglo".

Suntuosas frases con cadencia, un vibrante llamamiento a la unidad anglo-norteamericana, una advertencia contra el relajamiento y el sosiego, un llamado a la negociación con los rusos, pero desde una posición de fuerza: nada nuevo a primera vista, si no fuera porque Churchill acababa de clamar ante la faz del mundo lo que se murmuraba en las cancillerías desde hacía ya un año: el expansionismo soviético, replicado por los partidos comunistas de todo el mundo, representaba un nuevo peligro mortal para las democracias occidentales. Ahora bien, los ciudadanos de estas democracias no estaban listos para oír este mensaje; durante cuatro largos años, la propaganda aliada había cantado loas al valiente pueblo soviético y la opinión pública había quedado muy marcada por esto. De ambos lados del Atlántico, la población entendió mal el discurso de Fulton, y mucho más la prensa. En Londres y en Washington se apuraron a abrir el paraguas: Clement Attlee declaró que Churchill no tenía mandato para hablar en nombre del gobierno británico y Harry Truman afirmó que él no había tenido conocimiento previo del tenor de su discurso, lo que, sin dudas, era una gran mentira.

De manera que los ciudadanos y la prensa se negaron a mirar la realidad de frente y los gobiernos les seguían el paso. Churchill, que ya había pasado por esta situación muchas veces en el pasado, siguió con su cruzada durante los meses siguientes. El 19 de septiembre, en Zurich, repitió que "la seguridad del mundo exige una nueva unidad de Europa" y, por lo tanto, la creación de "una especie de Estados Unidos de Europa"; el primer paso en este sentido debería ser "una sociedad franco-alemana", concebida como la piedra de toque de un amplio "consejo europeo". En cuanto a Gran Bretaña y a la Commonwealth, serían, con los Estado Unidos, "los amigos y los garantes de esta nueva Europa". En otras palabras, no formarían parte de ella. Era evidente que Churchill concebía esta construcción europea como una defensa continental contra los nuevos bárbaros, mucho más sólida que la que había cedido en 1940. Pero Gran Bretaña y su imperio, apoyados, armados y financiados por el socio privilegiado del otro lado del Atlántico, se conformarían con alentar a los defensores desde la cima del torreón. Hablando con propiedad, no era la concepción del conde Coudenhove-Kalergi, pero cada uno retuvo lo que más se acercaba a sus aspiraciones y el discurso de Zurich dio un impulso decisivo al movimiento europeo.

Sin embargo, el hombre no sólo vive de la política, y Winston Churchill, que había renunciado a la remuneración como ex primer ministro y a los ingresos como jefe de la oposición, pero que conservaba un tren de vida de gran señor, corría el riesgo de sufrir una escasez de dinero crónica, similar a la que padecieron sus antepasados Marlborough. Una vez más, pensó en dejar Chartwell, pero no tuvo que recurrir a esta desventura porque algunos personajes poderosos y discretos, pertenecientes tanto al *establishement* como a la administración fiscal, consideraban, desde hacía algún tiempo, que un hombre como Churchill tenía que estar protegido de las contingencias comunes. Así, a comienzos de 1946, un viejo amigo, el magnate de la prensa lord Camrose, le propuso constituir con otros filántropos una fundación, que le compraría Chartwell por 50.000 libras y le dejaría el usufructo hasta el fin de sus días con el pago de un alquiler simbólico. A su muerte, la propiedad sería monumento nacional. El señor de Chartwell aceptó exultante y el producto de la venta, una vez separado lo que necesitaba para sus necesidades, le permitió comprar tres granjas alrededor de su propiedad. Así pudo realizar un viejo sueño: agregar a su ya considerable colección de animales caballos, un rebaño de vacas lecheras y docenas de cerdos con los que a menudo se identificaba y a los que admiraba muchísimo: "Un perro nos mira desde abajo, un gato desde arriba, pero un cerdo nos trata como un igual".

Recordemos que Winston Churchill era un terrateniente mediocre y Clementine no fue la única en predecir que la empresa no duraría mucho. Estos pronósticos pesimistas quedaron desmentidos por un hecho tan feliz como fortuito: a fines de 1945, Mary conoció al capitán Christopher Soames, agregado militar adjunto en París, con quien se casó algunos meses más tarde. El hermoso capitán diplomático también era un gran amante de la tierra y aceptó enseguida instalarse en el campo de su suegro, que encontró en él un soberbio administrador. Pero no todos los hijos le daban las mismas satisfacciones: Randolph y Pamela se habían divorciado a fines de 1945 (un hecho previsible desde el día de su casamiento y que sólo una guerra mundial pudo dilatar); Diana se llevaba muy mal con su madre y daba muestras de depresión; Sarah seguía con su carrera de actriz en los Estados Unidos, bebía mucho, frecuentaba a gente joven que no agradaba a sus padres y terminó por casarse sin avisarles con el fotógrafo mundano Anthony Beauchamp.

Por curioso que pueda parecer, Churchill siempre temió morir en la miseria, sin dejarles nada a sus hijos. Dos grandes abogados, Leslie Graham-Dixon y Anthony Moir le recomendaron la constitución de una fundación literaria, que le permitiría transmitir los derechos de autor a su descendencia, sin que la mayor parte quedara confiscada por la administración fiscal. Viejos amigos, como lord Cherwell, Oliver Lyttelton y Brendan Bracken, se encargaron de administrar el *Chartwell Literary Trust* y, a partir de ese momento, no hubo obstáculos para que el gran hombre redactara sus memorias de guerra.

Esto parecía mucho más necesario ahora, cuando memorialistas de poca monta del otro lado del Atlántico, como el capitán Harry C. Butcher, Ralph Ingersoll o Elliott Roosevelt, cuestionaban su papel durante el conflicto. Y, además, los editores Cassel en Gran Bretaña, Houghton y Mifflin en los Estados Unidos y la revista *Life* le habían ofrecido sumas fabulosas por la publicación de sus memorias.[6] Así que nuestro primer ministro, conferencista, estratega, castellano, artista, granjero, historiador, político, periodista, diputado y líder de la oposición volvió a ponerse a trabajar con sus métodos, su energía y su talento habituales. Una vez más, los "asistentes" se encargaban del trabajo de investigación, luego de la redacción de las grandes líneas de cada capítulo: los generales Ismay y Pownall para los asuntos militares, el comodoro Allen para las cuestiones navales, el capitán Deakin, veterano de la *Historia de los pueblos de lengua inglesa*, para los aspectos político-diplomáticos y la coordinación de conjunto, y el archivista Dennis Kelly para la recolección y selección de los documentos originales, ya depositados en Chartwell o que el primer ministro Attlee había puesto gratuitamente a disposición del autor.

A este grupo hay que agregar, por supuesto, al indestructible Eddie Marsh, que esta vez se encargaba de corregir la puntuación.

Imaginemos ahora a Winston Churchill trabajando en su casa solariega de Chartwell: en la cama, con una peluca en la cabeza, un gato en la falda, un caniche a los pies. Desde la cama, el escritorio o la bañadera les dictaba sin interrupción el trabajo a las sucesivas secretarias. Los documentos que necesitaban se amontonaban, para gran asombro de su archivista, en el sótano, a veces mezclados con cuadernos escolares o apilados hasta el techo alrededor de la estufa a querosén. Le subían documentos, los llenaba de marcas, cortaba lo que le interesaba y tiraba el resto. Sus asistentes le sometían a revisión los planes de los diferentes capítulos, que retocaba, reescribía, "churchillizaba", después de lo cual se los enviaba a los "expertos" para que hicieran comentarios y correcciones: veinte, treinta, cuarenta generales, ministros, parlamentarios, diplomáticos, historiadores, incluidos, por supuesto, todos sus colegas y acólitos de los tiempos de la guerra: Cherwell, Morton, Macmillan, Beaverbrook, Smuts, Boothby, Eden, Duff Cooper, Bracken, Sandys, Colville, Lyttelton, Camrose, Butler, Leathers, Rowan, Wavell, Alexander, Montgomery, Cunningham, Martin Hollis, Jacob, Cadogan, Paget, Sinclair, Brooke, Harris, Portal, Attlee, Bevin y Paul Reynaud. Estas memorias de guerra eran, por supuesto, puro Churchill, pero también, por varias razones, una obra colectiva.

De pronto, Churchill saltaba de la cama; con su hija, sus asistentes, sus secretarias, su médico, su valet, sus pinceles, miles de documentos y cincuenta y cinco valijas, y partía para Montecarlo, Lausana o Marrakesh, donde volvía a ponerse a dictar y a pintar —todo esto a expensas de sus editores norteamericanos y británicos, que recibían de a poco las facturas—. A este ritmo se avanzaba muy rápido, y el primer volumen estuvo listo a comienzos de 1948; como estaba previsto en los contratos, la edición norteamericana salió antes que la británica y ambas estuvieron precedidas por la publicación de una buena cantidad de hojas en *Life*.

The Second World War (La segunda Guerra Mundial) fue, por supuesto, un gran éxito a ambos lados del Atlántico y es fácil comprender por qué: el primer tomo, que describe el vertiginoso descenso hacia la guerra, contiene muchos documentos de archivos sobre un pasado muy reciente, pero también vuelo lírico, guiños de ojo al lector, citas de la Biblia, a veces poemas y, sobre todo, majestuosas frases escritas con ritmo, donde se trasluce la influencia de Gibbon y de Macaulay: "Así, la malevolencia de los malos se vio reforzada por la debilidad de los virtuosos"; o bien la evocación de "estas felices y serenas costumbres, donde todos los asuntos se arreglan para el bien de la mayoría, gracias al sentido común de esa mayoría y después de haber consultado a todos". A esto hay que agregar que la obra del gran hombre fue "censurada" previamente por su esposa, sus amigos, el Foreign Office, el Ministerio de Guerra, el gobierno y el rey; para no herir a nadie, se atenuaron las controversias, se moderaron las palabras, se borraron los desacuerdos estratégicos y se expurgaron los documentos de la época. Además, si bien el autor reproducía abundantemente sus consignas, instrucciones y exhortaciones del tiempo de la guerra, no incluía nunca las respuestas de los destinatarios, que por sí solas habrían permitido comprender las grandes objeciones que habían provocado las inspiraciones del ardiente político y el estratega efervescente.

Clement Attlee tenía motivos para pensar que su ilustre predecesor, ahora absorbido por sus memorias, la crianza de animales, los viajes, los hijos y los nietos,[7] no tendría tiempo para ocuparse de los asuntos de Estado. Pero estaba equivocado: Winston se mantenía informado de todo y no había perdido para nada su temible elocuencia. Así, el 4 de octubre de 1947 declaró en los Comunes, acerca de los dirigentes laboristas: "Estos desgraciados se encuentran en la oscura y desagradable situación de haber prometido bendiciones e impuesto cargas; haber prometido prosperidad y entregado miseria; haber prometido la abolición de la pobreza para, al fin de cuentas, abolir sólo la riqueza; haber alabado tanto su mundo nuevo para, finalmente, sólo lograr destruir el antiguo".

Ya sea que se trate de la nacionalización, del racionamiento, de la moneda, de la defensa, de la India, de Palestina, de Egipto o de Europa, seguramente encontraremos al indomable capitán al timón del viejo barco conservador, tirando salvas repetidas contra el débil bote laborista y afrontando con firmeza las tempestades que él mismo había desencadenado. Si la tripulación refunfuñaba, era porque el viejo lobo de mar navegaba con frecuencia a ciegas en medio de los escollos: por ejemplo, atacaba el programa laborista, pero no proponía ninguna solución alternativa para la nacionalización del Banco de Inglaterra, de los ferrocarriles o de los servicios de salud; condenaba el proyecto de constitución de la India y el plan de independencia total para este país, pero sus propias soluciones al problema (que se resumían en un retorno al Raj de su juventud o a un desmembramiento completo del país bajo la tutela inglesa) eran tan retrógradas, que no se atrevía a formularlas en público; lo mismo pasaba con Palestina: se pronunció a favor de un abandono inmediato del cargo y de un apoyo sin reservas a los colonos judíos, luego al nuevo Estado de Israel, pero su posición se volvió casi insostenible cuando los terroristas del grupo Stern ejecutaron a militares ingleses y la aviación israelí derribó aparatos de la RAF; se levantó enérgico en contra del proyecto de evacuación de la zona del canal de Suez, pero no logró explicar cómo el mantenimiento de tropas en esta región se conciliaba con la soberanía egipcia; pedía una conferencia cumbre con Moscú, olvidando el hecho de que para dialogar había que ser al menos dos y tener algo que decirse; quería que Alemania contribuyera a la defensa de Europa, pero temía una restauración del ejército alemán; quería que se obligara a los soviéticos a evacuar Europa del este y amenazarlos con las armas atómicas, pero la administración norteamericana se negaba y el gobierno británico no tenía los medios para hacerlo; acusaba al primer ministro de desinteresarse de los proyectos de unión europea, pero sus propias posiciones respecto a los lazos indisolubles entre Gran Bretaña y la Commonwealth, así como las relaciones privilegiadas con los Estados Unidos, mostraban a quien quisiera verlo la extremada fragilidad de sus compromisos europeos; acusaba al gobierno del retraso en el desarrollo de armas atómicas, sin conocer el estado del avance de las investigaciones británicas en este campo; podía, por cierto, condenar las fallas laboristas en materia de defensa, pero estaba obligado a apoyar su política de mantenimiento de la conscripción, del rearme acelerado y de la adhesión a la Organización del Tratado del Atlántico Norte. A esto hay que agregar que este pionero de la guerra fría intercambió mensajes amistosos con Stalin, en especial en sus respectivos cumpleaños. Sin embargo, estas múltiples contradicciones no le impedían de ningún modo realizar su propia diplomacia al entrevistarse con el presidente israelí Weizman o el líder musulmán Jinnah,[8] fundar en 1948 un Movimiento de Europa Unida, cuyo secretario general fue su propio yerno, Duncan Sandys, ser la estrella de las primeras sesiones del Consejo de Europa y preconizar la admisión inmediata de Alemania en esta nueva organización, así como la creación de un ejército europeo.

Muchos miembros del gobierno laborista asistieron, asqueados e impotentes, a las jugarretas y los fuegos de artificio del viejo mago: se había convertido casi en un monumento nacional y era intocable, y mucho más porque, como en el pasado, sus palabras tenían la desagradable propensión a revelarse proféticas. Así, en 1947, la evolución de las relaciones Este-Oeste, la doctrina Truman y el plan Marshall le dieron un carácter impresionantemente premonitorio al discurso Fulton del año anterior; en cuanto a sus predicciones, repetidas con tanta frecuencia, de repugnantes matanzas después de la independencia de la India, estaban por realizarse pero multiplicadas por cien. Es verdad que Churchill había predicho también una tercera guerra mundial antes de cinco años, pero fue lo bastante prudente como para no hacerlo en público. Para los laboristas, por otra parte, este curioso profeta también era indispensable en su papel de consejero y hasta como intermediario: ya fuese para obtener condiciones favorables en las negociaciones financieras con los Estados Unidos, revisar el discurso que el primer ministro escribió para el rey o dar su opinión autorizada sobre el plan de reorganización de la defensa, el gobierno se acostumbró a apelar discretamente a sus servicios. Al igual que en 1936 o en 1938, los irreductibles enemigos políticos se interpelaban furiosos en la Cámara, antes de reunirse de manera civilizada en la antecámara. Además, las invectivas muchas veces daban una extraña impresión de algo ya vivido: exactamente como después de la guerra de los Boers o de la Gran Guerra, Churchill reprochaba al gobierno que fuera vengativo con el enemigo vencido y recomendó con insistencia el levantamiento económico de Alemania, así como medidas de clemencia para sus mariscales encarcelados.[9] Además, al igual que en 1938, nuestro hombre se preocupaba por las debilidades de la RAF, y fustigaba la estupidez de un gobierno que, en el medio de un programa de rearme acelerado, se puso a vender armas al extranjero y equipos al potencial enemigo.[10] ¿Cuál era, pues, el destino cruel y chistoso que volvía a poner a Winston Churchill en las mismas situaciones grotescas y dramáticas?

Sin duda no era el momento para hacerse la pregunta, pues este torbellino humano había retomado su ritmo de actividad de los años de la guerra (a lo que había que agregar la redacción de las memorias, las reuniones del gabinete fantasma, las preocupaciones electorales, la pintura, los viajes de placer y las ceremonias inaugurales, por no hablar de las recepciones: así, en Chartwell o en Hyde Park Gate podremos ver a la princesa Isabel, al general Eisenhower, a una delegación del Senado norteamericano, a Margaret Truman,[11] al primer ministro canadiense y al general Marshall, además de todos los visitantes habituales de la casa, como Bracken, Cherwell, Deakin, Ismay, Moran y todos los miembros de una familia que evidentemente se agrandaba. Agreguemos que este patriarca hiperactivo montaba a caballo para participar de cazas de zorros; había creado, siguiendo los consejos del capitán Soames, una caballeriza de carrera completa[12] e iba con frecuencia al extranjero, donde se encontraba con políticos y gente del mundo, pintaba obstinadamente y frecuentaba los casinos con asiduidad. Mientras tanto, otorgaba entrevistas a la prensa, escribía artículos y mantenía una voluminosa correspondencia con algunos cientos de personas, que iban desde el presidente Truman hasta su vieja amiga lady Lytton, cuyo nombre era Pamela Plowden. Así que no tiene que asombrarnos que el 11 de junio de 1947, justo antes de que lo operaran de una hernia en un hospital de Londres, haya declarado al anestesista: "Despiérteme enseguida que tengo mucho trabajo que hacer".

Una vez más, debemos preguntarnos de dónde provenía esta energía. ¿De los estimulantes, quizás? Nuestro corredor de fondo seguía fumando enormes cigarros negros y bebiendo cherry, champaña, oporto y coñac en el almuerzo y en la cena, vino blanco en el desayuno y whisky con soda en cualquier momento. Pero sea cual fuere el combustible que usaba, es evidente que este ritmo de actividad es muy anormal para un hombre de setenta y cinco años. Sin embargo, su entorno sabía perfectamente que cualquier disminución del ritmo causaría sin faltas una depresión, y mucho más porque Winston acababa de sufrir el inmenso dolor de perder a su nieto Jack. Además, los amigos, compañeros y hermanos de armas empezaban a menguar, y él mismo, que ya había tenido en 1949 una hemorragia cerebral, cuidadosamente disimulada a la prensa, no dudaba de que su hora no estaba muy lejos. Por eso había llegado el momento de los balances, y Winston cada vez se volcaba más a la inverosímil novela de su existencia: "Si tan solo algunas personas todavía estuviesen vivas para haber asistido a los acontecimientos de la última guerra; no muchos: mi padre y mi madre, F. E. [Smith] y Arthur Balfour, y 'Sunny'".

Su padre en primer lugar, por supuesto. Si tan solo hubiese visto a Churchill en el verano de 1940, cuando llevaba a cabo lo imposible y cambiaba el curso de la historia; o bien en noviembre de 1943, en Teherán, cuando era uno de los tres hombres más poderosos de la tierra; o en mayo de 1945, en el balcón del Palacio de Buckingham, rodeado del rey y de la reina, y aclamado por todo el reino. Entonces, por cierto, lord Randolph tendría que haber admitido que se había equivocado con su hijo y habría, al fin, aceptado tratarlo como a un amigo, como a un confidente, como a un igual, quizás. Y ya que, decididamente, en la vida de Winston Churchill todo volvía a recomenzar, lord Randolph habría podido volver a su lado al Parlamento y habrían podido hacer muchas cosas juntos.

Hasta el último año, lord Randolph Churchill había aspirado a ocupar altas funciones y a estar a la cabeza de los destinos del partido *tory*, mientras esperaba estar al mando de los de Inglaterra. Winston había realizado todas las ambiciones de su padre; pero este magnífico francotirador parlamentario, ministro industrioso y primer ministro apabullante, en cambio, era un mediocre jefe de la oposición y un jefe de partido más mediocre todavía. Omitía explicar al comité directivo los meandros de su política europea, se preocupaba por sus propios puntos de vista en lugar de los de la opinión pública, se desinteresaba de las elecciones parciales y tenía que dejar a otros la preparación de un programa político coherente. Dado que estaba cada vez más sordo (pero se negaba a reconocerlo), y que su salud provocaba inquietud, muchos dignatarios conservadores soñaban con que alguien lo reemplazara en la presidencia del partido. Sin embargo, no podían hacer nada, pues su prestigio era tan grande que nadie se atrevía a enfrentarlo directamente y, por lo tanto, tuvieron que resignarse a presentarse en las elecciones con el viejo jefe de la guerra, que se obstinaba en borrar su derrota de 1945 y al que le gustaba recordar que Gladstone había formado su último gobierno a los noventa y tres años.

A comienzos de 1950, cuando descansaba en Madeira pintando y escribiendo el cuarto volumen de sus memorias de guerra, Churchill se enteró de la noticia: Attlee había anunciado elecciones generales para el 23 de febrero. Esta vez, el jefe del partido se despertó: dejó de lado su paleta, abandonó sus memorias, se olvidó de los problemas de salud, tomó el avión hacia Londres y se lanzó de lleno a la batalla. Discursos, entrevistas, negociaciones, redacción del manifiesto electoral, conciliábulos con los dignatarios del partido. Más que nunca, irían a la batalla en familia: Churchill volvió a presentarse en Woodford, su hijo en Davenport, su yerno Duncan Sandys en Streatham y su segundo yerno, Christopher Soames, en Bedford. Las perspectivas parecían favorables, pues los laboristas estaban desgastados por casi cinco años de poder, resultados económicos calamitosos y profundas divisiones internas. Pero no fue suficiente: el 23 de febrero, Churchill y sus yernos fueron elegidos, aunque el Partido Conservador sólo ganó ochenta y cinco escaños y, si bien los laboristas perdieron setenta y ocho, se quedaron con la mayoría por una decena de bancas, lo que les permitió mantenerse en el poder muy ajustadamente. Sin embargo, sería sin remedio un poder frágil, constantemente a merced de un voto de desconfianza, y ambos estarían a la espera de elecciones en un futuro cercano. Así que Churchill no estaba desalentado y volvió con fuerza a la redacción de sus memorias. Una noche, mientras dictaba un texto a su secretaria, se interrumpió bruscamente y dijo: "Presiento que volveré a ser primer ministro. Lo lamento".

De todos modos, sería después de lo previsto. A pesar de sus divisiones internas y del descontento que provocaban en el país la crisis habitacional y la escasez de materias primas, la mayoría gubernamental se mantenía bien en el poder y resistió varias mociones de censura. Por otra parte, la situación internacional ayudaba, sobre todo cuando el inicio de la guerra de Corea, en junio de 1950, creó un reflejo de solidaridad nacional. Además, no iba a ser la única vez que el jefe de la oposición Churchill se subiera al estrado para defender al gobierno laborista contra sus propios disidentes. Ya lo había hecho con la ley sobre el servicio nacional y la instalación de una base de bombarderos atómicos norteamericanos en East Anglia. También con el programa trienal de rearme y con el apoyo al renacimiento del ejército alemán; por último, cuando en mayo de 1951, el primer ministro iraní Mossadegh anunció la nacionalización de los campos de petróleo de la Anglo-Iranian Oil Company, Churchill telegrafió al presidente Truman para apoyar la misión del ministro de Asuntos Exteriores laborista Herbert Morrison.

Todo esto no impidió que denunciara en la Cámara los grandes errores del gobierno, incluidos el rechazo del plan Schuman sobre la CECA, la lentitud en el rearme, la impericia en materia de construcción de viviendas, las torpezas de la devaluación, la ineptitud del racionamiento, el escándalo de las penurias alimentarias, la locura de las nacionalizaciones y el delirio de las entregas de materias primas estratégicas a China en el momento en que las tropas británicas se enfrentaban con los "voluntarios" chinos en Corea.

En medio de todo esto, Churchill pintaba con entusiasmo, iba al hipódromo a ver correr a sus caballos,[13] recorría sus vastas tierras de Chartwell con legítimo orgullo, terminaba con bastantes dificultades el quinto y anteúltimo volumen de sus memorias de guerra y viajaba de París a Oslo, de la Haya a Copenhague y de Nueva York a Washington para recibir allí distinciones de ciudadano de honor, condecoraciones y doctorados *honoris causa,* con los que honraban a este gran modesto a quien le fascinaban las medallas y siempre había lamentado no haber ido a la universidad. Este doctor múltiple y muy condecorado volvía luego a Inglaterra para alentar a los dirigentes del partido, acariciar a sus animales, inaugurar un monumento o recibir a un dignatario extranjero y, luego, se iba a descansar a Lausana, Venecia, Madeira o Marrakesh. En el verano de 1951, los sondeos de opinión eran muy favorables a los conservadores, y nadie dudaba de que cuando Attlee se decidiera a organizar elecciones, habría sonado la hora del triunfal retorno de Winston Churchill.

De hecho, una vez más no sonó la campana de su última hora: el 23 de agosto de 1951, en un tren que se acercaba a Venecia, se asomó por la ventana del compartimiento para ver mejor la ciudad, sin notar el poste de cemento que se aproximaba a toda velocidad por la derecha. El resultado hubiese sido inevitable, pero Scotland Yard no les pagaba a sus agentes para que se repantigaran: a último momento, lograron salvar de un fuerte tirón al imprudente viajero. "Y bien, exclamó al levantarse, Anthony Eden casi hereda nuevas funciones".

Un mes más tarde, Clement Attlee, con un gobierno ya sin respiro en sentido propio y figurado,[14] anunció que el 25 de octubre se celebrarían las elecciones generales. Enseguida Venecia perdió todos sus encantos, se escamoteó el caballete, las memorias quedaron para las calendas y el artista volvió a Londres sobre la marcha. Durante las cinco siguientes semanas, este joven hombre de setenta y siete años habló por la BBC, concedió entrevistas a la prensa, le dio la última mano al programa electoral del partido y recorrió el país pronunciando discurso inflamados en su circunscripción de Woodford, en Huddersfield, en Newcastle, en Glasgow o en Plymouth, donde se presentaba su hijo Randolph. Sus palabras, como siempre, estaban llenas de lirismo, de anécdotas, de humor, de metáforas y de aliteraciones, con una fuerte dosis de exageración para que el mensaje llegara a la gente: los laboristas eran responsables de todo, desde los retrasos en el desarrollo de la bomba A hasta la crisis habitacional, pasando por la escasez de alimentos y "la declinación y caída del imperio británico". Si se elegía a los conservadores, construirían trescientas mil viviendas por año, asegurarían un gobierno estable, mejorarían el Estado de providencia y pondrían a Gran Bretaña en la situación internacional que merecía.

El 25 de octubre no triunfaron: los conservadores siguieron teniendo menos votos que sus adversarios, pero el desglose electoral los favorecía y se quedaron con trescientas veintiuna bancas contra doscientas noventa y cinco de los laboristas. Randolph fue nuevamente derrotado; su padre, reelegido por cómoda mayoría y, sobre todo, por fin tuvo su revancha: en la noche del 26 de octubre de 1951, un comunicado del Palacio anunció que el honorable Clement Attlee había presentado su dimisión al rey y que Su Majestad solicitaba al no menos honorable Winston Churchill que formara un nuevo gobierno.

¡Eterno retorno! Después de un verdadero Namsos económico, un Aandalsnes financiero, un Sedan monetario, un Arras industrial, un Calais social y un Gravelines comercial, las playas de Dunkerque volvían a perfilarse ante una Inglaterra exangüe, y nuestro viejo luchador había rejuvenecido once años. ¡Que suene el clarín para la formación general! A medianoche despertaron bruscamente al fiel Ismay y lo convocaron de inmediato a Hyde Park Gate, para ofrecerle el cargo de ministro de Relaciones con la Commonwealth: "Pensaba que el agua fría no había hecho efecto y que todavía estaba soñando, pero Churchill barrió mis dudas y me llevó al comedor, donde me encontré con Eden, lord Salisbury, sir Norman Brooke y un enjambre de secretarias que trabajaban con mucho empeño en diversos anteproyectos. Los años parecían difuminarse y volvíamos a los viejos buenos tiempos". Harold Macmillan, al que le ofrecieron el Ministerio de Vivienda, tuvo la misma impresión: "Era divertido volver a un pasado que inevitablemente hacía recordar al Churchill de tiempos de guerra. Los hijos, los amigos, los ministros, los secretarios privados, las dactilógrafas, todos estaban muy ocupados, pero felices de volver a la primera plana".

Es verdad que para hacer revivir el pasado Churchill, siempre alérgico a las "caras nuevas", llamó a las filas a todos los ex combatientes. Además de Ismay y Macmillan, estaban de nuevo Lyttelton en Colonias, Cherwell en Tesoro, lord Woolton en Agricultura, lord Leathers en Transportes, Anthony Head[15] en Guerra, R. A. Butler en Hacienda y, naturalmente, Anthony Eden en Asuntos Exteriores. John Caville volvió a su cargo de secretario privado del primer ministro, Norman Brooke, secretario del gabinete, e Ian Jacob, principal asistente del ministro de Defensa, que esta vez sería el propio Churchill, mientras esperaba que el puesto volviera al mariscal Alexander, su militar preferido. ¿Por qué iba a querer cambiar a un equipo ganador? Si no pudo reclutar al ex ministro del Interior John Anderson, ni al fiel discípulo Brendan Bracken, fue porque el primero tenía cosas mejores que hacer y el segundo estaba muy enfermo; pero el yerno Duncan Sandys se convirtió en ministro de Abastecimiento, el otro yerno, Christopher Soames, en secretario parlamentario, y se volvió a movilizar a todo el equipo de la época heroica, desde los estadísticos hasta las dactilógrafas.

Para borrar los años y dirigir en el frente interno esta nueva batalla de Inglaterra, el flamante primer ministro habría querido hacer tabla rasa con todo el paréntesis socialista, empezando por el conjunto de las nacionalizaciones. Pero, a diferencia de Winston Churchill y de H. G. Wells, los ministros de Su Majestad consideraban imprudente volver atrás en el tiempo. Preferían desnacionalizar con prudencia y en el momento oportuno, tocar lo menos posible las reformas sociales, para dedicarse solo a los puntos débiles de la gestión laborista: el dogmatismo, el dirigismo, la burocracia, el laxismo presupuestario y la incoherencia fiscal. Por consiguiente, abolieron por etapas el control de cambios y el racionamiento, duplicaron las tasas de interés, redujeron los subsidios alimentarios, volvieron a la gratuidad total de los servicios médicos, limitaron los gastos ministeriales,[16] lanzaron la construcción de viviendas, dinamizaron el comercio exterior y se esforzaron por reequilibrar la balanza de pagos.

Churchill apenas intervino en todos estos campos: la política fiscal lo deprimía, la política industrial lo superaba, la política social había dejado de interesarle desde 1911 y la política económica se había vuelto más compleja que en 1925, cuando era ministro de Hacienda, con la suerte que conocemos. Así que se contentó con dar algunos golpes de efecto, como anunciar en la primera reunión de gabinete una reducción del 20% de las remuneraciones de los ministros y un tercio de la propia. Además, apoyó en los Comunes la política económica y social de sus ministros, con todos los recursos de su temible elocuencia: "Lo que la nación necesita son varios años de administración estable y tranquila; lo que necesita la Cámara es un período de debate tolerante y constructivo sobre los problemas del momento, sin que cada discurso, del sector que provenga, se vea desnaturalizado por las pasiones de una elección o los preparativos de la siguiente".

En el campo militar, tan caro para él, estaba más activo: intervino a favor de la reconstitución del Home Guard del tiempo de la guerra y de la formación de "colonias móviles" de reserva, después de haber comprobado que todas las unidades regulares estaban en el servicio de ultramar. Por supuesto, siempre se podía contar con él para explicar estas medidas en la Cámara con las palabras que correspondían: "Cuando, en octubre último, me hice cargo del Ministerio de Defensa, me asaltó una sensación de extremado desposeimiento, como nunca antes había tenido, ya sea en tiempos de guerra o de paz, algo así como si me encontrara en medio de una colonia de nudistas". Oponerse a este orador seguía siendo tan difícil como medio siglo antes: a un diputado de la oposición que acababa de interpelarlo violentamente, le respondió con toda calma: "¿Podría el honorable *gentleman* berrear esto de nuevo?".

Fuera del Ministerio de Defensa, lo que más tiempo le llevaba era, por supuesto, la política exterior e imperial. Su primera ambición era, naturalmente, recrear el imperio británico de la época victoriana, pero seis años de guerra y cinco años de gobierno socialista pusieron fin a tales quimeras. La India, Pakistán, Ceilán, Birmania, Egipto y Palestina eran independientes, y nada permitiría volver atrás en esta cuestión. Para Churchill, ahora se trataba de preservar los puestos de vanguardia, las bases estratégicas y los intereses económicos de Gran Bretaña en estos países y, sobre todo, impedir que otras partes del imperio fueran ganadas por la ola de la descolonización. Así, apuraba al general Templer en Malasia con refuerzos para que reprimiera la rebelión comunista; en Irán, Mossadegh, que había pisoteado los intereses británicos, se veía enfrentado a una temible oposición económica y política, cuyas apariencias indígenas ocultaban sólo imperfectamente los orígenes anglosajones; en Egipto, la agitación organizada por el gobierno a favor de una evacuación del canal de Suez por las fuerzas británicas chocaba con una reacción militar predeterminada; en Kenya, se enviaron tropas para reprimir la revuelta de los Mau Mau y encarcelaron a su mentor rebelde, Jomo Kenyatta; en el África austral se constituyó una federación que agrupaba a Rhodesia del Norte, Rhodesia del Sur y Nyassaland, dominada por colonos blancos; en Sudáfrica, Churchill insistió para que se conservara a perpetuidad la base naval de Simonstown; por último, ordenó que se asegurara eficaz y ostensiblemente la defensa de las islas Malvinas, que la Argentina reclamaba desde hacía un siglo. Durante la guerra, Churchill le había dicho a Roosevelt: "No me he convertido en primer ministro de Su Majestad para presidir el desmantelamiento del imperio británico". Las cosas se hicieron sin él, pero si había vuelto al poder, era justamente para poner fin a este proceso.

Sin embargo, en este campo, como en muchos otros, no podía hacerse nada duradero sin la cooperación de Estados Unidos, y Churchill se ocupó de inmediato de reestablecer las "relaciones privilegiadas" de tiempos de la guerra con el gran aliado del otro lado del Atlántico. Apenas dos meses después de la constitución de su gobierno ya estaba en ruta hacia Washington, con Eden, Ismay, Cherwell y toda una delegación de generales y almirantes. Llegó a Washington el 5 de enero de 1952, y durante tres semanas utilizó el tiempo de una manera bastante asombrosa: continuos desplazamientos en tren, en barco, en automóvil o en avión; dos importantes discursos ante el Congreso y el Parlamento de Ottawa; incontables conferencias de prensa; visitas a decenas de viejos amigos, como Bernard Baruch, Eisenhower o Marshall; función en el teatro para ver actuar a su hija Sarah y, sobre todo, largas negociaciones con el presidente Truman, el secretario de Estado Acheson y todo su entorno.

Fueron muy duras, porque los británicos estaban en una posición demandante: querían apoyo político y presencia militar norteamericana en la región del canal de Suez; una participación de Washington en los esfuerzos para apartar a Mossadegh del poder en Irán; el abastecimiento intensivo de acero; una cooperación franca y leal en materia atómica, tal como estaba previsto en los acuerdos de Québec; la organización de una reunión cumbre con los soviéticos y el nombramiento de un almirante británico como comandante supremo de la OTAN para el sector atlántico. Hasta altas horas de la noche, a fuerza de libaciones, Churchill desplegaba sus mejores dotes para la elocuencia causando una enorme impresión en sus interlocutores norteamericanos; acerca del mando del sector atlántico, escucharon, por ejemplo, lo siguiente: "Durante siglos, Inglaterra resguardó los mares de toda clase de tiranos, protegiendo al hemisferio occidental de cualquier incursión europea cuando América era débil. [...] Ahora que América está en la cumbre de su poderío, ciertamente puede permitirse dejar que Inglaterra siga cumpliendo sola su papel histórico en este mar occidental, cuyo fondo todavía está blanco por los huesos de los marinos ingleses".

¡Y esto eran solo improvisaciones de después de la cena! En cambio, el discurso que pronunció en el Congreso el 17 de enero le costó noches enteras de trabajo, y los resultados estuvieron a la altura de los esfuerzos: "He venido para pedirles no oro, sino acero; no favores, sino equipamiento". Después de haber rendido homenaje a la ayuda de los norteamericanos durante la guerra, así como a su acción decisiva en Corea, pasó a Oriente Medio, donde "Gran Bretaña no puede seguir soportando sola el esfuerzo que implica asegurar el libre paso a través de esta célebre vía de agua, el canal de Suez"; se había vuelto "una responsabilidad internacional" e invitaba a los Estados Unidos, Francia y Turquía a compartir, "enviando fuerzas simbólicas". Después de haber hablado de Israel, de la necesidad de enfrentar a la URSS y de "no renunciar de ningún modo al arma atómica", concluyó con un homenaje solemne a la sociedad entre ingleses y norteamericanos: "Bismarck dijo un día que el hecho esencial del siglo XIX era que Gran Bretaña y los Estados Unidos hablaban la misma lengua. Actuemos de manera que el hecho esencial del siglo XX sea que ambos países avancen en forma conjunta por el mismo camino".

Después de esto hubo todavía algunos banquetes, un viaje en tren hacia Nueva York, un desfile triunfal a su llegada a la ciudad con una temperatura glacial, y una recepción en la Municipalidad, seguida de una cena de gala con las libaciones tradicionales y a continuación la partida hacia Ottawa, con discurso en el Parlamento, encuentros oficiales, banquetes, entrevistas y todo lo que corresponde *ad nauseam*. Recordemos que en diciembre de 1941 este estilo de vida había bastado para provocarle una crisis cardíaca, pero hacía diez años, ¡ahora Winston Churchill era más joven!

Sin embargo, cuando el 22 de enero de 1952 el indestructible visitante dejó Norteamérica a bordo del *Queen Mary*, tuvo que reconocer que esta visita triunfal no había sido más que un medio suceso: fuera de una ayuda económica y de algunas concesiones de detalle, no había obtenido lo que había ido a buscar. Lo que sucedía era que la administración Truman estaba dedicada por completo al conflicto de Corea, la amenaza china y el nuevo peligro que representaba la URSS desde que estaba en posesión del arma atómica.[17] Los brillantes monólogos de Churchill dejaron a sus interlocutores admirados pero inconmovibles, y el primer ministro sintió una profunda humillación: "Este sentimiento de desigualdad, señaló lord Moran, lo roía como un cáncer. Estaba consternado porque la Inglaterra disminuida no podía hablar de igual a igual con Norteamérica y se veía reducida a oír las órdenes al tender la mano". A lo que el secretario privado de Anthony Eden agregó: "Es imposible no tomar conciencia del hecho de que ahora tocamos los segundos violines". En realidad, era una evidencia desde ya hacía nueve años, pero Winston Churchill seguía sin poder admitirlo.

El regreso a Inglaterra fue enlutado por la muerte del rey, que significó para Churchill una tragedia personal. Jorge VI había sido a la vez su maestro, su protector, su consejero y su compañero de guerra; mientras que la princesa Isabel, que lo sucedería, para él era sólo una niña. Es verdad que podría contar con el apoyo sin fisuras y los consejos iluminados de un prodigioso hombre de Estado.

Siempre preocupado por retomar la diplomacia mundial en el lugar exacto en donde se había visto obligado a abandonarla el 26 de julio de 1945, Churchill se consideraba el único capaz de apaciguar las tensiones Este-Oeste, entendiéndose personalmente con Stalin. ¿Acaso no habían tenido encuentros amistosos en Moscú, Teherán, Yalta y Postdam? ¿No habían intercambiado desde ese momento mensajes de una gran cordialidad? En realidad, Winston seguía pensando que el "Padrecito de los Pueblos" era profundamente generoso y que estaba dispuesto a entenderse con Occidente, pero que se lo impedía alguna fuerza oculta del Kremlin. ¡Si Churchill, con su reconocido talento de persuasión, iba con su socio norteamericano a reanudar los vínculos de camaradería de los tiempos heroicos, nada obstaculizaría una reconciliación cumbre! Así, él, el señor de la guerra, también sería reconocido como el gran artesano de la paz. Lo único que faltaba era convencer al gabinete británico, al presidente Truman y al propio Stalin. Sin embargo, los tres pensaban que las cosas no eran tan fáciles, y el nuevo peregrino de la paz se encontró con un entusiasmo muy mitigado (que no alcanzó para desalentarlo).

En esa época se hablaba mucho del tratado firmado en París en mayo de 1952 con el objetivo de crear una Comunidad Europea de Defensa, con un ejército europeo integrado. ¿No era precisamente lo que pedía Churchill un año antes? Por supuesto, pero en ese momento estaba en la oposición y buscaba una causa para defenderla (y hasta una tarea de la cual ocuparse), y la de ministro de Defensa europeo, sin duda, le habría venido bien. Pero ahora había vuelto al poder y el ejército europeo le parecía una "amalgama viscosa", claramente menos eficaz que una coalición de ejércitos nacionales; por lo tanto, Gran Bretaña no tendría ningún interés en participar en él. Además, era prácticamente la posición del nuevo primer ministro con respecto al conjunto de la construcción europea, tal como se lo había confiado al canciller Adenauer algunas semanas después de su regreso a los asuntos públicos: "Estamos con Europa, pero no *en* Europa". O sea, un regreso a sus antiguas concepciones. Ya durante la guerra había expuesto su teoría de una Gran Bretaña situada en la intersección de tres grandes círculos: la Commonwealth, Europa y la "comunidad atlántica" anglo-norteamericana. De este modo, el león británico, con una pata en cada círculo, recogería los frutos de todos.

La elección de Dwight D. Eisenhower como presidente de los Estados Unidos en noviembre de 1952 fue para Churchill un triunfo personal. Con "Ike", el viejo camarada de armas de las campañas de África del Norte, Normandía y Alemania, de quien sabía que no estaba muy dotado para la política y que era bastante influenciable, todo podría volverse posible. Antes de que el nuevo presidente se hubiera hecho cargo oficialmente de sus funciones, nuestro político-peregrino-diplomático-pacificador ya había puesto proa hacia los Estados Unidos. Pero durante la travesía a bordo del *Queen Mary*, el primer ministro Winston Churchill se dio cuenta de que iba a censurar al escritor del mismo nombre y le confió a su secretario: "Como Eisenhower ganó las elecciones, vamos a tener que hacer grandes cortes en el volumen seis de las memorias de guerra; no vamos a poder contar la historia del abandono de vastas partes de Europa por los norteamericanos [...] para agradar a los rusos [en 1945] ni la desconfianza con la que recibieron en esa época mis llamados a la prudencia". En efecto, era muy difícil escribir la historia y estar haciéndola al mismo tiempo. Así que la verdad histórica de 1945 tuvo que inclinarse ante las necesidades políticas de 1953.

Sin embargo, fue un sacrificio inútil, pues el 5 de enero de 1953 el reencuentro con el camarada de las horas de gloria resultó ser en extremo decepcionante: era evidente que Eisenhower y su secretario de Estado, Dulles, al igual que sus predecesores demócratas, no veían cuál era el interés de una relación privilegiada con Gran Bretaña. Por el contrario, les interesaba especialmente la CED, que tenía la ventaja de resolver el problema del rearme alemán y de contener la expansión comunista. En el mismo orden de ideas, volvieron a hacerse cargo de un proyecto demócrata de pacto de alianza con Australia y Nueva Zelanda, el ANZUS, del que Gran Bretaña quedaba excluida. Lo mismo pasaba con los tres círculos de Winston Churchill. Con respecto a una cooperación franca y leal en materia nuclear, no consideraban útil informar a sus interlocutores británicos que la primera bomba H norteamericana había sido experimentada dos meses antes. En cuanto a la negociación en una cumbre con Stalin, Eisenhower empezó por decir que no tenía ninguna posibilidad de preocuparse, después de lo cual sugirió a su asombrado interlocutor que se limitaría a un encuentro frente a frente norteamericano-soviético. Así que un Churchill amargado y decepcionado confió a sus allegados, en el camino de regreso, que Eisenhower era "un hombre de estatura limitada" y que, en el fondo, "no era más que un general de brigada". Sin embargo, este era muy perspicaz y registró en su diario que "Winston intenta revivir la época de la Segunda Guerra Mundial" y que se "ha forjado una especie de convicción infantil de que una asociación entre ingleses y norteamericanos podría proporcionar la respuesta a todos los problemas". En cuanto al resto, encontró muy disminuido al viejo bulldog y dedujo que debería retirarse.

En Londres, muchos otros políticos habían llegado a la misma conclusión; pero, como lo comprobó en muchas ocasiones lord Moran, era muy delicado establecer un diagnóstico para un paciente tan especial. Es verdad que a los setenta y ocho años Winston Churchill estaba afectado por una sordera pronunciada, agravada por su rechazo a utilizar un audífono; pero, para asombro de sus interlocutores, la afección podía desaparecer durante largos períodos. También su presión arterial era irregular y sufría sensaciones de vértigo, pero la hemorragia cerebral que se produjo en Montecarlo en 1949 era tan solo un recuerdo. Se cansaba con mayor frecuencia y dormía más, pero un trabajo interesante, un gran acontecimiento, una ceremonia oficial, un gran discurso en la Cámara, un desplazamiento al extranjero o la visita de sus viejos amigos bastaban para volver a darle toda la energía que necesitaba. Tenía lagunas de memoria, no podía terminar las frases... aunque podía recordar sin apuntador los últimos informes sobre el estado de las defensas del país y podía declamar una gran cantidad de poemas que había leído una sola vez sesenta años antes. En los consejos de gabinete hacía que las cosas se hicieran más lentas, al repetirse y al perderse en los detalles, ¿pero acaso no es lo que hacía en 1940... y en 1911? Es verdad que se interesaba mucho menos por los legajos, que prefería jugar a las cartas o leer novelas y que su capacidad de concentración se había reducido con notoriedad; pero todavía tenía resto suficiente como para pronunciar discursos de una hora o argumentar hasta el alba ante interlocutores agotados. En cuanto a su apetito y su capacidad de absorción etílica, la edad no los afectaba para nada, tal como registró uno de los secretarios adjuntos del Foreign Office, sir Pierson Dixon, luego de un almuerzo en el 10 de Downing Street: "La comida se prolongó durante tres horas y tres cuartos, acompañada por una procesión de vinos nobles y variados, a los que no pude honrar por completo; champaña, oporto, coñac y *cointreau*; Winston bebió mucho de cada uno y terminó con dos vasos de whisky con soda".

Pero la prueba de alcoholemia todavía no se había impuesto a los que manejaban los destinos del imperio británico, y el interesado podía seguir haciendo nuevos brindis mientras esperaba el aperitivo de la tarde. En cuanto a su voluntad de seguir los asuntos de Estado, como su humor, estaba sujeta a frecuentes variaciones: después de la victoria electoral había declarado en privado que cedería el cargo a su *alter ego*, Anthony Eden, en cuanto hubiese restablecido las relaciones privilegiadas con los Estados Unidos; pero luego se produjo el gran espejismo de la cumbre con Stalin, que sólo él podía conducir bien. Y, además, estaban las ceremonias de coronación de junio de 1953, que tuvo que presidir, y cuando murió Stalin, el 5 de marzo de 1953, ¿quién que no fuera Winston Churchill podría convencer a Malenkov de hacer algo a favor de la paz?

Por otra parte, en esta época el primer ministro se sentía más indispensable aún, ya que su delfín, Anthony Eden, estaría alejado de los asuntos públicos por largos meses, debido a dos operaciones quirúrgicas delicadas. Así que, lejos de pensar en renunciar, Churchill ejerció con entusiasmo las funciones de su ministro de Relaciones Exteriores además de las propias. A su médico, a quien esto alarmaba, le contestó: "Estoy espléndidamente bien, Charles. Todo el mundo a mi alrededor cae enfermo. [...] Anthony [Eden] estará ausente durante meses. [...] Le gustaría echar una mirada a los asuntos del Foreign Office, pero no voy a permitírselo. No puedo trabajar con un hombre enfermo". Y, además, a los 55 años, Eden tenía que cuidarse;

Churchill, que sólo tenía 78, lo reemplazó tan alegre como torpemente. Así fue como en los Comunes se declaró dispuesto a ir a Moscú en ese mismo momento para encontrarse en persona con los dirigentes soviéticos "sin orden del día recargado o rígido" (lo que causaría algunas aplopejías en Washington y casi termina con el infortunado Eden antes de su tercera operación). En cuanto al canal de Suez, mientras que el Foreign Office había iniciado conversaciones con las nuevas autoridades egipcias después de la destitución del rey Faruk, Churchill envió consignas de firmeza a los diplomáticos y refuerzos para las guarniciones establecidas a lo largo del canal (lo que implicó el fracaso de las negociaciones). Y cuando, a mediados de mayo, recibió a Konrad Adenauer, el canciller también quedó estupefacto por la ligereza con la que Winston trataba el problema alemán y la poca atención que parecía brindar a las palabras de los interlocutores. En estas condiciones, Adenauer imaginó sin dificultades los problemas que podría ocasionar este singular entrometido si se producía la cumbre que tanto reclamaba. De manera que el canciller le hizo saber al Foreign Office que "estaba aterrorizado por la política del primer ministro". Sólo la flema británica impidió a los diplomáticos de Su Majestad responderle que no era el único.

¡Detalles mezquinos! Entre mediados de mayo y el 20 de junio, Winston Churchill, que acababa de ser condecorado con la Orden de la Jarretera, estaba radiante de encontrarse bajo las luces de los proyectores, de regentear y organizar todo: brillaba en las ceremonias oficiales, relumbraba en los Comunes, pronunciaba excelentes discursos de sobremesa, presidía los consejos de gabinete, dictaba telegramas importantes del Foreign Office, supervisaba los preparativos de la ceremonia real, recibía al embajador de Turquía, mantenía correspondencia con Eisenhower para organizar un encuentro anglo-norteamericano en las Bermudas, asistía a la coronación, presidía un banquete en Lancaster House en honor a la reina, iba al derby en Epsom para ver correr a sus caballos, volvía a Chartwell, se enteraba de que la princesa Margarita quería casarse con un hombre divorciado, evitaba cometer otra vez el error de ir corriendo a prestar auxilio en los amores principescos, gracias a la intervención de Clementine, volvía casi enseguida a Downing Street para tener noticias de las reuniones ministeriales y les daba la última mirada a los preparativos de la conferencia de las Bermudas, que debía iniciarse la semana siguiente como última fecha. En la noche del 23 de junio, presidió una cena en honor del primer ministro italiano Alcide de Gasperi; antes de finalizar, pronunció un brillante discurso improvisado sobre la conquista de Inglaterra a manos de las legiones romanas. Pero al terminar la velada, todo cambió: cuando quiso levantarse de la silla, Winston cayó pesadamente, sin poder caminar ni hablar con claridad. Acababa de sufrir un nuevo ataque cerebral.

Es difícil de creer, pero al otro día, este diablo de hombre presidía el consejo del gabinete, y sus colegas no notaron nada anormal, salvo que estaba pálido y que hablaba menos que de costumbre. Pero todos los milagros tienen un final, y a partir del 25 de junio su estado se agravó considerablemente: el brazo y la pierna izquierdos estaban paralizados, así como el lado izquierdo de la mandíbula. Con dificultades lograron que decidiera irse de Downing Street a Chartwell, y el 26 de junio, cuando su deglución se dificultó, lord Moran le confió a Colville que "no cree que Winston pase el fin de semana". En este estado, parecía inevitable una renuncia... pero era imposible: el sucesor designado estaba en ese mismo momento en la mesa de operaciones de un hospital de Boston, donde un cirujano de renombre hacía esfuerzos por reparar los males causados por las dos operaciones anteriores. De modo que la familia, los médicos y los secretarios hicieron lo necesario: nadie tenía que saber nada, salvo la reina y algunos miembros importantes del gobierno; lord Salisbury se encargaría de las relaciones exteriores y R. A. Butler, de los asuntos internos. Los médicos firmarían el siguiente comunicado de prensa, una obra maestra del *understatemen* británico: "El primer ministro necesita completo reposo; le hemos aconsejado renunciar al viaje a las Bermudas y aligerar su empleo del tiempo al menos por un mes".

La familia consideraba bueno llamar a Brendan Bracken, lord Beaverbrook y lord Camrose, los amigos más cercanos al primer ministro; Clementine no los quería, pero no había que dejar nada de lado para estimular al ilustre enfermo y Randolph decretó que "mientras mantenga la moral, ningún milagro es imposible". Y así fue: cuando terminó el fin de semana, su padre, en lugar de haber muerto, parecía estar un poco mejor, y la recuperación prosiguió durante los días siguientes: el 30 de junio, en presencia de sir Norman Brooke, habló de Amberes, de la desmovilización de 1919 y del sexto volumen de sus memorias de guerra. Y esa noche, después de la cena, decidió levantarse, un esfuerzo sobrehumano, sólo algunos segundos en posición vertical, pero lo logró: "Fue una notable demostración de voluntad, señaló sir Norman, estaba decidido a restablecerse".

Durante las siguientes semanas, nuestro héroe empezó de a poco a caminar de nuevo; mientras tanto, vio películas, leyó cantidad de novelas, recibió a mucha gente, bebió con animación, y aunque hablaba con bastante frecuencia de la muerte, sólo pensaba en la vida y, sobre todo, en la vida política. El 26 de junio, se pensaba en una renuncia inmediata; el 29, la cuestión fue aplazada hasta el mes de octubre, y el 4 de julio, hasta el plazo de octubre parecía que podía ser aplazado: "Haré lo que sirva mejor a los intereses de mi país. Las circunstancias podrían persuadirme de que soy indispensable". En ese momento era una fanfarronada: Churchill sabía a la perfección que estaba a merced de un nuevo ataque y que, como no había recuperado todas sus capacidades, no podía hacer el menor trabajo serio; Soames y Colville tomaron discretamente en su nombre todas las decisiones serias. El 18 de agosto presidió el consejo de gabinete, pero, sobre todo, para preservar las apariencias.

Los progresos eran lentos, se cansaba mucho más rápido, y descubrió con asombro que el alcohol podía tener un efecto nefasto. Como no era hombre de echarse atrás ante las medidas enérgicas, le dijo a su médico: "Intento reducir el consumo de alcohol, Charles; ya renuncié al coñac y lo reemplacé por cointreau". Pero como el heroísmo tiene límites, su consumo de champaña, vino blanco, cherry, oporto y whisky no se vio afectado. En cuanto al coñac, volvería a tomarlo unos meses más tarde...

Sin embargo, nuestro reticente abstemio se fijó un plazo imperativo: el 10 de octubre. Ese día se llevaba a cabo el congreso anual del Partido Conservador en Margate. "En Margate, le dijo a lord Moran, tendré que dar un discurso o irme". Así que estos eran los términos del desafío: si no era capaz de pronunciar su discurso o se veía bruscamente reducido al silencio por un nuevo ataque, cedería su lugar a Anthony Eden, quien, por otra parte, había pasado a formar parte de la familia desde su casamiento con Clarissa Churchill el año anterior. Si salía vencedor de la prueba y se mostraba capaz de enfrentar al Parlamento, entonces estarían permitidas todas las esperanzas, la dimisión quedaría para otro momento y podría dedicarse de nuevo a sus queridos proyectos: la conferencia de las Bermudas, la cumbre con los soviéticos (mucho más necesaria ahora porque acababan de experimentar con la bomba H) y la preservación del imperio (o de lo que quedaba de él). Pero ¿todo esto no estaba en la órbita del ministro de Asuntos Exteriores, Eden, que dentro de poco tiempo retomaría sus funciones? El pobre Anthony todavía estaba demasiado débil como para ocuparse de estas cosas: "Parecía muy frágil cuando vino a verme y me pareció deprimido". Lo cierto es que ninguno de estos jóvenes estaba sano.

El 25 de agosto, sir Winston volvió a presidir el consejo de gabinete, esta vez de manera más activa. Se discutió la caída del primer ministro Mossadegh, derrocado por el ejército iraní con el "apoyo" de los servicios especiales británicos y norteamericanos, y Churchill insistió en que Gran Bretaña no se viera opacada por los Estados Unidos en sus relaciones con el general Zahedi, nuevo hombre fuerte de Teherán. En relación con las negociaciones con los egipcios, el primer ministro una vez más dio consignas de firmeza. La sesión duró cerca de tres horas y, al terminar, sus colegas parecían mucho más cansados que él. Justo después de la reunión, corrigió las pruebas del último volumen de las memorias de guerra, recibió a dos ministros para la cena y se acostó a la una de la madrugada. Cuatro días más tarde, a las dos de la madrugada, hizo saber a Eden y Macmillan su proyecto de cambios ministeriales.

Durante la primera mitad de septiembre hubo otros consejos de gabinete y también fue posible ver al primer ministro en el hipódromo, en el palacio de Balmoral y en diversas recepciones, entre las cuales hubo una en honor del presidente irlandés, su viejo enemigo

Eamon de Valera. Mientras tanto, había vuelto a su *Historia de los pueblos de lengua inglesa*, dejada de lado hacía tanto tiempo, y emprendió nuevos trabajos en Chartwell, donde dirigió el desarrollo de su criadero de cerdos. Pero todo esto era agotador y el 17 de septiembre dejó Londres con Mary y Christopher Soames para ir a descansar a Cap d'Ail, en la residencia de lord Beaverbrook.

¿Descansar? Por supuesto que estaban el caballete, algunas novelas, las partidas de naipes, mucho whisky y el casino de Montecarlo, a lo que hay que agregar los papeles oficiales, las recepciones en honor de notables franceses, la *Historia de los pueblos de lengua inglesa*, las últimas pruebas de las memorias de guerra y, sobre todo, lo que más lo preocupaba: su discurso en Margate. Dictaba largos párrafos a su secretaria, los "ensayaba" ante sus allegados y se entrenaba durante horas declamando ante un espejo o en la bañadera. Cuando volvió a Londres a fin de mes, seguía temiendo esta prueba y mucho más porque tendría que pronunciar el discurso *ex cathedra* durante más de una hora y, después de su ataque, raramente podía permanecer de pie más de algunos minutos.

Lord Moran señaló: "El primer ministro apostó su camiseta a este discurso". Era exacto. El día fatídico estaba tan bien preparado como un atleta de alto nivel. Para completar la analogía, su médico le había dado una pildorita, un semiestimulante, semiplacebo, de la que esperaba maravillas. Pero el 10 de octubre, lo que estimuló sobre todo al viejo jugador fueron la talla y la amplitud de la apuesta; su rendimiento fue más que digno: durante cincuenta minutos arengó a los delegados con una voz potente y sin fallas; les habló del programa conservador, de la acción sindical, de la OTAN, de Alemania y de su propio proyecto de reunión cumbre, antes de concluir con estas palabras: "Si sigo haciéndome cargo de este peso a mi edad, no es por amor al poder o por apego a la función pública. Ya tuve mucho del uno y del otro. Es porque pienso que puedo ejercer una influencia en un campo que me importa más que todo: la edificación de una paz sólida y duradera. Vayamos, pues, adelante con valentía y sangre fría, con lealtad y determinación, para alcanzar los objetivos que tenemos en nuestros corazones".

Cuando la conferencia terminó, los delegados, miembros del gobierno y de la prensa tuvieron que admitir que el viejo luchador seguía siendo dueño del campo de juego. Sobre la marcha, el 20 de octubre se presentó en la Cámara para responder a una serie de preguntas, y el diputado Henry Channon señaló en su diario: "Parecía seguro de sí mismo, aunque un poco sordo a pesar de su audífono, pero en apariencia más vigoroso que antes". Pero Channon, que no quería a Churchill, quedó todavía más impresionado por su discurso en los Comunes dos semanas más tarde: "Un espectáculo olímpico; un rendimiento magistral. [...] En dieciocho años que he pasado en esta honorable Cámara, nunca había escuchado algo semejante". Es verdad que el primer ministro se había extralimitado: al abordar la cuestión de las próximas fechas electorales, principal tema de preocupación de los diputados, empezó por señalar que "son las elecciones las que sirven a la Cámara y no la Cámara la que sirve a las elecciones", y después prosiguió: "Participé en más elecciones parlamentarias que nadie en esta Cámara, [...] y, consideradas de manera general, son muy divertidas. Pero hay que cortarlas con intermedios de tolerancia, de trabajo duro y de estudio de los problemas sociales. Disputar por el placer de disputar entre políticos quizá sea algo bueno de tanto en tanto, pero, en su conjunto, es un mal hábito de la vida política". Se refirió a la vivienda, a las nacionalizaciones y a la agricultura, pasó a los asuntos exteriores y abordó la situación de Corea; luego, los acontecimientos en la URSS tras la muerte de Stalin: "No me parece ni irracional ni peligroso concluir que las aspiraciones profundas del pueblo ruso y los intereses a largo plazo de sus dirigentes residen en la prosperidad interna más que en las conquistas externas". Después de haber recordado sus esfuerzos para obtener una reunión cumbre, evocó la cuestión nuclear y anunció, de manera tan fantasiosa como profética, lo que se conocería con el nombre de "equilibrio del terror": "A veces tengo la curiosa impresión de que el potencial de aniquilación de estos instrumentos podrá aportar a la humanidad una seguridad imprevisible. [...] Cuando los progresos de las armas de destrucción permitan que todo el mundo mate a todo el mundo, nadie tendrá más ganas de matar a nadie". Y el orador inspirado concluyó magistralmente: "En este momento de la historia de la humanidad aquí estamos, con todas las otras naciones, frente a las puertas de la catástrofe suprema o de la recompensa sin límites. Creo con firmeza que Dios, en su misericordia, nos permitirá realizar la elección correcta".

Concluida esta verdadera vuelta de tuerca, posible gracias a medio siglo de experiencia parlamentaria, un talento excepcional, una voluntad de hierro... y pildoritas de lord Moran, Churchill saboreó su triunfo y anunció a su médico: "Era el último de estos obstáculos diabólicos. Ahora, Charles, podemos ocuparnos de Moscú. [...] Tengo que ver a Malenkov. Después, podré irme en paz". Esto se llama ser consecuente con sus ideas. Pero el camino de Moscú pasaba por Washington, donde el presidente Eisenhower, influido por su secretario de Estado, seguía considerando poco apropiada cualquier cumbre con los soviéticos. Sin embargo, Churchill tenía la mayor de las confianzas en sus talentos persuasivos, y los acontecimientos que sobrevinieron parecen darle la razón. Eisenhower, sin duda impresionado por los informes que recibía sobre la recuperación del primer ministro, se declaró dispuesto a ir a las Bermudas (siempre que los franceses y el secretario general de la OTAN estuvieran presentes); en cuanto a los soviéticos, hicieron saber que aceptarían el principio de una conferencia de ministros de Relaciones Exteriores en Berlín.

Para el nuevo apóstol de la paz mundial, era una primera victoria; mientras tanto, pudo saborear otra: el comité de Oslo acababa de concederle el Premio Nobel de Literatura. Podemos imaginar sin dificultad lo que esta noticia significaba para este eterno esteta de la escritura, al que su padre le había dicho, seis décadas antes: "Voy a devolverte tu carta, para que puedas revisar de tanto en tanto tu estilo pedante de escolar retrasado". Una vez más, lord Randolph había juzgado mal a su hijo. ¡Si hubiese podido ver todo esto!

El 1º de diciembre de 1953, el día posterior a su septuagésimo noveno cumpleaños, Churchill voló hacia las Bermudas. Lo acompañaban sus secretarios personales, Cherwell, Moran, Soames y, por supuesto, Anthony Eden, que había vuelto a sus funciones después de dos meses y no compartía de ningún modo el entusiasmo del primer ministro por una reunión cumbre. Cuando llegó a las Bermudas, descubrió que no era el único que pensaba esto: Eisenhower y Dulles, obnubilados por el peligro comunista en Europa y en Asia, sólo veían inconvenientes en encontrarse con los nuevos dirigentes soviéticos; estaban dispuestos a aceptar una reunión en Berlín de los ministros de Asuntos Exteriores, pero sólo para que se evidenciara con claridad la futilidad de este tipo de encuentro. Lo único que les importaba era la rápida constitución de alianzas defensivas, como la CED en Europa y algún pacto equivalente en Asia. Ahora bien, todo relajamiento de la tensión como consecuencia de la conferencia Este-Oeste no podría comprometer la dinámica de la alianza europea y asiática. Por otra parte, Washington contaba con los británicos para poner en cuarentena a China, pero se desinteresaba de sus problemas en Egipto y seguía sin ver cuál era el interés de cooperar con ellos en materia nuclear. Churchill había ido a las Bermudas justamente para lograr que se realizara una reunión cumbre, mientras se negaba a una participación británica en la CED, no le interesaba China y no había renunciado a obtener una presencia cuanto menos simbólica de los Estados Unidos en Egipto, y seguía solicitando una franca cooperación anglonorteamericana en materia nuclear. Así que iba a ser un diálogo de sordos en más de un sentido: la delegación francesa, paralizada por las disensiones políticas, el conflicto indochino y la rivalidad entre Laniel y Bidault, no pudo contribuir con nada a las negociaciones. Del lado norteamericano, Eisenhower no parecía tener ideas propias y descansaba casi por completo en Dulles, cuyo horizonte se limitaba a un anticomunismo sin compromisos. Por último, entre los británicos, Churchill asombraba a su entorno al negarse a leer los documentos preparados para la ocasión, quedaba ensimismado en la lectura de novelas entre las sesiones, repetía todo el tiempo historias de la guerra durante las sesiones y se negaba a usar los audífonos antes, durante y después de las sesiones. Así que el hecho de que las tres delegaciones se hayan separado el 8 de diciembre sin haber decidido nada en concreto no resultó muy sorprendente.

Anthony Eden, un *gentleman* eterno, se cuidó muy bien de dar a conocer sus puntos de vista sobre las razones de esta derrota diplomática; pero la asombrosa demostración de aficionados en el más alto nivel durante esta reunión parece haberlo decidido a salir de su papel de segundón brillante, para aportarles a las negociaciones internacionales un necesario toque de profesionalismo. A juzgar, si no: cuando regresó de las Bermudas, volvió a partir hacia París, asistió a la reunión del Consejo del Atlántico Norte y se entrevistó con Spaak, Stikker[18] y Adenauer, que se sentía aliviado por encontrarse con un interlocutor serio entre los responsables británicos. A comienzos de enero de 1954, Eden se dirigió a Berlín y, después de largas consultas con Bidault y Dulles para armonizar las posturas del lado occidental, abordó la conferencia de los ministros de Asuntos Exteriores en una posición muy ventajosa. Si bien las sesiones oficiales enseguida permitieron convencerse de la imposibilidad de un acuerdo Este-Oeste sobre la reunificación de Alemania, el tratado austríaco o la reunión cumbre sobre Europa, Eden se dio cuenta durante las entrevistas privadas con Molotov de que el ministro de Asuntos Exteriores soviético podría estar a favor de una conferencia de a cinco sobre Asia, con la participación de los chinos, para tratar los conflictos de Indochina y de Corea. Después de interminables discusiones, el 18 de febrero de 1954 acordaron organizar una conferencia en Ginebra a fines del mes de abril.

El rendimiento de Eden en Ginebra también fue asombroso. Como compartía con Molotov la presidencia de las sesiones, tuvo, por turno y simultáneamente, el papel de conciliador, pedagogo, confidente, intermediario honesto, intérprete, árbitro, conductor, redactor y moderador, para acercar posiciones que a primera vista parecían inconciliables. Como tenía que vérselas al mismo tiempo con la posición muy precaria de los franceses en Indochina, las amenazas norteamericanas de intervenir en el conflicto y la reticencia de los soviéticos y de los chinos a dejarse arrastrar, logró dar una vuelta de tuerca y obtener concesiones de Molotov, de Chou En-Lai, de Bidault, de Dulles y de los representantes del Vietminh, de manera que a fines del mes de junio de 1954, a falta de progresos en Corea, ya había un acuerdo preliminar sobre negociaciones de armisticio para Vietnam, Camboya y Laos y el inicio de una posibilidad de acuerdo sobre una partición de Vietnam. Cuando regresó a Londres para explicar a sus colegas las dificultades y los éxitos de su titánica empresa, Eden tuvo la sorpresa de comprobar que el primer ministro no lo escuchaba, tenía otras prioridades y detestaba ver bajo las luces de las candilejas a otro actor que no fuera él, y mucho menos a su potencial sucesor.

Pero el elegante viajante de comercio de la diplomacia británica también se había comprometido con otras negociaciones, para cuyo éxito el desinterés del primer ministro sería una verdadera bendición: en primer término, Irán y Egipto. Eden, fino conocedor de estos dos países cuyas lenguas hablaba, retomó las negociaciones con sus dirigentes en cuanto regresó al Foreign Office; a fines de 1953, en estrecha concertación con los Estados Unidos, consiguió que se retomaran las relaciones diplomáticas con el nuevo gobierno iraní; durante la primavera de 1954, mientras tenía mucho que hacer en Ginebra, Eden supervisó muy de cerca las negociaciones cuatripartitas que se instauraron entre Gran Bretaña, Irán, los Estados Unidos y los consorcios petroleros. El problema de las negociaciones con Egipto fue todavía más arduo; durante los seis meses de ausencia de Eden se había establecido un acuerdo base: las tropas británicas evacuarían Egipto antes de mediados de 1956 y las bases británicas del canal de Suez serían mantenidas por personal civil, para que pudieran reutilizarse en caso de conflicto en la región. Sólo quedaban dos cuestiones en suspenso: ¿los técnicos británicos vestirían uniforme? y ¿las bases del canal podrían volver a ocuparse si había un ataque de Turquía? Para intentar superar estos obstáculos aparentemente menores, Eden se enfrentó a la oposición decidida de su primer ministro, que se obstinaba en que los británicos permanecieran en Egipto y quería explotar los diferendos restantes para torpedear cualquier acuerdo que pudiera desembocar en una evacuación del país. Aprovechando el ascenso al poder del intransigente coronel Nasser y las intromisiones egipcias en Sudán, multiplicó las declaraciones belicosas que llegaron hasta ordenar la ocupación de Kartún en el mes de marzo. Pero Eden velaba y las órdenes se remitieron *in extremis*.

Entretanto, el Ministro de Asuntos Exteriores acordó con los norteamericanos para que se abstuvieran de proporcionar armas a Egipto y con los egipcios para que retomaran las negociaciones. En medio de las negociaciones en Ginebra y en Teherán, logró sellar un compromiso con el coronel Nasser: los británicos podrían recuperar las bases del canal cualquiera fuera el país atacado (fuera de Israel), a cambio de lo cual los técnicos que trabajaran en estas bases se vestirían de civil. En el gabinete, Churchill llevó a cabo un violento combate de retaguardia en contra de este acuerdo, pero Eden estaba apoyado por un ministro de Hacienda que quería realizar ahorros, por los jefes de los estados mayores a los que les interesaba repatriar a sus tropas y por la mayor parte de los ministros, para quienes este asunto ya había durado demasiado. Churchill siguió combativo e insistió en "los inconvenientes políticos de abandonar una posición en Egipto que mantenemos desde 1882". Dos meses más tarde, después de que finalizaron las negociaciones entre Eden y el ministro sudafricano de Defensa, el primer ministro tuvo también que resolverse a abandonar la base naval de Simonstown, una etapa estratégica vital en la ruta de Extremo Oriente. Sin duda, el despedazamiento del Imperio proseguía y sus propios colegas se negaban a poner término a esta tragedia.

En realidad, mientras que su ministro de Asuntos Exteriores se ocupaba en todos los frentes, desde Ginebra hasta Teherán, pasando por Suez y Pretoria, Churchill sólo tenía una sola y verdadera preocupación: quería retomar la cumbre de Postdam con los sucesores de Stalin. A pesar del fracaso de las negociaciones con los Estados Unidos en las Bermudas y del punto muerto de los encuentros Eden-Molotov en Berlín, seguía convencido de que un encuentro cara a cara con los nuevos dueños del Kremlin permitiría poner fin a la guerra fría y, por consiguiente, salvar a la humanidad. Noble ambición, pero, como en tiempos de Stalin, Churchill exageraba su influencia sobre los nuevos dirigentes soviéticos, no comprendía su mentalidad y hasta ignoraba su identidad.[19] Sin embargo, intrigaba con firmeza desde hacía meses para obtener su reunión cumbre y llegó a preguntarle discretamente a la Embajada de la URSS si Moscú aceptaría recibirlo. Siempre en secreto, propuso a Eisenhower ir a encontrarlo en Washington, y recién lo informó al gabinete después de la aceptación del presidente. El consejo de gabinete dio su autorización para este viaje, pero puso una condición que habla a las claras: Eden tenía que acompañar a Churchill.

Sabia precaución, en realidad: entre el 25 y el 29 de junio, después de interminables digresiones sobre los imperios austro-húngaros y otomanos, el gobierno de Kerenski de 1917, las colonias africanas, Indochina, la guerra de los Boers, la Segunda Guerra Mundial y el pacto de Locarno, Churchill intentó una vez más convencer a sus interlocutores norteamericanos de la utilidad de una cumbre de tres participantes y de una presencia norteamericana en Suez. Durante este tiempo, Eden, que había renunciado a hacerlo entrar en razones, mantuvo discusiones serias con su colega Dulles, al que logró convencer de no obstaculizar un arreglo razonable del conflicto indochino, especialmente absteniéndose de prometer una solución militar a los franceses antes de la conclusión de las negociaciones de Ginebra. De hecho, fue el único éxito de esta estadía en Washington que casi termina con un desastre: durante la travesía de regreso, Churchill se obstinó en enviar un telegrama a Molotov para proponerle una reunión cumbre dentro de, a más tardar, un mes. Después de haberse negado de plano, Eden terminó por ceder, siempre que se informara al gabinete con antelación. Así que Churchill envió el mensaje a R. A. Butler, que tenía las riendas del gobierno en su ausencia, y le pidió que se lo reenviara directamente a Molotov; por supuesto, el primer ministro no mencionó al gabinete en sus instrucciones y la nota se comunicó debidamente en Moscú.

Cuando el gabinete tomó conocimiento el 7 de julio, hubo un verdadero escándalo: varios ministros amenazaron con renunciar, Eden y Butler se reprochaban mutuamente haberse dejado engañar y hasta Eisenhower quiso protestar por esta diligencia intempestiva. Churchill tuvo que dar marcha atrás y faltó poco para que todo esto terminara en la caída del gobierno, con la partida forzada de un primer ministro que, no obstante, había basado toda su política exterior en una estrecha concertación con los Estados Unidos.

Aun cuando conocían bien la idea fija de Winston Churchill sobre una reunión cumbre, muchos de sus colegas consideraban que nunca antes había cometido un error de tal envergadura y, sin duda, tenían razón. Lo que pasaba era que los padecimientos de la edad se volvían cada vez más manifiestos: el gran hombre se negaba, con frecuencia, a leer los documentos oficiales más importantes, le costaba concentrarse y pasaba mucho tiempo durmiendo, jugando a las cartas, leyendo novelas o, simplemente, sin hacer nada. En marzo de 1954, el fiel Eden ya decía en privado: "Esto no puede durar: está senil, no logra terminar las oraciones". Para la misma época, Winston le confió a R. A. Butler: "Me siento como un avión al final de su vuelo, en el crepúsculo, casi sin combustible y que intenta aterrizar sin daños". Es posible, pero era evidente que tenía reservas de emergencia, un motor que andaba muy bien y una autonomía de vuelo asombrosa: en las grandes ocasiones podía seguir pronunciando un discurso memorable, o pasar parte de la noche argumentando con ministros o diplomáticos que, literalmente, se caían de sueño.

Estos contrastes, unidos a su natural combatividad, a su amor por la política y a la íntima convicción de que era irreemplazable, hacían que retrasara continuamente la fecha de su partida; al comienzo, se hablaba de mayo de 1954, cuando la reina regresara de su viaje a Australia; en mayo, la fecha se pasó para julio, pero en junio le informó a Eden que recién renunciaría en septiembre... Sin embargo, en julio, su hija Mary escribió en su diario: "Ninguno de nosotros conoce realmente sus intenciones. Quizá ni él las conozca". Es posible, pero lo que es seguro es que a comienzos del mes de agosto no quería oír hablar de septiembre. Tres semanas más tarde, declaró a Macmillan que las complicaciones que se habían producido en la política extranjera y la eventualidad de un encuentro cumbre en un futuro próximo hacían deseable que siguiera en funciones. "Naturalmente, como todo hombre de casi ochenta años, que ya ha tenido dos ataques, podría morirme en cualquier momento; pero no puedo prometer morirme con fecha fija. En el ínterin, no tengo la intención de renunciar". ¡Ni que le digan! La nueva fecha límite se había fijado... para las elecciones de noviembre de 1955. Todo esto provocó el asombro de los miembros de un gobierno con cada vez menos dirección, la consternación de los diplomáticos, que temían las intervenciones del primer ministro en sus asuntos, la desesperación de Clementine, que suplicaba desde hacía mucho tiempo a su esposo que se tomara un retiro que merecía enormemente.

Por supuesto que Clementine pensaba en su salud física, pero sus médicos y amigos se preocupaban ante todo por su salud moral, pues sabían muy bien que este hombre sólo existía para la política, el poder y su famosa misión de paz detrás de la cortina de hierro. Su peor enemigo no era el cansancio excesivo, sino la falta de acción, fiel cómplice de las ideas oscuras, de la depresión y del *black dog* que acechaban constantemente. Es verdad que cerca de los ochenta años, Churchill tenía algunas razones para sentirse desmoralizado: había visto partir uno a uno a sus camaradas de los tiempos heroicos de Cuba, Bangalore, Ladysmith, Omdurman y Ploegsteert: Reginald Barnes, Richard Molyneux, Reginald Hoare y muchos otros; luego, estaban todos sus colegas del gabinete de Lloyd George que habían partido y a los que enseguida siguieron sus grandes aliados y sabios consejeros de los años 1930 y 1940: Jan Smuts, Duff Cooper, Eddie Marsh, lord Camrose... Y él, ¿qué hacía todavía ahí, a esa edad canónica, mientras sus valientes compañeros ya se habían retirado? Detenerse o bajar el ritmo significaría, indudablemente, caer.

Ni siquiera la familia agregaba muchos consuelos: la querida Clementine, de salud frágil, siempre cansada, con frecuencia en viajes curativos, amaba tan poco Chartwell como las ocupaciones de su marido; Randolph, que había abandonado la política para dedicarse al periodismo, con frecuencia era muy maledicente, pocas veces estaba sobrio, provocaba escándalos en las reuniones públicas y en las recepciones privadas y se llevaba tan mal con su viejo padre como con su nueva mujer;[20] desde 1953, Diana pasaba por largos períodos de depresión, agravada por el alcohol, y necesitaba cuidados intensivos en hospitales psiquiátricos; en cuanto a Sarah, su preferida, seguía con una carrera de actriz que todo el tiempo era cuestionada por fantasiosa, por su problemas conyugales y por sus delirios etílicos.[21] Incluso los animales eran fuente de preocupaciones sin fin: los incontables gatos que había recogido el dueño de casa no se entendían entre ellos, los caballos de Chartwell comían nenúfares del estanque y las crías de cisnes desaparecían misteriosamente; Winston sospechaba de los zorros e hizo instalar un sistema de protección perfeccionado, con rejas, proyectores giratorios y señales de alarma, pero no logró nada. Como siempre se negaba a declararse vencido, pidió una investigación policial que terminó por encontrar a los culpables: ¡los cuervos carroñeros! Entre tanto, todos los conejos de Chartwell murieron de enfermedad y los zorros se lanzaron sobre los faisanes y los cochinillos de la propiedad. Christopher Soames había tomado medidas para impedirlo, pero Churchill temía que los zorros, disgustados, se exiliaran y que Chartwell quedara a merced de los cuises. "El reino animal no ofrece ningún consuelo en estos tiempos", concluyó nuestro criador desilusionado.

Pero la Tierra no dejaba de girar, y ese año Anthony Eden parecía ser el gran organizador: desde su regreso (agitado) de los Estados Unidos a comienzos de julio de 1954, volvió a ir a Ginebra y luego de una semana de agotadoras negociaciones, gracias a la ayuda del nuevo presidente del Consejo, Mendès France, y a la cooperación de Molotov y Chou En-Lai, obtuvo una serie de acuerdos sobre el armisticio en Indochina, la fijación del paralelo 17 como línea de demarcación entre un Vietnam del Norte, comunista, y un Vietnam del Sur, pro occidental, y la instauración de una comisión de control tripartita[22] encargada de supervisar la aplicación del acuerdo y el llamado a elecciones generales. A fines de julio, también obtuvo en Teherán un acuerdo que satisfacía a Irán, a los Estados Unidos, al gobierno de Su Majestad y a los consorcios petroleros, ¡prácticamente la cuadratura del círculo! El acuerdo anglo-egipcio, que al fin se firmó en octubre, también fue un éxito personal de Eden, pero su mayor triunfo sería en Europa: en Francia, a fines de agosto, la Asamblea Nacional había puesto fin definitivo al proyecto CED. A partir de ese momento, existía el riesgo de ver cómo Europa Occidental volvía a caer en la desunión, cómo se llevaba a cabo el rearme alemán sin límites y cómo los Estados Unidos se alejaban definitivamente de Europa. El gran mérito de Eden consistió en exhumar el tratado de Bruselas, firmado en 1946 entre Francia, Gran Bretaña y los países del Benelux (y dirigido en ese momento contra un renacimiento del militarismo alemán) para proponer su transformación en un pacto de defensa mutuo, ampliado a Alemania e Italia. De este modo, Gran Bretaña por fin anclaría en Europa, y Alemania, sólidamente vigilada, podría unirse a la OTAN. En la conferencia de Londres, en septiembre, y en la de París, en octubre, Eden logró convencer a todas las partes de adoptar su proyecto y de firmar el tratado que dio nacimiento a la Unión de Europa Occidental. *Mutatis mutandi*, Anthony Eden fue decididamente el hombre de 1954, como Winston Churchill había sido el de 1940.

Esta comparación habría ofuscado, como es natural, a un Churchill tan decidido a aferrarse al poder, que ahora veía en su delfín y pariente a un rival en potencia. En el mes de octubre, en la conferencia del partido en Blackpool, no dijo ni una palabra acerca de una próxima renuncia; en esa ocasión, pudo hablar casi una hora sin excesivo cansancio, pero esta vez las pildoritas del doctor Moran no bastaron y hubo silencios embarazosos, dudas, confusiones y *lapsus* reveladores: "1850" en lugar de "1950" y "soberanía" en lugar de "solvencia". Pero el orador no pareció darse cuenta y su discurso terminó de convencerlo de que no había perdido nada de sus facultades. Así que a partir de ese momento se puso a modificar su gobierno y nombró a Macmillan en Defensa, Selwyn Lloyd en Abastecimiento y a su yerno Duncan Sandys en Vivienda. Como había promovido a sus más fieles partidarios, pensaba que había reforzado su posición dentro del gobierno. ¡Pero no! Era sólo una ilusión. Sus distracciones, sus confusiones y su sordera molestaban mucho a sus colegas, y hasta los churchillianos incondicionales, como Macmillan y Soames, le aconsejaron que renunciara. El 23 de noviembre, mientras daba un discurso en su circunscripción de Woodford, el primer ministro se puso a sí mismo en una situación muy delicada, al declarar que en 1945 había telegrafiado a Montgomery para ordenarle que juntara y conservara las armas capturadas "para que pudieran ser redistribuidas a los soldados alemanes, con los cuales tendríamos que cooperar si proseguía el avance soviético". Esto venía en medio de un discurso que preconizaba un acercamiento a Rusia, así que, como mínimo, era una declaración incongruente, y Churchill agravó más su caso al precisar que el telegrama en cuestión estaba reproducido en sus memorias de guerra (algo inexacto). Terminó por excusarse ante los Comunes y por inquietarse luego por el exceso del efecto que produjo en la URSS.

Sin embargo, las celebraciones de su octogésimo cumpleaños el 30 de noviembre de 1954 fueron para el incorruptible veterano un tónico todavía más potente que los preparados del buen doctor Moran. No se había visto un primer ministro de esta edad desde la muerte de Gladstone, y el concierto de alabanzas y de palabras de aliento que llegaban de todo el país, un mensaje de felicitaciones del Palacio, incontables regalos, una suscripción de ciento cuarenta mil libras y un vibrante elogio pronunciado en el Parlamento por su eterno adversario y admirador Clement Attlee terminaron por convencer al león envejecido de que era indispensable, y su entorno vio cómo rejuvenecía por efecto de magia: "Mamá cayó muerta de cansancio, escribió Mary Soames en su diario, y todos nosotros estamos agotados. Pero Winston está fresco como una lechuga y le encanta mirar sus regalos y sus cartas". Nuestro joven octogenario quedó con tanto dinamismo por el entusiasmo general, que estaba firmemente decidido a quedarse en el poder hasta julio de 1955... por lo menos.

Esto era lo que su gobierno y su partido querían evitar a cualquier precio. Por una parte, era necesario que se celebraran elecciones generales lo más pronto posible, antes de que la situación económica se degradara seriamente; por otra, Eden tenía que estar en funciones mucho antes de la fecha de las elecciones, para que el país lo conociera mejor; por último, con Churchill presente o no, las reuniones de gabinete carecían de presidencia efectiva, y esta situación no podía durar mucho más. Por supuesto que nadie se atrevía a abordar de manera directa la cuestión delante del primer ministro, pero la tormenta que se incubaba terminó por estallar en la reunión de gabinete del 22 de diciembre. En esa ocasión, la discusión sobre las próximas elecciones introdujo, como es lógico, la cuestión de un nuevo gobierno y, por lo tanto, la de su dimisión. Churchill gruñó: "Es evidente que quieren empujarme hacia la salida", y nadie lo contradijo, lo que no hizo más que duplicar su ira; les gritó a los ministros que "lo que tenían que hacer era renunciar todos", y concluyó con un tono siniestro que "iba a hacerles conocer su decisión".

Pero pasaron Navidad y Año Nuevo y el inderrocable Júpiter de Downing Street, que había blandido su furia, tuvo la sabiduría de no lanzarla: el 7 de enero recibió a Macmillan a almorzar y le anunció que se iría en Pascuas. Un mes más tarde, la caída de Malenkov reforzó su resolución y le confirmó a Eden que partiría en abril: el artista tenía que abandonar el arte antes de que el arte abandonara al artista. Pero no lo hacía sin lamentarse, y el 21 de febrero le confesó a su médico: "Me habría quedado más tiempo si me lo hubiesen pedido. [...] Al final le di una fecha a Anthony y la mantendré". Pero al viejo actor le importaba mucho que su salida fuese lograda: "En una semana daré un discurso importante en el debate sobre el presupuesto de defensa. [...] Quiero que sea uno de mis mejores discursos. Antes de dejar mis funciones, le mostraré al mundo que sigo siendo capaz de gobernar. No me voy porque ya no esté en estado de asumir la carga pública, sino porque le quiero dar posibilidades a un hombre más joven". En resumen, no había que confundir generosidad con senilidad.

El discurso del 1º de marzo fue una imponente demostración de virtuosismo: aguerrido por treinta horas de preparación intensiva, fortificado por la poción mágica del doctor Moran, acorazado con una resolución férrea y armado sólo con su elocuencia, el ilustre gladiador reinó como un señor sobre la arena parlamentaria. Durante tres cuartos de hora, volvió a encontrar los tonos de 1940, cuando era el único en la fosa del león, pero esta vez blandió el tridente nuclear, pues lo que tenía que anunciar a los diputados y al pueblo era que su gobierno había decidido dotar a Gran Bretaña de la bomba H:[23] "Enfrentados a la amenaza de la bomba de hidrógeno, hemos considerado construir una. [...] Esto es lo que llamamos defensa por disuasión: las armas de disuasión pueden en todo momento engendrar el desarme, a condición de que efectivamente disuadan. Por ende, para poder contribuir a la disuasión, tenemos que poseer las armas nucleares más modernas, así como sus vectores". El poder de la disuasión, agregó el orador, está comprendido en las responsabilidades de los dos campos, y por eso él apostaba desde hacía tiempo a una reunión cumbre donde se pudiera hablar sin vueltas de estas cuestiones. Así, la disuasión se convertiría en un arma de paz y "podría suceder que, por una sublime paradoja, alcancemos esta etapa de la historia en la que la seguridad sea el vigoroso hijo del terror y la supervivencia, la hermana gemela de la aniquilación".

Para este octogenario inspirado, era al mismo tiempo una prueba de rendimiento físico y una fulgurante demostración de elocuencia visionaria. Pero, claro, una vez que se quedó tranquilo con respecto a sus aptitudes, el maestro empezó a interrogarse sobre la oportunidad de su partida, y el 11 de marzo pensaba que había encontrado la escapatoria: ese día, mientras jugaba a las cartas con John Colville, le comunicaron un telegrama diplomático que hablaba de un posible viaje del presidente Eisenhower a Europa en el mes de mayo, que le permitiría asistir a las ceremonias del 10º aniversario de la victoria y a las de la ratificación del los acuerdos de París sobre la UEO. Colville contó lo que siguió con estas palabras: "'Naturalmente, me dijo Winston, esto cambia todo. Permaneceré en funciones y, en compañía de Ike, me encontraré con los rusos'. Le hice notar que nadie había propuesto encontrarse con los rusos, pero barrió este argumento con el revés de la mano, porque todo esto le ofrecía la oportunidad para escapar a un plazo que cada vez le resultaba más insoportable".

Al día siguiente Churchill anunció a Eden que había decidido no retirarse a comienzos de abril. La sesión del gabinete del 14 de marzo fue extremadamente agitada: Churchill declaró que debía estar presente en la futura cumbre, "en interés de la nación", y Eden, en un movimiento de rebelión, le respondió: "Hace diez años que soy ministro de Relaciones Exteriores. ¿No puede tenerme confianza?". Luego siguió una confusa discusión, y el primer ministro clausuró los debates con estas palabras: "Conozco mi deber y lo cumpliré. Si un miembro del gabinete no está de acuerdo, sabe qué tiene que hacer".

Algunos lo sabían, por supuesto: se informó discretamente al embajador de los Estados Unidos que las autoridades británicas insistían en que las elecciones generales se llevaran a cabo de inmediato después de la dimisión de Churchill a comienzos de abril, y que el gobierno de Su Majestad reconocería muy especialmente el hecho de que el presidente Eisenhower atrasara su viaje a Europa. Hay favores que no se niegan: el 16 de marzo, Churchill se enteró por un telegrama de Washington que la visita del presidente era *sine die* y que, además, nunca se había pensado en una reunión cumbre con los soviéticos. Era trampeado una vez más... Al otro día, Churchill confirmó, con gran pesadumbre, su decisión de retirarse el 5 de abril de 1955.

Parecía que todo estaba arreglado, pero con Winston Churchill nunca se sabía. El 27 de marzo se enteró de que en Moscú el mariscal Bulganin se había pronunciado a favor de una conferencia de las cuatro potencias. A partir de ahí, la extraordinaria maquinaria churchilliana volvió a ponerse en marcha a todo vapor; dejando de lado las advertencias y sin reparar en medios volvió al camino familiar del cambio: "Me dijo que había una crisis –señaló Colville–: dos huelgas serias (la prensa y los portuarios); un presupuesto importante; la fijación de la fecha de la elección general; la propuesta de Bulganin. No era cuestión de partir en un momento así para satisfacer la sed de poder de Anthony". Al día siguiente, le envió una misiva a Eden para notificarle su decisión; el 29 de marzo, en una audiencia en el Palacio, le confió a la reina que pensaba postergar su renuncia y le preguntó si ella veía algún inconveniente en ello, a lo que la soberana le contestó naturalmente que no veía ninguno. Colville le suplicó a Eden que no reaccionara: "Amabilidad ante todo", le aconsejó. "En las oposiciones y las confrontaciones, agregó, el primer ministro se encuentra en su elemento; pero no puede resistir la amabilidad".

El 30 de marzo, en la reunión de gabinete, Eden fue tan amable como impasible, y los otros ministros se negaron cordialmente a hablar de los plazos electorales con el primer ministro, y éste entendió que todas sus estratagemas habían fracasado: el presupuesto, las huelgas y Bulganin se disipaban como humo, y esa noche depuso discretamente las armas: renunciaría el 5 de abril, como estaba previsto. "No quiero irme –le confió a lord Moran– ¡pero a Anthony le interesa tanto!"

El 4 de abril hubo una gran recepción de despedida en Downing Street, que contó con la presencia de la reina y del duque de Edimburgo. Allí estaban todos los miembros del gabinete, los altos funcionarios y secretarios del gobierno, los principales dignatarios conservadores, los jefes de la oposición con sus esposas, la duquesa de Westminster y la viuda de Neville Chamberlain. Se pronunciaron bellos discursos, todos se arremolinaban alrededor de la pareja real, Attlee cantó una vez más las alabanzas de su querido adversario, Randolph, se emborrachó y vociferó, y cuando terminó la velada todo el mundo estaba de acuerdo en decir que había sido fantástica. Colville, que acompañó a Churchill hasta el dormitorio, lo oyó murmurar de pronto: "No creo que Anthony lo logre". Palabras severas, injustas, no razonables... pero extrañamente proféticas.

Al final llegó la fatídica fecha del 5 de abril de 1955. A mediodía, el primer ministro presidió su última reunión de gabinete, en la que todos enjugaron una lágrima furtiva. Después se dirigió al Palacio de Buckingham, donde entregó su dimisión a la reina. Era una formalidad, por supuesto, pero en el reino de Su Majestad lo esencial frecuentemente estaba en las formalidades, y John Colville estaba muy nervioso: había sugerido al Palacio que le ofrecieran a Churchill un título de duque en el momento de su dimisión. El secretario de la reina, sir Michael Adeane, le había respondido que los soberanos no conferían más ducados, salvo a personas de sangre real pero que, en este caso, el gesto parecía correcto. Así que la reina estaba dispuesta a ofrecerle un ducado a sir Winston, a condición de obtener previamente de su secretario la seguridad de que él lo rechazaría. Solución típicamente británica. Colville había sondeado con discreción al primer ministro y había oído que no quería ser duque, pues esperaba morir como diputado de la Cámara de los Comunes. Así que, en el caso muy improbable de que le ofrecieran un ducado, lo rechazaría de manera categórica. Seguro, el secretario hizo saber al Palacio que la reina podía ofrecer un ducado a sir Winston sin riesgos en la audiencia del 5 de abril. El propio Colville cuenta cómo siguió todo: "Cuando vi al primer ministro partir para el Palacio, [...] y conociendo sus sentimientos hacia la reina, me puse a dudar de que aceptara a último momento, y, en ese caso, la reina y sir Michael no me perdonarían haberme comprometido con tanta ligereza. Churchill volvió de la audiencia real, [...] y me dijo con lágrimas en los ojos:

—Pasó algo increíble: me ofreció un ducado.

Le pregunté con ansiedad qué había contestado.

—Y bien, estaba tan emocionado por su belleza, su encanto y su gentileza, que casi acepto. Y luego, recordé que tenía que morir como había nacido: con el nombre de Winston Churchill. Así que le respondí que no podía aceptar y le pedí que me excusara. Y... ¿sabe?, lo más extraño es que pareció aliviada".

14
Retorno a lo eterno

"Pienso que después de mi retiro moriré muy pronto. ¿De qué vale vivir cuando no hay nada para hacer?". Esto decía Winston Churchill el 16 de diciembre de 1954. Cuatro meses más tarde llegaría la hora de la dimisión, pero la muerte podía seguir esperando: nuestro jubilado todavía tenía que volver a Chartwell, ocuparse de sus queridos animales, poner orden en sus finanzas, responder algunas de las setenta mil cartas que le habían llegado de todo el mundo, ver a sus nietos, ir al hipódromo de Epsom, pasar quince días en Sicilia y reencontrarse con su caballete. Luego tendría que ocuparse seriamente de las elecciones generales, previstas para el 27 de mayo.

La estadía en Sicilia no fue muy exitosa: quince días de lluvia, ocho horas diarias de partidas de naipes, dos cuadros un tanto tristes... Pero el artista regresó en gran forma para afrontar las elecciones y pudo decir, como había dicho cuarenta y siete años antes: "Vuelvo a la línea de fuego, con tan buena salud como es posible y dispuesto a combatir lo más cerca posible". Pero esta vez le hicieron comprender con claridad que el partido no necesitaba su ayuda. Su nuevo jefe, Anthony Eden, quería mostrarles a los electores que se había liberado definitivamente de la tutela del gran hombre y que quería salir a la lucha con sus propios colores. Winston estaba decepcionado, pero no lo demostraba; se contentó con pronunciar algunos discursos en su circunscripción de Woodford y en Bedford, la de su yerno Christopher Soames.

El periodista norteamericano Cyrus Sulzberger, que asistió a una de estas alocuciones, nunca pudo olvidarla: "Habíamos partido para East Walthamstow y luego llegamos a Chigwell, donde el anciano habló en una escuela de niñas. [...] Como un buen artista, le dio al público todo lo que éste merecía: lo miraba por encima de sus arcaicos anteojos en media luna, se mostraba a veces gruñón; otras, contento, decidido, sonriente, sentimental. Negaba con la cabeza al ser presentado como el 'inglés más grande de todos los tiempos' y habló con voz ceceante, pesada y resonante. [...] Tenía algunas notas en la mano, pero se dejó llevar cada tanto por entusiastas improvisaciones, dignas de un hombre de la mitad de su edad. Sólo pronunció frases hechas, pero las dijo mejor que nadie en la Tierra: 'El Estado es el servidor del pueblo y no su dueño'. Y luego: 'Nuestro nivel de vida es el más alto que hemos tenido. Comemos más...', y agregó *sotto voce*, mirándose la barriga: 'Y es muy importante'. Algunos instantes después declaraba: 'Hay un tema en el que querría contradecir a Attlee', para confiarle enseguida al público: 'Ustedes saben que el señor Attlee es el jefe del Partido Laborista'. Era evidente que se estaba divirtiendo. [...] Habló más tiempo del previsto, afirmó: 'Mi política siempre ha sido la paz por la fuerza' y evocó: 'La acción unida de los pueblos de lengua inglesa'. Habló de 'balbuceos y crisis desarticuladas, caóticas, y de borradores del Partido Laborista'. [...] Un incidente molesto: durante el discurso, su hijo Randolph se quedó dormido con la cabeza apoyada sobre la mesa, ocasión de lujo para los fotógrafos, que lo ametrallaron a flashes. El ruido de las cámaras lo despertó y salió de la sala como un rayo ante la hilera de sillas. Esto no perturbó al anciano, que siguió hablando como si nada. [...] Pronunció dos discursos que duraron en total una hora y veinte minutos, lo que no está nada mal para un hombre de ochenta años".

Por supuesto, el orador fue reelegido y muchos otros conservadores con él. La nueva administración de Eden disponía de una cómoda mayoría de cincuenta y nueve bancas en los Comunes. En la primera sesión, cuando el diputado de Woodford se dirigió con paso vacilante a inscribir por decimotercera vez su nombre en el registro de los elegidos, el conjunto de la Cámara lo aclamó de pie; los más entusiastas fueron los laboristas. Nuestro veterano salió de allí con lágrimas en los ojos: después de su soberano, la Cámara de los Comunes era lo que más respetaba y temía en el mundo. Desde hacía cincuenta y cinco años vivía con la secreta obsesión de que sus pares lo rechazarían, algo que había estado a punto de suceder en varias ocasiones; en cambio, ahora le rendían un homenaje tan espontáneo como unánime. Sin duda, hay momentos que no se olvidan.

Salvo por alguna imposibilidad absoluta, Churchill siempre estuvo presente para votar en los asuntos importantes, pero raras veces intervino en los debates. El centro de su existencia se desplazó hacia su querido Chartwell, donde no vivía exactamente un retiro en soledad: además de Clementine, de la familia Soames, de un regimiento para el servicio doméstico y de una importante cantidad de cabezas de ganado, en la vieja propiedad se recibía a hijos y nietos, primos y sobrinos, asistentes y secretarias, médicos e historiadores, periodistas y notables locales, así como, desde luego, a todos los viejos colegas, amigos, acólitos de tiempos de la guerra e incluso de antes: Cherwell, Moran, Bracken, Beaverbrook, Colville, Morton, Ismay, Mountbatten, Brooke, Portal, Montgomery, Alexander, Eden, Macmillan, Butler, Salisbury, Heath, Martin, Hume, Deakin, Boothby, Spears, Pownall, Jacob, Cunningham, Diana Cooper,[1] Violet Bonham-Carter (Asquith de soltera), Pamela Lytton (Plowden de soltera), Emery y Wendy Reves,[2] etcétera. Las comidas eran menos animadas que antes, debido a la acentuada sordera del dueño de casa, pero una vez que los invitados caldeaban el ambiente y Winston se reanimaba con el alcohol, la vieja llama volvía a arder durante un instante y abrazaba el pasado, el presente y el futuro con algunos brillos esplendorosos. Además, al viejo terrateniente le importaba que todos sus invitados visitaran sus dominios: "Avanzaba con paso enérgico pero tambaleante", señaló Sulzberger, "nos mostró de lejos cisnes negros en un estanque y un ternero que había nacido la semana anterior; estaba orgulloso de sus vacas blancas y negras [...] y se interesaba mucho por los peces de los dos estanques, [...] carpas de veinticinco años. Cuando volvíamos de nuestro pequeño paseo, vio un pájaro minúsculo, muerto. Lo mostró con su bastón, con mucha tristeza, mascullando, con los ojos llenos de lágrimas". Pero, sin duda, lo que más enorgullecía a Winston eran sus caballos: "Me llevó a la ventana y me mostró una espléndida yegua que pacía, con su potrillo debajo –*Hiperión*, creo, un hijo de no sé quién–. Terminó por darse cuenta de que no había ido a hablar de caballos, aunque habría podido hacerlo", recordó el historiador A. L. Rowse.

Es que, como muchos de sus colegas, había ido a hablar de historia; pues Churchill había creado un nuevo equipo de "asistentes", con la dirección de Alan Hodge, William Deakin y Denis Kelly, para ayudarlo a corregir y completar su *Historia de los pueblos de lengua inglesa*. Había que revisar este gran manuscrito en cuatro volúmenes, compuesto en una época en la que el autor estaba demasiado ocupado por las urgencias de cada momento como para ser justo con las peripecias del pasado. De modo que consultaron a los mejores especialistas de cada época, que aportaron nuevos documentos, pero la concepción de conjunto seguía siendo puramente churchilliana, con sus fortalezas y debilidades habituales: un estilo mucho más vivaz y menos envarado que el del historiador tradicional, un análisis superficial de los caracteres y de las motivaciones y un desarrollo histórico basado principalmente en las guerras, en detrimento de los factores económicos, sociales, culturales o científicos. En la primavera de 1956, cuando se editó el primer volumen, el autor era tan célebre que su obra tuvo un enorme éxito. Algunos meses más tarde su agente literario, Emery Reves, le ofreció veinte mil libras por escribir un epílogo de diez mil palabras para una versión resumida de sus memorias de guerra –es decir, unos treinta euros con cincuenta centavos actuales por palabra–. Una suma muy importante, sobre todo si consideramos que la mayoría de estas palabras las escribirían los asistentes.

Una vez que Winston Churchill estuvo tranquilo con sus necesidades, sus pasatiempos más inocentes parecieron transformarse en oro: la revista *Time-Life* le pagó una pequeña fortuna por publicar fotos de algunos de sus cuadros, la editora norteamericana Hallmark le ofreció grandes sumas para reproducir otros en tarjetas postales, y una exposición de sus obras en Kansas City atrajo miles de visitantes. Hasta las carreras de caballos, que ya habían arruinado a su familia, enriquecieron al Creso de Chartwell: sus caballos *Welsh Abbott*, *Gibraltar*, *Hiperión* y *Colonist II* ganaron las carreras con una regularidad incómoda ante los de la caballeriza real, a tal punto que Churchill en varias ocasiones tuvo que presentar sus excusas a la reina. Para un hombre cuya obsesión durante mucho tiempo había sido morir en la miseria, había satisfacciones que no eran de despreciar.

Incluso al contrario que la mayoría de sus visitantes, el viejo luchador tenía un nuevo combate, que temía mucho perder en breve plazo: los problemas circulatorios seguían realizando un lento trabajo de zapa en su organismo, con periódicas alertas mayores. El 1º de junio de 1955 tuvo una nueva hemorragia de una arteria cerebral que afectó sus movimientos del lado derecho, lo que le impidió escribir correctamente y caminar sin ayuda; empezó a tener frecuentes lagunas de memoria y se quedaba dormido en la mesa; no siempre terminaba las frases y vivía con la permanente obsesión de otra hemorragia que pudiera paralizarlo por completo. Todo esto era desastroso para la moral, y le confió a su yerno con un tono siniestro: "Para mí, la vida se acabó; cuanto más pronto, mejor".

Sin embargo, para Winston la depresión era un huésped familiar, que nunca podía instalarse para siempre; al cabo de algunas semanas, bajo el efecto de una voluntad brutal, las discapacidades desaparecían, la mano se volvía más segura, la marcha menos vacilante y, a partir del mes de junio, nuestro hombre ya no estaba tan seguro de desear morir. Es verdad que la ambición y el ejercicio del poder, que siempre lo hacían dar lo mejor de él mismo, eran sólo lejanos recuerdos, y de ese poder sólo conservaba la nostalgia. Pero todavía persistía la otra preocupación, la que lo excitaba en Bangalore, Omdurman, Ladysmith, Amberes, Gallípoli y durante la batalla de Inglaterra: su equipo, el del Reino Unido, no tenía que perder y Churchill seguía considerándose responsable de él: "Cuando el pensamiento de Winston no estaba abstraído por la inminencia de la muerte, escribió lord Moran, rumiaba sobre la seguridad del reino. [...] Tenía miedo de dejarlo sin la voluntad o los medios para defenderse".

Era verdad que el imperio fabuloso de su juventud se había reducido trágicamente debido a las dos guerras mundiales, el despertar de los nacionalismos y la impericia de los socialistas, pero seguía siendo su razón de vivir. Eden y su ministro de Asuntos Exteriores, Macmillan, lo sabían a la perfección y dieron instrucciones precisas para que el ilustre jubilado siguiese estando al corriente de los asuntos del reino; más aún, le asignaron un funcionario del Foreign Office, Anthony Montague Brown, para que fuera su secretario privado, le comunicara los principales despachos provenientes del extranjero y le explicara la política del gobierno. Así, se le informó con regularidad sobre la evolución de las negociaciones de Ginebra con los nuevos dueños del Kremlin, sobre las tensiones en Oriente Medio y sobre proyectos de viajes oficiales de la reina; en ciertas ocasiones se le solicitaron consejos, intervenciones discretas, mensajes o discursos de apoyo. El 21 de abril de 1956, en la visita de Bulganin y Kruschev, Churchill fue invitado, naturalmente, a la cena que se les ofreció en Downing Street: "La cena fue muy buena", comprobó este gran modesto, "porque me convirtieron en el personaje central; me senté al lado de Kruschev. Los rusos estaban contentísimos de verme; Anthony les había dicho que yo había ganado la guerra". A su secretario, que le había preguntado quién tenía el poder real, si Bulganin o Kruschev, nuestro hombre de Estado, disminuido pero siempre perspicaz, le respondió sin vacilar: "Kruschev, sin duda".

Tres meses más tarde, los egipcios nacionalizaron el canal de Suez y le ofrecieron al reticente retirado de Chartwell una nueva oportunidad para huir del ocio. El 1º de agosto, después de haber recibido del primer ministro las últimas informaciones sobre este delicado asunto, declaró a su entorno sobre Nasser: "No se trata de dejar a este abominable marrano instalarse en nuestras líneas de comunicación". Cuando su médico le preguntó qué harían los norteamericanos, le respondió vivamente: "No necesitamos a los norteamericanos en este asunto", y se puso a preparar una intervención parlamentaria destinada a justificar de antemano una intervención militar (en la que, por supuesto, pensaba desde el comienzo). Cuatro días más tarde, cuando Harold Macmillan cenaba en Chartwell, ya no se hablaba más que de esto: "Churchill sacó las cartas y se enardeció considerablemente". De hecho, si hubiese habido un mínimo estímulo, el planificador entusiasta del desembarco de Anzio habría retomado el servicio, pero esta vez no requirieron su ayuda. Eden, en cambio, le pidió que lo apoyara en la Cámara, cosa que Churchill hizo con gusto, ya que todo este asunto parecía justificar *a posteriori* su oposición solitaria a la evacuación de Suez dos años antes.

Si bien no le informaron de las negociaciones secretas con los franceses y los israelíes llevadas a cabo a fines de octubre, ni de los preparativos militares para una operación conjunta en Egipto, Churchill se apuró a publicar desde el comienzo de las hostilidades un comunicado en el que apoyaba con firmeza la política del gobierno y expresaba la convicción de que "nuestros amigos norteamericanos reconocerán que, una vez más, hemos actuado independientemente por el bien común". Esta era una alusión tan sutil como transparente a las dos guerras mundiales y a la intervención en Grecia, donde, después de largos aplazamientos, los norteamericanos siempre habían terminado pisándoles los talones a los británicos. Pero lo más admirable es el estilo del comunicado, si sabemos que tan sólo una semana antes de redactarlo Churchill había tenido otro ataque cerebral, que le había hecho perder la conciencia durante veinte minutos y le dejó paralizado el lado derecho varios días.

Pero, lamentablemente, los norteamericanos se negaron a comprender la alusión, los soviéticos blandieron las armas, las Naciones Unidas se indignaron, la oposición británica se lanzó con fuerza, el gobierno se dividió y el cuerpo expedicionario terminó por retirarse con desorganizado apuro, dejando a Nasser dueño del terreno y a Eden obligado a dimitir. Churchill les dijo a sus allegados que, una vez lanzada la operación, "era una locura detenerse", pero que, si hubiera estado en el lugar de Eden, no "habría hecho nada sin consultar a los norteamericanos". Estas eran palabras a tomar *cum grano salis*, viniendo de un hombre que había declarado cuatro meses antes: "No necesitamos a los norteamericanos en este asunto". Pero si en privado nuestro fino estratega podía ser de una mala fe sobrecogedora, en público era de una lealtad absoluta, y el infortunado Eden, apabullado por todas partes, vio que su retirada era apoyada con la artillería vetusta, pero siempre devastadora, de la elocuencia churchilliana: "Nuestro partido, como por otra parte el país entero, tiene una deuda de gratitud con él [...] y los que, aquí y en el extranjero, atacaron la decidida acción que emprendió junto con nuestros aliados franceses, quizás ahora tengan razones para estar contentos. Por otra parte, creo que la actitud adoptada en esta ocasión por las Naciones Unidas no ayudó ni a la causa del mundo libre, ni a la de la paz y la prosperidad en Oriente Medio".

Durante los meses siguientes, los que tomaban a Winston Churchill por un viejo senil se verían desmentidos más de una vez. ¿Acaso la reina no había ido a consultarlo antes de nombrar a Harold Macmillan primer ministro el 10 de enero de 1957? ¿Y cuántos observadores experimentados podían escribir en esa misma época, después de haber leído la primera novela de Alexander Solzhenitsin: "Es un paso en la buena dirección al que tendríamos que prestar atención"? ¿Cuántos otros súbditos de Su Majestad habrían apostado por el general De Gaulle en marzo de 1958 para la resolución del conflicto argelino y devolverle a Francia su grandeza de antaño? ¿Cuántos políticos había en plena posesión de sus facultades para declarar, en abril de 1959, que la clave de las negociaciones sobre el desarme residía en el control y la inspección? ¿Y quién, que no fuera este joven de ochenta y siete años, tendría el coraje de escribirle al primer ministro en octubre de 1961 para desaconsejarle formalmente una visita real a Ghana, que significaría apoyar el régimen tiránico y corrupto de Kwame Nkrumah? Era innegable: el poder de la imaginación, la fuerza de la voluntad y la ciencia del doctor Moran podían hacer milagros.

Pero los milagros son efímeros y Winston Churchill había descubierto ya hacía tiempo que las miserias de la vejez eran mucho menos duras al sol: huyó de las brumas de Inglaterra y estableció sus cuarteles de invierno, primavera y verano en la Costa Azul, ya fuera en la residencia de lord Beaverbrook en Cap d'Ail, en el Hotel de París en

Montecarlo o en la residencia de Emery y Wendy Reves en Roquebrune. Se quedaba en estos lugares en compañía de Diana, Sarah, la pareja Soames, Randolph, Montague Brown, los Colville, lord Moran, Montgomery, su nieto Winston y un ejército de secretarios y personal doméstico, por no mencionar a la cotorra *Toby* y a los gatos que lograba domesticar en el vecindario. En estos entornos, tan lujosos como soleados, dormía mucho, comía y bebía con ganas, pintaba paisajes, leía muchísimas novelas, recorría las memorias de sus ex compañeros de guerra, jugaba interminables partidas de naipes, frecuentaba asiduamente el casino, además de escribir cartas tiernas a Clementine. Allí recibía muchas visitas, como las del prefecto de los Alpes Marítimos, el escritor Somerset Maugham, el pintor Paul Maze,[3] el príncipe Rainiero y la princesa Grace, Paul Reynaud, René Coty, la baronesa de Rothschild y Aristóteles Onassis. Este, evidentemente fascinado por la personalidad de Churchill, lo había invitado a su yate en 1956, y en los siguientes ocho años los dos hombres hicieron al menos una docena de cruceros por el Mediterráneo, el Adriático, las Canarias y las Antillas, a bordo del *Christina*, durante los cuales se reunieron con los primeros ministros turco y griego, la reina de España, el mariscal Tito, Giovani Agnelli o Adlai Stevenson. También había largas paradas en gran comité en la Mamounia de Marrakesh, con la asistencia logística de Olimpic Airways[4] y la guardia de honor del rey de Marruecos. Estas actividades significaban para Winston curas de rejuvenecimiento, como comprobó con asombro una de sus secretarias: "En tres semanas rejuveneció veinte años y ahora se siente feliz como un niño de estar de regreso en Chartwell".

De hecho, los pasos por Gran Bretaña se volvieron breves y vibrantes: en un tiempo mínimo debía presidir algunas inauguraciones, estar presente en las grandes ceremonias conmemorativas, participar en las votaciones importantes en la Cámara (este gran pionero de la disuasión tuvo que votar en contra de la abolición de la pena de muerte), asistir a las carreras de Ascot, cenar en el Palacio, pasar algunas veladas en el Other Club, encontrarse con Macmillan, Adenauer, Nixon o Ben Gurión, y pronunciar discursos en Woodford como previsión de las elecciones de 1959. Antes de volver a la Costa

Azul tuvo que dar algunas vueltas: por Aix-la-Chapelle en 1956, para recibir el premio Carlomagno; por París en 1958, para recibir la Cruz de la Liberación de manos del general De Gaulle, y por Washington en 1959, para un intercambio de puntos de vista con Eisenhower.

En medio de este torbellino, la familia era al mismo tiempo un apoyo moral y una importante fuente de preocupaciones: a la muy querida Clementine, que siempre había tenido grandes problemas de salud, crisis de melancolía y humor cambiante, le gustaba más el sur de Francia que Chartwell, y disfrutaba más de la compañía de los Reves que de la de lord Beaverbrook; así que ella estaba en Saint-Moritz cuando Churchill estaba en Chartwell y en Chartwell cuando él estaba en Roquebrune, o en Ceilán cuando él estaba en Cap d'Ail. Todo esto no impedía que los cariñosos esposos se escribieran regularmente e incluso se encontraran en las Canarias, en Marrakesh o en Chartwell. Como era de esperar, la segunda mujer de Randolph no se habituó mejor que la primera a su carácter imposible y a su alcoholismo vertiginoso; los ataques maledicentes del periodista Randolph Churchill contra Anthony Eden en el *Evening Standard* y el *Manchester Guardian* superaron los límites del decoro, y su agresividad sin sentido le cerró muchas puertas. Por último, sus relaciones con las hermanas, la madre y el padre fueron francamente espantosas; pero Winston siempre terminaba perdonándolo, y en 1960 lo autorizó a escribir su biografía, una empresa de gran aliento que Randolph no pudo culminar.[5] Diana Sandys, siempre afectada por una depresión nerviosa, por su alcoholismo y un marido veleidoso, se separó de Duncan en 1956 y se divorció cuatro años más tarde; se recuperó en una clínica, pero su frágil equilibrio siempre fue causa de preocupaciones. En cuanto a Sarah, divorciada de Anthony Beauchamp en 1955, siguió a los tumbos una carrera de actriz que la llevó del cine de Hollywood al teatro de bulevar londinense, donde participó en obras de tan segundo orden como *La vida nocturna de una papa viril*. En 1957 se enteró del suicidio de Anthony Beauchamp, que tuvo efectos catastróficos en su ánimo; en enero de 1958, en Los Ángeles, la encarcelaron por ebriedad en la vía pública; en marzo de 1959 la detuvieron en Liverpool por la misma razón. Por insistencia de su padre, hizo una cura de desintoxicación en una clínica suiza, pero los resultados fueron decepcionantes; en 1962 se casó con el barón Audley, hombre distinguido y alcohólico, con el que intentó recuperar la felicidad. Sólo Mary parecía escapar del desastre, tenía una vida feliz en compañía de Christopher Soames, que hacía una buena carrera en el Ministerio del Aire primero y en el de Guerra y Agricultura después. Para Churchill, aterrado por las tribulaciones de los otros hijos, era un consuelo inestimable.

Pero las causas de alivio eran bastante raras en una existencia que cada día estaba más limitada por la edad. En 1959 era evidente que la sordera de Winston se había agravado, y sus allegados por lo general gastaban los pulmones en vano; no obstante, algunos privilegiados lograban comunicarse con él sin levantar la voz: Aristóteles Onassis era uno y el ministro de Hacienda, Selwin Lloyd, comprobó azorado que podía conversar de alta política con Churchill cuando el armador griego oficiaba de intérprete. Tras una nueva hemorragia en abril de 1959 la expresión oral se volvió dificultosa y el discurso electoral del diputado de Woodford de algunas semanas después era apenas audible; entonces, obsesionado por el temor a equivocarse, Winston sólo realizó algunas intervenciones muy breves, y a partir de noviembre de 1960 no habló más en público. Una vez corregidas las pruebas de los dos últimos volúmenes de la *Historia de los pueblos de lengua inglesa* durante el verano de 1957, el gran escritor también abandonó la pluma: la inspiración se evadía a medida que la concentración se debilitaba; pero el anciano se esforzaba por reeducar su mano para escribirle a Clementine y, como siempre, la enfermedad cedió ante su fuerza de voluntad. Hacía varios años que su prodigiosa memoria fallaba, con más frecuencia después de cada hemorragia arterial; pero si las circunstancias se prestaban, todavía podía recitar un poema interminable o hacer el relato detallado de la batalla de Gettysburg. Su andar también se volvió más vacilante: se caía con frecuencia y pronto tuvo que renunciar a los paseos por los jardines y permanecer a bordo durante las escalas del *Christina*. El terrateniente también tuvo que retirarse: sus estadías en Chartwell se hicieron cada vez más infrecuentes, y su yerno y administrador, Christopher Soames, estaba ahora demasiado ocupado en la carrera ministerial. En el verano de 1957 hubo que vender las granjas que rodeaban Chartwell; un sueño dorado más que se alejaba. ¿Y la pintura, consuelo supremo? En Roquebrune, en el Cap d'Ail, en Marrakesh, quiso acompañar al viejo artista, pero después del verano de 1960 su mano estaba muy debilitada y la musa se había eclipsado discretamente. En 1961 al ilustre jubilado sólo le quedaban la lectura y la compañía de sus allegados. También estaba la meditación, que no siempre era una amiga; pues el ocio forzado le abrió ampliamente las puertas al *black dog*, su fiel e implacable depresión. Cuando se instalaba, el anciano volvía sin cesar a la inutilidad de su vida pasada: ¿acaso no había asistido impotente al derrumbe del inmenso imperio de su juventud? ¿Para qué habían servido sus emprendimientos sobrehumanos durante dos guerras mundiales, si Inglaterra había salido de ambas fatalmente empequeñecida? ¿Qué quedaba del gran espejismo de la unión fraterna de los pueblos de lengua inglesa después de las amargas desilusiones de Teherán y Suez? ¿Y qué resultados habían dado sus esfuerzos por encontrarse con los sucesores de Stalin e instaurar una paz justa y duradera en el mundo? ¿Y sus hijos? Se había esforzado por ser más afectuoso y atento que su padre, pero si tres de los cuatro hijos tenían tan graves problemas psicológicos, ¿no se habría debido a la educación que les dieron los padres? Por supuesto, cuando la tempestad amainaba en su cabeza, el sol del orgullo volvía a aparecer: la vida, después de todo, había sido hermosa, el país y su soberano habían triunfado sobre todos sus enemigos y él, Winston, había podido rendirle algunos servicios especiales, que no habían pasado desapercibidos. ¿Acaso no era su más grande sueño, cuando jugaba a la guerra en su cuarto de Phoenix Park?

Sin embargo, era un hombre muy disminuido el que ahora tenía un papel secundario hasta el final de la representación, y el espectáculo de su decadencia lo volvía cada día más desolado. ¿No habría sido mejor saludar antes de que el mundo entero fuera testigo de su decadencia? Después de todo, ¿no era lo que habían hecho uno tras otro sus camaradas más queridos? Lord Cherwell, "el Profesor", sin duda su mejor amigo desde la muerte de F. E. Smith, se había eclipsado en el verano de 1957; un año más tarde lo siguió Brendan Bracken, muy joven, a los 57 años; en el Parlamento las malas lenguas decían que era su hijo natural, porque tenía una pelambre pelirroja y sentía total devoción por él, y lord Ivor Spencer-Churchill, el hijo de su querido primo "Sunny", que también se había ido, seguido de Edwina Mountbatten, a la que prácticamente había visto nacer. Todo el mundo partía, hasta los hijos de sus viejos camaradas. Y él, ¿qué diablos hacía todavía sobre el escenario, cuando ya no tenía talento, ni repertorio, ni espectadores? "Parece que voy a seguir viviendo", le dijo a su médico, "y me voy a volver cada vez más inútil. Lo único que me queda es morirme. No me da miedo morir, creo. Dígame, Charles, ¿cómo muere la gente? Es lo que estoy esperando".

En abril de 1963 lo nombraron ciudadano ilustre de los Estados Unidos –distinción que no se había otorgado a ningún extranjero desde La Fayette–. ¿Para qué servían los honores cuando uno se sumergía en la bruma? Sin brújula ni timón, el viejo acorazado estaba inexorablemente a la deriva, aunque cada tanto lo sacudían explosiones aterrorizantes: en agosto de 1963, después de su último crucero por el Mediterráneo, Winston tuvo una nueva hemorragia cerebral que lo obligó a permanecer en reposo, sin moverse, ni siquiera leer. ¿El naufragio estaba lejos? Clementine convenció a su esposo de no presentarse a las elecciones de 1964; sabio consejo, sin duda, pero la idea de que en algunos meses dejaría de ser diputado lo deprimió mucho. Clementine, agotada por los días y las noches en vela, tuvo que internarse en una casa de reposo, y el barón Audley, último marido de su hija Sarah, acababa de morir de un ataque cardíaco. A partir de ese momento la policía tuvo que vigilar a Sarah Oliver-Beauchamp-Audley cuando se zambullía en los bares de Londres después del cierre de los teatros.

Sin embargo, para sorpresa general, el fuerte navío prosiguió su incierta ruta y la escora empezó a disminuir. En septiembre de 1963, con este asombroso poder de recuperación, cuyo secreto ocultaba, Winston Churchill caminaba de nuevo, retomó sus interminables partidas de naipes, se puso a hablar de manera bastante inteligible y hasta reapareció por su club. El 13 de octubre el primer ministro Macmillan renunció por razones de salud. Decididamente, estos jóvenes no tenían resistencia. Churchill volvió a su escaño de la Cámara unos días antes de su 89º cumpleaños. Se necesitaba coraje, pues el destino seguía lanzando salvas devastadoras: el 14 de octubre, después de un ataque de depresión más insoportable que los otros, Diana se suicidó; Mary, que con delicadeza le anunció la noticia a su padre, quedó aterrada por su reacción: "Lentamente tomó conciencia de lo que le estaba diciendo; pero cuando terminé, se refugió en un silencio pesado y distante".

La luz del alba de 1964 iluminaba un mundo muy extraño: Stalin, Roosevelt, Churchill, los gigantes de la guerra desde hacía tiempo, habían cedido sus lugares; Truman, Eisenhower, Malenkov, Attlee los habían sucedido y ya habían desaparecido de escena; Bulganin, Kruschev, Kennedy, Macmillan tomaron la posta con energía, pero ahora Bulganin se hundía en la insignificancia, Kruschev mostraba signos de debilidad, Macmillan había renunciado y Kennedy había desaparecido trágicamente. Durante todo este tiempo seguimos encontrando al imbatible diputado de Woodford en su puesto de vigilia habitual, en la Cámara de los Comunes, justo detrás de la bancada del gobierno; los temibles cañones de su elocuencia ya no amenazaban a nadie, pero su sola presencia imponía respeto y forzaba la admiración. De noche todavía se lo podía encontrar en la sala de fumar del Other Club, donde, como en la Cámara, escuchaba mucho y hablaba poco (después de haber pasado una vida haciendo exactamente lo contrario). Sus médicos le habían prescripto reposo absoluto y desaconsejado el alcohol, pero, como siempre, recibió sus recomendaciones con un soberano desprecio. En abril fue al teatro de Croydon para alentar a su hija Sarah, que tenía el papel principal en una obra de segundo orden y, dos meses más tarde, el casamiento de su nieto Winston le proporcionó una alegría enorme. A fines de julio se lo vio de nuevo en la Cámara, poco antes de que se votara una resolución "que expresara al muy honorable *gentleman* y representante de Woodford su admiración y gratitud sin límites por los servicios prestados al Parlamento, a la nación y al mundo". Y, por primera vez en su vida, el voto de aprobación de los diputados fue unánime.

Por supuesto que se acercaban grandes tormentas políticas: en las elecciones de octubre los conservadores perdieron la mayoría y se constituyó un gobierno laborista con la dirección de Harold Wilson; poco después, el mundo quedó estupefacto al enterarse de que en Moscú habían destituido a Nikita Kruschev; en el sudeste asiático todo indicaba que se estaba preparando un gigantesco enfrentamiento.

Pero Winston Churchill, que había vuelto a ser un simple ciudadano, ya no escuchaba los rumores del mundo: su memoria se había oscurecido y estaba prácticamente sordo; sin duda, al final de la regata, el heroico barco navegaba entre los arrecifes de la decrepitud. A mediados de octubre sir Winston dejó su querido Chartwell para instalarse en Hyde Park Gate; Eden, Macmillan, Violet Bonham-Carter, Robert Boothby y William Deakin iban a visitarlo, pero su viejo acólito Max Aitken, alias lord Beaverbrook, faltó cruelmente a la invitación: había muerto seis meses antes; al parecer, ese otro mundo no podía ser tan malo, ya que tantos compañeros prudentes no cesaban de marchar hacia a él. Le confió a lord Boothby: "El viaje merece hacerse, una sola vez". "¿Y luego?", le preguntó Boothby. "Un largo sueño, quizá valga la pena". "Cada vez que lo vi durante los últimos meses", recordaría luego Harold Macmillan, "tuve la impresión de que aguardaba con paciencia, esperanza, valentía, la hora de la liberación". El 29 de noviembre de 1964, en la víspera de su 90º cumpleaños, una pequeña multitud se reunió ante el número 28 de Hyde Park Gate para aclamarlo. Eran sólo restos gloriosos, con todas las escotillas cerradas, todas las calderas apagadas, pero una bandera flameaba todavía con bravura en el mástil del trinquete: desde su ventana se vio la ligera silueta que levantaba un brazo y hacía la "V" de la victoria.

El puerto estaba cerca: a comienzos de enero de 1965 lord Moran encontró a su paciente "somnoliento y desorientado"; el 10 de enero sufrió un ataque cerebral masivo y perdió el conocimiento. Sin embargo, este símbolo vivo de la resistencia todavía se negaba a rendirse: durante catorce días respiró débilmente, con la cabeza inclinada, las manos abiertas sobre las sábanas, un gordo gato rojizo acostado a sus pies. Por último, el 24 de enero, a las ocho de la mañana, la respiración se fue haciendo más lenta hasta desaparecer. ¿El 24 de enero a las ocho de la mañana? ¿No es una fecha extrañamente familiar? En efecto, setenta años antes, en el mismo mes, el mismo día y a la misma hora, había muerto Randolph Spencer-Churchill. ¡Ah! Ese padre, decididamente...

El mundo entero fue testigo de lo que vino después: en la mañana del 30 de enero de 1965 un pesado ataúd de roble, cubierto por la *Union Jack* y las insignias de la Orden de la Jarretera, fue colocado sobre una cureña tirada lentamente hacia la catedral de Saint-Paul. Entre las tres mil personalidades que asistieron al oficio religioso había seis soberanos, quince jefes de Estado y treinta primeros ministros, que habían llegado desde los cuatro rincones del mundo. Después el cortejo se dirigió hacia la Torre de Londres, donde el féretro fue transferido a bordo de una lancha de las autoridades portuarias que remontó el Támesis, saludada a su paso por decenas de grúas que inclinaban profundamente sus brazos en homenaje al difunto. En la estación Waterloo, un tren especial, tirado por una vieja locomotora de la clase *Battle of Britain*, llevó los restos a su última morada: el pequeño cementerio de Bladon, a menos de dos kilómetros del castillo de Blenheim, donde Winston Spencer-Churchill había nacido el 30 de noviembre de 1874. ¿Casi un siglo para recorrer dos mil metros? Ciertamente, pero hubo algunas vueltas en el camino que cambiaron el destino de Inglaterra y la faz del mundo.

Conclusiones

Hemos llegado al final del viaje, de modo que el lector tendrá suficientes elementos como para sacar sus propias conclusiones. La primera, ciertamente, será que se requieren grandes cataclismos para que surjan los grandes hombres: Churchill, único guerrero entre los políticos, único político entre los guerreros, único político guerrero que también era periodista, se volvió célebre gracias a la campaña de Sudán, diputado gracias a la guerra de los Boers, figura nacional gracias a la Primera Guerra Mundial y héroe nacional gracias a la Segunda. Pero durante los intervalos de paz, en el mejor de los casos lo olvidaban y en el peor no lo tenían en cuenta. Estos conflictos, en su mayor parte de lo más funestos, sin embargo llevaron a la cima del poder y de la gloria a un Winston Churchill que, sin ellos, sin dudas habría tenido una carrera política tan efímera como la de su padre.

La segunda conclusión es que el éxito del personaje es atribuible tanto a sus defectos como a sus cualidades: en las horas más sombrías, Churchill triunfó, por cierto, gracias a una combinación única de coraje, imaginación, resistencia, espíritu de lucha, carisma, convicción, energía, inventiva, pasión, franqueza, capacidad de organización, capacidad de concentración, fascinación por la guerra y sentido intuitivo de las palabras adecuadas a la ocasión. Pero sus éxitos también se explican por una impresionante acumulación de irrealismo, impulsividad, falta de profesionalidad estratégica, narcisismo desmesurado, egocentrismo furioso, peligrosa ingenuidad, terquedad en el error, desprecio por las convenciones, un autoritarismo que llegaba al despotismo y una soberana indiferencia por las aspiraciones populares. "No hay que olvidar nunca, escribió, que cuando se comete un grave error, puede demostrar ser más benéfico que la decisión más prudente". Al menos en el caso de su autor, esta paradójica afirmación demostró ser perfectamente exacta.

La tercera conclusión quizá sea que nos falta todavía distancia como para apreciar la verdadera dimensión de un hombre tan complejo y rico en contradicciones como Winston Spencer-Churchill: aristócrata convertido en uno de los padres de la legislación social británica; oficial subalterno que se hizo cargo de la caballería en 1898 y en 1954 tomó la decisión de construir la bomba de hidrógeno; político que odiaba el racismo nazi pero creía firmemente en la misión civilizadora del hombre blanco en el mundo; anticomunista de siempre convertido en aliado de Stalin y en apóstol de la distensión; humanista sentimental, benevolente y pacífico, pero fascinado por la guerra y que sólo vivía para la victoria. ¿Cómo juzgar hoy, equitativamente, a un personaje así? Cada generación ve la historia a través del espejo deformante de sus dogmas efímeros, a los que toma como verdades eternas. Al comienzo del siglo XXI, el nacionalismo reductor, el internacionalismo destructor, el electoralismo furioso, el igualitarismo descerebrado, el anticapitalismo doctrinario, el tercermundismo fanático, el angelismo demagógico, el antirracismo selectivo, el antimilitarismo agresivo y lo políticamente correcto a ultranza constituyen obstáculos para la comprensión de un hombre tan firmemente ligado a las convicciones del siglo XIX que dejó una impronta indeleble en la evolución del XX. Sin duda, habrá que esperar que se disipen las espesas nubes del conformismo ideológico para poder contemplar con libertad el sol de la grandeza.

Notas

1. **Los caprichos del destino**

    1. El futuro Alejandro III.
    2. Bautizó a su hija Jennie en honor de Jennie Lind, "el ruiseñor sueco".

2. **Un holgazán brillante**

    1. Después de los liberales, los conservadores y los nacionalistas irlandeses.
    2. Agregado al estado mayor del ejército británico en Zululandia. Lo mataron en Ulundi en 1879.

3. **Adiós a las lágrimas**

    1. El hijo de lord Blandford, hermano de Randolph.
    2. Segunda esposa de lord Blandford, casada en terceras nupcias con lord William Beresford.

4. **El casco y la pluma**

    1. Un pariente político: su esposa, lady Sandhurst, era la hija del cuarto conde Spencer.
    2. Título oficial del comandante en jefe del ejército en Egipto.

3. Norfolk, Westminster y Marlborough.
4. "Combatir a los orgullosos, pero perdonar a los vencidos".

5. Gentleman acróbata

1. A Cartwright, periodista del *South African News*, le habían negado la entrada a Gran Bretaña a causa del riesgo de que "realice propaganda antibritánica". Churchill había atacado al War Office en esa oportunidad al preguntarse: "¿Donde podría hacer menos mal la propaganda antibritánica que en Gran Bretaña?".
2. Respectivamente, "Liga para la libertad de alimentación" y "Liga para la reforma de las tarifas aduaneras".
3. Incluido Joseph Chamberlain, al que le aceptó la renuncia.
4. Efectivamente, se construyó cuarenta y seis años más tarde y lo inauguró la reina Isabel.
5. Sobrina de lady Jeune, que se había convertido en lady Hélier.
6. En este caso tenía razón: Clementine había roto sus compromisos dos veces en el pasado.
7. Cinco mil libras. Bastante curiosamente, el ministro de Comercio cobraba en esa época la mitad del salario de un ministro.
8. El War Office quería enviar las divisiones británicas a Francia en cuanto se iniciara un conflicto y el Almirantazgo quería mantenerlas en reserva, para desembarcarlas en la retaguardia del enemigo.
9. Situaciones de simulación de guerra, muchas redactadas por el mismo Churchill.
10. "Si quieres la paz, prepara la guerra".
11. Sir John Simon y lord Beauchamp.

6. La imaginación sin poder

1. Su nombre de camuflaje primero fue *"Water carriers for Russia"* (contenedores de agua para Rusia), pero alguien hizo notar que el inevitable resultado de la abreviatura sería *"W.C. for Russia"* (inodoros para Rusia) y prefirieron rebautizarlos *"Tanks for Russia"* (tanques para Rusia).
2. El 1º de noviembre de 1914, en la batalla de Coronel, en las costas chilenas, la flota británica del almirante Cradock fue severamente maltratada por la escuadra alemana del almirante von Spee. Los británicos perdieron dos cruceros y mil quinientos hombres.
3. Sin informarle a Kitchener, Churchill le había ofrecido a sir John French

una de "sus" brigadas navales y dos escuadrones de vehículos blindados. Kitchener, que estaba en muy malos términos con French, se ofuscó de inmediato.

4. Churchill había decidido enviar dos submarinos suplementarios al teatro de los Dardanelos sin consultarlo.

7. El hombre orquesta

1. Que se había convertido en *Attorney General* en el nuevo gobierno de coalición.
2. ...que la aceptó, siempre que Churchill se comprometiera a no retomar más el servicio activo mientras durara la guerra.
3. *"The honorable and Gallant"*. *"Gallant"* (aguerrido/valeroso) sólo puede utilizarse para los diputados que hayan servido a su país en campaña militar.
4. Con la insurrección de Pascua de los nacionales, el 23 de abril de 1916.
5. Balfour había publicado sin comentarios la cifra de las pérdidas comparadas de los buques ingleses y alemanes, lo que daba la impresión de una dolorosa derrota para la Royal Navy.
6. Ocupación que descubrió en el verano de 1915, mientras se consumía después de haber dejado el Almirantazgo.
7. Que había luchado en África del Sur al mismo tiempo que Winston y era el cuñado del segundo marido de su madre.
8. Que aprovechó la influencia que significaba este enorme poder de compra para lograr que los chilenos le entregaran dieciocho barcos alemanes inmovilizados en Valparaíso.
9. También estaban presentes F. E. Smith y el jefe de estado mayor, sir Henry Wilson.

8. Guardián del imperio

1. Que se negaban a sesionar en Londres y se instalaron en Dublín, para formar ahí el Dail.
2. Churchill había conocido personalmente al capitán antes de la guerra.
3. En especial en ocasión del debate sobre el general Dyer, que había ordenado abrir fuego sobre civiles indios. El *Times* del 9 de julio de 1920 dio cuenta de un "discurso asombrosamente hábil" que "trastornó por completo a la Cámara".
4. Churchill fue, sobre todo, el que inspiró el *"Ten Year Rule"*, que orientaba los gastos en función del postulado de que ninguna guerra de importancia estallaría en los próximos diez años.

5. Sobre todo debido a la instalación de su enemigo Faisal en Irak.
6. De la que escapó diez días más tarde.
7. Los otros negociadores eran sir Hamar Greenwood, sir L. Worthington-Evans y sir Gordon Hewart.
8. Cuatrocientos un votos; cincuenta y ocho en contra.
9. Y contra personalidades británicas. El mariscal sir Henry Wilson, ex jefe de estado mayor y ulsteriano convencido, fue asesinado en Londres por el IRA el 22 de junio de 1933. Después de esto, Churchill tuvo un guardaespaldas, el detective W. H. Thompson.
10. El general Ismet Inonu, que luego sería ministro de Relaciones Exteriores, primer ministro y presidente de la República.
11. Al año siguiente, por el tratado de Lausana, Turquía recuperó toda la zona de los estrechos, Tracia oriental y Constantinopla.
12. Es decir, un poco más de ciento cincuenta mil quinientos euros actuales.
13. Algunos días antes de las elecciones, el Foreign Office había publicado una carta de Zinoviev, presidente del Komintern, al Partido Comunista inglés, en la que le ordenaba realizar propaganda subversiva dentro del ejército británico.
14. Ya lo había ocupado en 1923 durante el primer gobierno de Baldwin.
15. Una libra esterlina revaluada volvía más atractiva la plaza financiera de Londres para los capitales extranjeros.
16. La radio todavía no era muy frecuente en los hogares británicos en esa época y se oía con dificultades.
17. La revelación de que los "trabajadores soviéticos" habían enviado fondos para apoyar a sus "camaradas británicos" sólo podía basarse en esta convicción.
18. El *"Ten Year Rule"*, concebido en 1919, se votó finalmente en 1928, a propuesta de Churchill.
19. El descubrimiento de pruebas del espionaje soviético en los locales de la Sociedad Comercial Argos fue un elemento determinante de esta ruptura.
20. El jefe del Partido Nacionalista, Saad Zaghlul, había sido implicado dos años antes en el asesinato del comandante británico del ejército de Egipto, sir Lee Stack.
21. Como tenía una piel muy delicada, nunca pudo soportar el contacto con ropa rugosa.
22. Los dos hombres no se hablaban desde que Baldwin había provocado la caída del gabinete de Lloyd George en 1922.
23. "Gabinete en las sombras" que seguía los asuntos del gobierno en el poder y preparaba el recambio.
24. Tanto más cuanto que la mayoría de ellos habían realizado inversiones sustanciales en las colonias.

9. Aviso de tempestad

1. Los peores vistos eran, por cierto, F. E. Smith y Brendam Bracken.
2. Únicamente la pequeña Mary, de catorce años, se mostraba mucho más razonable.
3. El gobierno de MacDonald había decidido aumentarlos pero, como la medida era antieconómica, terminó por solicitar al Parlamento una reducción del 10%, lo que llevó a su caída en el verano de 1931.
4. En una conferencia de prensa publicada en el *Times* del 21 de enero de 1927, declaró que Mussolini "había encontrado el antídoto necesario para el veneno ruso" y que, en política exterior, su movimiento le "había hecho un favor al mundo entero".
5. El tratado de Washington de 1922 establecía la igualdad entre flotas norteamericanas y británicas, aunque limitaba las construcciones futuras.
6. Entre los que estaban "Joseph Chamberlain", "Lord Oxford tal como lo conocí" y "Mis aventuras en Nueva York".
7. En un primer momento, Maurice Ashley y William Deakin, jóvenes diplomados de Oxford, así como el coronel Charles Holden, un veterano de la Gran Guerra.
8. Uno de los tenientes de Hitler, Erns *"Putzi"* Hafstaengel le había propuesto a Churchill organizar una entrevista, pero Hitler se escabulló, porque había oído decir que Churchill había expresado su indignación por las doctrinas antijudías del Partido Nacionalsocialista.
9. Redactor en jefe del *Times* y una de las principales voces del *Appeasement* en los años treinta.
10. A fines de 1931, después del "incidente de Mukden", las tropas japonesas habían invadido Manchuria, que, el año siguiente, se convirtió en un protectorado japonés, con el nombre de Manchuckuo.
11. Este comité comprendía, además de los representantes de las tres armas, a sir Maurice Hankey, secretario del gabinete y del Comité de Defensa imperial, a Warren Fisher, secretario permanente del Tesoro, y a sir Robert Vansittart, subsecretario permanente de Asuntos Exteriores.
12. El nuevo gobierno de colación siguió dirigido por MacDonald, pero estaba totalmente controlado por los *tories*.
13. Para convencerlo de que dejara entrar al profesor Lindemann en el nuevo subcomité sobre la investigación en defensa antiaérea. Baldwin aceptó.
14. Terminó por renunciar e ingresar al Parlamento, donde apoyó la acción de Churchill.
15. Los dos últimos eran, respectivamente, lord del Sello Privado y secretario del Comité de Defensa Imperial. Neville Chamberlain, el ministro de Hacienda, estaba ausente, lo que habla a las claras...

16. Un raro acceso de modestia le impidió mencionar que el principal "elemento externo" se denominaba Winston Churchill.

17. Especialmente cuando fue a Alemania en viaje de bodas y se enojó con los dignatarios nazis.

18. Fecha de la firma del Tratado del Atlántico Norte.

19. Con algunas ofertas de conciliación, como en el *Evening Standard* del 17 de septiembre de 1937, donde invitaba a Hitler a comprometerse con el camino de la paz y a renunciar a las persecuciones a los judíos.

20. Sir H. Strakosh le había recomprado las acciones a su costo inicial y comenzó a administrar sus intereses financieros.

21. Se declaró muy satisfecho, pero no dejó de señalar la vulnerabilidad de las obras en la región de las Ardenas.

22. El embajador de Francia, Coulondre, envió simultáneamente una notificación idéntica al ministro von Ribbentrop.

10. Reencarnación

1. El apellido Battenberg se había anglicizado como Mountbatten, para que no recordara el ascendiente germánico.

2. *Allied Submarine Detection Investigation Comité.* Sistema de detección submarina por ondas de radio, también conocido como sonar.

3. Churchill recordaba haber visto este tipo de papel en el Foreign Office, ¡treinta años antes!

4. Recordemos que el general Hamilton había partido para Gallípoli el 12 de marzo de 1915 con las instrucciones del Almirantazgo de ocupar inmediatamente la península "con un golpe relámpago", en tanto que el War Office le ordenaba que esperara refuerzos y que actuara con circunspección.

5. Noruega del Norte estaba bajo el mando del almirante lord Cork & Orrery.

6. Pero pensaban que el único "para ganar la guerra" era Churchill y que su mejor lugar sería el Ministerio de Defensa.

11. Director de orquesta

1. Como sucedió con el asunto del *Altmark*, que desencadenó Churchill y que originó la invasión alemana a Noruega.

2. Respectivamente, lord del Sello Privado y ministro sin cartera.

3. Anthony Eden, Archibald Sinclair y A. V. Alexander.

4. Jefe adjunto del estado mayor imperial; reemplazó al general Ironside como jefe de estado mayor el 25 de mayo.

NOTAS 559

5. De la saliente.
6. Desde 1939 Smuts era primer ministro de Sudáfrica; lo nombraron mariscal del Imperio en 1941 y le dio sabios consejos a Churchill hasta el fin de la guerra.
7. Después del ataque a Italia a fines de octubre de 1940.
8. El plan de ataque de Dakar por mar era una concepción británica a la que adhirió De Gaulle.
9. Especialmente el Hedgehog, un arma temible que disparaba en cadena veinticuatro cargas de profundidad.
10. Lo reemplazó Anthony Eden en el Ministerio de Asuntos Exteriores.
11. Como el comité White "para defender Norteamérica con la ayuda a los Aliados", o el Century Group, que reclamaba la entrada de Estados Unidos en la guerra.
12. Residencia oficial del primer ministro británico.
13. "Todo vale en el amor y en la guerra".
14. Las referencias a la liberalización del comercio mundial, así como a la instauración de una "organización internacional de seguridad eficaz", fueron objeto de fuertes desacuerdos. Después de la publicación de la Carta, le preguntaron a Churchill si "el respeto al derecho de los pueblos a elegir su forma de gobierno" se aplicaba también a las colonias inglesas, especialmente a la India. Su respuesta decepcionó a los idealistas.
15. Adoptada el 12 de agosto, con un voto de la mayoría.
16. Wavel fue nombrado comandante en jefe del ejército de India.
17. El general Brook insistió para que su predecesor participara en la conferencia.
18. Esta prioridad ya la había solicitado el propio estado mayor norteamericano, que consideraba que Alemania era el adversario más peligroso.
19. Él mismo redactó un largo memorándum que predecía con asombrosa perspicacia las peripecias de la batalla del Pacífico hasta el fin de la guerra.
20. Que estipulaba, entre otros temas, que los gobiernos firmantes se comprometían a emplear la totalidad de sus recursos contra las potencias del Eje y a no firmar la paz por separado con estas potencias.
21. Antes de fin del año, Hong Kong y Malasia fueron invadidos, y los japoneses hundieron los únicos dos acorazados británicos en este teatro de operaciones.
22. Se constituyeron tres meses antes, según el modelo del comité de jefes de estados mayores y de los servicios de planificación conjuntos británicos.
23. En marzo de 1942 se convirtió en miembro del comité de jefes de estados mayores, como jefe de las operaciones combinadas.
24. Las condiciones de utilización y de mantenimiento en la URSS no se adaptaban a los aparatos, y estos no se adaptaban a las condiciones climáticas de la URSS.

25. El convoy PQ17 había quedado casi completamente destruido a comienzos de julio.

26. En esa ocasión se firmaron los acuerdos de Hyde Park, que preveían poner en común los recursos en materia de investigación atómica e instalar en USA las usinas necesarias para tal fin.

27. Los norteamericanos temían entrar al Mediterráneo, así que querían desembarcar únicamente en Casablanca.

28. El 2 de julio de 1942, después de la pérdida de Tobruk, una moción de censura por la política de guerra del gobierno sólo recibió veinticinco votos contra cuatrocientos setenta y cinco, a falta de una personalidad creíble para reemplazar a Churchill.

29. Ambos, subordinados inmediatos del general Brooke en la campaña de Francia en 1940.

12. Segundo violín

1. Los desacuerdos sobre el Levante y Madagascar habían provocado un escándalo mayor entre De Gaulle y Churchill en el otoño de 1942, que habían estado muy cerca de la ruptura de las relaciones.

2. Evidentemente, era una ficción. Mientras tanto, el Mariscal lo había desaprobado oficialmente y los alemanes habían invadido la zona libre.

3. Stalin también había sido invitado, pero respondió que no podía dejar Moscú.

4. El almirante King quería llevar todo el esfuerzo de la guerra hacia el Pacífico, el general Marshall era partidario de un desembarco en Francia en el verano de 1943 y al general Arnold sólo le interesaba bombardear Alemania.

5. Roosevelt dejó entender que Churchill era un "mal padre", incapaz de hacerse respetar por su "hijo malo".

6. Por impulso de Eden y de Attlee, el gabinete de guerra respondió con un categórico rechazo.

7. Uno de sus asistentes literarios de antes de la guerra.

8. Un diputado conservador, promovido a general en esa oportunidad.

9. Empezando por James Klugmann, un dirigente del Partido Comunista británico.

10. Como el general Armstrong, jefe de la misión británica ante Mijailovich.

11. Estas máquinas monstruosas se construyeron de hecho en Canadá. El fin de las hostilidades terminó con el proyecto, que desapareció sin dejar huellas.

12. Respectivamente, ministro residente en Argelia y representante del gobierno británico ante el CFLN.

13. Pedro II. Mijailovich dirigía la resistencia monárquica en Yugoslavia y era su ministro de Defensa.

14. En la noche del 27 de febrero de 1943 diez noruegos pertenecientes a un comando del SOE habían hecho saltar los tubos de electrólisis de la fábrica de Rjukan, que producía el agua pesada.

15. Cuando en la primavera de 1945 los Aliados descubrieron el reactor alemán de Haigerloch, comprobaron que sólo le faltaban setecientos litros de agua pesada para alcanzar la masa crítica.

16. En ambos casos, el general se echó atrás al día siguiente.

17. Sir Henry Maitland ("Jumbo") Wilson, comandante en jefe para el sector del Mediterráneo.

18. Este plan preveía el desmantelamiento de la industria alemana. El país sólo contaría con una economía agrícola y no podría tener ejército.

19. Frontera oriental con el Estado polaco, fijada en 1919, pero desplazada doscientos kilómetros más al este el año siguiente, como consecuencia de la victoria polaca sobre Rusia.

20. Para asombro general, Stalin aceptó enseguida.

21. También consideró superfluo precisar en sus *Memorias* que fue Churchill quien obtuvo la anulación de la orden de evacuación. ¿Estrasburgo salvado por un inglés y, además, por ese viejo bandido de Churchill? ¡Imposible!

22. Su canción de marcha preferida empezaba así: *"We're going to hang our washing on the Siegfried Line"*.

23. Churchill, impresionado por el ejemplo de Harry Truman, le pidió al jefe de la oposición que asistiera a la conferencia, a fin de que pudiera sustituirlo inmediatamente en caso de una victoria laborista en las elecciones, una eventualidad bastante improbable en ese momento.

13. El eterno retorno

1. A la salida de la sesión en la que se retomaron las deliberaciones, algún chistoso dijo: "Eden habló tan bien como siempre, pero me parece que engordó un poco".

2. Sobre todo en relación con la cuestión de las fronteras occidentales de Polonia.

3. Alrededor de doscientos mil euros.

4. El aspecto marcial se acentuó porque este trabajo lo hicieron prisioneros de guerra alemanes.

5. El palacio donde tiene la sede la Cámara de los Comunes.

6. En total, seiscientas cincuenta mil libras, es decir, alrededor de un millón novecientos cincuenta mil euros.

7. Winston, hijo de Randolph y Pamela, y Julian, Edwina y Celia, los hijos de Diana y Duncan Sandys.
8. Que obtuvo la cesión de Pakistán y su independencia al mismo tiempo que la de la India, en agosto de 1947.
9. Especialmente el mariscal Kesserling.
10. Se trata de la venta de aviones de combate a la Argentina y a Egipto y la de máquinas herramienta a la URSS.
11. La hija del presidente Truman.
12. Que, naturalmente, volvió a usar los colores de lord Randolph.
13. Siguiendo los consejos de su yerno, Churchill había contratado al mejor entrenador del momento.
14. Bevin y Cripps estaban muriéndose, Wilson y Bevan habían renunciado, Morrison se sentía a disgusto en el Foreign Office y el gobierno estaba dividido en la cuestión del programa de rearme.
15. Uno de los asistentes de Churchill en el gabinete de guerra entre 1940 y 1945.
16. Para su gran disgusto, tuvieron que reducir de manera sustancial el presupuesto militar.
17. La primera bomba atómica soviética explotó el 23 de septiembre de 1949.
18. El ministro de Asuntos Exteriores holandés.
19. En el verano de 1954, Churchill seguía pensando que Malenkov tenía las riendas del poder en Rusia.
20. Volvió a casarse en 1948 con June Osborne, con quien tuvo una hija, Arabella.
21. Las únicas satisfacciones verdaderas de Churchill en esta época provenían de Mary y de Christopher Soames, así como de sus nueve nietos.
22. Integrada por representantes de la India, Polonia y Canadá.
23. La decisión se había tomado secretamente en el gabinete en el verano de 1954.

14. Retorno a lo eterno

1. Viuda de Duff Cooper (lord Norwich).
2. Emery Reves era su agente literario.
3. Con quien ya pintaba los campos de batalla en 1916.
4. La compañía aérea de Aristóteles Onassis.
5. Randolph Churchill falleció en junio de 1968.